DIE ZEIT

Erzählte Wissenschaft

T. C. Boyle

Dr. Sex

Roman

Aus dem Amerikanischen
von Dirk van Gunsteren

Mit einem Nachwort
der ZEIT-Redaktion

Zeitverlag Gerd Bucerius GmbH & Co. KG

Lizenzausgabe des Zeitverlag Gerd Bucerius GmbH & Co. KG, Hamburg,
für die ZEIT Edition »Erzählte Wissenschaft«, 2011
Herausgeber: Andreas Sentker

Titel der amerikanischen Originalausgabe: The Inner Circle (Viking Penguin, New York)

Umschlaggestaltung: hißmann, heilmann, hamburg
Satz und Repro: Buch-Werkstatt GmbH, Bad Aibling
Druck und Bindung: GGP Media GmbH, Pößneck

Printed in Germany

ISBN: 978-3-938899-62-5

Bildnachweis Einband: SuperStock/mauritius images

Inhalt

In unserm Mund und Blick war Ewigkeit,
In unsern Brauen Glück …

William Shakespeare:
Antonius und Cleopatra

Irgendeine Art der Erregung der weiblichen Genitalien außer der durch den Penis ist unter den Säugetieren fast allgemein zu finden, wobei infolge des Fehlens von zum Greifen geeigneten Händen diese Aufgabe im wesentlichen der Nase und dem Maul des männlichen Tieres zufällt.

Alfred C. Kinsey:
Das sexuelle Verhalten der Frau

Für Robert Coover, *mi apreciadísimo maestro*

Vorbemerkung des Autors

Dies ist ein Roman, und alle Figuren und Situationen sind frei erfunden, mit Ausnahme der historischen Personen Alfred C. Kinsey und seiner Frau Clara Bracken (McMillen) Kinsey. Einen großen Teil der Fakten über ihr Leben verdanke ich Dr. Kinseys Biographen: Cornelia Christenson, Jonathan Gathorne-Hardy, James H. Jones und Wardell B. Pomeroy. Für ihre Großzügigkeit und Hilfe danke ich auch Jenny Bass und Shawn C. Wilson vom Kinsey Institute.

Prolog

Bloomington, Indiana

25. August 1956

Wenn ich heute zurückdenke, würde ich nicht sagen, daß ich jemals wirklich »verklemmt« war (um eines von Proks Lieblingswörtern zu gebrauchen), aber ich gebe zu, daß ich, als ich ihn kennenlernte, ziemlich naiv war, ganz zu schweigen von hoffnungslos langweilig und konventionell. Ich weiß nicht, was er eigentlich in mir gesehen hat – oder vielleicht doch. Vergeben Sie mir einen Anflug von Eitelkeit: Meine Frau Iris behauptet, ich sei auf der Uni so was wie der Schwarm aller Mädchen gewesen, allerdings war ich der letzte, der davon wußte, denn ich verabredete mich nicht mit Mädchen und fühlte mich schon immer unwohl bei belanglosem Geplauder, das in beiläufige Erkundigungen nach Plänen für den Abend mündet, beziehungsweise danach, ob man am Samstag nach dem Spiel schon etwas vorhat oder nicht. Ich war damals ganz gut trainiert und hatte die Schultern eines Football-Verteidigers und einen Taillenumfang von fünfundsiebzig (auf der Highschool hatte ich in der ersten Mannschaft gespielt, allerdings mitten im zweiten Jahr eine Gehirnerschütterung erlitten, worauf meine Mutter dieser Karriere ein vorzeitiges Ende bereitete), und im Gegensatz zu den meisten anderen Studenten hielt – und halte – ich mich gewissenhaft in Form, aber das gehört jetzt nicht zur Sache. Um das Porträt rasch abzurunden – denn ich habe es schon wieder geschafft, mich auf dünnes Eis zu manövrieren: Ich war mit etwas gesegnet, was Iris als »gefühlvolle« Augen bezeichnet, was immer das heißen mag, und hatte einen weizenblonden Haarschopf mit Naturlocken, die sich von keiner mir bekannten Haarcreme oder Pomade bändigen ließen. Was Sex betraf, so war ich begierig, aber unerfahren und auf die übliche Weise schüchtern – unsicher und etwa so ahnungslos, wie Sie es sich nur vorstellen können.

Tatsächlich entwickelte ich zum ersten Mal ein mehr als rein theoretisches Verständnis vom Koitus – das heißt von der Mechanik des Aktes –, als ich im Herbst 1939, während meines letzten Studienjahrs an der University of Indiana, in einem mit sprach- und atemlosen Studenten und Studentinnen vollgepackten Hörsaal saß und Proks riesige, auf die Leinwand projizierte Dias sah. Ich war dort auf Anregung eines Mädchens namens Laura Feeney. Sie war eine der *femmes fatales* der Uni und schien nie irgendwohin zu gehen, ohne sich bei einem sportlich herausragenden Studenten untergehakt zu haben. Laura stand in dem Ruf, »schnell« zu sein, doch ich kann Ihnen versichern, daß ich nie in den Genuß ihrer sexuellen Freigebigkeit gekommen bin (sofern die Gerüchte überhaupt stimmten: Später stellte ich fest, daß die am heißesten wirkenden Frauen oft das am meisten unterdrückte Sexualleben haben und umgekehrt). Allerdings weiß ich noch, daß ich eindeutig geschmeichelt war, als sie mich eines Tages während der Einschreibung für das Herbstsemester auf dem Korridor anhielt, meinen Bizeps packte und mir einen Kuß auf die Wange drückte.

»Oh, hallo, John«, hauchte sie. »Gerade hab ich an dich gedacht. Wie war der Sommer?«

Ich hatte den Sommer zu Hause in Michigan City verbracht. Ich hatte Regale aufgefüllt und Einkäufe in Papiertüten gepackt, und wenn mal fünf Minuten lang nichts zu tun war, hatte meine Mutter mich Bäume zurückschneiden, Dachziegel austauschen und im Gemüsegarten Unkraut jäten lassen. Ich war einsam gewesen, ich hatte mich zu Tränen gelangweilt und in meinem Dachzimmer, das mehr einer Einzelzelle in einem Gefängnis glich, zweimal täglich masturbiert. Mein einziger Trost waren Bücher. In diesem Sommer war ich in den Bann von John Donne und Andrew Marvell geraten, und als Vorbereitung auf ein Seminar in englischer Literatur hatte ich Sir Philip Sidneys *Astrophel und Stella* dreimal gelesen. Aber das alles – oder auch nur einen Teil davon – konnte ich Laura natürlich nicht erzählen. Sie hätte mich für einen Waschlappen gehalten. Der ich ja auch war. Also zuckte ich bloß die Schultern und sagte: »Ganz gut soweit.«

Stimmen hallten im Treppenhaus, dröhnten in den Ecken und drangen durch den Korridor bis zur Sporthalle, wo die Einschreibungstische aufgestellt waren. »Ja«, sagte Laura, und ihr Lächeln gefror für einen Augenblick, »ich weiß, was du meinst. Bei mir war's nur Arbeit, Arbeit, Arbeit. Wußtest du, daß mein Vater einen Lunchimbiß in Fort Wayne hat?«

Das wußte ich nicht. Ich schüttelte den Kopf und spürte, daß eine ganze Haarsträhne sich löste, obgleich ich beinahe eine halbe

Flasche Cremeöl hineingeschmiert hatte. Ich trug eins der steifen neuen Arrow-Hemden, die meine Großmutter mir aus Chicago geschickt hatte, dazu eine Glencheck-Krawatte, die ich in diesem Jahr, glaube ich, täglich umband, in der Hoffnung, einen guten Eindruck zu machen; in der einen Hand hatte ich meine Aktentasche, in der anderen einen Stapel Bücher aus der Bücherei. Wie schon gesagt: Für Konversation fehlte mir jede Begabung. Ich murmelte etwas wie: »Fort Wayne, hm?«

Es spielte jedoch keine Rolle, was ich sagte, denn sie riß ihre türkisgrünen Augen auf (sie hatte rotes oder vielmehr rotblondes Haar und eine Haut, so weiß, daß man hätte glauben können, sie habe nie das Licht der Sonne gesehen), drückte meinen Bizeps und senkte die Stimme. »Hör mal«, sagte sie, »ich wollte dich fragen, ob du dich vielleicht mit mir verloben möchtest ...«

Ihre Worte hingen zwischen uns und schlossen alles andere aus – das Geschnatter des Pulks von Erstsemestern, der unvermittelt aus der Herrentoilette kam, das Hupen eines Wagens auf der Straße –, und ich kann nur vermuten, mit was für einem Blick ich sie angesehen habe. Das war lange bevor Prok mich lehrte, meine Gefühle hinter der Maske des Unbeteiligten zu verstecken, und wie immer jagten meine sämtlichen Gedanken zusammen mit dem Blut in mein Gesicht und ließen sich als Barometer der Verwirrung in meinen Wangen nieder.

»John, du wirst doch nicht rot, oder?«

»Nein«, sagte ich, »gar nicht. Ich hab nur ...«

Sie sah mir direkt in die Augen und genoß diesen Moment. »Du hast nur was?«

Ich zuckte die Schultern. »Wir waren in der Sonne – das war gestern, gestern nachmittag. Wir haben Möbel geschleppt. Und da hab ich wohl ...«

Jemand streifte mich im Vorbeigehen, ein jüngerer Student, der mir entfernt bekannt vorkam – war er letztes Jahr mit mir in Psychologie gewesen? –, und dann ließ sie die Katze aus dem Sack. »Ich meine, nur für dieses Semester. Und nur zum Schein.« Sie wandte den Kopf, und ihr Haar wogte. Dann sah sie mich wieder an, hob das Gesicht, bis es wie ein Satellit meines eigenen war, im Widerschein des Lichts leuchtend, das durch die Fenster am Ende des Korridors fiel. »Du weißt schon«, sagte sie, »für den Ehekurs.«

Das war der Augenblick, in dem alles begann, auch wenn es mir zu diesem Zeitpunkt nicht bewußt war – wie denn auch. Wie hätte ich ahnen können, daß eine seichte, leicht zu beeinflussende Frau, die ich kaum kannte, die treibende Kraft sein würde, daß sie mich zu Prok und Mac, Corcoran und Rutledge bringen würde, zu dem Tisch, an dem ich jetzt sitze und versuche, soviel wie möglich von dieser Geschichte zu Papier zu bringen, bevor die Welt in Stücke fällt. Ich sagte: »Ja.« Ich sagte: »Ja, gut«, und Laura Feeney lächelte. Und bevor es mir klarwurde, war ich im Begriff, ein Adept der Sexualwissenschaft zu werden, das Ideal zugunsten des Nachweisbaren aufzugeben, Stellas Traum (»'s ist wahr, daß wahre Schönheit wahre Tugend weist«) zugunsten von Anatomie, Physiologie und einer intimen Vertrautheit mit Bartholin-Drüsen und kleinen Schamlippen. All das – all die Jahre der Forschung, die Tausende von Kilometern, all die notierten Geschichten, das Suchen und Graben und Bahnbrechen – spulte sich wie ein unendlicher Faden von einer Garnrolle ab, die Laura Feeney an einem im übrigen ganz gewöhnlichen Herbsttag des Jahres 1939 in ihrer lilienweißen Hand hielt.

Aber ich will das nicht zu hoch hängen – schließlich erlebt jeder Mensch Augenblicke, in denen Weichen gestellt werden. Und ich will Sie auch nicht allzu lange im ungewissen lassen. Der »Ehekurs«, von dem Laura gesprochen hatte – eigentlich eine Vorlesung mit dem Titel »Ehe und Familie« –, wurde von Professor Kinsey von der zoologischen Fakultät sowie einem halben Dutzend seiner Kollegen aus anderen Fakultäten angeboten und war die Sensation. Es waren nur Professoren und Dozenten, verheiratete oder verlobte Studenten sowie Doktoranden beiderlei Geschlechts zugelassen. Insgesamt würden elf Sitzungen stattfinden, von denen fünf den soziologischen, psychologischen, ökonomischen, juristischen und religiösen Aspekten der Ehe gewidmet waren und von Dozenten der jeweiligen Fakultäten abgehalten wurden, und die dort vermittelten Informationen waren gewiß nützlich und nötig, aber in Wirklichkeit nichts weiter als Dekoration für die sechs unverblümten Vorträge (unter Verwendung audiovisueller Hilfsmittel), die Prok über die Physiologie ehelicher Beziehungen halten würde.

Die ganze Uni sprach von nichts anderem, und ich habe den Verdacht, daß eine Menge Studentinnen im dritten Studienjahr denselben Gedanken gehabt hatten wie Laura Feeney und nun in Ramschläden nach billigen Verlobungsringen suchten – vielleicht sogar Studentinnen im ersten und zweiten Studienjahr. Ich nehme an, Lauras Sportskanonen waren zu sehr von den Vorbereitungen auf die Wintersaison und somit von ihren Trainern in Anspruch genommen, und darum besetzte sie die Rolle des Bräutigams mit mir. Ich hatte nichts dagegen. Natürlich könnte ich sagen, daß sie nicht mein Typ war, aber unter den richtigen Umständen ist jede Frau der Typ eines jeden Mannes. Sie war beliebt, sie war hübsch, und wenn die Leute sie für ein, zwei Stunden die Woche für meine Verlobte hielten – um so besser. Bis dahin hatte ich mich voll und ganz auf mein Studium konzentriert – in fünf der sechs ersten Semester hatte mein Name auf der Liste der Besten gestanden – und weder in der Uni noch zu Hause viele Frauen kennengelernt, und daß Laura nun, während andere Paare vorbeispazierten, neben mir ging und die spät erblühende Sonne die Bäume mit Sirup übergoß und die dingliche Welt minutenlang stillzustehen schien, erfüllte mich mit einem vollkommen neuen Gefühl. War es Liebe? Ich weiß es nicht. Jedenfalls war es etwas, und es berührte mich stark – ich durfte also hoffen, oder?

Wie gesagt, die ganze Uni sprach von nichts anderem, und als wir am ersten Tag der Vorlesungsreihe den Hörsaal betraten, war er bereits überfüllt. Ich weiß noch, daß ich überrascht war, wie viele jüngere Dozenten mit ihren prüden, wohlanständigen Frauen in den vorderen Reihen saßen und wie viele von ihnen ich nicht kannte. Auch einige ältere Fakultätsmitglieder waren gekommen. Sie wirkten etwas verloren, ja sie schienen sich nicht ganz wohl zu fühlen, und ihre Anwesenheit war ein echtes Rätsel: Man hätte doch meinen sollen, daß Leute in den Vierzigern und Fünfzigern, die erwachsene Kinder hatten, mit den grundsätzlichen Tatsachen des Lebens vertraut waren – und doch, da saßen sie. (»Vielleicht brauchen sie einen Auffrischungskurs«, sagte Laura sehr gedämpft und mit einem angedeuteten Grinsen, und selbst dabei, bei dieser winzigen Bemerkung über das, was diese Paare in privater Abgeschiedenheit taten – oder einst getan hatten –, wurde mir ganz heiß.) Die Studentinnen und Studenten aber bildeten den größten Teil der Zuhörerschaft – es müssen dreihundert oder mehr gewesen sein, die dichtgedrängt dasaßen, und alle warteten darauf, schockiert zu werden, die verbotenen Worte laut ausgesprochen zu hören und den bewußten Akt in lebensechten Farben vorgeführt zu bekommen.

Dr. Hoenig, die Dekanin der Studentinnen, hatte sich am Eingang postiert, um sich auf die zu stürzen, die nicht auf ihrer Liste standen. Sie war eine kleine Frau mit großem Busen, einem ausgesprochen uneleganten Kleid und einem grauen Glockenhut, der sich wie eine Erweiterung ihrer Hochfrisur ausnahm, und obgleich sie damals in den Vierzigern gewesen sein muß, erschien sie uns, wenn sie sich mit blitzenden Brillengläsern über ihre Liste beugte und die Ringfinger der angeblich verlobten Studentinnen musterte, uralt wie die Sphinx. Wir bestanden die Prüfung, ließen die begleitenden Vorlesungen der Dozenten aus den anderen Fachbereichen über uns ergehen und warteten darauf, daß Dr. Kinsey die Bühne betrat. Wir hatten ihn anfangs schon gehört – er hatte uns in seiner Einführungsvorlesung mit der Behauptung elektrisiert, die einzigen Abnormitäten im Hinblick auf Sex seien Abstinenz, Keuschheit und späte Ehe –, doch nach ihm kamen ein Professor für Medizin, dessen Stimme das reinste Schlafmittel war sowie ein methodistischer Pfarrer und ein verkniffenes Männlein vom Lehrstuhl für Psychologie, das bis zum Erbrechen über Freuds *Drei Abhandlungen zur Sexualtheorie* referierte.

An dem Tag, auf den wir alle gewartet hatten – dem Tag, an dem er die Dias zeigte –, regnete es, und als Laura Feeney und ich und die anderen Studenten, die ihre Regenmäntel auszogen und Schirme schüttelten, uns im Vorraum drängten, war ich überrascht von dem durchdringenden Geruch, den diese geballte Masse gesalbten Fleisches verströmte. Auch Laura schien ihn bemerkt zu haben, denn kaum war sie mit züchtig niedergeschlagenen Augen an Dean Hoenig vorbeigegangen, da rümpfte sie die Nase und flüsterte: »Hier riecht's, als hätte jemand alle Kater der Stadt losgelassen.«

Ich wußte nicht, was ich darauf sagen sollte, und so lächelte ich schmal – freudige Erregung erschien mir nicht angebracht, denn schließlich ging es hier um Bildung, um Wissenschaft, und jedes Gesicht trug faltenlose Nüchternheit zur Schau – und erlaubte mir, die rechte Hand leicht um ihre Taille zu legen, als ich sie durch das Gedränge in den abgedunkelten Hörsaal führte. Wir waren eine Viertelstunde zu früh, doch die Plätze an den Gängen waren bereits besetzt, und wir mußten uns mühsam durch einen Verhau aus

Knien, Büchertaschen und Schirmen zu zwei Mittelplätzen in einer der hinteren Reihen durchkämpfen. Laura setzte sich, schüttelte das Haar aus, winkte dreißig bis vierzig Leuten zu, die ich nicht kannte, beugte sich über ihr Schminktäschchen und zog ihre Lippen nach. Sie reckte sich wieder, preßte die Lippen aufeinander und bedachte mich mit dem Blick, den sie vermutlich für ihren kleinen Bruder oder den Hund der Familie reserviert hatte: Sie war Studentin im dritten Studienjahr und stammte aus Fort Wayne, und ich war Student im vierten Studienjahr und stammte aus Michigan City, und ganz gleich, wie sehr ich mich bemühte, mir etwas anderes einzureden – zwischen uns war nichts, absolut nichts.

Ich sah an unserer Sitzreihe entlang. Beinahe alle Studentinnen schauten sich mit glänzenden Augen um, während die Männer an ihren Klemmbrettern herumfummelten und ihre Bleistifte überprüften. Dick Martone, einer aus meinem Studentenheim, sah kurz auf, und unsere Blicke trafen sich. Wir wandten uns beide ab, doch die Erregung in seinen Augen war mir nicht entgangen. Da waren wir nun – er eingezwängt zwischen zwei anderen Studenten, ich neben der sich putzenden Laura Feeney – und würden gleich sehen und aufnehmen, wonach wir uns den größten Teil unseres Lebens gesehnt hatten. Ich kann nicht mal annähernd den *Schauer* beschreiben, der durch den Saal lief, von Sitz zu Sitz, von Ellbogen zu Ellbogen, durch diese ganze hungrige Masse. In den vergangenen Wochen hatten wir allerlei über die Geschichte der Ehe und ihre Traditionen erfahren, über die mit ihr verbundenen Gefühle, die juristischen Implikationen dieses Bundes und sogar über die Anatomie der für die Fortpflanzung erforderlichen Organe; die Worte »Penis«, »Brustwarze«, »Vagina« und »Klitoris« waren laut und in gemischter Gesellschaft ausgesprochen worden, und nun würden wir das alles mit eigenen Augen sehen. Ich spürte in all meinen Gliedern das Blut pulsieren.

Dann schwang die Seitentür auf, und Dr. Kinsey schritt zielstrebig zum Podium. Eben noch war er in Galoschen und Südwester über den Campus gestapft, doch man hätte meinen können, sein Weg hätte ihn über eine sonnenbeschienene Wiese geführt: Die exakt frisierte Haartolle erhob sich wie in Form gegossen senkrecht über der Stirn und lief flach am Kopf anliegend aus, der dunkle Anzug, das weiße Hemd und die Fliege waren makellos, und sein Gesicht wirkte jugendlich und entspannt. Er war damals Mitte Vierzig, ein hochgewachsener Mann mit sehr großem Kopf, eigenartig schmalen Schultern und leicht gebeugter Haltung – eine Folge der Rachitis, die er als Kind gehabt hatte –, und er machte keine Bewegung zuviel und verschwendete keine Zeit. Das erwartungsvolle Gemurmel verstummte abrupt, als er ans Pult trat, den Kopf hob und den Blick auf das Auditorium richtete. Stille. Absolute Stille. Mit einem Mal hörten alle den Regen, ein beständiges leises Zischen im Hintergrund, wie statisches Rauschen.

»Heute werden wir uns mit der Physiologie der sexuellen Reaktion und des Orgasmus unserer Spezies befassen«, begann er. Keine einführenden Worte, kein vorformuliertes Konzept, und als seine gelassene, nüchterne Stimme erklang, spürte ich, wie Laura Feeney sich anspannte. Ihr Gesicht war verzückt, und im Dämmerlicht des Hörsaals leuchtete ihre weiße Bluse, als wäre sie der einzige helle Punkt im Halbrund. Sie trug Kniestrümpfe und einen karierten Rock, der so eng anlag, daß man die Konturen ihrer langen Oberschenkelmuskeln erkennen konnte. Der Duft ihres Parfüms hielt mich gepackt wie ein Schraubstock.

Professor Kinsey – Prok – führte mit Hilfe eines Overheadprojektors vor, wie der Penis infolge eines Blutstaus erigiert und beim Orgasmus zwischen zwei und fünf Millionen Spermien freisetzt, und wandte sich dann den weiblichen Geschlechtsorganen zu. Er sprach ausführlich über Scheidensekrete und ihre Funktion, die darin bestehe, das Eindringen des Penis zu erleichtern, und über die gleichermaßen bedeutsamen Cervikalsekrete, die in einigen Fällen den Schleimpfropfen lösen, der den Muttermund verschließt und eine Befruchtung verhindert, indem er den Spermien den Weg in die Gebärmutter und zu den Eileitern versperrt. Wir beugten uns über unsere Notizblöcke und schrieben wie verrückt mit. Laura Feeney schwoll an, bis sie so groß war wie ein Ballon bei der Macy Parade. Wir atmeten wie ein einziger Organismus.

Und dann erschien ganz unvermittelt das erste Dia auf der Leinwand: ein erigierter Phallus mit beschnittener Vorhaut, gefolgt von der Aufnahme einer ihn erwartenden feucht glänzenden Scheide. »Der Scheideneingang muß gespreizt werden, damit das männliche Glied eindringen kann«, fuhr Dr. Kinsey fort, während hinter ihm das nächste Bild auf die Leinwand projiziert wurde, »und zu diesem Zweck bedient sich die Frau auf diesem Foto zweier Finger. Wie Sie sehen, ist die Klitoris stimuliert, so daß die für die Frau zum Vollzug des Aktes erforderliche erotische Reizung gegeben ist.« Es kam noch mehr: eine sehr detaillierte, die mechanischen Aspekte hervorhebende Schilderung der verschiedenen Positionen, die der Mensch beim Koitus einnimmt sowie diverser Techniken des Vorspiels und schließlich, als Anreiz (wer hätte den gebraucht!), die Ankündigung, daß er sich in der nächsten Vorlesung mit der Befruchtung und (hier begann das Geflüster) ihrer Verhütung befassen werde.

Ich hörte jedes Wort. Ich machte mir sogar Notizen, aus denen ich später allerdings nicht schlau wurde. Sobald die Dias kamen, verlor ich jedes Gefühl für den Augenblick (und ich kann nicht genug betonen, wie es mich durchfuhr – es war eine unmittelbare und intensive körperliche Empfindung, als wäre ich in einen eiskalten Bach gesprungen oder als hätte man mich ins Gesicht geschlagen: Da war es, da war es endlich!). Zwar saß ich aufrecht auf meinem Platz neben der anschwellenden Laura Feeney, ich atmete, ich blinzelte, das Blut zirkulierte in meinen Adern, aber eigentlich war ich nicht da.

Danach – ich kann mich beim besten Willen nicht erinnern, wie die Vorlesung endete – packten alle schweigend ihre Sachen zusammen und verließen in ernster Prozession den Saal. Kein Gedränge, keine Witzeleien, wie man sie von einem Haufen junger Studentinnen und Studenten erwarten würde, die eine Stunde stillgesessen hatten. Statt dessen schoben sie sich stetig vorwärts, mit hängenden Schultern und gesenktem Blick, nicht anders als Flüchtlinge aus einem Katastrophengebiet. Ich konnte Laura Feeney nicht ansehen. Ich konnte auch nicht den Arm um ihre Taille legen und sie führen – ich stand in Flammen, ich brannte lichterloh, und ich fürchtete, ich würde sie durch meine Berührung entzünden. Als wir uns inmitten der Menge auf den Regengeruch zubewegten, der durch die aufgerissenen Türen am Ende des Korridors hereinströmte, betrachtete ich ihren Hinterkopf, ihr Haar, ihre Schultern. An der Schwelle wurden wir aufgehalten, es war ein Stau entstanden, weil der Regen niederprasselte und alles Hüte aufsetzte und an Schirmen herumfummelte, und dann hatte ich meinen eigenen Schirm aufgespannt, und Laura und ich gingen die Treppe hinunter, hinaus in den Regen.

Nach etwa hundert Metern – die Bäume wogten im Wind, das

Wasser troff vom Schirm – fiel mir endlich etwas ein: »Möchtest du ... möchtest du einen Spaziergang machen? Oder willst du dich lieber ... Ich meine, ich könnte dich auch zum Wohnheim zurückbringen, wenn du ...«

Ihr Gesicht war blaß und in sich gekehrt, sie ging steif neben mir her und vermied jede Berührung, soweit es unter diesen Umständen möglich war. Unvermittelt blieb sie stehen, und auch ich hielt unbeholfen inne und versuchte, den Schirm über ihren Kopf zu halten. »Einen Spaziergang?« wiederholte sie. »Bei diesem Wetter? Ich glaube, du hast dich in der Spezies geirrt – ich bin ein Mensch, keine Ente.« Und dann mußten wir beide lachen, und die Spannung löste sich.

»Wie wär's mit einer Tasse Kaffee und vielleicht einem Stück, ich weiß nicht, Kuchen? Oder einem Drink?« Ich zögerte. Ihre Augen strahlten. »Ich könnte jetzt was vertragen. Ich war ... Ich meine, ich hab noch nie ...«

Sie legte die Hand an meinen Ellbogen, und plötzlich blühte ihr Lächeln auf und erstarb ebenso schnell wieder. »Nein«, sagte sie, und ihre Stimme war ganz sanft, »ich auch nicht.«

Ich führte sie in eine Kneipe voller Studenten, die hier Schutz vor dem Regen gesucht hatten, und kaum saßen wir in einer Fensternische, als sie den Verlobungsring vom Finger streifte und in ihrer Geldbörse verschwinden ließ. Dann zog sie die Hutnadel heraus, setzte den Hut ab, richtete mit tupfenden Bewegungen ihre Frisur und wandte sich zur Seite, um neuen Lippenstift aufzulegen. Ich hatte nicht über den Augenblick hinausgedacht, und nachdem wir uns geeinigt hatten, wohin wir gehen wollten, hatten wir nicht mehr viel gesprochen, als wäre die Hintergrundmusik des Regens, der auf dem Schirm Trommelwirbel schlug und die Saiten der zerzausten Bäume zupfte, das Äußerste an Ablenkung, das wir verkraften konnten. Während ich die Ellbogen auf den Tisch stützte, mich vorbeugte und sie fragte, was sie trinken wolle, wurde mir mit einem Mal bewußt, daß dies beinahe ein Rendezvous war, und ich pries mein Glück, denn ich hatte noch zweieinhalb Dollar in der Tasche, nachdem ich von meinem mageren wöchentlichen Scheck (ich arbeitete damals in der Bibliothek, wo ich an fünf Abenden pro Woche einen Besen herumschob und Bücher einsortierte) Unterkunft und Verpflegung bezahlt hatte. »Ach, ich weiß nicht«, sagte sie, und ich sah, daß auch sie noch nicht wieder ganz bei sich war. »Was trinkst du?«

»Einen Bourbon. Und ein Bier.«

Sie zog einen Flunsch.

»Ich kann dir auch was Alkoholfreies bestellen, wenn du willst, vielleicht ein Ginger Ale.«

»Einen Tom Collins«, sagte sie. »Ich nehme einen Tom Collins«, und sie ließ ihren Blick durch den Raum schweifen.

Meine Hosensäume waren durchnäßt, und meine Socken quietschten in den Schuhen, als ich aufstand und zur Theke ging. Es war eng und dampfig, überall waren Schultern und Ellbogen, und das Sägemehl auf dem Fußboden wurde von Hunderten nasser Sohlen zu einer dunklen Masse gestampft. Als ich mit unseren Drinks zum Tisch zurückkehrte, saß gegenüber von Laura ein zweites Paar: Die Frau trug einen grünen Samthut, der die Farbe ihrer Augen zur Geltung brachte, und der Mann hatte seinen nassen Regenmantel bis über den Hemdkragen und die Krawatte zugeknöpft. Er hatte eine höckrige lange Nase und kleine, zu dicht beieinanderstehende Augen. Ich kann mich heute weder an seinen noch an ihren Namen erinnern. In diesem Bericht werde ich sie Sally und Bill nennen. Sie hatten die Vorlesung ebenfalls gehört und waren zwar noch nicht verlobt, aber auf jeden Fall ein Liebespaar – also unendlich viel mehr, als Laura und ich füreinander waren.

Laura stellte uns einander vor. Ich nickte und sagte, ich sei erfreut, sie kennenzulernen.

Bill hatte einen Krug Bier vor sich stehen, aus dessen samtig goldenen Tiefen Kohlensäurebläschen emporperlten, und ich sah schweigend zu, wie er, die Zunge in den Mundwinkel geklemmt, ein halbes Glas für Sally und ein ganzes für sich selbst einschenkte. Die goldfarbene Flüssigkeit ergoß sich wirbelnd in die Gläser, und der Schaum stieg auf, setzte sich und bildete eine vollkommen runde weiße Scheibe. »Sieht so aus, als würdest du das nicht zum ersten Mal machen«, sagte ich.

»Allerdings«, antwortete er, hob das Glas und grinste. »Trinken wir auf …« Er wartete, bis wir alle unsere Gläser erhoben hatten. »… auf Professor Kinsey!« rief er. »Auf wen sonst?«

Aus der Nische hinter uns ertönte Gekicher, doch wir lachten allesamt, um unsere Verlegenheit zu überspielen. Nur ein einziges

Thema beherrschte unsere Gedanken, und wir wollten unbedingt darüber sprechen, doch obgleich Bill bereits darauf angespielt hatte, fühlten wir uns nicht recht wohl dabei. Wir schwiegen und betrachteten die durchnäßten Leute, die von draußen hereinkamen. »Dein Ring gefällt mir, Sally«, sagte Laura schließlich. »War der eigentlich sehr teuer?«

Und dann kicherten die beiden, und Bill und ich lachten mit – wir lachten und lachten aus reiner Freude und Erleichterung. Ich spürte, daß der Bourbon im Magen ankam und seine Fühler nach den entfernten Verästelungen meiner Nerven ausstreckte. Ich strahlte, und die anderen strahlten ebenfalls. Wir vier teilten ein Geheimnis: Wir hatten Dean Hoenig an der Nase herumgeführt und soeben in dem abgedunkelten Hörsaal im Biologie-Gebäude an einem Initiationsritus teilgenommen. Es dauerte ein Weilchen. Bill steckte sich eine Zigarette an. Die Frauen sahen einander forschend in die Augen. »Herrje«, sagte Bill schließlich, »habt ihr in eurem Leben jemals so was gesehen?«

»Ich dachte, ich würde sterben«, sagte Sally. Sie warf mir einen Blick zu und studierte dann das Muster aus feuchten Ringen, das ihr Glas auf dem Tisch hinterlassen hatte.

»Wenn meine Mutter …« begann sie, sprach den Satz jedoch nicht zu Ende.

»Uuh«, stöhnte Laura, und es klang wie ein langgezogenes Blöken, »meine Mutter wäre durch die Decke gegangen.« Auch sie hatte sich eine Zigarette angezündet, die jetzt im Aschenbecher vor sich hin qualmte, das Weiß des Papiers rotgefärbt von der Berührung ihrer Lippen. Geistesabwesend griff Laura nach der Zigarette, zog daran und stieß den Rauch aus. »Weil bei uns, in meiner Familie, nie, wirklich nie darüber gesprochen wurde, woher die kleinen Jungs und Mädchen kommen.«

Sally legte verschwörerisch die Hand an den Mund. »Man nennt ihn ›Dr. Sex‹, wußtet ihr das?«

»Wer nennt ihn so?« Ich hatte das Gefühl, über dem Tisch zu schweben – die Halteseile waren gekappt, und alles dort unten wurde rasch kleiner. Das hier konnte einem zu Kopf steigen, es war schmutzig, es war ungezogen, es war, als wäre ich ein Kind, das gerade all die verbotenen Wörter lernte, die Dr. Kinsey vor einer Stunde so akzentuiert wie leidenschaftslos ausgesprochen hatte.

Sally zog die Augenbrauen bis zur Hutkrempe hoch. »Die Leute eben. An der Uni.«

»Ganz zu schweigen von denen in der Stadt«, warf Bill ein. Er senkte die Stimme. »Er macht Interviews mit Leuten. Über ihr Sexualleben, beziehungsweise« – er lachte – »den Mangel daran.«

»Ich würde das auf keinen Fall machen«, sagte Sally. »Das ist so ... *intim.* Und dabei ist er ja nicht mal Arzt. Oder auch nur Pfarrer.«

Mit einem Mal wurde mir ganz heiß, obgleich es in der Kneipe fast so kühl und feucht war wie draußen. »*Geschichten*«, sagte ich zu meiner eigenen Überraschung. »Fallgeschichten. Das hat er doch erklärt. Wie sollten wir sonst rausfinden, was die Leute –«

»Die Angehörigen unserer Spezies, meinst du«, sagte Laura.

»– was die Leute tun, wenn sie ... wenn sie sich paaren. Das geht nur auf wissenschaftlichem Weg. Und ehrlich gesagt ... Ich weiß ja nicht, wie ihr darüber denkt, aber ich finde das, was Kinsey macht, sehr gut, und wenn es schockierend ist, sollten wir uns fragen, warum es schockierend ist, denn eine ... eine ... eine *Funktion,* die so universell ist wie das Paarungsverhalten, ist doch ein ebenso logischer Forschungsgegenstand wie der Blutkreislauf oder die Funktionsweise der Augenhornhaut oder all das andere medizinische Fachwissen, das wir im Lauf der Jahrhunderte angesammelt haben.« Vielleicht lag es am Bourbon, jedenfalls verteidigte ich Prok, bevor ich ihn überhaupt kannte.

»Ja, aber«, sagte Bill, und wir alle beugten uns über den Tisch und redeten, bis unsere Gläser leer waren, und dann ließen wir sie wieder füllen und leerten sie aufs neue. Die Regentropfen zogen Bahnen in den Schmutz auf den Fensterscheiben, draußen wurde es dunkel, und aus der Flut der Studenten wurde eine Ebbe. Man ging nach Hause zu Essen und Büchern. Es war sieben. Ich hatte kein Geld mehr. In meinem Kopf pochte es, aber ich war noch nie so aufgeregt gewesen. Als Bill und Sally sich verabschiedeten und mit hochgezogenen Schultern hinaus in die feucht wabernde Abendluft traten, blieb ich noch und legte Laura halb betrunken einen Arm um die Schultern. »Aber wir sind immer noch verlobt, oder?« murmelte ich.

Ihr Lächeln breitete sich von ihren Lippen langsam bis zu den Augen aus. Sie fischte die Maraschinokirsche aus ihrem Glas und drehte sie zwischen den Fingern, bevor sie sie mir langsam in den Mund steckte. »Klar«, sagte sie.

»Sollten wir uns dann nicht ... Ich meine, müssen wir uns nicht ...«

»Klar«, sagte sie abermals, beugte sich vor und gab mir einen Kuß, den der Kirschsirup, der Duft ihres Parfüms und die Nähe ihres jetzt warmen, entspannten Körpers nur um so süßer machten. Es war ein langer Kuß, der längste, den ich je erlebt hatte, und er gewann eine tiefere, kompliziertere Dimension durch das, was wir auf der Leinwand im Hörsaal gesehen hatten, durch die erinnerten Bilder jener korrespondierenden Organe, die der Lust und der Arterhaltung dienten, die einander ergänzten und die erforderlichen Gleitmittel selbst produzierten, die zueinander gehörten und vollkommen natürlich waren. Ermuntert, ermutigt schnappte ich nach Luft, und obgleich zwischen uns, wie wir beide wußten, nichts war, flüsterte ich: »Komm mit zu mir.«

Unvermittelt veränderte sich Lauras Ausdruck. Sie starrte mich an, und ihre Gesichtszüge traten so scharf hervor, als hätte ich sie noch nie wirklich gesehen, als wäre sie nicht die Frau, die mich soeben in einem Augenblick herrlicher Besinnungslosigkeit geküßt hatte. Wir saßen reglos da, unser Atem vermischte sich, unsere Hände lagen auf dem Tischrand, als wüßten wir nicht, wohin mit ihnen – bis sie sich abwandte und Handtasche, Regenmantel und Hut nahm. Plötzlich drangen die Geräusche von der Theke in mein Bewußtsein: Jemand sang in knarzendem Bariton, ein frisch angestochenes Faß zischte. »Was denkst du dir eigentlich, John?« sagte sie, und auch ich sprang jetzt auf, betreten und vermutlich knallrot. »Ich bin nicht so eine.«

Aber lassen Sie mich einen Augenblick innehalten, denn ich will nicht auf dem falschen Fuß beginnen. In diesem Buch geht es nicht um mich, sondern um Prok, und Prok ist tot. Ich aber sitze hier in meinem Arbeitszimmer, das ich abgeschlossen habe, neben mir steht ein Glas mit den traurigen Resten eines Zombie-Cocktails, und ich versuche, in diesen Apparat zu sprechen und meine Gedanken zu ordnen, während Iris in ihren hochhackigen Schuhen auf dem Flur auf und ab geht, bei jedem dritten Mal am Griff rüttelt und mich mit durch die Tür gedämpften Rufen daran erinnert, daß wir zu spät kommen werden. Zu spät wozu? frage ich mich. Zu spät, um zusammen mit Reportern und anderen Schaulustigen durch das Beerdigungsinstitut zu trampeln? Zu spät, um unsere Hilfe anzubieten?

Um unser Engagement unter Beweis zu stellen? Wird das Mac irgendwas bringen? Oder den Kindern? Oder Corcoran, Rutledge, vielleicht gar meinem eigenen Sohn John jun.? Er hat sich vor zwei Stunden in seinem Zimmer oben eingeschlossen, weil er genug hat von Tod und Kummer und Trauer, denn im Gegensatz zu den Aasgeiern und Leichenfledderern und dem ganzen Rest der Bande hat er nicht das leiseste Bedürfnis, einen Blick auf die leere Hülle von einstiger Größe zu werfen. Auf den Leichnam also. Auf die sterblichen Überreste. Auf Prok in seinem Sarg, wo er, von Kissen gestützt und halb aufgerichtet, wie eine Wachsfigur ruht, entleert, durchgespült und mit Formaldehyd vollgepumpt, der Mann, der keinen Illusionen nachhing, der Wissenschaftler, der Empiriker, der Evolutionist, Prok. Er ist tot, tot, tot, und alles andere ist unwichtig.

»John, machst du jetzt endlich die Tür auf, verdammt?« Iris bearbeitet den Türgriff, sie schlägt mit den Fäusten an die Türfüllung, die ich selbst abgebeizt und gefirnißt habe, und wer hat uns dieses Haus gezeigt, wer hat uns das Geld dafür geliehen? Wem haben wir alles zu verdanken, was wir haben?

»Okay, okay!« rufe ich. Ich stehe auf, schütte den Rest dieses freudlosen Drinks hinunter. Dann schlurfe ich über den Teppich, drehe den Schlüssel und öffne die Tür.

Da steht Iris und hat vor Ärger und Wut rote Flecken im Gesicht. In ihrem schwarzen Kleid, den schwarzen Strümpfen und Schuhen, mit Hut und Schleier tritt sie ins Zimmer. Meine Frau. Sechsunddreißig Jahre alt, die Mutter meines Sohnes, so schlank und dunkel und großäugig und schön wie an dem Tag, als ich sie kennenlernte. Und wütend. Erfüllt von einer tiefen, intensiven Wut. »Was machst du hier?« will sie wissen und drängt mich zurück, indem sie mit den Händen wie mit Windmühlenflügeln vor meinem Gesicht wedelt. »Ist dir eigentlich klar, daß wir *jetzt schon* zwanzig Minuten zu spät dran sind?« Und dann, nach einem Blick auf das Glas in meiner Hand: »Trinkst du etwa? Um zwei Uhr nachmittags? Wie ekelhaft! Er war nicht der liebe Gott, verstehst du?«

Ich fühle mich wie ausgehöhlt, ein Rohr, aus dem man das Mark entfernt hat. Ich will nicht angetrieben werden – ich will in Ruhe gelassen werden. »Du hast natürlich leicht reden.«

Ich weiß nicht, was jetzt kommt – das Ausfahren der Krallen vielleicht, ein erstes Geplänkel in einem seit nunmehr fünfzehn Jahren bestehenden Zerwürfnis, dann das Zufügen tieferer, schwärender Wunden. Ich bin bereit. Ich bin bereit zu kämpfen und ihr alles, was sie sagt, postwendend zurückzugeben, denn sie hat unrecht, und wir beide wissen das. Doch sie überrascht mich. Sie stemmt die Hände in die Hüften, läßt sie dann sinken, und ich sehe, daß sie sich die Zeit nimmt, sich zu beherrschen. »Nein, John«, sagt sie schließlich und legt die ganze Wucht dieser Jahre in den traurigen, deprimierten, hoffnungslosen Ton ihrer Stimme, »ich habe nicht leicht reden. Ich hatte nie leicht reden. Weißt du, was ich mir wünsche?«

Ich sage nichts. Diese Genugtuung soll sie nicht bekommen.

»Ich wünschte, ich wäre ihm nie begegnet, ich hätte nie auch nur von ihm gehört. Ich wünschte, er wäre nie geboren worden.«

Ich höre unseren Sohn in seinem Zimmer über uns hin und her gehen, den dumpfen Klang seiner Schritte, der an entfernten Donner erinnert. Iris reckt das Kinn und strafft die Schultern wie eine Kriegerin. Geringschätzig wendet sie sich ab und geht mit raschen, energischen Schritten zur Tür. »Binde deine Krawatte um«, schnauzt sie über die Schulter, und dann ist sie weg. Oder nein. Da ist sie wieder, wie ein Schachtelteufelchen, ihr Kopf ist eingerahmt von der Tür, und ihr wütender Blick geht von mir zum Kassettenrekorder und wieder zurück. »Und mach das verdammte Ding aus!«

Teil I

Institut für Biologie

1

So großspurig ich mich in der Kneipe auch gegeben hatte – ich muß doch zugeben, daß mir vor dem Interview mulmig war. Ich weiß, das klingt lächerlich, denn nur Corcoran und Prok selbst haben mehr als ich zu diesem Projekt beigetragen. Ich habe immerhin ungefähr zweitausend Interviews selbständig geführt, aber wenn ich ehrlich bin, hatte ich damals Angst. Oder vielleicht sollte ich lieber sagen: Ich war verschüchtert. Sie müssen sich vor Augen halten, daß über Sex und Sexualität einfach nicht gesprochen wurde – nirgendwo, ganz gleich, in welchem Kreis –, und gewiß nicht im Hörsaal irgendeiner Universität. An anderen Colleges und Universitäten im ganzen Land wurden, hauptsächlich als Reaktion auf die in den dreißiger Jahren verbreitete Angst vor Geschlechtskrankheiten, Ehevorbereitungskurse angeboten, doch diese Kurse waren nichtssagend und voller Euphemismen, und ein Durchschnittsamerikaner, der so etwas wie eine Beratung wollte, eine freimütige Erörterung sexueller Vorlieben und Abartigkeiten, mußte feststellen, daß dergleichen, abgesehen von den Banalitäten des örtlichen Pfarrers oder Priesters, nicht zu haben war.

Und darum, wiederholte Dr. Kinsey in seiner letzten Vorlesung, sei er im Begriff, ein bahnbrechendes Forschungsprojekt zu beginnen: Er wolle das sexuelle Verhalten unserer Spezies beschreiben und quantifizieren, um zu enthüllen, was jahrhundertelang unter dem Schleier von Tabus, Aberglauben und religiösen Verboten verborgen gewesen sei, und die Daten denen, die ihrer bedürften, zugänglich zu machen. Und er appellierte an uns – die lüsternen, fiebernden, schwitzhändigen Studenten im Auditorium –, ihm dabei zu helfen. Er hatte soeben die Vorlesungsreihe rekapituliert und seine Bemerkungen über individuelle Abweichungen sowie über Empfängnisverhütung zusammengefaßt (wobei er, gleichsam als Nachgedanken, hinzugefügt hatte, bei der Verwendung von Kondomen könnten die natürlichen Sekrete der Cowper-Drüse des Mannes durch Speichel substituiert werden), und nun stand er vor uns, mit wachem Gesichtsausdruck, die Hände auf dem Rednerpult gefaltet.

»Ich appelliere an Sie alle«, sagte er nach einer kleinen Pause, »mich aufzusuchen und mir die Geschichte Ihres Sexuallebens zur Verfügung zu stellen, denn diese Geschichten sind für unser Verständnis der menschlichen Sexualität unentbehrlich.« Das Licht war trüb und gleichförmig, der Saal überheizt, und es hing ein leichter Geruch nach Staub und Bohnerwachs in der Luft. Draußen färbte der erste Schnee des Winters die Erde für kurze Zeit weiß, doch das nahmen wir sowenig wahr, als säßen wir in einem Bunker. Einige rutschten auf den Sitzen hin und her. Die junge Frau in der Reihe vor mir sah verstohlen auf ihre Uhr.

»Wir wissen mehr über das Sexualleben der *Drosophila melanogaster* – einer Fruchtfliege – als über eine der gewöhnlichsten, alltäglichsten Aktivitäten unserer eigenen Spezies«, fuhr er mit fester Stimme fort und sah uns an. »Wir wissen mehr über die Verhaltensweisen eines Insekts als über das, was in den Schlafzimmern dieses Landes – und übrigens auch auf Wohnzimmersofas und den Rücksitzen von Automobilen – vor sich geht, über die Vorgänge, denen jeder einzelne von uns es verdankt, daß er jetzt hier, in diesem Raum, sein kann. Ist das wissenschaftlich sinnvoll? Ist es auch nur ansatzweise rational oder vertretbar?«

Laura saß neben mir und hielt den Schein unserer Verlobung aufrecht, obgleich sie sich im Verlauf des Semesters ziemlich heftig in ein Mitglied der Basketballmannschaft namens Jim Willard verknallt hatte, in dessen Begleitung sie bereits zweimal von Dean Hoenig ertappt worden war, die ein feines Gespür für die Temperaturentwicklung von Romanzen besaß. Beide Male hatte Laura sich herauswinden können – Jim war ein Freund der Familie, eigentlich sogar ein Cousin, zweiten Grades natürlich, und da Basketball einen so großen Teil seiner Zeit beanspruchte, hatte sie es auf sich genommen, ihm ein bißchen zu helfen –, aber Dean Hoenig war argwöhnisch geworden. Sie war sichtlich empört, als wir gemeinsam durch die Tür traten, und machte eine, wie ich fand, vollkommen unpassende Bemerkung über Hochzeitsglocken, über die ich mich noch ärgerte, als die Vorlesung schon längst begonnen hatte. Jedenfalls saß Laura neben mir, beugte sich über ihren Block und tat weiterhin, als schriebe sie mit, während sie in Wirklichkeit bloß herumkritzelte: Sie malte lange, schlanke Frauengestalten in Kleidern, Pelzmänteln und mit spektakulären Federhüten sowie mindestens ein pochendes, von einem verirrten Pfeil durchbohrtes Herz.

Was Dr. Kinsey von uns wollte, was er sich von seinem Appell an uns erhoffte, war unsere hundertprozentige Bereitschaft zur Mitarbeit. Wir sollten Termine mit ihm vereinbaren und ihm unter vier Augen die Geschichte unseres Sexuallebens anvertrauen. Für die Wissenschaft. Alles werde verschlüsselt aufgezeichnet und streng vertraulich behandelt – er habe einen Code entwickelt, dessen Schlüssel nur er allein kenne, so daß niemand außer ihm imstande sein werde, einer bestimmten Geschichte einen Namen zuzuordnen. »Und ich muß betonen, daß diese hundertprozentige Bereitschaft unerläßlich ist«, fügte er mit einer kantigen Handbewegung hinzu, »denn alles andere würde die Verläßlichkeit der gewonnenen Statistiken in Frage stellen. Wenn wir nur die Geschichten derer sammeln, die uns aufsuchen, erhalten wir ein sehr ungenaues Bild der gesamten Gesellschaft, doch wenn wir verschiedene Gruppen zu hundert Prozent erfassen – alle Studenten in diesem Hörsaal beispielsweise, alle jungen Männer, die einer studentischen Verbindung angehören, sämtliche Mitglieder des Elks' Club, die weiblichen Angehörigen der Streitkräfte, die Insassen des Staatsgefängnisses in Putnam –, erstellen wir ein akkurates Bild, in dem alle Gesellschaftsschichten berücksichtigt sind.« Er hielt inne und ließ den Blick über die Reihen der Zuhörer wandern, von rechts nach links, von hinten nach vorn. Eine Stille legte sich über uns. Laura hob den Kopf.

»Gut«, sagte er schließlich. »Im Dienste dieser Sache stehe ich im Anschluß an die Vorlesung zur Terminabsprache zur Verfügung.«

Infolge unseres Täuschungsmanövers erhielten Laura und ich aufeinanderfolgende Termine, denn schließlich wären wir ja demnächst verheiratet – allerdings hatte Laura inzwischen keine Verwendung mehr für mich und sah bewußt zur Seite, wenn sie in Begleitung des hünenhaften Jim Willard, der mit einer Körpergröße von eins neunundachtzig und einem Gewicht von sechsundachtzig Kilo unter dem Korb unserer Mannschaft für Stabilität sorgte, über den Campus spazierte. An einem windigen, bitterkalten Dezembernachmittag gingen wir getrennt zum Institut für Biologie – dürres Laub wirbelte über gelblich verfärbten Winterrasen, die Bäume standen kahl und verloren herum, und alle auf dem Campus hatten Schnupfen. Laura war als erste dran, und da die Interviews damals im Durchschnitt etwas über eine Stunde dauerten, hatte es eigentlich keinen Sinn, sie dorthin zu begleiten. Doch als ich sie und Jim Willard am Abend zuvor auf den Stufen zur Bibliothek getroffen hatte, bekam ich kalte Füße und plädierte dafür, den Schein zu wahren und trotzdem gemeinsam zu gehen – mir machte es nichts aus, ich würde meine Bücher mitnehmen und lernen, während sie in Kinseys Büro wäre –, doch ich hatte noch gar nicht geendet, da schüttelte sie bereits den Kopf. »Das ist sehr nett, John«, sagte sie, »und ich weiß deine Sorge zu schätzen, wirklich. Aber das Semester ist so gut wie vorbei. Was könnten sie uns schon tun?«

Jim Willard ragte im Hintergrund auf und bedachte mich mit dem Blick, den er sonst für den Tip-off reserviert hatte.

»Außerdem«, sagte sie und zeigte mit einem schmalen Lächeln ihre Zähne, »kann man sich schließlich auch entlieben, oder? Sogar Dean Hoenig muß den Realitäten ins Auge sehen – sie kann doch nicht erwarten, daß *jede* Verlobung hält.«

In diesem Punkt wollte ich ihr nicht recht geben. Ich spürte etwas, was ich noch nie zuvor gespürt hatte, und ich hätte es nicht definieren können, nicht als der Mensch, der ich damals war, nicht mit den Begriffen, die mir damals zu Gebote standen, aber vielleicht kann ich sagen, daß ihr Gesicht in dem Licht, das aus den hohen Bogenfenstern drang, wie ein kleines Wunder war und daß ich mich an den Kuß in der Kneipe erinnerte und daran, wie sie sich im Hörsaal auf dem Platz neben mir bewegt hatte. Kann ich das sagen und es dabei belassen?

»Und was ist mit disziplinarischen Maßnahmen?« sagte ich.

Sie lachte kurz auf. »Disziplinarische Maßnahmen? Soll das ein Witz sein?« Sie sah zu Jim Willard und dann wieder zu mir. »Disziplinarische Maßnahmen – ganz gleich, von wem – sind mir völlig egal.«

Und so ging ich allein zum Institut für Biologie und folgte dem zarten Duft ihres Parfüms, der noch in der Luft hing. Ich hatte den Mantelkragen hochgeschlagen, und unter dem Arm trug ich einen Stapel Bücher. Wie die meisten anderen Universitätsgebäude war auch dieses aus Kalkstein, der in der Gegend gebrochen worden war. Gleich einem entweihten Tempel erhob es sich aus dem schwarzen

Griff der Bäume, der Himmel im Hintergrund hatte beinahe alles Licht verloren, und ich dachte unwillkürlich, wie anders es im September ausgesehen hatte, eingebettet in buntes Laub. Als ich auf den Weg zum Eingang abbog und dürre Blätter unter meinen Füßen raschelten, war mir mit einem Mal beklommen zumute. Ich kannte Prok noch nicht – oder vielmehr kannte ich ihn nur als eine entfernte, mit einer Funktion versehene Gestalt auf dem Podium –, und ich fragte mich besorgt, was er von mir denken würde. Nicht nur die List, zu der Laura und ich gegriffen hatten, warf einen Schatten auf mich, sondern auch meine Geschichte. Ich schämte mich ihrer, ich schämte mich dessen, was ich war und was ich getan hatte. Niemals hatte ich das Thema Sex angeschnitten, nicht gegenüber meinen besten Freunden, nicht gegenüber dem Vertrauenslehrer und auch nicht gegenüber dem Onkel (Robert, dem jüngsten Bruder meines Vaters), der sein Bestes getan hatte, die Stelle meines toten Vaters auszufüllen, bis ihn die Wanderlust packte und er ebenfalls verschwand.

Ich wälzte diese Gedanken im Kopf herum und fragte mich, was Dr. Kinsey von mir würde wissen wollen und ob ich es wagen konnte, ausweichende Antworten zu geben – oder zu lügen, knallhart zu lügen –, als die Tür aufgestoßen wurde und Laura aus dem Gebäude trat. Sie trug einen dunklen Mantel mit Gürtel, weiße Söckchen und sportliche Schuhe, ihre Waden waren schutzlos der Kälte ausgesetzt, und vor dem aufragenden Gebäude und dem großen, gewichtigen Rechteck der Tür sah sie klein und zerbrechlich aus. Eine Windbö kam, ihre Hände griffen unwillkürlich nach dem Hut, und hätte sie nicht in diesem Moment aufgeblickt und mich gesehen, dann hätte ich vielleicht auf dem Absatz kehrtgemacht und wäre verschwunden. Doch sie blickte auf. Und sie sah mich eigenartig an, als könnte sie sich nicht genau an mich erinnern oder als sähe sie mich zum ersten Mal außerhalb der gewohnten Umgebung. Ich hatte keine andere Wahl, als weiter auf den Eingang zuzusteuern, und da bedachte sie mich mit einem reumütigen Blick. »Jetzt bist du dran, hm?« sagte sie.

Sie stand auf dem Treppenabsatz und hielt mir die Tür auf. »Was wollte er wissen?« schnaufte ich und sprang, immer zwei Stufen auf einmal, die Treppe hinauf. Der Korridor hinter ihr lag verlassen da. Ich sah das matte Glänzen des Linoleumbodens, die in Abständen montierten Lampen und die dunkle Treppe, die am anderen Ende gähnte.

»Ach, ich weiß nicht«, sagte sie, und ihr Atem dampfte in der kalten Luft. »Alles.«

»Hat er auch nach ... nach uns gefragt?«

»Mh-mh. Ehrlich gesagt, ich glaube nicht, daß ihn das so interessiert. Er ... er ist wirklich überzeugt von dem, was er tut, und er will, daß die Leute ... sich öffnen. Ja, so muß man das wohl nennen. Es geht nur um Forschung, es geht darum, an die eigentliche Wahrheit heranzukommen, und wie er das macht ... Ich meine, es ist nicht das, was du denkst. Es ist nicht peinlich, überhaupt nicht. Du wirst schon sehen. Er hat eine sehr entspannende Art.«

Ich wußte nicht, was ich darauf sagen sollte. Sie stand neben mir, so nah, daß ich das schwache Aroma der Pfefferminzzahnpasta riechen konnte, das sich mit den Düften von Parfüm und Shampoo vermischte. Ihr Gesicht war freimütig, die Lippen waren geöffnet, doch ihre Augen blickten an mir vorbei, als erwartete sie, daß Jim Willard – oder Prok selbst – unter der Reihe von Bäumen an der Straße hervortreten würde. Sie starrte einfach in die Ferne, als wäre sie gerade erst erwacht – oder als wäre sie von einem der Scharlatane beim Landwirtschaftsfest hypnotisiert worden. Der Wind wehte mir ins Genick, und ich spürte die warme Luft, die aus dem Gebäude strömte, wie den Atem eines Tieres auf meinem Gesicht. »Er hat dich doch nicht hypnotisiert oder so?«

Sie musterte mich lange und ausgiebig. »Nein, John«, sagte sie ziemlich von oben herab, »nein, er hypnotisiert einen nicht. Aber hör zu« – sie schob eine lose Strähne unter den Hut –, »ich hab mich noch gar nicht richtig für das bedankt, was du getan hast. Viele Männer, die ich kenne, wären niemals in diese Vorlesung gegangen – das war wirklich toll von dir. Also danke. Das meine ich ganz ernst.«

»Klar«, murmelte ich, »war mir ein Vergnügen«, und dann ließ sie den Türflügel los, und ich paßte ihn mit einer Hand ab und trat ins Gebäude, während Laura die Eingangstreppe hinunterging.

Dr. Kinseys Büro befand sich am Ende des Flurs im ersten Stock. Mein Termin war der letzte an diesem Tag, und die Korridore, in denen es noch vor einer Stunde von Studenten gewimmelt hatte, waren jetzt verlassen. Auch die Angestellten und Mitarbeiter waren nach Hause gegangen – sämtliche Büros und Unterrichtsräume waren dunkel. Sogar der Hausmeister hatte offenbar anderswo zu tun. Am Trinkbrunnen blieb ich stehen – meine Kehle war plötzlich wie ausgetrocknet –, dann ging ich weiter, und meine Schritte hallten in dem leeren Gebäude wider wie Gewehrschüsse. Durch ein tristes, fensterloses kleines Vorzimmer kam man in das gedämpft beleuchtete Büro. Die Tür stand offen, und ich sah zwei vollgestopfte, bis zur Decke reichende Metallregale, dann einen Haarschopf, der wohl nur der Kinseys sein konnte. Er beugte sich im sanften gelben Licht über einen Tisch. Ich zögerte einen Augenblick und klopfte dann an den Türrahmen.

Er reckte den Kopf zur Seite, um die Tür besser zu sehen, und sprang dann auf. »Milk?« rief er, eilte mit ausgestreckter Hand auf mich zu und machte dabei ein so entzücktes Gesicht, als wäre ich von allen Menschen auf der Welt der einzige, dessen Erscheinen ihn überglücklich machte. »John Milk?«

Ich schüttelte ihm die Hand, nickte und stammelte die üblichen Begrüßungsfloskeln. Ich sagte vielleicht: »Freut mich«, allerdings so leise, daß er es wahrscheinlich gar nicht hörte.

»Gut, daß Sie gekommen sind«, sagte er und hielt noch immer meine Hand. Wir standen einen Augenblick in der Tür, und mir wurde bewußt, wie groß er war – mindest eins sechsundachtzig – und daß er eine enorme körperliche Präsenz besaß. Ich dachte, daß er es, wenn er gewollt hätte, ohne weiteres mit Jim Willard hätte aufnehmen können. »Aber kommen Sie doch herein«, sagte er, ließ meine Hand los und führte mich in sein Büro, wo er auf einen Stuhl vor dem Schreibtisch zeigte. »Milk«, sagte er, während ich mich setzte und er ebenfalls wieder am Schreibtisch Platz nahm, »ist das ein deutscher Name – ursprünglich, meine ich?«

»Ja. Früher hießen wir Milch, aber mein Großvater hat das ändern lassen.«

»Zu eindeutig teutonisch, hm? Es gibt natürlich kaum etwas Robusteres als einen Amerikaner mit englisch-deutschen Vorfahren – außer einen mit schottischen Vorfahren vielleicht. Ich bin schottischer Herkunft, aber das haben Sie sicher schon aus meinem Namen geschlossen. Möchten Sie eine Zigarette?«

Zigarettenschachteln lagen, ausgebreitet wie eine Opfergabe, vor mir auf dem Tisch, vier verschiedene Marken; daneben Feuerzeug und Aschenbecher. Damals wußte ich noch nicht, wie sehr Prok das

Rauchen verabscheute – er fand, es solle an allen öffentlichen und den meisten privaten Orten verboten werden – und daß er Zigaretten ebenso wie Limonade, Kaffee, Tee und, unter den entsprechenden Umständen, auch alkoholische Getränke nur anbot, um die Interview-Situation angenehmer zu gestalten. Er wollte vor allem eine intime Atmosphäre schaffen, die Vertraulichkeit ermöglichte, und hier war er wirklich ein Genie – er nahm den Leuten die Befangenheit und brachte sie dazu, aus sich herauszugehen. Wäre es nicht so gewesen, dann wäre dieses ganze Projekt nie in Gang gekommen.

Jedenfalls entschied ich mich für die Marke, die mir am besten schmeckte, die ich mir aber nicht leisten konnte, zündete eine an, nahm einen tiefen, beruhigenden Zug und überließ mich dem sanften Schwindel des Nikotins. Prok strahlte mich an. Er war der gütigste, freundlichste Mensch der Welt, und nach seinem Gesichtsausdruck hätte man meinen können, die Zigarette sei seine eigene Erfindung und er besitze die Mehrheit der Pall Mall Company. »Ich hoffe, daß die Vorlesungsreihe ›Ehe und Familie‹ Ihnen gefallen hat«, sagte er, »und daß alle Mißverständnisse, die bei Ihnen und Ihrer Verlobten möglicherweise bestanden haben – eine sehr charmante junge Frau übrigens, und schön, sehr schön –, ausgeräumt sind ...«

Ich wandte den Blick ab – ein Fehler, war es doch eine seiner Grundregeln, immer Augenkontakt zu halten. Für ihn war das der erste Indikator des Wahrheitsgehalts einer Aussage. Ich sagte irgendwas Unverbindliches. Oder vielmehr: Ich murmelte etwas sowohl Unverbindliches als auch Unverständliches.

»Keine Angst, Milk, niemand wird Sie beißen oder ein Urteil über Sie fällen, und es ist mir sehr wohl bewußt, daß zahlreiche Studentinnen und Studenten sich zu, sagen wir, *geeigneten* Beziehungen zusammengefunden haben, um Dean Hoenig und andere selbsternannte Hüter der Moral an der Universität und in der Stadt zufriedenzustellen.«

Ich klopfte mit der Zigarette an den Aschenbecher, betrachtete den perfekten Zylinder aus bleicher Asche, der hineinfiel, und sah Prok an. Ich spürte, daß ich rot wurde – die alte Entblößung. »Tut mir leid, Sir«, sagte ich.

Er winkte ungeduldig ab. »Es gibt nichts, was Ihnen leid tun müßte, Milk, überhaupt nichts. Ich will nur Informationen an Menschen weitergeben, die sie benötigen, und wenn es nach mir gegangen wäre, hätte es keinerlei Zulassungsbeschränkungen für die Vorlesungsreihe gegeben. Aber erzählen Sie mir von sich – wie alt sind Sie?«

»Einundzwanzig.«

»Geburtsdatum?«

»2. Oktober 1918.«

»Stammen Sie aus Indiana, das heißt, sind Sie hier geboren?«

»Nein, in Michigan City.«

»Und Ihre Eltern?«

»Meine Mutter ist Grundschullehrerin in Michigan City. Mein Vater ist tot. Er starb bei einem Unfall auf dem See – das heißt, eigentlich weiß niemand genau, was damals passiert ist. Er wurde … Der Leichnam wurde nie gefunden.«

Prok sah mich die ganze Zeit an, machte sich aber gleichzeitig Notizen auf einem Blatt Papier, das vor ihm auf dem Schreibtisch lag. Ich hatte es gar nicht bemerkt, aber das Interview lief bereits. Prok hielt inne, um mir sein Beileid auszusprechen. Er fragte mich, wie alt ich beim Tod meines Vaters gewesen sei – ich war damals neun, es war kurz vor den Sommerferien, und mein Vater war ein begeisterter Segler und hatte das Boot den ganzen Winter und Frühling hindurch abgeschliffen und lackiert, und nun war es zu Wasser gelassen worden, und ich konnte an nichts anderes denken als an die langen, sonnigen Tage, die vor uns lagen und an denen wir frei und ungehindert über die kleinen Wellen gleiten würden wie der Gott, der das Wasser geschaffen hat, und der Sohn, der gekommen war, um darauf zu wandeln –, und dann sagte er, auch er habe ohne väterliche Führung auskommen müssen, jedenfalls von dem Augenblick an, als er aufs College gegangen sei und sich von dem erdrückenden Einfluß seines Vaters befreit habe. Nach dem Willen seines Vaters habe er Ingenieur werden sollen – ob ich mir das vorstellen könne? –, doch ihn selbst habe es zur Biologie gezogen. Biologie sei seine Leidenschaft. Mit einer beiläufigen Geste wies er auf das beengte Büro und die aufrecht stehenden großen Kästen mit den Tabletts, auf denen Insekten mit Stecknadeln befestigt waren. »Wußten Sie«, fügte er hinzu, »daß ich sechzehn neue Spezies der Gallwespe identifiziert habe?« Er schmunzelte. »Wäre es nach meinem Vater gegangen, dann wären sie noch heute unentdeckt.« Seine Augen leuchteten. »Die armen Dinger.«

Unsere Unterhaltung – denn genau das war es – hatte ihre eigene Logik, ihren eigenen Rhythmus gefunden. Je länger wir redeten (und es war beinahe, als spräche man mit seinem inneren Selbst oder vertraute sich unter vier Augen seinem Hausarzt an), desto genauer schien er zu wissen, was ich dachte und fühlte. Und das lag nicht bloß daran, daß er das, was er tat, meisterlich beherrschte – nein, man hatte das Gefühl, daß er aufrichtig Anteil nahm, und wenn mir das Herz brach, so brach es ihm ebenfalls.

Und damit zum eigentlichen Gegenstand dieses Interviews: der Geschichte meines Sexuallebens. Wir hatten uns etwa fünfzehn Minuten lang unterhalten, als die erste diesbezügliche Frage auftauchte, so beiläufig, als ginge es lediglich um eine Einschätzung meiner Eltern oder ihrer Erziehung. Wir hatten über die Spielkameraden gesprochen, die ich als Junge hatte, und ich verlor mich in nostalgischen Erinnerungen – Gesichter, Namen, Orte trieben wie Dunst durch meine Gedanken –, als Dr. Kinsey mit seiner sanftesten, leidenschaftslosesten Stimme fragte: »Wie alt waren Sie, als Ihnen zum ersten Mal bewußt wurde, daß es zwischen Jungen und Mädchen anatomische Unterschiede gibt?«

»Ich weiß nicht. Ziemlich jung, glaube ich. Fünf? Sechs?«

»Zeigte man sich in Ihrem Elternhaus gelegentlich nackt? Ihre Eltern? Sie selbst?«

Ich dachte einen Augenblick nach und versuchte mich zu erinnern. »Nein«, sagte ich, »nein, ich glaube nicht.«

»Haben Ihre Eltern Ihnen befohlen, sich etwas anzuziehen, wenn Sie sich nackt gezeigt haben?«

»Ja. Aber das müßte dann, wie gesagt, in einem sehr frühen Alter gewesen sein, wahrscheinlich mit zwei oder drei. Oder nein, später. Es gab da eine Situation – da muß ich mindestens fünf gewesen sein, denn wir waren noch nicht in die Cherry Street gezogen. Es war ein heißer Tag, ich war mit meiner Mutter zum Baden an den See gegangen, und als ich aus dem Wasser kam, zog ich mir die nasse Badehose aus. Sie war wütend, und ich weiß noch, daß ich nicht verstand, warum.«

»Hat sie Sie bestraft?«

»Ja.«

»Körperlich?«

»Wahrscheinlich. Es war allerdings nicht das erste Mal.«

»Was war bei den anderen Malen?«

Jede Frage ergab sich logisch aus der vorangehenden, und alle Fragen kamen im Schnellfeuertempo: Sobald Prok eine Antwort erhalten und notiert hatte, stellte er die nächste Frage, und doch hatte ich nicht den Eindruck, verhört zu werden, sondern fühlte mich als Teilnehmer an einer sich immer weiter entwickelnden Unterhaltung über das faszinierendste Thema der Welt: mich selbst. Und die Fragen waren stets so formuliert, daß die Antwort möglichst präzise und unzweideutig ausfiel. Also nicht: »Haben Sie jemals masturbiert?«, sondern: »Wann haben Sie zum ersten Mal masturbiert?«, und: »Wie alt waren Sie, als Sie zum ersten Mal die unbekleideten Geschlechtsorgane Ihres eigenen Geschlechts sahen? Und die des anderen Geschlechts?« Und während sich der Befragte in Gedanken von der Kindheit ins Erwachsenenalter bewegte, richtete sich das Augenmerk mehr und mehr auf die sexuellen Praktiken – von relativ harmlosen statistischen Fragen (»Wie alt waren Sie, als Ihnen Schamhaare wuchsen?«) und Angaben zu Körpergröße, Gewicht und Rechts- oder Linkshändigkeit hin zu: »Wann haben Sie Ihren ersten Geschlechtsverkehr erlebt?«

Mir lief die Nase – auch ich war erkältet, wie alle in der Uni –, und ich war bei meiner vierten Zigarette angelangt und hatte ganz vergessen, wo und wer ich war, als die letzte Frage kam. Dr. Kinsey beobachtete meine Reaktion, mein Gesicht, seine Augen fixierten mich, die Bleistiftspitze verharrte über dem Papier. *Alles in Ordnung,* schien er zu sagen, *was immer es ist – es ist alles in Ordnung. Du kannst mir vertrauen.* Und dann: *Du* mußt *mir vertrauen.*

Ich zögerte, und in diesem Zögern war bereits meine Antwort. »Nie«, sagte ich. »Oder vielmehr ... Ich meine, noch nicht.«

Damals wußte ich es nicht, aber es gab eine Reihe Fragen – zwölf, um genau zu sein –, deren Antworten Rückschlüsse auf das sexuelle Verhalten gegenüber dem eigenen Geschlecht erlaubten, auf die H-Geschichte, wie Prok sie nannte, um niemanden zu erschrecken. An diesem Punkt setzte er sich auf dem Stuhl zurecht und räusperte sich. »Kommen wir noch einmal darauf zurück«, sagte er. »Wie alt waren Sie, als Sie zum ersten Mal die unbekleideten Geschlechtsorgane Ihres eigenen Geschlechts sahen?«

Ich sagte es ihm, und er verglich es rasch mit meiner vorherigen Antwort.

»Und wann haben Sie zum ersten Mal den erigierten Penis eines anderen Mannes gesehen?«

Ich sagte es ihm.

Und dann kamen die Fragen auf die Art, die wir später als die »Dampfwalzenmethode« bezeichneten, das heißt Schlag auf Schlag. »Wann haben Sie zum ersten Mal die Genitalien einer Person Ihres eigenen Geschlechts berührt? Wann haben Sie zum ersten Mal eine Person Ihres eigenen Geschlechts zum Orgasmus gebracht? Wann haben Sie zum ersten Mal eine Person Ihres eigenen Geschlechts durch orale Techniken zum Orgasmus gebracht?«

Ich wandte den Blick ab, und er unterbrach die Befragung für einen Augenblick. Die Turmuhr am anderen Ende des Campus schlug sechs. »Milk«, sagte er, »John – ich möchte Sie noch einmal daran erinnern, daß es nichts, aber auch gar nichts gibt, dessen Sie sich schämen müssen. Sofern beide Partner einverstanden sind, gibt es keine sexuellen Aktivitäten, die sich qualitativ in irgendeiner Weise von anderen unterscheiden, ganz gleich, was die vorherrschende Moral der jeweiligen Gesellschaft dazu sagt. Wenn es Sie interessiert: In Ihrem Alter – und auch später noch – war mein eigenes Sexualleben dem Ihren sehr ähnlich.«

Aber vielleicht wäre dies ein guter Zeitpunkt, um die von 0 bis 6 reichende Zuordnungsskala vorzustellen, die Prok entwickelt hatte, um die sexuelle Ausrichtung einer Person zu evaluieren, eine Skala, die das gesamte Spektrum der geschlechtlichen Orientierung abdecken sollte, von »ausschließlich heterosexuell« (0) bis »ausschließlich homosexuell« (6). Sie müssen wissen, Prok glaubte – ebenso wie ich selbst inzwischen –, daß der Mensch von Natur aus pansexuell ist, daß lediglich die Beschränkungen der Gesellschaft, insbesondere der jüdisch-christlich oder muslimisch geprägten Gesellschaft, die Menschen daran hindern, ihre Wünsche und Bedürfnisse offen zu äußern, und daß dies der Grund ist, warum so viele Menschen an verschiedenen sexuellen Verhaltensstörungen leiden. Doch ich greife vor.

Als ich an jenem Tag in jenem Raum saß, ein Taschentuch an die Nase drückte und mich von Proks Präsenz leiten ließ, begann ich mich von einer Seite kennenzulernen, von der ich mir nie hätte träumen lassen. Was für mich ein Grund zur Scham gewesen war, wurde zu etwas ganz Normalem – Prok hatte als Jugendlicher ähnliche Erfahrungen gemacht und ebenfalls andauernd masturbiert –, und wenn ich sagen konnte, daß ich auf der Skala von 0 bis 6 bei 1 oder vielleicht bei 2 rangierte, so war das doch immerhin etwas, etwas Bedeutsames. Und wie alle anderen hatte ich Erfahrungen machen wollen, das war alles. Bei Mädchen war ich verlegen und gehemmt gewesen: Ich hatte sie auf ein Podest gestellt und nie als sexuelle Wesen, wie ich es war, betrachtet, als Menschen, die dieselben Wünsche und Bedürfnisse hatten wie ich. Und so war es ganz natürlich gewesen, daß ich mit den einzigen Partnern experimentiert hatte, die mir zur Verfügung standen, nämlich mit anderen Jungen, denn, wie Prok sagte: Jeder braucht eine Triebbefriedigung. Vielleicht erfaßte ich das an jenem Nachmittag in Proks Büro noch nicht in allen seinen Weiterungen, doch ich dachte an Laura Feeney, die vor mir auf ebendiesem Stuhl gesessen hatte, und daran, daß Prok sie gefragt hatte, in welchem Alter sie begonnen habe zu masturbieren, wann sie zum ersten Mal die unbekleideten Genitalien des anderen Geschlechts gesehen habe, wann sie zum ersten Mal einen erigierten Penis gesehen und zum ersten Mal eine Person des anderen Geschlechts zum Orgasmus gebracht habe, und ich fühlte mich wie Kolumbus, als Land in Sicht kam.

Als wir fertig waren, schlug die Turmuhr Viertel vor sieben, und Dr. Kinsey beugte sich über den Tisch und reichte mir eine frankierte und adressierte Postkarte: Dr. Alfred C. Kinsey, Professor für Zoologie, Institut für Biologie, University of Indiana. »Und dann«, sagte er, »brauche ich noch vier Maße, bitte.«

»Ja«, sagte ich und nahm wie in Trance die Karte – nein, er hatte mich nicht hypnotisiert, jedenfalls nicht im landläufigen Sinne, doch die Wirkung war ähnlich.

»Gut. Wenn Sie zu Hause sind, messen Sie bitte den Umfang des schlaffen Penis sowie seine Länge von der Bauchdecke bis zur Spitze. Wenn Sie dann ausreichend stimuliert sind, messen Sie Umfang und Länge des erigierten Penis. Ach ja, wenn Sie bitte auch den Grad der Krümmung angeben würden …«

Der Wind hockte in jener Nacht in den Bäumen und sammelte Kraft für einen kleinen Ausflug nach Kentucky, und gegen neun schleuderte er kompakte Eiskörner an die Fenster des Dachzimmers, das ich mir mit Paul Sehorn, einem anderen Studenten im vierten Studienjahr, in Mrs. Elsa Lorbers Studentenpension in der Kirkwood

Avenue teilte. Es war ein altes Haus, das in den Fugen ächzte und keinerlei Hemmungen hatte, sich zu beklagen, besonders nachts. Es war in den siebziger Jahren des 19. Jahrhunderts erbaut worden und noch immer recht solide, selbst nachdem eine ganze Generation von Studenten es auf eine Weise strapaziert hatte, die für eine Reihe anderer Häuser dieses Alters das Ende bedeutet hatte. Leider war es ungefähr so gut isoliert wie eine Apfelsinenkiste, und der unwillige, altmodische Kohleofen schien nicht imstande, die Temperatur spürbar über die Zone unverhohlener Ungemütlichkeit hinaus zu heben. Im vorigen Winter war ich eines Morgens erwacht und hatte festgestellt, daß sich zwischen meinen Lippen und dem Wasser in dem Glas, das ich am Vorabend auf den Nachttisch gestellt hatte, eine Eisschicht befand. Noch einen Monat später nannte Paul mich nur Nanuk.

Auf dem Tisch in einer Ecke des Zimmers thronte die gebrauchte Olympia-Schreibmaschine, die meine Mutter mir zu Beginn des Studiums geschenkt hatte, und daneben prangte ein altes Philco-Radio, das meine Großmutter hatte wegwerfen wollen. An der gegenüberliegenden Wand, neben der Tür, stand ein würdevoll nach Naphthalin riechender Schrank. Wir teilten uns den begrenzten Platz, den er bot; auf einem Dutzend abgewetzter Kleiderbügel hingen unsere Hemden, Hosen und Anzüge (jeder von uns besaß einen: meiner hatte ein zur Krawatte passendes Glencheckmuster, Pauls Anzug war ein abgelegtes Stück aus blauem Serge, dessen Ärmel gut sieben Zentimeter zu kurz waren). Die Schuhe hatten ihren Platz unter dem Bett, die Mäntel hingen im Vestibül an den dafür vorgesehenen Haken, persönliche Gegenstände legten wir auf unseren identischen Schreibtischen ab, und die Bücher standen ordentlich aufgereiht in einem billigen Regal aus Kiefernholz, das ich auf einem Flohmarkt gefunden hatte (vier Bretter, gerecht geteilt, vierzig Zentimeter für mich, vierzig Zentimeter für Paul). Das Badezimmer war auf der anderen Seite des Korridors.

An den meisten Abenden stellten Paul und ich das Radio an (wir beschränkten uns auf zwei Serien und hörten anschließend noch Swingmusik aus Cincinnati, die infolge der Entfernung so leise und verschwommen war wie ein Flüstern), legten uns, auf Kissen gestützt, ins Bett und lernten, bis unsere Finger vor Kälte steif waren. An diesem Abend jedoch hatte Paul eine Verabredung, so daß ich das Zimmer für mich allein hatte. Es ging allerdings nicht sehr still und friedlich zu: Ich hörte den Lärm und das Trampeln der anderen Studenten, die dort wohnten, und die langen Diskussionen über alles mögliche – von der Existenz Gottes bis hin zur Lebensraum-Ideologie der Nazis –, die grundsätzlich vor der Badezimmertür stattzufinden schienen. Gegen zehn war aus dem Eisregen Schnee geworden.

Ich lag unter der Bettdecke und versuchte zu lesen – wenn ich mich recht erinnere, hatte ich am nächsten Tag eine Prüfung –, doch ich kam nicht sehr weit. Die Zweige der Ulme hinter dem Haus kratzten an der Fassade, als wollte irgend etwas an der Hauswand hochklettern, um dem Schneesturm zu entkommen, und der Radioempfang war so schlecht, daß ich aufstand und den Apparat ausschaltete. Ich rieb einen Kreis in den Reif auf der Fensterscheibe und spähte hinaus. Die Welt war undurchdringlich und verschwommen, das Licht der Straßenlaternen war zu einem Nichts geschrumpft, und ich hörte nur den Wind und das unregelmäßige Scharren des Schnees an der Scheibe. Ich fühlte mich klein und eingesperrt. Rastlos. Gelangweilt.

Ich dachte an Dr. Kinsey – um ehrlich zu sein: Ich hatte den ganzen Abend, selbst beim Essen, an kaum etwas anderes gedacht – und ging wohl zum zwanzigsten Mal durch das Zimmer zu meinem Schreibtisch, um mir die Postkarte anzusehen, die er mir gegeben hatte. Ich ließ eine Hand in den Schoß sinken, wo ich einen leichten Druck verspürte, und begann gedankenverloren, mich durch eine Lage Gabardine zu massieren. Und wie sollte ich messen? Ich besaß kein Lineal. Natürlich konnte ich mir eins von Bob Hickenlooper leihen, dem Architektur-Überflieger, der ein paar Zimmer weiter wohnte – wenn es in diesem Haus ein Lineal gab, dann bei ihm –, aber ich hatte mich mit dem Gedanken noch nicht angefreundet. Es war irgendwie obszön, ja geradezu lächerlich. Den eigenen Penis messen? Aber natürlich steckte dahinter noch mehr – Sie haben es sicher bereits erraten: Was, wenn meine Maße unter dem Durchschnitt lagen? Wenn mein Penis, nun ja, *kleiner* war als der anderer Männer? Was dann? Würde ich ein paar Zentimeter aufschlagen, um den hervorragenden Wissenschaftler nicht zu enttäuschen, der die Ergebnisse begierig erwartete, um sie statistisch zu erfassen? Natürlich hatte ich keine Ahnung von den Durchschnittsmaßen des männlichen Glieds, aber ging es bei diesem Unternehmen nicht genau darum? Kinseys Vorlesung über individuelle Abweichungen von der Norm war doch nichts anderes als der Versuch, uns die Unsicherheit im Hinblick auf Busengröße und Penislänge und dergleichen zu nehmen.

Ja, sagte ich mir, ich werde nachmessen, und ich werde so ehrlich und gewissenhaft wie möglich sein. Und natürlich stellte ich bei dem Gedanken daran, wie ich das kalte, steife Lineal eines Architekturstudenten an meinen Schwanz drückte, fest, daß ich eine Erektion hatte. Erst da (und bitte verstehen Sie mich nicht falsch) fiel mir Mrs. Lorber ein. Sie saß jeden Abend unten im Salon, strickte und hörte dabei Radio, und ich wußte, daß sie in ihrem Nähkästchen ein weiches, geschmeidiges Maßband aus abgegriffenem gewachstem Stoff hatte, genau das, was man für die wissenschaftliche Untersuchung, die mir vorschwebte, brauchte.

Na gut. Schön. Im nächsten Augenblick sprang ich die drei Treppen mit den wackligen Stufen hinunter und ignorierte sowohl Tom Tomalins Einladung zu einer Runde Pinokel als auch den anzüglichen Gruß von Ben Webber, der seine hundertzehn Kilo schnaufend in sein Zimmer im ersten Stock schleppte. Außer Atem und mit mühsam beherrschter Erregung blieb ich vor der geöffneten Salontür stehen und klopfte an den Rahmen. Mrs. Lorber saß, eine Katze auf dem Schoß, in ihrem Lieblingssessel und strickte etwas Karamelfarbenes. Sie sah nicht auf, doch sie wußte, daß ich da war – sie wußte alles, was in ihrem Haus vor sich ging, keine Bewegung, kein Atemzug ihrer Schützlinge blieb unbemerkt, und sie hatte den Sessel so plaziert, daß sie einen strategischen Überblick über die Eingangshalle und die Treppe hatte und sogleich intervenieren konnte, sollte jemand so dumm sein zu versuchen, Konterbande auf sein Zimmer zu schmuggeln. (Mrs. Lorber war in den Sechzigern, eine breitschultrige, beleibte Frau mit mehreren Kinnen und dem bohrenden Blick eines Adlers: Alkoholische Getränke, Nahrungsmittel, die erhitzt werden mußten, und ganz besonders Frauen waren strengstens verboten.)

»Äh, entschuldigen Sie, Mrs. Lorber«, murmelte ich.

Sie musterte mich, und ich erwartete ein Lächeln oder wenigstens ein Nicken, doch ihr Gesicht blieb unbewegt.

»Ich dachte nur, äh … Ich könnte mir vielleicht Ihr … Ihr Maßband ausleihen. Nur ganz kurz. Ich bring's gleich wieder zurück, versprochen.«

Sie stieß einen Seufzer aus, in dem alle kleinen Widrigkeiten, alle Krisen und Katastrophen enthalten waren, in die ihre Studenten sie im Lauf der Jahre gestürzt hatten, beugte sich wortlos nach rechts und kramte in ihrem Nähkästchen. »Hier«, sagte sie schließlich, und ich ging zu ihr und nahm das Maßband in Empfang, »aber bestimmt zurückbringen.«

Ich beugte mich zu ihr und roch die Salbe, mit der sie jeden Abend ihre Beine einrieb, und die warme, hefige Luft unter ihrem Rock. Die Katze sah mich ausdruckslos an. »Ja«, sagte ich, und ihre kühlen, trockenen Finger berührten meine, als ich das Maßband nahm, »bestimmt. Ich brauche es nur kurz und bringe es gleich wieder.«

Ich war schon beinahe wieder draußen, als sie mich zurückrief. »Was wollen Sie eigentlich damit messen, John? Die Vorhänge? Ich hoffe doch sehr, daß Sie die Vorhänge nicht –«

»Nein, nein, es ist für eine Hausaufgabe. Für mein Literaturseminar.«

»Literatur? Messen Sie Gedichtzeilen? Die durchschnittliche Länge der Zeilen in ›Don Juan‹? Hm?« Sie lachte auf. »*Das* war ein Gedicht! Wird das eigentlich noch behandelt? Aber nein, natürlich wird es noch behandelt. Von Lord Byron, ja. *Das* war ein Dichter!«

»Ja«, pflichtete ich ihr bei, »aber ich muß jetzt, äh ... Ich meine, ich muß ...«

»Jaja, gehen Sie nur«, sagte sie und winkte mit beiden Händen. »Verschwenden Sie Ihre Zeit nicht mit einer alten Frau, wenn Sie etwas zu *messen* haben.«

Ich stapfte die Treppe hinauf. Das Band brannte in meiner Tasche wie ein Stück glühende Kohle. Ich fühlte mich schuldig, schmutzig, vor allem wegen meiner Lüge und wegen des Zwecks, dem ich das makellose Zentimetermaß meiner Vermieterin zuführen wollte, und ich stellte mir vor, wie sie es in die Hand nahm und an den Schal hielt, den sie für ihre Lieblingsnichte oder -enkelin strickte. Ich konnte morgen ein eigenes Maßband kaufen – so was war praktisch, denn man wußte schließlich nie, wann man etwas zu messen hatte, die Höhe und Breite eines Bücherregals zum Beispiel. Meine Schritte waren wie Hammerschläge auf den Stufen. Der Sturm strich flüsternd über die Fensterscheiben.

In meinem Zimmer stellte ich fest, daß meine Begeisterung für Dr. Kinseys kleine statistische Übung abgeklungen war, doch ich öffnete pflichtbewußt den Gürtel, ließ die Hose hinunter, entrollte Mrs. Lorbers Maßband und wollte die Maße meines inzwischen erschlafften Penis nehmen. Doch kaum hatte ich das Band angelegt, da begann er wieder hart zu werden, und ich bekam keinen klaren Wert; bevor ich wußte, wie mir geschah, streichelte ich meinen Schwanz und dachte an Laura Feeney neben mir im Halbdunkel des Hörsaals – der Projektor klickte und klickte, und wir alle atmeten flach. Und dann sah ich ein Mädchen aus der ersten Reihe meines Literaturseminars, ein Mädchen mit vollen Lippen und blauen Augen, und ihre Waden liebkosten einander unter dem Tisch, bis ich glaubte, den Verstand zu verlieren, und schließlich war da nur noch eine namen- und gesichtslose Frau mit gereckten Brüsten und harten Brustwarzen, und ihre Möse – ja, so wollte ich es nennen, ihre Möse – sah genauso aus wie die auf der Leinwand.

Am nächsten Morgen erwachte ich früh. Das Licht, das durch das Fenster fiel, lag bebend auf der schrägen Zimmerdecke über dem Bett – es war ein bleicheres Licht als sonst, blauer, wie das wäßrige Leuchten am Grund eines Schwimmbeckens, und die Aussicht auf den ersten richtigen Schnee des Jahres erfüllte mich mit Vorfreude. Der Sturm war vorüber, doch der Himmel sah aus wie poliertes Silber, wie eine auf den Kopf gestellte gewaltige Suppenschüssel, aus der vereinzelt noch Flocken fielen. Ich ließ Paul schlafen. Er war spät heimgekommen, als ich schon längst im Bett lag, und ich wollte ihn nicht wecken – nicht so sehr aus Sorge um seinen Schönheitsschlaf, sondern weil ich nicht in Stimmung für Gesellschaft war. Ich wollte durch die Straßen stapfen, die Welt verwandelt sehen und diesen Anblick ganz für mich allein genießen, bevor ich in die Mensa ging, um zu frühstücken und vor der Prüfung noch einen letzten Blick in meine Aufzeichnungen zu werfen.

Es lag ein halber Meter Schnee, vielleicht sogar mehr – es war schwer zu sagen, denn der Wind hatte ihn an Zäunen und Gebäuden aufgetürmt. Die Bürgersteige waren noch nicht geräumt, die Autos standen zugeschneit und unter Verwehungen begraben am Straßenrand, und die Vögel flogen verwirrt aus dem Dunkel der immergrünen Büsche rechts und links der Straße über die weißverhüllte, versiegelte Erde. Aus den Tiefen der Häuser schimmerte gedämpftes Licht. Es roch nach gebratenem Speck und Holzrauch, nach dem reinen, durchdringenden Duft der klaren Luft aus dem Norden.

Es war noch nicht sieben, und auf dem Campus war kaum ein Mensch zu sehen. Wer bereits unterwegs war, bewegte sich stumm über die verschneite Fläche, geduckte Gestalten, aus einem Traum vertrieben und hierher versetzt, wohin sie nicht gehörten, und in der Mensa saßen nur zehn Studenten – sonst waren es mindestens hundert. Sogar die Belegschaft war auf eine einzige Frau reduziert. Sie gab mit mechanischen Bewegungen das Essen aus, ging dann zur Kasse und nahm das Geld in Empfang. Ich setzte mich an einen Fenstertisch, rührte gedankenverloren Zucker in meinen Kaffee und starrte über meine Bücher hinweg auf die Bäume am Fluß. Es war einer dieser starken Augenblicke, in denen die Welt zum Stillstand kommt und ihre schlummernden Möglichkeiten offenbar werden. Magisch. Der magische Moment – hieß es nicht so in den Liebesliedern?

Sie sprach mich an, doch ich bemerkte es zunächst nicht – »Hallo, John. *Hallo,* hab ich gesagt« –, und als ich aufsah, erkannte ich sie nicht. Sie trug Wintermantel und Mütze, das seidige schwarze Haar hing wie ein geraffter Vorhang zu beiden Seiten ihres Gesichts herab, und ihre Augen leuchteten, als wären innen zwei winzige, von einer verborgenen Batterie gespeiste Glühbirnen. Es war sieben Uhr morgens – nein, noch nicht mal sieben Uhr morgens –, und sie hatte bereits Lidstrich aufgetragen, um die Farbe dieser Augen zu betonen, die es schafften, blau und grün zugleich zu sein – wie das Meer vor Havanna, wo das flache Küstenwasser in ozeanische Tiefen übergeht und dein weißes Boot dahingleitet und dich gemächlich von dieser Welt in eine andere trägt und alles sich in einem Traum auflöst. »Kennst du mich nicht mehr?«

Sie öffnete die Schnalle an ihrem Kragen, nahm die Mütze ab und schüttelte das Haar aus. Den Schal hatte sie zweimal um den Hals gewickelt. Plötzlich war alles wieder in Bewegung, als wäre der Film wieder in den Projektor gefädelt worden: Sie schob ihre Bücher neben meine auf den Tisch, knöpfte den Mantel auf, damit ich sah, wie gut ihr das Kleid stand, und dann zog sie – wer *war* sie? – den Stuhl zurück und setzte sich auf die Kante. Und da fiel es mir ein. »Du bist Iris«, sagte ich.

Sie schenkte mir ihr volles Lächeln, und das Lächeln war an derselben verborgenen Stromleitung angeschlossen wie die Augen. »Iris McAuliffe, Tommys kleine Schwester. Aber das weißt du ja.«

»Klar. Natürlich. Meine Mutter … Ich meine, sie … Und dann hab ich dich irgendwo hier auf dem Campus gesehen …«

»Du bist verlobt, hab ich gehört.«

Ich wußte nicht, was ich darauf sagen sollte – ich wollte auf keinen Fall, daß diese Nachricht auf irgendeine Weise, in irgendeiner Form zu meiner Mutter gelangte –, und so neigte ich den Kopf und trank einen Schluck Kaffee.

Iris' Lächeln erstarb. »Sie ist sehr hübsch«, murmelte sie. »Laura Feeney, meine ich.«

»Ja«, sagte ich und ließ die Tasse nicht aus den Augen. »Aber ich bin nicht wirklich … Wir sind nicht …« Ich sah sie an. Am Rand meines Gesichtsfelds kassierte die Frau hinter dem Tresen einen Kaffee und einen Doughnut, mit Bewegungen, als wäre sie unter Wasser, und außerdem bemerkte ich das schüttere Haar und die schmalen Schultern meines Literaturprofessors, dessen Mantel mit Schnee bestäubt war. »Das heißt, wir haben nur so getan als ob. Für den Ehekurs.«

Es dauerte einen winzigen Augenblick, bis sie diese Information verarbeitet hatte, und dann war das Lächeln wieder da. »Du meinst, ihr habt …? Nur um …? Du liebe Zeit«, sagte sie und ließ sich zurücksinken, mit unruhigen Armen und Beinen und nervösen Händen. »Ich hab gehört, das war richtig *schmutzig* …«

2

Ich schrieb Klausuren, ich schrieb Hausarbeiten (»Dualität in John Donnes Liebesgedichten«, »Malinowskis Melanesien«), ich fuhr in den Weihnachtsferien mit dem Bus nach Michigan City und schenkte meiner Mutter ein Sortiment Badeöle sowie Seifen in Form von Muscheln und Meerjungfrauen. Ein paar von meinen alten Highschool-Freunden kamen vorbei, ich erinnere mich besonders an Tommy McAuliffe, der jetzt stellvertretender Geschäftsführer im Lebensmittelladen war – und was für eine Überraschung, daß er seine kleine Schwester Iris mitgebracht hatte! Wußte ich eigentlich, daß sie jetzt auch an der University of Indiana studierte? Da stand sie neben ihm auf der Türschwelle, und obgleich ich sie kaum kannte, dämmerte mir, daß sie eine Frau war, die wußte, was sie wollte, und es immer, wirklich immer bekam. Ich sagte Tommy, ich hätte sie schon auf dem Campus gesehen – an dem Tag nach dem Schneesturm, stimmt's? –, und sie stand mit ihren immer größer werdenden Meeraugen dabei, als hätte sie das ganz vergessen. Wir saßen am offenen Kamin, aßen Pfeffernüsse und tranken jedesmal, wenn meine Mutter in die Küche ging, um nach ihren Pasteten zu sehen, einen kleinen Brandy. Kurz vor Silvester spielte ich mit dem Gedanken, Iris ins Kino oder zum Schlittschuhlaufen einzuladen, mich also mit ihr zu verabreden, tat es aber schließlich doch nicht. Und dann war ich wieder in der Uni, und die Tage schleppten sich durch die dunkle Trostlosigkeit des Januars.

Eines Abends, als ich im ersten Stock der Bibliothek Bücher einordnete, sah ich Prok – Professor Kinsey –, der im angrenzenden Gang kniete und die Buchrücken auf dem untersten Bord musterte. Er war in ständiger Bewegung, zog hier und dort ein Buch heraus, schob es gleich wieder zurück und wiegte sich unablässig hin und her, wobei das Knie den Drehpunkt bildete. Es war eigenartig, ihn dort zu sehen – oder nicht so sehr eigenartig als vielmehr unerwartet –, und ich erstarrte für einen Augenblick. Ich wußte nicht, was ich tun sollte: ihn begrüßen, ihn ignorieren, eine Ladung Bücher packen und um die Ecke verschwinden? Und wenn ich ihn grüßte, würde er sich überhaupt an mich erinnern? Er hatte Hunderte von Studenten, und mit praktisch allen hatte er private Befragungen durchgeführt – wie konnte ich erwarten, daß er sich an irgendeinen von uns erinnerte? Ich beobachtete ihn aus dem Augenwinkel. Er schien etwas vor sich hin zu murmeln – eine Katalognummer? –, und dann entdeckte er das gesuchte Buch, zog es aus dem Regal und sprang auf, alles in einer Bewegung. Er hob den Blick und sah mich.

Es dauerte einen Moment. In sein ausdrucksloses Gesicht trat freudiges Erkennen. Er ging auf mich zu. »Milk«, sagte er, »hallo. Schön, Sie zu sehen.«

»Hallo, Sir. Ich … ich dachte, Sie würden sich nicht an mich erinnern, bei den vielen Studenten, die Sie …«

»Seien Sie nicht albern. Natürlich erinnere ich mich an Sie. John Milk aus Michigan City, geboren am 2. Oktober 1918.« Er sah mich mit seinem Patentlächeln an: Die obere Zahnreihe lag frei, zwei senkrechte Lachfalten strafften die Haut an seinem Kinn, und sein ganzes Gesicht erstrahlte vor unbändiger Freude. »Eins siebenundsiebzig, einundachtzig Kilo. Sie haben doch nicht etwa abgenommen?«

»Kaum«, sagte ich. Mein Lächeln war ein blasser Abklatsch des seinen, und ich dachte an die anderen Maße, die ich auf die Postkarte geschrieben und an ihn geschickt hatte, und auch an meine Geheimnisse, meine Scham und alles, was damit zusammenhing. »Sie wissen schon: Mutters Küche. In den Ferien.«

»Ja«, sagte er, »jaja, natürlich. Es geht nichts über Mutters Küche, stimmt's?« Er lächelte noch breiter als zuvor, wenn das überhaupt möglich war. »Oder über Mutters Liebe.«

Ich mußte ihm zustimmen. Ich nickte, und dann löste sich dieser Augenblick von allem anderen und hing da, sanft übergossen vom Leuchten der Deckenlampen. Ich wurde mir der gedämpften Geräusche der anderen Bibliotheksbesucher bewußt, ich hörte ein Buch zu Boden fallen, ein Flüstern.

»Sie arbeiten hier, nehme ich an.«

Das bejahte ich. Allerdings hatte die Leitung meine Stundenzahl reduziert, und ich verdiente kaum noch genug, um über die Runden zu kommen. »Meistens ordne ich Bücher ein. Und wenn dann geschlossen ist, fege ich, leere die Papierkörbe und räume auf.«

Er stand da, musterte mich und wiegte sich auf den Fußballen vor und zurück. Unwillkürlich warf ich einen Blick auf das Buch: *Das Liebesleben der Griechen* von Hans Licht. »Sie kommen spät ins Bett, was? Verträgt sich das mit Ihrem Studium?«

Ich zuckte die Schultern. »Muß es ja wohl.«

Er schwieg für einen Augenblick, als faßte er einen Entschluß, und sah mir dabei in die Augen. »Wissen Sie, Milk ... John ...« sagte er leise, beinahe träumerisch, »wir haben einen Garten, Mrs. Kinsey und ich. Clara. Im Sommer ist er der Stolz von Bloomington, ein regelrechter botanischer Garten auf zweieinhalb Morgen fruchtbaren Landes – ich züchte Taglilien, Iris, und wir wollen einen Lilienteich anlegen. Sie sollten sich das mal ansehen, wirklich.«

Ich konnte ihm nicht ganz folgen. In letzter Zeit war ich etwas übermüdet, weil ich immer erst spät ins Bett kam, und mir fiel nichts Besseres ein, als ihn mit meinem kriecherischen Studentenblick anzusehen.

»Ich meine, ich denke schon seit einiger Zeit darüber nach, ob ich nicht mal einen Studenten anheuern sollte, der mir hilft. Im Augenblick sind da natürlich nur gefrorene Erde und dürre Stengel, aber im Frühjahr werden wir alles zum Leben erwecken. Und bis dahin – und auch später, zusätzlich zu dem Gartenjob – brauchen wir jemanden für unsere Institutsbibliothek. Was sagen Sie dazu?«

Eine Woche später arbeitete ich im Institut für Biologie, mit erhöhter Stundenzahl und ohne Abendschichten. Die Institutsbibliothek umfaßte viel weniger Bände als die Unibibliothek, und entsprechend klein war die Benutzerzahl, so daß ich mehr Zeit für mich selbst hatte, Zeit, die ich mit Lernen verbringen konnte (und, um ehrlich zu sein, mit Tagträumen: Ich verbrachte in jenem Semester unverhältnismäßig viel Zeit damit, vor mich hin zu starren, als wären alle Antworten auf die Fragen des Lebens in einer krakeligen, verblaßten Schrift in die Luft geschrieben). Prok bekam ich nicht oft zu sehen, er blieb meist in seinem Büro im ersten Stock, und da das Forschungsprojekt gerade erst anlief, brauchte er noch keine Hilfe bei den Befragungen oder der Tabellierung der Antworten. Er war, wie Sie zweifellos wissen, eine der Koryphäen auf dem Gebiet der Cynipoideen – der Gallwespen – und damals noch damit beschäftigt, Eichengallen aus allen Teilen der USA zu sammeln. Drei Assistentinnen (Studentinnen im zweiten und dritten Studienjahr) waren ausschließlich damit beschäftigt, die Maße verschiedener Wespenexemplare zu verzeichnen und die Präparate in den dafür vorgesehenen Schmitt-Kästen zu befestigen. Taxonomie war seine Stärke, nicht nur als Entomologe, sondern auch als Erforscher menschlicher Sexualpraktiken.

Jedenfalls war der Job für mich ein Segen, und in den ersten ein, zwei Wochen tauchte ich aus dem Tief auf, in dem ich versackt war. Die freien Abende und das zusätzliche Geld bauten mich auf. Ich ging mit Paul und seiner Freundin Betsy zum Bowling und bestand darauf, sie zu Cheeseburgern und ich weiß nicht wie vielen Krügen Bier einzuladen, nachdem Paul mich beiseite genommen und mir gesagt hatte, er und Betsy seien übereingekommen, ich solle als erster erfahren, daß sie verlobt seien. Die Jukebox spielte immer wieder »Oh, Johnny«, und Betsy sagte immer wieder: »Du bist der nächste, John-Johnny-John, du bist der nächste.« Ich zuckte nicht mal, als Laura Feeney und Jim Willard hereinkamen und sich in eine Nische weiter hinten setzten. An diesem Abend blieben Paul und ich lange auf und tranken den Bourbon, den Paul an der wachsamen Mrs. Lorber vorbeigeschmuggelt hatte, aus Wassergläsern, und obwohl ich am nächsten Morgen verschlief, freute ich mich für Paul und schöpfte neue Hoffnung für mich selbst.

Leider hielt diese Stimmung nicht lange an. Mein Zimmergenosse, ein Mann, mit dem ich Alter und Interessen teilte, würde demnächst heiraten, und auf ihn wartete bereits eine Stelle in der Futtermittelfirma seines Vaters, während ich mir jeden Morgen vor dem Spiegel eingestehen mußte, daß ich keine Ahnung hatte, was aus mir werden sollte. Wie wohl die meisten höheren Semester war ich orientierungslos, ich sorgte mich um meine Noten und steuerte auf die Abschlußprüfung im Juni zu, ohne die leiseste Ahnung zu haben, was ich mit meinem Leben anfangen, geschweige denn, wie ich meinen Lebensunterhalt verdienen sollte. Ich wußte nur, daß ich lieber als Handlanger des Küchenhelfers in der Suppenküche auf der Teufelsinsel arbeiten wollte, als noch einen Sommer bei meiner Mutter in Michigan City zu verbringen. Und als wäre das noch nicht belastend genug, drohte ein Krieg in Europa, und es gab Gerüchte über die Einführung einer allgemeinen Wehrpflicht.

Ich war also niedergeschlagen, das Wetter wurde schlechter und schlechter, Paul war so oft mit Betsy unterwegs, daß ich schließlich kaum noch wußte, wie er aussah, und die Bücher auf dem Bibliothekswagen wurden immer schwerer. (Ich kam mir vor wie ein bibliothekarischer Sisyphos: Die Arbeit nahm kein Ende, und die einzuordnenden Bücher wurden und wurden nicht weniger.) Und dann ereigneten sich zwei Dinge. Das erste hatte, wie Sie vielleicht schon erraten haben, mit Iris zu tun. Obgleich sie, wie ich, Englisch als Hauptfach hatte, tauchte sie eines Nachmittags in der Institutsbibliothek auf und suchte verzweifelt Informationen über den Lebenszyklus des *Plasmodium*-Parasiten, denn sie hatte einen von Dr. Kinsey persönlich veranstalteten Einführungskurs in die Biologie belegt. »Wir müssen aus mindestens drei wissenschaftlichen Zeitschriften zitieren«, sagte sie, noch immer außer Atem, denn sie war bei starkem Gegenwind quer über den Campus gelaufen, »und morgen soll ich die Arbeit abgeben.«

Ich war dabei, Katalogkarten für die Neuerwerbungen auszufüllen, als sie an den Tisch trat und mich überraschte. Bevor ich auch nur daran denken konnte zu lächeln, fuhr ich mir mit der Hand durch die Haare und schob die widerspenstige Locke zurück, die mir wie immer in die Stirn fiel. »Ich würde ... Klar«, sagte ich. »Aber da bin ich ... Eigentlich ist für so was Mr. Elster zuständig, der Bibliothekar, aber ich könnte ... Ich werde mein Bestes tun.« Endlich fand ich mein Lächeln. »Für dich mache ich das.«

Sie senkte die Stimme. »Ich will keine Umstände machen – du hast bestimmt Wichtigeres zu tun. Aber wenn du mir sagen könntest, wo ich ...«

Ich stand auf und spähte durch den Saal zu dem Tisch, an dem, teils hinter einer lackierten Trennwand verborgen, Elster saß. Er war ein kleiner, dünner, verbitterter Mann von Ende Zwanzig und hatte mich mehrfach darauf hingewiesen, daß es nicht zu meinen Pflichten gehörte, den Benutzern behilflich zu sein – das war seine Aufgabe, und er wachte eifersüchtig darüber. Im Augenblick jedoch war er ganz von irgendwelchem Papierkram in Anspruch genommen, vielleicht auch von einem der Kreuzworträtsel, die er sich ständig vornahm. Auch ich sprach jetzt leiser: Immerhin war dies ja eine Bibliothek, und es war besser, keine Aufmerksamkeit zu erregen. »Die aktuellen Ausgaben der Zeitschriften stehen in alphabetischer Reihenfolge dahinten an der Wand, aber du brauchst ja die Indizes, und die sind ... Ach was, ich hole sie dir schnell.«

Sie lächelte mich an, als hätte ich bereits passende Zitate gefunden, sie aufgeschrieben und die Arbeit abgegeben, und ihr Blick huschte auf eine Weise über mein Gesicht, die wir später als eines der unterschwelligen Signale der Bereitschaft identifizierten (das heißt der Bereitschaft zu sexuellen Aktivitäten, zu Küssen, Petting, genitaler

Manipulation und Koitus), doch damals dachte ich nur, ich hätte einen Speiserest zwischen den Zähnen oder meine Haare brauchten noch eine Portion Öl. »Hast du von deiner Mutter gehört?« fragte sie und wechselte abrupt das Thema.

»Ja«, sagte ich. »Oder vielmehr nein. Ich meine, warum fragst du? Ist irgendwas –«

»Oh, nein, nein«, sagte sie, »nein. Ich wollte nur wissen, wie es ihr geht. Ich hab mich nie für den schönen Nachmittag und ihre Gastfreundschaft bedankt. Und für deine. Das war wirklich ein toller Nachmittag für Tommy und mich.«

»Die Pfeffernüsse waren lecker«, sagte ich wie ein Idiot. »Ein Rezept meiner Großmutter. Familientradition.«

Für einen Augenblick dachte ich, sie würde nichts darauf antworten. Ich stand verlegen am Tisch und suchte in Gedanken nach dem Schlüssel zur nächsten Gesprächsebene – ihre Mutter, sollte ich sie nicht nach ihrer Mutter fragen, auch wenn ich sie kaum kannte? –, doch dann sagte sie etwas, allerdings so leise, daß ich sie nicht verstand.

»Was?«

»Ich sagte: Ja, das waren sie.« Ich muß verwirrt ausgesehen haben, denn sie fügte hinzu: »Die Pfeffernüsse. Ich hab dir zugestimmt.«

Das brachte mich wieder ins Stolpern – wie gesagt, lockeres Plaudern war nicht meine Stärke, es sei denn, ich hatte ein paar Drinks intus –, und dann kicherte sie, und ich kicherte mit und sah von ihr zu Elsters Tisch und wieder zurück. »Tja«, sagte ich, »setz dich doch einfach, und ich, also ... die Indizes ...«

Sie setzte sich an einen der großen gelben Eichentische und legte Handtasche, Büchertasche, Handschuhe, Mantel und Hut darauf ab, als wäre die Bibliothek ein Flohmarkt, und ich brachte ihr die vielversprechendsten Indizes und kehrte zu meinen Katalogkarten zurück. Es war warm in der Bibliothek – eigentlich war sie überheizt –, und wie in den meisten Bibliotheken roch es nach Staub, Bohnerwachs und den verstohlenen Ausdünstungen der Benutzer. Ein Strahl der Wintersonne färbte die Wand hinter Iris gelb. Es war sehr still. Ich versuchte, mich auf das, was ich tat, zu konzentrieren und die Einträge in meiner saubersten Blockschrift zu schreiben, doch ich blickte immer wieder zu ihr und war verwundert über die Vitalität, die sie in diese sterile Atmosphäre brachte. Sie trug einen langen Rock, dunkle Strümpfe, einen engen Pullover, der ihre Formen zur Geltung brachte und zu ihren Augen paßte, und während sie den Kopf hob und senkte – erst über die Zeitschrift, dann über ihren Block, dann wieder über die Zeitschrift –, sah ich ihr zu, als wäre sie ein exotisches, wildes Wesen in einem ländlichen Idyll, das seinen Durst an einem Strom stillt.

Dabei war sie nicht wild, ganz und gar nicht. Sie war so zahm, wie es zahmer kaum geht. Und sie war, wie sie mir später gestand, an jenem Tag nur in die Bibliothek gekommen, um mich daran zu erinnern, daß sie noch lebte und im geschlechtsreifen Alter war, daß sie Lippen hatte, die man küssen konnte, und Hände, die gehalten werden wollten. In Wirklichkeit hatte sie die Hausarbeit über die widerwärtigen, Malaria übertragenden kleinen Parasiten bereits geschrieben, sie hatte alles, was sie brauchte, und daß sie hier am Tisch saß und den Kopf mit dem schimmernden Haar hob und senkte, geschah einzig und allein, damit ich etwas zu sehen bekam. Sie hatte, wie meine Mutter lange vor mir gemerkt hatte, ein Auge auf mich geworfen und war entschlossen, mich diese Tatsache auf meine unbeholfene Art entdecken zu lassen. Bevor sie heimging, unterhielten wir uns noch ein bißchen, und irgendwie gelang es mir, sie für Samstag abend zu einer Studentenproduktion eines beliebten Broadway-Stücks einzuladen.

Bei der anderen Sache, die passierte, ging es um Prok, und sie war wohl symbolisch für das, was sich später zwischen uns entwickelte, zwischen Prok und mir einerseits und Iris und mir andererseits. Es geschah in derselben Woche, in der Iris in die Bibliothek gekommen war, vielleicht sogar am selben Tag, ich weiß es wirklich nicht mehr. Ich wollte gerade nach Hause gehen, als jemand meinen Namen rief, und als ich mich umdrehte, kam Prok die Eingangstreppe herunter auf mich zu. »Milk, warten Sie einen Augenblick«, rief er, und dann stand er vor mir und zog sich einen Handschuh aus, um mir die Hand zu schütteln. »Wie geht's? Gefällt Ihnen Ihr neuer Job?«

»Ja«, sagte ich. »Ich bin sehr ... Es ist interessant.« Meine Worte hingen in der Luft, als hätte niemand sie je ausgesprochen. Ich tastete in meiner Jackentasche nach den Zigaretten und merkte, daß ich sie offenbar auf meinem Tisch in der Bibliothek hatte liegenlassen.

»Gehen wir ein paar Schritte«, sagte er. »Müssen Sie in meine Richtung?«

»Ich wohne drüben in Kirkwood.«

»Aha. Gut. Die falsche Richtung also. Aber tun Sie mir den Gefallen – einem jungen Burschen wie Ihnen macht ein Umweg von zwei Blocks doch wohl nichts aus, oder?«

Also gingen wir in Richtung seines Hauses in der First Street. Die Bäume auf dem Campus standen da wie Statuen, unter dem sich verdunkelnden Himmel leuchtete das Licht in den Fenstern der hohen bleichen Universitätsgebäude. Die Luft war hart vor Kälte und straff über den Abend gespannt, doch nach der Beengtheit der Bibliothek war es ein gutes Gefühl, draußen zu sein.

Auf der Straße gab es vereiste Stellen. Am Bordstein standen Mülleimer. Prok war mir einen halben Schritt voraus, marschierte wie immer mit riesigen Schritten dahin (bei Prok war alles ein Wettkampf, selbst das Gehen) und sprach über die Schulter zu mir, so daß mich seine Worte in einer Hülle aus gefrorenem Kohlendioxyd erreichten.

»Ich habe zu Clara gesagt, was für ein interessanter Mensch Sie sind und wie sehr Sie mich beeindrucken, und sie sagte: ›Warum lädst du ihn dann nicht mal zum Abendessen ein?‹ Ich fand das eine gute Idee, denn sehr oft kommen Sie wohl nicht in den Genuß guter Küche, oder? Sie wissen schon – worüber wir neulich gesprochen haben: das gewisse mütterliche Etwas.«

»Nein«, sagte ich, »da haben Sie recht. Entweder Mensa oder Schnellimbiß.« Das Kompliment ließ mich innerlich erglühen – *ich hatte ihn beeindruckt* –, und die Worte kamen wie von selbst.

»Jede Menge Fett und Knorpel als Futter für die sich vermehrenden Gehirnzellen, hm?« Er wandte seinen großen Kopf und lächelte mir zu.

»Und natürlich dürfen wir nicht selbst kochen ...«

»Studentenpension?«

Ich nickte. Wir waren jetzt in einer Seitenstraße und ließen die Universität hinter uns. Es waren nur sehr wenige Autos unterwegs.

»Tja«, sagte er, blieb stehen und drehte sich zu mir um, »also, wie wär's? Am Samstag um sechs?«

Ich muß gezögert haben, denn in einem ganz anderen Ton, beinahe als machte er sich bereit, Gegenargumente vorzutragen, fügte er hinzu: »Wenn Sie nichts anderes vorhaben, natürlich. Haben Sie irgendwelche Pläne? Für Samstag?«

Ich blickte die ausgestorbene Straße entlang und sah dann ihn an. »Nein«, sagte ich. »Eigentlich nicht.«

Proks Haus war nicht weit vom Campus entfernt, und doch galt die Gegend damals als irgendwie abgelegen, denn das Viertel rings um die First Street war noch nicht so entwickelt wie heute. Nach meiner Erinnerung gab es nur wenige große Häuser, eingerahmt von hohem, schwarz gezacktem Wald, und irgendwo in der Nähe murmelte ein Bach. Hier draußen waren die Straßen nicht beleuchtet, doch die Sterne und ein dreiviertel voller Mond ließen die Umrisse der hier und dort am Bordstein geparkten Automobile erkennen, und in jedem Haus, an dem ich vorbeikam, brannte Licht. Ich war ein bißchen spät dran, denn ich hatte beinahe eine Stunde lang darüber nachgedacht, was ich der Dame des Hauses mitbringen könnte: ein Gesteck aus Trockenblumen und Kiefernzapfen, das aussah, als wäre es mit weißem Zement besprüht, in den ein paar bunte Federn gesteckt waren, eine Flasche Kentucky Bourbon oder einen Käse, der im Schaufenster eines Lebensmittelgeschäfts meinen Blick auf sich gezogen hatte. Schließlich entschied ich mich für den Käse. Die Trockenblumen erschienen mir zu riskant – ich hatte keine Ahnung von Botanik und würde heute abend unter Experten sein –, und den Whiskey ließ ich stehen, denn ich wußte nicht, welche Haltung Prok gegenüber alkoholischen Getränken einnahm, vermutete aber, daß er sie ablehnte, weil sie gesundheitsschädlich waren und er das Trinken für eine Zeitverschwendung hielt.

Als ich um Viertel nach sechs außer Atem vor dem Haus stand, mußte ich mich vergewissern, daß dies die richtige Adresse war. Einladungen machten mich immer befangen – ich fürchtete, ich könnte das Datum oder die Adresse verwechselt haben, ich hatte Angst, die Gastgeber würden mich nicht erkennen oder hätten vergessen, daß sie mich eingeladen hatten. Ich weiß, das war dumm, aber schon als Kind in Michigan City war es mir so gegangen: Ich hatte mit einem Baseballhandschuh oder einem Basketball vor der Tür eines Freundes gestanden wie schon tausendmal zuvor, und mit einem Mal war ich überzeugt davon, daß er mich fortschicken würde, daß er etwas Scharfes, Verletzendes sagen und mich wie einen streunenden Hund verjagen würde. Und es half mir kein bißchen, daß ich mich unsicher fühlte in Gegenwart dieses Professors in mittleren Jahren und seiner Frau. (Wer immer sie sein mochte, ich hatte Angst vor ihr und dem, was sie über mich denken würde, und befand mich in einem Zustand zunehmender Panik bei dem Gedanken an die anderen Gäste – vielleicht war auch der Bürgermeister eingeladen oder mein Literaturprofessor oder der Rektor der Universität.) Was sollte ich zu ihnen sagen? Was sollte ich tun?

Warum hatte ich diese Einladung überhaupt angenommen? Es war wie der Augenblick mit Laura Feeney im Korridor vor dem Saal, wo die Einschreibung stattfand, ein Augenblick, der einem eine Wahl zu lassen schien, in Wirklichkeit aber das Ergebnis von Umständen war, die einen mit derselben Entschiedenheit an eine bestimmte Entwicklung banden, mit der Prok seine Cynipoideen in den Schmitt-Kästen feststeckte. Sie mögen es Schicksal nennen, aber ich will nicht den Eindruck erwecken, als wollte ich hier irgendeine Art von metaphysischer oder mystischer Verbindung herstellen; ich habe die letzten sechzehn Jahre mit Prok verbracht und keinerlei Sinn für Mystik. Ich hatte mich entschieden. Ich hatte ja gesagt, wie ich später, ob ich wollte oder nicht, zu vielen anderen von Proks Einladungen ja sagen würde. Wenn ich heute zurückblicke, sehe ich, daß Prok eine Vaterfigur für den jungen Mann war, dessen eigener Vater schon lange tot war, und daß er ein starker, überzeugender Mann war – ihm schlug niemand etwas ab –, aber es ging noch darüber hinaus. Ich fühlte mich geschmeichelt. Er hatte mich erwählt – ich hatte ihn *beeindruckt* –, und darum hatte ich meine erste Verabredung mit Iris platzen lassen, um an diesem Samstagabend im Februar bei den Kinseys zu sein.

Doch ich mußte mich vergewissern, daß ich an der richtigen Adresse war, denn das Haus sah so – wie soll ich sagen – ungewöhnlich aus. Von der Straße aus, umschlossen von Dunkelheit, wirkte es wie ein Lebkuchenhaus, wie irgend etwas aus einem Märchen, die Behausung eines Zauberers, eines Kobolds. Der mit Ziegelsteinen gepflasterte Weg führte in Windungen zwischen Stauden und Büschen hindurch (Proks gärtnerisches Credo lautete: »Die gerade Linie erfreut den Stadtplaner, die gewundene den Gärtner«), und obgleich man merkte, daß eine Absicht dahintersteckte und der Weg tatsächlich zur Eingangstür führte, war die Wirkung überraschend natürlich. Was das Haus betraf, so waren alle Fenster erleuchtet. Das Dach hatte einen Stufengiebel und war mit Schindeln gedeckt, und die Mauern bestanden aus seltsam geformten Ziegelsteinen (Ausschußware, die Prok billig bekommen hatte), zwischen denen große Mörtelwülste hervorquollen wie Verzierungen auf einer zusammensackenden Torte. Das sollte das Haus eines Wissenschaftlers sein? Ich konnte es nicht glauben. Ich war sicher, daß ich vor dem falschen Haus stand – ich hatte mich verhört oder die Zahlen der Hausnummer vertauscht –, doch inzwischen war ich an der Tür angelangt, es war spät, und mir blieb nichts anderes übrig, als den Käse (einen Stilton, der annähernd zehn Pfund wog) unter den Arm zu klemmen, tief durchzuatmen und den Türklopfer zu heben.

Eine Frau öffnete – oder vielmehr ein weiblicher Mensch, wie Prok gesagt hätte. Sie war winzig, wirkte wie ein Kind, und ihr Haar, noch schwärzer als das von Iris, war zu einem Bubikopf geschnitten, der die Ohren frei ließ. Sie sah mich mit einem wunderschönen ungezwungenen Lächeln an, während sie mit ihrer kleinen Hand die Tür aufhielt.

»Ich bin ... Ich wollte ... Bin ich hier richtig bei Professor Kinsey? Oder ...«

»Ich bin Clara«, sagte sie und nahm mir den Käse ab. »Und Sie müssen John sein. Aber kommen Sie doch herein. Prok hat noch irgendwas zu erledigen, aber er wird sicher gleich dasein.«

Sie führte mich ins Wohnzimmer, das so unkonventionell wie das Äußere des Hauses war. Die Wände waren schwarz gestrichen (oder vielmehr, wie ich später erfuhr, mit schwarzem Tee, der sich nach Proks Meinung dafür besser eignete als Wandfarbe), und die rustikalen selbstgebauten Möbel aus gebogenem Hickoryholz waren ebenfalls schwarz lackiert. Es gab ein Klavier (schwarz), ein paar Regale voller Schallplatten sowie ein Grammophon. Einige im Raum verteilte Lampen ließen die Ecken weicher erscheinen, und im offenen Kamin brannte ein Feuer. Von anderen Gästen war nichts zu sehen.

»Mrs. Kinsey, es tut mir sehr leid, daß ich zu spät komme. Normalerweise passiert mir das nicht, aber, äh ... Ich habe Ihr Haus nicht gleich gefunden, und ...«

»Unsinn«, sagte sie. »Wir geben hier nichts auf Förmlichkeiten, John, wir werden essen, wenn wir hungrig sind, also machen Sie sich keine Gedanken. Und bitte nennen Sie mich Clara. Oder noch besser Mac.« Ihre Stimme war belegt, und sie sprach langsam: Jede

Silbe löste sich sanft von der vorangehenden, als wären die Worte Karamelbonbons, die aneinanderhafteten, Zuckerwatte, die noch ein wenig auf den Lippen verweilen wollte. Sie war einundvierzig, Mutter von drei Kindern und keine Schönheit, aber überaus faszinierend, und von diesem ersten Augenblick an hielt sie mich in ihrem Bann.

Wir standen mitten im Wohnzimmer auf einem anscheinend selbstgewebten Teppich. Wahrscheinlich betrachtete ich ihn, ohne es zu merken, denn Mac (das war ihr Spitzname, eine Abkürzung ihres Mädchennamens McMillen, so wie Prok die Kurzform von Professor K. war) bemerkte: »Schön, nicht? Hat mein Mann gemacht.«

Ich antwortete irgendwas Idiotisches – er sei ein Mann mit vielen Talenten oder so.

Mac lachte auf. Ich fragte mich, wo die Kinder waren, die anderen Gäste, und betete insgeheim, daß keine kommen würden. »Aber was stehe ich da und rede! Ich habe Sie noch gar nicht gefragt, ob Sie etwas trinken möchten.«

Und ob. Ich wollte einen gut bemessenen Bourbon, damit das Gefühl in Finger- und Zehenspitzen zurückkehrte und meine Zunge ein bißchen lockerer wurde. »Oh«, sagte ich, »ich weiß nicht. Irgendwas. Vielleicht ein Glas Wasser?«

In diesem Augenblick, wie auf ein Stichwort (doch das ist ein Klischee: Er hatte bestimmt die ganze Zeit im Flur gewartet und uns beobachtet), erschien Prok mit einem Emailletablett, auf dem einige Flaschen und drei langstielige kleine Gläser standen.

»Milk«, rief er, »wie schön, daß Sie da sind! Willkommen, willkommen!« Er stellte das Tablett auf den niedrigen schwarzen Tisch vor dem Kamin und forderte mich auf, mich zu setzen. »Mac haben Sie ja schon kennengelernt. Was ist das hier? Oh, Käse! Wunderbar. Vielleicht könnte Mac uns noch ein paar Cracker …? Bitte, Schatz, würdest du uns Cracker bringen? Und jetzt« – er wandte sich wieder an mich – »möchten Sie vielleicht ein Gläschen?«

Er reichte mir eines der Gläser – etwa so groß wie ein Fingerhut – und begann über die verschiedenen Brände und Liköre auf dem Tablett zu dozieren: Diesen hier habe ihm ein Kollege aus Italien mitgebracht, und den da habe Professor Simmonds vom Fachbereich Geschichte in den höchsten Tönen gelobt. Ich brauchte eigentlich nicht viel zu sagen. Nachdem ich an meinem Glas genippt hatte – das Zeug roch stark nach irgendwelchen mir vage bekannten Kräutern und war so pappsüß und dickflüssig wie Melasse –, wurde mir klar, daß meine Annahme richtig gewesen war: Von alkoholischen Getränken hatte Professor Kinsey keinen blassen Dunst. Wir unterhielten uns über den Ehekurs, das heißt über meine Eindrücke davon, als Mac mit einem zweiten Tablett hereinkam, in dessen Mitte mein Stilton lag, umgeben von Salzcrackers.

»Kleine Manöverkritik des Ehekurses«, sagte er und sah sie mit einem Blick an, den ich nicht zu deuten vermochte. In diesem Moment fiel mir ein, daß er sicher auch ihre Geschichte aufgezeichnet hatte – sie war bestimmt unter den ersten gewesen –, und bei dem Gedanken daran, daß ein Mann seine Frau über ihr Sexualleben ausfragte, durchströmte mich ein eigenartiges Gefühl. Er war, das wußte ich aus eigener Erfahrung, und ich sah es in den folgenden Jahren immer wieder bestätigt, ein Meister in der Kunst der Befragung und akzeptierte nichts Ungefähres. Er war beinahe wie ein menschlicher Lügendetektor und merkte sofort, wenn der oder die Befragte auswich. Mac mußte ihm alles erzählt haben, und das bedeutete, daß er ihre Geheimnisse ebenso kannte wie meine. Plötzlich durchzuckte mich die Erkenntnis, welche Macht dieses Wissen barg. Wer seine Geschichte preisgab, gab seine Seele preis, und der Besitz dieser Seele bedeutete die größtmögliche Erhöhung der eigenen Person – wie bei den Kannibalen, wo man durch den Geist eines jeden Opfers, das man sich einverleibt, an Größe gewinnt.

Beim Essen drehte sich das Gespräch ausschließlich um Sex. Prok erzählte von seinem Projekt: Analog zu der Methode, die es ihm erlaubte, Wespen anhand der Variationen innerhalb einer Spezies zu klassifizieren, wollte er eine Taxonomie des menschlichen Sexualverhaltens entwickeln. Wir aßen eine Art Eintopf – Prok bezeichnete ihn als »Gulasch«, er hatte ihn selbst zubereitet. Zum Essen gab es weder Bier noch Wein, sondern Milch, die Prok aus einem großen Glaskrug ausschenkte, wobei er einen seiner seltenen Versuche unternahm, witzig zu sein (»Noch etwas Milch, Milk?«). Wir saßen zu dritt am Tisch. Die Kinder hatten offenbar bereits gegessen, so daß wir, wie Prok sich ausdrückte, »einander kennenlernen« konnten, »ohne unsere Aufmerksamkeit aufteilen zu müssen«. Jedesmal, wenn Prok Luft holte, was nicht oft der Fall war, sagte Mac, was sie zu sagen hatte, und ich war überrascht, denn sie war kein bißchen weniger fachkundig und gleichermaßen imstande, Worte wie Cunnilingus oder Fellatio in das Tischgespräch einzustreuen.

Was mich betraf, so genoß ich die Aufmerksamkeit, die beide mir zuteil werden ließen. Ich hatte mich immer als Durchschnittsmenschen betrachtet, selbst als ich eine Bestnote nach der anderen bekommen hatte, selbst als es mir gelungen war, ein schon verloren geglaubtes Footballspiel herumzureißen, doch hier saßen zwei lebhafte, intelligente, welterfahrene Menschen – erwachsene Menschen –, die meine Meinung hören wollten und mich als ihresgleichen behandelten. Es stieg mir ein wenig zu Kopf, und ich wollte nie mehr von diesem Tisch aufstehen oder von dem Sofa vor dem Kamin, auf das wir uns nach dem Essen setzten. Dort löffelten wir Vanille-Eiscreme, während Prok mit hoher Stimme unermüdlich dozierte und Mac perfekte Maschen strickte. Es wurde neun, es wurde zehn. Irgendwann verschwand Mac, um sich davon zu überzeugen, daß die Kinder (zwei Mädchen von vierzehn und fünfzehn und ein zwölfjähriger Junge) auch wirklich im Bett waren, und für einen Augenblick fühlte ich mich unbehaglich. Ich sagte, es sei schon spät, doch Prok tat das mit einer Handbewegung ab. Er war keineswegs müde, im Gegenteil: Er schaltete noch einen Gang höher.

Er schürte das Feuer, setzte sich mit dem Stoffstrang, aus dem er einen Teppich knüpfte, auf den Boden (»Sehr wirtschaftlich, Milk – sollten Sie auch machen. Sie können alle abgelegten Kleider, Laken, Stoffe und so weiter verarbeiten, dazu Streifen aus Musselin, die Sie färben können, wie Sie wollen, und Sie werden staunen, wie haltbar so ein Teppich ist. Zum Beispiel der hier, auf dem ich sitze: den hab ich 1921 gemacht, da war ich Assistenzprofessor, und wir haben in einer hübschen kleinen Mietwohnung gewohnt, unserer ersten gemeinsamen Wohnung nach der Hochzeit«) und offenbarte mir in der nur vom Knistern und Knacken des Feuers unterbrochenen Stille all seine Hoffnungen und Ambitionen hinsichtlich des Projekts. Zehntausend Befragungen mindestens, das war es, was er wollte, und um Genauigkeit zu gewährleisten, mußten diese Befragungen persönlich durchgeführt werden – er wollte sich nicht, wie andere Forscher vor ihm, auf Fragebögen oder subjektive Berichte verlassen. Nur so könnten *wir* (darin war der junge Neophyt, der vor ihm saß, bereits eingeschlossen) die Daten zusammentragen, die wir brauchten, um die bornierten Vorurteile, die schon das Leben so vieler Menschen ruiniert hatten, zum Teufel zu jagen. Beispiel Masturbation: Wußte ich, daß hochangesehene Leute – Ärzte, Priester und dergleichen – die ungeheuerliche Theorie vertraten, Masturbation führe zu Geisteskrankheit?

Er wandte sich zu mir, und das Feuer, das gerade ein Eichenscheit verzehrte, spiegelte sich zweimal in den Brillengläsern und legte sich über seine Augen. »Dabei ist die Masturbation ein natürliches und überaus harmloses Ventil für sexuelle Spannung, das unsere Spezies entwickelt hat. Es ist etwas durch und durch Positives, ein Segen für unsere Art und die Gesellschaft insgesamt, und glauben Sie mir: Jeder Pfarrer, der sein Geld wert ist, sollte in seinen Predigten darauf hinweisen. Bedenken Sie, Milk, bedenken Sie den Schaden durch die sexuelle Unterdrückung und die Schuldgefühle, unter denen normale, gesunde Heranwachsende vollkommen sinnlos zu leiden haben …« Hier dachte ich an unser Interview und muß wohl errötet sein, denn plötzlich änderte er die Taktik und fragte mich geradeheraus, ob ich bereit sei, zu seinem Projekt beizutragen.

»Tja, na ja, ich meine … Natürlich würde ich …« stammelte ich und versuchte mich zu fassen. »Aber wie könnte ich tatsächlich etwas dazu beitragen?«

»Ganz einfach«, sagte er und setzte sich bequemer hin. »Sprechen Sie mit den anderen Studenten in Ihrer Pension – vierzehn sind es, nicht wahr?«

»Stimmt«, sagte ich. »Ja. Vierzehn.«

»Sprechen Sie mit ihnen und überzeugen Sie sie, in mein Büro zu kommen und mir ihre persönliche Sexualgeschichte zu erzählen. Sie haben da eine potentielle Hundert-Prozent-Gruppe, John, ist Ihnen das eigentlich klar?«

Ich war kein besonders geselliger Typ und bei dem Gedanken daran wurde mir mulmig, doch ich stellte fest, daß ich zustimmend nickte, denn, wie gesagt, ihm schlug niemand etwas ab.

Aber noch während ich dort saß und mit ihm Pläne schmiedete wie ein Lieblingssohn, spürte ich in den hinteren Winkeln meines Geistes, im Augenblick nur undeutlich zu erkennen, ein dumpfes, aber hartnäckiges Schuldgefühl gegenüber Iris. Ich war nicht nur wegen meiner Zweifel im Hinblick auf den Käse zu spät zu dieser Einladung gekommen, sondern auch, weil ich Iris – oder besser: die Iris-Situation – bis zum letzten Augenblick aufgeschoben hatte. Warum, weiß ich auch nicht – ich bin, normalerweise jedenfalls, kein Zauderer, sonst hätte ich wohl kaum die Leistungen bringen können, die ich auf der Schule und später bei Prok gebracht habe –, aber jedesmal, wenn ich daran dachte, daß ich Iris anrufen mußte, klopfte mein Herz so heftig, als stünde ich kurz vor einem Infarkt, bis mir schließlich bewußt wurde, daß ich sie sehen mußte, und sei es nur, um alles zu erklären und wieder ins Lot zu bringen. Ich wollte ja mit ihr ausgehen, unbedingt sogar, ich dachte in den seltsamsten Augenblicken an sie, ich sah sie vor mir, wie sie in der Bibliothek ausgesehen hatte oder an jenem Nachmittag bei meiner Mutter, als sie die Beine hatte baumeln lassen wie ein kleines Mädchen, als sie gestikuliert hatte, um irgendeinen Punkt zu unterstreichen, und ihre Augen bei irgendwelchen Themen – Parasiten, Poesie, die Not der Litauer – geschimmert hatten wie die Gischt eines Wasserfalls, doch je länger ich damit wartete, unsere Verabredung zu verschieben, desto schlimmer würde es werden.

Schließlich kam der Samstag, und noch immer hatte ich nicht den Mut aufgebracht, zu ihr zu gehen. Ich erwachte bei Pauls brutalem, knarrendem Geschnarche, sah die graue Eisschicht auf der Fensterscheibe und dachte: Iris. Ich würde auf der Stelle zu ihrem Wohnheim gehen und sie zum Frühstück einladen, so daß ich ihr bei Spiegelei, Muffins und Kaffee in die Augen sehen und ihr sagen könnte, ich würde am kommenden Samstag mit ihr ausgehen, hundertprozentig, und ich freute mich darauf, es gebe nichts auf der Welt, was ich lieber täte (und vielleicht wollte sie heute abend mit einer Freundin ins Theater gehen, immerhin hätte ich die Karten ja schon besorgt), aber sie müsse verstehen, und es tue mir leid, mehr als leid, ich sei geradezu verzweifelt, und ob sie mir vergeben könne. Aber ich ging nicht zum Wohnheim. Es war noch zu früh. Sieben. Es war erst sieben oder kurz nach sieben, und es würde noch Stunden dauern, bis sie aufstand, oder jedenfalls redete ich mir das ein. Also nahm ich meine Bücher, frühstückte allein in der Mensa, las die ersten sechs Stanzen von Miltons *Der Nachdenkliche,* bis ich es nicht mehr aushielt (»Daher die trügerischen, eitlen Freuden / Die Brut der Torheit, vaterlos geboren«, und so weiter, und so weiter), aufsprang und hinausrannte, bevor ich noch wußte, was ich tat.

Vom Uhrenturm schlug es acht, die Kälte drang durch meine

Schuhsohlen. Als ich mitten durch eine Baumgruppe und quer über den verdorrten braunen Rasenstreifen auf Iris' Wohnheim zuging, stapfte einer von Laura Feeneys abgelegten Sportlern, ein Muskelberg mit Füßen wie Schneeschuhe, an mir vorbei zur Sporthalle. In der Eingangshalle des Wohnheims hing ein künstlicher Duft, als wäre ich irgendwie zum Coty-Stand bei Marshall Field's versetzt worden, und die Rezeptionistin – sie war zwanzig und hatte unreine Haut, blondes Haar und einen welken Pagenschnitt – sah mich an, als wäre ich gekommen, um jede einzelne Studentin in diesem Haus zu schänden. »Hallo«, sagte ich und ging entschlossen auf sie zu, bemüht, den Schwung nicht zu verlieren, denn jetzt kam es darauf an. »Ich wollte nur wissen, ob Iris McAuliffe ... äh ... zufällig da ist. Wenn sie schon auf ist, meine ich.«

Sie sah mich entsetzt an, ihre Gesichtszüge waren auf das Wesentliche reduziert.

»Ich heiße John«, sagte ich. »John Milk. Würden Sie ihr sagen, daß ich da bin? Bitte?«

»Sie ist nicht da.«

»Was heißt, sie ist nicht da? An einem Samstagmorgen? Um acht Uhr?«

Doch sie war nicht auskunftsfreudig. Nach einem tiefen Seufzer, als würde ich jeden Morgen meines Lebens in der Eingangshalle des Wohnheims stehen und ihr auf die Nerven gehen, wiederholte sie: »Sie ist nicht da.«

Ich sah zu der Tür am Ende der Halle, dem Eingang zum geheiligten Bezirk, und in diesem Augenblick schwang sie auf, und zwei Studentinnen traten heraus, knöpften ihre Mäntel zu und setzten die Hüte auf, bevor sie sich in die eiserne Umarmung des Morgens begaben. Sie musterten mich amüsiert – welcher halbwegs normale Mann würde sich um diese Uhrzeit verabreden? – und gingen unter heftigem Gekicher hinaus. »Na gut«, sagte ich und entschied mich für den Weg des Feiglings, »kann ich ihr eine Nachricht hinterlassen?«

Doch jetzt saß ich bei Prok vor dem Kamin und erklärte mich bereit, den ersten entschlossenen Schritt in eine Karriere als Sexforscher zu tun. Wer hätte das gedacht? Wer hätte geahnt, daß es so etwas überhaupt gab? Fragen Sie einen Jungen, was er mal werden will, und er wird sagen: Cowboy, Feuerwehrmann, Polizist. Fragen

Sie einen Studenten, und er wird sagen: Arzt, Rechtsanwalt, Lehrer, Betriebswirtschaftler oder Ingenieur. Keiner sagt Sexforscher.

Ich sah Prok zu, wie er an seinem Flickenteppich arbeitete und einen fünfzehn Zentimeter langen Stoffstreifen festzog und mit anderen verwob. Das Ding lag jetzt wie ein Rock auf seinen ausgestreckten Beinen. Er sprach über seine H-Geschichten und erzählte, wie er allein zum Gefängnis in Putnamville gefahren war und die Geschichten der Insassen aufgezeichnet hatte – »Und es waren sehr umfangreiche Geschichten, John, das kann ich Ihnen versichern« – und wie einer der Häftlinge ihm angeboten hatte, ihn in die homosexuelle Unterwelt von Chicago einzuführen. Und diese H-Geschichten waren wichtig: Für die Einschätzung des Gesamtbilds waren sie, wie mir zweifellos klar war, ebenso unerläßlich wie die heterosexuellen Geschichten. Dann hielt er einen Moment inne, um es mir zu erklären, und seine Augen suchten die meinen und hielten sie mit dem unverwandten Blick fest, den er vermutlich durch stundenlanges Anstarren des eigenen Spiegelbilds geübt hatte. Er sprach leiser, gedämpfter. »Damit will ich sagen, daß Sie, John, bestimmt ein besonderes Interesse an diesem Thema haben …«

Vielleicht errötete ich. Ich weiß es nicht. Aber ich erinnere mich an seine Umarmung. Wir standen an der Tür, er dankte mir für mein Kommen, den Käse sowie meine Diskussionsbeiträge und gab mir noch allerlei proktypische Ratschläge und Ermahnungen im Hinblick auf die Kälte, vereiste Straßen, schlechte Autofahrer und dergleichen mit auf den Weg. »Gute Nacht, Milk«, sagte er, nahm mich in die Arme und drückte mich an sich, und ich spürte das Spiel seiner Muskeln und die Wärme seines Körpers, ich roch sein Haaröl, seinen Duft, die heiße, verführerische Einladung seines Atems.

Er ließ mich los. Die Tür schloß sich. Ich ging hinaus in die Dunkelheit.

3

»Also, Paul, du mußt mir das noch mal erklären, denn irgendwas hab ich hier nicht verstanden. Du hast was gegen wissenschaftliche Forschung, stimmt's? Gegen das Sammeln von Daten? Ehrlich, ich versteh's nicht.«

Wir waren in unserem Zimmer, der Tag verabschiedete sich mit den letzten fahlen Strahlen einer trüben Sonne, und wir wollten gleich zum Abendessen in die Mensa gehen. Es war kalt. Und zwar nicht nur draußen: Mrs. Lorber schien die Heizung auf Sparflamme gestellt zu haben. Paul – mir wird gerade bewußt, daß ich ihn noch gar nicht beschrieben habe, und ich hoffe, Sie verzeihen mir das, denn auf diesem Gebiet bin ich ein Neuling –, Paul also lag diagonal auf seinem ungemachten Bett, den Kopf an die Wand gelehnt, die Decke bis zum Kinn hochgezogen. Er war beinahe ein Jahr älter als ich und trug einen sehr schmalen, penibel gepflegten Schnurrbart à la Ronald Colman, doch ebenso wie seine Haare war dieses Bärtchen so bleich und verwaschen, daß man es selbst aus der Nähe kaum sah. Er hatte blaue Augen, und auch sie waren blaß, fast durchscheinend. Außerdem hatte er zwei Ohren, eine Nase, einen Mund, ein Kinn und zwei dünne, farblose Lippen, die er stets zusammenzupressen schien, wahrscheinlich weil er einen Überbiß hatte. Was gibt es sonst noch über ihn zu sagen? Seine Eltern waren Engländer aus Yorkshire, und er liebte Schach, Lucky Strikes, den »Lone Ranger« und natürlich Betsy. Mit der er aufs Ganze gegangen war, obgleich sie noch gar nicht verheiratet waren – oder vielmehr: mit der er andauernd aufs Ganze ging. Woher ich das wußte? Er hatte es – den Koitus mit Betsy – so detailliert beschrieben, daß Prok hochzufrieden gewesen wäre, wenn ich Paul nur dazu hätte bringen können, sich befragen zu lassen.

Abends blieb ich lange wach und wartete auf ihn, damit wir im Dunkeln rauchend auf unseren Betten liegen und er mir mit leiser, belegter Stimme schildern konnte, wie er sie im Heizkraftwerk der Uni an die Wand gedrückt oder sich bei voll aufgedrehter Heizung auf dem Rücksitz eines geliehenen Wagens auf sie gelegt hatte und wie willig sie war, wie scharf, und daß Betsy, damit es schneller ging, nur noch Röcke trug, keine Unterwäsche, und daß sie beide es kaum erwarten konnten zu heiraten, damit sie es im Bett tun konnten, auf

Laken und unter Decken, und keine Angst vor der Polizei oder dem Nachtwächter oder sonst irgend jemandem haben mußten …

»Aber warum sollte ich?« sagte er. »Warum sollte ich eineinhalb oder gar zwei Stunden damit verplempern, mit einem Mann zu reden, den ich noch nie gesehen habe und vielleicht nicht mal mag? Was soll mir das bringen?«

»Dir vielleicht nichts, aber der Wissenschaft«, antwortete ich, »dem Fortschritt der Wissenschaft. Hast du mal darüber nachgedacht, daß du dich, wenn es mehr Menschen wie Dr. Kinsey gäbe, nicht heimlich mit deiner Verlobten ins Heizkraftwerk schleichen müßtest, weil man dann nämlich voreheliche sexuelle Beziehungen dulden, ja sogar befürworten würde?«

Er schwieg einen Augenblick. Vor dem Fenster war es grau geworden, und ich stand auf und schaltete das Licht an, wickelte mich dann in meine Decke und legte mich wieder aufs Bett. Schatten nisteten in den Ecken. »Ich weiß nicht«, sagte er. »Es ist einfach zu persönlich.«

»Zu persönlich?« Ich traute meinen Ohren nicht. »Wie kannst du das ausgerechnet zu mir sagen? Immerhin erzählst du mir in allen Einzelheiten, was du und Betsy an sieben Abenden die Woche treibt, ob ich es nun hören will oder nicht.«

»Ach«, sagte er, und seine Hand hob und senkte sich unter der Bettdecke wie eine pulsierende Ader, »du bist ein trauriger Fall. Du weißt nicht mal, wie das ist, stimmt's? Du warst zwar in diesem Ehekurs, aber trotzdem hast du keine Ahnung, wie schön es ist, wie wild und schön, und ich schätze, ich werde dir ein bißchen helfen müssen, damit du bei – wie heißt sie noch? Iris? – zu deinem ersten Schuß kommst.«

»Ach, leck mich doch! Ich finde das unmöglich, wirklich. Nur weil du mit Betsy so ein Schwein hast, ich meine, nur weil du eine gefunden hast, die nicht –«

»Ist ja gut«, sagte er. »Jetzt komm mal nicht ins Schwitzen. Ich mach's. Okay? Bist du jetzt zufrieden?«

Es dauerte einen Augenblick, bis ich diese Auskunft verarbeitet hatte. Der Atem verdichtete sich vor meinem Gesicht, die Decke schmiegte sich an meinen Hals. »Ja«, sagte ich schließlich und versuchte, trotz allem versöhnt zu klingen, aber er hatte mich wirklich gekränkt: Ich war unerfahren, das wußte ich ja, aber war das ein

Verbrechen? Mußte er mir das unter die Nase reiben? Glaubte er etwa, daß ich mir Liebe – Liebe *und* Sex – nicht ebensosehr wünschte wie jeder andere?

Er dachte nach und kickte mit den Füßen das untere Ende der Bettdecke zurecht, damit es sich enger um seine bestrumpften Füße legte. Zwei Finger strichen über den Schatten seines Bärtchens. »Also, was muß ich jetzt tun? Legst du eine Liste an oder was?«

Ich stand auf, zog die Decke hinter mir her, trat an den Schreibtisch und schlug mein Notizbuch auf. »Ich habe hier seine freien Termine«, sagte ich.

Der Monat war noch nicht zu Ende, da war ich von der bibliothekarischen Hilfskraft zum persönlichen Assistenten von Dr. Alfred C. Kinsey, Professor für Zoologie, aufgestiegen, und wenn ich Elster auf dem Korridor oder der Treppe des Instituts für Biologie begegnete, sah er durch mich hindurch, als wäre ich gar nicht vorhanden. Auch unter denen, die Biologie im Hauptfach studierten, gab es vermutlich einigen Unmut – immerhin verfügte ich über keinerlei Fachkenntnisse, abgesehen von denen, die ich mir im zweiten Studienjahr in einem von Professor Eigenmann veranstalteten Grundkurs angeeignet hatte, und war dennoch mit einer Stellung belohnt worden, die wohl zu den angenehmsten im ganzen Institut zählte. Prok wollte aber vor allem jemanden, zu dem er ein gutes Verhältnis hatte und der seine Begeisterung für dieses nagelneue Projekt teilte, das schließlich zur Publikation der beiden grundlegenden Werke in der Geschichte der Sexualwissenschaft führen sollte. Und bei der Auswahl dieser Person spielte die Hierarchie keine Rolle – es hätte jeder sein können. Daß ich der erste war, der in diesen engsten Kreis von Vertrauten aufgenommen wurde, ist etwas, was mich für immer mit Dankbarkeit erfüllen wird. Und mit Stolz. Dafür stehe ich bis heute in Laura Feeneys Schuld.

Jedenfalls setzte Prok mich an einen Tisch im hinteren Teil des Büros, wo ich zwischen hohen dunkelgrauen Bücherregalen eingezwängt war und aus dem Fenster sehen konnte, auf dessen Fensterbank sich Gallen türmten, die in Stoffsäckchen steckten, damit die möglicherweise ausschlüpfenden Insekten nicht davonfliegen konnten. Diese Gallen stammten aus der Sierra Madre Oriental oder aus Prescott, Arizona, ja sogar aus dem Apennin oder den zerklüfteten

Hügeln von Hokkaidō (interessierte Kollegen oder Laien in aller Welt sandten Prok ausgewählte Exemplare zu). Ein undefinierbarer, nicht unangenehmer, aber eindeutig *seltsamer* Geruch hing in der Luft – er ging von diesen vollgestellten und beengten Räumlichkeiten im ersten Stock des Institutsgebäudes aus und war untrennbar mit ihnen verbunden. Das hatte natürlich etwas mit den Gallwespen zu tun, denn die Gallen – diese holzigen Wucherungen an Eichen und Rosen, deren Wachstum durch die Wespenlarven, die darin leben, ausgelöst wird – verströmen tatsächlich einen recht angenehmen Geruch, vermutlich nach Borke und Tannin. (Wenn Sie einen Waldspaziergang machen, brechen Sie mal eine Galle ab und riechen Sie daran, dann wissen Sie, was ich meine.) Die Wespen selbst hatten, soweit ich feststellen konnte, keinen Geruch. Außerdem nahm man Spuren des Zigarettenrauchs wahr, den die von Prok Befragten in dicken blauen Wolken ausstießen, wenn sie ihm die Geschichte ihres Sexuallebens offenbarten, sowie den Duft, der Prok selbst umgab, den Duft rosiger geschrubbter Sauberkeit; er war ein entschiedener Verfechter der morgendlichen kalten Dusche und beinahe zwanghaft, was den Gebrauch von Seife betraf. Unterlegt war das alles mit den Parfüms der drei Assistentinnen, die sich den Schreibtisch mit mir teilten und sich mit mir abwechselten, und den üblichen Bürogerüchen von Tinte, Bleistiftspänen, Schreibmaschinenöl und (in diesem Fall) einem chemischen Mittel gegen jene winzige Käferart, die schon ganze entomologische Sammlungen vernichtet hat.

An meinem ersten Tag wies Prok mich ein und gab mir Anweisungen, wie ich seinen Geheimcode zu dechiffrieren und die Resultate zu übertragen hatte. Er war sehr genau, ein Muster an Effizienz, und wenn seine Schrift auch irgendwie künstlerisch war, voller Schnörkel und großer, geschwungener Linien, so bestand seine Druckschrift – wie meine – aus einer beinahe mechanischen Aneinanderreihung von Buchstaben, so gleichmäßig geformt, daß sie auf den ersten Blick wie maschinengeschrieben wirkten. Er sah mir, berstend vor Energie und auf den Fußballen wippend, über die Schulter, schnalzte angesichts meiner Schrift mißbilligend mit der Zunge, griff ungeduldig nach meiner Hand oder nahm das Blatt Papier, knüllte es zusammen und warf es weg, weil ich einen Fehler gemacht hatte. So ging es stundenlang. Er lief ständig zwischen seinem und meinem Tisch auf und ab, doch als er schließlich glaubte, ich hätte begriffen, worum es ging, setzte er sich auf die Kante meines Tischs und sagte: »Sie machen das sehr gut, Milk. Ich muß zugeben, daß ich zufrieden bin.«

Ich sah zu ihm auf und murmelte eine Antwort, die meine Freude über das Lob ausdrücken sollte, ohne allzu kriecherisch zu klingen. Prok gab den Kurs vor, und zwar immer, er war ein geborener Führer, aber er hielt nichts von Unterwürfigkeit, ganz gleich, was andere Ihnen erzählen mögen.

Eine Sekunde verging. Dann sagte er: »Sie haben natürlich die Gallen gesehen.«

Er rutschte von der Tischkante, trat zum Regal, nahm ein großes, knolliges, vielflächiges Objekt, das wie der konservierte Kopf eines ausgestorbenen Wesens aussah, und legte es vor mich auf die hölzerne Tischplatte. »Die größte je entdeckte Galle«, sagte er. »Zwölf Kammern, vierhundertfünfzig Gramm. Hab ich selbst gefunden, in den Appalachen.«

Wir bewunderten sie, und dann ermunterte er mich, über die rauhe, pockennarbige Oberfläche zu streichen: »Keine Angst, das ist bloß das Werk einer besonders tatkräftigen Kolonie von Cynipoideen. Aber wahrscheinlich wissen Sie so gut wie nichts über Cynipoideen, stimmt's? Es sei denn, Professor Eigenmann hat sie in seinem Einführungskurs behandelt.« Er lächelte. Nein, er grinste. Seine letzte Bemerkung war ein kleiner Witz, mit dem er sowohl mich – wie hätte ich mir das merken sollen? – als auch seinen Kollegen durch den Kakao zog, denn Professor Eigenmann mußte in diesem Einführungskurs das gesamte Leben auf der Erde behandeln, vom Pantoffeltierchen über den Schachtelhalm und den Riesen-Mammutbaum bis hin zum Homo sapiens, und konnte im Verlauf eines Semesters, wenn überhaupt, dann kaum mehr als einen Satz über die Gallwespe gesagt haben.

Ich grinste zurück und wußte nicht, was er von mir erwartete. »Ich weiß, daß es Wespen sind«, sagte ich, »und daß sie relativ klein sind im Vergleich zu denen, die hier herumfliegen würden, wenn jetzt Sommer wäre.«

»Es sind hervorragend angepaßte parasitische Insekten«, sagte er und betrachtete die Galle beinahe liebevoll. »Eine äußerst seßhafte Spezies, flugunfähig. Sie verbringen ihr gesamtes Leben in ein und derselben Galle auf ein und demselben Baum. Alle Jubeljahre vielleicht verlassen die ausgewachsenen Exemplare ihre Galle und kriechen zu einem fünfzehn, zwanzig Meter entfernten Baum – das ist ihr Aktionsradius, das Maß ihrer Unabhängigkeit, und das macht sie zu einem interessanten Studienobjekt: Ich konnte den Ursprung einer bestimmten Population bestimmen, indem ich einfach ihren geographischen Weg zurückverfolgte und die Variationen der vererbten Charakteristika notierte.«

Er begann wieder auf und ab zu gehen, blieb für einen Augenblick stehen, nahm die Brille ab und sah aus dem Fenster, bevor er erneut an den Tisch trat, die Galle vorsichtig in die Hand nahm und sie sorgsam in das Regal legte. »Aber ich fürchte, ich habe schlechte Neuigkeiten für Sie« – er grinste, offenbar bahnte sich der nächste Witz an –, »denn sie haben im allgemeinen ein sehr begrenztes Sexleben. Unglücklicherweise – für die Gallwespen – sind Männchen sehr selten, und daher pflanzen sich die meisten Gallwespenarten durch Parthenogenese fort. Ich bin sicher, Professor Eigenmann hat den Begriff der Parthenogenese erläutert.«

Wieder ein Grinsen. Sein Gesicht tauchte vor meinem auf und verschwand wieder. »Glauben Sie nicht, daß ich meine Cynipoideen nur erwähne, um mich selbst reden zu hören. Jaja, ich sehe den fragenden Ausdruck in Ihren Augen, versuchen Sie nicht, ihn zu verbergen. Sie denken: *Worauf will Kinsey jetzt eigentlich hinaus?* Aber mein Wahnsinn hat Methode. Was ich sagen will, ist dies: Ihre Anwesenheit, Milk, leitet eine neue Ära ein. Ab Montag werde ich die Arbeitszeiten meiner drei Assistentinnen zu Ihren Gunsten reduzieren. Ich habe die Erforschung der Gallwespen so weit vorangetrieben, wie ich konnte, aber jetzt, da Sie mitmachen und wir mit angemessener finanzieller Unterstützung durch die Rockefeller Foundation und den National Research Council rechnen können, werden wir uns ausschließlich auf eine einzige Sache konzentrieren, und ich bin sicher, Sie wissen, wovon ich spreche ...«

In jenem Jahr kam und ging der März wie ein Lämmchen, und ich stellte fest, daß ich zwei Jobs hatte: einen in Proks Büro und einen in seinem Garten. Das milde Wetter schien ihn zu beleben (als bräuchte ein Mann mit seiner geradezu übermenschlichen Energie Belebung), und an den Wochenenden und besonders sonntags verbrachte er soviel Zeit wie möglich draußen. Er hatte eine streng methodistische Erziehung genossen, die in seiner Jugendzeit in quälendem Widerspruch zu seinen natürlichen Bedürfnissen gestanden hatte, und sobald er die Wissenschaft entdeckt und begonnen hatte, das menschliche Verhalten unter phylogenetischen Aspekten zu betrachten, war er zu einem radikal unreligiösen Menschen geworden, der demonstrativ in seinem Garten arbeitete, während der Rest von Bloomington in der Kirche saß. Gegen Ende des Monats war es so warm, daß er das in Shorts und mit nacktem Oberkörper erledigen konnte, und er ermunterte mich, es ihm gleichzutun. Im Frühsommer und Sommer schließlich waren wir bei der Gartenarbeit so leicht bekleidet, wie es gerade noch vertretbar war – aber ich greife vor.

Ich weiß noch genau, daß dieser Monat eine Zeit war, in der ich mich mit mir selbst so sehr im reinen fühlte wie schon lange nicht mehr – sofern ich dieses Gefühl überhaupt kannte. Das lag an Proks ständiger Aufmerksamkeit, an seinen sanften Ermunterungen, seinen Instruktionen, an dem Gefühl der Verbundenheit, wenn wir uns, jeder an seinem Tisch, schweigend über die Arbeit beugten, in dem Wissen, daß wir im Begriff waren, etwas Erregendes, Revolutionäres zu tun. Wir unternahmen Wanderungen – er und Mac gingen mit den Kindern und mir zum Lake Monroe, zu den Bluesprings-Höhlen, zum Clear Creek, wir machten Spaziergänge durch die Felder und Waldstücke hinter ihrem Haus, wobei Prok die ganze Zeit über die Geologie der Landschaft dozierte, über die Gräser und Wildblumen, die auf den Lichtungen sprossen, und über die Zugvögel, die nach und nach zurückkehrten –, und ich erinnere mich an den Frieden und die Geborgenheit, wenn wir gemeinsam zu Abend aßen und vor dem Kamin saßen. Es war einfach gut dort, in ihrer Gesellschaft. Mac kochte eine Portion mehr, wenn ich im Garten arbeitete oder wir von einem unserer Ausflüge zurückkehrten, und je heftiger ich protestierte, ich wolle ihnen nicht zur Last fallen und ihre Gastfreundschaft strapazieren, desto herzlicher bemühten sich beide, mich in diesem Punkt zu beruhigen. Schließlich verbrachte ich mehr Zeit bei den Kinseys als im Haus von Mrs. Lorber, und Paul, der in den vergangenen drei Jahren mein Fels in der Brandung, mein bester Freund gewesen war, sagte im Scherz, er bekomme mich nur noch zu sehen, wenn ich schlief. Er hatte Betsy, und ich hatte Prok und Mac. Daß wir uns voneinander entfernten, war unvermeidlich.

Irgendwann in dieser Zeit tat ich etwas, worauf ich nicht besonders stolz bin, wovon ich aber hier berichten will, um Mißverständnisse aus dem Weg zu räumen beziehungsweise erst gar keine aufkommen zu lassen. Welchen Sinn hätte sonst diese Übung, diese Beschwörung vergangener Zeiten, wenn ich nicht vollkommen aufrichtig wäre? Ich habe nichts zu verbergen. Heute bin ich ein anderer Mensch als der Student, der damals an diesem Ehekurs teilnahm, und um nichts in der Welt würde ich irgend etwas von dem, was geschehen ist, ändern wollen.

Jedenfalls war ich ein gelehriger Schüler. Puzzles und Geheimschriften hatten mir schon immer Spaß gemacht, und Proks Code lernte ich in Rekordzeit. Es dauerte zwei oder drei Wochen, und ich konnte ihn auswendig. Eines Nachmittags – es war mitten in der Woche, und Prok war nach Indianapolis gefahren, um vor dem Kollegium einer Privatschule über die Möglichkeiten der Triebbefriedigung für unter Dampf stehende Jugendliche zu sprechen und, wie nicht anders zu erwarten, möglichst viele Interviews mit Lehrern und Schülern zu führen –, eines Nachmittags also war ich allein im Büro und transkribierte verschlüsselte Lebensgeschichten von Proks Notizzetteln auf größere Formate, die für die Unterlagen bestimmt waren, damit wir die Häufigkeit bestimmter Verhaltensweisen für die statistische Analyse berechnen konnten. (Ein nach Proks System verschlüsselter Bogen Papier enthielt so viele Informationen wie zwanzig Seiten Notat; diese mußten natürlich irgendwann ausgewertet werden. Anfangs geschah das per Hand, später, als wir unsere Hollerith-Maschine hatten, mit Hilfe von Lochkarten.) Zunächst erschien mir diese Arbeit faszinierend – immerhin ging es um Sex –, doch an diesem Tag hatte ich es mit Geschichten von männlichen Studienanfängern zu tun, und diese unterschieden sich nicht sonderlich von denen der Hundert-Prozent-Gruppe, die ich in meiner Studentenpension hatte mobilisieren können. Ich war einigermaßen gelangweilt. Da war die Rede von (nicht sehr weit gehenden) Experimenten mit anderen Jungen oder Farmtieren und von heimlicher Masturbation. Es gab recht wenige koitale Erfahrungen, aber eine gute Portion Petting, Zungenküsse und (ebenfalls zaghafte) Versuche oral-genitaler Befriedigung. Meine Hand, die den

Stift umklammerte, schmerzte. Die Fingerspitzen waren tintenverschmiert. Ich unterdrückte ein Gähnen.

Ich weiß nicht, was über mich kam oder wie ich überhaupt auf den Gedanken verfiel, doch mit einem Mal durchstöberte ich Proks Schreibtisch nach dem Sekundärcode, der den Schlüssel zu den Identitäten von allen Befragten enthielt und den er aus Sicherheitsgründen weder mir noch irgendeinem anderen enthüllt hatte. Hätten die Befragten nicht absolut sicher sein können, daß ihre Anonymität gewahrt wurde, die überwältigende Mehrheit von ihnen hätte ihm niemals ihre Geschichte anvertraut. Diese Sicherheit war damals ebenso unabdingbar wie heute. Doch als ich den Code dann in der Hand hielt, fielen mir einige Übereinstimmungen mit dem Interviewcode auf (stellen Sie sich eine Art modifizierter Stenoschrift vor, bei der Abkürzungen, wissenschaftliche Symbole und Stenozeichen zu einer eigenen Geheimschrift verschmolzen), und sobald ich diese Übereinstimmungen entdeckt hatte, begann mein Kopf ganz von allein zu arbeiten. Kurz: Es dauerte nicht mal eine Stunde, bis ich den Sekundärcode geknackt hatte, und als ich somit den Schlüssel zu allen archivierten Unterlagen in den Händen hielt, konnte ich gar nicht anders, als ihn zu gebrauchen. Ich konnte nicht. Ich konnte nicht widerstehen.

Später, als Proks Bekanntheitsgrad in Amerika nur von dem des Präsidenten übertroffen wurde, als sein Bild auf dem Titel von *Time* war und die Presse gar nicht genug von ihm bekommen konnte, betraf die am häufigsten gestellte Frage sein eigenes Sexleben, und seine Antwort lautete stets, er habe, wie Tausende Menschen, seine Geschichte zu diesem Projekt beigesteuert, und sie werde ebenso anonym bleiben wie alle anderen. Das stimmte natürlich, und nur wir, die zum engsten Kreis gehörten, erfuhren aus erster Hand von den Details – wir waren zur Geheimhaltung verpflichtet, denn wenn irgend etwas davon an die Öffentlichkeit gedrungen wäre, dann hätte sich das Leben eines jeden von uns in seine Bestandteile aufgelöst –, doch an jenem schläfrigen Nachmittag, als sich die Strahlen einer hyperaktiven Sonne durch die Jalousien bohrten und große, brummende Fliegen nichtsahnend über den Kästen mit den konservierten Wespen ihre Kreise zogen, war Dr. Kinseys Geschichte die erste, die ich mir ansah, und die zweite war Claras.

Ich stand flach atmend am geöffneten Schubfach des Schranks, der Ordner lag aufgeschlagen vor mir. Alle paar Sekunden warf ich einen verstohlenen Blick über die Schulter, bereit, den Ordner beim kleinsten Geräusch aus dem vorderen Büro wieder verschwinden zu lassen. Ich war aufgeregt, ja, aber auch gespannt. Hier, in meiner Hand, war Proks Geschichte, hier zeigte sich auf elementarste Weise der Kern seines Wesens. Er kannte meine Geschichte, und nun würde ich seine kennenlernen. Sie war anders als alles, was ich erwartet hatte.

Als Junge war Prok noch schüchterner und unbeholfener gewesen als ich. Er hatte sich kein bißchen für Sport oder irgendwelche geselligen Aktivitäten interessiert, und weil er als Kind Rachitis, Typhus und rheumatisches Fieber gehabt hatte und sein Körper dementsprechend geschwächt war, wandte er sich der Natur zu und ging häufig auf ausgedehnte Wanderungen und Entdeckungstouren, bis er schließlich der durchtrainierte, kräftige Mann war, den ich kannte. (Allerdings war seine Haltung aufgrund einer doppelten Rückgratverkrümmung stets deutlich gebeugt.) Er war Pfadfinderführer. Er masturbierte zwanghaft. Sein Vater war ein religiöser Moralist. Er war schon weit über zwanzig – älter als ich –, als er seine ersten reifen und befriedigenden sexuellen Erfahrungen machte, und das auch erst, als er Clara heiratete.

Und hier wurde die Geschichte interessant. Obgleich die Hochzeitsreise aus einer langen, anspruchsvollen Wanderung durch die White Mountains bestand, bei der er und seine junge Braut mehrere Frühsommernächte aneinandergeschmiegt im Zelt schliefen, wurde die Ehe erst Monate später vollzogen. Dieser Verzug erklärte sich, wie ich später erfuhr, aus ihrer beider Unerfahrenheit sowie aus einer kleinen physiologischen Besonderheit von Claras Hymen, das nämlich ungewöhnlich dick war, und die daraus resultierenden Schwierigkeiten wurden verschärft durch die Tatsache, daß Proks Penis ein gutes Stück größer als normal war. Ich stellte mir die Verlegenheit der beiden vor, ihre Schamhaftigkeit, ihren Mangel an Wissen oder Erkenntnis, ich sah vor meinem geistigen Auge, wie sie einander küßten und streichelten, wie sie hin und her rollten, im Zelt oder auf den Feldbetten in dem Sommerlager, wo sie im Juli und August jenes Jahres als Betreuer angestellt waren. Und dann waren sie wieder in ihrer ersten gemieteten Wohnung in Bloomington und hatten nichts als Frustrationen erlebt.

Drei Monate nach der Hochzeit war Sex für sie noch immer ein Mysterium. Erst als ein kleiner chirurgischer Eingriff bei Mac diese mißliche Lage beendete, konnten sie endlich den Koitus vollziehen. Prok war achtundzwanzig.

Dieses Wissen – das ich mir aneignete wie ein Ägyptologe, der mühsam Hieroglyphen entzifferte und nach und nach allerlei über das Leben und die Gewohnheiten eines Pharaos aus längst vergangener Zeit erfuhr –, dieses Wissen also erfüllte mich mit widersprüchlichen Gefühlen. Einerseits erschien mir mein Mentor irgendwie kleiner als zuvor: Er predigte, jedenfalls im privaten Rahmen, die sexuelle Befreiung, und dabei war er wie ich ein Gefangener überkommener Moralvorstellungen gewesen und hatte wie ich unter Schüchternheit, Unwissenheit und der Unfähigkeit zu handeln gelitten. Und doch gab seine Geschichte mir auch die Hoffnung, auf eine gespenstische Weise sogar die Gewißheit, daß meine eigene sexuelle Verwirrung irgendwann ein Ende haben würde.

Aber da war noch mehr. Seine H-Geschichte, die wie meine mit jugendlichen Experimenten begonnen hatte, wurde zunehmend komplex. Der Zoologie-Professor, der hervorragende Wissenschaftler, neben dessen Namen im *American Men of Science* ein Stern prangte, der glücklich verheiratete Entomologe in mittleren Jahren, der Vater dreier Kinder mit dem nüchternen, sachlichen Habitus stieg auf der Skala von 0 bis 6 immer weiter auf, hatte im Verlauf langer Exkursionen Affären mit diversen Studenten und schließlich eine intensive und sehr enge Beziehung zu einem Studenten gehabt, der nicht viel älter war als ich. Was glauben Sie, wie ich mich fühlte? Und Mac, was war mit Mac?

In meinen Adern brauste das Blut, und hätte an jenem Nachmittag jemand den Kopf durch die Tür gesteckt, so hätte er mein hochrotes Gesicht bemerkt. Mit gierigem Blick und zitternden Fingern blätterte ich die Seiten durch, dann schob ich Proks Ordner zurück in die Schublade und nahm mir Macs vor. Ihre Geschichte war umfangreicher, als ich gedacht hatte, und als die Symbole mir ihren Sinn enthüllten, stellte ich mir Mac unwillkürlich nackt vor, ihre Hände, ihre Lippen, ihren Gang, dieses gaumige Etwas in ihrer Stimme. Ich gebe zu, ich war erregt, und im nächsten Augenblick wollte ich schon nach Laura Feeneys Geschichte und nach der von Paul und Kinseys Kindern suchen – doch da besann ich mich.

Was tat ich da? Es war voyeuristisch, es war falsch, es war ein Bruch des Vertrauens, das Prok mir entgegenbrachte. Ich war dabei, es der schäbigsten Art von Neugier zu opfern. Es war dunkel geworden, die Lampen gaben ein weiches Licht, die Gallen waren beschattet und surreal, und plötzlich schämte ich mich, ich schämte mich wie noch nie in meinem Leben. Ich konnte erst wieder frei atmen, als ich die Ordner in den Aktenschrank zurückgelegt und den Code eingeschlossen hatte. Die ganze Zeit lauschte ich auf Schritte im Korridor. Ich schaltete das Licht aus. Schloß das Büro ab. Und als ich auf den Korridor trat, schlug ich den Kragen hoch und wandte das Gesicht zur Wand, als wäre ich ein Krimineller.

Am nächsten Tag war Prok zurück, berstend vor Energie. Er pfiff leise ein Hugo-Wolf-Lied und eilte mit raschen, abrupten Bewegungen, die sich wie eine Pantomime ausnahmen, im Büro hin und her: Er sprang vom Schreibtisch auf, setzte sich wieder, warf einen Blick in einen der Schmitt-Kästen, dann in die Aufzeichnungen, untersuchte flüchtig eine seit zwei Jahren inaktive Galle, in der plötzlich Larven geschlüpft waren, blickte durch das Mikroskop und rief: »Eine neue Art, Milk, ich glaube, ich habe hier eine ganz neue Art!« Als ich eingetreten war, hatte er mir, kaum daß ich mich gesetzt hatte, einen prallen Ordner auf den Tisch gelegt. »Achtzehn Geschichten.« Ein Grinsen. »Und sechsunddreißig weitere sind fest zugesagt. Ich war bis zwei Uhr morgens auf, um sie aufzuzeichnen.«

»Wunderbar«, sagte ich und grinste ebenfalls.

»Gab's in meiner Abwesenheit irgendwelche Schwierigkeiten?«

Ich mühte mich, ein ausdrucksloses Gesicht zu machen. *Nicht wegsehen,* befahl ich mir. *Nicht.* »Nein«, sagte ich und sah weg, »nein, es war alles in Ordnung.«

Er sah mich forschend an. Ich klappte den Ordner auf, in der Hoffnung, ihn abzulenken, doch es funktionierte nicht. Ich glaube, es hat noch nie einen Menschen gegeben, der ein so feines Gespür für die Nuancen menschlichen Verhaltens hatte wie Prok, niemanden, der noch die kleinsten Regungen der Gesichtsmuskeln und all das, was wir heute Körpersprache nennen, so genau zu deuten vermochte. Ihm entging nichts. »Alles?« fragte er.

In diesem Augenblick wollte ich ihm alles beichten, aber ich tat es nicht. Statt dessen murmelte ich eine Bestätigung und fragte, um das Thema zu wechseln: »Soll ich die hier gleich transkribieren?«

Er schien geistesabwesend und antwortete zunächst nicht. Für sein Alter wirkte er jung – damals hielt man ihn meist für fünf bis zehn Jahre jünger, als er war –, doch in diesem Augenblick sah ich die Falten in seinem Gesicht, die ersten zart skizzierten Linien des fertigen Bildes, das er mit ins Grab nehmen würde. Er war gewiß erschöpft, dachte ich, er hatte sich verausgabt, um diese Geschichten aufzuzeichnen, er hatte die weite Reise in seinem klapprigen alten Nash gemacht, war spät zu Bett gegangen und früh aufgestanden und hatte niemanden gehabt, der ihm half. »Wissen Sie«, sagte er dann, und es war, als hätte er meine Gedanken gelesen, »ich habe darüber nachgedacht, wie praktisch, nein, wie unerläßlich es wäre, einen zweiten Interviewer auszubilden, eine Vertrauensperson, die mit mir zusammen Daten sammelt, jemanden, der nicht unbedingt eine wissenschaftliche Ausbildung hat, der sich aber in die von mir entwickelte Technik einarbeiten kann und bereit ist, sie unbedingt anzuwenden. Jemanden, der eine rasche Auffassungsgabe hat, John. Jemanden wie Sie.« Er hielt inne. »Was meinen Sie?«

Ich war so überrascht und mit Schuldgefühlen wegen meiner Schnüffelei beladen, daß ich ins Schleudern kam. »Ich ... Na ja, natürlich«, stotterte ich. »Ich würde natürlich gern ... Aber ich muß doch noch meinen Abschluß machen ...«

»In Englisch«, sagte er, und das Wort klang wie etwas Unappetitliches, das er ausspucken mußte. »Ich habe nie ganz verstanden, welche Nutzanwendung das haben sollte, als Fach, meine ich.«

»Ich weiß nicht.« Ich zuckte die Schultern. Er musterte mich noch immer mit unverwandter Konzentration. »Ich dachte, ich würde vielleicht gern Lehrer werden. Irgendwann, meine ich.«

Er seufzte. Geduld gehörte nicht zu seinen zahlreichen Qualitäten. Auch Enttäuschungen steckte er nicht ohne weiteres weg. »Denken Sie mal darüber nach, John, mehr will ich gar nicht. Sie brauchen sich nicht jetzt sofort zu entscheiden. Lassen Sie uns beim Abendessen darüber sprechen. Kommen Sie heute abend zu uns, um Punkt sechs – Sie haben doch keine anderen Pläne?«

»Sexforschung? Bist du verrückt?«

Paul lag hingestreckt auf seinem Bett, als wäre er Treibgut, das die zurückweichende Flut angeschwemmt hatte. Er kaute Kaugummi und ließ träge einen Tennisball auf dem Schläger hüpfen, den er auf seine Brust gelegt hatte. Auf dem Boden stapelte sich ein halbes Dutzend aufgeschlagene Bücher, auch sie eine Art Treibgut. Ich hatte keine Lust, ihm die Sache zu erklären; er hätte mich ohnehin nicht verstanden.

»Wenigstens ist es ein Job«, sagte ich und streifte den Pullover so vorsichtig wie möglich über den Kopf, damit meine Frisur in Form blieb. Ich zog mich für meinen Besuch bei den Kinseys um (sie machten sich, wie Mac gesagt hatte, zwar nichts aus Förmlichkeiten – im Privaten mochten sie sogar als Bohemiens gelten –, doch ich hatte das Gefühl, daß Einladungen zum Abendessen, und seien sie noch so häufig und informell, Jackett und Krawatte erforderten, und dieser Meinung bin ich auch heute noch).

Paul ließ den Ball vom Schläger auf den Boden springen, wo er noch drei-, viermal hüpfte, bevor er unter meinem Tisch verschwand. »Aber was für Fragen er stellt – das ist doch peinlich. Du wirst doch wohl nicht …?« Er hielt inne und sah die Antwort in meinem Gesicht. »Doch, du wirst, stimmt's?«

Ich band mir vor dem Spiegel die Krawatte und musterte meine Augen und die mit Pomade zurückgekämmten Haare. »Wenn ich mich recht entsinne, hattest du damals nichts gegen die Fragen einzuwenden. Du hast sogar was von ›einzigartiger Erfahrung‹ gesagt. Das war doch das Wort? ›Einzigartig‹?«

»Hör mal, John, kann ja sein, daß ich total auf dem Holzweg bin, aber findest du nicht, daß man schon eine ganz *besondere* Sorte Mensch sein muß, um andauernd in der Unterwäsche von anderen Leuten herumzuwühlen?«

Ich betrachtete ihn mit einem Blick, der vom Spiegel durch den ganzen Raum reflektiert wurde: Da saß er auf dem Bett, ein Kleingeist, der mit jedem Augenblick kleiner wurde. Ich antwortete nicht.

»Ich will damit nicht sagen, daß der Professor ein komischer Kauz oder ein Perversling oder so ist, aber dir ist doch wohl klar, daß alle Welt dich für einen halten wird? Und was ist mit deiner Mutter? Meinst du, das wird ihr gefallen – als Karriere-Entscheidung, meine ich?«

»Ich hab dir schon tausendmal gesagt«, antwortete ich und zog mir das Jackett an, »das ist reine Wissenschaft, Forschung, wie auf irgendeinem anderen Gebiet. So wie Lister, der die Antisepsis begründet hat, oder der Kerl mit dem Schimmelpilz auf dem Brot.

Warum sollten wir nicht soviel wie möglich darüber herausfinden, was die Spezies Mensch tut?« Ich stand an der Tür und war im Begriff zu gehen, blieb aber stehen, um ihm Gelegenheit zu einer Antwort zu geben.

»Die Spezies Mensch? Du hörst dich schon genauso an wie er, John, merkst du das eigentlich? Das sagt er auch immer. Aber was ist mit menschlichen Wesen, gemacht zum Ebenbilde Gottes? Was ist mit uns? Was ist mit der Seele?«

Plötzlich ärgerte ich mich über ihn. »Es gibt keinen Gott. Und auch keine Seele. Weißt du, was du bist?«

Er richtete sich nicht auf, hob nicht mal den Kopf. »Nein, aber ich nehme an, du wirst es mir gleich sagen.«

»Du bist ein Spießer, *das* bist du«, belehrte ich ihn und überließ es der Tür, diese Wahrheit zu unterstreichen.

Mrs. Lorber saß im Schaukelstuhl auf ihrem Posten und nickte mir zu. Ich grüßte sie mit einem verkrampften Lächeln, und dann war ich draußen, die flaumigen Weidenkätzchen an der Ecke blühten, die festen, blassen Knospen standen wie Kerzenflämmchen auf den Zweigen, und der warme Südwind brachte die Verheißung des nahenden Frühlings. Als ich die Atwater Street überquerte, fiel mein Blick auf eine schlanke, dunkelhaarige junge Frau mit aufregenden nackten Beinen; sie entfernte sich unter den Alleebäumen, und ich dachte an Iris. Ich hatte sie seit einem Monat, seit ich sie versetzt hatte, nicht gesehen, und ich hatte ein schlechtes Gewissen deswegen, aber je länger ich es aufschob, mit ihr zu sprechen, desto schwieriger wurde es.

Ein Wagen fuhr langsam vorbei, so langsam, daß ich dachte, der Fahrer wolle parken. Ein alter Mann mit hartem, angespanntem Gesicht hielt das Lenkrad, als befürchtete er, man könnte es ihm entreißen. Ich blickte ihm lange genug nach, um zu sehen, wie er von zwei Radfahrern überholt wurde: Er sah weder rechts noch links und ließ nicht erkennen, ob er sie oder irgend etwas anderes überhaupt bemerkte. Ich begann davon zu träumen, daß ich eines Tages einen eigenen Wagen hätte: dann könnte ich einfach über die Hügel und davonfahren, hinaus aus der Stadt, bis sich die Landstraße vor mir entrollte und mein Ziel überall sein konnte. Studenten gingen in beiden Richtungen an mir vorbei. Zwei Hunde saßen hinter einem Gartenzaun und ließen mich nicht aus den Augen.

Als ich in die First Street abbog, sah ich vor mir ein junges Paar. Die Frau lehnte sich an den Mann, bis die beiden wie eine Einheit waren, die sich auf vier im Gleichschritt gehenden Beinen fortbewegte, und um sie nicht überholen zu müssen, wechselte ich die Straßenseite; ihr Anblick und die Art, wie sie einander zu vervollständigen schienen, ließ mich wieder an Iris denken. Was ich getan hatte, war unentschuldbar, und ich nahm mir vor, sie gleich am nächsten Tag anzurufen – ich würde mich zusammenreißen und es einfach tun –, und wenn sie mir sagte, ich solle tot umfallen, vertrocknen und verschwinden, dann wäre immerhin die Situation geklärt. Und daß ich das verdient hätte, war nicht zu leugnen.

So ging ich dahin. Sofern ich die verschiedenen Aktivitäten der Natur in dieser Jahreszeit der Erneuerung bemerkte, sofern ich den Duft der Forsythien roch oder die Vögel sah, die, Grashalme oder Zweige quer im Schnabel, auf die Bäume flogen, so drangen diese Eindrücke jedenfalls nicht in mein Bewußtsein. Es war eben Frühling, und ich war auf der First Street unterwegs zu den Kinseys. Zum Abendessen.

Prok selbst öffnete mir die Tür. Er trug seine Gartenshorts und sonst nichts. Die Beine waren schlank und muskulös, und die nackten Zehen strichen über die polierten Dielenbretter aus Amberholz. Sein Haar sah aus wie immer, als wäre er gerade beim Friseur gewesen. »Ah, Milk«, sagte er und bat mich herein, »ich hab den Iris und den Lilien eben ein bißchen Humus gegeben. Ich konnte nicht widerstehen, das Wetter ist so schön.«

Zum Abendessen zog er ein kurzärmliges Hemd an, aber weder Socken noch Schuhe. Auch Mac war legerer gekleidet als bei den früheren Einladungen zum Abendessen: Sie trug ebenfalls Shorts, dazu eine hellblaue Baumwollbluse, die ihre Kehle und die zarten Schlüsselbeine frei ließ. Auch sie schien sich die Haare geschnitten zu haben – sie waren jetzt beinahe so kurz wie die eines Mannes. In meinem Jackett und der Krawatte kam ich mir etwas fehl am Platz vor, doch sowohl Prok als auch Mac versicherten mir, sie seien einfach der Jahreszeit ein wenig vorausgeeilt, das sei alles.

Nach dem Essen gingen die Kinder auf ihre Zimmer, und Prok, Mac und ich setzten uns ins Wohnzimmer und unterhielten uns. Prok knüpfte seinen Teppich, Mac strickte. Prok hatte begeistert von der frühen Rückkehr irgendeiner Zugvogelart erzählt – ich habe vergessen, wie sie hieß – und daß das einen baldigen Sommerbeginn verhieß, doch dann unterbrach er sich abrupt und wandte sich zu mir. »Milk«, sagte er. »John. Haben Sie über meinen Vorschlag von heute nachmittag nachgedacht?«

Macs Stricknadeln blitzten. Sie betrachtete mich aus den Winkeln ihrer sanften braunen Augen, und ein mütterliches Lächeln spielte um ihren Mund.

Ich sagte ihm – *ihnen* –, das hätte ich. »Es wäre … äh …« sagte ich, »eine Ehre. Und ich möchte Ihnen sagen, wie sehr … also … daß Sie gegenüber einem jungen Mann wie mir, einem Studenten, so großzügig sind …«

»Gut«, sagte Prok in seinem gewinnendsten Ton, »sehr gut. Wir werden erst mal Ihre Stundenzahl erhöhen, und sobald das Semester vorbei ist, kommen Sie als Vollzeitkraft zu mir. Ihr Gehalt läuft weiter wie bisher. Und natürlich werden wir auch in Zukunft gemeinsam im Garten arbeiten.«

In dieser Stimmung – einer Stimmung gegenseitiger Wertschätzung, einer entspannten, angenehmen Atmosphäre – verging der Abend, bis Mac sich entschuldigte und Prok und mich allein ließ. Ich hatte keine Zweifel an der Arbeit, die er mir anbot, denn es war eine wichtige, äußerst interessante, ja sogar edle Aufgabe, und ich war zutiefst dankbar, daß man mir in einer Zeit, da die weltpolitische Lage alles andere als stabil war, eine feste Anstellung in Aussicht stellte, und doch hatte ich einen Vorbehalt. Oder vielleicht sollte ich lieber sagen: einen Skrupel. Was ich hinter Proks Rücken im Büro getan hatte, erschien mir nicht richtig. Er bemühte sich so sehr, etwas aus mir zu machen und auf sehr konkrete Weise in mich und meine Zukunft zu investieren, und ich verriet ihn, betrog ihn, mißbrauchte sein Vertrauen. Er erzählte von der Schule in Indianapolis, von der Porter School, und beschrieb einige Details der interessanteren Geschichten, insbesondere denen von zwei Lehrern, die ihre extensiven H-Erfahrungen vor der Schulleitung und dem Rest ihrer Umgebung verheimlichten, als ich ihn unterbrach.

»Professor Kinsey«, sagte ich. »Prok. Ich … äh … ich muß Ihnen etwas sagen.«

Er hielt inne – die geschickten langen Finger lagen auf dem Rand des Teppichs – und sah mich an. »Ja?« sagte er. »Was müssen Sie mir sagen, Milk?«

Ich hatte ein Klingen in den Ohren, das Läuten irgendeiner Alarmglocke, und hob die Stimme, um es zu übertönen. »Ich muß Ihnen etwas beichten.«

Nun schwieg Prok. Er schaltete in seinen Interview-Modus und war ganz Ohr.

»Also, als Sie ... als Sie fort waren, habe ich den Code geknackt. Den Sekundärcode, meine ich. Ich ... ich war an Ihrem Schreibtisch.«

Seine erste Reaktion war ungläubig. »Unmöglich«, sagte er.

Ich hielt seinen Blick aus, in meinen Ohren lärmten die Glocken, und ich sah Proks Augen mal scharf, mal unscharf, bis sie wie zwei blaue, im Äther schwebende Planeten waren. »Ich habe nur zwei Geschichten nachgelesen, mehr nicht, und ich weiß natürlich, daß das unverzeihlich ist, aber ich konnte mich nicht ...«

Nur ein Wort: »Wessen?«

Etwas stieß gegen das Fenster, etwas, das in Richtung der Lampe geflogen war, eine Fledermaus wahrscheinlich oder ein Vogel, der in den nächtlichen Schatten die Orientierung verloren hatte. Man hörte den dumpfen Klang von Flügeln, die gegen das Fenster schlugen, und dann nichts mehr. »Ihre«, sagte ich mit erstickter Stimme. »Und die von Mac.«

Er ließ mich einen Augenblick zappeln. Dann sagte er: »Sie haben den Code geknackt?«

»Ja«, murmelte ich.

»Ich hätte nie gedacht, daß jemand den Code knacken könnte, selbst wenn es ihm gelingen sollte, sich Zugang zu den verschlüsselten Aufzeichnungen zu verschaffen. Ihnen ist doch klar, daß ich mir jetzt einen neuen Code ausdenken muß?«

»Ja.«

»Und daß er unendlich viel komplexer sein muß als der alte?«

Ich sagte nichts, sondern dachte an die Arbeit, die auf ihn zukam, an die vergeudete Zeit, an meine oberflächliche Neugier und die Tatsache, daß ich das Projekt zurückgeworfen hatte, noch bevor es mir gelungen war, etwas beizusteuern. Ich war wütend auf mich. Und ich schämte mich.

Prok stand auf, ging zum Kamin und richtete die Fotorahmen aus, die auf dem Sims standen. Ich betrachtete seinen Rücken, seine lange, sich nach oben verjüngende Gestalt, die schmalen Schultern, das kurze, aufrecht stehende Haar. Er trat ans Fenster und spähte hinaus in die Dunkelheit, dann setzte er sich wieder auf das Sofa und schaltete die Lampe aus. Die Schatten kamen und bemächtigten sich des Raums – das einzige Licht stammte von der Lampe in der Eingangshalle. »So«, sagte er schließlich, »dann kennen Sie also meine Geschichte. Aber« – er klopfte neben sich auf das Sofa – »setzen Sie sich doch zu mir.«

Ich gehorchte, stand von meinem Sessel auf und setzte mich neben ihn.

Er legte mir den Arm um die Schultern und zog mich zu sich heran, bis unsere Gesichter nur noch zehn Zentimeter voneinander entfernt waren. »Sie hätten nicht herumschnüffeln sollen, John«, flüsterte er. »Das hätten Sie nicht tun sollen. Aber es ist gut, daß Sie es gebeichtet haben.«

»Es tut mir leid«, sagte ich.

»Das beweist Charakter. Das wissen Sie doch, oder?« Er drückte brüderlich meine Schulter. »Sie sind ein herausragender junger Mann, und ich weiß Ihre Offenheit sehr zu schätzen, wirklich.«

Und dann geschah etwas Seltsames, das letzte, was ich unter diesen Umständen erwartet hätte: Er küßte mich. Er beugte sich zu mir, schloß die Augen und küßte mich. Es verging eine gewisse Zeit, in der keiner von uns etwas sagte, dann nahm er meine Hand und führte mich die Treppe hinauf zu dem ungenutzten Zimmer im Dachgeschoß, und ich erinnere mich, daß dort ein Tischtennistisch und Kindersachen, eine Angelrute und eine alte Nähmaschine waren – und ein Bett. An jenem Abend ging ich erst sehr spät nach Hause.

4

In diesem Semester hatte Iris ein Shakespeare-Seminar in demselben Gebäude, in dem ich Professor Ellis' Vorlesung über britische Lyrik der Moderne hörte. Das war mir zu diesem Zeitpunkt nicht bewußt, denn ich hatte es noch nicht über mich gebracht, mit ihr zu sprechen, obwohl ich es mir vorgenommen hatte, und so war ich einigermaßen überrascht, als ich ihr dort eines Nachmittags auf dem Korridor begegnete. Soweit ich mich erinnere, war es ein trüber Tag, der wie Mull vor den Fenstern hing, das Linoleum war naß und rutschig, und die ganze Welt roch nach Schimmel und Gärung. Seit einer Woche regnete es ständig, und es sollte noch mehr Regen kommen. Ich dachte an nichts Besonderes, hatte Schirm, Notizblock und Lyrikanthologie unter den Arm geklemmt, hielt in der anderen Hand meinen nassen Hut und schob mich lustlos durch das Gedränge der Studenten im Korridor. Vielleicht träumte ich. Vielleicht lag es daran.

Sie stand vor mir, bevor ich mich irgendwie wappnen konnte, genau vor mir: Zwei Schulterpaare wichen auseinander, eine Studentin in einem gelben Regenmantel trat grinsend beiseite, jemand rief irgend etwas. Iris. Da war sie. Wir blieben stehen. »Hallo«, sagte sie, und ihr Lächeln war eine Erziehungsmaßnahme für sich.

»Ja«, sagte ich. »Hallo.«

Ihre Augen schienen alles verfügbare Licht im Korridor aufzusaugen, und ich konnte nichts anderes tun, als sie fasziniert anzustarren. Sie schien irgendwas mit ihren Haaren gemacht zu haben, oder vielleicht waren sie einfach nur naß. Was hatte sie an? Einen sechs Nummern zu großen Pullover, einen Wollrock, kurze Söckchen, zweifarbige Schuhe. »Bist du jetzt bei Ellis?«

»Britische Moderne«, sagte ich. »Lyrik, meine ich. Aber sag mal, ich habe nie ... Hast du meine Nachricht gekriegt?«

Sie sah mich fragend an.

»Du weißt schon, an dem Abend ... als wir uns eigentlich dieses Stück ansehen wollten. Ich hab damals die Eintrittskarten und ... na ja, eine Nachricht bei der Frau am Empfang hinterlassen. Im Wohnheim. Ich wollte nur wissen, ob du ... ob du sie gekriegt hast.«

Zwei Ströme von Studenten schoben sich an uns vorbei. Wir standen wie Pfeiler in dem feuchten Korridor. Stimmen summten, am Ende des Flurs sah ich Professor Ellis, hundert Paar Schuhe quietschten auf dem nassen Linoleum. »Bitte, John«, sagte sie, und ihr Mund wurde zu einem Nichts, zu einem Strich, einem verräterischen Sprung im Porzellan ihres glänzenden gequälten Gesichts, »nicht hier. Das ist nicht der richtige Ort.«

Ich starrte sie entsetzt an. Ein überwältigendes Gefühl von Verlust und Schuld, von gnadenloser, unentrinnbarer Schuld, begann auf mich einzuschlagen, als wäre ich ein straff gespanntes Trommelfell, und ja, mein Nacken wurde kalt, und meine Kopfhaut prickelte. »Aber hör mich wenigstens an«, sagte ich.

»Du willst reden? Na gut. Prima. Ich bin gespannt zu hören, was du zu sagen hast, sehr gespannt.« Aus ihrem Gesicht war alle Farbe gewichen, und sie stand stocksteif da. »Um vier«, sagte sie und mühte sich, den richtigen Ton zu treffen. »Bei Webster's. Du kannst mich nicht verfehlen. Ich bin die Frau, die ganz allein am letzten Tisch sitzt.«

Ich mußte Prok bitten, an diesem Tag zu anderen Zeiten arbeiten zu dürfen, und ich kann nicht behaupten, daß er überglücklich war – alles, was die Arbeit behinderte, war gegen das Projekt und damit auch gegen ihn selbst gerichtet –, doch ich schaffte es, vor Iris in Webster's Drugstore zu sein, und als sie durch die Tür trat, umständlich ihren Schirm ausschüttelte und sich das Haar zurückstrich, um zu verbergen, was sie empfand, war ich da. Ich sagte ihr, wie froh ich sei, daß sie gekommen sei, und dann sagte ich ihr, wie sehr ich sie mochte und wie leid es mir tat. Meine Erklärungen waren vermutlich mehrere Absätze lang, aber ich will mich hier damit begnügen zu erwähnen, daß ich zu meiner Entlastung Prok und die Notwendigkeit anführte, um meiner Zukunft und beruflichen Karriere willen die Beziehung zu ihm zu vertiefen.

Sie hörte gleichgültig zu und ließ mich reden und reden, bis schließlich an irgendeinem Punkt ein Lächeln ihr Gesicht erhellte und sie sagte: »Ich bin mit jemand anderem gegangen. Zu dem Stück, meine ich. Und es war einer der schönsten Abende, die ich seit dem Beginn meines Studiums hier erlebt habe.«

»Oh«, sagte ich. »Na ja, wenn das so ist …«

»Willst du nicht wissen, wie er heißt?«

Wir tranken Tee und kämpften gegen den Impuls an, unsere mit Puderzucker bestäubten Doughnuts in die kleinen Steinguttassen zu tauchen, die auf Untertellern vor uns standen. Ich war kein Teetrinker. Ich mochte Tee nicht besonders. Aber ich trank Tee, weil sie ihn bestellt hatte – mit einem Blick zur Kellnerin und dann zu mir, der anzudeuten schien, daß Tee etwas Exotisches war, die raffinierte Wahl der Eingeweihten. Ich hatte gerade die Tasse an die Lippen gehoben, doch nun stellte ich sie wieder ab. Ich versuchte, meiner Frage einen beiläufigen Klang zu geben. »Wie *er* heißt?« sagte ich. »Warum, kenne ich ihn?«

Sie schüttelte den Kopf. Ihr Haar fing das Licht ein, das durch das Fenster fiel. »Ich glaube nicht. Er ist auch im letzten Studienjahr, wie du. In Architektur. Bob Hickenlooper?«

Was soll ich sagen? Hickenloopers Gesicht tauchte vor mir auf, ein langweilig gutaussehendes Gesicht, das Gesicht von einem der umschwärmtesten Männer der Uni, der in dem Ruf stand, allem nachzulaufen, was hochhackige Schuhe trug – es durften aber auch flache sein –, und obendrein war er noch intelligent und hatte eine großartige, staunenswerte Zukunft vor sich. Ich wurde von Eifersucht gepackt. Die Strähne, die nie bleiben wollte, wo sie hingehörte, fiel mir in die Stirn, und am liebsten hätte ich sie mir mit einem Ruck ausgerissen. »Er … er wohnt in derselben Pension wie ich«, sagte ich und machte meine Stimme so kalt und klein, wie ich konnte.

Ihr gefiel die ganze Sache mittlerweile, das sah man an dem Funkeln ihrer Augen und der Art, wie sie hin und her rutschte, um mich besser mustern zu können. Sie senkte den Kopf, spitzte die Lippen und trank langsam einen großen Schluck Tee. »Aber genug von mir«, sagte sie. »Was ist mit dir? Ich hab gehört, du bist befördert worden.«

»Ja, ich –«

»Sexforschung, stimmt's?«

Ich nickte. In meinem Kopf überschlugen sich die Gedanken, und einer der lautesten von ihnen fragte, woher sie das wissen mochte. Von Hickenlooper? Von Paul? Von ihrer Mutter? Aber wie konnte ihre Mutter es wissen, wenn meine es nicht wußte? Ich wollte das Thema wechseln und sie hier und jetzt fragen, ob sie am Samstag mit mir ins Kino gehen würde, und das tat ich auch, allerdings erst nachdem sie gesagt hatte: »Wie bist *du* bloß an diesen Job gekommen?«

Es wurde wärmer. Prok und ich verbrachten immer mehr Zeit im Garten. Wir setzten Steine als Kantenbefestigungen und Begrenzungen, wir gruben Beete um und schafften schubkarrenweise Mulch und Hühnermist heran, wir mähten, schnitten, pfropften. Wir teilten und verpflanzten unzählige Zwiebeln von Iris und Lilien aller Art. Iris waren seine Leidenschaft – er hatte über zweihundertfünfzig Arten gesammelt und verkaufte und tauschte die Zwiebeln landesweit per Post. Wir pflanzten auch Bäume – Obstbäume und Zierbäume, die wir irgendwo in den Hügeln ausgegraben hatten – und alle möglichen heimischen Pflanzen wie Kermesbeere, Goldrute, Schlangenwurzel, Wilde Astern und Wilde Möhren, und das hatte eine überraschende Wirkung, denn diese Pflanzen betonten die prächtigen Farben der Blumenbeete und verliehen dem ganzen Anwesen etwas Ungezügeltes, als hätte kein Mensch seine Hand im Spiel gehabt.

Bei der Gartenarbeit sprach Prok ausschließlich über Sex und insbesondere über die H-Geschichten, die er inzwischen nicht nur in Chicago und Indianapolis sammelte, sondern auch in New York. Er war beinahe zu Tränen gerührt, als er von den Interviews mit Sex-Straftätern berichtete, die er im Gefängnis besucht hatte. Diese Männer waren wegen irgendwelcher Handlungen, die im Widerspruch zu antiquierten Gesetzen standen, eingesperrt worden, und die Anklagen gegen sie waren beinahe willkürlich, wie zum Beispiel bei dem Mann aus South Bend, der im Knast saß, weil er sich von seiner Frau oral hatte befriedigen lassen (oder vielmehr von seiner Exfrau, die ihn ja dann auch angezeigt hatte), oder bei den vielen Homosexuellen, die von rachsüchtigen Ehefrauen, Eltern oder Kleinstadtpolizisten bloßgestellt und vor Gericht gebracht worden waren. Unehelicher Geschlechtsverkehr war überall verboten, Masturbation ebenfalls, und unnatürlicher Verkehr wurde in den meisten Bundesstaaten als Schwerverbrechen bestraft. »Weißt du«, sagte er zu mir, und zwar mehr als einmal, und ich spürte, daß er in Gedanken bereits sein nächstes Plädoyer, seinen nächsten Vortrag entwarf, »es ist einfach vollkommen absurd. Wir sind an einem Punkt angelangt, wo – vorausgesetzt, alle Gesetze würden strikt angewendet – etwa fünfundachtzig Prozent der erwachsenen Bevölkerung hinter Gittern sitzen müßten.«

Ich sagte, er habe recht, vollkommen recht. Ich sagte, mein Leben wäre tausendmal besser verlaufen, wenn man mir nicht, kaum daß ich begriffen hatte, wozu das Ding zwischen meinen Beinen diente, alles, was damit zu tun hatte, verboten hätte.

Er lächelte und legte mir den Arm um die Schultern. »Ich weiß, ich weiß«, sagte er. »Ich predige dem Bekehrten.«

In dieser Zeit traf ich mich immer öfter mit Iris – ich lud sie ins Kino ein, wir machten Spaziergänge und lernten gemeinsam in der Bibliothek –, doch da die Abschlußklausuren und das Examen näher rückten und Proks Projekt (von seinem Garten ganz zu schweigen) viel Zeit beanspruchte, entwickelte unsere Beziehung sich etwas sprunghaft und holprig. Bei der Arbeit im Freien trugen Prok und ich inzwischen nur noch das Nötigste, und bald waren wir so braungebrannt, daß man uns für italienische Landarbeiter hätte halten können. Prok war kein Nudist, jedenfalls nicht offiziell (er war ein viel zu unabhängiger Geist, um sich irgendeiner Gruppe oder Bewegung anzuschließen), doch er lief oft nackt herum, oder jedenfalls so leicht bekleidet, wie es die Umstände zuließen, denn seiner Meinung nach war Nacktheit bei unserer Spezies ein Ausdruck äußerster Entspanntheit und Natürlichkeit – dieselben Kräfte sozialer Kontrolle, die bestimmte sexuelle Handlungen sanktioniert hatten, bestanden darauf, daß man Kleider trug, wogegen viele Gesellschaften außerhalb des jüdisch-christlichen Kulturkreises sehr gut ohne oder mit nur sehr wenig Kleidung auskamen. »Die Trobriand-Insulaner zum Beispiel, Milk, denk bloß an die Trobriand-Insulaner. Oder die Samoer.« Um den Nachbarn oder irgendwelchen uniformierten Passanten seinen Standpunkt zu verdeutlichen, reduzierte Prok seine Gartenkleidung schließlich auf eine Art hautfarbenes Suspensorium und den rechten Schuh, den er beim Umgraben brauchte. Selbstverständlich tat ich es ihm nach, denn das wurde von mir erwartet, und ich tat immer, was man von mir erwartete. (Es war lediglich ein Ausdruck meiner Loyalität, eines Ethos, das in meiner Erziehung und Ausbildung sehr wichtig gewesen war und wohl einen Teil meines Wesens ausmachte, doch Iris konnte in späteren Jahren bei diesem Thema sehr ausfallend werden.)

Was als nächstes geschah – es war kurz vor dem Abschlußexamen im Juni –, überraschte mich selbst, und dabei war ich der Urheber. All diese Gespräche über Sex und darüber, wie unkompliziert und natürlich er eigentlich war und sein sollte und sein könnte, wenn nur die Gesellschaft ihre Verbote lockern würde, ließen mich über meine Situation nachdenken und über die Möglichkeiten der Triebbefriedigung (Proks Ausdruck), die mir zur Verfügung standen. Ich war jung und gesund, und die Arbeit, die Sonne und der Geruch, die Textur der Erde hatten mich zum Bersten mit Verlangen erfüllt. Ich war so scharf wie noch nie, ich war frustriert und wütend. Ich wollte Iris, ich wollte Laura Feeney, ich wollte irgendeine Frau, doch ich wußte nicht, wie ich es anfangen sollte. Zugleich hatten Prok und ich unsere *Begegnungen* (wie er diesen Euphemismus gehaßt hätte – Sex, wir hatten Sex), dabei war meine H-Geschichte, wie gesagt, sehr begrenzt, und daß ich auf der Skala von 0 bis 6 eine 1 oder bestenfalls eine 2 war, zeigt, wie wenig mir an dieser Art von Sex lag. Daher machte ich mich, zögernd wie immer, daran, das Thema heterosexuelle Beziehungen anzuschneiden. Aber ich will etwas weiter ausholen, denn ich erinnere mich deutlich an jenen Tag und muß die Umstände schildern.

Es war Sonntag, und wir hatten früh mit der Gartenarbeit begonnen. In der Ferne läuteten Glocken, Kirchgänger spazierten vorbei, die Luft war warm und schwer, und über den Hügeln lag die Verheißung eines spätnachmittäglichen Regenschauers. Der Garten war geöffnet: Jeden Sonntag stellte Prok ein handgeschriebenes Schild auf, das die Passanten einlud, den Garten zu besichtigen und sich anzuhören, was Prok über die Arten der Blumen und Gewächse zu sagen hatte, über ihre Klassifizierung, ihre nahen Verwandten und ihre Vorlieben im Hinblick auf Erde, Licht und Feuchtigkeit. Er liebte es über alles, mit seinen gärtnerischen Leistungen zu prahlen, und das wiederum entsprang hauptsächlich seinem ausgeprägten Konkurrenzdenken (keine anderen Lilien kamen auch nur annähernd den seinen gleich). Wir knieten auf allen vieren in einem der Vorgartenbeete und arbeiteten an einem dichten Büschel Taglilien, als Prok aufsah und sagte: »Sieh mal, ist das nicht Dean Hoenig? Und wer ist das da neben ihr? Ich könnte wetten … Ja, ich wette, das ist ihre Mutter, die den ganzen weiten Weg von Cleveland gekommen ist, um sie zu besuchen. Hat nicht irgendwer gesagt, ihre Mutter wolle zu Besuch kommen?«

Prok erhob sich auf die Knie, ein schmales Lächeln um die Lippen. Ich sah die Dekanin der Studentinnen vorbeikommen, zum

Kirchgang gekleidet und angeregt mit einer gebeugt gehenden älteren Dame plaudernd, die ein offenes Gesicht hatte und einen Hut trug, der wie ein gestürzter Hochzeitskuchen aussah. Ich hatte gehört, daß die Dekanin kürzlich in Proks Nachbarschaft gezogen war, doch darüber hinaus wußte ich nichts über das Professorenkollegium und konnte seine Frage nicht beantworten. »Ich weiß nicht«, sagte ich. »Ich hab nichts gehört.«

Sein Lächeln wurde breiter. Er beobachtete die beiden, wie ein Raubtier seine Beute beobachtet, und mir war klar, daß sie keine Chance hatten. Die alte Dame ging so langsam, daß sie beinahe nicht vorankam. »Da fällt mir ein«, sagte Prok mit einem subversiven Frohlocken, »daß der Garten geöffnet ist.«

Ich erwiderte das Lächeln nicht. Mit der Dekanin wollte ich nichts zu tun haben. Ich stand zwar unter Proks Schutz, aber jedesmal, wenn ich sie sah, sank ich innerlich in mich zusammen: schuldig, schuldig im Sinne der Anklage – und die Ironie dabei war, daß ich trotz des ganzen Theaters nie mehr als diesen einen Kuß von Laura Feeney bekommen hatte.

Prok fing sie am Gartentor ab. »Dean Hoenig, Sarah!« rief er und sprang in Suspensorium und schlappendem rechten Schuh auf den Bürgersteig. Die Dekanin sah ihn verwirrt an, und ihre Mutter, die mit Absätzen kaum größer als eins fünfzig war, zuckte sichtlich zusammen. Aber Prok ließ sich nicht beirren. Er war der gewandteste, höflichste, vollendetste Gentleman in ganz Indiana. Er hatte zufällig die Damen vorbeigehen sehen – »Auf dem Heimweg vom Gottesdienst, wie ich vermute« – und verspürte den Wunsch, ihr Herz für die Schönheiten seines Gartens zu öffnen und ihnen die seltene Ehre einer persönlichen Führung zuteil werden zu lassen. »Und wer ist Ihre charmante Begleiterin?« erkundigte er sich und wandte sich mit einer Verbeugung zu der alten Dame. »Ihre Mutter, nehme ich an?«

Die Dekanin war stämmig, großbusig und streng wie ein Kompaniefeldwebel. Sie war es gewohnt, Anweisungen zu geben, die Studentinnen zu beaufsichtigen und die Wohnheime mit eiserner Hand zu regieren, aber diese Situation war ihr bereits jetzt offensichtlich über den Kopf gewachsen. »Ja, das ist meine Mutter, Leonora. Mutter, das ist Professor Kinsey vom Lehrstuhl für Zoologie.«

Prok ergriff die Hand der alten Dame und drückte sie. Auf seiner

Brust glänzte Schweiß, die Muskeln und Adern seiner Arme zeichneten sich infolge der harten Arbeit deutlich ab, und auf seinem Bauch sprossen blaßblonde ergrauende Haare. Neben der alten Frau ragte er auf wie ein Vorzeitmensch, ganz Fleisch und Präsenz, doch aus seinem Mund kam die Sprache reinster Höflichkeit und Kultiviertheit. »Ich habe gehört, Sie leben in Cleveland?«

Die Augen der alten Dame lagen tief in den Höhlen. Sie konnte kaum eine bejahende Antwort krächzen.

»Ein Juwel von einer Stadt«, sagte Prok und kratzte sich in den Achselhaaren des linken Arms. »Ein erstklassiges Museum. Absolut. Ganz zu schweigen vom Symphonieorchester. Das sind Dinge, um die ich Sie wirklich beneide, Mrs. Hoenig. Aber bitte, lassen Sie uns nicht auf der Straße stehen – kommen Sie doch herein, und ich zeige Ihnen meine Freude und meinen Stolz. Sie mögen doch Lilien?«

Die Mutter der Dekanin nickte stumpf und warf ihrer Tochter einen hilflosen Blick zu. Dean Hoenig setzte ihr schmallippiges Lächeln auf, und das war kein freundliches Lächeln, nein, ganz und gar nicht. »Ich fürchte, wir müssen weiter, Professor Kinsey, aber es war sehr nett von Ihnen, uns –«

Prok unterbrach sie. »Seien Sie nicht albern«, sagte er, nahm den Arm der alten Dame und steuerte mit ihr auf das Gartentor zu, »das macht überhaupt keine Mühe – im Gegenteil, es macht mir Freude, und wie oft bekommt Ihre Mutter schon ein solches botanisches Wunder zu sehen, und das auch noch in voller Blüte? Finden Sie nicht auch, Mrs. Hoenig?«

Die Mutter der Dekanin hatte keine Gelegenheit, ihrer Meinung Ausdruck zu geben, denn dies war der Augenblick, da sie meine fast nackte Gestalt vor den Hydrogeas erblickte. (Prok hatte mir einen Vortrag über meine, wie er fand, übertriebene Schamhaftigkeit gehalten, und ich war nach und nach zu dem Schluß gekommen, daß er recht hatte. Obgleich meine Gartenkleidung normalerweise nicht so minimalistisch wie seine war, trug ich an diesem Tag nichts weiter als einen braunen Lendenschurz, den er für mich angefertigt hatte, und erdverschmierte Tennisschuhe ohne Socken.) Sie fuhr zurück, als hätte sie einen elektrischen Schlag bekommen, aber Prok hielt ihren Arm und führte sie den Weg entlang zu mir. Die Dekanin stapfte mißmutig hinterdrein. »Mrs. Hoenig«, sagte er, »darf ich

Ihnen meinen Assistenten John Milk vorstellen? Milk, das ist Mrs. Hoenig. Die Dekanin kennst du ja wohl ...«

Als ich die Hand der alten Dame nahm und sanft schüttelte, spürte ich, daß die Dekanin mich mit Blicken durchbohrte. Sie war auf fremdem Territorium und bereits besiegt: Sie würde sich mit ihrer Mutter den Garten ansehen und Proks pausenlosen Monolog anhören müssen, und dabei würde sie etwas über den natürlichen Zustand des Menschen erfahren, ob sie nun wollte oder nicht, aber sie konnte nicht anders, sie mußte mich einfach aufs Korn nehmen. »Ja, natürlich, vom Eheseminar«, sagte sie. »Aber Sie warten mit der Hochzeit wohl noch bis nach dem Examen, nicht wahr, John?«

Ich lernte. Von Prok. Vom Meister persönlich. Und ich zuckte nicht zusammen, ich schlug nicht die Augen nieder, mein Gesicht verriet nichts. »Eigentlich nicht«, sagte ich. »Ich meine, wohl nicht.«

Die alte Dame stieß einen Ausruf der Begeisterung über die Iris aus, eine Art langgezogenes, mattes Gurren, und Prok war entzückt und ermunterte sie, näher zu treten, doch bevor die Dekanin mir noch weiter zusetzen konnte, sah er über die Schulter zurück und sagte: »Er hat eine andere kennengelernt, stimmt's, Milk?«

Was blieb mir anderes übrig, als zu nicken?

Als die beiden Frauen, mit Schnittblumen beladen, gegangen waren, beendeten wir die unterbrochene Arbeit und verbrachten dann eine gute Stunde mit Spitzhacke und Schaufel im hinteren Garten. (Prok legte damals den Lilienteich an, und es war harte Arbeit, die Steine auszugraben und die ausgehobene Erde zu verteilen.) Kurz nach Mittag kam Mac mit Sandwiches und Limonade; wir drei setzten uns auf die Erde, betrachteten die Umrisse des Lochs und redeten. Sie war barfuß und hatte die khakifarbene Bluse und Shorts an, die sie auch als Betreuerin und Zugführerin der Pfadfinderinnen trug. Ich bemerkte, daß sie ihr Haar links gescheitelt und über dem rechten Ohr mit einer Spange festgesteckt hatte, so daß es ihre Stirn fast bis zu den Brauen bedeckte. Ich weiß nicht, woran es lag, aber an jenem Nachmittag war sie fröhlicher und ausgelassener, als ich sie je erlebt hatte. Sie zog die Beine an und wiegte sich beim Essen hin und her, sie unterbrach Proks Monologe hier und da mit Einwürfen, und obwohl sie damals Anfang Vierzig war, erschien sie mir mädchenhaft und unbekümmert und ganz und gar nicht so, wie man sich eine Hausfrau und Mutter vorstellt.

Worüber sprachen wir bei diesem Mittagessen? Ich weiß es nicht mehr. Wahrscheinlich über den Teich, über Tiefe und Durchmesser, über die Gewächse, die Prok dort pflanzen wollte: herzblättrige Pontederien, Iris natürlich, die dann mit den Füßen im Wasser stehen würden, und wie wär's mit *Sarracenia purpurea* in der Übergangszone? Ich ertappte mich dabei, daß ich verstohlen Macs Beine musterte, ihre Knöchel, die Linie, wo ihre braungebrannten Oberschenkel in den Shorts verschwanden. Das war wohl der Auslöser, das war es, was mir den Mut gab, etwas zu tun, wozu ich vor wenigen Wochen noch nicht imstande gewesen wäre. Meine Bildung machte, wie gesagt, rasche Fortschritte. Also: Mac sammelte die Teller ein, und Prok und ich sahen ihr nach, als sie über den Rasen zum Hintereingang schlenderte und im Haus verschwand. »Prok, ich hoffe, du … na ja, du verstehst das jetzt nicht falsch«, begann ich, »aber ich hab über das nachgedacht, worüber wir gestern gesprochen haben, ich meine, im Hinblick auf meine Bedürfnisse und meine Erfahrungen. Über mein Bedürfnis nach Triebbefriedigung mit einem weiblichen Partner.«

Er konnte es kaum erwarten, wieder an die Arbeit zu gehen. »Ja«, sagte er, »ja, was ist damit?«

»Tja, also, ich wollte dich fragen, wie es wäre, wenn Mac …«

Er sah mich verwirrt an. »Mac?«

»Ja«, sagte ich und sah ihm, gelehriger Schüler, der ich war, direkt in die Augen. »Mac.«

Er brauchte einen Augenblick. »Du meinst, du willst … mit *Mac?*«

Man kann über ihn sagen, was man will – und wie es scheint, hat jeder eine Meinung über ihn –, aber Prok war kein Heuchler. Er predigte die sexuelle Befreiung des Mannes und der Frau, und er lebte, was er predigte. Auf seinen Lippen erschien ein leichtes Lächeln, und seine Augen funkelten vor Vergnügen, als hätte er einen guten Witz gemacht, und dann legte er die Schaufel hin und sagte, er werde meinen Vorschlag am Abend seiner Frau unterbreiten, und wenn sie einverstanden sei, hätte ich seinen Segen.

Mac war, wie sich zeigte, nicht weniger überrascht als ihr Mann, überrascht, aber auch geschmeichelt, und als ich am nächsten Wochenende zur Arbeit im Garten erschien, stellte ich fest, daß sie allein im Haus war. Ich stand knietief in dem Krater, den Prok und ich ausgehoben hatten, und fragte mich, wo er war – hatte er etwa verschlafen? (Einfach unmöglich, selbst als sein Herz ihm mit Ende Fünfzig zu schaffen machte, schlief er nie länger als vier oder fünf Stunden pro Nacht.) Mit einem Mal hörte ich das Rascheln nackter Füße im Gras, und Mac stand vor mir, ein sanftes, schüchternes Lächeln auf den Lippen. »Hallo, John«, sagte sie, ihre Augen schimmerten, und in ihrer Stimme war dieses gaumige Etwas. »Ich wollte nur sagen, daß Prok mit den Kindern zum Lake Monroe gefahren ist. Sie wollen ein bißchen wandern und Gallen sammeln und werden erst heute abend zurückkommen. Er hat gesagt …«

Ich hatte das Gefühl, als wären meine Herzklappen verengt. Das Atmen fiel mir schwer. Das Sonnenlicht war zu etwas Stofflichem geworden, eine Last auf meinen Schultern, die ich kaum zu tragen vermochte. Ich glaubte, das Bewußtsein zu verlieren, und vielleicht verlor ich es tatsächlich, nur für einen Augenblick; ich stand schwankend da, und unter mir drehte sich die Erde.

»Er hat gesagt, du brauchst heute nicht zu arbeiten. Nicht, wenn du nicht willst.«

Auch hier will ich offen sein. Wenn Prok mich irgend etwas gelehrt hat, dann das. Euphemismen sind die Zuflucht der Unechten, der Zaghaften und Verklemmten. Ich verwende keine Euphemismen und glaube, daß klare Worte die besten Worte sind. Oder deutliche Worte. Schlicht gesagt: Ich war von Mac berauscht. Sie würde die erste sein, die Frau, die mich aus meiner Jungfernschaft erlöste, oder, um es auf die gröbste Weise zu sagen, nur damit es endlich gesagt ist, um es mit den Worten auszudrücken, die die aus der Unterschicht stammenden Befragten in zahllosen Interviews gebraucht haben, in der Umgangssprache also, die die Dinge oft genauer auf den Punkt bringt als die erhabenste Umschreibung: Sie würde mein erster Fick sein. So, jetzt ist es heraus. Und wenn sich alles wieder etwas beruhigt hat und Iris das hier hört oder es für das Buch niederschreibt – und ein Buch soll es ja werden –, so habe ich nichts zu verbergen. Sie kennt meine Geschichte. Sie kennt sie von Anfang an, so wie ich ihre kenne.

Doch an jenem Junitag im Garten – die Blumen ein Aufruhr von Farben, die Luft so sanft und wohltuend wie ein Duftbad, hinter uns das Lebkuchenhaus, wir selbst durch die betäubende Stille des

Morgens abgeschirmt von der Welt – streckte Mac die Hand nach mir aus, und ich ergriff sie. Sie sagte kein Wort. Sie zog mich ein wenig, um mir zu zeigen, was sie wollte, und ich stieg aus der Grube und ließ mich von ihr zu einer Stelle weiter hinten im Garten führen, wo wir durch Bäume vor Blicken geschützt waren. Eine Decke war auf dem Gras ausgebreitet, und dieser Anblick ließ mich innerlich jubeln. Sie hatte alles geplant, sie dachte an mich, sie begehrte mich, und hier war der Beweis.

»Da«, sagte sie, »setz dich.« Ich gehorchte, und mein Atem ging schnell und flach, als sie vor mir stand, ihre Bluse aufknöpfte, die Shorts abstreifte und mit einer langsamen, eleganten Bewegung neben mir niederkniete und ihre Hände über meine Brust und meinen Bauch flattern ließ, wobei sie mit leichtem, beruhigendem Druck über meine angespannten Schultern und Oberarme strich, bis ich mich erst auf die Ellbogen stützte und schließlich auf dem Rücken lag und spürte, daß sie sich an der Schnur des Lendenschurzes zu schaffen machte. Der Augenblick schien kein Ende zu nehmen, und dann fiel das Tuch, und sie packte mich an dem einzigen Teil meines Körpers, der von Bedeutung war. Ich wußte, was ich tat. Ich hatte die Dias gesehen, die Geschichten transkribiert. Und ich hatte an Professor Keatings Seminar über klassische Literatur teilgenommen und *König Ödipus* und *Ödipus auf Kolonos* gelesen und wußte, daß Prok der alte König war und ich der Sohn und Mac die Mutter. Ich tat es offenen Auges. Ich war kein Opfer. Und das hier war Sex – nicht Liebe, sondern Sex –, und es fiel mir so leicht, als hätte ich mein Leben lang nichts anderes getan.

5

Am folgenden Samstag war die Abschlußfeier.
Meine Mutter – später mehr von ihr – machte sich mit Tommy McAuliffe und meiner Tante Marjorie in Tommys Dodge auf den weiten Weg von Michigan City. (Wir hatten nie einen Wagen besessen, denn das war laut meiner Mutter ein Luxus, den wir uns nicht leisten konnten, und daher lernte ich erst fahren, als Prok es mir später in jenem Sommer beibrachte.) Das war im Juni 1940, und die Ereignisse in Europa – die Evakuierung bei Dünkirchen, die bevorstehende Kapitulation Frankreichs – überschatteten eine Abschlußfeier, die bestimmt die trübseligste in der Geschichte der Universität von Indiana war. Alle waren beunruhigt, nicht nur die Absolventen, die nun hinaus in die Welt gingen. Es war so gut wie sicher, daß die allgemeine Wehrpflicht eingeführt werden würde, und davon wären alle Studenten im Grundstudium betroffen.

Aber ich hatte meinen Abschluß gemacht, immerhin *magna cum laude,* und meine Mutter war – Hitler hin oder her – entschlossen, es würdig zu feiern. Um den anderen vielleicht nicht so schlauen oder weitblickenden Eltern zuvorzukommen, hatte sie ein ganzes Jahr im voraus zwei Zimmer für sich und meine Tante reserviert. Tommy würde auf einem Feldbett in dem Zimmer schlafen, das ich mir mit Paul Sehorn teilte. Das alles war bis in die Einzelheiten mit Mrs. Lorber besprochen. Nun zu meiner Mutter. Ich habe das Gefühl, daß ich hier auf sie eingehen muß, auch wenn man sagen könnte, daß sie wohl kaum eine zentrale Rolle in Proks Geschichte spielt, und dennoch finde ich es schwierig, über sie zu sprechen. (Sie lebt, es geht ihr gut, und jetzt, während ich dies schreibe, ist sie noch keine sechzig und arbeitet als Grundschullehrerin in Michigan City.) Sie hatte – hat – einen Charakter, der durch die Umstände geformt wurde, und damit meine ich vor allem die Tatsache, daß sie sich selbst und ihren Sohn in der Zeit der großen Wirtschaftskrise ganz allein durchbringen mußte, weil sie mit dreißig Witwe geworden war und ihre Eltern beinahe tausend Meilen entfernt wohnten und weder imstande noch willens waren, ihr zu helfen. Sie war genügsam und akkurat, tüchtig und berechenbar wie eine Maschine, und nichts, was irgend jemand je getan hatte oder noch tun würde, konnte vor ihren Augen Gnade finden. Das klingt streng, und dabei will ich gar nicht streng sein: Sie hat mich genährt und gekleidet und mir Möglichkeiten geboten, und wenn ihr emotionales Ich nach dem Verschwinden meines Vaters ebenfalls verschwunden ist, so steht es mir nicht zu, ihr daraus einen Vorwurf zu machen. Ebensowenig wie es anderen zusteht. Sie nahm ihren Kummer in sich auf, sie saugte ihn auf wie ein Schwamm, und dann verhärtete sie sich, bis sie erstarrt war. Aber auch das wird ihr nicht gerecht. Sie ist meine Mutter, und ich liebe sie bedingungslos, wie jeder Sohn seine Mutter liebt. Das versteht sich von selbst. Vielleicht besser eine Beschreibung ihres Äußeren, vielleicht sollte ich mich darauf beschränken.

Meine Mutter war überdurchschnittlich groß – eins siebzig –, und auf der Highschool hatte sie Basketball gespielt und Wandern, Schwimmen und Klatschgeschichten geliebt. Sie war holländischer Abstammung – ihr Mädchenname war van der Post –, und ihr rotbraunes naturgelocktes Haar färbte sich im Sommer an den Spitzen golden. Sie hatte eine spektakuläre Figur (das ist ein rückblickendes Urteil und beruht nicht so sehr auf eigener Beobachtung – man sieht die eigene Mutter nicht unter diesem Aspekt – als vielmehr auf der Tatsache, daß sie stolz darauf war und immer wieder erwähnte, Soundso habe ihr ein Kompliment über ihre Beine gemacht oder gesagt, im Pullover sehe sie wie ein Fotomodell aus und sie solle sich doch in Hollywood bewerben), aber wenn sie nach dem Tod meines Vaters irgendwelche Triebbefriedigungen hatte, so verbarg sie diese sorgfältig vor mir, und ich würde dieses Thema hier auch nicht anschneiden, wenn nicht die Sache zwischen Prok und ihr passiert wäre. Und aus Gründen der Vollständigkeit natürlich.

Jedenfalls sah ich an jenem Freitagnachmittag aus dem Fenster, als Tommys Dodge blitzend am Bordstein hielt und Mutter und Tante Marjorie ausstiegen und sich umsahen, als wären sie nicht in Bloomington, Indiana, gelandet, sondern am Amazonas. Sie rückten ihre Hüte zurecht, bevor sie die Eingangstreppe der Pension hinaufgingen. Ich hätte sie an der Tür begrüßen können, doch ich zögerte und weiß nicht mal, warum. Es war ein Tag des Feierns und der Freude – endlich würde ich mal ein bißchen verwöhnt werden; es würde bestimmt ein gutes Abendessen geben, Austern, mit Blauschimmelkäse gefüllte Selleriestangen, ein medium gebratenes Steak auf makellosen Tellern und einer Leinendecke, so weiß, als wäre sie am

Morgen erst gewebt worden –, aber ich stand einfach am Fenster und setzte mich erst in Bewegung, als ich ihre Stimme in der Eingangshalle hörte. Ich weiß nicht mehr, was sie sagte – zweifellos begrüßte sie Mrs. Lorber und machte irgendeine tadelnde Bemerkung über den Zustand der Straßen, Tommys Fahrstil oder das Wetter: War es nicht furchtbar heiß? –, aber der Klang ihrer Stimme zog mich, und ich ging hinunter in ihre kalte Umarmung, der gehorsame Sohn, John, ihr Junge.

Die drei Frauen standen in der Eingangshalle, leicht der Treppe zugewandt, als posierten sie für ein Gruppenbild, das *An einem Tag stiller Freude in Erwartung seiner Schritte* heißen konnte oder *Wer macht alles gut?* »Mutter«, sagte ich und ging, immer eine Stufe nach der anderen, gemessenen Schrittes die Treppe hinunter, ohne unreifes Gehüpfe und Gespringe, »willkommen. Und Tante Marjorie. Wie schön, daß ihr da seid. Habt ihr euch schon mit Mrs. Lorber bekannt gemacht?«

Meine Mutter umarmte mich steif und förmlich, doch ihre Augen verrieten, wie stolz sie auf mich war, wie sehr sie sich über mich freute. Sie wollte etwas in dieser Richtung sagen, jedenfalls dachte ich das, als Tommy die Eingangstreppe heraufgestürmt kam, die Tür aufriß und mich in seine Arme schloß. »Hallo, Professor!« rief er und wirbelte mich herum, als wäre ich ein überdimensionales Paket, das er bei einer Tombola verlosen wollte. »Du weißt doch: Es hat keinen Wert, wenn man nichts davon hört!« Alle lächelten, als wäre er soeben verrückt geworden. Und das war er ja auch. Als wir kurz darauf allein in meinem Zimmer waren, zeigte er mir die Ursache seines zeitweiligen Irreseins: einen Flachmann mit Whiskey, sehr praktisch, für die Innentasche eines Sportjacketts. Er reichte ihn mir, und ich trank automatisch einen großen, brennenden Schluck, doch als ich Tommy den Flachmann zurückgeben wollte, winkte er ab. »Sieh dir die Gravur an«, sagte er und sank auf Pauls Bett zusammen, als könnte er sich nicht mehr aufrecht halten.

Tatsächlich, dort stand in feinen Buchstaben J.A.M. für John Anthony Milk. »Das sind ja *meine* Initialen«, sagte ich wie ein Idiot.

Tommy betrachtete mich aus Augen, die am Ende zweier langer Tunnel zu liegen schienen. Er hatte stundenlang meiner Mutter und meiner Tante zuhören müssen, und wer konnte ihm einen Vorwurf machen, wenn er nicht mehr ganz nüchtern war? »Genau«, sagte er.

Beim Abendessen waren wir zu fünft: meine Mutter, meine Tante, Tommy, Iris und ich. Das Restaurant war im Erdgeschoß eines Hotels in der Innenstadt (nicht das Hotel, in dem die beiden abgestiegen waren und das sehr viel bescheidener war). Es stand in dem Ruf, das beste in Bloomington zu sein, jedenfalls in jener verschlafenen, provinziellen Vorkriegszeit. Topfpalmen schirmten die Tische gegeneinander ab, der Oberkellner trug seine beste Imitation eines Smokings und hatte es geschafft, seine Haare derart anzuklatschen, daß sie wie eine schwarze Badekappe mit Scheitel wirkten, und auf der Speisekarte standen Zwiebelsuppe au gratin, gegrillte Kalbskoteletts, Weißfisch und natürlich Rindfleisch in allen Variationen. Wir begannen mit Krabbencocktails, bei denen die Krabben hübsch auf Halbkugeln aus Eis drapiert waren, und Tommy und ich bestellten Bier, während die Damen Gin-Fizz tranken. Ich fühlte mich beschwingt. Ich stand nicht nur im Mittelpunkt der Aufmerksamkeit, nein, diese Feier fand zu meinen Ehren statt, und weil ich jetzt ein Erwachsener war, ein Universitätsabsolvent, der aus eigener Kraft etwas erreicht hatte, gab es hier keine Beschränkungen wie bei den Geburtstagsfeiern, die meine Mutter für mich veranstaltet hatte, bis ich schließlich auf die Universität gegangen war. Aber der Flachmann war auch nicht ganz unschuldig; sein Inhalt hatte erheblich zu meinem Hochgefühl beigetragen. War ich beschwipst? Ich weiß nicht. Doch ich sah die Dinge in einer Art blendender Klarheit, als wäre alles plötzlich hell erleuchtet, als hätte ich mein Leben bisher in einer zweidimensionalen Welt verbracht, in einem Schwarzweißfilm, und als wäre unvermittelt eine dritte Dimension hinzugekommen. Und alles in Technicolor. Iris zum Beispiel.

Sie saß mir gegenüber, in einem schulterfreien Organdykleid – es war blau, ein sanftes, kühles Hellblau, mit einem dazu passenden Hütchen, das auf dem weich fallenden Schatten ihrer Haare thronte –, und ich sah, daß sie die Augenbrauen gezupft und nachgezogen hatte, so daß sie zwei vollkommene Bogen bildeten, die den Weg zu ihren Augen wiesen. Bis dahin hatten wir nicht viel miteinander gesprochen; sie war von meiner Mutter und meiner Tante in Anspruch genommen, während Tommy und ich Erinnerungen an alte Zeiten austauschten, mit Gekicher, kleinen Schlägen auf den Oberarm und dem ganzen Sortiment spätpubertärer Verhaltensweisen, die uns noch immer in der Adoleszenz festhielten, auch wenn wir empört gewesen wären, wenn uns irgend jemand nicht wie erwachsene Männer behandelt hätte. Meine Mutter sagte: »Wir müssen eingreifen. Wir haben gar keine andere Wahl. Gott behüte, daß mein Sohn eingezogen wird – ich brauche Ihnen ja wohl nicht zu sagen, daß er das einzige ist, was mir auf dieser Welt geblieben ist –, aber wir können es uns nicht leisten, uns vom Rest der Menschheit abzusondern, nein, das können wir uns nicht mehr leisten.«

»Das ist das, was wir glauben sollen«, erwiderte Iris und legte die Gabel hin. Sie hatte Fisch bestellt, und an den Gabelzinken schimmerten weiße Stücke davon vor dem Hintergrund der goldgelben Sauce auf ihrem Teller. »Warum sollten wir uns da hineinziehen lassen? Entschuldigung, ich weiß, daß Holland besetzt worden ist – aber so was passiert schließlich nicht zum ersten Mal. Es gibt doch andauernd irgendwelche Kriege.«

Tommy war mitten in einer Geschichte über einen Streich, den er nach einem Footballmatch der gegnerischen Mannschaft gespielt hatte, und dachte irrtümlich, ich sei dabeigewesen, aber er war so eingetaucht in diese Erinnerung, daß ich ihn nicht korrigieren wollte. Nun hielt er inne und blickte seine Schwester an, als traute er seinen Ohren nicht. »Jetzt komm aber, Iris, willst du mich auf den Arm nehmen? Frankreich ist in ein, höchstens zwei Wochen am Ende, und dann kann Hitler England bombardieren, bis alles in Schutt und Asche liegt. Und glaubst du wirklich, er wird sich damit zufriedengeben? Glaubst du, er schickt Roosevelt eine Schachtel Pralinen und ein Briefchen: ›Nichts für ungut‹?«

»Genau«, sagte meine Mutter und reckte das Kinn. »Es wird vielleicht Jahre dauern, bis er hier ist, vielleicht auch ein Jahrzehnt, wer weiß? Aber die Welt ist kleiner, als Sie denken, Iris, und niemand kann sicher sein, solange es diesen Verrückten gibt. Haben Sie ihn letzte Woche in der Wochenschau gesehen? Dieser Stechschritt! Macht Sie dieser Stechschritt nicht auch krank?«

»Sie verstehen nicht. Das ist nicht unser Krieg«, sagte Iris. »Er hat nichts mit uns zu tun. Warum sollten unsere Jungs für irgendein morsches Kolonialreich sterben, für … für … John«, sagte sie und wandte sich an mich, »was meinst du?«

Ich meinte, daß die Feierstimmung zu wünschen übrig ließ. Ich meinte, daß Iris die hübscheste Frau war, die ich je in meinem Leben gesehen hatte. Ihre Augen funkelten vor Empörung, die Lippen waren gespitzt, der Weißfisch harrte seines Schicksals. Ich versuchte ein Grinsen. »Ich weiß nicht«, murmelte ich. »Ich persönlich? Ich will nicht sterben.«

Ich wollte die Stimmung ein bißchen heben, dem Gespräch eine andere Wendung geben und den stolzierenden Diktator von der festlichen Tafel vertreiben, doch niemand lachte. Sie sahen mich bloß an – sogar Tante Marjorie, die sanfteste Person, die ich kenne –, als hätte ich soeben gestanden, ich sei ein Betrüger, ein Kinderschänder oder Mörder. Krieg. Der Krieg hatte uns im Griff und ließ sich nicht abschütteln.

Iris kam mir zu Hilfe. Sie hatte die Gabel in den Mund geschoben und kaute auf einem Bissen Fisch und einem winzigen Stück grüne Bohne herum. »Das ist genau das, was ich meine«, sagte sie, noch immer kauend. »Ich will auch nicht sterben. Keiner will sterben.«

Meine Mutter winkte ab. »Sie sind noch zu jung. Sie verstehen das nicht. Das ist ein größeres Thema, es steht in einem größeren Zusammenhang –«

»Hey«, sagte Tommy, als wäre er soeben aus einem Nickerchen erwacht, »will noch einer ein Bier oder einen Cocktail?«

Wir begleiteten meine Mutter und meine Tante zu ihrem Hotel, gingen zu dritt noch etwas trinken und brachten Iris kurz vor der Sperrstunde ins Wohnheim. Im Aufenthaltsraum saßen etwa zehn Paare, die einander in die Augen sahen. Eine der Studentinnen hatte auf dem beigen, beinahe weißen Rock einen verräterischen Grasfleck, einen leuchtendgrünen Streifen, und ein Student, der mir entfernt bekannt vorkam, saß mit seiner Freundin auf dem Sofa und schmiegte sich so fest an sie, daß es aussah, als wären die beiden miteinander verklebt. Ihre Füße aber standen, wie es die Regeln verlangten, auf dem Boden. Die Rezeptionistin – die Blondine mit dem schlaffen Haar – war in ein Buch vertieft.

Tommys Tempo hatte sich im Lauf des Abends erheblich verringert, und als wir nun am Empfang vorbei- und quer durch den Aufenthaltsraum zur hinteren Wand gingen, wo wir einigermaßen ungestört waren, glich sein Gang mehr einem Taumeln. Iris hatte sich bei mir untergehakt. Wir lehnten uns an die Wand, und Tommy versuchte, sich eine Zigarette anzuzünden. Zweimal ließ er die Zigarette fallen, einmal die Streichhölzer. »Hört mal«, sagte er, richtete sich auf und blickte sich um, als hätte er noch nie einen

Raum voller knutschender Studentinnen und Studenten gesehen, »ich muß hier raus. Es ist wahnsinnig warm hier drinnen, findet ihr nicht? Ich schau mal, ob's hier irgendwo ein Klo gibt.«

Wir sahen zu, wie er abwechselnd den einen und den anderen Fuß vom Teppich hob und sich dabei bewegte, als hätte sich der Boden in ein Trampolin verwandelt, und dann war er zur Tür hinaus, und mit der Nachtluft trieb ein Hauch von Blütenduft herein. »Der gute alte Tommy«, sagte ich, weil mir nichts Besseres einfiel. »Er muß ein toller Bruder sein. Du hast wirklich Glück, weißt du das?«

Iris war still geworden und lehnte mit dem Rücken an der Wand, die Schultern hochgezogen, als wäre ihr kalt. Sie musterte mich. Die Arme – schöne Arme, entzückende Arme, die bezauberndsten, vollkommensten Arme, die ich mir vorstellen konnte – hatte sie vor der Brust verschränkt, doch nun ließ sie sie sinken, als wollte sie sich für mich öffnen. Wir hatten uns schon zuvor hier geküßt, genau an dieser Stelle, wo man uns vom Empfang aus nicht sehen konnte, doch diese Küsse waren zurückhaltend und gesittet gewesen, oder vielmehr so gesittet, wie man es erwarten konnte angesichts der Tatsache, daß wir uns an der schummrigsten Stelle des ganzen Raums an die Wand drückten und unsere Zungen gerade erst begonnen hatten, eine neue Funktion zu entdecken. Iris wollte von Petting oder vorehelichem Sex irgendwelcher Art nichts wissen. Sie war als Katholikin erzogen worden, und das saß ihr immer im Nacken. Das, was man ihr übergestülpt hatte, schränkte sie ein, aber sie war nicht imstande, sich davon zu befreien. »Das macht dir doch nichts aus, oder?« flüsterte sie eines Abends. Ich spürte ihren heißen Atem auf dem Gesicht, ich schmeckte sie auf meinen Lippen. »Nein«, sagte ich, »es macht mir nichts aus.«

Doch jetzt – an diesem Abend, an meinem großen Abend, dem Vorabend der Abschlußfeier und all der damit verbundenen Ungewißheit – umarmte sie mich und drückte sich an mich, so daß ich ihre weichen Brüste spürte. Ihre Stimme war so leise, daß ich sie kaum verstand. »Küß mich«, flüsterte sie.

Die Feier verlief nach Plan, die Reden waren hinreichend inspirierend, das Wetter spielte mit, und als President Wells Hände schüttelte und einem nach dem anderen sein Diplom überreichte, kam aus Richtung Illinois eine leichte Brise auf, die unsere Roben bauschte und an den Frisuren der Frauen zupfte. Danach gab es bei Prok einen Empfang für geladene Gäste – er bestand darauf, er wollte von Einwänden nichts hören, es war das mindeste, was er für einen jungen Mann tun konnte, der ihm eine solche Hilfe war –, und so genossen wir die Blumen, Macs Punsch und Proks Liköre. Meine Mutter verstand sich nicht sonderlich gut mit Mac, was nicht weiter ungewöhnlich war – sie trug ihre Zurückhaltung stets wie eine Rüstung und wurde mit anderen, wenn überhaupt, dann erst beim vierten oder fünften Zusammentreffen warm –, doch hier war noch etwas Tieferes, Komplexeres im Spiel, und wahrscheinlich würde ich in diesem Zusammenhang Freud zitieren, wenn Prok mich nicht so stark gegen ihn eingenommen hätte.

Bei Prok dagegen war es ganz anders: Er schien ihr sofort sympathisch zu sein. Natürlich gab er sich auch die größte Mühe, damit meine Mutter sich wie zu Hause fühlte. Er konzentrierte sich voll auf sie, führte sie durch den Garten und fragte sie nach ihrer Meinung zu den Dahlien oder den Heliotropen oder den Azaleen, die anscheinend einen sehr sauren Boden bevorzugten – hatte sie es mal mit Kaffeesatz probiert? Das Ausbringen von Kaffeesatz war, soweit Prok hatte feststellen können, die einfachste und billigste Methode, um den pH-Wert des Bodens zu verändern. Man mußte natürlich achtgeben, daß es nicht zu einer Chlorose führte, aber die ließ sich durch den Zusatz von Eisenchelat verhindern, das selbstverständlich gut untergearbeitet werden mußte …

Ich sah, wie sie sich langsam vom Zentrum der Party entfernten. Meine Mutter hielt in einer behandschuhten Hand ein winziges Likörglas, die Sonne schien auf ihre Hutkrone und verwandelte die einzelne lange Feder in ein durchscheinendes Leuchten, und Prok nickte und gestikulierte, während er sie den Weg entlangführte. Er war formell gekleidet und trug, was wir (Corcoran, Rutledge und ich) insgeheim seine Uniform nannten: einen dunklen Anzug, ein weißes Hemd und eine ordentlich gebundene Fliege mit zweifarbigem geometrischem Muster. Ich bemerkte, daß er ein bißchen angespannt war, weil er seine Arbeit für einen ganzen Tag vernachlässigen mußte, zuerst wegen der Abschlußfeier, an der natürlich der gesamte Lehrkörper teilnehmen mußte, und dann wegen dieser kleinen Zusammenkunft, doch für das ungeschulte Auge war er so ruhig und charmant wie ein Plantagenbesitzer in den Südstaaten, der einen Gast über seinen von Sklaven bewirtschafteten Besitz führt. Die Kinder spielten eine ausgedehnte Partie Krockett, während Iris, Tommy und ich unter einem Baum bei Tante Marjorie und Mac saßen. Mac hatte ihre Schuhe ausgezogen und ging immer wieder ins Haus, um mit einem Tablett voller Kanapees oder den Persimonentörtchen zurückzukehren, die sie mir zu Ehren am Morgen gebacken hatte.

Wir sprachen über alles, nur nicht über den Krieg, denn der Krieg fand irgendwo weit jenseits des Ozeans statt, und dieser Tag gehörte uns – Tommy, Iris und mir –, und es gab keinen Grund, düstere Gedanken zuzulassen. Meine Tante, die nie sehr gesprächig war, es sei denn, sie klatschte mit ihrer Schwägerin, saß mit gekreuzten Beinen in einem Korbstuhl und lächelte wehmütig, vielleicht dachte sie an ihren Mann, der bei Ypern gefallen war. Wenn Mac uns Gesellschaft leistete, sprach sie gewandt über alle möglichen Themen, unter anderem über Pfadfinderinnen, Stricken – hier horchte Tante Marjorie ein wenig auf – und natürlich die Sexforschung. Alles war sehr entspannt.

Als die Kinder ihre Krockettpartie beendeten und der Jubelruf eines Mädchens erklang, stand Iris vom Rasen auf und strich ihr Kleid glatt, als hätte sie seit dem Frühjahr im Gras gelegen. »Kommt, laßt uns auch ein Spiel machen«, sagte sie. »Du und ich und Tommy. Na los.«

Vielleicht zögerte ich (das ist gut möglich, denn infolge ihrer – und Macs – Anwesenheit sowie der goldfarbenen Flüssigkeit in dem mitgeführten Flachmann war mir sehr geruhsam zumute), doch sie ließ keinen Widerspruch gelten.

»Na los«, wiederholte sie. »Oder habt ihr Angst zu verlieren?« Sie trug ein ärmelloses Sommerkleid und reckte sich, brachte die Fersen zusammen und hob den angewinkelten rechten Arm, damit wir ihre Muskeln bewundern konnten. »Die hättet ihr nämlich zu Recht. Ich muß euch leider sagen, daß ich die Krockettkönigin des ganzen Viertels war.«

»Als du neun warst vielleicht«, sagte Tommy. Auch er erhob sich vom Rasen.

Wir spielten eine träge Partie. Die Sonne stand über uns, und Iris machte Jagd auf unsere Kugeln und krockettierte sie in die Blumenbeete, wann immer sich die Gelegenheit bot. Wir lachten schallend und ließen den Flachmann kreisen. Ich glaube, ich war noch nie glücklicher. Nur eines trübte das Bild: der Blick, den Prok uns zugeworfen hatte, als er mit meiner Mutter vom hinteren Teil des Gartens zurückgekehrt war. Sein Gesicht war einen Augenblick lang ganz nackt gewesen, der Mund mißbilligend verkniffen, und ich hatte mich gefragt, welcher Sünde, welcher Übertretung wir uns schuldig gemacht hatten, bis mir eingefallen war: Prok haßte alle Spiele. Spiele waren unproduktiv. Spiele waren eine Zeitverschwendung oder vielmehr ein Zeitvertreib, was auf dasselbe hinauslief. Für Prok besaß nur die Arbeit einen Wert, und er konnte nie verstehen, daß wir (wieder Corcoran, Rutledge und ich) auch nur Augenblicke mit Tätigkeiten verbrachten, die nicht direkt mit dem Projekt zu tun hatten. Wir hatten vielleicht zwölf Stunden lang Sexgeschichten aufgezeichnet und kehrten ins Hotel zurück, um uns zu entspannen, Radio zu hören oder Karten zu spielen, doch Prok bestand darauf, daß wir uns in die Fachliteratur vertieften, damit wir unsere Funktion noch besser erfüllten und die Forschung voranbrachten.

Einmal – ich greife hier acht bis zehn Jahre vor – waren Prok, Corcoran und ich auf Forschungsreise in Florida, um Geschichten zu sammeln. Wir waren den weiten Weg von Indiana dorthin gefahren, damit Prok zu einer Gruppe von Universitäts-Verwaltungsdirektoren sprechen konnte, die in Miami eine Reihe von Seminaren veranstalteten, und wir hatten fünf Tage lang vom Frühstück bis um zehn oder elf Uhr abends Geschichten aufgezeichnet. Am letzten Tag vor unserer Rückfahrt nach Indiana, in den ewigen Winter, waren wir schon um acht Uhr abends fertig, und Corcoran und ich hielten aus einer Laune heraus an einem Minigolfplatz an. Corcoran war ein überaus extravertierter Mensch: fröhlich, verbindlich, immer auf der Suche nach einem sexuellen Abenteuer. An diesem Abend saß er am Steuer, denn Prok, auf dem Beifahrersitz, blätterte, mit einer Taschenlampe fuchtelnd, in den gesammelten Interviews. »He, John«, rief Corcoran, »siehst du das, da vorne links?«

Ich saß auf dem Rücksitz, beugte mich vor und sah, was er meinte. Es war eine glitzernde Spiellandschaft, erleuchtet von bunten Lichtern, die in die Nacht über Florida sickerten, und darüber hing ein Schild: Teeter's Minigolf.

»Wie wär's mit einer Pause und ein bißchen Entspannung?« fragte er und bog bereits von der Straße ab, als Prok zerstreut aufsah.

Corcoran hatte eine antiautoritäre Ader, eine jungenhafte Verspieltheit, die Prok auf eine Art tolerierte, wie er es bei keinem anderen getan hätte, und die in diesem Augenblick etwas in mir weckte. *Warum nicht?* dachte ich. *Warum nicht mal eine Auszeit nehmen, und sei es nur für eine Stunde?* »Klar«, sagte ich, »das wäre … das wäre Klasse! Ich hab noch nie … Und morgen fahren wir schon wieder zurück …«

Und bevor Prok Einwände erheben konnte, waren bereits vollendete Tatsachen geschaffen. Der Wagen stand neben dem Kassenhäuschen auf dem mit Kies bestreuten Parkplatz, Corcoran und ich zahlten den Eintritt und suchten uns Schläger aus, und die ganze Zeit raschelten die Palmen in einer Brise, die so warm war wie zu Hause die Heizung. Wir müssen zwei Stunden oder länger gespielt haben. Wir waren unbeschwert und ein bißchen albern, wir fühlten uns wie Jungen, die, bei aller Banalität der Situation, doch stets in Konkurrenz zueinander standen und sich anstrengten, um zu gewinnen, ganz gleich, wie unbedeutend dieser Sieg auch sein mochte. (Ich habe ihn an jenem Abend übrigens geschlagen, wenn auch nur knapp.) Aber Prok. Prok versuchte, gute Miene zum bösen Spiel zu machen, aber im Grunde war er außer sich. Er konnte es einfach nicht verstehen. Er begriff nicht, warum erwachsene Männer sich wie Halbwüchsige benahmen und kostbare Zeit verschwendeten, die sonst dem Projekt, der Arbeit, der Anhäufung von Wissen und dem Fortschritt der Kultur zugute gekommen wäre. Er ging auf und ab. Er rief uns von der anderen Seite des Zauns. »Corcoran. Milk.« Seine Stimme war ein klägliches Nölen. »Ihr haltet das Projekt auf!«

Doch am Tag der Examensfeier wußte ich noch nichts von Proks kompromißloser Ablehnung dessen, was er als »belangloses Treiben« bezeichnete – jedenfalls war mir das Ausmaß seiner Ablehnung nicht so klar, wie es mir später werden sollte –, und der Blick, den er uns zuwarf, uns, die wir eine harmlose Partie Krockett spielten, gab mir zu denken. Ich versuchte, ihn zu analysieren, ihn zu dechiffrieren. War die Feier vorüber? Hatte meine Mutter etwas zu ihm gesagt – oder er zu ihr –, was das Gesicht des Tages verdüstert hatte? Wußte meine Mutter über das Verhältnis zwischen Prok und mir oder Mac und mir, und hatte sie eine Bemerkung darüber gemacht?

Wie sich herausstellte, traf keine dieser Befürchtungen zu. Prok war einfach Prok. Wir brachten unser Spiel zu Ende und setzten uns dann wieder im Schatten auf den Rasen, und Prok ging ins Haus und kehrte mit einem Geschenk für meine Mutter zurück – einer besonders knotigen, aber unbewohnten Galle, die er durch einen Schellacküberzug zu einem Kunstobjekt gemacht hatte –, und als sie ihm dankte, entdeckte ich einen Anflug von Komplizenschaft zwischen den beiden und wußte nicht, was ich davon halten sollte. Es gab irgendeine Übereinkunft, und in diesem Augenblick ging mir auf, daß es nichts mit mir zu tun hatte: Prok, nahm ich an, hatte über das Projekt gesprochen und sie wie praktisch jeden anderen davon überzeugt, ihm ihre Geschichte zu erzählen. Die Geschichte meiner Mutter. Am folgenden Tag oder noch am selben Abend würde sie ihm zwei Stunden lang gegenübersitzen und die dreihundertfünfzig Fragen beantworten: über ihre Masturbationsgewohnheiten, wie oft sie sich selbst bis zum Orgasmus stimulierte und mit welchen Männern sie seit dem Tod meines Vaters geschlafen hatte.

Danach wurde alles ein bißchen unscharf, und ich weiß nicht, ob das, was als nächstes passierte, eine direkte Folge davon war – auch um dies herauszufinden, bräuchte man einen Psychiater, und Prok haßte Psychiater –, aber ich weiß noch, daß ich mich entschuldigte und die Gruppe auf dem Rasen verließ, daß ich Iris und auch meine Mutter dort sitzen ließ und auf dem gewundenen Weg zum Haus ging, wo Mac, wie sie gesagt hatte, einen kleinen Imbiß zubereitete. Ich trat ein, ohne zu klopfen, ein geehrter Gast, beinahe ein Mitglied der Familie. Die Kinder waren nirgends zu sehen. Alles war still. Die Möbel schienen sich skelettartig und umschattet in die Tiefen des Raums zurückzuziehen, die Schallplatten lehnten schräg in den Regalen, als warteten sie auf die Hand dessen, der sie zum Leben erwecken würde. Von fern, aus dem Garten, hörte man das Summen der Stimmen.

Ich fand Mac in der Küche, wo sie, mit dem Rücken zu mir, an der Theke stand. Sie war noch immer barfuß, hatte aber eine Schürze umgebunden, die Schleife saß genau über der Rundung ihrer Hüften. Muß ich Ihnen sagen, wie sehr ich sie in diesem Augenblick brauchte, ein wie gelehriger Schüler meines Meisters ich geworden war? Ich stellte mich hinter sie – und sie wußte, daß ich da war, sie hatte auf mich gewartet –, ich drückte mich an sie, so daß sie meine

Härte an der Weichheit ihres Hinterns spürte, und dann umarmte ich sie und legte die Hände auf ihre Brüste. Wie wunderbar: Sie wandte den Kopf, um mich zu küssen, um mir die Erregung ihrer Zunge zu schenken und zu unterstreichen, daß die Freude auf Gegenseitigkeit beruhte. Und dann … dann lagen wir auf dem Küchenboden und zerrten an unseren Kleidern. Keine Kinder kamen herein. Niemand überraschte uns. Und ich hatte Koitus mit ihr, in einem wilden Rausch aus Stoßen und Lecken und Beißen, der alles in allem kaum länger als drei Minuten dauerte, und danach zog ich mich wieder an und ging über den Rasen zurück zu Iris und meiner Mutter.

6

Seit Herbst 1938, als Prok sein Eheseminar abhielt, hatte es sowohl auf dem Campus als auch in der Stadt ein Geflüster gegeben, das Geflüster hatte sich zu einem mißbilligenden Grollen gesteigert und war schließlich, als der Sommer des Jahres 1940 in den Herbst überging und sich eine Koalition gegen Prok bildete, zu offener Empörung geworden. Ich hatte mich gewundert, wie viele vor allem ältere Mitglieder des Lehrkörpers an den Veranstaltungen teilgenommen hatten, doch nun begann ich zu begreifen: Sie waren Spione, Spitzel, die Nutznießer von Konvention und antiquierter Moral, denen daran gelegen war, die Welt im Hinblick auf Sex in Finsternis zu belassen. Sie waren nicht gekommen, um etwas zu lernen – sie waren gekommen, um Prok zu Fall zu bringen.

Dr. Thurman B. Rice, Professor für Medizin an der University of Indiana und leitender Beamter der Gesundheitsbehörde, tat sich besonders hervor. Rice hatte in den frühen dreißiger Jahren ebenfalls eine Vorlesungsreihe veranstaltet – er hatte sie als »Hygienekurs« bezeichnet –, die damals unter Studenten ein Dauerwitz war, ein Meisterstück der Fehlinformation, voller verschämter Andeutungen und viktorianischer Prüderie. Offenbar war er in der Vorlesung gewesen, in der Prok seine berüchtigten Dias gezeigt hatte, denn er beschwerte sich in Briefen an President Wells, das Kuratorium und Prok, diese Darstellungen seien so drastisch gewesen, daß sie selbst ihn erregt hätten, einen seit dreißig Jahren verheirateten Mann, der sich mit diesem Thema »auf sehr objektive Weise« befaßt habe, und daß er daher um die Studenten besorgt sei. Wenn nun eine unschuldige Studentin derart animiert werde, daß sie sich zum Geschlechtsverkehr hinreißen lasse, und wenn sie dann schwanger werde und nach Hause geschickt werden müsse, beschädigt sozusagen? Was dann?

Seine Kollegen vom Lehrstuhl für Medizin pflichteten ihm bei, denn sie fanden, daß Professor Kinsey sich etwas anmaßte, das ausschließlich der Medizin vorbehalten war. Wie konnte er Studenten beiderlei Geschlechts zum Thema Sexualität befragen und beraten – und zwar hinter verschlossenen Türen –, wenn er doch keinerlei medizinische Ausbildung hatte? Hinzu kamen der einstimmige Aufschrei der Geistlichkeit, eine Unmenge Briefe von besorgten Müttern aus allen Teilen des Staates, die gehört hatten, dieser *Professor* unterrichte ihre Töchter in verschiedenen Methoden der Empfängnisverhütung und fordere sie auf, die Länge ihrer Klitoris zu messen, sowie die Todfeindschaft von Dean Hoenig, die Prok zweierlei niemals verzeihen würde: die Szene in seinem Garten und die, wie sie fand, aufdringliche Hartnäckigkeit, mit der er einige der zurückhaltenderen Studienanfängerinnen ermuntert hatte, ihm ihre Geschichten zu erzählen. Das alles roch nach Lynchjustiz.

An einem vollkommen windstillen, auf kleiner Flamme köchelnden Septembermorgen ging ich auf dem Weg zur Arbeit über den Campus und dachte an nichts Schwerwiegenderes als an die Frage, was ich in der Mittagspause machen würde, als ich auf sehr direkte Weise mit alldem konfrontiert wurde: mit den Gerüchten, dem Groll, den gegen Prok gerichteten Gefühlen im überbrodelnden Kessel der Gemeinschaft. Laura Feeney, jetzt im dritten Studienjahr, schöner und mit schwellenderen Formen ausgestattet, als ich sie in Erinnerung hatte, kam mir auf dem Weg am Bach entlang entgegen. Sie drückte ein Buch an den Busen (zwischen ihren Brüsten baumelte an einer Kette ein Jahrgangsring, der vermutlich Jim Willard gehörte). Als sie aufblickte und mich erkannte, veränderte sich ihr Gesicht, und sie blieb reglos stehen, bis ich vor ihr stand. »Laura«, sagte ich, plötzlich wieder schüchtern. »Hallo.«

Sie schwieg einen Augenblick. »John«, murmelte sie dann, mit einem zögernden Unterton, als probierte sie den Namen aus, um zu sehen, ob er paßte. »Hallo. Schön, dich zu sehen.« Eine Pause. »Wie war der Sommer?«

Wir hätten dieselbe Unterhaltung führen können wie ein Jahr zuvor, nur daß ich diesmal nicht in die tödliche Langeweile von Michigan City und das Dachzimmer im Haus meiner Mutter zurückgekehrt war, denn ich stand jetzt mitten im Leben und hatte eine Vollzeitstelle, und darum blieb ich auch in den Semesterferien bei Mrs. Lorber, obgleich Paul Sehorn ausgezogen war und ich bald einen neuen Zimmergenossen bekommen würde – sofern sich irgend jemand auf Mrs. Lorbers Annonce meldete. Während wir der Konvention Genüge taten und belanglos plauderten – darin war sie eine Meisterin –, sah ich sie an, und dann faßte ich mir ein Herz und kommentierte das Kettchen an ihrem Hals. »Wie ich sehe, trägst du Jim Willards Jahrgangsring.«

»Was? Ach, das.« (Eine Gelegenheit, über ihren Busen zu streichen und den Ring auf Augenhöhe zu heben.) Sie stieß einen kleinen Lacher aus, der bescheiden sein sollte, aber nur kokett war. Mein Interesse wuchs. »Du wirst es nicht glauben, aber ich habe einen Willard gegen den anderen eingetauscht.« Wieder ein Lachen. »Kennst du Willard Polk?«

Ich zögerte.

»Stellvertretender Kapitän der Football-Mannschaft? Ich gehe mit ihm. Weihnachten wollen wir uns verloben.« Gedankenverloren ließ sie eine Fußspitze kreisen, und ich warf unwillkürlich einen Blick auf ihre Knöchel und Waden. »Jim und ich? Na ja, irgendwie kamen wir einfach nicht mehr miteinander zurecht. Aber jetzt« – sie strahlte mich mit voller Kraft an – »bin ich verliebt. Wirklich. Ganz im Ernst. Für immer.« Wieder eine Pause. Ihr Gesicht zog sich um ihren Mund zusammen. Ihre Augen wurden schmaler. »Aber was ist mit dir? Wenn ich recht gehört habe, *arbeitest* du jetzt für Kinsey?«

Ich nickte und versuchte zu lächeln.

»Unseren alten Professor«, sagte sie. »Dr. Sex.« Sie spielte noch immer mit dem Ring und ließ ihn unvermittelt zwischen ihre Brüste fallen. »Ich hab gehört, du machst jetzt selbst Sex-Interviews.«

Ich war ein vollkommen anderer Mensch als ein Jahr zuvor, ich war sexuell erfahren, ich stand mitten im Leben, ich war mit sämtlichen sexuellen Praktiken vertraut, und trotzdem wurde ich rot. »Nur mit Männern«, sagte ich. »Mit Studienanfängern. Weil die, na ja … am wenigsten kompliziert sind, wenn du verstehst, was ich meine.«

»Tatsächlich?« Da war er wieder, der kokette Ton. »Und was ist mit den Studentinnen? Sind die nicht noch … *unkomplizierter?* All diese züchtigen Jungfrauen in den Wohnheimen? Wirst du die auch befragen, oder ist das eine von diesen Untersuchungen, die uns verraten, was für Tiere Männer in Wirklichkeit sind? Als ob wir das nicht schon längst wüßten, stimmt's, John?«

Ich wurde also rot. Ich hatte Geschlechtsverkehr mit Mac gehabt, ich hatte Iris den ganzen Sommer über vermißt, und der Schmerz war so tief und unstillbar gewesen, als hätte man mir ein wichtiges Organ entfernt. Doch als ich da stand und versuchte, das Blut mit Willenskraft aus den Wangen zu drücken, wollte ich – warum es nicht aussprechen? – Laura Feeney *vögeln*, ganz gleich, wie viele Willards sie hatte. Ich sah sie nackt, ohne Kleid und Hütchen und Schuhe, sah ihre nackten Brüste und die prallen Brustwarzen. Laura Feeney, Laura Feeney, nur du allein. Das riefen meine Augen ihr zu, und sie bemerkte die Veränderung in mir und tat wirklich einen Schritt zurück, das heißt, sie verlagerte ihr Gewicht auf den hinteren Fuß und vergrößerte den Abstand zwischen uns ein wenig. »Nein«, sagte ich, und ich gebe zu, daß ich wohl ein bißchen anzüglich grinste, »nein, die Frauen werde ich auch befragen. Das hat Prok mir versprochen. Aber nicht hier. Nicht hier an der Uni.«

Hochgezogene Augenbrauen. »*Prok?*«

»Professor Kinsey. So nennen wir … so nenne ich …«

»Ich hab gehört, sie wollen ihn rausschmeißen.«

Das war der Augenblick, in dem der Vogelgesang und das Plätschern des Bachs und die Fehlzündungen eines Wagens auf dem Fakultätsparkplatz verstummten, als hätte ein Dirigent seinen Taktstock gehoben. Ich wußte nicht, was ich sagen sollte. Ich hätte nicht überraschter – nein, schockierter, das ist das bessere Wort – sein können, wenn sie mir gesagt hätte, die Nazis seien im Anmarsch auf Muncie. »Das können sie nicht«, sagte ich schließlich. »Er ist ein ausgezeichneter Wissenschaftler. Er hat eine feste Professur.«

»Das Eheseminar ist vorbei. Und weißt du, wie sie es nennen? Sie nennen es ›diese Schmutzvorlesung‹. ›Diese Schmutzvorlesung‹, ja.« Sie beobachtete mein Gesicht. »President Wells persönlich wird ihn rausschmeißen, und zwar wegen … was weiß ich, wegen *moralischer Verworfenheit*. Das hab ich jedenfalls gehört.«

Am nächsten Morgen stiegen Prok und ich noch vor Sonnenaufgang in seinen Nash (ich kann mich weder an das Modell noch an das Baujahr erinnern, aber die Karre, 1928 gebraucht gekauft, wurde meines Erachtens nur noch von Heftklammern und Rost zusammengehalten). Wir fuhren nach Lafayette, wo er zu den Studenten mehrerer Soziologieseminare der dortigen Purdue University sprechen sollte. Unterwegs wollten wir in Crawfordsville halten, um die Interviews zu machen, zu denen wir in der Woche zuvor, als Prok an der DePauw University gesprochen hatte, nicht gekommen waren. Und natürlich freuten wir uns schon darauf, die Geschichten der Personengruppe aufzuzeichnen, die abends Proks Vortrag hören würde; dafür hatten wir die nächsten drei Tage veranschlagt. Das Mittagessen würden wir auf der Fahrt einnehmen: ein paar Schlucke abgestandenes Wasser aus der Steingutflasche, die hinter dem Fahrersitz stand, und einige Handvoll Studentenfutter (Nüsse, Rosinen, Sonnenblumenkerne und ein paar Stückchen Schokolade), das Prok zeit seines Lebens jeden Mittag aß, ob er nun im Astor-Hotel am Times Square residierte, auf der Suche nach Gallen durch die Vorberge der Sierra Madre wanderte oder im Institutsgebäude an seinem Schreibtisch saß.

Der Wagen hatte kein Radio, aber das machte eigentlich nichts, denn Prok sorgte selbst für Unterhaltung. Von dem Augenblick an, als ich mich im morgendlichen Zwielicht auf den Beifahrersitz setzte, bis zu dem Augenblick, als wir in Crawfordsville ausstiegen, redete er ohne Punkt und Komma, und als wir weiterfuhren, knüpfte er nahtlos an und hörte erst auf, als wir am späten Nachmittag in Lafayette ankamen. Er sprach über Sex. Über das Projekt. Über die Notwendigkeit, mehr Geschichten aus der Unterschicht zu sammeln, aus der schwarzen Bevölkerung, von Taxifahrern, Bergleuten, Baggerführern, zum Ausgleich gewissermaßen, weil die Geschichten von Studienanfängern, so wertvoll sie auch sein mochten, nur einen Teil des Gesamtbilds wiedergäben. Wenn neben der Straße eine Kuh stand, sprach er über Milchproduktion und die schwere Zeit der Dürrejahre. Er sprach über Topographie, über die Ökologie fließender und stehender Gewässer, über das Suchen von Pilzen – hatte ich schon mal frische Morcheln probiert, leicht paniert und gebraten? Es störte mich nicht, kein bißchen. Es gehörte alles zu meiner Ausbildung.

Außerhalb von Spencer kamen wir an den White River, als hinter uns die Sonne aufging, sich über das Wasser ergoß und alles mit Kupfer überzog. Im Dunst, der von der Wasseroberfläche aufstieg, stand die Silhouette eines Graureihers, die Maisfelder fingen Feuer, Apfel- und Birnbäume lösten sich, mit leuchtenden Früchten beladen, aus dem Zwielicht. Die Straße war feucht von Tau, und als die Sonne darauf schien, stieg auch hier Dampf auf. Die Reifen durchpflügten ihn, und er stob nach beiden Seiten durch die Brückengeländer wie ein sich sammelnder Sturm. Das war der Augenblick, da ich beschloß, mich von der Bürde der Information zu befreien, die Laura Feeney mir gegeben hatte und die ich seit nunmehr beinahe vierundzwanzig Stunden in meinem Kopf herumwälzte. »Prok«, sagte ich und unterbrach ihn in einer Geschichte, die ich schon zweimal gehört hatte – es ging um einen Häftling, der mitten im Interview in einem Staatsgefängnis seinen Penis hervorgeholt und zum Vermessen auf den Tisch gelegt hatte –, »stimmt es, daß ... Ich habe Gerüchte gehört, daß du mal wieder unter Druck gesetzt wirst, jedenfalls mehr, als du mir gesagt hast. Wegen des Eheseminars. Sie werden dich doch nicht ... na ja, *rausschmeißen*, oder?«

Ein Strahl der tiefstehenden Sonne schien in den Wagen und beleuchtete Proks Gesicht unterhalb des Mundes. Es sah aus, als trüge er einen Bart aus Licht. Er blickte mich finster an, den Kopf leicht schief gelegt. Ich sah das Weiße in seinen Augen. »Wer hat dir denn *das* erzählt?«

»Ich ... äh, Laura Feeney. Laura Feeney hat es mir gestern morgen erzählt. Du weißt schon, die Frau, mit der ich im Eheseminar war.«

»Deine damalige Verlobte.«

»Äh ... ja.«

Die Bohlen der Brücke rumpelten unter den Rädern, und ich sah den Reiher die Flügel ausbreiten. Proks Blick blieb auf die Straße gerichtet. Er schwieg kurz und murmelte dann: »Miss Feeney hatte wohl eine Audienz beim Rektor? Ober beim Kuratorium?«

»Du nimmst das auf die leichte Schulter, Prok, und das ist falsch. Ich mache mir nur ... Ich mache mir nur Sorgen, das ist alles, und es gibt tatsächlich Gerüchte, das kannst du nicht leugnen ...«

Er seufzte. Warf mir einen mitleidigen Blick zu und konzentrierte sich dann wieder auf die Straße. »Wenn du es genau wissen willst«, sagte er, »ich fühle mich wie Galileo. Sie stellen mir nach, sie wollen mich mundtot machen, sie wollen mir das Grundrecht auf wissenschaftliche Forschung verweigern, und das alles nur, weil irgendein Pfaffe oder eine eingetrocknete alte Jungfer wie Dean Hoenig oder ein abgehalfterter Bürokrat wie Thurman Rice Angst vor den Tatsachen hat. Sie können der Wirklichkeit nicht ins Auge sehen, darauf läuft es hinaus.«

Mir sank das Herz. Dann stimmte es also. Ich starrte aus dem Fenster auf die strenge Geometrie der Maisfelder. Zu meinen Füßen stöhnte der Motor, die Welt zog vorbei.

»Sie wollen mir ein Ultimatum stellen: Entweder ich setze das Eheseminar ab, oder ich gebe das Forschungsprojekt auf.«

»Aber du kannst doch nicht ... Das wäre das Eingeständnis, daß

Sex tatsächlich etwas Schmutziges ist und daß sie die ganze Zeit recht hatten ...«

Wieder ein Seufzer. Der verschleierte Blick. Die Hände lagen wie Klauen auf dem Lenkrad. »Verstehst du, das Problem ist: das Seminar und dann auch noch die Forschung, ganz zu schweigen von der Beratung in sexuellen Dingen, die ja oft eingebunden war in die Informationen, die wir verbreiten ...«

Er schaltete herunter. Der Wagen rumpelte durch ein Schlagloch, hob leicht ab und setzte schaukelnd wieder auf. Prok legte die Hand auf mein Knie. »Sie wollen das Forschungsprojekt abwürgen. Die Vorstellung, daß wir leicht beeinflußbare junge Menschen hinter verschlossenen Türen befragen, ist ihnen unerträglich. Schließlich weiß man ja nie, was da alles passieren kann.« Er drückte mein Knie. »Stimmt's, John?«

Unser Zeitplan war eng, doch an diesem Tag hatten wir Glück, denn in der DePauw University erschienen alle pünktlich, lieferten ihre Informationen ab und machten sich wieder an die Arbeit, so daß wir uns an unsere machen konnten. Studentenfutter und Wasser im Wagen. Prok überholte Pickup-Trucks, überladene Lastwagen und hin und wieder eine Kuh, leuchtendgrüne Felder wechselten sich ab mit dunklen Wäldern und schattigen Senken, und dann waren wir da, wohlbehalten in Lafayette angekommen, eine Dreiviertelstunde bevor die Vorlesung beginnen sollte.

An das Hotel kann ich mich kaum erinnern, und das ist sonderbar, denn diese Fahrt stellte einen markanten Einschnitt dar, aber die Hunderte von Kleinstädten und Hotels und Motels haben in mir anscheinend ein exemplarisches Bild entstehen lassen. Höchstwahrscheinlich war es ein Backsteinhaus aus dem vergangenen Jahrhundert, das sandgestrahlt und gestrichen werden mußte, und vermutlich stand es an der Hauptstraße, nicht weit vom Gerichtsgebäude. Schattenspendende Bäume, auf dem Bürgersteig vor dem Haus ein schlafender Hund, schräg geparkte Wagen. Das Haus hatte bestimmt drei Stockwerke und einen separaten Eingang für Restaurant und Bar. Um Geld zu sparen – Prok war ein Meister der Sparsamkeit –, teilten wir uns ein Zimmer. Das behielten wir auch in späteren Jahren bei, als zunächst Corcoran und dann Rutledge zu unserem Team stießen.

Die Vorlesung. Brauchte Prok noch irgend etwas? Nein. Er stand mit nacktem Oberkörper im Badezimmer und rasierte sich. Dann zog er ein frisches Hemd an, band seine Fliege, schlüpfte in das Jackett und ging zügig in Richtung Uni, so daß sein Gastgeber, Professor McBride vom Institut für Soziologie, Mühe hatte, Schritt zu halten. Ich folgte ihnen. Als wir eintrafen, war der Hörsaal bereits gefüllt (selbst damals, in der Frühzeit unseres Projekts, eilte uns ein gewisser Ruf voraus, und wenn sämtliche Soziologieseminare zusammen sechzig Studenten auf die Beine brachten, dann waren die übrigen dreihundert Anwesenden Neugierige, die mal vorbeischauten und auf ein wenig Stimulation hofften). Prok sprach wie immer frei, ohne schriftliches Konzept, und wie immer schlug er das Auditorium vom ersten bis zum letzten Wort in seinen Bann. (Ob das Thema voreehelicher Sex, die Psychologie der sexuellen Repression, die Funktion adoleszenter Triebbefriedigung, die Geschichte der Sexforschung oder der Vergleich der Häufigkeit von Masturbation bei Männern und Frauen einer Altersgruppe war – für Prok spielte das keine Rolle. Alle seine Vorträge waren im Grunde ein einziger Vortrag. Und ich sollte hinzufügen, daß er eine natürliche Begabung besaß und nie auf irgendwelche Tricks oder theatralischen Gesten zurückgriff. Er sprach klar und deutlich und weitgehend unmoduliert, jeder Zoll ein Mann der Wissenschaft, der sich über ein für die ganze Menschheit enorm wichtiges Thema verbreitete. Er war kein Mark Anton oder gar ein Brutus, aber er machte seine Sache besser als irgendein anderer.)

Und wie immer kamen anschließend viele, viele Studenten, die uns ihre Geschichten anvertrauen wollten, und Prok und ich saßen an einem langen Tisch hinter dem Podium und vergaben Termine. Abendessen? Ich kann mich nicht erinnern, ob wir an jenem Abend etwas gegessen haben – vielleicht ließen wir uns ein paar Sandwiches aufs Zimmer kommen –, aber wir begannen mit den Interviews, sobald sich der Hörsaal geleert hatte und wir wieder im Hotel waren. Prok führte seine Interviews in unserem Zimmer durch, und ich setzte mich in einen Nebenraum des Restaurants. Als ich fertig war, muß es schon nach Mitternacht gewesen sein (drei Soziologiestudenten, die sich freiwillig gemeldet hatten, weil sie bei Professor McBride ein paar Extrapunkte kriegen wollten; ihre Antworten waren erwartungsgemäß: nichts, was ich nicht bereits gehört hatte).

Ich ließ mich mit einem verdünnten Drink in einen der Sessel in der Hotelhalle sinken und sah den Uhrzeigern zu, während Prok das letzte Interview des Abends beendete.

Danach machten wir uns bereit, zu Bett zu gehen, und verglichen unsere Termine. Dabei entdeckten wir, daß wir einen Fehler gemacht hatten: Wir hatten für den nächsten Morgen zwei Frauen um dieselbe Uhrzeit bestellt, anstatt einen Mann und eine Frau. Entweder würden wir einen dieser Termine absagen müssen, oder ich wäre gezwungen, mein erstes Interview mit einer Frau zu führen, und das war etwas, was Prok mir zu diesem Zeitpunkt noch nicht zutraute. Er sah vom Terminplan auf, schüttelte langsam den Kopf, erhob sich vom Sofa und ging ins Badezimmer, um seine Dentalprophylaxe vorzunehmen (er legte großen Wert auf Zahnpflege, eine Angewohnheit, der er es verdankte, daß er, als er starb, noch sämtliche Zähne hatte). »Ich weiß nicht, Milk«, sagte er mit erhobener Stimme, um das Geplätscher des Wassers zu übertönen, »aber ich sage sehr ungern einen Termin ab. Zum einen ist es ineffizient. Zum anderen kostet es uns Daten. Nein. Es bleibt uns nichts anderes übrig – wir machen es wie geplant.«

Im nächsten Augenblick war er wieder im Zimmer, und zwar voll bekleidet, was an sich schon ungewöhnlich war, denn sobald wir unser Tagwerk vollbracht hatten, zog er sich nackt aus und ermunterte mich, es ihm nachzutun. (Ja, auf diesen Reisen waren wir oft miteinander allein und setzten unsere sexuelle Beziehung fort, aber meine Entwicklung und meine Vorlieben zogen mich in die andere Richtung. Ich verehrte Prok und verehre ihn noch heute, doch in dieser Hinsicht entfernte ich mich von ihm und bewegte mich auf Mac und Iris zu, auf die Studentinnen in ihren weiten Pullovern und engen Röcken, die über den Campus zogen wie Antilopen über die Savanne. Wie auch immer: Ich genoß es, mit Prok zusammenzusein, ich fühlte mich geehrt und freute mich auf diese Reisen, denn sie enthoben mich der langweiligen Schreibtischarbeit und den Beschränkungen des Kleinstadtlebens und ermöglichten es mir, ein bißchen mehr von der Welt zu sehen und aufzunehmen, jedenfalls von Indiana, später aber auch von Chicago, New York, San Francisco und Havanna.) »Wir werden deine Ausbildung etwas beschleunigen müssen«, sagte er, und in seiner Stimme war nicht ein Hauch von Leichtigkeit.

Ich war erschöpft. Die Reise, die übersprungenen Mahlzeiten, die Konzentration, die man aufbringen mußte, um an einem Tag fünf komplette Geschichten aufzuzeichnen – das alles hatte mich so ermüdet, als hätte ich den Tag damit verbracht, an einen Sträfling gekettet Steine zu klopfen. »Müssen wir das?« fragte ich.

»Die Interviews von Frauen erfordern ein bißchen mehr Finesse, würde ich sagen, als die von Männern, insbesondere die von Studenten etwa deines Alters, wo du wie ein Kommilitone oder ein älterer Bruder wirkst. Nein, ich weiß, wie du in dieser Hinsicht empfindest, in Hinsicht auf Frauen, meine ich, Mac und ich haben ausführlich darüber gesprochen« – er ließ das kurz wirken –, »und ich frage mich, ob du imstande bist, absolut professionell und neutral zu sein.«

Ich machte ein paar bestätigende Geräusche.

Er musterte mich. Er stand vor mir, in Hemd und Fliege. »Versteh mich nicht falsch, Milk, aber deine Gefühle spiegeln sich zu oft auf deinem Gesicht wider, und wenn dir eine Frau – diese Frau morgen früh – etwas erzählt, was du möglicherweise stimulierend findest ...«

Ich mühte mich, ein unbewegtes und möglichst blasses Gesicht zu machen. »Also, ich glaube, wenn du mir eine Chance geben würdest ... Ich bin sicher, daß ich das kann, das heißt ...«

In dieser Nacht drillte er mich zwei Stunden lang. Zuerst war ich die Frau, dann er, dann wieder ich, dann wieder er. Die Fragen kamen eine nach der anderen, und seine Augen waren wie Peitschen, wie Güsse mit eiskaltem Wasser am frühen Morgen, hart und erbarmungslos. Er war anspruchsvoll, fordernd, überkritisch, und wenn ich einen Fehler machte, ließ er mich Kaffee trinken, bis meine Nerven so vibrierten, daß ich für den Rest der Nacht kein Auge zutat. Im Gegensatz zu Prok. Ich lag im Dunkeln da und dachte an tausend Dinge, hauptsächlich aber an Iris, die ich den ganzen Sommer nicht gesehen hatte, auch wenn wir uns beinahe täglich geschrieben hatten. Übermorgen würde sie zurück auf dem Campus sein, und ich dachte an sie, als die Schatten weicher wurden und von der Straße die ersten leisen Geräusche der erwachenden Welt hereindrangen. Prok schnaufte und schnarchte und schlief den Schlaf des Gerechten.

Am Morgen, beim Frühstück auf unserem Zimmer, prüfte Prok mich noch einmal. Ich hob eine Gabel mit Toast und Rührei zum Mund, legte sie wieder hin, beantwortete die Frage und trank rasch einen Schluck Kaffee. Ich hätte beinahe protestiert – setzte er denn nach all der Zeit kein Vertrauen in mich? –, doch ich ließ ihm seinen Willen, obgleich es keine großen Unterschiede zwischen den Fragebögen für Männer und denen für Frauen gab. Lediglich die Art und die Abfolge der Fragen waren auf das jeweilige Geschlecht abgestimmt. Frauen mußte man beispielsweise nach dem Alter beim Einsetzen der monatlichen Periode und dem Beginn der Brustentwicklung und so weiter fragen. Doch es war nicht meine Kompetenz, die Prok in Frage stellte, sondern mein Alter und meine Erfahrung oder vielmehr mein Mangel an beidem. »Milk, ach, Milk«, sagte er immer wieder, »ich wollte, du wärst zwanzig Jahre älter. Und verheiratet. Und hättest Kinder. Wie viele Kinder willst du mal haben, John – sagen wir drei?«

Zehn Minuten vor dem bewußten Interview, das um neun Uhr beginnen sollte, saß ich unten in dem Nebenzimmer. Bevor eine Person, die wir befragten, eintraf, notierten wir die grundlegenden Daten: Tag und Uhrzeit, laufende Nummer des Interviews (für unsere Registratur), Geschlecht der/des Befragten, Quelle der Geschichte (das heißt, auf welchem Weg der/die Befragte zu uns gekommen war – in diesem Fall handelte es sich natürlich um eine direkte Folge von Proks dringender Bitte am Ende seines Vortrags). Ich wußte nicht, was mich erwartete. In den kommenden drei Tagen würden wir etwa dreißig Interviews führen, und nächste Woche, auf dem Rückweg, würden es sogar noch mehr sein. Ich hatte keine Möglichkeit, eine Verbindung zwischen einem Namen auf der Terminliste und einem bestimmten Menschen herzustellen, obgleich ich diese Namen am Abend zuvor in die Liste eingetragen hatte. Die Frau, die ich befragen sollte – aus Gründen der Diskretion werde ich ihr einen anderen Namen geben –, war die junge Frau eines Professors, fünfundzwanzig, noch kinderlos. Mrs. Foshay. Nennen wir sie Mrs. Foshay.

Es klopfte an der Tür. Ich saß in einem Sessel am feuerlosen Kamin, die Terminliste und Mrs. Foshays Fragebogen lagen ausgebreitet auf einem Couchtisch vor mir. Der andere Sessel – Mahagoni, roter Plüsch, edwardianische Standard-Hotelausstattung – stand mir genau gegenüber. »Herein«, rief ich und erhob mich, um sie zu begrüßen, als die Tür aufschwang.

Dort stand eine hübsche junge Frau und spähte in den Raum, als hätte sie sich möglicherweise in der Tür geirrt. Sie war nach der neuesten Mode gekleidet und sah aus, als wäre sie soeben, nach einem Abend mit erlesenem Essen, Tanz und Champagner, aus einem Nachtclub in der Forty-second Street getreten. Sie lächelte zögernd. »Oh, hallo«, sagte sie. »Ich war mir nicht sicher, ob ich hier ...«

Ich ging zu ihr, ergriff ihre Hand und schüttelte sie kurz und professionell. »Es ist ... es ist sehr freundlich, daß Sie gekommen sind, und auch wichtig, ja, wichtig ... Weil jede Geschichte, ganz gleich, wie umfangreich oder umfangarm ... ich meine ... zu dem Gesamtbild auf eine Weise beiträgt ...«

Plötzlich ging in ihrem Gesicht ein Lächeln auf, ein strahlendes Lächeln, das in meinem Bauch ganze Vogelschwärme aufscheuchte und im Kreis fliegen ließ. »Oh, es ist mir ein Vergnügen«, sagte sie, als ich sie mit einer Geste einlud, sich zu setzen, und ihr dabei zusah. »Alles für die Wissenschaft, nicht?«

Ich bot ihr eine Zigarette an – sie wählte Lucky Strike –, gab ihr Feuer und wünschte, es wäre nicht neun Uhr morgens, sondern neun Uhr abends, so daß wir etwas trinken könnten. Ein Drink hätte meine Nerven enorm beruhigt.

»Gut«, sagte ich und beugte mich, den Bleistift in der Hand, über den Fragebogen. »Also, Mrs. Foshay, vielleicht möchten Sie mir etwas über sich selbst erzählen –«

»Alice. Nennen Sie mich Alice.«

»Gut. Alice. Leben Sie schon lange hier, in Lafayette, meine ich?«

Das einleitende Geplauder, das, wie gesagt, dazu diente, den Befragten zu entspannen, dauerte etwa fünf Minuten. Dann fror mein Gehirn ein. Unwillkürlich stellte ich fest, daß Mrs. Foshays Brüste die Bluse sehr gut füllten, ja den Stoff geradezu spannten, und daß die durchsichtigen Strümpfe ihren Beinen einen seidigen Schimmer verliehen. Ein Augenblick des Schweigens kroch dahin wie ein Güterzug. »Also gut«, sagte ich, »na, dann. Bis zu welchem Alter, sagten Sie, haben Sie in Trenton gelebt?«

Während wir uns durch die allgemeinen Angaben arbeiteten (Anzahl der Brüder, der Schwestern, Zwillingsstatus, Mitgliedschaft in einer studentischen Verbindung, Häufigkeit von Kinobesuchen usw.), gelang es mir, einen Rhythmus zu entwickeln und in einem einfachen Frage-Antwort-Muster zu bleiben, und auch die ersten fortlaufenden Fragen nach dem Beginn der Pubertät machten keine Schwierigkeiten, doch als wir in sensiblere Bereiche vorstießen, knickte ich leider ein wenig ein. »Wann haben Sie begonnen zu masturbieren?« fragte ich und zündete mir eine Zigarette an.

»Das muß mit elf gewesen sein«, antwortete sie und zog an ihrer Lucky. »Oder vielleicht mit zwölf.« Sie legte den Kopf in den Nacken, stieß den Rauch aus und wirkte so entspannt, als säße sie beim Friseur oder unterhielte sich am Telefon mit einer Freundin. »Wir wohnten damals noch in Newark, und ich kann mich an die Vorhänge erinnern. Meine Mutter hatte sie genäht, als ich noch klein war, sehr bunt und bedruckt mit Figuren aus irgendwelchen Kindergeschichten, Grimms Märchen und so. Meine Schwester Jean – sie ist ein Jahr älter als ich – hat mir gezeigt, wie es geht.«

Ich legte die Zigarette in den Aschenbecher und machte eine Notiz in dem entsprechenden Kästchen. »Ja? Würden Sie die Technik beschreiben?«

Sie wollte die Augen niederschlagen, doch ich hielt sie mit meinem Blick fest. Ich blinzelte nicht. Ich rührte mich nicht.

»Na ja, Sie werden das jetzt vielleicht seltsam finden, Sie werden es vielleicht nicht glauben –«

»Nein«, sagte ich, und meine Stimme war so gepreßt, daß ich Mühe hatte, einen Ton herauszubekommen. »Nein, ganz und gar nicht. Es gibt keine Praktik, die wir nicht verzeichnet haben, und überhaupt hat Prok, hat *Dr. Kinsey* ja gestern in seinem Vortrag darauf hingewiesen, daß wir keine Urteile fällen …«

Das schien sie zu ermutigen. Sie schob ihre Frisur zurecht. Ihre Haare waren toupiert und oben mit einer Spange zu einer Rolle geformt, und der Rest war zu einer ausladenden Pompadourfrisur gebürstet, die an Dolly Dawn erinnerte – die meisten werden sie aus George Halls Band kennen (»It's a Sin to Tell a Lie« sollten Sie noch im Ohr haben, auf jeden Fall aber »Yellow Basket«). »Na ja«, sagte sie, »ich bin sehr gelenkig. Jean ebenfalls. Und mein Bruder Charlie auch.«

»Ja?« sagte ich, den Stift bereit.

»Wir – Jean und ich – setzten uns nebeneinander aufs Bett und machten eine Art Rolle rückwärts, wie Akrobaten im Zirkus. Aber wir hielten mitten in der Bewegung an, und weil wir so gelenkig waren, na ja, konnten wir uns selbst lecken.«

Das Wort, das mir durch den Kopf schoß, lautete »Autocunnilingus«. Dafür gab es noch kein Kästchen, keinen Code, also machte ich eine handschriftliche Notiz. Wahrscheinlich war ich errötet. Auf jeden Fall hatte ich eine Erektion.

Wir machten weiter.

War es ihre erste Ehe? Ja. Hatte sie vor der Ehe Erfahrungen mit Zungenküssen gemacht? Ja. Mit Petting? Ja. Hatte sie männliche Genitalien berührt, einen Penis mit dem Mund berührt, Geschlechtsverkehr gehabt? Ja, ja und ja. Wie viele Partner hatte sie gehabt, abgesehen von ihrem Mann? Ungefähr zwanzig, schätzte sie. »Zwanzig?« wiederholte ich und versuchte, meiner Stimme einen neutralen Klang zu geben. Sie wußte es wirklich nicht, vielleicht waren es ein paar weniger gewesen, vielleicht aber auch fünfundzwanzig, und während sie zurückdachte, bekam ihr Blick etwas Verträumtes. Und nun zum Orgasmus: Wann hatte sie ihren ersten bewußten Orgasmus? Konnte sie sich durch Masturbation, Petting oder Geschlechtsverkehr zum Orgasmus bringen? Wann hatte sie zuletzt einen Orgasmus erlebt?

Und hier verlor ich wieder den Boden unter den Füßen, denn ich stellte dieser im landläufigen Sinne hübschen und höchstwahrscheinlich verwöhnten Professorengattin, diesem eleganten blonden Juwel von einer Frau, geschmackvoll und makellos gekleidet, die nächste Frage dieser Sequenz, und die lautete: »Wie viele Orgasmen haben Sie im Durchschnitt?«

Sie war bei der fünften Zigarette, und wenn sie anfangs entspannt gewesen war, so war sie jetzt so aufgeschlossen und enthusiastisch wie irgendeiner der Studenten, die ich bisher befragt hatte. Sie sah mich an. Lächelte ein bißchen. Meine – unprofessionelle – Erektion dauerte nun schon seit Stunden an. »Ich würde sagen, so ungefähr zehn bis zwölf.«

Bestimmt war mir meine Überraschung anzusehen: Selbst unter den Interviewten mit der höchsten Orgasmusfrequenz gab es nur wenige, die an diese Zahl heranreichten. »Pro Woche?« fragte ich. Und dann, idiotischerweise: »Oder ist das eine auf den Monat bezogene Schätzung?«

Jetzt war sie es, die errötete – nur eine ganz zarte Verfärbung unter den Wangenknochen und entlang der Nasenflügel. »Nein«, sagte sie, »nein, ich meinte *täglich.*«

Wenn Iris verstimmt war, weil ich nicht gekommen war, um sie und Tommy zu begrüßen und ihren Überseekoffer in die dritte Etage des Wohnheims zu wuchten, dann ließ sie es sich nicht anmerken. Am frühen Morgen des vierten Tages kehrten Prok und ich wie geplant nach Bloomington zurück – er mußte damals ja auch noch seinen Stundenplan berücksichtigen –, und ich machte mich sogleich daran, die chiffrierten Protokolle zu transkribieren und nach und nach unseren rasch wachsenden Daten über das sexuelle Verhalten des Menschen hinzuzufügen, und ich sollte erwähnen, daß das immer erregend war: Ich fühlte mich dabei etwa so, wie sich ein Jäger fühlen muß, der von einem erfolgreichen Jagdausflug eine ganze Tasche voller Vögel mitgebracht hat, die meisten davon einheimisch, aber hier und da ist vielleicht mal ein Exot dabei. (Noch etwas zu dem eben erwähnten Interview: Glauben Sie bloß nicht, daß alle weiblichen Befragten ein so reiches, extensives Sexualleben hatten wie diese junge Professorengattin. Typischer waren Berichte von sexueller Unterdrückung, Schuldgefühlen und großer Beschränktheit im Hinblick auf die Zahl der Partner und die angewandten Praktiken. Und um die Anekdote zu Ende zu erzählen, sollte ich noch erwähnen, daß ich gar nicht anders konnte, als mich, kaum daß die Tür sich hinter ihr – Mrs. Foshay – geschlossen hatte, von dem Druck in meinen Lenden zu erlösen. Hätte Prok davon erfahren, dann hätte er mich bei lebendigem Leib gehäutet. Professionalität. Professionalität, das war das Zauberwort. Jedenfalls an der Oberfläche. Jedenfalls zu Anfang. In der verbrauchten Luft des Zimmers waren noch der Duft ihres Parfüms und ein Hauch ihrer Wärme zu spüren, und ich kam in Rekordzeit zum Orgasmus. Mir blieb gerade genug Zeit, um mich abzuwischen und alles zu verstauen, bevor es wieder klopfte und das aknezerfurchte Gesicht eines neunzehnjährigen Soziologiestudenten, der die weiblichen Geschlechtsorgane nicht einmal dann erkannt hätte, wenn man sie ihm auf dem Untersuchungstisch eines Gynäkologen präsentiert hätte, in der Tür erschien. Er sah mich unverwandt an und sagte oder vielmehr krächzte dann: »Bin ich hier richtig?«)

Aber Iris. Gleich nach der Arbeit eilte ich über den Campus zum

Wohnheim. Zuvor, als Prok und ich uns ausrechnen konnten, daß wir nicht vor sieben fertig sein würden, hatte ich angerufen und bei der Rezeptionistin hinterlassen, daß ich direkt von der Arbeit kommen und sie zum Abendessen ausführen würde (Iris, nicht die Rezeptionistin, obwohl auch die attraktiv war). Sie solle sich also bitte ein wenig gedulden. Und obwohl ich nicht mit ihr persönlich sprechen und meine Gefühle daher nur andeuten konnte, fügte ich hinzu, daß ich mich sehr freute, sie wiederzusehen. Nach so langer Zeit. Sehr. Wirklich sehr.

Um Viertel nach sieben war ich im Wohnheim, doch Iris ließ mich warten. Ich weiß nicht, warum. Vielleicht wollte sie mich aus Prinzip ein bißchen leiden lassen, vielleicht verwendete sie besondere Mühe auf ihr Kleid und ihr Make-up, um den Eindruck, den sie auf mich machen würde, zu verstärken, vielleicht kostete sie auch nur das Vorrecht der Frauen aus, die die Gejagten sind und daher tun und lassen können, was sie wollen. Jedenfalls sprang ich alle paar Minuten vom Sofa auf und ging in der Eingangshalle auf und ab, sehr zum Mißfallen der Rezeptionistin, die wenigstens so tat, als würde sie in dem Buch lesen, das aufgeschlagen vor ihr lag. Ich war angespannt, doch ich hätte nicht sagen können, warum. Vielleicht war es ganz natürlich, die Vorfreude eben – wir waren beinahe drei Monate getrennt gewesen, hatten uns geschrieben und Schnappschüsse geschickt und einander unsere Liebe erklärt. Ich konnte nicht behaupten, daß ich den Sommer über einsam gewesen wäre, schließlich hatte ich ja Prok und Mac gehabt und lange Stunden unterwegs oder am Schreibtisch verbracht, aber diese Briefe waren für mich wohl auch eine Gelegenheit, ihr meine Hoffnungen und Ambitionen zu zeigen (und auch meine Ängste: ich würde, wie praktisch alle anderen jungen Männer auf dem Campus, irgendwann meinen Einberufungsbescheid erhalten), und das machte den Augenblick unseres Wiedersehens um so bedeutender. Und belasteter. Ich hatte auch Liebesgedichte zitiert – »Nun, da Finsternis um unsre Liebe ist / Komm, Licht der Finsternis, Blut meines Herzens, komm!« –, und jetzt würde ich zeigen müssen, wie ernst es mir war. Und sie ebenfalls. Aber liebte sie mich überhaupt noch? Hatte sie vielleicht einen anderen kennengelernt? War ich ihrer würdig?

Es war kurz vor acht, und mindestens dreißig Frauen waren die Treppe heruntergekommen, aus der Tür zum Allerheiligsten getreten, von ihren Freunden begrüßt und umarmt worden und längst im Kino, auf der Eislaufbahn oder auf dem Rücksitz eines Wagens angekommen, als Iris endlich erschien. Ich ging auf und ab und war am anderen Ende des Aufenthaltsraums, als ich das leise Zischen des pneumatischen Türschließers hörte. Ich fuhr herum, und da stand sie. Darf ich etwas Überflüssiges sagen? Sie war sehr schön, sie war mehr als schön: Sie war etwas Besonderes, die eine unter Millionen, weil ich ihr geschrieben und den ganzen Sommer an sie gedacht hatte, weil sie Iris McAuliffe war und mir gehören würde, wenn ich wollte. Das wußte ich. Ich wußte es in dem Augenblick, in dem ich sie sah. Das war Liebe. Das war *es*.

Doch wie sah sie aus? Sie hatte sich das Haar legen lassen, so daß es in raffinierten Wellen über ihre Schultern fiel und das Medaillon an ihrem Hals einrahmte, das Medaillon, das ich ihr geschenkt hatte, und wessen Bild war jetzt darin? Ihr Kleid – blau, ärmellos, der Saum knieumspielend – war neu und eigens für diese Gelegenheit gekauft worden, und ihre Augen, stets das Auffallendste an ihr, schienen mich quer durch den Raum anzuspringen (ein Irrtum, den, wie ich später feststellte, geschickt aufgetragene Wimperntusche, Lidschatten und Rouge bewirkt hatten). Sie kam mir kleiner vor, dunkler und schöner, als ich sie in Erinnerung hatte. Ich stand hilflos da und sah sie an, als sie auf mich zukam und sich umarmen und küssen ließ.

»Du bist wieder da«, sagte sie.

»Ja. Und du auch. Habe ich Tommy verpaßt?«

Sie nickte. »Er muß arbeiten und hatte nur einen Tag Zeit. Er war enttäuscht, aber er wußte ja, daß du in ... Wo warst du noch mal?«

»An der Purdue. Und an der DePauw.«

»Er wußte jedenfalls, daß du zu tun hattest.« Die Rezeptionistin starrte uns an, als könnte sie durch unsere Kleider und unsere Haut sehen und unsere Knochen und sogar das Mark darin untersuchen. »Er läßt dich grüßen.«

Einen Augenblick lang hatte ich ein schlechtes Gewissen und verspürte einen kleinen Stich, als würde mir ein Messer ins Fleisch gestoßen und gleich darauf wieder zurückgezogen. Ich wußte, daß ich hätte kommen sollen, wegen ihr und Tommy, aber ich schob den Gedanken beiseite. Ich hatte es nicht ändern können. Proks Zeitplan stand Monate im voraus fest, und ich hatte keinerlei Einfluß darauf. »Ich wollte, ich wäre gekommen«, sagte ich und sah über die Schulter zur Rezeptionistin (es war nicht die Blonde mit dem strähnigen Haar, sondern eine neue, untersetzt, mit kalkweißem Gesicht und einer Frisur wie ein Bündel Treibholz). Sie senkte den Blick. Ich wandte mich wieder zu Iris, zu Iris, deren Hand ich hielt, und sagte: »Du mußt ja sterben vor Hunger. Wie wär's mit einem schönen Steak?«

Jetzt, da sich mein Leben in geregelten Bahnen bewegte – so geregelt jedenfalls, wie es bei einem jungen Mann, der seinen Einberufungsbescheid erwartete, möglich war –, konnte ich mich mit Iris treffen, sooft ich wollte. Ich mußte nicht mehr an Seminaren teilnehmen, Prüfungen ablegen oder Hausarbeiten schreiben, und die Arbeitszeiten bei Prok waren ziemlich geregelt, überstiegen allerdings bei weitem die üblichen vierzig Wochenstunden. Unser einziges Problem waren die Reisen – jede zweite Woche war ich drei bis vier Tage mit Prok unterwegs, und es dauerte nicht lange, bis wir noch mehr reisten –, aber Iris und ich stellten uns darauf ein, weil es uns wichtig war. Zuvor hatten wir uns hin und wieder verabredet und uns vorsichtig, ohne Eile, Druck oder gegenseitige Verpflichtung abgetastet, doch das war nun anders, grundlegend anders. Wir machten alles mögliche gemeinsam, wir trafen uns zum Essen, hörten Konzerte, gingen tanzen, wandern, Schlittschuh laufen, wir saßen abends im Aufenthaltsraum des Wohnheims so dicht nebeneinander, daß wir im selben Rhythmus atmeten; Iris las ihre Fachbücher, und ich vertiefte mich in Hirschfeld und Robert Latou Dickinson, um mich über die Literatur meines Fachgebiets auf dem laufenden zu halten. Das ging so weit, daß ich mich leer fühlte, wenn sie nicht da war, als hätte ich kein Ich, kein eigenes inneres Wesen. Wenn sie im Seminar war oder wenn ich arbeitete oder in einem zweitklassigen Hotel einem übergewichtigen Studenten gegenübersaß, der von Rita Hayworth besessen war und zu oft masturbierte, dachte ich an Iris, nur an Iris.

Aus dem Herbst wurde Winter, und der Winter unterlegte auch die Ferien und den Jahreswechsel (wir fuhren gemeinsam mit dem Bus zu unseren Familien in Michigan City, und alles erschien uns freundlich und wie neu, trotz der Tatsache, daß Tommy eingezogen worden war und die Nazis, die Faschisten und die kaiserlich japanische Armee an allen Fronten unaufhaltsam vorrückten). Im sonnenlosen Januarzwielicht kehrten wir zurück. Der Campus war unter Schnee begraben, und es pfiff ein Wind, gegen den Mützen und Schals nichts ausrichten konnten. Wie das Gesetz es befahl, hatte ich mich wie alle anderen Männer zwischen einundzwanzig und fünfunddreißig Jahren bei der Einberufungsbehörde gemeldet, aber meine Nummer war noch nicht dran, und so machten wir weiter wie zuvor und verbrachten jede freie Minute miteinander. Alles war gut. Wir waren glücklich. Ich schrieb Paul Sehorn lange, im Plauderton gehaltene Briefe und stellte fest, daß ich vor mich hin pfiff, wenn ich jeden Abend nach der Arbeit über die Grünfläche zum Wohnheim der Studentinnen schlenderte – wo ich es nicht lassen konnte, ein wenig mit der Rezeptionistin zu scherzen, die inzwischen so harmlos und vertraut wirkte wie eine liebevolle Großmutter, obgleich sie kaum zwanzig war.

Es gab jedoch ein großes Problem – Sie ahnen wahrscheinlich, welches. Sex. Sex war das Problem. Selbst wenn Iris dazu bereit gewesen wäre – und angesichts ihrer Herkunft und der Tatsache, daß sie Jungfrau war, konnte ich mir damals in diesem Punkt nicht sicher sein –, gab es absolut keinen Ort, wo wir es hätten ausprobieren können. Als ich Laura Feeney vor einem Jahr in einem Anfall sexueller Umnachtung meinen Vorschlag gemacht hatte, war das bloß heiße Luft gewesen: Ich hätte nicht mit ihr auf mein Zimmer gehen können, es sei denn, Mrs. Lorber hätte zufällig in dem Augenblick, da ich diese Frage stellte, der Schlag getroffen. Und selbst wenn es mir gelungen wäre, Iris irgendwie mitten in der Nacht durch ein Fenster im ersten Stock ins Haus zu schmuggeln, wäre da das Problem meines neuen Zimmergenossen gewesen, eines Burschen namens Ezra Voorhees, der aus einem winzigen Dorf stammte und dessen Gefühlswelt und Körperpflegegewohnheiten, milde gesagt, rustikal waren. Es war frustrierend. Iris und ich schmusten stundenlang im Aufenthaltsraum oder in der Bibliothek, bis ich Schmerzen hatte – körperliche Schmerzen, die nach Meinung der anderen Studenten von »dicken Eiern« herrührten, laut Prok jedoch auf zuviel angestaute Samenflüssigkeit in Hoden und Samenleitern zurückzuführen waren, und dann blieb mir nichts anderes übrig, als auf mein Zimmer zu gehen und mir unter der Bettdecke Erleichterung zu verschaffen, während mein Zimmergenosse so tat, als schliefe er. Wann immer ich konnte, ging ich zu Mac, aber ich fühlte mich nicht mehr gut dabei.

Es war Prok, der die Lösung vorschlug. Er hatte mir, wie gesagt, im Sommer das Autofahren beigebracht, und als ich ihm jetzt meine Situation schilderte, bewies er wieder einmal, wie großzügig er war und wie weit seine Bereitschaft ging, mir einen Gefallen zu tun. Ich weiß noch, daß ich das Thema während einer unserer Reisen anschnitt (wir waren unterwegs nach Gary, zu einem bestimmten Negerviertel, doch davon später) und daß er sich lächelnd zu mir wandte und sagte: »Ja, und es ist ja auch an der Zeit, Milk. Du brauchst zusätzliche Triebbefriedigung, wie wir alle. Nimm doch den Wagen. Nimm den Nash. Wann immer du willst.«

»Aber ich will dir – oder Mac – keine Ungelegenheiten machen.«

»Ach was – wir brauchen den Wagen abends sowieso nicht. Ich werde den Schlüssel einfach hinter den losen Ziegelstein legen, den wir im letzten Sommer nicht repariert haben – hinten im Garten, in dem Mäuerchen um den Persimonenbaum. Weißt du, welchen ich meine?«

Und so hatte ich zum ersten Mal in meinem Leben ein Automobil zur freien Verfügung. Allerdings würde ich besonders vorsichtig sein müssen, denn der Wagen stellte den größten Sachwert des Projekts dar. Was hätten wir ohne ihn anfangen sollen? Jedenfalls machte ich mich, kaum daß wir von dieser Reise zurück waren, auf die Suche nach Iris – ich traf sie auf der großen quadratischen Grünfläche, sie war unterwegs zum nächsten Seminar – und sagte ihr, daß ich sie abends stilvoll abholen würde.

»Stilvoll?« sagte sie. Sie schenkte mir ein wissendes Lächeln. Der Wind hob die Krempe ihres Huts an und ließ sie flattern wie einen Vogelflügel.

»Genau«, sagte ich. »Mit einer eigenen Limousine, zu Ihren Diensten, Mademoiselle.«

»Kinseys Wagen«, sagte sie. »Die Käferkarre. Der Wespenwagen.«

»Wir fahren ein bißchen raus aus der Stadt. Zu einem Rasthaus. Zur Feier des Tages.«

»Ich weiß nicht«, sagte sie. »In *Kinseys* Wagen?«

»Ist doch besser als nichts.« Ich kam mir vor, als wäre ich in eine Shakespeare-Komödie versetzt worden und würde im Wald von Arden oder auf einer sonnigen Piazza in Messina geistreiche

Bemerkungen mit Rosalind oder Beatrice wechseln. Doch leider waren wir in Indiana, es war Winter, und Iris ließ mich zappeln. Nur so zum Spaß.

»Kennst du denn irgendwelche Rasthäuser? Bist du schon mal in einem gewesen?«

»Klar«, log ich. »Dutzende Male.«

»Und dann?« fragte sie mit schelmischem Blick.

»Dann wollen wir essen und trinken und fröhlich sein.«

»Und dann?«

»Und dann«, sagte ich und beugte mich zu ihr, während der Wind an meinem Kragen zerrte und Studenten mit blassen, frierenden Gesichtern an uns vorbeieilten, »dann suchen wir uns eine ruhige, dunkle Straße und sind mal ganz ungestört.«

Trotz allem, trotz all der Überlegungen, die ich angestellt hatte, um mit Iris allein zu sein, ganz zu schweigen von den Phantasien, denen ich mich hingab, war ich an jenem Abend sehr nervös. Das Rasthaus war alles andere als romantisch, eine verrauchte, schummrig beleuchtete Höhle voller Betrunkener mit anzüglich grinsenden Gesichtern, und das Essen war von der Art, die den schlechten Ruf der Küche von Indiana voll und ganz rechtfertigte. Ich hatte etwas, das angeblich Rindfleischeintopf war und auf dem eine mindestens einen Zentimeter dicke Fettschicht schwamm; dazu bekam ich ein paar weiche Salzcracker, die anscheinend helfen sollten, das Fett aufzusaugen. Iris schob auf ihrem Teller ein Stück Fleisch hin und her, das hierorts als »Salisbury Steak« bezeichnet wurde. Schließlich gab sie es auf, zerdrückte die Erbsen, die als Beilage serviert wurden, zu einer Art Paste, die sie auf die zerkrümelnden Cracker häufte. Wir tranken je zwei Gläser Bier.

Als sie beim zweiten angelangt war, beobachtete ich sie und versuchte, ihre Stimmung einzuschätzen. Ich hatte ein paar zarte Andeutungen darüber gemacht, was ich mir von diesem Abend erhoffte, und den Eindruck gewonnen, als wäre sie aufgeschlossen oder habe sich jedenfalls damit abgefunden. »Beeil dich«, sagte ich. »Trink aus.«

Sie sah mich mit einem glutvollen Blick an – oder vielleicht bildete ich mir das auch nur ein. Wahrscheinlich wollte sie mich nur auf den Arm nehmen. Sie liebte diese Art von Witzen. »Und warum? Hast du Pläne für den Rest des Abends? In der Uni trifft sich heute der Backgammon-Club. Und in der presbyterianischen Kirche ist Chorsingen. Hast du nicht Lust, ein bißchen zu singen, John? Wäre das nicht toll?«

Meine Hand fand unter dem Tisch den Weg zu ihrem Knie. »Du weißt genau, was ich will«, sagte ich.

»Nein«, sagte sie unschuldig. »Was könnte das sein?«

Die Nacht war kalt – »arktisch« wäre das passendere Wort –, und die Heizung des Nash war nicht gerade leistungsstark. Ich hatte von einem Pärchen gehört, das den Motor des Wagens in der Garage hatte laufen lassen (es handelte sich um den Wagen des Vaters der Frau, es war drei Uhr morgens, und die Eltern lagen in ihren Betten und schliefen). Die beiden waren erstickt und am nächsten Morgen gefunden worden, halbbekleidet und starr wie Eisskulpturen. Ich war mir der Gefahren also bewußt. Aber der Wagen würde nicht in einem geschlossenen Raum stehen, und der Wind – der unerbittliche, der strenge und mißbilligende Wind – würde die Abgase davonwehen, fort vom Wagen und, weit wichtiger, fort vom Rücksitz. Lange Zeit saßen wir auf den Vordersitzen, schmusten und betrachteten die Sterne, und dann schien etwas in ihr nachzugeben – ich hatte das Gefühl, als hätte eine Spannung in ihr nachgelassen, als hätten sich all die alten Beschränkungen und Verbote mit einem Mal aufgelöst. Sie ließ mich ihre Jacke und die Bluse aufknöpfen, und dann zog ich den Büstenhalter herunter, so daß ihre Brüste nackt waren und ich sie oral stimulieren konnte. Darauf reagierte sie, was mich ermutigte. Ich streichelte sie, streichelte sie wie verrückt, ich gab ihr Zungenküsse, massierte ihre nackten Brüste und strich mit den Fingerspitzen über die Brustwarzen, ich stand innerlich in Flammen und murmelte: »Sollen wir … auf den Rücksitz …?«

Sie sagte nichts, und das verstand ich als Zustimmung. Nach ein paar heiklen Sekunden hatten wir die Lehnen der Vordersitze überwunden und waren auf dem Rücksitz. Ich lag ausgestreckt auf ihr, der Motor bullerte, die Heizung kämpfte gegen die Kälte an. Ich dachte an Mac, an unser erstes Mal im Garten und daran, wie offen sie war, wie natürlich und angenehm und leicht alles gewesen war, als Iris plötzlich die Beine zusammenpreßte und meine Hand einklemmte.

»Was ist los?« fragte ich.

Ihr Gesicht war schwach und geisterhaft vom Sternenlicht beleuchtet, das durch die Bäume sickerte. Ich roch ihre Erregung, ihren Atem, der sich mit meinem vermischte, das Parfüm, das sie sich hinter die Ohren getupft hatte und das beinahe ganz verflogen war. »Du glaubst doch wohl nicht, daß ich das tue.«

Ich lag ausgestreckt auf ihr. Meine Hose war bis zu den Knien hinuntergerutscht. Iris' Hand lag auf meinem Penis, ihre Zunge war in meinem Mund. Mit einem Mal wurde ich redegewandt. »Doch, natürlich«, sagte ich. »Es ist das Natürlichste von der Welt, und nur die Mächte der Konvention – Aberglaube, Priester, Pfarrer, irgendwelche Buhmänner – hindern die Menschen daran, sich ganz zu verwirklichen. Sexuell, meine ich. Na komm, Iris. Es ist keine große Sache. Es wird dir gefallen, wirklich.«

Sie schwieg. Sie hatte sich nicht gerührt. Ihr Gesicht war Zentimeter von meinem entfernt, es schwebte im Dunkel des Wagens wie eine leere Schale auf dem mitternächtlichen Meer.

»Weißt du, was wir entdecken werden?« flüsterte ich.

»Nein«, flüsterte sie zurück. »Was?«

»Na ja, daß vorehelicher Geschlechtsverkehr in Wirklichkeit etwas Segensreiches ist und daß die Leute, die es tun – die vorehelichen Geschlechtsverkehr haben –, viel besser, äh, angepaßt sind als die anderen. Und das wirkt sich auch auf ihr eheliches Sexleben aus. Diese Menschen sind glücklicher, Iris. Glücklicher. Ich schwöre dir, darauf läuft es hinaus.«

Wieder schwieg sie. Ich spürte, wie mein Penis schrumpfte, wie das Blut ganz langsam aus ihm wich. Der Wind rüttelte am Wagen, wir spannten uns einen Augenblick lang an, und dann war die Bö vorüber. Die Stille wurde tiefer. »Vorehelich«, sagte sie schließlich. *»Vor«* – sie machte eine kleine Pause und fuhr dann fort – *»ehelich.* Das war doch das Wort, oder, John?«

»Ja«, sagte ich eifrig und verstand nicht ganz, worauf sie hinauswollte. *»Vorehelich.* Geschlechtsverkehr vor der, na ja, vor der Ehe eben.«

Wieder Schweigen, doch ich spürte eine Veränderung. Ihr ganzer Körper teilte sie mir mit, durch die Nervenenden in ihrer Haut, die in direktem Kontakt mit meinen standen. Obgleich es zu dunkel war, um ihr Gesicht erkennen zu können, wußte ich, daß sie grinste.

»Tja«, sagte sie, »dann muß ich das wohl als Heiratsantrag verstehen.«

Schließlich stellte President Wells das Ultimatum, mit dem Prok gerechnet hatte, doch Prok überraschte sowohl ihn als auch das Kuratorium. Sie hatten angenommen, daß er die Forschung dem Eheseminar vorziehen würde, daß er der Lehre, der er sich bisher gewidmet hatte und der er seit zwanzig Jahren seinen Ruf als hervorragender Wissenschaftler verdankte, den Vorzug geben würde vor etwas, das in ihren Augen vermutlich bloß eine neue und vielleicht vorübergehende Vorliebe war, doch sie kannten ihn nicht gut genug. Es kränkte ihn, es empörte ihn und machte ihn nur um so entschlossener, die Scheinheiligkeit der Bewahrer des Status quo, die Heuchelei der Rices und Hoenigs und all der anderen zu Fall zu bringen: Er gab das Eheseminar auf und stellte seine Lehrtätigkeit schließlich vollständig ein, um sich ganz dieser neuen, großen Aufgabe zu widmen. Bald, sehr bald würde das Institute for Sex Research gegründet und der Kreis der engsten Vertrauten um drei Personen erweitert werden.

7

»So, dann ist Iris also die Glückliche.«

Prok saß an seinem Schreibtisch und beugte sich über die Papiere im Lichtkegel der Lampe. Die Fenster sahen aus, als wären sie mit Lötzinn überzogen, der Korridor lag im Dunkeln, und die dumpfe Last eines beständigen Nieselregens schien die Uni in den Winterschlaf versetzt zu haben. Es war um die Mittagszeit, und wir aßen, wie an den meisten Tagen, an unseren Schreibtischen: Prok knabberte sein übliches Studentenfutter, und ich versuchte, das Beste aus einem sich auflösenden Thunfischsandwich zu machen, das ich in der Mensa gekauft hatte. Ich hatte ihm die gute Nachricht gerade erst erzählt, obwohl ich seit dem Morgen darauf gebrannt hatte. (Sie fragen sich bestimmt, warum ich gezögert hatte. Prok war den ganzen Morgen noch mehr als sonst in seine Arbeit vertieft gewesen, und ich hatte keine Gelegenheit gefunden – er haßte es, unterbrochen zu werden. Außerdem war ich, ehrlich gesagt, nicht sicher, wie er die Neuigkeit aufnehmen würde. Ja, er wollte natürlich, daß ich heiratete, aber das war ein abstrakter Wunsch, der auf einer ganz anderen zeitlichen Ebene angesiedelt war, und diese Eheschließung würde im Hier und Jetzt stattfinden. Ich wußte, daß sein erster Gedanke dem Projekt und der Frage galt, wie mein veränderter Familienstand sich darauf auswirken würde.)

»Tja«, sagte er und wühlte, auf der Suche nach etwas, das er verlegt hatte, zerstreut in den Papieren. Das war jedoch nichts weiter als ein Ablenkungsmanöver, um sich Zeit zu verschaffen und seine Gedanken zu ordnen. »Sie ist eine attraktive Frau, kein Zweifel. Und intelligent. Das auch.« Ein weiterer Augenblick schlurfte vorbei, die Rädchen in seinem Kopf drehten sich knirschend und knarzend, und dann war er fertig. »Aber wo bin ich nur mit meinen Gedanken?« rief er, sprang auf, kam mit ausgestreckter Hand zu meinem Tisch und strahlte mich mit dem Weitwinkelgrinsen an, das er einsetzte, wenn es ihm geraten schien. »Gratuliere, John. Wirklich. Das ist die beste Nachricht, die ich diese Woche gehört habe.«

Ich schüttelte seine Hand und sah ihn mit einem Lächeln an, das wohl ebenso schüchtern wie selbstzufrieden war. »Das freut mich. Ich bin wirklich … Denn ich wußte nicht, wie du, na ja, wie du reagieren würdest …« sagte ich, aber er unterbrach mich und war mir bereits weit voraus.

»Wann, sagtest du, soll die Hochzeit sein?«

»Also, äh ... Das hab ich noch gar nicht gesagt. Aber wir wollen, äh, so schnell wie möglich ... Im März. Iris findet, März wäre ...«

Er schüttelte den Kopf. »Auf keinen Fall. Nicht im März. Im März verdient der Garten kaum die Bezeichnung Garten, wie du ja besser als jeder andere weißt. Nein, keine Frage, ihr werdet im Mai heiraten.«

»Der Garten?«

Er sah mich direkt an, er starrte mir in die Augen, doch ich glaube, er sah mich gar nicht. Er sah Sonnenschein und Blumen, er sah Iris in einem Satinkleid mit Schleppe und über alldem das tiefblaue Himmelsgewölbe. »Ja, natürlich. Ich biete ihn dir an – mein Geschenk an euch, John. Und denk mal nach: Im Mai werden die Iris in voller Blüte stehen. Iris für Iris. Was könnte schöner sein?«

Ich sagte, ich sei einverstanden – nein, eigentlich dankte ich ihm überschwenglich –, aber Iris habe bereits mit ihrer Mutter gesprochen und gewisse Kräfte in Bewegung gesetzt, so daß ich nicht sicher sei, ob ein Aufschub noch möglich sei. Er schien mich nicht zu hören. »Wir werden Mac dazu bringen, etwas Besonderes zu machen«, sagte er. »Wie wär's mit einem Persimonen-Hochzeitskuchen? Und ich werde das Hochzeitsessen zubereiten, kalten Braten und so weiter und Gulasch ... Und Champagner, wir werden natürlich Champagner trinken ...« Er ließ den Satz in der Luft hängen und schien sich meiner erst jetzt wieder bewußt zu werden; es war, als hätte ich mich aus dem Raum geschlichen, meine leere Hülle zurückgelassen und sie jetzt erst wieder in Besitz genommen. »Aber Iris«, sagte er, »deine Zukünftige ... Die sexuelle Kompatibilität war zufriedenstellend, nehme ich an?«

Ich stand, durch den Schreibtisch von ihm getrennt, im trüben Licht des Büros und nickte, ein starres Lächeln auf den Lippen.

Er grinste jetzt noch breiter, trat von einem Fuß auf den anderen, straffte die Schultern und rieb sich die Hände, als müßte er sie wärmen. »Ja«, sagte er, »ja. Was moderne Aphrodisiaka betrifft, so geht doch nichts über das Automobil. Ich habe es dir ja immer schon gesagt: Wie zufrieden könnten junge Paare in Amerika sein, all diese frustrierten Studentinnen und Studenten, die liebeskranken Highschool-Schüler, die Paare, die zu arm sind, um zu heiraten« – er wies mit einer ausladenden Armbewegung auf den Campus und die

Dächer der Stadt dahinter –, »wenn sie ihre sexuellen Bedürfnisse ungestört befriedigen dürften, wann und wo sie wollten, ohne daß die öffentliche Meinung den Stab über sie bricht? Allerdings hoffe ich, John«, fuhr er fort, und sein Blick hielt mich fest, »daß du die koitale Erfahrung nicht mit der Art von Bindung verwechselst, die man braucht, um eine Ehe einzugehen und zu erhalten. Dasselbe gilt natürlich auch für Iris. Sie weiß doch, daß Sex unabhängig von der Ehe ist – oder es jedenfalls sein kann und in vielen Fällen sein sollte? Daß sie nicht erst zu heiraten braucht …« Er unterbrach sich und ließ den Rest unausgesprochen.

Ich wollte ihn beruhigen und ihm versichern, daß wir einander liebten und, wie er ja wußte, seit geraumer Zeit zusammen waren, daß unsere sexuelle Kompatibilität sehr gut war, vielen Dank, mehr als adäquat, ganz prima sogar, und daß wir genau wußten, was wir taten, doch er kam mir zuvor.

»Was für eine wunderbare Neuigkeit! Du wirst *verheiratet* sein, Milk – verstehst du, was das für unser Projekt bedeutet? Du wirst nicht mehr – entschuldige bitte – so feucht hinter den Ohren sein, oder jedenfalls wirst du nicht mehr diesen Eindruck machen. Bei unseren Befragungen werden vor allem ältere Personen und Frauen zu einem verheirateten Mann mehr Vertrauen haben als zu einem Junggesellen. Meinst du nicht auch?«

Ich konnte ihm im Brustton der Überzeugung antworten, obgleich das gedankliche Bild von Mrs. Foshay alles andere aus meinem Kopf zu verdrängen drohte. »Selbstverständlich, Prok, und ich habe auch gut zugehört, die vielen Male, wenn du gesagt hast, daß du dir wünschst, ich wäre älter und, na ja, erfahrener, das kannst du mir glauben.«

»Gut, gut«, sagte er, »gut«, und er wollte zu seinem Schreibtisch zurückkehren, drehte sich jedoch noch einmal zu mir um. »Iris«, sagte er. »Haben wir eigentlich ihre Geschichte?«

In den nächsten zwei Monaten war Prok als Redner immer stärker gefragt, und notgedrungen reisten wir häufiger. Es hatte sich herumgesprochen. Anscheinend wollte jede Bürgervereinigung, jede Privatschule, jede Universität im Umkreis von achthundert Kilometern, daß er bei ihnen auftrat, und zu diesem Zeitpunkt lehnte er keine einzige Einladung ab. Er verlangte auch kein Honorar und ging sogar so weit, die Reisekosten aus eigener Tasche zu bezahlen. Die ersten spärlichen Fördermittel vom National Research Council und der Rockefeller Foundation waren eine gewisse Hilfe – auch ich als sein erster Vollzeit-Assistent wurde aus diesem Topf bezahlt. Die Vorträge liefen immer gleich ab: Prok betrat den Saal, in dem die Zuhörer bereits versammelt waren, und sprach mit seiner üblichen Unverblümtheit über die bis dahin tabuisierten Themen. Anschließend bat er Freiwillige – er bezeichnete sie als »Freunde der Forschung« –, vorzutreten und ihre Geschichte aufzeichnen zu lassen. Wenn wir nicht in seinem Büro saßen und an Tabellen, Kurven und Korrelationen arbeiteten, waren wir unterwegs und sammelten Daten, denn – wie er immer sagte – man konnte gar nicht genug Daten haben.

Und wie ging es mir dabei? Ich war natürlich aufgeregt und ließ mich von Proks Begeisterung anstecken – ich war (und bin auch heute noch) durch und durch von der Bedeutung des Projekts überzeugt –, doch der Zeitpunkt war, wie Sie sich vorstellen können, ein bißchen ungünstig. Iris und ich hatten uns gerade verlobt. Jeder von uns sehnte sich nach der Gesellschaft des anderen. Wir hatten begonnen, einander sexuell zu entdecken (auch wenn wir beide noch immer mit unseren Hemmungen zu kämpfen hatten und meine Erlebnisse mit ihr keineswegs so waren wie die mit Mac). Ich wollte mit ihr zusammensein, Arm in Arm mit ihr durch Bloomington schlendern, in Gebrauchtwarenläden nach Geschirr, Teppichen und dergleichen stöbern und die Preise für Möbel vergleichen, die wir für unseren gemeinsamen Haushalt brauchen würden. Den hofften wir im Juni zu gründen, doch zuvor mußten wir eine Wohnung finden, die wir uns mit unseren bescheidenen Mitteln leisten konnten, und das kostete Zeit und Mühe. Statt dessen saß ich in zweitklassigen Hotels, blieb, obgleich total erschöpft, bis ein, zwei Uhr morgens auf und versuchte, so viele Protokolle wie möglich zu erstellen. Ich trank und rauchte zuviel. Ich hatte ein leises Pfeifen in den Ohren, mein Kopf schmerzte, meine Augen fühlten sich an wie geschmolzen, und nichts, nicht einmal Einzelheiten über die entlegensten Sexualpraktiken, konnte mich aus meiner Apathie reißen, weder Koprophilie noch Inzest oder Sex mit Tieren. Ich nickte lediglich, sah dem oder der Befragten fest in die Augen und machte meine Einträge auf dem Formular.

In dieser Zeit sammelten wir etwa zweihundert Geschichten. Wir strengten uns wirklich an, doch bislang litt unser Forschungsprojekt an einem Mangel: Die Mehrheit der von uns befragten Personen entstammte einer oberen sozialen Schicht; das heißt, es handelte sich um Studenten oder Selbständige. Wir hatten unser Spektrum, wie gesagt, erweitert und sammelten Geschichten unter den Angehörigen der homosexuellen Subkultur in Indianapolis und Chicago sowie unter den Insassen mindestens einer Strafanstalt und des Staatsgefängnisses, in dem Prok so viele wertvolle Kontakte geknüpft hatte – und aus einem Kontakt ergaben sich regelmäßig weitere, aus denen wiederum neue Kontakte entstanden, so daß wir nun entschlossen waren, möglichst viele Geschichten aus den unteren sozialen Schichten aufzuzeichnen. Vor allem fehlten uns Berichte von Schwarzen, und so unternahmen wir eine zweite Expedition nach Gary, Indiana, in das bereits erwähnte dortige Negerviertel.

An einem regnerischen Samstagmorgen Mitte April brachen wir auf. Damals mußten wir noch Rücksicht auf Proks Stundenplan nehmen: Das Eheseminar war zwar eingestellt worden, aber er hielt noch immer einige Biologiekurse ab, von denen einer samstags morgens um acht Uhr stattfand – für Studenten eine ungünstige Zeit, um sich über einen Seziertisch zu beugen oder zu bestimmen, ob eine Pflanze ein- oder zweikeimblättrig ist. Wir fuhren ohne Pause, so schnell, wie es die Straßen, der Nash und die Staatspolizei zuließen, und trafen kurz nach Einbruch der Dunkelheit ein. Wir aßen ein nicht erwähnenswertes Abendessen in einem schlechtbeleuchteten Schnellimbiß, und als wir anschließend Kaffee tranken und ein Stück Kuchen aßen, wurde aus dem Nieseln ein stetiger grauer Regen, der uns die Arbeit nicht leichter machen würde, denn wir würden draußen unterwegs sein, auf der Straße. Prok machte ein grimmiges Gesicht. Immer wieder sah er auf die Uhr, als könnte er damit dem Regen Einhalt gebieten und das Zusammentreffen mit unserem Kontaktmann beschleunigen. Er hatte guten Grund, besorgt zu sein. Unser erster, im bitterkalten Februar unternommener Ausflug nach Gary war ein Reinfall gewesen. Stundenlang waren wir um einen Block nach dem anderen gefahren und hatten jedesmal, wenn auf den menschenleeren Straßen eine Gestalt erschienen war, hoffnungsvoll durch die Windschutzscheibe gespäht, doch Proks Kontaktmann war nicht aufgetaucht, und wir hatten nicht ein einziges Interview geführt. Jetzt verlor keiner von uns ein Wort darüber. Wir tranken den Kaffee, zogen unsere Regenmäntel an und fuhren sechs Blocks nach Süden, mitten ins Negerviertel.

Prok parkte in einer Seitenstraße. Um die Ecke war eine Kneipe namens »Shorty's Paradise«. Es gab kleine Geschäfte (*Friseur – Sandwiches nach Ihren Wünschen – Metzger*), in den darüberliegenden Stockwerken waren Wohnungen, die über Außentreppen erreichbar waren, und hinter den Dächern ragten die Schornsteine von Fabriken auf wie die Türme einer Burgruine. Die Straße war mit aufgeweichten Zeitungen, leeren Flaschen und weggeworfenem Einwickelpapier übersät. Das Regenwasser lief an der Windschutzscheibe herunter und ließ den Bürgersteig schimmern. Nirgends ein Lebenszeichen. Wir stiegen aus. Als wir die Türen des Wagens zuschlugen, dröhnten sie wie Kanonendonner.

Die erste Überraschung kam, als wir um die Ecke bogen: Trotz des Regens drängten sich Menschen vor »Shorty's Paradise« – ein ganzer Pulk quoll durch die offene Tür der Kneipe, und rechts und links unter der löchrigen Markise herrschte Gedrängel. Es waren Schwarze, ausschließlich Schwarze. Ich muß gestehen, ich hatte bis dahin nicht viel Kontakt mit Negern gehabt. Hin und wieder hatte ich in dem Geschäft, in dem ich früher in den Sommerferien arbeitete, ein paar freundliche Floskeln – »Schöner Tag heute, nicht?« – mit irgendeiner Köchin oder einem Dienstmädchen gewechselt, aber das war auch alles. Von drinnen ertönten Musik und Stimmengewirr, es roch nach Alkohol, Tabak und Marihuana. Ich wußte nicht, was ich tun sollte. Ich zögerte.

Im Gegensatz zu Prok. Prok war die zweite Überraschung. Obwohl er Bars, Zigaretten und ganz besonders den »Urwaldrhythmus« der populären Musik verabscheute, schob er sich durch die Menge und ging hinein, als hätte er an keinem Samstagabend seines Lebens etwas anderes getan. Er trug wie immer einen schwarzen Anzug, ein weißes Hemd und eine Fliege, darüber einen gelben Regenmantel, der auf dem Rücken stets Falten warf, als wäre er aus zwei vollkommen verschiedenen Stücken Wachstuch zusammengenäht worden. Auch ich hatte einen schwarzen Anzug und eine Krawatte an, doch mein Regenmantel – das Ding hatte meine Großmutter für mich ausgesucht – war grau mit schwarzen Sprenkeln und reichte mir bis zu den Knöcheln. Die Haare unter dem Schweißband meines Huts prickelten und schienen sich aufstellen zu wollen. Ich zog den Kopf ein und folgte ihm.

Der Raum wurde von einer langen Theke aus Mahagoniholz beherrscht, an der dichtgedrängt Leute saßen und sich unterhielten. Alle drehten sich um, als wir eintraten, und wandten sich dann wieder ab, als hätten sie uns nicht bemerkt. Die Jukebox spielte mit voller Lautstärke »Minnie the Moocher«, und jeder, der etwas zu sagen hatte, mußte sich anstrengen, um sich verständlich zu machen. Prok ging geradewegs zum Tresen, verschaffte sich dort ein wenig Platz und begann sofort ein Gespräch mit einem hünenhaften Mann in einem glänzenden blauen Zweireiher. Und nun kam die dritte, die eigenartigste Überraschung: Prok sprach Dialekt. Ich war verblüfft. Wie Sie vielleicht wissen, war Prok ein fanatischer Verfechter korrekter Ausdrucksweise und scheute sich nicht, grammatikalische Fehler seines Gesprächspartners zu berichtigen – mitunter war er dabei verletzend sarkastisch –, doch hier, in dieser Bar, schaltete er auf den Dialekt der Schwarzen um, als wäre er ein Bauchredner. Die Unterhaltung verlief ungefähr folgendermaßen:

»'naamd, mein Freund«, sagte Prok und faßte den anderen in seine blauen Augen. »Ich such Rufus Morganfield. Kenn' Sie den?«

Der Mann in dem glänzenden blauen Anzug ließ sich Zeit mit der Antwort. Er musterte Prok aus zusammengekniffenen Augen, in der einen Hand eine Zigarette, in der anderen ein nicht ganz leeres Glas. »Sind Sie 'n Bulle?«

»Mh-mh.«

»Was dann? 'n Bibelverkäufer?«

»Im Gegenteil. Ich bin Dr. Alfred C. Kinsey, Professor für Zoologie an der Indiana State University, und Rufus – Bruder Rufus – hat gesagt, er will sich hier mit mir treffen.«

»Das is ja 'n Ding«, sagte der Mann leise. »Doktor, hm? Wolln Sie meine Hemmoriden abtasten?«

Prok zuckte nicht mit der Wimper. Niemand lachte. »Sie möchten nich zufällig noch 'n Cocktail?« fragte er.

Es trat eine lange Pause ein. Prok rührte sich nicht und sah den anderen fest an, und schließlich ließ der Mann im blauen Anzug ein Lächeln aus den Falten rechts und links seines Mundes kriechen. »Crown Royal und Soda«, sagte er dann.

Der Drink wurde bestellt und gebracht. Inzwischen war Prok in ein Gespräch mit dem Mann im blauen Anzug und vier oder fünf anderen vertieft, die ihm am nächsten standen, und Rufus Morganfield, unser Kontaktmann, der bis dahin am anderen Ende der Theke gestanden und abgewartet hatte, wie sich die Dinge entwickelten, trat zu uns und stellte sich vor. Prok begrüßte ihn herzlich, und ich dachte, er würde auch ihm einen Drink spendieren, doch statt dessen verabschiedete er sich händeschüttelnd von allen, legte einen Arm um Rufus, den anderen um mich und schob uns hinaus auf die Straße. Sogleich verwandelte er sich wieder in sein gewohntes Ich, denn es war gar nicht nötig, Rufus zu hätscheln. Prok hatte ihn im Staatsgefängnis kennengelernt und seine Geschichte aufgezeichnet, und Rufus bekam fünfzig Cent für jedes von ihm vermittelte Interview mit einer der Prostituierten, die in dieser Gegend arbeiteten. (Ich sollte erwähnen, daß Prok sich, jedenfalls anfangs, sehr für Prostituierte interessierte, weil ihre Erfahrung soviel größer war als die der meisten anderen Frauen – das war, bevor wir Gelegenheit hatten, sie bei der Arbeit zu beobachten –, doch letztlich waren sie im Hinblick auf die Physiologie der verschiedenen Sexualpraktiken nicht so nützlich, wie man vielleicht annehmen könnte, und zwar wegen ihrer Neigung, gewisse Reaktionen vorzutäuschen.)

Mit Rufus als unserem Vergil waren wir jedenfalls in der Lage, die Prostituierten aufzuspüren. Wegen des Regens fanden sie an diesem Abend nur wenige Kunden und saßen in ihren Stammlokalen herum. Wir machten uns sogleich daran, ihre Geschichten aufzuzeichnen. Anfangs waren sie skeptisch – »Aber klar, Schätzchen, du zahlst einen Dollar und willst nur *reden*« –, aber wenn Prok eine Geschichte witterte, war er nicht aufzuhalten, und schon sehr bald hatte er sie überzeugt, daß das eine ganz saubere Sache war, rein wissenschaftlich, und daß wir sie nicht bloß als Quelle betrachteten, sondern als menschliche Wesen. Auch dies war etwas, worin sich Proks Genie offenbarte – oder vielmehr sein Mitgefühl. Er brachte den Befragten echte Sympathie entgegen. Und er hatte keinerlei Vorurteile, weder in rassischer noch in sexueller Hinsicht. Es war ihm völlig gleichgültig, ob jemand eine andere Hautfarbe hatte, ob er Italiener oder Japaner war, ob er Analverkehr bevorzugte oder auf das Hochzeitsfoto seiner Mutter masturbierte – jeder Befragte war ein Exemplar der menschlichen Spezies und eine Quelle für Daten.

Es stellte sich jedoch ein anderes Problem: In dieser Gegend gab es keine geeigneten Hotels, also keine privaten Räumlichkeiten, in denen wir die Interviews durchführen konnten. Zwar hatten wir den Wagen, doch den konnte nur einer von uns nutzen, und wir mußten die Befragungen ja gleichzeitig vornehmen. Der Regen hatte zugenommen, und wir – zwei Prostituierte, nicht älter als ich, Prok, Rufus und ich – standen an der Straßenecke, als Rufus eine Lösung einfiel. »Ich hab ein Zimmer«, sagte er, »zwei Blocks von hier. Nichts Tolles, aber es gibt elektrisches Licht, ein Bett und einen Stuhl, und wenn das reicht ...«

Schließlich entschied Prok, daß er den Nash nehmen und mir den relativen Komfort von Rufus' Zimmer überlassen würde, denn ich war ja noch Anfänger und sollte nicht durch zusätzliche Erschwernisse wie Kälte, Regen und unzureichende Beleuchtung behindert werden. Es war eine noble Geste, vielleicht von praktischen Erwägungen diktiert, doch sie war letztlich zu seinem Nachteil. Ich ging mit dem Mädchen – ich spreche hier von »Mädchen«, weil sie erst achtzehn war, mit schräg stehenden, zimtfarbenen Augen und einer Haut, so braun wie die Trinkschokolade, die zu Hause von der Molkerei Bornemann verkauft wurde – in Rufus' Zimmer am Ende eines Korridors im zweiten Stock eines frei stehenden Backsteinhauses, das einst ein Einfamilienhaus gewesen war und dessen Zimmer nun einzeln vermietet wurden. Anfangs schien sie im Zweifel zu sein und war vielleicht auch ein bißchen nervös – ich jedenfalls war ein Nervenbündel, nicht nur, weil ich zu diesem Zeitpunkt erst so wenige weibliche Geschichten aufgezeichnet hatte, sondern auch wegen ihrer Rassenzugehörigkeit und der Umgebung: bedrückende, irgendwie gelbliche Wände, ein ordentlich gemachtes Einzelbett, das ebensogut eine Gefängnispritsche hätte sein können, hartes Licht von der nackten Glühbirne, die von der Zimmerdecke baumelte. Als sie etwa eine Viertelstunde nach Beginn des Interviews erkannte, worum es ging, entspannte sie sich, und ich glaube, daß ich bei ihrer Befragung gute, professionelle Arbeit leistete (auch wenn ich, um ehrlich zu sein, ebenso peinlich erregt war wie bei Mrs. Foshay).

Ihre Geschichte war wohl typisch für eine Frau in ihrer Lage: Sie hatte in der Pubertät sexuelle Beziehungen zum Vater und einem älteren Bruder gehabt und mit vierzehn geheiratet, anschließend war sie von Mississippi nach Norden gezogen, ihr Mann hatte sie verlassen, ein Zuhälter hatte sich um sie »gekümmert«, und dann waren die Freier gekommen und die Geschlechtskrankheiten. Ich weiß noch, daß ihre schlichte, von allen Nuancen freie Aufzählung der Tatsachen, der traurigen Tatsachen, mich rührte, wie mich noch nie etwas gerührt hatte. Ich wollte mich ganz unprofessionell von meinem Stuhl erheben und sie umarmen und ihr sagen, daß alles gut war, daß alles besser werden würde, obwohl ich wußte, daß das nicht stimmte. Ich wollte sie ganz unprofessionell ausziehen und mit ihr hier, auf diesem Bett, schlafen und sehen, wie sie sich unter mir wand. Aber ich gab weder dem einen noch dem anderen Impuls nach. Ich verschloß diese Gedanken in meinem Kopf und zeichnete ihre Geschichte auf – eine von Tausenden, die in unserem Archiv landeten.

Kaum war sie gegangen, da kam die nächste Frau. Sie war älter, dreißig oder fünfunddreißig, und hatte entlang der Kinnlinie auf der rechten Seite ihres Gesichts eine weiße, schlecht verheilte Narbe. Diese Frau hatte etwas Kämpferisches an sich: die Furche der zusammengekniffenen Lippen, die Unwetterwarnung auf ihrer Stirn, die »Das-wollen-wir-doch-mal-sehen«-Haltung ihrer Beine, als sie mit in die Hüften gestemmten Händen in der Tür stand. Bevor sie eintrat, wollte sie den Dollar haben, den wir jeder Befragten versprochen hatten. Ich wühlte in meinen Taschen, doch die waren leer. Prok hatte ein Bündel knisternder neuer Ein-Dollar-Scheine in seiner Brieftasche; er hatte das Geld am Vortag von seinem Bankkonto abgehoben, es aber in dem Durcheinander bezüglich geeigneter Orte für die Interviews versäumt, mir mehr als den einen Dollar zu geben, den nun die erste Prostituierte hatte. »Ich ... äh ... Es tut mir leid«, sagte ich. »Ich glaube, ich muß mal eben ...«

»Na klar, es tut dir leid«, sagte sie und zog die Brauen zusammen. »Dann tut's mir auch leid.« Sie stieß einen Fluch aus. »Und dafür hab ich meinen Arsch den ganzen Weg durch den Regen geschleppt!«

»Nein«, sagte ich, »nein, Sie verstehen nicht.«

»Du bist bloß ein kleiner Betrüger wie alle anderen«, sagte sie. »Du willst was umsonst, stimmt's?«

Ich mußte all meine Überredungskünste aufwenden, die damals nur sehr unvollkommen entwickelt waren, um sie dazu zu bringen, auf dem Bett Platz zu nehmen und zu warten, während ich die Treppe hinunter- und zurück zum Nash lief, wo Prok sein Interview mit einer schwarzen Prostituierten führte. Er würde von dieser Unterbrechung nicht begeistert sein. Es war eine eiserne Regel, daß die

Befragungen in einer privaten, ungestörten Atmosphäre stattfinden mußten, ohne jede Ablenkung, die den Rapport zwischen Interviewer und Befragtem zerstören könnte, ohne läutende Telefone, ohne im Hintergrund anwesende Dritte, ohne Notfälle irgendwelcher Art. Ich wußte das. Und ich wußte, wie unangenehm Proks Ungeduld – oder Zorn – sein konnte. Dennoch hatte ich keine andere Wahl. Ich legte die ganze Strecke rennend zurück, denn ich hatte Angst, die Frau könnte genug haben und einfach gehen, und als ich bei »Shorty's Paradise« um die Ecke bog, erhob sich der dunkle Umriß des Nash aus der schwarzen horizontalen Fläche der Straße wie etwas, das ein abschmelzender Gletscher zurückgelassen hatte. Von drinnen schimmerte das Licht von Proks Taschenlampe, und durch die Windschutzscheibe waren die Silhouetten zweier Köpfe zu sehen. Schnaufend kam ich auf dem nassen Bürgersteig zum Stehen, atmete einmal tief durch und klopfte leise an das Seitenfenster auf der Fahrerseite.

Genau in diesem Augenblick bog hinter mir der Polizeiwagen um die Ecke. Seine Lichter begannen zu blinken.

Ich war noch nie mit dem Gesetz in Konflikt gekommen und hatte keinen Grund, von den beiden Polizisten, die aus ihrem Wagen stiegen, irgend etwas anderes als Höflichkeit und freundliche Unterstützung zu erwarten, ja ich dachte absurderweise, sie seien hier, um uns zu helfen, so viele Prostituierte wie möglich zu kontaktieren, damit wir unsere Interviews leichter durchführen konnten. Es kam jedoch anders. Die Situation entwickelte sich derart dynamisch, daß ich erst sehr viel später begriff, was eigentlich geschehen war. Die beiden Polizisten – klein und stämmig, mit der breiten Brust und dem o-beinigen Gang von Rugbyspielern – kamen auf mich zu. Ich stand noch immer neben dem Fenster des Nash. Der eine war etwa in Proks Alter und hatte eine breite Nase und ein gerötetes Gesicht. Er packte wortlos meine Arme, drehte sie mir auf den Rücken und legte zwei metallene Bügel um meine Handgelenke. Mit anderen Worten: Handschellen.

»Aber … aber was machen Sie denn da?« fragte ich. Oder vielmehr: stammelte ich. Der Regen fiel auf mein Gesicht, durchnäßte die Ärmel und Schultern meines Jacketts und sickerte in mein pomadisiertes Haar, das nun wild in alle Richtungen stand und einen traurigen Anblick bot (in der Eile hatte ich Hut und Mantel im

Zimmer zurückgelassen). »Nein, nein, nein, Sie machen einen Fehler. Sie müssen doch ... Sie müssen ... Verstehen Sie denn nicht ...«

Der zweite Polizist – er war blond und hatte blasse Augenbrauen und einen dünnen Schnurrbart, der wie der von Paul Sehorn verschwand, als das Einsatzlicht des Streifenwagens über sein Gesicht glitt – hatte meinen Platz neben der Fahrertür eingenommen. Er klopfte mit seinem Knüppel gegen das Fenster, und sein Klopfen war dringlicher als meins. Das Fenster wurde hinuntergekurbelt, Proks erstauntes Gesicht erschien, und dann legte der Polizist die Hand auf den Griff und riß die Tür auf. »Okay«, sagte er, »aussteigen.«

Unterwegs zur Wache, zusammengedrängt auf dem Rücksitz des Streifenwagens, die Prostituierte (Verleen Loy, 1,65 m, 58 kg, geb. 17.3.1924) zwischen uns, protestierte Prok mit klaren, zornigen Worten. Wußten sie eigentlich, wer er war? Wußten Sie, daß der National Research Council, die Rockefeller Foundation und die Indiana State University seine Forschungen unterstützten? War ihnen bewußt, daß sie den Fortschritt der Menschheit zu einem besseren Verständnis eines der bedeutendsten Verhaltensmuster der menschlichen Spezies behinderten?

Dessen waren sie sich nicht bewußt, nein. Einer der beiden – der mit dem roten Gesicht, der mir die Handschellen angelegt und mich dann ohne erkennbaren Grund an die Mauer des Hauses hinter mir gestoßen hatte – drehte sich um und wandte sich in einem Ton, den ich ebenso derb wie beleidigend fand, an die Prostituierte. »Na, Verleen«, sagte er breit grinsend, »halten wir hier den Fortschritt auf?«

Der vorbeihuschende Schein einer Straßenlaterne fiel auf ihr Gesicht. Ihre Augen sprachen von Mißhandlungen, und ihre Zähne sahen aus, als wären sie spitz gefeilt. Sie antwortete mit leiser Stimme, die über dem Zischen der Reifen auf der nassen Fahrbahn kaum zu verstehen war. »Ihr haltet gar nichts auf«, sagte sie.

Auf der Wache schien sich die Angelegenheit zum Besseren zu wenden. Der wachhabende Beamte war zwar äußerst skeptisch, aber auch beeindruckt von Proks Auftreten und Erscheinung (und ich glaube, er hatte Mitleid mit mir, weil meine Haare so zerzaust waren und ich so niedergeschlagen aussah). Nachdem er festgestellt hatte, daß Prok tatsächlich der war, der er zu sein behauptete, ließ ihn der Wachhabende mit H. T. Briscoe, dem Dekan der biologischen Fakultät an der Indiana State, telefonieren. Die Handschellen schnitten in meine Handgelenke, als ich dastand und zusah, wie Prok die Nummer aus dem Gedächtnis aufsagte und der Beamte sie an die Vermittlung weitergab.

Es war nach zwei Uhr morgens. Verleen war abgeführt worden und saß in irgendeiner Zelle, und aus dem Zellenblock für Männer an der Rückseite des Gebäudes hörte ich hin und wieder einen Schrei oder ein Wimmern. Ich schäme mich nicht zu sagen, daß ich Angst hatte. Ich war keine dreiundzwanzig und hatte wenig bis nichts von der Welt gesehen. Und nun hatte ich gegen das Gesetz verstoßen und eine komplizierte Anklage wegen eines Sittlichkeitsdelikts zu erwarten, die mir für den Rest meines Lebens anhängen würde, und ich überlegte bereits voller Panik, was ich meiner Mutter sagen würde – und was Iris. Förderung der Prostitution. So würde die Anklage lauten, oder? Unnatürlicher Verkehr? Unzucht? Verführung Minderjähriger? Ich sah mich schon im Staatsgefängnis, sah mich in gestreifter Häftlingskleidung hinausschlurfen, um den Hof zu harken.

Doch dann hörte ich, wie Prok Dean Briscoe, der unsanft aus seinem gemütlichen Bett in seinem gemütlichen Haus im paradiesischen Bloomington geholt worden war, mit kühler, beherrschter Stimme die Situation erklärte, und sah das Gesicht des Wachhabenden, als Prok ihm den Hörer reichte und Dekan Briscoe mit der Autorität seines Amtes die Angaben seines Kollegen bestätigte, und da erst wußte ich, daß die Krise überstanden war. Leider sah ich weder meinen Hut noch meinen Mantel jemals wieder, und leider konnten wir auf dieser Reise nur sechs Interviews durchführen, aber eines immerhin hatte uns dieser Zwischenfall gelehrt: Von da an hatte Prok stets einen von Dean Briscoe unterschriebenen Brief dabei, in dem dieser die Zielsetzung des Projekts erläuterte und erklärte, daß es die Unterstützung durch die höchsten Autoritäten der Indiana State University genieße. Der besagte Brief solle vorgelegt werden »für den Fall, daß Dr. Kinseys Forschungen ihn an Orte führen, wo der Zweck seiner Arbeit möglicherweise nicht klar erkannt wird«.

Zurück im sicheren Bloomington, erzählte ich Iris die Geschichte unseres Mißgeschicks in einer gekürzten Version und versuchte sogar, witzig zu sein, obgleich meine seelischen Wunden noch längst nicht verheilt waren, doch Iris fand das alles keineswegs amüsant.

Wir aßen in der Mensa zu Abend (Schweinebraten mit dunkler Sauce, ungleichmäßig gestampfter Kartoffelbrei und Wachsbohnen, die so zerkocht waren, daß sie wie etwas Wiedergekäutes aussahen), und sie hatte unschuldig gefragt, wie die Reise gewesen sei. Ich sagte es ihr, wobei ich einige der unschöneren Details etwas beschönigte, und schloß mit einer ausführlichen Klage über den Verlust von Hut und Mantel (für den mich Prok übrigens beim Ausstellen meines nächsten Gehaltsschecks entschädigte).

»Prostituierte, hm?« sagte sie.

Ich nickte. Die Deckenbeleuchtung ließ mein Gesicht aussehen wie das eines Wasserspeiers – ich sah es in dem langen, schmutzigen Spiegelstreifen an der Wand hinter Iris. Draußen regnete es, ein Ausläufer der ausgedehnten Regenfront, die uns in Gary erwischt hatte.

Iris war sehr blaß und preßte die Lippen zusammen. Sie legte Messer und Gabel sorgfältig auf den Teller, dabei hatte sie das Essen kaum angerührt. Als sie sprach, klang ihre Stimme belegt. »Gehst du oft zu Prostituierten?«

»Äh, nein«, sagte ich. »Natürlich nicht. Das versteht sich von selbst.«

»Hast du jemals ... Hast du schon mal mit einer geschlafen?«

Mir gefiel der darin enthaltene Vorwurf nicht, ebensowenig die Kritik oder die Herabsetzung meiner Professionalität und meiner Arbeit. Und nach dem, was ich in der vorangegangenen Nacht durchgemacht hatte, war ich besonders empfindlich. Sie hatte ja keine Ahnung. »Nein«, sagte ich barsch. »Sei nicht albern.«

»Hast du jemals mit einer geschlafen?«

»Iris, bitte. Wofür hältst du mich?«

»Hast du oder hast du nicht?«

»Nein. Und wenn du es ganz genau wissen willst: Bis gestern nacht habe ich noch nie eine Prostituierte gesehen, und ich würde sie, also Prostituierte, auch nicht anders behandeln als irgend jemand anderen. Bei den Interviews, meine ich. Du weißt genau, daß wir so viele Sexualberichte brauchen, wie wir kriegen können, wenn dieses Projekt erfolgreich sein soll. Wir brauchen ein möglichst breites Spektrum: Pfarrersfrauen, Vorsitzende von Wohltätigkeitsvereinen, Pfadfinderführerinnen« – hier schossen mir Bilder der nackten Mac durch den Kopf, sie zuckten auf wie die Flecke und Kleckse, die man auf der Leinwand sieht, bevor der eigentliche Film beginnt – »und natürlich auch Prostituierte.«

Sie wandte den Blick ab und zeigte mir ihr Profil. Ihr Haar war ein sanftes Flackern aus Licht und Schatten. »Hast du je mit einer Frau geschlafen?« Sie sprach zur Wand, flüsternd. »Außer mit mir?«

»Nein«, sagte ich, und ich weiß nicht, warum ich log, wo doch das ganze Ethos hinter unserem Projekt darauf abzielte, die menschliche Sexualität aus dem dunklen Keller zu holen, in den die Priester sie verbannt hatten, sie zu feiern, sie zu genießen, sie ohne Verbote und Hemmungen voll und ganz zu genießen. Aber ja – in diesem Augenblick, in dieser Situation, die, milde gesagt, heikel war, log ich.

»Aber warum nicht?« fragte sie, hob den Kopf und warf mir einen Seitenblick zu, den Seitenblick eines für seine drakonischen Strafen berühmten Richters, den Seitenblick eines Henkers. »Ist das – mit vielen Menschen zu schlafen, meine ich – denn nicht genau das, was Dr. Kinsey, Entschuldigung, was *Prok* propagiert? Gehört das nicht zum Programm? Sexuelle Experimente, meine ich.«

»Na ja«, sagte ich, und ein Stück Fleisch, weich wie ein Schwamm, schien zurück in meine Kehle gekrochen zu sein, »eigentlich nicht. Er selbst ist ja glücklich verheiratet, und er … er will eigentlich bloß, daß wir auch …«

Ihr Gesicht war gerötet. Das gekreuzigte Schweinefleisch, das in der erstarrten Sauce auf ihrem Teller lag, wurde kalt. Ich spürte einen Luftzug, irgendwo hatte jemand eine Tür geöffnet, und ich reckte den Kopf, um zu sehen, woher der kühle Wind kam. »Findest du auch, daß es hier zieht?« fragte ich.

»Du lügst mich an«, sagte sie. »Ich weiß, daß du mit einer anderen geschlafen hast.«

»Und mit wem?« wollte ich wissen.

Sie drehte den Ring, den ich ihr geschenkt hatte, hin und her, um ihn über das Gelenk des Fingers zu ziehen. Es war ein Diamantring, und ich hatte mir von Prok fünfundzwanzig Dollar Vorschuß geben lassen, um ihn anzuzahlen. In meinem ganzen Leben hatte ich noch nie etwas so Extravagantes gekauft, ich hatte nicht mal davon geträumt. Sie zerrte den Ring vom Finger, legte ihn zwischen uns auf den Tisch und griff nach ihrer Jacke. Alle Gefühle waren in den Augen und der erbitterten, klaffenden Wunde ihres Mundes konzentriert. »Mit Mac«, sagte sie. »Du hast mit Mac geschlafen.«

Soviel zum Thema »weibliche Intuition«, zu den unterschwelligen Signalen, die dieses Geschlecht irgendwie aufzufangen imstande ist, so wie ein Hund weiß, daß sein Herrchen kommt, obwohl dessen Wagen noch sechs Blocks entfernt ist, oder wie eine Katze beim leisesten Geräusch im entferntesten Winkel des Speichers die Ohren spitzt. Eine ganze Woche lang lief ich mit dem Ring in der Tasche herum und machte keinen Versuch, mit Iris zu sprechen oder sie davon zu überzeugen, daß sie falsch lag – ich hätte ihr auch nichts anderes gesagt als das, was ich ihr an jenem Abend in der Mensa gesagt hatte: daß sie verrückt sein müsse, daß Mac für mich wie eine Ersatzmutter war, verheiratet und viel zu alt, und daß ich mich sowieso nicht zu ihr hingezogen fühlte. Iris hatte mir schweigend zugehört, als wollte sie sehen, wie weit ich kam, bevor ich stolperte, und dann war sie aufgestanden und zur Tür am anderen Ende des Saals stolziert, die sie hinter sich zuknallte.

Das war unser erster Kampf, der erste Schlagabtausch in einer langen Reihe von Vor- und Meisterschaftskämpfen, und ich war unglücklich – unglücklich, aber nicht gewillt nachzugeben. Was hatte ich denn schon getan? Ein paar Prostituierte interviewt? Das war mein Job – konnte sie das nicht verstehen? Wenn eine so unbedeutende Sache sie derart aufregte, wollte ich mir lieber nicht vorstellen, was die Zukunft für mich bereithielt, denn wir würden sicherlich hundert weitere Prostituierte befragen müssen und obendrein ganze Busladungen von Sexual-Straftätern jeder Couleur. Ich wollte meine Mutter anrufen und ihr sagen, die Verlobung sei aufgelöst, aber ich hatte, wie gesagt, schon immer Probleme, mich ihr anzuvertrauen, weil sie nie für mich Partei ergriff. Ich war mir sicher, daß sie sich auf Iris' Seite schlagen und mich zerlegen würde wie einen Weißfisch, den sie vor dem Braten filetierte. Schließlich ging ich zu Mac.

Prok hielt eine Vorlesung, und die Kinder waren in der Schule, als ich die vertraute Straße entlangtrottete. Die Sonne schien mir ins Gesicht, an den Bäumen entfalteten sich die Blätter, der Aprilregen hatte die Welt grün gemacht. Wie Prok es vorausgesagt hatte, machte sich der Garten prima, obgleich wir in diesem Frühjahr weniger Zeit dort verbrachten, weil wir immer häufiger unterwegs sein mußten. Ich blieb einen Augenblick stehen und betrachtete die Blumenbeete, doch dann nahm ich meinen Mut zusammen und ging zur Haustür.

Alle meine Gedanken kreisten um Iris und die Frage, wie ich mich aus dem Gespinst von Lügen befreien konnte, das ich gewoben hatte. Einen Eheberater, ich brauchte einen Eheberater, und dabei war ich noch nicht mal verheiratet. Und auch was Mac betraf, war ich mehr als nur ein wenig beklommen. Sie hatte uns, wie Prok, ihren Segen gegeben und hätte nicht aufgeregter sein können, wenn eines ihrer eigenen Kinder geheiratet hätte. Ich fragte mich, wie ich nun umkehren und ihr sagen sollte, die Sache sei abgeblasen, und zwar wegen der Dinge, die wir getan hatten – im Garten, auf dem Bugholzsofa im Wohnzimmer, im Ehebett im ersten Stock. Da stand ich nun. Ich war mir undeutlich der Tatsache bewußt, daß rings um mich her das Leben pulsierte, daß Insekten sich auf Blüten niederließen und die Spatzen in ihren Nestern unter den Dachbalken tschilpten, und ich holte tief Luft und legte den Finger auf den Klingelknopf.

Mac öffnete. Sie trug Khakishorts, die dazugehörige Bluse mit dem auf die Brusttasche gestickten Pfadfinderabzeichen, darüber eine Strickjacke. (Im Haus war es um diese Jahreszeit kühl, denn der stets sparsame Prok schaltete jedes Jahr am 1. April die Heizung aus, ganz gleich, wie das Wetter war – eine Gewohnheit, die ich übrigens übernommen habe. Warum Brennstoff verschwenden, wenn der Körper doch seine eigene Wärme erzeugt?) Sie war in der Küche gewesen und hatte Gemüsesuppe gekocht und Wurstbrote für die Kinder gemacht, und sie hatte gedacht, es sei der Briefträger, ein Nachbar oder ein Vertreter – irgend jemand eben, nur nicht ich. Ich sah das Erkennen in ihren Augen und dann das Überlegen: Wieviel Zeit blieb noch, bevor sie die Schritte der Kinder auf dem Weg zur Haustür hören würde? Genug, um mich ins Haus zu zerren und mir die Kleider vom Leib zu reißen? Genug für einen schnellen Orgasmus, bei dem die Shorts um ihre Knie hingen und die Bluse bis zum Hals hochgeschoben war?

»Hallo«, sagte ich und machte wohl ein recht bedrücktes Gesicht, denn sogleich verschwand der kokette Ausdruck in ihren Augen. »Hast du … Darf ich kurz reinkommen?«

Sie sagte meinen Namen, als würde sie schlafwandeln, und öffnete die Tür weit, um mich einzulassen. »Stimmt was nicht?« fragte sie. »Was ist los?«

Ich stand da und schüttelte den Kopf. So verzweifelt wie in diesem Augenblick war ich wohl noch nie.

Mac wußte, was zu tun war. Sie führte mich in die Küche, schenkte mir eine Tasse Tee ein und gab mir vom Mittagessen der Kinder so viel, wie sie entbehren konnte. Ich sah ihr zu, während sie sich zwischen Herd, Arbeitsfläche und Eisschrank hin und her bewegte – ein Ballett häuslichen Friedens –, und schüttete ihr mein Herz aus. Ich weiß noch, daß von einem Haus in der Nachbarschaft, wo eine Garage gebaut wurde, Hammerschläge erklangen. Das Geräusch schien die Dringlichkeit – und die Hoffnungslosigkeit – der Situation zu unterstreichen. »Ich weiß nicht, was ich machen soll«, sagte ich, und der Hammer pochte dumpf und schlug dann einen schnellen Wirbel.

Bis dahin hatte Mac, abgesehen von kurzen Einwürfen – »Und dann?«, oder: »Willst du Senf, John?« –, nicht viel gesagt, und ich hatte unvermittelt das Gefühl, daß sie irgendwie eifersüchtig war, eifersüchtig auf Iris und das, was sie mir bedeutete. Mac spielte ihre Rolle als pflichtbewußte Frau des bedeutenden Wissenschaftlers, als selbstlose Gefährtin, Köchin und Mutter perfekt, doch ich fragte mich, was sie wirklich empfand. Was sie für mich empfand, wie sie unsere Beziehung sah und wie diese Sache sich auf die Beziehung auswirken würde oder sich bereits ausgewirkt hatte.

»Sollte ich … Ich meine, findest du, daß ich derjenige sein sollte, der …?« Ich wollte, daß sie mir sagte, ich solle zu Iris gehen und alles wieder ins Lot bringen, daß sie mir sagte, es werde für alle Beteiligten das beste sein, wenn ich aufrichtig war und die Karten auf den Tisch legte, aber ich redete wie immer um den heißen Brei herum.

Mac setzte sich mir gegenüber an den Tisch und schenkte sich eine Tasse Tee ein. Sie beugte sich vor, blies den Dampf weg und rührte mit einem Löffel in der dunklen Flüssigkeit. »Bist du dir sicher, daß du sie liebst, John?« fragte sie.

Ja, ich liebte sie, dessen war ich mir sicher, und es würde nicht das erste Mal sein, daß ich es Mac sagte, aber dort, in der von sanftem Sonnenlicht durchfluteten Küche, wo wir auf den Linoleumfliesen vor dem Herd miteinander geschlafen hatten, war es mir unangenehm, es zuzugeben.

»Ja«, sagte ich, und der Hammer schlug zweimal zu, »ja, ich bin mir sicher.«

Sie dachte lange darüber nach, blies mit gespitzten Lippen auf ihren Tee, hob die Tasse an den Mund und musterte mich über den Rand hinweg. Ihre Hände waren schön, ebenso wie ihre Augen und die einander überlagernden Wellen ihrer Haare. Ich war auch in sie verliebt, in Mac, und hatte mir etwas vorgemacht, als ich gedacht hatte, das, was zwischen uns war, sei rein biologisch. Und was hatte Prok zu seinen Kritikern gesagt, zu den Leuten vom Schlage eines Thurman B. Rice und all den anderen, die ihm vorgeworfen hatten, er beraube das Geschlechtliche seiner spirituellen Komponente und betrachte es unter rein mechanistischen Aspekten? *Sie haben drei Jahrtausende Zeit gehabt, sich über die Liebe zu verbreiten – jetzt sollen sie mal der Wissenschaft eine Chance geben.* Ich hatte ihm zugestimmt, ich hatte dieses Credo übernommen und es wie ein Abzeichen getragen. Es war ein Kampf – wir gegen sie –, ein Kampf von Wissenschaft und Forschung gegen den süßlichen Quatsch, den man im Radio hörte oder auf der Leinwand sah. Aber jetzt wußte ich es nicht mehr. Ich wußte gar nichts mehr. Ich war zu aufgewühlt und verwirrt, um essen zu können, und legte das Wurstbrot beiseite.

Als wir Schritte auf der Vorderveranda hörten und kurz darauf die Haustür quietschte und mit dumpfem Knall ins Schloß fiel, lächelte Mac plötzlich. »Weißt du was?« sagte sie, und der Hammer schlug in einem langsamen, gemächlichen Rhythmus, der der eines Trauermarschs hätte sein können. »Ich glaube, ich werde mal mit ihr sprechen.«

Aber wieder habe ich das Gefühl abzuschweifen, denn hier geht es ja um Prok – jedenfalls sollte es um ihn gehen. Prok war der bedeutende Mann, nicht ich. Ich hatte bloß das Glück, ihm von Anfang an helfen und mit meinen bescheidenen Mitteln zum Fortschritt des Projekts und der Kultur insgesamt beitragen zu dürfen. Prok definierte sich vor allem über seine Arbeit, und seine Kritiker – all jene, für die die Sexualwissenschaft bloß ein Anlaß für anzügliche Witze und pubertäres Gekicher ist, als wäre sie es nicht wert, daß man sich mit ihr befaßt, als wäre sie eine Pseudowissenschaft wie die Erforschung von außerirdischem Leben oder von Ektoplasma oder dergleichen –, all sie sollen ruhig wissen, wie groß seine Hingabe war.

Ich werde Ihnen ein Beispiel aus jener Zeit geben. Ich weiß nicht mehr, ob das, was ich jetzt schildere, vor oder nach dem kleinen Gespräch stattfand, das Mac und Iris miteinander führten; auf jeden Fall wirft es ein bezeichnendes Licht auf Proks Zielstrebigkeit und Engagement. Und auch aus einem anderen Grund ist es von Interesse: Es war die einzige Situation, in der unsere Rollen vertauscht waren, in der ich der Lehrer und er der Schüler war.

Aber ich hänge das schon wieder zu hoch. Jeder x-beliebige hätte Prok beibringen können, was er wissen wollte – ich war nur gerade zur Hand, das war alles. Wir saßen eines Abends gegen sechs in seinem Büro und hatten stundenlang kein Wort gewechselt, als ich hörte, daß Prok sich erhob. Ich saß gebeugt über einer Rohzeichnung von Kurven, die die Häufigkeit verschiedener Orgasmusquellen bei partnerlosen Studenten darstellten, und sah daher nicht auf, doch ich hörte, daß eine Schublade des Aktenschranks geöffnet und wieder geschlossen wurde, und anschließend wurde ein Schlüssel im Schloß gedreht. Das alles waren Anzeichen, daß Prok die Arbeit für heute beenden wollte. Einen Augenblick später stand er neben mir.

»Weißt du, John«, sagte er, »da Clara und die Mädchen bei diesem Pfadfinderinnentreffen sind und mein Sohn offenbar ganz und gar von einem Schulprojekt in Anspruch genommen ist und bei einem Freund übernachtet – bei den Casdens, sehr anständigen Leuten –, habe ich gedacht, wir könnten vielleicht den Abend zusammen verbringen ...«

Ich glaubte zu wissen, was er meinte, und hatte gewiß andere Pläne – über Iris zu grübeln stand ganz oben auf meiner Liste –, doch ich nickte. »Ja«, sagte ich, »klar.«

Er war erfreut, ja entzückt, und schenkte mir sein strahlendes Lächeln. Seltsamerweise schüttelte er mir die Hand, als hätte ich ihm soeben den Schlüssel zu einem Königreich übergeben. »Wir werden einen Happen essen, und vielleicht können wir das mit einer Übungsstunde verbinden, und zwar auf einem Gebiet, auf dem meine Fähigkeiten leider zu wünschen übrig lassen. Das heißt, ich möchte meine Technik verbessern.«

»Deine Technik?«

»Meine Interviewtechnik.«

Ich sah ihn entgeistert an und sagte sinngemäß, er sei ein ausgezeichneter Interviewer und ich könne mir nicht vorstellen, wie er sich auf einem Gebiet verbessern sollte, wo er bereits perfekt sei.

»Sehr freundlich«, murmelte er, drückte meine Hand noch einmal und ließ sie los. »Aber es gibt niemanden, der sich nicht noch verbessern könnte, und wie du weißt, fühle ich mich unter ausschweifenden Menschen nicht so wohl, wie ich sollte.«

»Ausschweifenden Menschen?«

»Wo verbringen wir den größten Teil unserer Zeit – wenn wir Feldforschungen treiben, meine ich?«

Ich hatte keine Ahnung, wovon er sprach.

»In Kneipen, Milk. In Bars und Raststätten, auf Partys und anderen Versammlungen, wo es geradezu unabdingbar ist, zu rauchen und zu trinken, und du weißt, wie … wie ungeschickt ich bin, oder vielleicht wäre ›ungeübt‹ im Zusammenhang mit diesen spezifischen Tätigkeiten das bessere Wort.«

Ich konnte ihm noch immer nicht folgen. »Ja? Und?«

Er lachte, ein kurzes, abgehacktes Lachen, das kehlig begann und nasal endete. »Na, liegt das nicht auf der Hand? Auf diesem Gebiet bist du der Experte, Milk. Und ich bin der Neuling.«

»Du meinst, du willst, daß ich …«

»Ganz recht. Ich will, daß du mir Unterricht gibst.«

Als wir an jenem Abend zu dem Haus in der First Street zurückkehrten, hatten wir eine braune Papiertüte dabei, in der Schinkensandwiches, drei Schachteln Zigaretten, zwei Zigarren, ein Liter Bier, je ein Dreiviertelliter Bourbon, Scotch, Gin, Rum und Wodka sowie die gängigen Mischgetränke waren. Möglicherweise regnete es. Im Haus war es kalt. Prok machte Feuer im Kamin, und dann reihten wir unsere Einkäufe auf dem Couchtisch auf, versahen uns mit Eiswürfeln, den passenden Gläsern und Aschenbechern und fingen an.

Zuerst kamen die Zigaretten. »Du brauchst nicht zu inhalieren«, sagte ich, denn ich wußte, wie gräßlich er das Rauchen fand. »Klemm sie einfach in den Mundwinkel, so« – ich zeigte es ihm –, »beug dich beim Anzünden vor, schüttle das Streichholz mit einer Bewegung aus dem Handgelenk aus, zieh den Rauch in den Mund, so, behalt ihn für einen Augenblick dort und stoß ihn dann aus. Nein, nein, nein, behalt die Zigarette im Mundwinkel und laß den Rauch einfach aufsteigen. Genau. Kneif die Augen ein bißchen zusammen.

Siehst du, jetzt hast du die Hände frei und kannst nach deinem Glas greifen oder, wenn du gerade ein Interview machst, die Antworten notieren. Ja, und jetzt kannst du sie zwischen Zeige- und Mittelfinger nehmen und dann die Asche abklopfen. Richtig. Genau. Sehr gut.«

Natürlich verabscheute er es. Er verabscheute den Geruch, den Geschmack, das ganze Konzept, er verabscheute den Rauch, der ihm in die Augen stieg, und das Gefühl des feuchten Papiers auf den Lippen. Und beim zweiten oder dritten Zug inhalierte er versehentlich, bekam einen Hustenanfall und wurde ganz blaß. Die Augen quollen so sehr vor, daß ich fürchtete, sie würden ihm aus dem Gesicht fallen. Mit den Zigarren war es noch schlimmer. Irgendwann trat er vor den Spiegel, um zu prüfen, wie er aussah, wenn er auf das aufgeweichte Mundstück einer White Owl biß, und kam dann wortlos ins Wohnzimmer zurück und warf das Ding ins Feuer. »Ich verstehe es einfach nicht«, sagte er. »Es ist mir ein Rätsel. Wie kann man behaupten, es sei ein Genuß, getrocknete Blätter unter seiner Nase oder sonstwo zu verbrennen? Und den Rauch dann auch noch *einzuatmen?* Und Männer mit Gesichtsbehaarung, mit Bärten? Wie machen die das? Es ist das reinste Wunder, daß nicht sämtliche Bars in Amerika abgebrannt sind.« Er ging auf und ab. »Es ist unglaublich. Unglaublich.«

Beim Alkohol ging es besser. Ich schenkte ihm zunächst einen Bourbon ein, mein Lieblingsgetränk, und riet ihm, etwas Wasser oder Soda hinzuzufügen, aber er bestand darauf, ihn pur zu trinken, und zwar mit der Begründung, wenn er sich ein Standardgetränk aussuchen solle, etwas, das er in irgendeiner Kneipe ganz selbstverständlich bestellen könne, um einem potentiellen Probanden die Befangenheit zu nehmen, dann müsse er den unverfälschten Geschmack kennen. Ich sah zu, wie er an dem blaßbraunen Getränk roch, den Kopf zurücklegte, den Bourbon im Mund herumspülte und dann, nach kurzem Nachdenken, zurück ins Glas spuckte. »Nein«, sagte er und verzog das Gesicht, »ich fürchte, Bourbon ist untauglich.«

Mit den anderen Kandidaten war es dasselbe (Bier, sagte er, rieche wie Sumpfgas und schmecke wie ein alter Schwamm, den man im Garten vergraben und dann über einem Glas ausgedrückt habe). Bis wir es mit Rum probierten. Er schenkte sich einen Schluck ein, roch daran, ließ ihn über die Zunge gleiten und schluckte. Wieder verzog er das Gesicht, und ich hatte den Eindruck, das Experiment sei gescheitert. Doch dann beugte Prok sich vor, gab noch einen winzigen Schluck in sein Glas und trank. Er biß die Zähne zusammen und schmatzte ein-, zweimal. Seine Augen hinter den blitzenden Brillengläsern waren gerötet. »Rum«, sagte er schließlich. »Das wird gehen. Wie heißt es noch mal in dem Lied? ›Fünfzehn Mann auf des toten Manns Kiste, joo-hoo, und 'ne Buddel voll Rum.‹«

Iris' Geschichte hatten wir noch nicht. Dennoch wußte ich ziemlich genau, was darin stehen würde: Sie war verklemmt gewesen, gehemmt durch Erziehung und Religion; sie hatte schuldbewußt masturbiert und dabei an einen Jungen in ihrer Klasse oder an einen Filmschauspieler gedacht; sie hatte viele Freunde gehabt, aber keine ernsthafte Beziehung, und bis vor kurzem hatte sie nicht mehr zugelassen als Zungenküsse und vielleicht ein paar ungeschickte Manipulationen ihrer Brüste; sie hatte nur einen Sexualpartner gehabt und ihre Jungfräulichkeit mit neunzehn auf dem Rücksitz eines Nash verloren. Und mehr noch: Sie liebte diesen Partner und hatte vor, ihn zu heiraten. Jedenfalls bis vor einer Woche noch.

Obwohl er sich bemühte, es nicht zu zeigen, war Prok verärgert, daß Iris ihre Sexualgeschichte noch nicht beigesteuert hatte. Was für einen Eindruck mußte man von dem Projekt haben, wenn die zukünftige Frau seines einzigen Kollegen es bisher abgelehnt hatte, sich befragen zu lassen? Einen schlechten – und das war noch milde ausgedrückt. Daraus sprach Unvernunft, ja Heuchelei. Schlimmer noch: Es würde alle Bemühungen untergraben, unsere Offenheit im Hinblick auf Sex und unsere gleichzeitige absolute Verschwiegenheit zu dokumentieren. Was dachte Iris sich eigentlich? Würde sie das Projekt beeinträchtigen? Und wenn ja, würde mich das meinen Job kosten?

Der Druck war indirekt. Erst kam jene beiläufige Nachfrage an dem Nachmittag, als Prok mir zur Verlobung gratulierte, und dann, als die Tage und Wochen vergingen, machte er immer wieder ganz nebenbei eine Bemerkung über Iris' sexuelle Anpassung oder über irgendeine Studentin aus seinem Biologie-Seminar, deren Geschichte er aufgezeichnet habe und die ihn zufällig an Iris erinnert habe – »dieselbe Statur, dieselben lebhaften Augen, ein richtig süßes

Mädchen«. Sobald er jedoch – vermutlich von Mac – erfahren hatte, daß die Verlobung aufgelöst war, nahm er sich ein bißchen zurück und erwog seine Optionen. Er wollte zweifellos, daß ich heiratete, und selbstverständlich wollte er Iris' Geschichte, aber da ich mich noch nicht dazu durchgerungen hatte, ihn ins Vertrauen zu ziehen, konnte er mir weder unerbetene Ratschläge geben noch direkten Druck ausüben, wie er es sonst so gern tat. Die ganze Woche, in der ich das Gewicht des Rings in meiner Tasche spürte, als trüge ich einen Amboß mit mir herum, sagte er kein Wort, obgleich ich ihm anmerkte, daß er sich kaum beherrschen konnte, einzugreifen, mich zu beraten, zu belehren, zu ermuntern und alles wieder ins Lot zu bringen.

Wie sich herausstellte, war es aber Mac, die den Schlüssel in der Hand hielt. Am Tag nach unserem Gespräch lud sie Iris zum Tee ein. Ich weiß nicht (oder wußte jedenfalls damals nicht), wieviel Mac ihr erzählte oder in welche Worte sie es kleidete, aber Iris schien besänftigt. Mac rief mich in der Studentenpension an – Rufe, trampelnde Schritte auf der Treppe, *Telefon für dich, Milk!* – und sagte mit ihrer sanften, sämigen Stimme, ich solle so bald wie möglich zu Iris gehen. Es war kurz nach sieben Uhr abends. Ich hatte allein in einem Schnellimbiß gegessen, wo ich, als ich von meinem Hamburger aufblickte, Elster gesehen hatte, meinen alten Widersacher aus der Bibliothek des Instituts für Biologie, der mich voller Verachtung und unverhohlener Eifersucht gemustert hatte. Danach hatte ich mich mit einer Flasche Bourbon auf dem Bett ausgestreckt und der traurigen, erschöpften, zu Herzen gehenden Stimme von Billie Holiday gelauscht, die sich ihrem Kummer hingab. War ich betrunken? Vermutlich. Ich dankte Mac überschwenglich, kämpfte vor dem Spiegel mein Haar nieder und stürzte zur Tür hinaus.

Der Campus. Das Studentinnenwohnheim. Das Quaken der Frösche am Bach. Die Rezeptionistin und ihr herzliches Lächeln. »Hallo, John«, sagte sie und zwinkerte mir zu. »Schön, daß du wieder da bist.« Der große, bleiche Mond ihres Gesichts ging auf und wieder unter. »Ich hab ihr schon Bescheid gesagt.«

Zufällig kamen zwei Studentinnen durch die Tür, die zum Treppenhaus führte, und bevor sie sich zischend wieder schloß, erhaschte ich einen Blick auf Iris, die die Treppe herunterkam, und hatte ein paar Sekunden Zeit, mich zu sammeln. Ich strich mir über die

Haare, legte die Hand vor den Mund und überprüfte meinen Atem, der nicht viel anders roch als die Flasche in meinem Zimmer. Ich hätte einen Kaugummi gebraucht, aber diese Gewohnheit hatte ich aufgegeben, weil Prok es im Büro verbot und an allen anderen Orten mißbilligte. Ich tastete in der Tasche nach dem Ring, stand stocksteif da und erwartete mein Schicksal.

Sie trug ihr schönstes Kleid, zu dem ich ihr wiederholt Komplimente gemacht hatte, und hatte offenbar viel Zeit auf ihre Frisur und ihr Make-up verwendet. Und wozu das? Wollte sie mir vorführen, was mir entging, was sie zu bieten hatte, was für einen Schatz sie darstellte? Als sie auf mich zukam, versuchte ich, in ihrem Gesicht zu lesen. Wieviel hatte Mac ihr erzählt? Und meine Lüge – war sie aufgeflogen? Ich war betrunken. Ich wollte die Arme ausbreiten und Iris an mich drücken, doch ihr Lächeln hielt mich davon ab: Es war ein verkniffenes Lächeln, tapfer und gezwungen, und ihr Kinn zitterte, als würde sie gleich weinen. »Iris«, sagte ich, »bitte hör mich an. Es tut mir leid. Ich weiß nicht, was ich getan habe oder was ich tun kann, um ... um es wiedergutzumachen, aber ich ...«

Die Rezeptionistin strahlte. Auf einem Sofa in der Nähe saß ein Pärchen, das sich zum gemeinsamen Lernen verabredet hatte – davon war allerdings nicht viel zu sehen, jedenfalls lernten sie nicht aus Büchern oder Mitschriften.

»Nicht hier«, sagte Iris, nahm meine Hand und führte mich zur Tür hinaus.

Die Nacht war mild, warme Luft hing über den Rasenflächen, die sich im Dunkel verloren, und die Laternen waren in Nebel gehüllt. Die Frösche quakten. Andere Paare tauchten schemenhaft aus dem Dunst auf und verschwanden wieder. Wir gingen Hand in Hand und ohne viel zu sagen über den Campus und landeten schließlich vor dem Institut für Biologie, wo wir uns bis zur Sperrstunde auf die Treppe setzten. Eine Stunde lang hielten wir einander umarmt, küßten uns und murmelten die üblichen Klischees, von denen die Liebe lebt, bis unsere Erregung sich langsam steigerte und ich sie mit belegter Stimme fragte, ob ich Proks Wagen holen sollte.

Wir waren vollständig bekleidet, und jeder, der vorbeikam, konnte uns sehen, aber es ist gut möglich, daß meine Hand unter dem Rock auf ihrem Oberschenkel lag. Und sie ... sie preßte ihre Hand auf den Schritt meiner Flanellhose, und dieser Druck, dieses langsame, herrliche, voll und ganz beabsichtigte Reiben verriet mir alles, was ich wissen wollte. »Nein«, sagte sie, zog ihre Hand aber nicht zurück, »heute abend nicht. Es ist schon spät.«

»Dann also morgen?«

Sie küßte mich leidenschaftlicher und fuhr fort zu reiben. »Morgen«, murmelte sie.

Es dauerte einen Augenblick, bis das zu mir durchdrang. Ich schwebte in der Nachtluft, als hätte ich meinen Körper verlassen, und ich dachte weder an Mac noch an Versionen von Wahrheit oder Unwahrheit. Ich tastete in meiner Tasche nach dem Ring. »Wenn das so ist«, sagte ich und hob ihre Hand keine Sekunde länger von meinem Schoß, als ich brauchte, um den Ring wieder auf ihren Finger zu stecken, »sind wir also wieder verlobt, oder?«

Die Hochzeit war so bescheiden, wie sie angesichts meines Einkommens, der Vermögensverhältnisse von Iris' Eltern – ihr Vater lieferte für die Molkerei Bornemann's in Michigan City und Umgebung Milch aus – und der herrschenden Ungewißheit sein mußte. Was allerdings nicht heißen soll, daß es keine schöne, erhebende Zeremonie war, eine Feier, an die ich mich mein Leben lang erinnern werde, von Gefühlen erfüllt, die den Prunk aller Fürstenhochzeiten der Welt aufwogen. Die Braut trug ein weißes Tüllkleid, und der Schleier brachte ihr Haar und das unbezähmbare Blitzen der Augen sehr gut zur Geltung. Der Bräutigam fand sich zu seiner Überraschung in einem geliehenen Smoking wieder, dem ersten, in den er jemals seine Schultern und seine geschwellte Brust gezwängt hatte. Die Trauzeugen waren Tommy und Iris' Zimmergenossin, ein stattliches, bebendes Pferd von einer Frau mit stecknadelgroßen Augen und einem Mund, der die ganze untere Hälfte ihres Gesichts beherrschte, und es ist eigenartig, daß ich mich heute nicht mehr an ihren Namen erinnern kann. Doch das spielt kaum eine Rolle: Sie war da, in einem schulterfreien Kleid, und tat, was sie zu tun hatte. Anfangs hatten Iris' Eltern auf eine kirchliche Hochzeit und den Segen eines Priesters gedrängt, doch seit sie aufs College ging, hatte Iris sich vom katholischen Glauben entfernt (oder vielmehr: sie war ihm mit gesenktem Kopf und gegen den Strom davongeschwommen), und als abtrünniger Methodist verspürte ich keinerlei Neigung, irgendeiner Kirche beizutreten, und ganz sicher keiner, die derart kompromittiert war durch Mysterienkrämerei, Aberglauben und Repression. Und Prok, der die Hochzeit ausrichtete, waren alle Religionen, alle religiösen Menschen ohnehin ein Greuel.

Doch zunächst ein Wort über Iris, denn ich merke, daß ich sie hier vernachlässigt habe. Immerhin ist sie eine zentrale Figur in dieser Geschichte, in Proks Geschichte, denn an jenem Tag Ende Mai 1941 wurde sie das vierte Mitglied des engsten Kreises und nahm ihren Platz neben Prok, Mac und mir ein, und alles, was seitdem geschehen ist, betrifft sie ebensosehr wie alle anderen. Sie war … Nun ja, sie hatte etwas Unabhängiges. Sie hatte ihren eigenen Kopf. Sie bildete sich ihre eigene Meinung. Und obgleich ich damals so stark auf das Projekt und unser gemeinsames Ziel fixiert war, daß ich ihre geistige Ungebundenheit nicht klar erkannte, würde ich sagen, daß diese im Lauf der Jahre noch zunahm, bis Iris schließlich beinahe in offenem Widerspruch zu dem stand, woran wir glaubten. Es war eine Rebellion oder kam jedenfalls einer Rebellion sehr nahe. Aber ich schweife ab. Iris. Ich will sie mit ein paar Worten beschreiben. Sie ist schön. Dickköpfig. Geistreich. (Ich kenne niemanden, der so schlagfertig ist wie sie, mit Ausnahme vielleicht von Corcoran.) Blitzgescheit. Hervorragend organisiert. Als Schülerin und auf dem College spielte sie Klarinette, und bis zu ihrem letzten Studienjahr, als wir längst verheiratet waren, zog sie jeden Samstagmorgen eine gestärkte Uniform an und marschierte mit der Kapelle über die leuchtendgrüne große Rasenfläche des Campus. Sie war eine gewissenhafte Studentin, obwohl ihre Noten nicht so gut waren wie meine (was ja eigentlich auch keine Rolle spielt), sie besaß ein verblüffendes künstlerisches Geschick und war imstande, unseren Haushalt – unseren erst noch zu gründenden Haushalt – trotz äußerst karger Mittel mit eindeutiger Eleganz zu versehen. Was noch? Ihr Lächeln. Ich wollte auf diesem Lächeln davonsegeln, und lange tat ich das auch. Und ihre sexuellen Reaktionen natürlich – in einem Bericht wie diesem kann ich sie nicht aussparen. Was ich Prok erzählt hatte, entsprach weitgehend der Wahrheit. Sie hatte sich mir geöffnet, sie liebte mich, und als wir uns besser aneinander gewöhnt hatten, als wir immer mehr Zeit auf dem Rücksitz von Proks Wagen oder, nachdem es wärmer geworden war, auf einer Decke in einem abgelegenen Winkel des Parks verbrachten, ließ sie ihrer Leidenschaft freien Lauf. Wir begannen zu experimentieren, und sie entwickelte einen zunehmenden Enthusiasmus und nahm mehrmals aus eigenem Antrieb die Stellung ein, bei der die Frau oben liegt. Und obgleich sie niemals, in keiner Situation, unanständige Wörter gebraucht hätte, gebrauchte sie sie dann doch, wenn sie die Augen verdrehte und ihre Hände an meinen Schultern zerrten, als wollte sie mich in ihre Brust hinein- und noch weiter ziehen, in die Erde und tiefer, tiefer. »Ficken«, rief sie dann. »Ficken … Fotze … Ficken …«

Prok hatte einen Friedensrichter gebeten, eine schlichte Trauung unter dem Persimonenbaum hinter dem Haus vorzunehmen, und erhebliche Mühen auf sich genommen, um das Klavier in den Garten zu schaffen, so daß er mit dem Hochzeitsmarsch die Zeremonie besiegeln konnte. (Ich habe noch gar nicht erwähnt, daß er als Junge davon geträumt hatte, Konzertpianist zu werden, und diesen Traum erst aufgab, als er seine wahre Berufung, die Wissenschaft, entdeckte. Er war ein guter Pianist, so gut wie einer, der in kleinen Konzertsälen auftritt, und er erfreute uns an jenem Nachmittag nicht nur mit dem Hochzeitsmarsch, sondern auch mit einem Potpourri aus *Peer Gynt*, das gespenstisch gut zu der märchenhaften Szenerie paßte.) Prok am Klavier, Iris in meinen Armen, Tommy an meiner Seite: So nahe war ich dem Paradies noch nie gewesen. Und meine Mutter war selbstverständlich ebenfalls da. Sie war mit Tante Marjorie gekommen, ein schmales, entrücktes Lächeln auf dem Gesicht. Ich glaube, sie trank zuviel an diesem Tag. (Es waren Rum-Cocktails – Prok hatte eine Leidenschaft dafür entwickelt, nicht so sehr, weil ihm das Trinken gefiel, sondern weil er gern Rezepte sammelte, und so tranken wir schon am Nachmittag Zombies, und in einem Eisbett stand eine Kristallschüssel mit etwas, das sich Charleston Cup nannte.) Sie weinte allerdings nicht, nur Mac vergoß ein paar Tränen. Die Zeremonie muß meine Mutter, die in keiner Weise zur Sentimentalität neigte (sie hatte sich mir gegenüber mehr als einmal als Fatalistin bezeichnet), an ihren eigenen Hochzeitstag vor vielen Jahren zurückversetzt und sie daran erinnert haben, daß das, was später folgte, nicht die Erfüllung der Träume einer jungen Braut gewesen war, sondern eine Katastrophe. Aber sie war mit Iris einverstanden, denn sie spürte, daß Iris über Stehvermögen verfügte, und das war das einzige, was es meiner Mutter ermöglicht hatte, alles zu überleben: Um in einer Welt der Kriege und Verwüstungen und Bootsunglücke durchzuhalten, brauchte man Zähigkeit und Stehvermögen, besonders als Frau.

Irgend jemand – Tommy, die Brautjungfer oder Paul Sehorn – hatte ein Sortiment alter Töpfe und Reibeisen an die hintere Stoßstange des Nash gebunden, und Prok, der kerzengerade wie ein Chauffeur neben meiner Mutter und der kerzengeraden Mac am Steuer saß, verzog auf dem ganzen Weg zum Bahnhof das Gesicht über diesen Lärm, während Iris und ich aneinandergeschmiegt auf dem weichen Leder der breiten, vertrauten Rückbank saßen.

9

Mit unserer Hochzeitsreise folgten wir dem Beispiel, das Prok und Mac zwanzig Jahre zuvor gegeben hatten, das heißt, wir machten eine ausgedehnte Campingtour, allerdings nicht durch die White Mountains in New Hampshire, sondern durch die Adirondacks, eine Gegend, die mich schon als Junge, der zwischen den mit Gestrüpp bewachsenen Hügeln und Dünen am Ufer des Lake Michigan aufwuchs, fasziniert hatte. Iris hatte mit dem Zelten nicht viel Erfahrung und ich, ehrlich gesagt, auch nicht. Es erschien mir jedoch wie ein Abenteuer und hatte den zusätzlichen Vorteil, billig zu sein. Das war auch eines der Motive gewesen, die Prok damals dazu bewegt hatten; er war freilich ein Naturkundler, der sein Leben lang gezeltet hatte und sich, wenn es sein mußte, ohne weiteres von Wurzeln, Beeren und Bucheckern ernähren konnte – was ich, wie man sich denken kann, weder konnte noch wollte. Iris hielt sich tapfer, das muß ich ihr lassen, obgleich sie für eine konventionellere Hochzeitsreise nach Niagara Falls votiert hatte, und tatsächlich fuhren wir auch dorthin und verbrachten eine Nacht in einem Hotelzimmer, das soviel kostete wie der ganze Rest der Reise zusammengenommen. Ich habe schöne Erinnerungen an diese Zeit – Iris im Badeanzug und mit Gänsehaut am Rand eines gerade eben eisfreien Sees, der Duft des Nadelwalds und der betörende Geruch unseres Feuers, die Berührung ihrer Hände, unsere landstörzerischen Liebesakte in einem für eine Person konzipierten Schlafsack, eingetaucht in schwärzeste Finsternis und absolute Stille –, aber alles in allem hatte das Vergnügen auch seine Grenzen. Ich werde hier nicht auf die Details eingehen, die nichts zur Sache tun, und mich darauf beschränken zu sagen, daß die Insekten gnadenlos waren und das Zelt seiner Funktion nur knapp gerecht wurde, daß das Wetter gräßlich und der Boden hart war wie eine Eisenbahnschiene aus einem Stahlwerk in Gary, Indiana.

Nicht daß das wichtig zu sein schien (natürlich war es das, aber wir gaben uns alle Mühe, einander zu versichern, daß es nicht so war). Wichtig war, daß wir zusammen waren, nur wir beide, zum ersten Mal in unserem Leben. Wir verwandelten das große weiße Bett in dem Hotelzimmer in Niagara Falls in eine erotische Spielwiese und ergingen uns in Aktivitäten – Fellatio, Cunnilingus, Analverkehr –, für die ich bei Mac zu gehemmt, zu sehr in Eile gewesen war.

Damals wußten wir es noch nicht, aber ironischerweise waren diese zwei Wochen für beinahe ein ganzes Jahr unsere letzte Gelegenheit, diese Art von Freiheit zu genießen. Soll heißen: In Bloomington kehrte Iris ins Wohnheim zurück und war, in der Hoffnung, ihr Studium zu beschleunigen, das ganze Sommersemester über eine fleißige Studentin, und ich wohnte weiter bei Mrs. Lorber. Zwar verbrachten wir jede freie Minute damit, uns Wohnungen, Zimmer, umgebaute Keller und diverse als »Mietwohnung« annoncierte Anbauten anzusehen, doch wir fanden nichts, was sowohl erschwinglich als auch erträglich war, und so mußten wir uns wieder mit einer Decke im Park oder dem Rücksitz von Proks uraltem Nash begnügen. Dabei waren wir verheiratet, und ich war erwachsen und hatte eine Vollzeitstelle. Prok hatte viel Verständnis für unsere Situation, aber Sie dürfen nicht vergessen, daß der Löwenanteil der Mittel für das Projekt damals noch aus seiner eigenen Tasche stammte, also aus seinen Bezügen als Professor und den Tantiemen seines Biologie-Lehrbuchs, und ich konnte unmöglich erwarten, daß er mein Gehalt auch nur um ein paar Dollar pro Woche erhöhte.

Wie zahllose Paare, die während der Weltwirtschaftskrise hatten getrennt leben müssen, improvisierten wir. Wir sparten und malten uns in lebhaften Bildern aus, wie unsere erste Wohnung aussehen würde, und mittlerweile ging der Sommer unmerklich in Herbst über, und die Nachrichten aus dem Ausland wurden schlecht und schlechter. Es war eine seltsame, beunruhigende Zeit, diese Zeit zwischen unserer Hochzeit und dem Kriegseintritt. Einerseits waren wir voller Hoffnung, doch andererseits stürzte uns alles, was wir taten, und sei es noch so selbstverständlich, in Zweifel: Warum sollte ich diesen Dollar sparen, meine Zähne pflegen, mir Gedanken über meine Ernährung machen, warum sollte ich von meiner Frau, von einer Wohnung, von der Zukunft träumen, wenn das Beil jeden Augenblick fallen konnte? Ich kannte viele Männer, die verzweifelten. Andere verheizten ihre Energie und ihre Mittel, Tag und Nacht – *carpe diem.*

Meine Krise setzte Ende Oktober ein. Prok und ich hatten frohlockt, weil wir eine Korrelation zwischen dem Bildungsstand und der Anzahl der Sexualpartner während der Adoleszenz entdeckt hatten. Es war wie eine Regel, und das war das Wunderbare: Diejenigen, die nicht aufs College gingen, machten zahlreichere und umfassendere sexuelle Erfahrungen als diejenigen, die ein Studium begannen. Ich weiß noch, wie hochgestimmt ich in Mrs. Lorbers Studentenpension zurückkehrte. Ich freute mich auf das Abendessen mit Iris, auf den Film, den wir uns danach ansehen wollten, und auf ein, zwei schöne Stunden auf dem Rücksitz des Nash, und als ich den offiziell wirkenden Briefumschlag sah, der neben einem Stoß Rundschreiben auf dem kleinen Tisch im Vestibül lag, ahnte ich zunächst nichts Böses. *Einberufungsbehörde* stand da. *Amtlicher Bescheid.* Sie kennen diese Art von Mitteilung sicher: Die Sprache ist so klinisch wie eine Beschreibung der neuesten Methode zur Darmentleerung oder eine Anleitung zur sachgerechten Installation eines neuen Kondensators im Radioapparat, und doch ist sie geeignet, einen auf der Stelle hellwach zu machen.

> Werter Mitbürger!
> Nachdem Sie sich zwecks Prüfung Ihrer Verfügbarkeit für den Dienst in den Land- oder Seestreitkräften der Vereinigten Staaten von Amerika einer aus Ihren Mitbürgern bestehenden Kommission vorgestellt haben, teilen wir Ihnen hierdurch mit, daß Sie aufgefordert sind …

Es war nicht so, daß ich nicht gehen wollte. Langsam wimmelte es auf dem Campus von jungen Männern in Uniform, die Studentinnen würdigten jeden, der Zivil trug, keines Blickes mehr und hüllten sich in Rot, Weiß und Blau, und man darf nicht vergessen, daß alle nach und nach von einer Begeisterung erfaßt wurden und ich den ehrlichen Wunsch verspürte, hinauszuziehen und mein Land und die Freiheit zu verteidigen, die bedrängten Briten vor dem Terror der deutschen Luftwaffe und die Albaner vor den Italienern und so weiter zu beschützen. Dennoch, als ich an diesem friedlichen Nachmittag durch die Tür trat und den Umschlag dort vorfand, wo Mrs. Lorber ihn hingelegt hatte, nachdem sie ihn zweifellos eingehend von allen Seiten und im Licht der hellsten Lampe untersucht hatte, erschrak ich. Ich hatte gerade erst geheiratet, stand am Anfang meiner Karriere, verdiente eigenes Geld (nicht viel, aber immerhin) und hatte ein Automobil zur Verfügung – und nun sollte ich noch einmal von vorn anfangen, unter Fremden und an einem fremden Ort. Es war auch nicht so, daß ich Angst hatte. Ich war zu jung, zu gesund, um mir auch nur in schlimmen Träumen auszumalen, ich könnte verwundet, verstümmelt oder gar getötet werden. Solche Dinge passierten nicht konkreten Personen – mir –, sondern irgendwelchen gesichtslosen Mitgliedern der Allgemeinheit in der Wochenschau vor dem Hauptfilm. Das Problem war eher die Ungewißheit: Man lieferte sich der Willkür einer so vielgliedrigen Institution wie der Armee der Vereinigten Staaten aus und konnte nur auf das Beste hoffen.

Ich muß gute fünf Minuten dort im Vestibül gestanden haben, bevor Schritte auf der Eingangstreppe, dicht gefolgt vom Aufreißen und Zuschlagen der Haustür, mich aus meinen Gedanken rissen. Ezra Voorhees kehrte von einem Seminar zurück. Ezra studierte Betriebswirtschaftslehre, beziehungsweise deren Anwendung auf landwirtschaftliche Betriebe, und hatte den Ehrgeiz, die Produktion der Hühnerfarm seines Vaters, die er eines Tages übernehmen wollte, zu steigern. Er war neunzehn und ziemlich harmlos, aber auch laut und leicht erregbar. Er hatte seine Sexualgeschichte nicht preisgeben wollen (dabei hatte nicht viel gefehlt, und ich hätte ihn auf Knien darum gebeten), und er kümmerte sich nicht sonderlich darum, ob seine Kleider – oder er selbst – sauber waren. »John!« rief er und blickte mich so überrascht an, als wäre ich der letzte, den er in einem Haus, in dem wir ein Zimmer teilten, zu sehen erwartet hätte. Er riß mir den Brief aus der Hand und sagte: »Was ist das? O Gott, o Gott. Das ist ja dein Einberufungsbescheid.«

Ich streckte, zu benommen, um verärgert zu sein, steif die Hand aus. Er gab mir den Brief zurück.

»Willst du dich freiwillig verpflichten?«

»Tja, ich … ich weiß nicht. Ich hab nie darüber nachgedacht.« Plötzlich sah ich mich in Uniform, aufrecht und hochgemut, die Haare ganz glatt und schimmernd, über den Ohren schneidig kurz, und unter dem linken Arm hielt ich den steifkrempigen Hut, während ich mit der Rechten salutierte. Meine Mutter würde stolz auf mich sein. Iris würde toben. Und Prok … Prok würde der Schlag treffen.

»Du solltest dich verpflichten, glaub mir. Ich hab mit Dick Martone und ein paar anderen, zum Beispiel mit Dave Frears, gesprochen, und wir überlegen, ob wir zum Marine Corps gehen, ob wir uns dafür melden, meine ich. Bevor das Gedränge losgeht.« Ezra war groß, sechs bis acht Zentimeter größer als ich, und stämmig, aber mit einem eigenartig geformten und unproportional kleinen

Kopf, an dem er sich jetzt langsam und nachdenklich kratzte. »Wenn du dich freiwillig meldest«, sagte er, »bist du mitten im Geschehen, in Übersee, in Frankreich oder Belgien ... Oder in Italien, in Italien, wo es richtig knallen wird.«

Ich ging zuerst zu Iris. Wir trafen uns in der Mensa zum Essen (das Rindfleisch war so lange gegart, daß es fast weiß war, und schwamm in einer karamelfarbenen Sauce, daneben lagen ein paar verzagte Kartoffeln und ein Häufchen Erbsen, die vor der Verabschiedung des New Deal geerntet und in Dosen verpackt worden waren), und erst als wir saßen, das Brot mit Butter bestrichen und das Fleisch gepfeffert hatten, schob ich ihr den Umschlag zu. Sie beugte sich darüber und erfaßte den Inhalt des Briefs, noch bevor sie ihn auf dem Tisch glattgestrichen hatte. Ihr Kinn zitterte, und als sie den Kopf hob, war in ihren Augen ein grauenvoller Ausdruck. »Ich fasse es nicht«, sagte sie. »Du kannst doch nicht ... Reicht es ihnen denn nicht, daß sie Tommy haben?«

»Ich weiß nicht.«

»Du wirst doch nicht gehen?«

Ich zuckte die Schultern. »Was bleibt mir übrig?«

»Aber du bist verheiratet.«

Abermals ein Schulterzucken. »Verheiratet sind viele – und was glaubst du, wie viele in den vergangenen sechs Monaten geheiratet haben, nur um nicht eingezogen zu werden? Denen in Washington ist das egal. Und wie es aussieht ... Tja, Wilkie hat die Wahl verloren, nicht?«

Sie streckte die Arme über den Tisch und nahm meine Hände, verschränkte ihre Finger mit meinen und drückte zu, als wollte sie sie zerquetschen. »Ich werde dich nicht gehen lassen«, sagte sie. »Nein. Das ist nicht unser Krieg. Damit haben wir nichts zu tun.«

Aber natürlich stimmte das nicht, wie das ganze Land und selbst die eingefleischtesten Isolationisten erkannten, als die Japaner kaum zwei Monate später Pearl Harbor angriffen. Aber an jenem Abend, als ein kalter Wind dürre Blätter über den Campus wirbelte und Iris nach meinen Händen griff, als ringsumher Studentinnen und Studenten auf ihrem zähen, zu lange gegarten Fleisch herumkauten, Lehrbücher oder die Witzseite einer Zeitung lasen oder einfach übermütig lachten, schien es, als würde die Kraft ihrer Worte ausreichen: »*Ich werde dich nicht gehen lassen. Nein.*«

Am nächsten Morgen zeigte ich Prok den Brief. Wie üblich war er früher als ich im Büro und saß, in die Arbeit vertieft, an seinem Schreibtisch. Ich wollte ihn nicht stören, doch als ich eintrat, begrüßte er mich mit einem Lächeln, und ich fand, ich könnte ihm die schlechte Nachricht ebensogut gleich mitteilen. »Guten Morgen, Prok«, sagte ich. Er senkte den Blick wieder auf das Blatt, das vor ihm lag, doch ich beharrte, wenn auch etwas unbeholfen. »Prok«, wiederholte ich, er hob wieder den Kopf, und sein Lächeln verschwand, »ich muß dir was ... Also, ich wollte dir sagen, daß ... daß ... na ja ... hier.« Ich reichte ihm den Einberufungsbescheid.

Er überflog ihn, erhob sich, faltete den Brief sorgfältig zusammen und gab ihn mir zurück. »Das habe ich schon seit einiger Zeit befürchtet«, sagte er. Für einen winzigen Augenblick wirkte er wie besiegt: Der Schatten der Resignation huschte über sein Gesicht, und seine Wangen waren schlaff und schwer, doch dann straffte er die Schultern und stieß scharf die Luft aus, so daß es klang, als würde ein Wasserkessel kochen. »Zum Teufel«, sagte er und kam damit dem Fluchen so nahe wie nie zuvor und später nie mehr, »wir werden das anfechten, und wenn wir bis zum Verteidigungsminister gehen müssen.« Er hielt inne und sah mich fragend an. »Wie heißt der überhaupt?«

Ich sagte ihm, ich wisse es nicht.

»Schon gut. Ist ja auch unwichtig. Wichtig ist nur unsere Forschungsarbeit, und ich frage mich, ob irgendeiner von diesen Menschen« – er machte eine ausladende Armbewegung, als wären sowohl all die Politiker mitsamt ihren Land- und Seestreitkräften als auch Hitler und seine Wehrmacht nichts als unwissende Studenten, die bei einer Biologieklausur eine zentrale Frage falsch beantwortet hatten –, »ob irgendeiner von ihnen auch nur die leiseste Ahnung hat, was es heißt, einen Interviewer auszubilden. Nein«, knurrte er als Antwort auf seine eigene Frage. »Das bezweifle ich sehr. Aber du weißt es, John, stimmt's?«

Ich nickte. Wir hatten Hunderte Stunden auf meine Ausbildung verwendet. Prok hatte mich mit Prüfungsfragen bombardiert, war ungeduldig aufgesprungen, hatte mir den Protokollbogen aus der Hand gerissen und ihn korrigiert, er hatte mir stundenlang über die Schulter gesehen und mich Probeinterviews machen lassen – seine eigene Geschichte muß ich an die fünfzigmal aufgezeichnet haben –, und als ich meine ersten echten Befragungen durchführte, saß er hinter mir wie ein geschnitzter Indianer. Er war, wie gesagt, ein Perfektionist, und für alles gab es für ihn nur eine einzige Methode: die Kinsey-Methode. Ich kann nicht sagen, ob man diesen Charakterzug als Makel bezeichnen soll oder nicht. Seine Methode war erfolgreich, keine Frage, und das auf einem Gebiet, auf dem so viele andere – Krafft-Ebing, Hamilton, Moll, Freud, Havelock Ellis – zu kurz gegriffen hatten. Doch das kam nicht von ungefähr: Die Ausbildung war eine sehr ernste Angelegenheit. Und auf jeden Fall mußte man über eine ganz bestimmte Persönlichkeit verfügen – über die eines Rekruten wahrscheinlich, vielleicht auch die eines Jüngers –, um sich ihr zu unterziehen.

Prok war hinter seinem Tisch hervorgekommen und ging, die Hände auf dem Rücken gefaltet, in dem engen Büro auf und ab. »Nein«, sagte er schließlich und baute sich vor mir auf, so daß unsere Gesichter nur Zentimeter voneinander entfernt waren. »Nein, ich werde es einfach nicht zulassen.«

Und so begann Prok eine energische Kampagne mit dem Ziel, mich für die gesamte Kriegsdauer an seiner Seite zu behalten. Interessanterweise erkundigte er sich nie nach meiner eigenen Haltung in dieser Sache, sondern nahm einfach an, daß ich hundertprozentig mit ihm übereinstimmte, daß Sexforschung – sein Projekt und die Mehrung menschlichen Wissens – für das Wohlergehen des Landes weit bedeutsamer war als der Sieg in einem Krieg in Europa oder im Pazifik. Er setzte mich nie unter Druck. Er wußte auch nicht, daß ich stundenlang in meinem Zimmer auf der Bettkante hockte und mit Ezra, Dick Martone und ein paar anderen das Für und Wider einer freiwilligen Verpflichtung erörterte: Sollte ich meinen Teil tun und für die Sache der Freiheit alles aufgeben? Letzten Endes fügte ich mich. Das heißt, ich tat nichts und ließ den Dingen ihren Lauf.

Prok schrieb ein Gesuch und erbat sich Empfehlungsschreiben zu meinen Gunsten von President Wells, Robert M. Yerkes vom National Research Council und anderen Besitzern von Macht und Einfluß, erwog aber zugleich sehr ernsthaft eine Verstärkung durch einen zweiten Forschungsassistenten. Dieser zweite Assistent war, wie die meisten bereits wissen, Purvis Corcoran. Er war Psychologe, das habe ich schon erwähnt, jung, auf eine etwas geleckte Weise gutaussehend, kontaktfreudig, ein sexuelles Wunderkind. Er hatte zehn Jahre zuvor das Grundstudium an der University of Indiana absolviert, anschließend in Chicago seinen Abschluß gemacht und arbeitete jetzt auf eine Promotion hin. Er war verheiratet – seine Frau hieß Violet –, hatte zwei kleine Kinder, beide Mädchen. Prok lernte ihn kennen, während ich auf Hochzeitsreise war, nach einem Vortrag vor Sozialarbeitern in South Bend (»die prüdesten und in ihrer Vorstellung von Sex beschränktesten Menschen, die man sich vorstellen kann«). Corcoran hatte sich freiwillig gemeldet, um seine Geschichte beizusteuern, die, milde ausgedrückt, umfangreich war, sowohl in heterosexueller wie in homosexueller Hinsicht. Prok war beeindruckt. So beeindruckt, daß er ihn nach Bloomington einlud, damit er das Institut für Sexualforschung, wie wir unsere beengten Büroräume inzwischen offiziell nannten, besichtigen und sich um eine Stelle bei uns bewerben konnte.

Als ich Iris gegenüber erwähnte, Prok habe Corcoran in Erwartung neuer Mittel vom NRC und der Rockefeller Foundation zu einem Bewerbungsgespräch eingeladen, war sie sogleich mißtrauisch. »Siehst du denn nicht, daß er dich ersetzen will?« sagte sie. »Er läßt dich fallen, er läßt uns im Stich, und ich werde hier ganz allein sein, während sie dich Gott weiß wohin schicken werden, in eine Wüste in Afrika, damit du gegen diesen Rommel kämpfen kannst oder wie der heißt, gegen irgendeinen Preußen mit Stechschritt, Gewehr und Bajonett.«

Wir rauchten eine postkoitale Zigarette im Nash, den ich an unserer Lieblingsstelle geparkt hatte, mit Aussicht auf einen Steinbruch – geisterhaft aufragende Felsformationen und das stille, dunkle Wasser eines Teichs. »Das stimmt nicht«, sagte ich. »Es hat nichts mit dem Einberufungsbescheid oder dem Krieg oder sonst irgendwas zu tun. Wir brauchen einfach mehr Mitarbeiter, das ist alles.«

Sie schwieg einen Augenblick. »Weißt du eigentlich«, sagte sie dann, »daß er mir ein Angebot gemacht hat?«

»Wer?«

»Dein Boß.«

»Prok?«

Es war sehr dunkel im Wagen, aber ich konnte erkennen, daß sie nickte. Wir waren nackt, ihr Geruch hüllte mich ein. Ich legte einen Arm um sie, zog sie an mich und streichelte ihre Brüste, doch sie wandte sich ab. »Ja, *Prok*«, zischte sie. »Er hat … Als ich neulich auf dich gewartet habe. Er hat mir gesagt, daß er alle Hebel in Bewegung setzen wird, damit du zurückgestellt wirst, Briefe an die Einberufungsbehörde in Michigan City, sogar eine persönliche Eingabe will er machen, wenn es sein muß, weil dieses Forschungsprojekt, das weißt du ja, so wichtig für die nationale Sicherheit und so weiter ist, und ich habe gesagt, daß ich ihm dafür sehr dankbar bin. Mehr als das. Ich wäre beinahe auf die Knie gefallen und hätte ihm die Füße geküßt, denn du kennst ja meinen Standpunkt in dieser Sache – du wirst nicht in diesen Krieg ziehen, nicht solange ich am Leben bin, John Milk –, und er hat mich angesehen ... Ich weiß ja, daß du denkst, er ist Gott höchstpersönlich, vom Himmel herabgestiegen und umschwirrt von verzückt singenden Engeln, aber es war der kälteste Blick, den ich in meinem ganzen Leben bekommen habe. Und weißt du, was er dann gesagt hat, als wären wir dabei, ein Geschäft abzuschließen? Er hat gesagt: ›Deine Geschichte haben wir noch gar nicht, oder?‹«

»Ja«, sagte ich. »Na und?«

»Na und? Hörst du mir nicht zu?«

»Also, Iris«, sagte ich, und mir sank das Herz, »ich habe dir doch schon tausendmal gesagt, daß du deine Geschichte aufzeichnen lassen mußt, weil es ... weil es sonst einen schlechten Eindruck macht ... Weil es jetzt schon einen schlechten Eindruck macht.«

»Er ist ein Erpresser.«

»Ein Erpresser? Bist du jetzt völlig übergeschnappt?«

»Red nicht solchen Unsinn, und tu nicht so, als wärst du blind.« Abermals streckte ich die Hand aus, aber sie rückte von mir ab, bis ihre Schultern das Seitenfenster berührten. Die Glut der Zigarette beleuchtete im Dunkeln ihr Gesicht. »Ich werde ihm meine Geheimnisse verraten, ich werde ihm sagen, was ich noch nie jemandem gesagt habe, nicht mal dir, und er wird dafür sorgen, daß du nicht eingezogen wirst.« Sie hielt inne, gerade lange genug, um ihre Stimme mit Bitterkeit zu durchtränken. »Und wenn ich das nicht tue – tja, dann heißt es ›Adieu, Johnny‹, nicht?«

Eine Woche später kam Corcoran, allein, ohne seine Frau. Er traf früh an einem Samstag ein, als ich – auf Proks Geheiß – mit Iris irgendwohin unterwegs war. Natürlich wollte Prok wissen, was ich von Corcoran hielt, aber an diesem ersten Tag wollte er ihn für sich allein haben, und ich weiß nicht, was, wenn überhaupt, zwischen ihnen passierte, aber ich bin sicher, Prok war wie immer die Höflichkeit in Person und veranstaltete für Corcoran eine VIP-Tour, die mit einem intimen, von Mac zubereiteten Abendessen im Lebkuchenhaus in der First Street endete. Am Tag darauf, am Sonntag also, waren Iris und ich bei Prok zu einem seiner wöchentlichen »musikalischen Abende«, wie er sie nannte, eingeladen, um in Gesellschaft ausgesuchter Freunde und Kollegen einem von Prok zusammengestellten Musikprogramm zu lauschen, und ausdrücklich auch, um Corcoran kennenzulernen.

Wir kamen ein paar Minuten zu spät. Kein Grund zur Sorge, obgleich Prok mich gebeten hatte, möglichst früh zu kommen, damit ich ein wenig Zeit für Corcoran hatte, bevor die anderen eintrafen. In diesem Fall war es Iris' Schuld. Es dauerte eine Ewigkeit, bis sie sich umgezogen und geschminkt hatte – es war zum Verrücktwerden. Ich ließ die Rezeptionistin fünfmal anrufen, bis sie schließlich die Treppe herunterkam und durch die Tür trat, die ich so lange und intensiv angestarrt hatte, daß ich schon glaubte, ich könnte sie vermittels reiner Willenskraft öffnen. Ich war ungeduldig, vielleicht auch ein bißchen wütend, aber ich muß zugeben, daß sich das Warten gelohnt hatte: An jenem Abend sah Iris atemberaubend aus, ganz in Schwarz, mit einer Perlenkette (einem Familienerbstück, das ihre Mutter ihr geschenkt hatte), und sie hatte einen besonders intensiv roten Lippenstift aufgelegt, der ihrem Gesicht alle Farbe verlieh, die es brauchte. Ich weiß nicht, was es war – vielleicht die Perlen –, aber sie wirkte wie verwandelt, als wäre sie mit einem Mal fünf Jahre älter und besäße die Finesse einer Dame der Gesellschaft, und Sie werden mir nachsehen, daß ich unwillkürlich an Mrs. Foshay und ihr Savoir-faire dachte.

Als wir eintrafen, waren die meisten anderen Gäste bereits da. Es waren fünfzehn bis zwanzig – Professoren und ihre Frauen, Proks Nachbar, zwei ehrfürchtige Studienanfänger, die sich kaum trauten, die von Prok im Raum verteilten Kristallschüsseln mit Cracker, Nüssen und Schokolade auch nur anzusehen. Mac begrüßte uns an der Tür. »John«, hauchte sie mit ihrer atemlosen Stimme, zog mich an sich und gab mir einen Kuß auf die Wange, »und Iris, wie schön, daß ihr gekommen seid.« Sie ergriff Iris' Hände und umarmte sie, als hätten sie sich jahrelang nicht gesehen.

Die Umarmung dauerte ein klein wenig länger, als ich für angemessen hielt, und ich begann mich unwohl zu fühlen, als wäre ich dort, in der Eingangshalle, einfach stehengelassen worden. Die Blicke der anderen Gäste richteten sich auf uns. »Aber Mac«, sagte Iris und fixierte ihr Gesicht, als wären die beiden dabei, auf telepathischem Wege Geheimnisse auszutauschen, »du weißt doch, daß ich mir das nie im Leben entgehen lassen würde.« Sie lächelte strahlend, so glücklich, wie ich sie nicht mehr erlebt hatte, seit der Einberufungsbescheid gekommen war. All ihr Ärger über Prok hatte sich in diesem Augenblick in Luft aufgelöst. Und das muß ich ihr lassen: Es war nicht gespielt. »Ihr seid einfach die Besten, wirklich, und wir – John und ich – finden es immer so schön, wenn ihr uns einladet. Das weißt du doch. Ich wollte, wir könnten uns revanchieren …«

»Macht euch keine Sorgen«, sagte Mac, nahm uns die Mäntel ab und führte uns ins Wohnzimmer, »ihr werdet schon was finden. Prok und mir ist es nach unseren Flitterwochen genauso gegangen, und was wir dann schließlich gefunden haben … Na ja, für euch käme das heute wahrscheinlich gar nicht mehr in Frage.«

Iris murmelte etwas Freundliches. Ich hatte noch immer nicht den Mut gefunden, mit ihr über Mac zu sprechen, aber ich glaube auch, daß jeder, der einmal in einer ähnlichen Situation gewesen ist, verstehen wird, wie groß die Versuchung ist, die schlafenden Hunde nicht zu wecken. Dann standen wir unter den anderen Gästen, und Mac entschuldigte sich und eilte in die Küche. Ich kannte nicht alle der Anwesenden, obwohl ich schon bei einigen von Proks musikalischen Abenden gewesen war. Die Gästeliste wurde von Mal zu Mal verändert, und so wußte ich nicht, wer Corcoran war. Professor Bouchon vom Lehrstuhl für Chemie und besonders seine Frau, die an Logorrhö zu leiden schien, nahmen uns in Anspruch. Wir wurden getrennt, und ich stand in eine Ecke gedrängt da und nickte in, wie mir schien, angemessenen Abständen, während Mrs. Bouchon mir in erschöpfender Detailliertheit die Defekte des deutschen Charakters und die Entbehrungen schilderte, denen sie während des Krieges, als Mädchen, in Nantes ausgesetzt gewesen war. Iris war am anderen Ende des Raums, hielt ein langstieliges Glas mit einer grünlichen Flüssigkeit (einem von Proks Kräuterlikören) in der Hand und unterhielt sich reserviert mit Professor Bouchon und einem Mann im Flanellanzug, hager und gebeugt und zu alt, um Corcoran zu sein. Erst da fiel mir auf, daß Prok gar nicht da war.

Ein Wort zu den musikalischen Abenden: Prok, der unermüdliche Sammler, besaß über tausend Schallplatten und veranstaltete seit mehr als zehn Jahren diese wöchentlichen Zusammenkünfte, um andere an seinem Reichtum teilhaben zu lassen. Das Niveau dieser Abende war hoch, der Ablauf folgte stets einem geradezu starren Schema: Prok präsidierte, und das tat er so, wie er alles tat. Die Gäste fanden sich ein und ergingen sich, wie wir jetzt, für eine Weile in Gesprächen, anschließend hielt Prok einen Vortrag über die Stücke und die Komponisten, die er ausgewählt hatte, und dann kam die Musik. Man saß im Halbkreis um das Grammophon und sah zu, wie Prok die Schallplatte abwischte, die Kaktusnadel justierte und sie sanft auf die sich drehende Scheibe setzte; darauf folgte ein Augenblick gespannter Erwartung, die Gäste lauschten steif und ausdruckslos dem ersten Knistern und Knacken, bis mit charakteristischem Getöse die Musik einsetzte und alle ihre Konzertposen einnahmen. Die Platten liefen immer auf voller Lautstärke, denn Prok war überzeugt, daß man nur so die Nuancen der Pianissimo-Passagen erfassen und die Komplexität des Zusammenspiels der verschiedenen Instrumente würdigen konnte, und für die Dauer der Symphonie oder des Quartetts oder was immer Prok ausgewählt hatte, mußte absolute Stille herrschen. Ich erinnere mich an einen Abend, an dem die Frau eines erstmals eingeladenen Gastes sehr unruhig war und ständig auf ihrem Stuhl hin und her rutschte, obwohl Prok ihr einen mahnenden Blick nach dem anderen zuwarf. Der Stuhl quietschte, und sie konnte nicht stillsitzen. Als in der Pause Erfrischungen gereicht wurden, ignorierte Prok sie. Sie wurde, soviel ich weiß, nie wieder eingeladen.

Aber an diesem Abend war es, Corcoran zu Ehren, anders. Die Gespräche vor dem Konzert waren eingehender und lebhafter, als wäre dies eine Einladung zu einem formellen Abendessen und nicht zu einem musikalischen Abend. Ich wollte mich gerade entschuldigen, um Prok zu suchen, als die Tür zur Küche aufschwang und er, die Kristallschüssel von unserer Hochzeitsfeier in beiden Händen haltend, ins Zimmer trat. Hinter ihm stand Corcoran und hielt die Tür auf.

Das erste, was mir an ihm auffiel, war sein Ausdruck – nicht direkt selbstzufrieden, aber überaus entspannt und selbstsicher – und dann seine ganze Physiognomie. Wissenschaftler (nicht wir, sondern andere Erforscher dieses Gebiets) haben herausgefunden, daß wir bei beiden Geschlechtern jene Gesichter am attraktivsten finden, die perfekter Symmetrie am nächsten kommen, und das galt auf jeden Fall für Corcorans Gesicht. Er sah sehr gut aus, keine Frage. Augen, so braun wie eine Kalblederbrieftasche, sandfarbenes Haar, eine vollkommen ebenmäßige Stirn – alles an ihm war so gepflegt und elegant, daß man es als angenehm empfand, einfach nur als angenehm. Man sah ihn an und mochte ihn, und wenn er lächelte und dann etwas sagte, mochte man ihn noch mehr. Das war Corcoran: gutaussehend, charmant, gesellig. Er war etwas größer als der Durchschnitt, ungefähr eins achtzig, und wirkte nicht besonders athletisch; er war irgendwie zu entspannt, zu unbekümmert. Als hinge vor ihm stets ein unsichtbarer Klingelzug, an dem er nur zu zupfen brauchte, um einen ganzen Trupp Diener antraben zu lassen.

Die Schüssel war bis zum Rand mit einer dunkel ockerfarbenen Flüssigkeit gefüllt, auf der drei oder vier leuchtendgrüne Limonenhälften schwammen, und ich erkannte sofort, daß es sich um Proks Spezialversion von Planter's Punch handelte (2 Teile dunkler Rum, 1 Teil Triple sec, Orangen- und Ananassaft zu gleichen Teilen, Limonensaft, ein Spritzer Grenadine, das alles gut geschüttelt, auf Eis serviert und mit einer Orangenscheibe und einer Maraschinokirsche garniert). Prok wirkte gedankenvoll, als er die Schüssel auf dem Couchtisch abstellte, und dachte offenbar über irgendeine witzige Bemerkung von Corcoran nach, doch dann nahm sein Gesicht wieder den neutralen Ausdruck an, und er konzentrierte sich darauf, die Gläser zu füllen und sie seinen Gästen zu reichen. Corcoran hatte sich mittlerweile zu Dean Briscoe und seiner Frau gesellt und unterhielt sich angeregt mit ihnen; er gestikulierte so gewandt und geschmeidig wie eine aufrecht stehende Forelle. Und dann, gerade als Mrs. Bouchon mir zum dritten Mal erzählte, daß sie sich im Herbst 1917 neun Wochen lang von Steckrüben hatte ernähren müssen, sah ich, daß er Iris bemerkte. Sie stand in einer Ecke und unterhielt sich noch immer mit Professor Bouchon und dem gebeugten Mann, der zu alt war, um Corcoran zu sein, und ich sah, wie Corcoran den Kopf wandte und seinen Blick auf sie richtete.

»Ein Trinkspruch!« rief Prok, obgleich das Glas in seiner Hand beinahe leer war und er vor einem musikalischen Abend noch nie irgendwelche alkoholischen Getränke serviert hatte, nicht einmal einen seiner Liköre. »Auf Purvis Corcoran«, sagte er und erhob das Glas, »einen hervorragenden, talentierten jungen Mann, ganz sicher nicht verklemmt, nicht im mindesten, und wenn ich ihn richtig verstanden habe, ist er willens und bereit, an unserem Projekt mitzuarbeiten ... Das heißt, sofern es uns gelingt, ihn von den kulturellen und ästhetischen Reizen von South Bend wegzulocken.«

Es gab vereinzeltes Gelächter über Proks Versuch, witzig zu sein, und dann tranken wir. Prok führte sein Glas nicht an den Mund, stellte es ab und sah sich um, als suchte er etwas. Ich tupfte meine Lippen mit einer Serviette ab und lächelte Mrs. Bouchon geistesabwesend an. Sie war natürlich eine Langweilerin, aber ich blieb sehr aufmerksam und höflich – das war mein Job, und es entsprach meinem Wesen. Doch nun winkte Prok mich zu sich, und im selben Augenblick löste Corcoran sich von den Briscoes und schlenderte mit eigentümlichen Bewegungen in Richtung meiner Frau. Es war beinahe ein Tanz, und das Wort »schleichen« drückt es nicht annähernd aus – es war ein Gleiten, ja, das war es, er glitt über den polierten Holzboden, als wäre er im Eisstadion.

»Milk«, sagte Prok, »Milk«, und ich murmelte eine Entschuldigung und ging zu ihm. »Und Corcoran«, rief er, worauf mein zukünftiger Kollege auf dem Absatz herumwirbelte, als wäre er ein menschlicher Kreisel, den Prok soeben in Bewegung gesetzt hatte. »Ich möchte Ihnen John Milk vorstellen.«

Das Summen der Gespräche war, befeuert durch Proks Rum, wiederaufgelebt. Auch ich spürte ihn als ein unvermitteltes Stimulans, als befände sich eine Klappe an meinem Hinterkopf und als hätte ich den Rum direkt in mein Gehirn gegossen. Im selben Augenblick fiel mein Blick durch das Fenster auf den kahlen Persimonenbaum, der hinter Corcorans großem, glattem Kopf eingerahmt dastand wie das einzige Überbleibsel einer längst vergangenen Feuersbrunst. Corcoran lächelte. Er streckte die Hand aus, der glücklichste, der bestangepaßte und entspannteste Mann der Welt, ein Kaiser in seinem Schlafzimmer. Ich ergriff sie.

»Ich freue mich sehr«, sagte er und schüttelte mir die Hand. »Seit zwei Tagen singt Dr. Kinsey nun schon Ihr Loblied. Ich habe das Gefühl, als würde ich Sie bereits kennen.«

Zwischen uns war Proks Gesicht mit den Falten und den schweren

Wangen, den scharf blickenden Augen und der Habichtsnase. Er nickte, er nickte beifällig.

»Ja«, sagte ich und war mir der Berührung seiner Hand bewußt, »ich auch. Ich meine, ja, ich … äh … freue mich auch.«

»Er wird langsam ein erstklassiger Interviewer«, warf Prok ein. »Und das ist keine kleine Leistung, wie Sie vermutlich feststellen werden, sobald wir alles unter Dach und Fach haben.«

Ich neigte angesichts dieses Kompliments den Kopf, um anzudeuten, wie wenig ich es verdiente. Beide Männer musterten mich, als wäre ich ein seltenes Exponat in einem Museum. »Wirklich, sehr freundlich, Prok.« An Corcoran gewendet, fuhr ich fort: »Es ist alles nur eine Frage der Ausbildung. Und Prok ist, na ja …«

»Da bin ich sicher«, erwiderte Corcoran und sah Prok mit seinem nüchternsten Blick an.

»Wenn alles unter Dach und Fach ist«, wiederholte Prok geschäftsmäßig. »Und ich hoffe sehr, daß Sie uns nicht zu lange auf Ihre Entscheidung warten lassen, Corcoran, denn das Projekt erfordert Daten, und wir haben noch ein paar andere Bewerber, lauter sehr fähige Männer, wie Sie selbst.« Wenn die Atmosphäre etwas Festliches gehabt hatte, so hatte Prok alle Spuren davon getilgt. Ich spürte, daß er ungeduldig war, daß er zum musikalischen Teil des Abends kommen und ihn hinter sich bringen wollte, obwohl er diese Abende als ein Mittel schätzte, sich seiner emotionalen Seite, die er im Arbeitsalltag immer unterdrückte, zu überlassen. Und ich spürte auch, daß er Corcoran einstellen, ausbilden und hinaus in die Welt schicken wollte, damit er Material sammelte. Er betrachtete uns, während wir uns die Hände schüttelten und uns ein erstes Bild voneinander machten, und sah nichts als Daten, Daten, deren Menge um fünfzig Prozent schneller wachsen würde.

Mac ging mit einem Tablett herum und sammelte die Gläser ein, und wir setzten uns. Prok bestand darauf, daß Iris und ich in der ersten Reihe neben Mac Platz nahmen, und angesichts dieses Arrangements überkam mich einen Augenblick lang Panik. Ich setzte mich zwischen die beiden Frauen, die sich sogleich über mich hinweg zueinander beugten und Worte, von denen ich rein gar nichts mitbekam, wie Vögel hin und her fliegen ließen. Auch Corcoran, der Ehrengast, saß in der ersten Reihe, und zwar neben Iris. Es wurde still. Professor Bouchons Frau kehrte von der Toilette zurück und nahm geduckt am Ende der zweiten Reihe Platz, und eine füllige Frau mittleren Alters, die ich nicht kannte oder jedenfalls nicht erkannte, holte ihr Strickzeug hervor und begann mit lautlosen Lippenbewegungen Maschen zu zählen. Es gab eine kurze Unterbrechung, in der Prok das Grammophon überprüfte, und ich beugte mich zu meiner Frau und stellte die beiden eilig einander vor. »Iris«, flüsterte ich, »das ist Purvis Corcoran – Corcoran, das ist meine Frau Iris ...« Und dann begann Prok mit seinem Vortrag.

»Heute abend habe ich einen besonderen Leckerbissen für Sie: zwei Versionen von Gustav Mahlers wunderbarer, kraftvoller Symphonie Nr. IV in G-Dur, die eine eingespielt von dem unsterblichen Leopold Stokowski, der das Philadelphia Orchestra dirigiert (einige von Ihnen werden ihn vom Beginn seiner Karriere mit dem Cincinnati Symphony Orchestra kennen), die andere von seinem Protegé und Nachfolger Eugene Ormandy, einem Neuling sozusagen.« Prok fuhr in seinem Vortragsmodus mit einer kurzen Biographie Mahlers fort, zählte die bekannten, in den USA oder Europa gemachten Aufnahmen auf und verglich Stokowskis Stil mit dem von Ormandy. »Und nun«, sagte er, »werde ich Ihnen die Sätze im Wechsel vorspielen, Stokowski für den ersten und dritten Satz, Ormandy für den zweiten und vierten.« Sein zu großer Kopf wirkte wie eine reifende Frucht, aus Gründen der Balance waren seine Beine leicht gespreizt, und mit der Rechten gestikulierte er. »Den abschließenden Satz werden Sie dann aber auch in der von Stokowski dirigierten Version hören. Dieser Satz enthält das berührende Sopransolo ›Wir genießen die himmlischen Freuden‹, gesungen von« – er nannte zwei Sängerinnen, die mir vollkommen unbekannt waren –, »aber ich möchte, daß Sie sich nicht von den Unterschieden im Timbre der beiden Stimmen ablenken lassen, sondern sich voll und ganz auf die Tempoauffassung des jeweiligen Dirigenten konzentrieren, ja?«

Es erhob sich ein zustimmendes Gemurmel, das ihn zufriedenzustellen schien. Er faltete kurz die Hände in einer Geste des Gebets oder wohl eher der Beschwichtigung und wandte sich dann ab, um die Schallplatte aufzulegen. Mit einem Ruck, gefolgt von Rauschen und drei deutlichen Knacksern, setzte die Nadel auf, und dann erklang Mahler in voller Lautstärke.

Nach dem Konzert blieben wir noch etwa eine halbe Stunde (auch hierin unterschied sich dieser Abend von den anderen, denn sonst hatte Prok irgendwann eine Pause verkündet und das Programm mit einigen leichten Stücken beschlossen). Wir standen in kleinen Gruppen herum, tranken Kaffee und sprachen über die Musik und darüber, wie groß die Unterschiede zwischen der Auffassung der beiden Dirigenten waren – jedenfalls wenn sie durch eine Demonstration wie diese deutlich gemacht wurden. Ich hatte sehr gehofft, Iris mit dem Nash irgendwohin entführen zu können, aber es war schon spät, und ich mußte morgen zur Arbeit und sie ins Seminar, also stand ich dumm herum, in der einen Hand eine Tasse Kaffee, in der anderen ein Löffelbisquit, wieder mal in die Ecke gedrängt von Professor Bouchon und seiner Frau, die sich lobend über die soeben gehörte Musik äußerten. Da ich von klassischer Musik nur das wußte, was ich mir aus Proks Bemerkungen zusammengereimt hatte, hörte ich eigentlich bloß zu, während Professor Bouchon sich in Erinnerungen an einen Abend erging, an dem er Stokowski am Pult erlebt hatte – entweder in Philadelphia oder in New York, er wußte es nicht mehr genau –, und seine Frau darauf hinwies, daß die Deutschen zusammen mit dem Familienklavier auch all ihre Freude an der Musik zerstört hätten.

Auf der anderen Seite des Raums machten sich Iris und Corcoran miteinander bekannt. Corcoran hatte Prok irgendwie überredet, jetzt, zu angemessen vorgerückter Stunde, das Tablett mit seinen Likören hervorzuholen, und ich sah, daß er sich vorbeugte und eine urinfarbene Flüssigkeit in ihren Kaffee goß. Das Konzert hatte ihr nicht gefallen. Dessen war ich mir sicher. Sie behauptete stets, Proks Angewohnheit, die Stücke klinisch zu sezieren, beraube sie all ihres Gehalts, und im Lauf der Jahre wurden diese musikalischen Abende für sie immer mehr zu einer lästigen Pflicht. Doch an diesem Abend stand sie mit Corcoran im Halbdunkel der gegenüberliegenden Ecke, eingerahmt von den glatten schwarzen Flächen der Möbel und den dunklen Schlieren auf der Wand, und schien sich großartig zu unterhalten.

Woher ich das wußte? Ihre Körperhaltung und ihr Gesicht verrieten es mir. Ich kannte ihr Gesicht besser als mein eigenes, und daran, daß ihre Augen größer wurden und sie beim Sprechen die Lippen spitzte (was sagte er zu ihr, was war daran so faszinierend?), sah ich, daß sie ganz bei der Sache war. Und dann war da noch die Art, wie sie den Kopf beim Lachen zur Seite neigte, wie sie unbewußt an ihrem rechten Ohrring zupfte und von einem Fuß auf den anderen trat, als hätte der Boden unter ihren Füßen Feuer gefangen. Körpersprache. Ich hatte sie notwendigerweise gelernt. Ob ich eifersüchtig war? Kein bißchen, noch nicht. Warum hätte ich eifersüchtig sein sollen? Ich liebte sie, und sie liebte mich, daran gab es keinen Zweifel – und den hat es auch bis heute nie gegeben –, und der ganze Rest war, wie ich von Prok gelernt hatte, nichts weiter als eine Körperfunktion, reine Physiologie, Stimulus und Reaktion. Ich hörte Professor Bouchet und seiner Frau höflich zu, nickte und lächelte, wenn es angebracht schien, und entschuldigte mich dann, um den Raum zu durchqueren, meine Frau zu holen, mich bei den Gastgebern zu bedanken und hinaus in die Nacht zu gehen.

Der Heimweg war ... Na ja, man könnte ihn als anregend bezeichnen. Nicht im sexuellen Sinne (wie gesagt, in jener Nacht genossen wir nicht den Luxus sexueller Stimulation), sondern in emotionaler Hinsicht. Zuerst fummelten wir an unseren Mantelknöpfen herum, schlugen gegen den Wind die Kragen hoch, drückten uns aneinander und eilten die Straße entlang, ohne ein Wort zu sagen. In der Luft lag ein Geruch, der von Winter kündete, von kalten, mit Felsen übersäten kanadischen Weiten und den steifgefrorenen Fellen Hunderttausender von Tieren, die sich da über die Tundra schoben, und der Himmel über uns war offen, das Sternengesprenkel von Horizont zu Horizont war wie das weiße Blut der Nacht. Ich hatte Lust, noch irgendwo etwas zu trinken, wußte aber, daß Iris dem nicht zustimmen würde – absurderweise galt für sie, obwohl verheiratet, noch immer die Hausordnung des Wohnheims, wo die Rezeptionistin die Sperrstunde überwachte –, und so sagte ich statt dessen das erste, was mir durch den Kopf schoß. »Und Corcoran? Was hältst du von ihm?«

Sie hatte den Kopf gesenkt, die Schultern nach vorn gezogen, eine Hand am Kragen, und sie ging mit raschen Schritten. »Ach, ich weiß nicht«, sagte sie. »Er scheint ganz in Ordnung zu sein.«

»In Ordnung? Ist das alles?«

Meine Hände waren kalt. Ich hatte nicht daran gedacht, Handschuhe mitzunehmen, denn der Winter hatte ja noch gar nicht richtig begonnen. Ich hakte mich bei ihr unter und zwängte die rechte Hand in meine Manteltasche. Die Linke steckte ich in die Hosentasche, auch wenn es sich seltsam anfühlte, so unausgewogen zu laufen. Vor uns raschelte dürres Laub im Wind. Hinter uns hörten wir die Fehlzündung eines Motors, die anderen Gäste brachen ebenfalls auf. »Ich weiß nicht«, sagte sie. »Überzeugend vielleicht.«

»Überzeugend? Wie meinst du das?«

»Er kann gut reden. Sehr gewandt. Er wird bestimmt mal ein umwerfender Interviewer.«

»Höre ich da einen leisen Anklang von Sarkasmus?«

Sie wandte mir ihr Gesicht zu, ein kaltes, blasses Oval aus reflektiertem Licht, dann sah sie wieder auf ihre Füße. »Nein, gar nicht«, sagte sie. »Ich denke nur praktisch. Er ist ideal. Er wird dich ersetzen, ohne daß es auch nur –«

»Er wird mich nicht ersetzen.«

»Ist dir aufgefallen, wie Kinsey ihn angesehen hat?«

Ich zitterte. Der Mantel war zu dünn, und der Wind stach durch meine Hose. Ein Schauer überlief mich. Ich sah Corcorans Gesicht, sah Prok, der sich den ganzen Abend nie weit von ihm entfernt hatte, so stolz, als hätte er ihn persönlich zur Welt gebracht, und im selben Augenblick wußte ich, daß zwischen ihnen etwas war, nämlich dasselbe wie zwischen Prok und mir. Es kam über mich: Mit einem Mal war ich wütend. Eifersüchtig. »Na und?« sagte ich. »Was geht mich das an? Ich sage dir doch, wir brauchen mehr Mitarbeiter.«

Iris erwiderte nichts. Unter unseren Füßen knisterten die Blätter. Dann sagte sie: »Aber er ist wirklich überzeugend.«

»Tatsächlich«, sagte ich, und ich dachte an nichts, an gar nichts. »Wovon hat er dich denn überzeugt? Das würde ich gern wissen. Wirklich.«

Wir waren am Ende des Blocks angekommen und bogen nach rechts in Richtung Campus ab. Der Wind fegte ungehemmt um die Ecke. Zwei Autos fuhren vorbei, so dicht hintereinander, als würde das zweite abgeschleppt. Sie überrollten einen Ast, den der Wind auf die Straße geweht hatte – ein Krachen wie von mehreren kleinen Explosionen. »Meine Geschichte beizusteuern«, sagte Iris. Ich dachte, ich hätte sie nicht richtig verstanden, und fragte: »Was?«

»Meine Geschichte beizusteuern. Bei Kinsey.«

Ich war wie vor den Kopf geschlagen. Seit Monaten hatte ich ihr in den Ohren gelegen, und nun hatte sie dieser Neue – dieser *überzeugende* Mensch, dieser Corcoran – in wieviel ...? in zehn

Minuten rumgekriegt? »Gut«, sagte ich wie betäubt. »Das ist gut. Aber wie … Ich meine, warum hörst du auf ihn, wenn dein eigener, na ja, dein eigener Mann dich nicht überzeugen kann? Und nach so langer Zeit?«

Die Rücklichter der beiden Wagen vor uns entfernten sich. Am Campus bogen sie beide nach rechts in die Atwater Street ein und waren verschwunden. »Aus seinem Mund klang alles ganz vernünftig«, sagte sie. »Für den Erfolg des Projekts, wie du immer gesagt hast. Seine Frau hat schon einen Termin für ein Interview – also, wenn du das nächste Mal nach South Bend fährst … Wer weiß, vielleicht machst du ja ihre Befragung. Wäre das nicht toll? Dann bleibt es in der Familie.«

»Worauf willst du hinaus? Das ist doch nichts Schlimmes …«

»Kinsey hat gesagt, er verschafft ihm eine Zurückstellung.«

Wir gingen schweigend weiter. Natürlich würde Prok ihm eine Zurückstellung verschaffen. Mir ebenfalls, aber das diente dem Projekt und hatte nichts damit zu tun, ob unsere Frauen ihre Geschichte beisteuerten oder nicht. Ich hätte hocherfreut sein sollen. Es war Corcorans erster Tag bei uns, und er hatte Iris überzeugt, um des Teamgeists willen mitzumachen, und das war wunderbar, das war großartig, lobet den Herrn, doch ich war nicht hocherfreut, sondern sauer. »Das hat nichts damit zu tun«, sagte ich.

Vor uns ragten die Universitätsgebäude auf. Hier und da brannte noch Licht, und in der Schwärze der Nacht bildeten diese beleuchteten Fenster ein unregelmäßiges Muster. Der erfrorene Rasen und dürres Laub knirschten unter unseren Schritten. »Was ist mit Mac?« sagte sie dann.

»Mac?« wiederholte ich. Ich verstand nicht, worauf sie hinauswollte. »Wie meinst du das? War Mac auch dabei? Hat sie dich auch überzeugt – oder dabei geholfen? Meinst du das?«

»Nein. Mac als Ehefrau. Als eine aus dem engsten Kreis. Jetzt wird der engste Kreis aus drei Männern und ihren Ehefrauen bestehen – *wenn* ich Prok meine Geschichte erzähle und *wenn* er dir eine Zurückstellung verschafft.«

»Das wird er«, sagte ich, nur um etwas zu sagen, um das Gespräch in Gang zu halten. »Ich meine, er hat schon Briefe geschrieben. Er tut sein Bestes.«

»Aber was ist mit Mac?« wiederholte sie. Wir steuerten auf das

Studentinnenwohnheim zu. Unter dem Bogen des Eingangs standen Gestalten, Pärchen drückten sich in die Schatten, und aus den Fenstern der Zimmer in den oberen Etagen strahlte Licht, als wäre alles Leben auf dem Campus hier konzentriert. Und so war es ja auch. Jedenfalls um diese Uhrzeit.

»Was soll mit ihr sein?«

Plötzlich riß Iris sich los und beschleunigte ihre Schritte. »Du hast mit ihr geschlafen«, sagte sie. »Sie hat mir alles erzählt.« Das Licht aus der Reihe der Fenster über uns lag auf ihrem Gesicht und ihrem Haar, es versilberte die Schultern des Mantels und die dunkle gewellte Hutkrempe. »Sie hat's mir gesagt«, sagte sie, und es war etwas in ihrer Stimme, eine Mischung aus Wut und Verzweiflung, die ihr die Kehle zuschnürte, »und du hast mich angelogen.« Sie fuhr herum und baute sich vor dem Eingang auf. »Du«, sagte sie. »Du, John Milk. Mein Ehemann.«

Ich wußte nicht, was ich sagen sollte. Ich hätte eine Rede halten müssen, ich hätte stunden-, tagelang Zeit haben müssen, ich hätte ein ganzes Gebäude aus philosophischen Versatzstücken errichten und Punkt für Punkt erläutern müssen, doch bis zur Sperrstunde blieben uns nur mickrige zehn Minuten. »Ich wollte dich nicht … nicht *überraschen«*, sagte ich. Das war das Beste, was mir einfiel. »Oder … oder dich verletzen, ich meine, wenn –«

»Lügner.« Sie spuckte mir das Wort vor die Füße. Köpfe wandten sich zu uns um. Für einen kurzen, harten Augenblick lösten sich die Pärchen in den Schatten aus ihren Umarmungen. »Du bist ein Lügner«, sagte sie, drehte sich um, ging die Treppe hinauf und trat ins Licht, und ich stand da und sah zu, wie sie die Tür aufriß und hinter sich zuknallen ließ.

Eine Woche später vereinbarte Iris einen Termin bei Prok und gab ihm ihre Geschichte. Wenn ich mich recht entsinne, regnete es in jenem Herbst ungewöhnlich viel, und der Winter setzte früh ein. Alles war wie erstarrt, die Wochen verschmolzen miteinander, und dann schrieb Corcoran, er nehme Proks Angebot an, und die Japaner stiegen eine Stunde vor Sonnenaufgang in ihre Maschinen und fielen über Pearl Harbor her. Und dann war nichts mehr so, wie es einmal gewesen war.

10

Nach dem, was ich bereits über mich selbst enthüllt habe, wird es Sie kaum überraschen, daß ich bei der ersten Gelegenheit (Prok war allein weggefahren, um vor einer Bürgervereinigung in Elkhart zu sprechen und im benachbarten South Bend Violet Corcorans Sexualgeschichte aufzuzeichnen) an den Aktenschrank ging und zwei Geschichten heraussuchte, die für mich von besonderem Interesse waren: Corcorans und die meiner Frau. Darf ich Ihnen auch anvertrauen, daß ich nicht die leisesten Skrupel oder Schuldgefühle hatte? Nein, diesmal nicht. Nicht mehr. Prok war nicht da, und nur er hätte mich davon abhalten können, sonst niemand. Innerhalb einer Stunde hatte ich Proks neuen, wasserdichten Code geknackt. Ich nahm die Unterlagen aus dem Schrank und legte sie nebeneinander vor mich auf den Schreibtisch.

Es war kurz vor den Weihnachtsferien, das ganze Land steigerte sich in eine Kriegshysterie hinein. Prok war bereits besorgt, weil Benzin, Reifen und alles mögliche andere, wie es hieß, bald rationiert sein würden, und kündigte an, daß wir in Zukunft öfter mit dem Zug fahren müßten, mit dem Zug und dem Bus. Alle waren so abgelenkt, so schockiert und empört über die Ereignisse des 7. Dezember, daß Weihnachten unwichtig geworden zu sein schien – wer konnte schon an den Weihnachtsmann denken, solange Tojo und Hitler die Welt unsicher machten? Wenn ich mich recht erinnere, herrschte eine Kältewelle, die Stadt hatte die Farbe von Muschelschalen, für den Nachmittag waren Schneeschauer vorausgesagt, und ich war früh ins Büro gegangen und hatte einiges zu erledigen: Ich mußte zahllose Daten tabellieren, Kurven und Grafiken zeichnen und die Korrespondenz erledigen, auch wenn diese damals nichts war im Vergleich zu der Flut von Briefen, die wir – eigentlich hauptsächlich Prok – beantworten mußten, nachdem wir 1948 unsere Forschungsergebnisse veröffentlicht hatten. Von da an erhielt Prok jährlich unzählige Briefe von wildfremden Menschen, die Rat suchten, sich Hilfe bei sexuellen Problemen erhofften, ihre Dienste als Hilfswillige anboten und freizügige Fotos und Tagebücher, erotische Kunstwerke, Godemichés, Handschellen, Peitschen und dergleichen schickten. Ich erinnere mich an einen Brief von einem Anwalt, dessen Mandant angeklagt war, »widernatürliche Unzucht mit einem Schwein (Analverkehr)«

getrieben zu haben, und der von Prok ein Gutachten über die statistische Häufigkeit solcher Akte mit Tieren erbat (6 Prozent der Gesamtbevölkerung, 17 Prozent der männlichen alleinstehenden Landbevölkerung). Prok lehnte ab. Höflich.

Jedenfalls beugte ich mich über den Schreibtisch, während in einem hinteren Winkel meines Kopfes ein Weihnachtslied herumspukte (Iris und ich waren am Abend zuvor in einem Chorkonzert gewesen), auf dem Korridor einer von Proks Kollegen sich räusperte oder die Nase putzte und Sekretärinnen in hochhackigen Schuhen vorbeiklackerten, daß es sich anhörte, als würden kleine Lokomotiven über die Schienen einer Modelleisenbahn rattern. Ich nahm mir zuerst Iris' Geschichte vor, und wie ich vermutet hatte, gab es hier keine Überraschungen. Erst mit siebzehn, als sie bereits auf dem College war, fand sie heraus, was das Wort »masturbieren« überhaupt bedeutete, und dann war sie so gehemmt, daß sie es nur zwei- oder dreimal ausprobierte, ohne zum Orgasmus zu kommen. Sie hatte sowohl manuelle als auch orale Stimulation der Brüste durch andere Männer – Jungen – erfahren, aber bis zu ihrer Verlobung und Heirat weder Petting noch Koitus. Sie verfügte über begrenzte sexuelle Erfahrungen mit dem eigenen Geschlecht, und die lagen weit zurück, in ihrer Kindheit, sie hatte keinerlei sexuelle Kontakte mit Tieren und nur wenige Phantasien. Sie hatte niemals irgendwelche Objekte benutzt und (bis jetzt) niemals das männliche Glied in den Mund genommen.

Es gab in ihrer Geschichte nichts, was ich nicht schon hundertmal gehört hatte, und ich fragte mich, warum sie sich gesträubt hatte, ihre Geschichte beizusteuern – wirklich, sie war ganz und gar nicht ungewöhnlich –, und dann fragte ich mich, ob es vielleicht genau daran lag, daß sie sich schämte, so wenig vorweisen zu können. Als wäre uns nur an den extremen Fällen gelegen, an den Sexathleten, den Promiskuitiven und Verwöhnten, an denen, deren Werte weitab vom statistischen Mittel lagen. War das möglich? Oder lag die Ursache tiefer, in einem Widerstand gegen die Idee des Forschens an sich? In einem Widerstand gegen Prok? Gegen mich? Für einen Augenblick hatte ich das Gefühl, als würde mein Herz brechen: Es war ihr nicht leichtgefallen, und sie hatte es für mich getan, nur für mich – wenn sie mich nicht lieben würde, hätte sie ihre Geschichte niemals preisgegeben. Es entsprach einfach nicht ihrem Wesen. Vielleicht starrte ich eine Zeitlang aus dem Fenster auf die verschlossene graue Krypta des Himmels, vielleicht sprach ich ihren Namen laut aus: *Iris.* Nur dieses eine Wort: *Iris.*

An dem Tag, als sie in unser Büro kam, war sie so nervös, so angespannt, so schüchtern und verletzlich und schön. »Hallo, Dr. Kinsey«, sagte sie mit kaum hörbarer Stimme. »Und hallo, John.« Ich wußte, daß sie kommen würde, und war selbst sehr aufgeregt, den ganzen Tag schon. Stunden vor dem vereinbarten Termin war ich jedesmal, wenn ich Schritte auf dem Korridor gehört hatte, unwillkürlich auf meinem Stuhl hin und her gerutscht und hatte zur Tür gesehen. Ich dachte, ich sei bereit dafür, bereit, diese Sache hinter uns zu bringen wie ein letztes Hochzeitsritual, wie eine Impfung oder den für die Heiratserlaubnis erforderlichen Test auf Geschlechtskrankheiten, doch obwohl ich andauernd auf die Uhr sah und mein Magen sich anfühlte, als hätte ich seit einer Woche nichts gegessen, war ich, als sie dann kam, beinahe überrascht, sie zu sehen. Ich hatte an einer für meine Verhältnisse reichlich komplizierten Berechnung gearbeitet (Standardabweichung vom Durchschnitt bei stichprobenartig ausgewählten Männern, die von nächtlichen Samenergüssen berichtet hatten), und sie war lautlos wie eine Katze eingetreten. Ich sah auf, und da war sie, mit hängenden Schultern, elfenhaft, in ihrem Mantel versunken wie ein Kind, Handschuhe, Hut, ein flüchtiges, blasses, aufgeregtes Lächeln auf den Lippen. Prok und ich erhoben uns gleichzeitig, um sie zu begrüßen.

»Iris, kommen Sie, kommen Sie.« Proks Stimme troff vom süßen Schmelz seines gewinnendsten Interviewertons. »Warten Sie, lassen Sie mich Ihren Mantel nehmen – furchtbar kalt draußen, nicht?«

Iris bestätigte es. Sie lächelte mir zu, als sie den Mantel ablegte und Prok um sie herumwuselte, begierig, eine neue Geschichte aufzuzeichnen. Ob sie unschlüssig wirkte, vielleicht sogar ein bißchen benommen? Ich glaube schon. Doch mir blieb gar keine Zeit, darüber nachzudenken, denn Prok wandte sich sogleich an mich und sagte: »Ich könnte mir vorstellen, daß du heute etwas früher gehen möchtest, Milk. Oder besser noch: Vielleicht möchtest du unten, in der Bibliothek, weiterarbeiten.«

Und dann Corcoran.

Doch Corcorans Geschichte – und sie war, wie gesagt, sehr umfangreich, er war der sexuell aktivste Proband, der uns bisher begegnet war – ist an diesem Punkt vielleicht nicht so wichtig wie der Fortgang der Szene mit Iris auf der Treppe vor dem Wohnheim, denn die war von großer Bedeutung für dies und alles, was noch kommen sollte. Sie nannte mich einen Lügner. Ließ die Tür zuknallen und mich in der Kälte stehen. Die anderen Studentenpärchen schlichen an mir vorbei wie Phantome. Ich war mit zwei Tatsachen konfrontiert: Mac hatte ihr alles erzählt, und sie hatte es höchstwahrscheinlich die ganze Zeit gewußt – bei unserer Versöhnung, bei unserer Hochzeit, während der Flitterwochen, an den intimen, verbummelten Sonntagnachmittagen im Sommer, im Herbst – und dennoch nie ein Wort darüber verloren. Sie hatte mich beobachtet wie eine Spinne und auf ihre Gelegenheit gewartet. Und die hatte sich nun geboten. Die Tür knallte hinter ihr zu, das Haus verschluckte sie, und ich stolperte wie ein Invalide über den Campus, bis ich ein Münztelefon fand und im Wohnheim anrief.

Es meldete sich die Rezeptionistin. »Bridget?« sagte ich. »Hier ist John Milk. Kannst du Iris an den Apparat holen?«

»Klar«, sagte sie, doch ihre Stimme war kalt und distanziert, und ich fragte mich, wieviel sie wußte. Der Hörer wurde mit einem Klatschen, das wie Fleisch auf Fleisch klang, abgelegt, und dann hörte ich nur noch Rauschen. Nach einigen Sekunden vernahm ich vertraute Geräusche: entfernte Schritte, ein Kichern, die Stimme eines Mannes. »Gute Nacht«, sagte ein anderer, und eine weibliche Stimme bat: »Noch einen Kuß.«

Als Iris schließlich den Hörer aufnahm – nach zwei Minuten oder zehn, ich hätte es nicht sagen können –, klang sie, als spräche sie mit einem Fremden, einem unerwünschten Anrufer, mit jemandem, der ihr etwas verkaufen wollte. »Was willst du?« fuhr sie mich an.

»Ich will bloß … also … ich will bloß reden … das heißt, wenn du …«

»Was hast du dir dabei eigentlich gedacht?« sagte sie, und jetzt klang sie schon besser, jetzt klang sie wieder wie Iris – wütend zwar, aber irgendwie auch ergeben. »Hast du gedacht, ich bin blöd oder was? Oder blind? Hast du das gedacht?«

»Nein, hab ich nicht. Es war nur so, daß ich … Na ja, ich fand eigentlich nicht, daß ich irgendwas falsch gemacht hatte, und ich wollte nicht, daß du dich aufregst, das war alles. Es war das Projekt. Das menschliche Säugetier. Es gibt nichts, wofür man sich schämen müßte, gar nichts.«

Sie schwieg. Ich lauschte dem Blitzkrieg der statischen Elektrizität. Iris befand sich auf der anderen Seite des Rasengevierts, doch sie hätte ebensogut tausend Meilen entfernt sein können.

»Hör zu, Iris«, sagte ich, »du mußt versuchen, diese antiquierten Vorstellungen über … na ja, über *freiwillige Beziehungen* zwischen erwachsenen Menschen abzulegen. Wir leben in modernen Zeiten, und wir sind Wissenschaftler oder wollen es jedenfalls sein, und all dieser Aberglaube, diese Ängste und Schuldzuweisungen, all diese gesellschaftliche Ächtung hemmt uns, als Gesellschaft, meine ich. Verstehst du das nicht?«

Ihre Stimme klang, als hätte sie gar nicht zugehört. Es war eine kleine Stimme, die an den Rändern bebte. »Und Prok?«

»Was soll mit Prok sein?« fragte ich.

»Du und Prok?«

Ich stand in einer Telefonzelle, in gelbes Licht getaucht. Es war kalt. Der Wind rüttelte an der Falttür und drang durch die Ritzen. Ich bin sicher, daß ich zitterte, aber ich sprach mit Iris, mit meiner Frau, und ich mußte alles auf den Tisch legen, ich mußte von nun an offen und ehrlich sein, sonst war diese Ehe zum Scheitern verurteilt, das war mir jetzt klar. »Ja«, sagte ich.

Ihre Reaktion überraschte mich. Sie fiel nicht über mich her, sie rief nicht: »Wie konntest du nur?«, sie wollte nicht wissen, wann und wie oft, sie fragte mich nicht, ob ich ihn liebte oder er mich oder wie sie und Mac da hineinpaßten, und sie benutzte keines jener ekelhaften Wörter, mit denen andere so schnell bei der Hand sind: Schwuchtel, Tunte, Perverser. Sie sagte nur: »Ich verstehe.«

Was empfand ich? Scham? Ein wenig. Erleichterung? Ja, sicher, aber sie war so schwächlich wie der Draht, der unsere Stimmen durch die Nacht transportierte. »Ich liebe dich«, sagte ich. »Dich und niemand sonst. Der Rest ist bloß –«

»Eine Körperfunktion?«

»Iris, hör mir zu. Ich liebe dich. Ich will dir ins Gesicht sehen, denn das hier ist nicht … Wir sollten nicht am Telefon …«

»Mac«, sagte sie, und ich war mir nicht ganz sicher – die Verbindung war schlecht –, aber in ihrer Stimme war ein Kummer, dessen Schärfe etwas vom Augenblick abschnitt und mir das Gefühl gab, sie werde gleich in Tränen ausbrechen. »Mac und ich haben geredet. Sie ist wie eine Mutter, aber das weißt du ja, nicht? Sie hat mir dasselbe gesagt wie du: daß es nichts bedeutet, überhaupt nichts. Es sind bloß Tiere, die sich aneinanderreiben.«

»Iris«, sagte ich, »ich liebe dich.«

Es trat eine lange Stille ein. Als sie schließlich sprach, war ihre Stimme beinahe unhörbar. »Und Prok und ich?« flüsterte sie. »Ist es das, was du willst?«

Ich hätte aus Zellulose sein können, aus Holz, ein Bildnis von John Milk, das jemand an einem stürmischen Herbstabend in einer Telefonzelle am Rand des Rasengevierts aufgestellt hatte. Man hätte Nägel in mich schlagen können, man hätte mich versengen und mit allen möglichen Werkzeugen an mir herumschnitzen können – ich spürte nichts. »Nein«, sagte ich. »Nein, das will ich nicht. Das ist nicht das … Du sollst nichts tun, was du nicht willst.«

»Aber ich gebe ihm meine Geschichte, oder nicht? Warum nicht auch den Rest von mir?« Eine Pause. Der Wind schüttelte die Telefonzelle. »Es bedeutet doch nichts, oder?«

Ich war aus Holz. Ich konnte nicht sprechen.

»John? John, bist du noch da?«

»Ja.«

»Dein … wie soll ich ihn nennen? Dein Kollege Corcoran …« Ein neuer Ton hatte sich in ihre Stimme geschlichen, ein Ton, der mir gar nicht gefiel. »Er schien sehr interessiert. Hast du ihn gesehen heute abend? Ja? Er hat wie eine Klette an mir gehangen.«

Und so machte ich mich über Corcorans Geschichte her. Das heißt, nachdem sich alles wieder ein bißchen beruhigt hatte, nachdem Iris und ich hundertmal darüber gesprochen hatten, nachdem wir das Gelübde, das wir vor dem Friedensrichter abgelegt hatten, noch einmal bestätigt und auf dem Rücksitz des Nash miteinander geschlafen und all unser Geld zusammengekratzt hatten, um eine Anzahlung auf eine erste gemeinsame Wohnung zu leisten, denn das alles war unerträglich, diese Trennung, diese Sehnsucht, diese *Mißverständnisse.* Jetzt war alles in Ordnung, und das würde es auch bleiben – soweit ich das an diesem wie ausgehöhlten Dezembermorgen sagen konnte, an dem Prok nicht da war und ich mir die Unterlagen vornahm, um zu sehen, was für ein Mensch Corcoran war. Was soll ich sagen? Ich saß im Licht der Lampe da und fuhr mit dem Finger über den Interviewbogen, registrierte Akte, Alter, Häufigkeiten und rekonstruierte ein sich ständig erweiterndes Szenario voll

Experimentierlust und sexuellem Draufgängertum. Was die sexuelle Erfahrung betraf, war Corcoran tatsächlich das Gegenteil von mir. Er war früh gereift und hatte sich das zunutze gemacht, er war genau die Art von Person, die wir später als »hochaktiv« bezeichneten und die zeit ihres Lebens mehr sexuelle Kontakte mit mehr Partnern haben als der Durchschnitt – und weit mehr als die »minderaktiven« am anderen Ende der Skala.

Corcoran war in Lake Forest aufgewachsen, als Sohn eines Professors, der später, als Corcoran vierzehn war, mit der ganzen Familie nach South Bend zog, um einen Ruf an die Notre Dame University anzunehmen. Corcorans Vater war katholisch, ging aber kaum zur Kirche, und seine Mutter war Unitarierin und eine Art Freigeist. Man war zu Hause nackt herumgelaufen, denn beide Eltern waren eine Zeitlang Nudisten gewesen, was der Vater sorgfältig vor seinen Vorgesetzten verbarg, ebenso wie Prok sein Privatleben vor den Blicken seiner Kollegen schützen mußte. Corcoran konnte sich erinnern, als kleines Kind Erektionen gehabt zu haben, und seine Mutter hatte ihm versichert, die habe er schon als Säugling gehabt – sie habe darüber immer Witze gemacht und gesagt, er sei wie ein kleiner Zinnsoldat gewesen, der immer in Habtachtstellung gegangen sei, wenn sie ihm die Windeln gewechselt habe –, und obgleich das ungewöhnlich ist, hat unsere Erforschung der kindlichen Sexualität ergeben, daß ein solches Verhalten – insbesondere bei hochaktiven Menschen – keineswegs anormal ist. Mit elf hatte er seinen ersten Orgasmus, danach beteiligte er sich mit Begeisterung an Aktivitäten, die man umgangssprachlich als »Rudelwichsen« bezeichnen würde. Die anderen Teilnehmer waren Jungen aus der Nachbarschaft, und das alles fand zuerst in Lake Forest und dann in South Bend statt, wo Corcoran anscheinend Initiator diverser sexueller Aktivitäten mit Mädchen und anderen Jungen war.

Den ersten Koitus hatte er mit vierzehn, in einem Sommerhäuschen an einem der Seen auf der Michigan-Halbinsel. Offenbar waren in dieser Gegend eine ganze Reihe von Häusern an Gleichgesinnte – das heißt Nudisten – vermietet, und Corcoran und seine beiden Schwestern liefen den ganzen Sommer hindurch unbekleidet herum, »braungebrannt«, wie er später sagte, »bis in die letzte Ritze«. Seine Tante, die Schwester seiner Mutter, führte ihn ein, und dann machte er mit der sechzehnjährigen Tochter eines anderen

Sommergasts weiter und probierte jede Form von Triebbefriedigung aus, die ihm einfiel. Er stellte fest, daß er, wie er gern sagte, ein Talent für Sex besaß und diese Aktivitäten mehr genoß als alle anderen, die er kannte, und so dauerte es nicht lange, und er verlor alles Interesse an jungenhaften Vergnügen wie Baseball, Forellenfischen, Kinofilmen und Abenteuerromanen; er widmete sich beinahe ganz und gar der Befriedigung seiner Triebe, und zwar auf so viele verschiedene Arten und mit so vielen verschiedenen Partnern wie möglich. Violet, seine spätere Frau, lernte er auf dem College kennen. Wie er war sie von Anfang an geradezu begeistert von Sex. (Zu diesem Zeitpunkt existierte sie für mich nur als Vorstellung, und ich muß gestehen, daß der Gedanke, ihr Interview zu transkribieren, mich erregte.) Sie hatten zwei Kinder, sieben und neun Jahre alt, beides Mädchen. Gelegentlich luden sie andere Paare ein, und dann hatte Corcoran Sex sowohl mit den Männern als auch mit den Frauen (auf Proks Skala von 0 bis 6 stufte er sich mit 3 ein und hielt sich für ganz und gar bisexuell). Und schließlich – das machte ihn für Prok so wertvoll und bescherte uns eine wachsende Zahl von Daten – besaß er ein schwarzes Büchlein, in dem er seine Eroberungen, die zu diesem Zeitpunkt bereits in die Hunderte gingen, verzeichnet hatte.

Natürlich entspringt vieles von dem, was ich hier über ihn erzähle, meinen eigenen Erfahrungen mit Corcoran – schließlich sind wir jetzt seit vierzehn Jahren Kollegen und haben gewiß keine Geheimnisse voreinander –, und doch waren die grundlegenden Informationen bereits da, in unseren Unterlagen, als ich an jenem Dezembermorgen vor dem ungewissen Weihnachtsfest des Jahres 1941 zum zweiten (aber nicht zum letzten) Mal gegen Proks Anweisung verstieß. Ich weiß noch, wie ich zwischen all den getrockneten Gallen saß und mein Herz raste, während ich das verschlüsselte Protokoll meines zukünftigen Kollegen las, ich weiß, daß mir die ganze Zeit »Engel auf den Feldern singen« im Kopf herumging und auf dem Korridor die Schritte einer Gruppe Studenten verklangen. Wie konnte ich ihm je auch nur annähernd gleichkommen? Das war es, was ich dachte. Ich war plötzlich sicher, daß ich mir die ganze Zeit etwas vorgemacht hatte und Iris recht hatte: Corcoran sollte mich tatsächlich ersetzen, er sollte meinen Schreibtisch, mein Gehalt und meine Interviews übernehmen und mich aus der

Hierarchie eines Projekts entfernen, bei dem ich der erste Mitarbeiter gewesen war. Eine Art Panik überkam mich, und ich mußte aufstehen und auf und ab gehen, um mich zu beruhigen. Ich zählte im Geist meine Vorzüge auf – ich war loyal, ich besaß ein freundliches Wesen und einen Kenntnisstand, der nur von Prok selbst übertroffen wurde, und ich war schon länger dort –, doch wie ich es auch drehte und wendete, ich mußte zugeben, daß Corcoran mich, zumindest auf dem Papier, in allen Belangen übertraf: Er war acht Jahre älter, Vater zweier Kinder, Inhaber eines höheren akademischen Titels, und seine Werte lagen in all unseren Tabellen und Grafiken im oberen Bereich. Jetzt bekam ich Schuldgefühle, ich machte mir Vorwürfe und schämte mich plötzlich. Ich legte den Protokollbogen wieder in den Schrank und drehte den Schlüssel im Schloß.

Am Neujahrstag zogen wir in unsere neue Wohnung. Sie war keineswegs ideal, zehn ermüdende Blocks vom Campus entfernt, in dem vermutlich heruntergekommensten Viertel von Bloomington, feucht wie eine Gruft, denn das Haus lag am Fuß eines Hügels in ehemaligem Marschland. Drei Zimmer, ein Bad und der unauslöschliche Geruch der alten Dame, die darin gestorben war – Mrs. Lorbers ältere Schwester, falls Sie sich fragen, woher wir die Wohnung hatten –, aber es war wirklich unsere, und dank Iris' Talent für Einrichtung war sie bald nicht wiederzuerkennen. Iris hängte zwischen Küche und Wohnbereich einen Perlenvorhang auf, löste die ausgebleichte viktorianische Tapete ab, klebte eine neue an, mit einem beinahe spartanisch anmutenden Muster aus ineinander verschränkten grauen und weißen Rechtecken auf beigem Grund, und dirigierte mich, nachdem sie einen Nachmittag bis in den Abend und zu meiner Rückkehr darüber nachgedacht hatte, beim Aufhängen der vier gerahmten Holzschnitte mit Szenen aus *Sturmhöhe,* die sie in einer der hinteren Ecken eines Trödelladens entdeckt hatte. Sofa und Sessel hatten wir über Kleinanzeigen gefunden. Prok hatte uns den Nash freundlicherweise als Umzugswagen geliehen, und Ezra half mir, die Sachen durch die schmale Eingangstür zu manövrieren. Wir besaßen ein Bett, ein Doppelbett aus lackiertem Eisen, zu einem Sonder-Sonderpreis beim Trödelhändler gekauft, dazu eine Matratze (»neuwertig«), ein Regal, das die Wand gegenüber dem Sofa etwas imposanter machen sollte, mein Radio sowie eine

Reihe blauer Glasvasen mit verschiedenen Trockenblumensträußen und Schildblumen, die Mac uns zusammen mit einem Sortiment Töpfe und Pfannen zur Hochzeit geschenkt hatte. Auch Prok war mehr als großzügig gewesen und hatte mir gerade zur rechten Zeit ein Weihnachtsgeld gegeben und außerdem das Versprechen, mein Gehalt ab Anfang des Jahres um fünf Dollar auf fünfzig pro Woche zu erhöhen.

An jenem Abend aßen wir Sandwiches aus einer braunen Papiertüte und saßen mit untergeschlagenen Beinen auf der Matratze, die noch auf dem Boden lag, weil wir zu erschöpft waren, um das Bett aufzubauen. Wir teilten uns eine Flasche Bier, und dann machten wir noch eine auf. Ich hatte das Radio eingeschaltet – Benny Goodman spielte »Don't Be That Way« oder vielleicht auch etwas Sanfteres, Süßeres –, lehnte an der demnächst nackten Wand und hielt Iris in den Armen. Der Duft ihres Haars, frisch gewaschen in unserem eigenen Waschbecken im Badezimmer, war der Duft eines neuen Anfangs, des Beginns eines selbständigen, erwachsenen Lebens, gemeinsam und unzertrennlich. Ich kann nicht beschreiben, welchen Frieden ich an diesem Abend empfand. Wir saßen auf unserer neuen Matratze und bewunderten bis lange nach Mitternacht unsere neuen Wände, unsere neue Wohnungstür, unseren neuen Perlenvorhang; das Bier ließ uns sanft dahinschweben, und die Musik wogte sacht auf ihrem eigenen Strom dahin. Mrs. Lorber und die diversen Rezeptionistinnen waren nicht mehr Teil unseres Universums. Ezra konnte sich waschen oder es lassen – es kümmerte mich nicht mehr. Der Rücksitz des Nash war Vergangenheit. Wir hatten unsere eigene Wohnung, ein eigenes Heim, und konnten jederzeit, ob Tag oder Nacht, tun, was immer wir wollten, ohne einen Gedanken an die Scheinwerfer eines anderen Wagens, an tödliche Abgase oder an die Nacht, die uns umgab wie ein feindliches Territorium.

Als ich am nächsten Tag von der Arbeit nach Hause kam, hatte Iris sich ein Kopftuch und eine Schürze umgebunden. Es roch stark nach etwas ganz anderem als Mrs. Lorbers verstorbener Schwester und den schwarzen Streifen, die die Konturen der von ihr übernommenen Küchenmöbel nachzeichneten. »Was ist das, Iris?« fragte ich und schob mich rasselnd durch den Perlenvorhang. »Das riecht, na ja, gut – oder anders.«

Der wacklige, mit uralten dunkelgrünen Lackschichten überzogene

Küchentisch war ein Katastrophengebiet. Jeder Teller, den wir besaßen – es waren lauter gebrauchte, mit angeschlagenen Rändern, die wir meiner Mutter und einer Truhe im Keller ihres Hauses in Michigan City verdankten –, war entweder verkrustet oder in irgendeinem Schmier gebadet. Mehl und Zucker waren verstreut, Eierschalen lagen herum, Haufen von Kartoffel- und Apfelschalen, etwas, das aussah wie eine Gemisch aus Ketchup und Worcestersauce, und natürlich Gewürze, wobei Majoran, wenn ich mich nicht irre, besonders stark vertreten war.

Sie lächelte, schlang mir die Arme um den Hals und küßte mich. »Hackbraten«, sagte sie, »mit gratinierten Kartoffeln und grünen Bohnen. Und als Nachtisch gibt's Apfelauflauf. Das Rezept für den Hackbraten und die Kartoffeln hab ich von meiner Mutter – schließlich hab ich all die Jahre, als ich auf der Highschool war, neben ihr in der Küche gestanden und gelernt, wie man eine gute kleine Hausfrau ist, herzlichen Dank.« Sie grinste und war sehr zufrieden mit sich selbst, und was machte es schon, daß die Küche ein Tohuwabohu war – wir waren gerade eingezogen, und sie hatte für mich gekocht. »Und das Rezept für den Apfelauflauf hab ich in einer Zeitschrift in der Bibliothek gefunden, und weil ich nichts zum Schreiben dabeihatte, hab ich es einfach rausgerissen.« Ein Viereck aus Hochglanzpapier war mit Klebeband an dem Hängeschrank über dem Herd befestigt.

Ich sah sie wohl streng an (sie wußte ganz genau, daß ich als ehemalige Bibliothekshilfskraft jede Beschädigung von Bibliotheksmaterial, und sei es etwas Nebensächliches wie eine Zeitschrift, mißbilligte), denn sie fügte hinzu: »Sei nicht böse, John. Die Bibliothek der University of Indiana wird das Rezept nicht vermissen. Oder denkst du, daß schluchzende Studentinnen am Ausgabetisch stehen und traurig sein werden, weil sie jetzt keinen Apfelauflauf mehr machen können?«

In der Innentasche meines Mantels, den ich noch nicht ausgezogen hatte, steckte eine Flasche Bourbon. Ich fand, jetzt sei der rechte Augenblick, um sie hervorzuholen und inmitten des Durcheinanders auf den Tisch zu stellen. »Zur Feier«, sagte ich, nahm zwei Gläser vom Bord und schenkte ein. »Auf dich«, sagte ich. Wir stießen an, und sie korrigierte mich: »Auf uns!«

Darf ich sagen, daß es das leckerste Essen war, das ich je gegessen hatte? Denn ein großartiges Essen kommt nicht nur durch erstklassige Zutaten, die Könnerschaft bei der Zubereitung oder die Eleganz der Umgebung zustande, sondern auch durch die Stimmung des Speisenden – die infolge der Situation, des Bourbons, der *Liebe* stark gehoben war –, denn sie kann bewirken, daß jeder Bissen so sinnlich ist wie ein Kuß. Apfelauflauf. Hackbraten. Ich aß wie ein Mann, der einen Monat schiffbrüchig gewesen war, ich aß, bis ich nicht mehr konnte. Dann nahmen wir uns die Bourbonflasche vor – es war ein Dreiviertelliter, und wir waren, fürchte ich, ziemlich beschwipst –, und anschließend fiel ich wie dieser schiffbrüchige Matrose oder vielleicht sein Admiral über meine Frau her.

So war es am Anfang, so war unser Leben tagein, tagaus. Man nennt es Glück, und wir hatten es, wie man sagt, kübelweise. Der Krieg hing in diesen Wochen und Monaten nach Pearl Harbor drohend über uns wie über allen anderen, aber Prok hielt Wort, und es gelang ihm schließlich, mir eine berufsbedingte Zurückstellung zu verschaffen, indem er all seinen Einfluß geltend machte, all sein rhetorisches Geschick aufwandte und die Einberufungsbehörde davon überzeugte, daß unsere Forschung kriegswichtig war. Iris war entschlossen, ihr letztes Semester zu beenden und den Abschluß als Grundschullehrerin zu machen, nahm aber eine Teilzeitstelle beim Supermarkt an, und das Geld, das sie dort verdiente, dazu meine Gehaltserhöhung, bescherten uns soviel materielle Sicherheit, wie unter diesen Umständen zu haben war. Allerdings mußten wir sehr genau rechnen. Ich schränkte das Rauchen ein, wir gingen nicht mehr in Kneipen oder Bars und beschränkten uns auf einen Kinobesuch pro Woche.

War es ein Idyll? Nein, natürlich nicht. Die Art unserer Beziehung zu Prok und Mac war noch immer ungeklärt. Sie luden uns regelmäßig zum Essen oder zu einem musikalischen Abend ein, und natürlich war ich sehr viel öfter mit Prok unterwegs, als Iris lieb war, eine wunde Stelle, die mit den Jahren immer quälender zu werden schien. Außerdem war Iris von dem Projekt selbst immer weniger begeistert. »Wir sind im Krieg«, sagte sie. »Die ganze Welt ist bedroht, und ihr fahrt irgendwo in den Hinterwäldern herum und meßt Orgasmen. Ich meine, findest du das nicht auch ein bißchen trivial?«

»Aber du wolltest doch, daß ich bleibe«, konterte ich. »Du hast doch darauf bestanden. Du warst so unerbittlich wie Lindberghs

Redenschreiberin. ›Ich werde dich nicht gehen lassen‹, hast du gesagt. ›Das ist nicht unser Krieg.‹ Weißt du noch?«

Sie hatte eine Art, die Unterlippe einzuziehen, als wäre sie gerade vergiftet worden, als hätte sie soeben das Glas abgesetzt und würde sich gleich mit letzter wilder Kraft auf den Schurken – also mich – stürzen. »Komm mir nicht damit, John. Mag sein, daß ich gegen den Krieg war, aber das war, bevor die Japaner uns überfallen haben. Jetzt ist es beinahe so, als ob du … Nein, ich will es nicht sagen. Aber *Orgasmen.* Ich meine, gibt es was Lächerlicheres?«

Ich erinnere mich an einen Abend in jener Zeit, irgendwann im Winter oder Vorfrühling. Ezra und Dick Martone, die ihr Studium abbrachen, um sich freiwillig zu melden, kamen mit zwei Freundinnen und drei großen, bauchigen Einkaufstüten voller Bier- und Ginflaschen. Das war Dicks Lieblingsdrink: Gin aus einer silbernen Flasche, gemischt mit Tonicwater aus einem Siphon. Die Frauen waren unscheinbar, hatten Aknenarben und Haar, das wie tot wirkte – ich glaube, es waren Schwestern, vielleicht sogar Zwillinge –, und abgesehen von den üppigen Rundungen war schamlose Lüsternheit ihr augenfälligster Reiz. Sie benutzten schmutzige Wörter, tranken wie die Bürstenbinder und hatten der Hälfte der männlichen Studentenschaft »einen geblasen«. Da sie patriotische Mädels waren, gefielen ihnen Uniformen besonders.

Jedenfalls feierten wir eine Abschiedsparty, und Iris machte Lammkeule mit Bratkartoffeln, Karotten und süßem Mais, Biskuits frisch aus dem Ofen und zum Nachtisch Pfirsichkuchen. Ich verbrachte den Nachmittag – es war ein Samstag – damit, die Teppichkehrmaschine durch die Wohnung zu schieben, Gemüse zu putzen und zum Laden zu gehen und Minzsauce, Knoblauch, ein Pfund Margarine oder sonst irgend etwas zu kaufen, das Iris in letzter Minute brauchte. Ich sagte ihr, es sei keine große Sache, bloß Dick und Ezra und ihre Freundinnen, zwei Frauen, die wir nie wiedersehen würden und die nur zu einem einzigem Zweck dabei waren, aber Iris war nicht zu bremsen. »Das ist unser erstes Abendessen mit Gästen, John«, sagte sie und hantierte, den Rücken zu mir gekehrt, am Spülbecken. »Das erste Mal, daß wir Gäste in unserer eigenen Wohnung haben.«

Das Wasser lief, Dampf stieg auf, der köstliche Geruch der Lammkeule erfüllte alle Winkel unserer Drei-Zimmer-Küche-Bad-

Wohnung mit einem Flair von Reichtum und Opulenz, so daß ich mir vorkam wie ein Raubritter, wie ein Sultan, der auf bunten Teppichen ruht, während von unten, aus der Palastküche, die exotischen Düfte der zubereiteten Speisen heraufziehen. Ich legte meine Hände auf ihre Hüften und küßte sie hinter dem Ohr. »Ich kenne dich«, sagte ich und lehnte mich an sie, drückte mit dem Unterleib gegen die Rundung ihres Hinterns, »du willst nur angeben.«

Sie machte sich steif und straffte die Schultern, und die Teller tauchten aus dem Seifenschaum auf, versanken im Becken mit klarem Wasser und landeten auf dem Abtropfgestell, in einem Tempo, als wäre Iris ein Roboter. »Du könntest mir helfen«, sagte sie, ohne sich umzusehen. »Du könntest abtrocknen. Wir brauchen die Teller für den Tisch, und unsere Gäste werden in weniger als einer Stunde hier sein.«

»Klar«, sagte ich, »klar«, und ich nahm das Geschirrtuch und stellte mich neben sie. »Aber du brauchst wirklich nicht so viel Aufwand zu treiben, nicht für Dick und Ezra –«

Sie wandte mir ihr Halbprofil zu, und ich sah ihre Unterlippe und den pfeilschnellen Seitenblick. »Und wenn ich nun angeben will mit meiner Wohnung – und mit meinem Mann? Ich bin stolz darauf. Du nicht?«

Ich sagte ihr, natürlich sei ich ebenfalls stolz, und versuchte sie zu umarmen, in der Hand eine nasse Vorlegeplatte, und vielleicht war ich ein bißchen ungeschickt – noch keineswegs betrunken, ganz und gar nicht, aber ich gestehe, daß ich zur Einstimmung schon einen Schluck getrunken hatte. Jedenfalls fiel die Platte zu Boden und zerbrach. In tausend Stücke. Wir standen stocksteif da und starrten entsetzt auf die Trümmer. Es war unsere einzige Vorlegeplatte, die Platte, auf der die Lammkeule serviert werden sollte, und diese Krisis war zuviel für Iris. Sie warf mir einen wilden Blick zu, durchpflügte den Perlenvorhang und stapfte ins Schlafzimmer, dessen Tür sie hinter sich zuknallte. Ich wollte zu ihr gehen und mich entschuldigen – oder nein, ich war mit einem Mal wütend und wollte gegen die Tür treten, am Griff rütteln und sie anschreien, denn es war doch schließlich nicht das Ende der Welt, bloß ein kleiner Unfall, und warum sollte ich das nun ausbaden? *Warum reißt du das verdammte Ding nicht gleich aus den Angeln, hm?* Das wollte ich sagen, das wollte ich brüllen. Aber ich tat es nicht. Ich ging zur Tür, doch sie war abgeschlossen. »Iris«, sagte ich. »Ach, komm schon, Iris.« Ich lauschte – weinte sie? – und ging dann wieder in die Küche, wo ich mir noch einen Bourbon einschenkte und auf den Knien herumrutschte, um die Scherben aufzusammeln.

Trotzdem verlief die Party so gut, wie wir gehofft hatten. Oder vielmehr noch besser. Dick und Ezra und die beiden Frauen – nennen wir sie Mary Jane und Mary Ellen – waren bei ihrem Eintreffen bereits reichlich beschickert, und hätten wir ihnen die Lammkeule am Spieß serviert, dann hätten sie es gar nicht mitgekriegt, und wenn, dann wäre es ihnen egal gewesen. Ich schnitt das Fleisch auf dem Herd und legte die Scheiben auf einen normalen Teller, allerdings erst nachdem Iris jedem ausgiebig Gelegenheit gegeben hatte, die Lammkeule in der Pfanne zu bewundern, und als wir bei Kaffee und Pfirsichkuchen angekommen waren, lachten wir über die zerbrochene Vorlegeplatte und den tölpelhaften Ehemann, der in der Küche zu nichts zu gebrauchen war. Mary Ellen, die rechts von mir saß, gab mir einen spielerischen Knuff auf die Schulter und nannte mich »Zitterfinger«. »Du bist ja ein richtiger Zitterfinger«, sagte sie, und beide Schwestern brachen in brüllendes Gelächter aus.

Ich brachte den Bourbon, damit wir unseren Kaffee veredeln konnten, und Ezra schenkte seine Tasse randvoll und stürzte sie hinunter, obgleich der Kaffee so heiß war, daß die anderen nicht mal nippen konnten. Dann bat er um mehr. Danach hatte er einen etwas abwesenden Blick, doch er saß glücklich und zufrieden da, einen Arm entspannt um Mary Janes Schultern gelegt, und schob mit der Gabel in seiner anderen Hand ein zweites Stück Kuchen auf dem Teller herum. Er und Dick, der im Herbst sein Graduiertenstudium begonnen und als Assistent am Lehrstuhl für Ingenieurwesen gearbeitet hatte, würden am nächsten Morgen zur Grundausbildung einrücken. Dies war ihr letzter Abend in Freiheit, ihre letzte Gelegenheit, und ich wollte – Iris und ich wollten –, daß es ein denkwürdiger Abend wurde. Es war noch Bier da, und als wir uns vom Tisch erhoben und ins Wohnzimmer gingen, schenkte Dick eine neue Runde Gin Tonic für sich und die Schwestern ein.

Schon am nächsten Morgen konnte ich mich an nicht mehr viel erinnern, und heute ist mir der ganze Ablauf noch viel unklarer, aber an irgendeinem Punkt drehte sich das Gespräch nicht mehr darum, wie Dick und Ezra die Wende herbeiführen, Hitler mit links erledigen und im nächsten Herbst als strahlende Helden zurück nach Amerika dampfen würden, sondern um mich und meine Situation. Dick saß zusammengesunken auf dem Sofa und hatte den Arm um Mary Ellen gelegt, so daß seine Hand leicht auf ihrem Busen ruhte. Das Radio war eingeschaltet, aber aus Rücksicht auf die Nachbarn leise gestellt. Aus dem Äther sickerte irgend etwas Bluesig-Stimmungsvolles. »Dann hat Kinsey dir also tatsächlich eine Zurückstellung verschafft, was?« sagte er.

»Kinsey?« fragte Mary Ellen. »Du meinst *Professor* Kinsey? Dr. *Sex?*«

Mary Jane, die engumschlungen mit Ezra auf dem Schaukelstuhl saß, hob kurz den Kopf und kicherte.

»Ja«, sagte ich. »Ja, Dr. Kinsey. Ich arbeite für ihn.«

»Forschung«, warf Iris ein. »Er ist phantastisch, wenn es um Statistiken geht, er zeichnet all die Kurven –«

Ezra schnaubte. »Das kann ich mir vorstellen. Ich sehe geradezu, wie er all diese *Kurven* zeichnet ...« Er und Dick lachten schmutzig.

Mary Ellen hatte gewisse Schwierigkeiten, ihren nächsten Gedanken zu formulieren. Ich sah, wie sie mit dem Satz kämpfte, bis sie ihn heraus hatte. »Du meinst ... du ... du bist so was wie ein Sexforscher?«

Ich saß auf einem der harten Küchenstühle, die ich ins Wohnzimmer getragen hatte, damit alle sitzen konnten. Ich hatte, wie gesagt, keinerlei Bedenken wegen meiner Arbeit, ich war Proks rechte Hand und in allem sein Schüler, aber ich hatte keine Lust, mich dafür zu rechtfertigen, nicht in gemischter Gesellschaft, nicht in meinem eigenen Wohnzimmer. Ich sah Mary Ellen in die Augen – ihre hübschen Augen waren, abgesehen von der verführerischen Figur, ihr größtes Kapital – und nickte nur.

Sie machte ein gurrendes Geräusch, wandte sich zu Dick und küßte ihn voll auf den Mund. Als sie absetzte, um Luft zu holen, lächelte sie kokett und sagte, Sex sei für sie das faszinierendste Thema überhaupt. »Ich liebe Sex«, sagte sie, noch immer mit diesem Gurren, »und ich liebe Männer. Tut mir leid, aber so bin ich nun mal.« Eine Pause. »Kannst du auch zusehen? Ich meine, wenn die Leute ... wenn sie« – sie blickte zu Iris, war sich nicht sicher, wie weit sie gehen konnte –, »wenn sie, na ja, wenn sie es *machen?*«

Die Zeiten, da ich bei solchen Fragen errötete, waren längst vorbei, doch ich spürte, wie warm es in dem Raum war und daß die Augen meiner Frau und auch die von Dick und Ezra auf mir ruhten. »Nein«, sagte ich und hob die Hand, um meine Haare zurückzustreichen. »Nein, wir stellen nur –«

»Sie stellen nur Fragen«, antwortete Iris für mich. Sie sah mich mit einem Blick an, den ich nicht zu deuten vermochte. »Stimmt's, John?«

Mary Jane war wieder bei Bewußtsein. Sie saß auf Ezras Schoß, und ihr Lippenstift war in den Mundwinkeln zu großen Ovalen verschmiert. Der viele Alkohol und die späte Stunde gaben ihrem Blick etwas Stumpfes. Aus dem Radio ertönte das leise Klagen eines Saxophons wie der Schrei eines Erdrosselten und verklang. »Fragen?« sagte sie. »Was für Fragen?«

»Wie oft masturbierst du?« sagte Iris, ohne den Blick von mir zu wenden. »Mit wie vielen Männern warst du zusammen, wie viele Orgasmen hast du, wie oft hast du Oralverkehr mit deinem Freund? Solche Sachen eben.«

Schweigen. Dick hob den Kopf, als hätte er nichts von dem gehört, was wir in den vergangenen fünf Minuten gesagt hatten. »Ich weiß nicht«, sagte er, »aber immerhin bist du verheiratet und so weiter, und ich finde, man kann dir nicht vorwerfen, daß du dich hast zurückstellen lassen.«

Wieder Schweigen. Die Bemerkung hing über dem Abend wie etwas, das niemand berühren wollte, am wenigsten ich. Der Radiosprecher teilte uns mit, das Programm des Senders sei nun beendet, und wir alle starrten den Apparat an, bis nur noch statisches Rauschen zu hören war und ich fand, es sei langsam Zeit, zu Bett zu gehen. Schließlich kam Mary Jane lange genug hoch, um zu fragen: »Was ist Oralverkehr?«

Iris und ich hatten uns vorher darauf geeinigt, daß wir uns früh in unser Schlafzimmer zurückziehen würden, damit die beiden Paare von Sofa, Schaukelstuhl und der von der Heizung erzeugten angenehmen Zimmertemperatur profitieren konnten und nicht in irgendeinem zugigen Korridor herumstehen oder mit dem Rücksitz eines geliehenen Wagens vorliebnehmen mußten, und so zogen wir uns bald darauf zurück und überließen unseren Gästen das Wohnzimmer. Ich war, wie Iris, ziemlich erledigt, und ich glaube, ich ließ sogar das Zähneputzen ausfallen, bevor ich ins Bett fiel, als stürzte ich von einem hohen Sprungbrett ins Wasser. Ich schlief auf der Stelle ein.

Irgendwann wachte ich auf, weil meine Kehle vollkommen ausgetrocknet war. Das passiert mir oft, wenn ich getrunken habe. Ich hatte geträumt, ich sei in einen Drugstore gegangen und hätte ein Schokoladensoda bestellt, das sich wunderbarerweise in eine eiskalte, mit Wassertropfen beperlte Flasche Coca-Cola verwandelte, die sich in meiner Hand wie eine kalte Kompresse anfühlte, und im nächsten Augenblick stand ich auf und tappte barfuß zum Badezimmer. Meine Füße waren übrigens nicht das einzige Nackte an mir. Ich habe immer nackt geschlafen, jedenfalls seit meiner Pubertät, als meine Mutter nachts nicht mehr in mein Zimmer kam, um nach mir zu sehen. Vom Schlaf umfangen, hatte ich ganz vergessen, daß wir Gäste hatten. Im Grunde war ich noch immer betrunken. Trotzdem rief irgend etwas mir die Situation ins Bewußtsein: ein Duft, eine verstohlene Bewegung, das schwache Flackern der Kerze, die Iris im Wohnzimmer hatte brennen lassen.

Ich tastete mich mit unsicheren Schritten durch den Flur und merkte, daß ich nicht allein war. Da war noch jemand, ein schwärzerer Schatten, der sich in der Dunkelheit an der Wand direkt vor mir zu verdichten schien. Ich streckte die Hand aus und fühlte einen Körper, einen weiblichen Körper, strich über die beiden dazugehörigen Brüste, spürte die Wärme der Haut und der Zunge, hörte ein Flüstern: »Ich suche das Badezimmer …«

Was hätte ein guter Gastgeber getan? Sie zum Badezimmer geführt. Ihr ein frisches Handtuch, ein Stück Seife, einen Tupfer Eau de Cologne gegeben. Ich tat nichts dergleichen. Ich hatte nicht mal Zeit, darüber nachzudenken. Eben noch hatte ich geschlafen, und nun stand ich hier, im Flur meiner Wohnung, und sammelte taktile Eindrücke von der glatten, erglühenden Haut einer fremden nackten Frau, während ich zugleich ein leises Schnarchen und das Ticken einer Uhr vernahm. Ihre Brustwarzen waren hart, ihre Vagina war feucht. Im nächsten Augenblick waren wir vereint, und ich habe deswegen nicht den Hauch eines schlechten Gewissens, denn es war der dem Augenblick entsprechende natürliche Impuls, unkompliziert, gesund, Forschung im Vorübergehen sozusagen.

Ich fand nie heraus, ob Mary Ellen oder Mary Jane in jener Nacht die Förderin der Forschung war, aber das spielt ja auch keine Rolle.

11

Obgleich Benzin rationiert war und die Automobilfabriken auf Kriegsproduktion umstellten, dachte ich in jenem Winter viel über Autos nach. Im Dezember, kurz vor dem Angriff der Japaner, hatte Prok seine erheblichen investigativen Energien aufgewendet, um einen zweiten Wagen aufzutreiben, denn er fand es ungerecht, daß Mac und die Kinder, wenn wir so lange unterwegs waren, um Vorträge zu halten und Geschichten zu sammeln, kein Transportmittel hatten. Nachdem er ein gutes Dutzend Autos, die in der Stadt zum Verkauf angeboten wurden, untersucht hatte, entschied er sich für einen ziemlich neuen Buick mit fast neuen Reifen und makellosem Lack in einem Blau, so dunkel, daß es beinahe schwarz wirkte. Er hatte einem seiner Kollegen an der University of Indiana gehört, einem älteren Musikprofessor, der im vergangenen Jahr gestorben war und den Wagen seiner Frau hinterlassen hatte, die aber nicht Auto fahren konnte und ihn in der Garage stehenließ. Prok suchte die Witwe eines Nachmittags auf, trank Tee mit ihr und bekam nicht nur den Wagen (zu einem Spottpreis), sondern auch ihre Sexgeschichte. Ich war mit Iris, Mac und den Kindern in dem Haus in der First Street, und wir waren allesamt gespannt, ob er es tatsächlich geschafft hatte. Ich erinnere mich deutlich an das festliche Aufblitzen der Sonne auf der Windschutzscheibe, als er in die Einfahrt bog, und an den unverhüllten Triumph in seinem Gesicht. Angeblich sollte das also Macs Wagen sein, während wir für unsere Fahrten weiterhin den altersschwachen, unzuverlässigen Nash nehmen würden, doch von dem Augenblick an, in dem Prok damit in die Einfahrt rollte, gehörte der Buick de facto uns.

Da Iris und ich ein paar Wochen später unseren Hausstand gründeten, war unser Bedürfnis nach einem Wagen natürlich nicht mehr so groß wie zuvor, doch ich wünschte mir damals sehnlich einen eigenen Wagen. An Sonntagnachmittagen liefen Iris und ich durch die ganze Stadt – und manchmal auch hinaus in jenes Niemandsland, wo die dichtere Bebauung in Farmland übergeht –, um uns diese oder jene alte Rostlaube anzusehen, die wir uns ohnehin nicht leisten konnten. Aber wir sahen sie uns an – man konnte ja nie wissen. Jedesmal wenn ich eine Annonce las (*Modell A, 1929, gute Reifen, rep.bed., gegen Höchstgebot; 34er Chevy, sauber*), entstand vor meinem geistigen Auge ein Bild, und jedesmal, wirklich jedesmal, wurde ich enttäuscht. Ich war kein Mechaniker. Genaugenommen hatte ich keinen blassen Dunst von Zündkerzen, Schwungrädern oder Getriebeöl. Doch ich war voller Hoffnung. Ich suchte nach einem zuverlässigen Wagen, billig in Anschaffung und Unterhalt, mit einem guten Motor und einer rostfreien Karosserie. Marke, Modell und Baujahr waren mir egal. Wie gesagt: Die Straße, die aus der Stadt hinausführte, war für mich eine ständige Verlockung, und als Student wie als verheirateter Mann hatte ich manchmal das Gefühl, als wäre ich in Bloomington gestrandet, als wäre ich umzingelt, als hätte man mich für tot erklärt. Natürlich gab es Busse und Züge und meine Reisen mit Prok, aber wenn ich meine eigenen vier Räder unter mir hätte, wäre ich mein eigener Herr und könnte fahren, wann ich wollte und wohin ich wollte.

Es muß gegen Ende Februar gewesen sein, und ich weiß wirklich nicht mehr, ob es vor oder nach unserer kleinen Abschiedsfeier für Dick und Ezra war: Corcoran zog nach Bloomington. Es hatte einen Wetterumschwung gegeben – blauer Himmel und Tagestemperaturen zwischen fünf und zehn Grad –, und ich verließ gerade das Institutsgebäude, um etwas für Prok zu erledigen, als eine Hupe ertönte und ein Wagen am Randstein vor mir hielt. Es war ein gelbes Cadillac La Salle Cabriolet mit makellosen Weißwandreifen und verchromten Radkappen, und das Verdeck war aufgeklappt. Am Steuer saß Corcoran in einem Tweedjackett, die Pfeife in den Mundwinkel geklemmt. Er riß die Arme hoch und schwenkte sie wie ein Schiffbrüchiger auf hoher See. »John«, rief er, »he, John! Ich bin da!«

Ich weiß nicht, was ich antwortete. Wahrscheinlich war es irgendeine Bemerkung über den Wagen. Es war ein Schlitten wie aus einer Zeitschrift, mit Abstand das sportlichste Fahrzeug, das Bloomington je gesehen hatte.

»Gefällt er dir?« krähte er, stieg mit einer geschmeidigen Bewegung aus und schüttelte mir die Hand. »Hab ihn erst vor einer Woche gekauft. Und du hättest erleben sollen, wie ich damit hergefahren bin, mit der Hand auf dem Hupring, denn: Paßt auf, ihr Kühe, ihr Farmer mit euren Heuwagen – jetzt komm ich!«

Ich gab ein paar bewundernde Laute von mir, auf der Straße fuhren Autos vorbei, Studenten blieben stehen und glotzten, die kahlen Bäume staken entlang der Straße im Boden wie Galgen. Auf dem

Beifahrersitz des Wagens lagen ein Koffer und ein breitkrempiger hellbrauner Hut. Ich fragte mich, wie Corcoran sich mit seinem Sozialarbeitergehalt einen solchen Wagen leisten konnte (die Familie seiner Frau war vermögend, erfuhr ich später) und wieviel Prok ihm angeboten hatte, damit er zu uns kam – mehr als mir jedenfalls, das war sicher –, als sein Blick zwischen mir und dem Koffer hin- und herwanderte und er sagte: »Meinst du, das geht? Mit dem Koffer, meine ich. Nur für ein paar Minuten?«

»Tja, äh …« sagte ich. »Na ja, ich glaube …«

»Könntest du kurz ein Auge darauf haben? Ich will nur eben raufgehen und Prok sagen, daß ich da bin. Die Wohnung finde ich dann schon, das wird ja kein Problem sein … Ach ja, ich wollte mich bei dir und wohl auch bei Prok bedanken, daß ihr was für mich gefunden habt.«

Das hörte ich zum ersten Mal, und anscheinend war mir meine Verwirrung anzusehen, denn er fügte hinzu: »Oder wer auch immer es war. Das war sehr nett. Wirklich. In den nächsten Monaten werde ich improvisieren und etwas Passendes für Violet und die Kinder finden müssen, aber daß ich jetzt schon eine Bleibe habe, das ist wirklich … Ich weiß ja, wie schwierig es ist, mitten im Semesters was aufzutreiben.«

Ich stand schließlich eine halbe Stunde dort am Bordstein, während Studentengrüppchen, Einheimische und hin und wieder ein Professor vorbeigingen. Ich hatte ein Auge auf den Wagen, und vielleicht tat ich sogar so, als gehörte er mir. Ich sah ihn mir jedenfalls sehr genau an, klappte auch die Motorhaube und den Kofferraum auf (ein Tennisschläger, ein Satz Golfschläger, ein Paar zweifarbige Schuhe und noch ein Koffer), und gegen Ende meiner Wachtätigkeit setzte ich mich ans Steuer, nur um zu sehen, was das für ein Gefühl war. Dann wurde ich ein wenig unruhig – Prok würde sich fragen, wo ich blieb –, doch da sah ich die beiden aus dem Institutsgebäude treten und auf mich zukommen, Prok wie immer in zügigem Tempo, und neben ihm, mit lässigen, langen Schritten, Corcoran. Sie lächelten, gestikulierten und waren in ein angeregtes Gespräch vertieft. Schuldbewußt (obgleich ich nicht weiß, warum ich ein schlechtes Gewissen hatte – immerhin hatte er mich ja *gebeten*, auf den Wagen und den Koffer und so weiter aufzupassen) stieg ich aus und schloß leise die Tür. Als sie vor dem Wagen – das heißt, vor mir – standen, starrten sie mich an, als wären sie verwundert, mich dort zu sehen, und Prok trat sogleich an die Beifahrerseite, hob den Koffer hoch und reichte ihn mir. Dann stieg er ein, schloß die Tür, sah zu mir auf und sagte: »Stell ihn bitte irgendwo hinter die Sitze, Milk.« Und dann zu Corcoran: »Ich muß sagen, sehr beeindruckend, Corcoran. Aber auch ein bißchen auffällig, nicht?«

Ich merkte, daß die Nadel von Proks Protzometer heftig ausschlug, ganz zu schweigen davon, daß er fürchtete, einer seiner Mitarbeiter könnte ungebührliche Aufmerksamkeit erregen. Sein Gesichtsausdruck sagte alles: *Ein gelbes Cabriolet. Und was kommt als nächstes?* Und zweifellos überlegte er, daß ein Teil der Aufwendungen für Corcorans Umzug in unserem Projekt weit mehr Nutzen gebracht hätte, obgleich das unfair gewesen wäre, *aber trotzdem …*

Corcoran merkte, wie so oft, nichts davon. Das war eines seiner Talente. Er glitt auf gesalbten Schwingen durchs Leben, er nahm und gab, was er wollte. Wenn eine Situation bedrückend oder in irgendeiner Weise unangenehm wurde – und als das Projekt richtig in Gang gekommen war und die Öffentlichkeit sich auf uns stürzte, gab es Augenblicke, die ich, milde gesagt, qualvoll fand –, dann ignorierte er das einfach. Ich glaube nicht, daß er unsensibel war, ganz im Gegenteil. Es kümmerte ihn eben nicht. Er war unbekümmert. Er war sorglos. Er war Corcoran – und der Rest der Welt sollte sich lieber vorsehen. Zu Prok sagte er bloß: »V-8-Motor, Prok, schnurrt wie ein Kätzchen. Und hat jede Menge *Schubkraft.*«

Ich zwängte den Koffer hinter Proks Sitz, und Prok tätschelte meine Hand und sagte: »Geh schon mal rauf, Milk – ich will Corcoran nur schnell seine Wohnung zeigen, damit wir das erledigt haben. In spätestens einer Stunde sind wir wieder da, und dann« – ein Seitenblick zu Corcoran – »beginnt die eigentliche Arbeit.«

Corcoran startete den Motor, ließ ihn aufheulen und jagte mit quietschenden Reifen davon. Prok gestikulierte und hielt ihm vermutlich bereits den ersten von unzähligen Vorträgen über richtiges Autofahren. Ich stand da und sah ihnen nach, dann drehte ich mich um und ging wieder hinauf in unser Büro im Institutsgebäude. Proks Auftrag hatte ich vergessen.

Am nächsten Samstag gab es eine Einladung zum Abendessen, am folgenden Sonntag einen musikalischen Abend für eine ausgesuchte

Gruppe von Proks Kollegen, darunter die Briscoes und President Wells (Prok gab, wie nicht anders zu erwarten, mit seiner neuesten Erwerbung an, mit diesem gutaussehenden, strahlenden, zuversichtlichen jungen Mann), und dann gingen wir in dem stromlinienförmigen Buick auf unsere erste gemeinsame Reise. Prok saß am Steuer, Corcoran auf dem Beifahrersitz, und ich hatte es mir hinten bequem gemacht und sah hinaus auf die Landschaft. Wie immer redete Prok ohne Punkt und Komma, von dem Augenblick an, als er und Corcoran mich von unserer Wohnung abgeholt hatten, bis zu unserer Ankunft, und Corcoran, unser neuer Mann, gab sich alle Mühe, einige von Proks hingeworfenen Bemerkungen durch eigene Gedanken zu akzentuieren. Ich lehnte mich mit halbgeschlossenen Augen zurück und ließ das alles vorbeiziehen. War ich desillusioniert, weil ich so plötzlich und uneingeschränkt von meinem Platz verdrängt worden war? Ja, natürlich, jedenfalls zunächst. Doch ich begriff rasch, welcher Vorteil darin lag: Es gab jetzt jemanden, der Proks Aufmerksamkeit ablenkte, der einen Teil nicht nur seiner überschüssigen Energie, sondern auch seiner Kritik, seines Starrsinns und nicht zuletzt seines sexuellen Begehrens auffangen würde. Und so lehnte ich mich in dem relativen Luxus des Buick zurück, hörte dem Gespräch auf den Vordersitzen mit halbem Ohr zu, antwortete, wenn man mich direkt ansprach, mit einem Nicken oder Grunzen und hatte das Gefühl, daß es unverkennbar aufwärts ging und daß der Druck, unter dem ich stand, um einiges nachlassen würde.

Denn ich war tatsächlich angespannt gewesen. In den Wochen vor Corcorans Ankunft hatten Prok und ich an unseren Anträgen für Forschungsstipendien gearbeitet und waren viel herumgereist, um so viele Geschichten wie möglich zu sammeln, bevor alles rationiert wurde, und mit dem wachsenden Druck, der auf ihm lastete, wurde Prok immer fordernder. Vielleicht lag es an der allgemeinen Ungewißheit (er sagte nie ein Wort über den Krieg und verfolgte weder die allgemeine Entwicklung noch äußerte er sich zu weltpolitischen Ereignissen, es sei denn, sie hatten irgendwelche Auswirkungen auf unsere Forschungen, doch es war klar, daß er sich zunehmend Sorgen machte, unser Projekt könnte Schaden leiden), vielleicht merkte er aber auch, daß ich mich emotional von ihm entfernte, seit Iris und ich eine gemeinsame Wohnung hatten. Er wollte eine sexuelle

Beziehung, und ich fügte mich, doch es steckte keine Freude darin, und das muß er gespürt haben. Ich erinnere mich an eine Nacht in einem Motel am Stadtrand von Carbondale – wir hatten eine lange Fahrt und viele Interviews hinter uns –, wo er nackt und mit erigiertem Penis an mein Bett trat. Ich wollte nur noch schlafen, und das sagte ich ihm auch. »Was ist los?« fragte er und setzte sich auf die Bettkante. »Du wirst mir doch nicht etwa verklemmt werden?«

»Nein«, sagte ich, »nein, ich bin bloß müde«, aber ich tat dann doch, was er wollte, und dachte dabei die ganze Zeit an Iris, die zu Hause auf mich wartete.

Auf dieser Reise – der ersten von mehr als hundert, die wir drei im Lauf der Jahre machten – waren wir unterwegs nach Indianapolis, wo wir Prostituierte und, wenn möglich, ihre Kunden befragen wollten. Corcoran sollte in der Rolle des Lehrlings anwesend sein und die nötigen Kenntnisse sammeln, damit er bald seine eigenen Interviews führen konnte. Prok war in bester Stimmung und noch gesprächiger als sonst, und obgleich er wie immer schlecht fuhr und, um Benzin zu sparen, versuchte, eine gleichmäßige Geschwindigkeit beizubehalten, kamen wir gut voran und trafen so früh im Hotel ein, daß wir noch gemeinsam essen konnten, bevor wir uns auf den Weg machten. Ich hätte vor dem Essen gern einen Cocktail getrunken, ebenso wie Corcoran, aber davon wollte Prok nichts wissen. Wir würden bis in die frühen Morgenstunden die verschiedensten Bars aufsuchen, und da das unvermeidlich mit dem Genuß eines gewissen Quantums Alkohol verbunden sein würde, bestand kein Grund, bereits jetzt damit anzufangen – ein betrunkener Interviewer war das letzte, was er brauchen konnte. Das sahen wir doch sicher genauso, oder? Ja, natürlich sahen wir das genauso, wenn auch widerwillig, und als der Kellner unsere Speisekarten mitnahm, wechselten Corcoran und ich über unsere Gläser mit jungfräulichem Sodawasser hinweg einen Blick, und ich hatte das Gefühl, einen Verbündeten gefunden zu haben. Wir waren Proks Gefolgsleute – und zwar immer und freiwillig –, aber wir konnten auf unsere eigene verschwörerische Art rebellieren, und das gab mir das Gefühl, ein klein wenig aufsässig zu sein. Es war, als hätte ich einen großen Bruder gefunden, den ich unter dem Tisch anstoßen konnte, wenn unser Vater nicht hinsah.

Wir nippten also an unserem Sodawasser, während Prok eine

Coca-Cola trank (»Ich mag dieses Zeug eigentlich gar nicht«, behauptete er, obgleich sein Appetit auf Süßes legendär war, »aber das Koffein ist gut, das hält mich wach«) und unseren Schlachtplan für den Abend entwarf. »Ich glaube«, sagte er und sah sich in dem beinahe leeren Speisesaal des Hotels um, »daß wir heute abend einige exzellente Daten sammeln werden, die Art von Geschichten hochaktiver Menschen aus den unteren Schichten, die wir als statistischen Ausgleich brauchen – du erinnerst dich sicher an Gary, Milk, und was wir dort für Funde gemacht haben –, aber das ist noch nicht genug.«

Das Hotel gehörte zur mittleren bis unteren Kategorie, und das dazugehörige Restaurant war wirklich nichts Besonderes, denn auch in diesem Punkt war Prok der Meinung, es sei unnötig, Projektmittel für flüchtigen Luxus aufzuwenden. Er legte Messer und Gabel sorgfältig neben dem Salatteller ab, auf dem drei Scheiben eingelegte rote Bete neben einem bräunlichen Salatblatt in einer unappetitlichen Pfütze schwammen.

»Was meinen Sie damit?« fragte Corcoran. »Die Daten, die Sie mir gezeigt haben – Sie und John natürlich –, sind genauer und umfassender als alle, die irgendwelche anderen Forscher gesammelt haben.«

Prok sah sich abermals um und vergewisserte sich, daß uns niemand belauschte. Dann beugte er sich vor. »Mein Gedankengang war folgender: Es ist ja ganz gut und schön, mündliche Schilderungen sexueller Aktivitäten aufzuzeichnen, es ist unerläßlich, es ist das Fundament dessen, was wir erreichen wollen – aber trotzdem könnten wir viel, viel mehr tun.«

Corcorans Blick schoß zu mir, aber ich zuckte nur ganz leicht die Schultern. Ich konnte mir nicht vorstellen, worauf Prok hinauswollte.

»Ich habe für heute abend eine kleine Änderung arrangiert«, sagte Prok, nahm seine Gabel, betrachtete sie, als hätte er ein solches Utensil noch nie gesehen, und legte sie wieder hin, als wäre ihre Funktion ihm ein Rätsel. »Ich will es mal so sagen«, fuhr er fort. »Unserer Spezies ist es gelungen, Tiere zu domestizieren und in den verschiedensten Rassen zu züchten, ihre sexuellen Aktivitäten also zu beobachten und in die gewünschten Bahnen zu lenken. Nur bei Menschen ist uns das nicht gelungen. Die sexuellen Aktivitäten zu beobachten, meine ich.«

»Ja, natürlich.« Corcoran erwärmte sich für den Gedanken. »Wir ergehen uns zwar in sexuellen Aktivitäten, aber wir beobachten uns dabei nicht. Wir sind dabei nicht gerade Wissenschaftler, stimmt's, John?«

»Tja«, sagte ich, »na ja, stimmt schon«, und grinste. »Im Eifer des Gefechts denkt man nicht in wissenschaftlichen Kategorien, das tut niemand –«

»Richtig. Wo ist da deine Objektivität?« Corcoran strahlte. Er war einem Gedanken auf der Spur. Der Augenblick gehörte ihm. »Wenn du mit einer Frau zusammen bist, in den Fängen der Leidenschaft, ist alles andere, jede andere Überlegung vergessen, und an einem gewissen Punkt ist es sogar ganz egal, wie sie aussieht, solange sie nur –«

»Genau.« Prok sah uns zufrieden an. Seine blauen Augen ließen uns nicht los, als er verstummte, weil der Kellner an den Tisch trat und wir uns schweigend das dampfende Essen servieren ließen. Der Mann blieb hoffnungsvoll stehen – konnte er uns noch etwas bringen? –, doch Prok winkte ab. Als der Kellner zu seinem Platz am anderen Ende des Saals zurückgekehrt war, stocherte Prok ein wenig in seiner Vorspeise herum: Corned beef und Kohl, ohne Kartoffeln – er aß nie welche. »Heute abend werden wir etwas tun, was noch nie ein Forscher gewagt hat, jedenfalls nicht daß ich wüßte: Wir werden den Akt selbst beobachten, seine Ausübung. Es ist alles vorbereitet.«

Mit klopfenden Herzen schwiegen wir, bis er hinzufügte: »Bei einer der jungen Frauen. Wir werden in ihrem Zimmer – eigentlich in ihrem Wandschrank – versteckt sein, wenn sie ihre Freier bedient.«

»Du meinst«, entfuhr es mir, »wir werden sie belauschen, als ... als wären wir ... na ja ... Spanner?«

»Voyeure«, korrigierte mich Corcoran mit einem leisen Lächeln.

Prok sah uns an. »Ja«, sagte er. »Genau so.«

Jean Sibelius, einer von Proks erklärten Favoriten, hatte im Mittelpunkt des vorigen musikalischen Abends gestanden. Ich war ohne große Begeisterung hingegangen, aber angenehm überrascht worden. Swing war, wie gesagt, mehr nach meinem Geschmack als klassische Musik, aber die Stücke, die Prok für den Abend ausgewählt hatte, waren melodisch und warm, beinahe verträumt, und bevor ich wußte, wie mir geschah, rückte alles ringsumher von mir ab, und ich überließ mich der Musik wie einer Naturgewalt. Etwas Ähnliches geschah wahrscheinlich, wenn man Jitterbug tanzte – Iris und ich, direkt vor der Bühne –, doch da wurde es vom Rausch des Augenblicks und dem herzschlagähnlichen Wummern der Baßtrommel bewirkt. Das hier war anders. Kaum hatte die Nadel auf der Platte aufgesetzt, da versank ich ganz ruhig und entspannt in träumerischen Betrachtungen, und meine Gedanken glitten ohne Logik und Zusammenhang von einem Gegenstand zum anderen. Zum ersten Mal begriff ich, was die Musik für Prok war und warum er sich so dafür begeisterte.

Iris und ich waren ausnahmsweise pünktlich, und ich setzte mich, wie Prok es von mir erwartete, auf einen Stuhl in der ersten Reihe. Iris saß zwischen Corcoran und mir, die Präliminarien beschränkten sich diesmal auf weiche Cracker, Obstpunch ohne Rum und ein bißchen Geplauder mit President Wells, und ich weiß noch, daß ich über Wells nachdachte, als er neben mir Platz nahm. Er war ein kleiner, rundlicher, energischer Mann, der Prok gegen den Sturm von Kritik, Beschimpfungen und zweideutigen Anspielungen, der uns ständig entgegenwehte, in Schutz nahm, und dennoch war er über vierzig und unverheiratet, und das war zu jener Zeit, an jenem Ort eigenartig, sehr eigenartig. Ich nahm mir vor, bei nächster Gelegenheit einen Blick in seine Geschichte zu werfen.

Es war kühl im Raum. Prok hatte den Thermostaten heruntergeschaltet, in der Annahme, daß die Körperwärme seiner Gäste den Raum ausreichend heizen würde – sie und die Klangfarbe der Musik. Im Kamin brannte ein kleines Feuer, doch es erstarb, denn Prok hatte keine Lust, sich darum zu kümmern, wenn eine Platte spielte, und wer konnte ihm das verdenken? Also froren wir, und mir taten die Gäste ein wenig leid, die zum ersten Mal da waren und sich, im Gegensatz zu Iris, Corcoran und mir, nicht wie für ein Freiluftkonzert gekleidet hatten. Dennoch war Prok so liebenswürdig und herzlich wie immer und machte uns kurz mit dem Leben des Komponisten und dem Stück, das wir hören würden, bekannt. Er sprach über Sibelius' Liebe zu seiner Heimat Finnland, über den Zauber der Wälder, die er in seinen Klangbildern heraufbeschwor, und darüber, daß die Mehrzahl seines emotionsreichen Schaffens auf dem finnischen Nationalepos *Kalevala* beruhte. Es wurde still, als er zum Grammophon ging, die Nadel prüfte und sie auf die Platte setzte. Wir hörten den »Schwan von Tuonela« und eine Auswahl aus »Pohjolas Tochter«, und ich schloß, wie gesagt, einfach die Augen und ließ mich von der Musik davontragen. Es gab eine Pause, in der Mac alkoholfreie Erfrischungen anbot und die Gäste sich erhoben und ein wenig plauderten, und danach hörten wir noch einige Lieder – ich erinnere mich ganz deutlich an »War es ein Traum?« und »Das Mägdlein war beim Stelldichein«, denn ich kaufte mir bei nächster Gelegenheit eine Platte mit diesen Stücken, und ich liebe sie noch heute. Danach brach man auf. Ich erwähne das alles nur, weil in der Pause etwas geschah – oder auch nur vielleicht geschah, denn ich bin nicht sicher, ob es der Beginn von etwas war, habe aber einen gewissen Verdacht.

Jedenfalls gab ich mir mit einer Handvoll ledriger Cracker und einem Becher voll abgestandenem Punsch alle Mühe, eine gute Figur zu machen, während Prok mich und Wells in einer Ecke festnagelte und sich über die soeben gehörte Musik (und unsere Forschungen natürlich) verbreitete, als ich bemerkte, daß Iris allein mit Corcoran am anderen Ende des Raums stand, genau wie beim letzten Mal, im Herbst, als wir alle drei bei einem solchen musikalischen Abend gewesen waren. Ich hätte nicht weiter darauf geachtet, wenn sie mir damals am Telefon, während ich im Glashäuschen der Telefonzelle unglücklich in mich zusammengesunken war, nicht gesagt hätte: *Er hat an mir gehangen wie eine Klette.* Prok erzählte President Wells und mir (obwohl ich das schon oft genug gehört hatte), daß er während einer musikalischen Darbietung gern in den Gesichtern der Zuhörer nach Zeichen sinnlicher Erregung suche – ein über siebzigjähriger emeritierter Professor sei bei Mahlers *Lied von der Erde* tatsächlich sexuell erregt gewesen –, doch ich beobachtete Iris und ihr Gesicht, ich beobachtete Corcoran und sah, daß er jede ihrer Bewegungen vorauszuahnen schien, als tanzten die beiden zur Musik eines imaginären Orchesters. »Prok«, unterbrach ich ihn, »President Wells, würden Sie mich bitte, äh, entschuldigen … Ich bin gleich wieder da …«

Prok sah mich verwundert an, hielt in seinem Redestrom jedoch nicht inne. Als ich in Richtung Toilette davonging, hörte ich ihn sagen: »Natürlich würde ich den Namen dieses Herrn niemals preisgeben, denn es könnte ihm peinlich sein. Obgleich daran eigentlich gar nichts Peinliches ist.«

Ich hatte, für den Fall, daß Prok und Wells mir nachsahen, einen Umweg über die Toilette gemacht und trat nun von hinten zu Corcoran und meiner Frau, und das schien sie zu erschrecken. Was auch immer es gewesen war, worüber sie eben noch so angeregt geplaudert hatten – es fiel über die Klippe, und die beiden blickten mich verwirrt an. Ich wollte irgend etwas Unbekümmertes sagen wie: »Ich störe doch nicht etwa?«, doch als ich ihre Gesichter sah, blieben mir die Worte im Hals stecken, und ich brachte nur ein »Hallo« heraus.

Corcoran lächelte mich an. »Oh, hallo, John. Wir haben gerade darüber gesprochen, wie Prok unseren Rektor mit Beschlag belegt hat.« Er sah verstohlen zu den beiden, die noch immer in der Ecke standen. Prok hielt einen Vortrag, Wells unterdrückte ein Gähnen.

Iris sagte: »Er läßt keine Gelegenheit aus, nicht?«

Ich war mit einem Mal wütend oder gereizt – gereizt ist wohl das bessere Wort. »Da hat er auch recht«, sagte ich und starrte in ihr Gesicht, und jetzt lächelte ich nicht, jetzt war ich nicht leicht und unbekümmert. »Du würdest dich wundern, wie sehr die Institute um Finanzmittel kämpfen müssen. Wir haben Aussichten auf weitere Forschungsstipendien, und das wiederum könnte Wells, oder vielmehr die Universität, überzeugen, uns mehr Mittel für Gehälter, Material, Reisekosten und so weiter zu geben.«

Iris setzte ein kleines amüsiertes Lächeln auf. »Also?« sagte sie.

»Also wirf Prok nicht vor, daß er sich … daß er sich *einschleimt* oder wie immer du das nennen willst, denn wenn er nicht wäre, dann wären wir –«

»In den Arsch gekniffen«, sagte Corcoran, und sein Lächeln wurde noch breiter. Er hatte ein Glas mit malvenfarbenem Punsch in der Hand und drehte es mit der anderen Handfläche hin und her, als wollte er gleich drei oder vier weitere nehmen und damit jonglieren, um ein bißchen Schwung in die Party zu bringen, ohne Rücksicht auf Prok und Wells und die kultivierte Atmosphäre des Abends. Doch dann legte er mir eine Hand auf den Arm. »Schon gut, John«, sagte er, und auch Iris wärmte ihr Lächeln auf, »wir sind auf deiner Seite. Wir sitzen doch alle im selben Boot, oder nicht?«

Ich glaube, das war der Zeitpunkt, an dem sich mein Verdacht regte – Corcoran, der sexuelle Olympier auf der Pirsch, und Iris, die

Frau meines Lebens, die noch immer unter dem litt, was ich mit Mac und Prok im Bett getrieben hatte –, doch ich war wie gelähmt. Ich wollte einfach glauben, daß da nichts weiter war als ein gutes Einvernehmen zwischen meinem Kollegen und meiner Frau, und ich fürchtete mich vor einer Konfrontation mit Iris, denn ich wußte, daß sie mir alles, was ich gesagt hatte, an den Kopf werfen würde, jeden Satz, jede Ausrede, jede Rationalisierung, alles, was ich über unser animalisches Wesen ausgeführt hatte, über Sex als reine Körperfunktion, die unabhängig war von irgendwelchen Gefühlen, nicht anders als Hunger oder Durst. Natürlich machte ich Andeutungen. Ich stellte ihr kleine Fallen. Ich kam von der Arbeit nach Hause, machte ein Kompliment über den Duft des Essens auf dem Herd, schenkte mir einen Drink ein, setzte mich mit ihr hin und erzählte, wie mein Tag gewesen war, und dazu gehörte natürlich auch Corcoran. Ich ließ seinen Namen so oft wie möglich fallen und beobachtete ihr Gesicht. Sie zeigte nie eine Reaktion. Ich fragte sie, was sie von ihm hielt. Ach, sagte sie, er sei ganz nett. Netter, als sie gedacht habe. Inzwischen sei sie überzeugt, daß er sich sehr gut machen werde, und es tue ihr leid, daß sie ihn anfangs so negativ beurteilt habe. »Ja«, meinte ich, »ich hab's dir ja gesagt.« Und dann, mit einem Lächeln, als wäre das alles bloß ein Scherz: »Und wie ist er so als Klette?«

Sie hatte plötzlich zu tun: Auf dem Herd kochte ein Topf über, oder es mußte sofort eine Zwiebel geschält werden. Es war ein Scherz, natürlich war es das, und sie lachte nur. »Er ist bei allen Frauen so«, sagte sie. »Und bei Männern auch. Aber das weißt du besser als ich.«

Wäre ich eine Schildkröte gewesen, eine von Darwins Galapagosschildkröten, die Prok oft erwähnte, dann hätte ich meine freiliegenden Körperteile unter meinen schützenden Panzer ziehen können, und auf eine metaphorische Art war es genau das, was ich tat. Wir fuhren nach Indianapolis, drei Kollegen auf einer gemeinsamen Mission, und Corcoran und ich saßen einander gegenüber am Tisch, als Prok uns eröffnete, daß wir entgegen dem Inhalt der Empfehlungsschreiben von Dean Briscoe, President Henry B. Wells und Robert M. Yerkes etwas Illegales, wenn nicht Unmoralisches tun würden: Heute nacht zumindest würden wir Spanner sein.

Ich muß zugeben, daß der Gedanke daran mein Herz schneller klopfen ließ. Ich bin überzeugt, daß jeder von uns ein Voyeur ist, daß jeder darauf brennt, andere Menschen in ihren privatesten Augenblicken zu sehen, damit er diese mit seinen eigenen vergleichen und das erregende Gefühl der Überlegenheit genießen kann oder vielleicht, am anderen Ende des Spektrums, mit der harten, ernüchternden Erkenntnis der eigenen Unzulänglichkeit konfrontiert wird. *So also macht man das*, denkt man dann. *Das könnte ich auch. Oder etwa nicht? Na klar könnte ich, und zwar noch besser. Am liebsten jetzt gleich – sieh doch, wie sie sich an ihn klammert, wie sie sich ihm entgegenkrümmt, wie sie –*

Doch wir waren natürlich Wissenschaftler und überzeugt, daß unsere Verpflichtung zur Forschung Vorrang vor allen anderen Erwägungen haben sollte. Wie andere Wissenschaftler mußten wir Feldforschung betreiben und sexuelle Akte in allen Variationen beobachten – wie hätten wir uns sonst Experten nennen dürfen? Wie konnten unsere Daten die angestrebte Gültigkeit besitzen, wenn sie nur auf dem Papier standen? Wenn man es recht bedenkt, dann hätte alles, was wir taten, jede genaue Beobachtung, jeder Meßwert, angesichts von hundert bereits vorliegenden Studien eigentlich überflüssig sein müssen. Aber es gab keine hundert bereits vorliegenden Studien, es gab keine fünfzig – es gab nicht mal eine einzige. Wir hatten unsere Kultur geschaffen, wir hatten Kriege geführt und noch die kleinsten Dinge, die Mikroben und Atome, ergründet, und dennoch wollten die Moralapostel und Heuchler uns niederbrüllen. Sex ist schmutzig, sagten sie. Sex ist etwas Anstößiges, Privates, Obszönes, als Forschungsgegenstand ungeeignet. Nun denn. Wir standen auf, bezahlten und gingen hinaus in die Nacht, um ihnen zu beweisen, daß sie unrecht hatten.

Diesmal regnete es nicht, ja für die Jahreszeit war es nicht einmal besonders kühl. Prok hatte keinen Mantel an, obgleich die Straßen hier und da noch Pfützen aufwiesen von einigen Wolkenbrüchen, die in der vergangenen Woche hier niedergegangen waren, doch er hatte Gummigaloschen über seine Schuhe gezogen. Corcoran trug seinen braunen Hut und einen hellbraunen Trenchcoat und sah aus, als wäre er soeben aus einem Film über feindliche Agenten und kriegsentscheidende Missionen getreten. Ich dagegen sah aus wie immer: Anzug, Krawatte, kein Hut, und meine Füße steckten in frisch geputzten Schuhen aus Pferdeleder und würden, wenn ich nicht scharf auf Pfützen achtete, eben naß werden. »Also gut«, sagte

Prok und blieb an einer Straßenecke stehen, »ich glaube, wir müssen hier entlang, die Straße hinunter und dann einen Block nach links. Unsere Kontaktperson ist übrigens eine junge Frau. Sie hat rotes Haar und heißt Ginger.«

Wir fanden Ginger ohne große Mühe. Sie trug ein billiges Pelzimitat, saß auf einer Bank im hinteren Teil einer Billardkneipe und trank irgendeine Limonade durch einen Strohhalm. Neben ihr fläzte sich ein Mann, sehr modisch gekleidet, mit greller Krawatte und einer Hose mit extrem weit geschnittenen Beinen, die seine dünnen Beinchen verbargen, jedenfalls so lange, bis er sich zurücklehnte, um sich eine Zigarette anzuzünden, und dabei die Knöchel kreuzte. Es war Gerald, Gingers Zuhälter, und er beäugte uns mißtrauisch, bis Prok mit einer kurzen Ansprache in breitem Slang, einer Spende von drei Dollar für den Unterhalt seiner Mitarbeiterinnen und dem Versprechen, einen Dollar für jede Geschichte, einschließlich der eigenen, zu bezahlen, sein Herz eroberte. Ginger war üppig gebaut und mindestens eins siebzig. Sie war zweiundzwanzig, von einer stämmigen Fleischigkeit, die sie mit spätestens dreißig verfetten lassen würde, und hatte den milchigen Teint einer echten Rothaarigen. Sie rührte sich nicht. Sie saugte mit ihrem roten Kußmund an dem Strohhalm und sah zu, wie ihr Zuhälter Proks Geldscheine zusammenfaltete und in den Tiefen seiner Hosentasche verschwinden ließ. »Okay«, sagte Gerald dann, »okay.« Lächelnd entblößte er hoffnungslos ruinierte Zähne in diversen Stadien der Verfärbung. Er sah zu Ginger, und das Lächeln verschwand. »Also, worauf wartest du? Setz deinen Arsch in Bewegung, und nimm diese Herren gleich mit.«

Dann waren wir draußen und wichen den Pfützen aus. Prok ging an Gingers Seite, als führte er sie zu einem Debütantinnenball, der, in reines weißes Licht getaucht, wunderbarerweise gleich hinter der nächsten Ecke stattfinden würde. Corcoran und ich folgten ihnen. Es war ein unbehaglicher Moment, und keiner von uns, nicht einmal Prok, sagte etwas. Ginger ging mit hypnotisierend rollenden, wiegenden Hüften, und im Dunkel erschienen Gesichter und verschwanden wieder, mißtrauische Augen versuchten herauszufinden, ob wir Freier oder potentielle Überfallopfer waren. Ginger hatte ein günstig gelegenes Zimmer im Erdgeschoß eines viktorianischen Hauses, das dringend hätte renoviert werden müssen, und sie schwenkte wortlos zur Seite und öffnete die unverschlossene Tür, ohne uns hereinzubitten oder sich auch nur umzusehen, ob wir noch da waren.

Im Zimmer herrschte ein heilloses Durcheinander, aber das ist auch alles, woran ich mich erinnere. Außer, daß es recht hoch war und über einen begehbaren Schrank verfügte, der früher wohl eine Art Vorzimmer gewesen war. Man hatte über der Türöffnung einen Draht gespannt, an dem ein vom vielen Anfassen speckig gewordener Flickenvorhang hing. Im vorderen Teil baumelten an Drahtbügeln Gingers Kleider – es waren etwa ein Dutzend, und sie rochen nach ihren Achselhöhlen und dem Parfüm, mit dem sie vor den Freiern die Gerüche ihrer Vorgänger verbarg –, und Schuhe und Unterwäsche lagen auf dem Boden. »Da wären wir«, sagte sie mit hoher, flötender Stimme, die zu einer halb so großen Frau oder einem Kind gepaßt hätte, und sie hielt die Hand auf, damit Prok seinen versprochenen Dollar hineinlegte.

»Klasse«, sagte Prok. »Einfach Spitze.« Er zog den Vorhang zurück, um die Örtlichkeit in Augenschein zu nehmen, und das Grinsen, mit dem er Ginger ansah, war beinahe dämonisch. Das Licht, schummrig und gelblich, stammte von einer Nachttischlampe, über die Ginger ein orangerotes Tuch gelegt hatte, und in diesem Licht wirkte sein Gesicht schwer von Zufriedenheit. Ich warf Corcoran einen Blick zu. Auch er sah aus wie ein Dämon. Ich fragte mich, was auf meinem eigenen Gesicht stand. »Das paßt«, sagte Prok und legte den Dollarschein in Gingers Hand, während wir die beiden anstarrten, als hätten wir noch nie gesehen, wie Geld den Besitzer wechselte. »Aber vielleicht könntest du mir noch einen Gefallen tun. Nur einen kleinen.«

Sie hatte sich umgedreht, um das Geld irgendwo an ihrem Körper zu verstauen, und fuhr nun argwöhnisch herum. »Kommt drauf an.«

»Wie wär's« – Prok ging zur Nachttischlampe und entfernte das Tuch –, »wenn du das heute mal weglassen würdest? Außer es hängt dein Herz dran …«

Ein Lächeln breitete sich auf ihrem Gesicht aus. »Okay«, sagte sie, »klar. Wer zahlt, sagt an.«

Während sie loszog, um ihren ersten Freier einzufangen (und ich weiß nicht, ob ich es schon erwähnt habe, aber »Freier« war der Ausdruck, mit dem Prostituierte damals ihre Kunden bezeichneten –

heute ist er weiter verbreitet, aber damals kannten ihn nur Personen aus den unteren Schichten), machten wir es uns, so gut es ging, im Wandschrank gemütlich. Wir räumten Gingers Unterwäsche beiseite, stellten den einzigen Stuhl, den es in dem Zimmer gab, hinein und vereinbarten, ihn reihum zu benutzen, um die Anstrengung durch das lange Stehen zu mindern – es würde eine lange Nacht werden, und wir durften uns nicht durch Recken und Strecken, geschweige denn durch ein Husten oder Niesen verraten. Wir sprachen nur noch im Flüsterton und waren in aufgeregter Erwartung. Wie es war? Etwa so wie die Erregung, die man als Kind beim Versteckspiel empfunden hat, nur daß noch dieser herrliche Erwachsenenkitzel des Verbotenen dabei war. Echter Sex. In Kürze würden wir echten Sex sehen.

Es dauerte nicht lange. Vor der Tür erklangen Schritte, wir hörten leises Gemurmel und das Klicken der Klinke und erstarrten. Prok hatte den Vorhang zugezogen – wir waren nacheinander in Gingers Zimmer gegangen und hatten uns davon überzeugt, daß wir dahinter vollkommen verborgen waren –, und zwar so, daß wir das Geschehen aus zwei Blickwinkeln verfolgen konnten. Corcoran spähte durch den Schlitz am einen Ende, Prok und ich waren am anderen Ende. Er saß reglos wie ein Fakir auf der Stuhlkante, und ich beugte mich so dicht über ihn, daß wir praktisch vereint waren. Bewegungen, Stimmen. Ich spürte Proks Anspannung und wagte kaum zu atmen. Wir konnten das nun hellbeleuchtete Bett sehen, nicht aber die Tür und das, was dort geschah: Offenbar umarmten sich Ginger und ihr Freier. Wir hörten das Rascheln von Kleidern, Schritte auf den Dielen und dann den unvermittelten, überraschenden Baß eines Mannes. »Scheiße, das ist deine Bude?« sagte er, und beim Klang seiner Stimme schwang mein ganzer Körper mit, von der Hirnrinde, die das akustische Signal registrierte, bis zu den Fußsohlen. »Scheiße«, sagte er wieder. Bewegung, und da waren sie – da war *er*, keine zwei Meter von uns entfernt. Ich würde gern schreiben, er sei eine Art Schläger gewesen, ein tätowierter Seemann, der hier gestrandet war, ein *Prachtexemplar,* doch so war es nicht. Er war eher schmächtig, mittelgroß, in jeder Hinsicht durchschnittlich, und seine Haut wirkte in dem grellen Licht körnig. Ginger war auch da, ihr fülliger Körper, ihre üppigen Brüste. »Also bläst du mir einen oder was?« fragte er.

»Was immer du willst, Schätzchen«, sagte sie, beugte sich vor und strich mit der Hand über den Schritt seiner Hose. »Wer zahlt, sagt an.«

Sie trug keinen Slip – Strümpfe, ja, an der schwellenden Mitte der Oberschenkel gehalten von schwarzen Strumpfbändern – und zog sich später nur widerwillig ganz aus; dies aber war es, was wir wollten, wie Prok zuvor noch einmal klargestellt hatte. (Für sie war es lästig und reine Zeitverschwendung, das Kleid und den Büstenhalter auszuziehen, denn das hinderte sie daran, den jeweiligen Kunden so schnell wie möglich abzufertigen, damit sie sich den nächsten vornehmen konnte, doch für uns war es unerläßlich, denn wir wollten sehen, wie der weibliche Körper auf sexuelle Stimulation reagiert.) Der Mann – der Kunde, der Freier – ließ sie seinen Hosenschlitz öffnen, obgleich sie noch ganz bekleidet war, und während sie ihn oral befriedigte, massierte er ihre Kopfhaut und drückte an ihrem Kopf herum, als wäre er eine Bowlingkugel, die er gleich aufnehmen und auf die Bahn werfen wollte. Ihre Lippen glänzten von den Sekreten der Cowper-Drüse, die als natürliches Gleitmittel abgesondert werden, und sie nahm ihn ganz in den Mund. Das war sehr erstaunlich. Sie nahm seinen ganzen Phallus in den Mund, bis zur Wurzel, als wäre sie eine Schwertschluckerin auf dem Jahrmarkt. Später fanden wir übrigens heraus, daß zu den zahlreichen physiologischen Modifikationen, die mit sexuellen Aktivitäten einhergehen, auch die Aufhebung des Würgereflexes gehört, die bei einem hohen Prozentsatz von Männern und Frauen auftritt, womit die Anpassungsfähigkeit der Oralhöhle an sexuelle Bedürfnisse hinreichend demonstriert wäre. Doch lassen wir das. Soll ich Ihnen sagen, wie verwundert ich war? Wie – ganz und gar unprofessionell – erregt?

Er zog sich aus ihr zurück, bevor er zum Orgasmus kam, und erst jetzt ließ er die Hose herunter. »Aufs Bett, Schwester«, sagte er. »Wenn du denkst, du kommst so leicht davon, hast du dich geschnitten. Ich hab schließlich für 'ne komplette Nummer bezahlt.«

Ginger streckte sich gehorsam auf dem Bett aus, zog das Kleid hoch und stellte ihre Nacktheit aus, doch dann schien sie sich an ihre Aufgabe zu erinnern: Wir waren im Wandschrank, ihre Hilfsfreier, und auch wir hatten für unsere komplette Nummer bezahlt. Sie setzte sich auf, nahm seinen Penis in die Hand und streichelte ihn ein bißchen; dann zog sie das Kleid über den Kopf, öffnete den Verschluß ihres Büstenhalters und ließ ihre Brüste frei schwingen. Sofort warf er sich auf sie und stimulierte ihre Brustwarzen mit der Zunge und den Fingern, während sie seinen Penis in sich einführte, doch mit einem Mal hielt er mitten im Stoß inne. »Das Licht«, sagte er. »Was soll das Scheißlicht? Hast du denn gar keinen Sinn für Romantik?«

Doch, das hatte sie. Jedenfalls sah es so aus. Denn bis zu dem Augenblick, als er seinen Penis wieder rauszog und die Hand nach dem Lichtschalter ausstreckte, hatte sie gestöhnt und gewimmert, als gäbe es auf der ganzen Welt keinen besseren Mann als ihn, als wäre kein Augenblick je so reich und bedeutsam gewesen wie dieser. »Laß es an, Schatz«, sagte sie. Eine dramatische Pause, sie hatte den Zeigefinger in den Mund gesteckt. »Ich will jeden Zentimeter von dir sehen.«

12

Das erste, was ich tat, als wir wieder in Bloomington waren: Ich ging zu Iris. Es war zwei Uhr morgens, ich war schmutzig, erschöpft, hungrig – geradezu ausgehungert, denn wir hatten unterwegs nicht angehalten, um etwas zu essen –, in meinem Hinterkopf summte das Motorengeräusch des Buick noch immer wie eine Dauerstörung. Ich hatte persönlich acht Geschichten aufgezeichnet (darunter auch die von Gerald und Ginger) und im Verlauf der drei Nächte, die wir in Gingers Gesellschaft verbracht hatten, zusammen mit Prok und Corcoran zugesehen, wie sie mit sechzehn verschiedenen Männern Geschlechtsverkehr hatte. Erstaunlicherweise war die Variationsbreite recht klein, und obgleich ich zugeben muß, die ganze Zeit über in einem Zustand sexueller Erregung gewesen zu sein, setzte nach einer Weile eine gewisse Gewöhnung ein. Die Männer waren behaart oder unbehaart, groß oder klein, dick oder dünn, sie trugen lange Unterhosen oder Boxershorts, Sportjacketts oder Flanellhemden, Galoschen, Stiefel oder Tennisschuhe. Sie hatten Leberflecken, Muttermale und Tätowierungen, sie waren beschnitten oder unbeschnitten, ihre Penisse zeigten nach rechts oder links oder senkrecht nach oben, sie legten ihre Kleider ordentlich gefaltet auf den Schreibtisch oder warfen sie in einem Haufen auf den Boden. Was den Sex betraf, so war er ganz und gar konventionell: Etwa in der Hälfte der Fälle begann er mit einer kurzen Fellatio, sonst lediglich mit etwas Tasten, Lecken und Drücken, gefolgt von der Penetration, dem Pumpen der nackten weißen Pobacken mit schlaffen oder straffen Glutäalmuskeln, Gingers zunehmend theatralischer Simulation orgastischer Ekstase und schließlich dem abrupten Ende, der absoluten Gleichgültigkeit gegenüber der Nacktheit der Frau, ihren entblößten Genitalien oder auch nur ihrem Gesicht, während die Kleider schweigend aufgehoben und angezogen wurden, und dann wurde die Tür geöffnet und wieder geschlossen.

Aber ich ging zu Iris. Ich stieg aus Proks Wagen und ging sofort in die Wohnung, in der es ganz still und dunkel war – das einzige Licht kam vom matten Schein einer Straßenlaterne und vom Mond, der mit all seinem symbolischen Gewicht über der Stadt hing. Ich ging ins Schlafzimmer. Iris schlief. Sie hatte sich vor der Kälte unter die Decke verkrochen, ihr Haar lag ausgebreitet auf dem Kissen, sie blinzelte mit einem Auge, als ich die Nachttischlampe einschaltete, das Zifferblatt des Weckers leuchtete, und in der bodenlosen Höhle der Nacht war es ganz still. Ich zog mich aus, Jackett, Hemd, Hose, und das Licht war an. Ich wollte, daß sie mich sah, daß sie mich und das Souvenir bewunderte, das ich im Wandschrank einer Hure in Indianapolis drei schreckliche Nächte lang für sie festgehalten hatte. »John?« murmelte sie. »John? Wieviel Uhr ist es?«

Ich roch sie, einen Geruch, den ich nicht beschreiben kann, ihren ganz persönlichen Geruch, der wie kein anderer war, zusammengesetzt aus Körperwärme, ihrer Hand- und Gesichtscreme, den Duftspuren ihres Shampoos, ihres Parfüms und ihres natürlichen Haarfetts. »Schhh«, machte ich und wartete darauf, daß sie mich würdigte, daß sie sah, was ich ihr mitgebracht hatte, und obwohl ich aus unseren publizierten Forschungsergebnissen weiß, daß die Mehrheit der Frauen auf den Anblick eines erigierten Penis mit Gleichgültigkeit reagiert, daß ein Teil sogar davon abgestoßen ist, spielte das in dieser Nacht überhaupt keine Rolle. Ich war so erregt, daß ich zu platzen glaubte, und ich wollte, daß sie es sah, daß sie es wußte und spürte. »Schhh«, wiederholte ich und warf die Decke zurück: all die Wärme, der Anblick ihrer nackten Füße und Knöchel, ihr Gesicht, das jetzt mir zugewendet war, die weit ausgebreiteten Arme. Ich schlüpfte ins Bett und schob ihr Nachthemd hoch. Wir löschten das Licht erst, als es hell wurde.

Eine von tausend, von fünftausend Nächten. Ein Mann und seine Frau – ein Sexforscher und seine Frau – stillen ihr Begehren. Es war die normalste Sache der Welt – oder vielmehr nein, es war ein Fest, denn wir hatten eine eigene Wohnung und mußten keine Rücksichten auf John junior oder sonst jemanden nehmen. Wir hatten sechs- oder siebenmal pro Woche Verkehr. Wir experimentierten mit ausgedehntem Vorspiel, aufreizenden Posen und Gesten, Strip-Poker und allen Stellungen, die uns einfielen. Und die ganze Zeit schritt das Projekt fort und nahm Fahrt auf, und Corcoran und ich kamen uns als Freunde, als Kollegen immer näher, obgleich wir beide um Proks Gunst buhlten.

Eines Abends bot Corcoran mir nach der Arbeit an, mich nach Hause zu fahren. Unterwegs hielten wir an einer Kneipe, um noch etwas zu trinken. Ich überlegte, ob ich Iris anrufen und ihr sagen sollte, daß ich später kommen würde, aber das war eigentlich nicht nötig. Bei Prok gab es keinen pünktlichen Feierabend. Ich wußte nie, wann ich zu Hause sein würde, aber es war selten vor sieben Uhr. Die Kneipe war die, in der ich in meinem letzten Studienjahr oft gesessen hatte, wo ich nach Proks Diashow atemlos und aufgeregt mit Laura Feeney und ihren Freunden eingekehrt war. Als ich daran dachte, mußte ich lächeln. Es kam mir vor, als wäre es hundert Jahre her – und angesichts dessen, was ich seitdem gelernt und erfahren hatte, war es das auch. Corcoran legte einen Geldschein auf die Theke und fragte mich, was so amüsant sei.

»Ich weiß nicht«, sagte ich. »Ich glaube, es liegt an dieser Kneipe. Hier bin ich als Student oft gewesen.«

In diesem Augenblick drehten wir beide uns um, als würden wir von einer größeren Kraft dazu gezwungen, und sahen eine Studentin in langen Hosen in Begleitung eines gerade mal achtzehnjährigen Jungen vorbeigehen. »Perlen vor die Säue«, sagte Corcoran.

Ich grinste. »Ja«, sagte ich, »allerdings.«

Er starrte ins Leere und klopfte geistesabwesend mit einem Fingerknöchel auf die Theke. »Mit der wüßte ich was anzufangen«, sagte er. »Du auch?«

Ich sagte, mir gehe es ebenso, und dann kam der Barmann, und wir bestellten zwei große Martinis mit Extraschuß, obwohl ich mir eigentlich gar nicht viel aus Gin machte. Es war einfach so, daß Corcoran zuerst bestellte, und die Bestellung klang gut, also sagte ich: »Dasselbe.«

Worüber sprachen wir an diesem Abend, in dessen Verlauf wir drei Martinis tranken und ich schließlich einen Rausch hatte und mein Kopf sich anfühlte, als wäre er ein Topf, in dem Wasser hin und her schwappte? Über Sex natürlich. Über das Projekt. Über Prok. Über die unmittelbare Zukunft, nämlich unsere nächste Reise, die zwei Tage später stattfinden sollte. Irgendwann gab es eine Pause, und Corcoran beugte sich vor und zündete eine Zigarette an. »Wie geht's dir eigentlich damit, mit diesen Reisen, meine ich?« fragte er und löschte mit einer wedelnden Handbewegung das Streichholz. »Macht das – wie soll ich sagen? – irgendwelche Schwierigkeiten? Mit Iris?«

Ich sah durch den Raum. Mein Blick kreuzte sich mit dem der Studentin, die zuvor an uns vorbeigegangen war, und sofort schlug ich die Augen nieder. »Na ja, klar.« Der dritte Martini war warm geworden.

Mein Gaumen fühlte sich so taub an, als hätte mir der Zahnarzt ein Betäubungsmittel gespritzt. Das war der Gin. Ich mochte keinen Gin und wußte nicht, warum ich ihn überhaupt trank. »Aber das gehört nun mal zu unserer Arbeit. Sie versteht das. Wir beide verstehen das.« Ich hob das Glas mit dem dünnen Stiel an den Mund und war mir mit einem Mal seiner Zerbrechlichkeit bewußt. »Und wie ist es bei euch? Ihr habt ... na ja ... Wie ist es mit deiner Frau?«

Corcoran sah mich ausdruckslos an. Auf seinem Haar schimmerten goldene Lichtflecken. Sein Schulterzucken begann in den Oberarmen, wanderte über die Schultern zum Hals und lief in einer Drehung des Kopfes aus. »Es ist schwierig, aber die Kinder gehen noch bis zum Juni in die Schule – wir konnten sie nicht mitten im Schuljahr da rausreißen. Und wenn ich es schaffe, hinzufahren – du weißt ja, vorletztes Wochenende war ich dort –, und wenn wir dann zusammen sind ... Ich kann dir sagen, es ist einfach unbeschreiblich, die wilde Leidenschaft, das kannst du mir glauben.«

Ich wußte nicht, was ich sagen sollte. Bis dahin war ich Violet Corcoran nur einmal begegnet, als sie mit dem Bus gekommen war, um sich ein wenig umzusehen und ihren Mann zu motivieren, eine passende Wohnung für die ganze Familie zu finden. Sicher, sie war attraktiv – italienischer Abstammung, mit einem Teint von der Farbe von Olivenöl, sehr dunklen Augen und einem Mund, der, auch wenn er ganz entspannt war, immer leicht schmollte –, aber sie war nichts im Vergleich zu Iris. Vielleicht war ich voreingenommen, natürlich war ich das, doch in meinen Augen war Iris eine natürliche Schönheit und spielte in einer ganz anderen Liga als Violet Corcoran. Ich versuchte, mir Violet nackt vorstellen, im Bett mit Corcoran, aber das Bild flackerte und verschwand, bevor ich es festhalten konnte. Schließlich sagte ich etwas wie: »Aber die Situation hat ja auch ihre Vorteile, oder?« und versuchte ein verschwörerisches Lächeln.

Gäste kamen und gingen, ich hörte ein hohes, wieherndes Lachen, das Knarzen und Scharren von Männerschuhen. Die Jukebox spielte ein Stück, das ich nicht kannte. Corcoran sah mit zusammengekniffenen Augen dem Rauch seiner Zigarette nach, und ich dachte, daß eigentlich er derjenige sein sollte, der Prok Unterricht in Savoir-faire gab. »Ja«, sagte er schließlich, »aber das sind nicht die einzigen, wenn du verstehst, was ich meine.«

»Nein«, sagte ich. »Was meinst du?«

Er zog an der Zigarette, blies den Rauch aus, legte sie sorgsam auf dem Rand des Aschenbechers ab, nahm ein hartgekochtes Ei und klopfte damit sacht auf die Theke. Ich sah zu, wie er die Schale und das Häutchen darunter abzog, das glänzende weiße Ei salzte und es in den Mund steckte. »Na ja, du weißt schon«, sagte er kauend, »das Leben eines Junggesellen. Dauernd eröffnen sich Möglichkeiten. Nicht daß es zu Hause in South Bend nicht so wäre, und du weißt ja, daß ich von Konventionen nicht viel halte, aber so, wie es ist, ist es eben … na ja, einfacher. Wenn man ganz allein ist. Weniger kompliziert, verstehst du?«

Ich dachte kurz darüber nach, über ihn und Iris an jenem musikalischen Abend, als sie so vertraulich geplaudert hatten. Ich hatte nichts hinzuzufügen.

»Und was ist mit dir?« fragte er und blickte mich an, mit diesem Gesicht, das so nichtssagend und gnadenlos gut aussah wie das eines Filmstars. »Hast du auch mal was nebenbei?«

Über das Erröten war ich hinaus – diese Art von emotionaler Offenbarung war etwas für pubertierende Jünglinge –, aber mein Herz schlug unregelmäßig, als ich die Lüge aussprach. »Nein«, sagte ich und dachte an die tastende Begegnung im dunklen Flur meiner Wohnung. »Nein, eigentlich nicht.«

Dann kam ein Abend, an dem ich früh – kurz nach sechs – heimkam und Iris nicht da war. Den ganzen Nachmittag hatte ich in einem hinteren Winkel der Bibliothek des Instituts für Biologie verbracht und an verschiedenen Tabellen gearbeitet (*Kumulative Verbreitung: Kindliche Triebbefriedigung aus beliebigen Quellen in Beziehung zum Bildungsgrad; Beziehung zwischen Lebensalter, Häufigkeit und Bedeutung des Liebesspiels bis zum Orgasmus*), die unserem Antrag auf Forschungsmittel der Rockefeller Foundation beigelegt werden sollten. Ich hatte über meine Arbeit gebeugt dagesessen und mich um nichts anderes gekümmert, während Elster auf und ab marschierte und mich wütend anstarrte, als würde die bibliographische Stille dieses Ortes gestört, wenn mein Bleistift über das Papier kratzte oder ich Lineal und Dreieck beiseite legte. Ich versuchte, so gut es ging, ihn zu ignorieren, doch jedesmal, wenn er mit einem Armvoll Papier oder einer Wagenladung Bücher in mein Blickfeld kam, ertappte ich mich bei der Frage, warum man ihn nicht aufgerufen hatte, in Europa, Afrika oder im Pazifik gegen unsere Feinde zu kämpfen. Doch als er an seinem Schreibtisch stand und ich ihn ein wenig genauer betrachtete – die zusammengesunkene Haltung, die kraftlosen Arme und Beine, die leuchtende kahle Stelle auf seinem Schädel, die wie der Stempel früher Greisenschaft war –, fand ich die Antwort auf meine Frage: Er war IV-F, untauglich, völlig klar.

Und was hatte ich überhaupt in der Bibliothek zu suchen? Ganz einfach: Prok hatte mich für den Nachmittag vor die Tür gesetzt, damit er und Corcoran gemeinsam Interviews mit einer Gruppe von Psychologen aus Südindiana durchführen konnten, die an einer Konferenz in der Universität teilnahmen. Ich hatte am Morgen und am frühen Nachmittag bereits zwei von ihnen befragt, und jetzt wollte Prok sehen, wie gut Corcoran eingearbeitet war, und die Protokolle vergleichen, sobald der Befragte gegangen war. So kam ich früher als sonst nach Hause, und Iris war nicht da.

Ich sah, daß sie Makkaroniauflauf mit Thunfisch und Käse gemacht hatte und daß das abgewaschene Frühstücksgeschirr noch auf dem Abtropfgestell stand. Das war in Ordnung, nichts Ungewöhnliches, aber wo war Iris? Hatte sie beim Einkaufen etwas vergessen, das man unbedingt im Haus haben mußte – Kaffee, Margarine, eine Kuchenmischung für den Nachtisch? Vielleicht war sie nur schnell um die Ecke zum Lebensmittelladen gegangen. Vielleicht hatte es auch einen Unfall gegeben. Vielleicht hatte sie sich geschnitten oder war gestürzt. Oder eine der Nachbarinnen. Ich dachte an die alte Dame, die über uns wohnte, früher die beste Freundin von Mrs. Lorbers Schwester, Mrs. Valentine. Sie war so zerbrechlich, so ausgezehrt und eingeschrumpft, daß es niemanden gewundert hätte, wenn sie einfach gestorben wäre. Aber es hatte keinen Sinn, sich darüber den Kopf zu zerbrechen. Sofern irgend etwas passiert war, konnte ich nichts daran ändern. Zu gegebener Zeit würde ich davon erfahren, also warum sollte ich mir Sorgen machen? Der Auflauf war im Ofen, der Bourbon stand auf dem Regal. Ich schenkte mir ein Glas ein und schaltete das Radio an.

Ich war bei meinem dritten Glas angelangt, und die Oberfläche des Auflaufs hatte eine Farbe und Beschaffenheit, wie ich sie bei einem Ofengericht noch nie gesehen hatte – ich bin allerdings auch kein großer Koch –, als ich begann, mir Sorgen zu machen, Sorgen um Iris. Der Auflauf konnte von mir aus in der Mülltonne landen, dann würde das Abendessen eben aus Sandwiches und einem ordentlichen Bourbon bestehen. Im Radio kamen *Vic and Sade,* dann die neuesten Kriegsberichte und schließlich Kate Smith, die *God Bless America* sang, und schließlich begann ich, auf und ab zu gehen und durch den Vorhangspalt zu spähen, wenn ich glaubte, jemanden kommen zu hören. War sie vielleicht zum Büro gegangen, um mich zu überraschen? Hatten wir Karten für das Universitätsorchester? Waren wir zum Essen verabredet? Nein, da stand ja der Auflauf, ein unwiderleglicher Beweis. Ich beschloß, zurück zum Campus zu gehen, um zu sehen, ob sie dort war und ich irgendeine Verabredung vergessen hatte. Ich zog den Mantel an, setzte meinen Hut auf und ging hinaus.

Das Tageslicht war geschwunden, die Straßen waren leer. Der Bourbon befeuerte mich, und ich hielt mich, wie gesagt, stets gewissenhaft in Form; so schaffte ich die zehn Blocks bis zum Campus in Rekordzeit. Ich rannte zwar nicht, schritt aber zügig aus. Ich ging die vertrauten Stufen zum Eingang des Institutsgebäudes hinauf, durch die unverschlossene Tür und in den ersten Stock. Es war ganz still, nirgends brannte Licht. Vielleicht rüttelte ich am Türknopf – ich hätte natürlich aufschließen können, aber wozu? –, dann drehte ich mich um und ging wieder hinunter. Ich überlegte kurz, ob ich unterwegs noch irgendwo etwas trinken sollte, tat es jedoch nicht.

Auf dem Rückweg dachte ich daran, wie eigenartig das war. Es sah Iris ganz und gar nicht ähnlich. Natürlich hatte sie noch Vorlesungen und Seminare belegt – es war ihr letztes Semester – und mußte Arbeiten schreiben, in der Bibliothek bibliographieren und so weiter, doch all das hatte sie immer tagsüber erledigt, damit wir abends Zeit füreinander hatten. Auch den Rückweg legte ich in zügigem Tempo zurück, denn jetzt war ich besorgt, ich war auf ganz ähnliche Weise frustriert wie wenn ich, was selten vorkam, etwas verlegt hatte und meinen Weg zurückverfolgte und so lange im Kreis ging, bis ich es gefunden hatte oder die Suche aufgab. Meinen Füller zum Beispiel. Ich hatte einen schlanken silbernen Parker, den Iris mir zum Geburtstag geschenkt hatte, und eines Tages konnte ich ihn nach dem Mittagessen nicht mehr finden. Ich stand immer wieder vom Schreibtisch auf und ging zu den Aktenschränken, den Regalen, dem Vorzimmer und wieder zurück, bis Prok schließlich von seiner Arbeit aufblickte und mich mit gereizter Stimme fragte, was ich da eigentlich täte. Ich sagte es ihm, und er musterte mich lange mit verwundert gerunzelter Stirn und beugte sich wieder über seine Protokolle, doch ich suchte den ganzen Nachmittag weiter, bis ich den Füller schließlich beim fünften oder sechsten Versuch in der Herrentoilette fand, auf der Metallablage über dem Waschbecken, wo ich mir vor dem Händewaschen eine Notiz gemacht hatte. Es war wahrscheinlich ein bißchen neurotisch, aber wenn ich das Gefühl hatte, die Dinge seien außer Kontrolle geraten, etwas sei nicht in Ordnung oder ich hätte etwas verpatzt, dann hatte ich Atembeschwerden, und ich bin sicher, daß mein Blutdruck in die Höhe schoß. Flattrig. Ich fühlte mich flattrig, als hätte ich zuviel Kaffee getrunken. Und so fühlte ich mich auch jetzt, als ich im Dunkeln am letzten Block entlangging, während ich doch mit meiner Frau bei einem Makkaroniauflauf zu Hause hätte sitzen sollen.

Weiter vorn wurde eine Wagentür zugeschlagen. Ich sah die roten Rücklichter wie Brandlöcher im schwarzen Stoff der Nacht aufleuchten, der Wagen, ein heller Wagen, fuhr an der Straßenlaterne vorbei und verschwand am Ende des Blocks. War da eine Gestalt, ein Schatten in den Schatten, der sich zu einem der Häuser auf unserer Straßenseite bewegte? Es war dunkel. Ich war mir nicht sicher. Als ich zwei Minuten später in unsere Wohnung trat, beugte Iris sich gerade zum Ofen.

»Du liebe Zeit, Iris«, sagte ich, »wo warst du denn? Ich war … äh … Ich war hier und hab den Ofen ausgestellt …«

Ihre Haut war gerötet, als wäre sie gerannt oder hätte in der Sporthalle auf dem Trampolin geturnt – ein Gerät übrigens, das sie liebte; ich hatte ihr dabei zugesehen: ihre zielgerichtete Konzentration, die auf und ab schwingenden Arme, als wäre sie im Begriff davonzufliegen, ihr Haar, das senkrecht in der Luft stand, als trotzte es der Schwerkraft. Sie hielt die Auflaufform in den Händen, die roten Topflappen waren über die Griffe gelegt. Sie stellte die Form auf der Arbeitsplatte ab und sah mich mit einem Lächeln an, das sogleich erstarb. »Das war gut«, sagte sie. »Sonst wäre er nämlich verbrannt.«

Ich war jetzt in der Küche, der Perlenvorhang hinter mir rasselte wie ein Schwarm wütender Insekten. »Aber wo warst du? Ich hab mir Sorgen gemacht. Ich … ich bin den ganzen Weg zurück zum Büro gegangen, um zu sehen, ob … ob du vielleicht da bist.«

»Tut mir leid, John. Ich hab dich nicht so früh erwartet.« Sie machte eine Dose Erbsen auf und kehrte mir den Rücken zu, so daß ich ihr Gesicht nicht sehen konnte. Rasche Bewegungen, der Topf, die Flamme, und dann zum Tisch, um ihn zu decken. »Willst du Milch zum Essen, oder kann's auch Wasser sein? Oder Saft?«

»Was hast du gemacht?« fragte ich. »Gelernt? War die Klausur nicht erst letzte Woche?«

Sie war in Bewegung, ging an mir vorbei, zum Tisch und wieder zurück, und die Perlen rasselten. Sie sah mich nicht an, ihr Blick war auf alles mögliche gerichtet, nur nicht auf mich – auf den Tisch, den Kühlschrank, den Boden. »Gelernt«, sagte sie, »das stimmt. Ich hab gelernt.«

»Wo? In der Bibliothek? Ich war den ganzen Nachmittag dort, da hätte ich dich doch … Aber du brauchtest die Hauptbibliothek, nicht? Für das Seminar bei Huntley?«

Die Auflaufform stand auf dem Untersetzer in der Mitte des Tischs, und Iris schenkte mir ein Glas Milch ein. Solide und weiß stand es neben meinem Teller wie in einem Stilleben der Normalität. Sie sah gehetzt aus. Unglücklich.

»Was ist los?« fragte ich. »Was ist passiert?«

Sie hielt mitten in der Bewegung inne, die Erbsen auf der Schöpfkelle, den heißen Topf auf der Tischkante balancierend. »Oh, John, ich kann das nicht. Ich kann das einfach nicht.«

Das war das Fieber, jetzt kam es, jetzt kam der Augenblick, der mein Herz klopfen ließ. Ich sagte kein Wort.

Zwei Kellen Erbsen, eine auf jeden Teller. »Ich sag's dir lieber gleich: Ich war mit Purvis zusammen. Ich … ich bin zum Büro gegangen, um dich zu überraschen, und er war gerade dabei, abzuschließen …«

»War das sein Wagen? Vorhin, als ich gekommen bin?«

Sie nickte.

»Tja«, sagte ich. »Und dann? Hat er dich nach Hause gebracht, habt ihr unterwegs noch irgendwo was getrunken oder was?«

»Nein«, sagte sie, und ihr Blick wich dem meinen aus. »Oder vielmehr ja, er hat mich nach Hause gebracht.«

Ich zuckte die Schultern. Er hatte sie nach Hause gebracht. Fall erledigt.

Sie hatte noch immer den Topf mit den Erbsen in der Hand, stand noch immer neben dem Tisch. »Aber ich werde dich nicht anlügen,

John, keiner von uns wird das tun. So bin ich nicht, und ich glaube, das weißt du auch.« Schweigen, und ich schätze, irgendwo auf der Welt begegneten sich Schiffe in der Nacht, gingen Frachter unter, machte Eis die schmale Durchfahrt noch schmaler. »Wir … wir hatten eine Beziehung.«

Ich starrte sie nur an.

»Im Büro. Auf dem Schreibtisch.«

»Im Büro«, wiederholte ich.

»Purvis und ich.« Ihre Augen blickten mit einem Mal kalt. »Nichts, worüber man sich Sorgen machen müßte.« Der Topf stand endlich auf dem Tisch, und sie wischte sich die zitternden Hände an der Schürze ab. »Du weißt ja, John«, sagte sie, »das menschliche Säugetier.«

Etwa zu dieser Zeit führten wir unsere ersten Interviews mit Kindern durch, womit wir, wie viele zweifellos wissen, nicht nur ein lange bestehendes Tabu durchbrachen, sondern auch den Grundstein für die zahlreichen späteren Studien zur kindlichen Sexualität legten. Eigentlich bin ich, wenn ich die Ereignisse gedanklich rekonstruiere, beinahe sicher, daß unser erster Vorstoß in diesen Bereich gleich nach dieser beunruhigenden Szene mit Iris stattgefunden hat, gleich am nächsten Morgen, denn ich erinnere mich deutlich, wie aufgewühlt ich war und daß ich die ganze Situation im Geiste immer wieder hin und her wälzte, als wäre sie ein scharfkantiges Objekt, das ich abschleifen mußte, bis es so glatt war wie gebrannter Ton.

Es war eigenartig. Als ich, unterwegs zur Fillmore School in Indianapolis, neben Prok auf dem Beifahrersitz des Buick saß und er mir einen Vortrag über frühkindliche Sexualität und das vorpubertäre Erwachen des Begehrens hielt, konnte ich nicht umhin zu denken, daß meine Gefühle sich auf Kollisionskurs mit meiner Objektivität befanden. Immer wieder sagte ich mir, ich sei Forscher, und Gefühle hätten in der Welt der Wissenschaft nichts zu suchen, da sie keinen quantifizierbaren Wert besäßen. Es war etwas Negatives, etwas, das mich disqualifizierte, eine Schwäche, die ich überwinden mußte. Prok hatte mich gut indoktriniert, und beinahe schaffte ich es über diese Hürde, doch jedesmal fiel ich wieder zurück. Ich konnte nicht anders.

»Alles in Ordnung?« fragte Prok und musterte mich mit einem seiner bohrenden Blicke.

Ich war wohl hin und her gerutscht, hatte mit dem Knie gewippt und im Flackern der Lichter rechts und links der Straße das Kinn gereckt, als wäre ich unterwegs zu einem qualvollen Märtyrertod, aber wenigstens hatte ich nicht mit Corcoran zu tun, noch nicht. Prok hatte ihm drei Tage freigegeben, damit er sich um seine Angelegenheiten kümmern und nach South Bend fahren konnte, wo seine Tochter am Osterumzug teilnahm.

»Milk?« sagte Prok. »Hast du mich gehört? Ich habe dich gefragt, ob alles in Ordnung ist.«

»Ja«, sagte ich. »Mir geht's gut.«

Der Motor summte. Die Landschaft zog vorbei. Prok legte den Kopf schräg und musterte mich erneut. »Kriegst du genug Schlaf? Ehrlich gesagt, Milk, siehst du nämlich aus wie ein lebender Toter.«

»Nein, ich … äh … letzte Nacht nicht.«

Er begann einen kleinen Vortrag darüber, wie unerläßlich die drei wichtigsten Faktoren – Ernährung, Körperertüchtigung und Schlaf – für die Gesundheit seien, und war mitten in einem seiner langen, kunstvoll verschränkten Sätze, als er plötzlich innehielt. »Aber John«, sagte er, »was ist denn? Ist dir etwas ins Auge geflogen?«

Ich sagte, es sei bloß eine Allergie. »Heuschnupfen.«

Er schwieg einen Augenblick, wandte mir sein Gesicht zu und betrachtete mich forschend, bevor er wieder auf die Straße sah. »Ein bißchen früh dafür, nicht?«

Ich hatte Iris nicht zur Rede gestellt – wie denn auch? Wie hätte ich irgend etwas sagen können, ohne wie ein Heuchler zu erscheinen? Wir aßen schweigend, das Radio lief. Iris legte einen Text – *Moderne britische Lyrik*, mein altes Exemplar mit Anmerkungen – neben ihren Teller und starrte darauf, aber ich sah sie nicht umblättern, nicht ein einziges Mal. Als wir fertig waren, wollte ich abräumen, aber sie ließ mich nicht. »Nein, nein«, sagte sie und nahm mir den schmutzigen Teller aus der Hand – ich hatte so gut wie nichts gegessen, die Makkaroni waren wie durchweichte Pappe, obwohl ich gekaut hatte, daß ich glaubte, mir würde der Kiefer brechen –, »laß mich das machen. Du bist bestimmt müde.«

Sie war bleich, ihr Haar hing schlaff herunter, und ich wollte nicht daran denken, was mit den Locken geschehen war, auf die sie abends so viel Zeit verwendete und die sie morgens mit viel Mühe in perfekte Form brachte. Ich war tatsächlich müde. So müde, daß ich kaum die Arme vom Tisch heben konnte. »Gut«, sagte ich. »Okay.«

Ich schaffte es bis zum Sofa, und da lag ich dann, eine Hand flach auf der Stirn, während das Radio knackte und knisterte und das Wasser in die Spüle lief. Iris machte sich in der Küche zu schaffen; ich hörte ihr lange zu, dem Öffnen und Schließen der Schränke, dem Zischen des Wassers, dem Klirren von Glas und Geschirr, und dann zündete ich mir eine Zigarette an und starrte an die Decke. Von irgendwo ertönte Band-Musik, eine Varietéshow, der Chiquita-Banana-Jingle – ich muß ihn an die zehnmal gehört haben. Schließlich kam sie zu mir. Ich spürte, daß sie neben dem Sofa stand, doch ich wandte nicht den Kopf. »John«, sagte sie, »John, bitte«, und ich hörte, wie sehr ihre Stimme von Gefühlen durchdrungen war, wie sie mich um Absolution bat, aber das ließ mich nur noch steifer und härter werden: Ich versteinerte wie ein Stück Holz, das äonenlang in den tiefsten Sedimentschichten gelegen hat. Ich sagte nichts. Sie hielt eine Ansprache, eine tränenvolle, von Schluchzern unterbrochene Ansprache – sie habe es nicht gewollt, es habe nichts zu bedeuten, die Leichtfertigkeit eines Augenblicks, und irgendwie habe sie ihm, Purvis, einfach nicht widerstehen können, er sei so *überzeugend* –, doch ich rührte mich nicht. Nach einer Weile ging sie ins Schlafzimmer und schloß die Tür.

Darf ich Ihnen sagen, daß ich mich fühlte, als hätte man mir einen Pflock durchs Herz getrieben? Ich wußte, warum sie es getan hatte – dazu brauchte man kein Psychiater zu sein. Sie hatte in ihrem Leben einen Mann gehabt, einen einzigen, und ich hatte Mac und Prok gehabt und außerdem andere, über die sie nur Vermutungen anstellen konnte. Das Projekt und unsere ganze Vorgehensweise erforderten geradezu, daß sie Erfahrungen machte – wir schätzten doch die »Hochaktiven«, ganz gleich, wie unvoreingenommen wir uns gaben, oder nicht? Ich wußte, wo die Schuldgefühle lauerten. Ich wußte, wer unrecht hatte. Aber wenn ich glaubte, was ich predigte, wenn ich an meine Arbeit glaubte – und das tat ich, das tue ich noch heute, aus tiefstem Herzen –, dann hatte ich kein Recht zu einem *J'accuse.*

In jener Nacht ging ich spät zu Bett, so spät, daß in den Büschen vor den Fenstern bereits die Vögel sangen und graues Licht durch die Vorhänge sickerte. Sie war noch wach. Ich sah sie im Bett liegen, und alle Traurigkeit der Welt ließ sich in meiner Kehle nieder, säuerlich, unbarmherzig, bis ich mich zusammennahm und sie hinunterschluckte. In diesem Augenblick wollte ich Iris haben, mehr als alles andere, ich wollte die Decke zurückschlagen, ihr das Nachthemd ausziehen und mich in sie hineinstürzen.

Vielleicht sagte sie meinen Namen. Ich weiß es nicht. Ich erinnere mich nicht. Ich erinnere mich nur daran: Wir kamen ohne Eröffnung, ohne Worte zur Sache, ich warf mich in befreiender Ekstase auf sie, und sie blieb mir nichts schuldig, sie wehrte sich, sie schlug nach mir, wütend, getrieben vom Stachel ihrer Schuld und ihrer Lust, und die ganze Zeit dachte ich daran, daß sie nicht gebadet hatte, daß sie Corcoran nicht ausgespült hatte und daß er hier dabei war, grinsend wie ein Schauspieler.

Ja, und ich fand es eigenartig, nach Indianapolis zurückzukehren, um diesmal mit Kindern aus einer Grundschule zu sprechen anstatt mit einer abgetakelten Nutte und ihrer endlosen Reihe gesichtsloser Kunden, im klaren, hellen Licht des Tages anstatt in nächtlichen Schatten. Prok hatte mit dem Schuldirektor und einer Vorschullehrerin, beide Freunde der Forschung, alles besprochen, und wir hatten das normale Prozedere verändert und dem kindlichen Auffassungsvermögen angepaßt. Außerdem hatten wir uns im voraus die Einwilligung – und die Geschichten – der jeweiligen Eltern geben lassen, und wir führten die Interviews zu zweit und in Anwesenheit mindestens eines Elternteils, damit nicht einmal der Anschein von Ungebührlichkeit entstehen konnte.

Wir trafen früh ein, die Kinder waren noch in den Klassenzimmern, der borstige gemähte Sportplatzrasen leuchtete nur an den Rändern grün, und die Sonne schien hell auf den Spielplatz mit seinen unbenutzten Schaukeln und Wippen und dem starren Skelett des Klettergerüsts. Der Schuldirektor – ein Mr. McGuiniss, dessen angenehm unspektakuläre Geschichte wir bei unserem letzten Aufenthalt aufgezeichnet hatten, tagsüber, als Ginger nicht gearbeitet hatte – begrüßte uns an der Tür und führte uns in sein Büro. Dort gab es eine Fahne, eine ausgestopfte Eule, die ungelenken, seltsam dynamischen abstrakten Bilder sehr kleiner Kinder sowie ein Fenster mit Blick auf den Spielplatz. »Dr. Kinsey«, sagte McGuiniss – er war klein, kahlköpfig, und seine Fingerspitzen waren von Nikotin verfärbt – »und Mr. Milk, herzlich willkommen. Schön, daß Sie da sind. Wie Sie wissen, haben sich einige Schülerinnen und Schüler freiwillig gemeldet, und ihre Mütter sind ebenfalls hier. Alle sind schon ganz aufgeregt.«

Wir begannen mit zwei Schwestern, fünf und sieben Jahre alt. Der Direktor stellte uns sein Büro zur Verfügung – er hatte auch für ein paar Spielsachen und Bilderbücher gesorgt, um den Kindern die Befangenheit zu nehmen –, und dann trat die Mutter mit den beiden Mädchen ein. Sie war groß, brünett, nicht unattraktiv, mit ausgeprägten Wangenknochen und vollem, kräftig wirkendem Haar, das zu einer Welle frisiert war und von zwei Perlmuttspangen gehalten wurde. Ich wußte, wie alt sie war – neunundzwanzig –, denn ich hatte ihre Geschichte bei unserem vorigen Aufenthalt selbst notiert. (Sie war monogam und seit acht Jahren verheiratet, sie wollte gern mit verschiedenen koitalen Stellungen und oral-genitalen Kontakten experimentieren, war in diesen Dingen jedoch sehr unerfahren und hatte zudem mit dem Widerstand ihres Mannes zu kämpfen. Er war gläubiger Katholik mit typisch unterdrückter Sexualität, er war auch der einzige in dieser Gruppe, der sich nicht hatte befragen lassen.)

Prok und ich erhoben uns und begrüßten sie, während McGuiniss, einen Stoß Papier unter dem Arm, sich mit einer Verbeugung verabschiedete. »Mrs. Perrault«, rief Prok, schüttelte ihr die Hand und lächelte strahlend, »wie nett, daß Sie gekommen sind. Mr. Milk, meinen Assistenten, kennen Sie ja schon. Und« – er wandte sich zu den Mädchen und begrüßte sie mit einer Verbeugung, die sie für ihn einnehmen sollte – »wer sind diese schönen jungen Damen?«

Die Mädchen – Suzie war die Jüngere, Katie die Ältere – hatten den Teint und die großen, feuchten Augen ihrer Mutter. Sie lächelten gezwungen und freuten sich, im Mittelpunkt der Aufmerksamkeit zu stehen, schienen aber auch ein wenig nervös, weil sie nicht wußten, was von ihnen erwartet wurde. »Ich bin Katie«, sagte die Siebenjährige. »Und das ist meine Schwester.«

»Suzie«, sagte die Schwester und drehte sich auf einem Fuß hin und her. »Ich heiße Suzie.«

»Aha«, sagte Prok, der sich noch immer hinunterbeugte, so daß sein Gesicht auf ihrer Kopfhöhe war, »dann seid ihr gar keine Prinzessinnen? Ich war mir sicher, daß ihr Prinzessinnen seid.«

Kichern. Noch mehr Hin-und-her-Drehen. »Nein«, sagte die Kleinere, und beide brachen in Gelächter aus.

»Und wie findet ihr es, das Zimmer des Direktors ganz für euch zu haben? Das ist schon was Besonderes, nicht? Na ja, es ist ja auch ein besonderer Nachmittag für zwei sehr besondere kleine Mädchen. Ich bin Onkel Kinsey, und das« – er wies auf mich, und ich lächelte so aufrichtig wie möglich, um allen Beteiligten zu zeigen, wie vollkommen harmlos ich war – »ist Onkel Milk.«

Die beiden Mädchen musterten mich kurz, und ihr Lächeln wurde etwas unsicher und lebte erst wieder auf, als Prok in seinem fröhlichsten Ton fortfuhr: »Und wen haben wir denn da? Herrn Eule. Seht ihr ihn, da oben? Der ist heute auch dabei. Ich habe mir nämlich ein Spiel ausgedacht, und zwar ein Camping-Spiel. Wart ihr mal mit euren Eltern zelten?«

Oh, ja, ja. Und wo? Ein Seitenblick zur Mutter. »Im Wald«, sagte Katie.

»Gut, sehr gut.« Prok hatte sich im Schneidersitz auf den Boden gesetzt, als wäre er ein Indianerhäuptling, der im Begriff war, die Friedenspfeife zu rauchen. »Also gut«, sagte er, »dann setzt euch mal hin, genauso, kreuzt die Beine wie ich, denn wir spielen jetzt, daß wir im tiefen Wald sind und um ein Lagerfeuer sitzen und Marshmallows rösten. Mögt ihr Marshmallows? Ja? Gut. Sehr gut. Natürlich mögt ihr Marshmallows.« Und er zauberte zwei weiße Marshmallows aus der Manteltasche.

Ich möchte hier darauf hinweisen, daß Prok entgegen dem, was Sie möglicherweise gehört haben – und ich kenne einige der bösartigen und ekelhaften Gerüchte, die von Gegnern des Projekts in die Welt gesetzt wurden, von Menschen, die in allem nur Schmutz sehen –, mit unseren minderjährigen Befragten denkbar einfühlsam, respektvoll und korrekt umging. Wir alle lernten von ihm und versuchten, seine Methoden anzuwenden, doch keiner von uns konnte den Rapport mit Kindern so rasch und mühelos herstellen wie Prok. Es war eine seiner großen Begabungen als Interviewer und als Mensch. Er konnte an das Urinal in der Penn Station treten und sofort das Vertrauen eines Strichjungen auf der Suche nach Kundschaft gewinnen, er konnte durch die Negerviertel von Gary oder Chicago spazieren und sich authentisch ausdrücken, und er konnte auf die offenste, unschuldigste Weise mit Kindern umgehen. Und die sexuellen Geschichten der Kinder waren für unsere Forschung bedeutsam, denn beinahe alle Erwachsenen, die wir nach dem Erwachen ihrer

Sexualität befragten, konnten sich nur verschwommen daran erinnern, und wir glaubten, die Mängel der Erinnerung unserer erwachsenen Befragten durch die Erfassung der Daten von Kindern, die ja noch mitten im Erleben steckten, ausgleichen zu können. Es erschien uns sinnvoll. Dennoch gab es natürlich Kritik: Wir besudelten den Geist dieser Kinder, wir brachten sie vom rechten Weg ab und so weiter. Ich kann Ihnen jedoch versichern, daß das absolut nicht der Wahrheit entspricht.

An diesem Tag führte Prok die beiden schönen Kinder mit den großen Augen durch einen imaginären Wald, saß mit ihnen an einem gemütlichen Lagerfeuer und stellte sehr einfühlsam und ganz nebenbei seine Fragen, erst Suzie, während ihre Schwester in einer Ecke spielte, und dann Katie. Ich muß zugeben, daß ich eine Menge lernte. Die Fragen waren vollkommen unschuldig, und dennoch waren die Antworten aufschlußreich. *Spielst du öfter mit Mädchen oder mit Jungen? Magst du Jungen? Aber zwischen Jungen und Mädchen gibt es Unterschiede, nicht? Ja? Und welche? Woher weißt du das?* Ich saß auf dem Sessel des Direktors, grinste in mich hinein und wechselte, während ich die Antworten notierte, hin und wieder einen Blick mit der Mutter. Ich spürte, wie sich mir neue Möglichkeiten eröffneten. Kinder. Ich hatte nie besonders viel über Kinder nachgedacht. Eigentlich machten sie mich immer unsicher und nervös, ich wußte nichts mit ihnen anzufangen, hatte keinen Zugang zu ihnen, und hier war Prok, einer der hervorragendsten Männer seiner Generation, ein mehrfach ausgezeichneter Wissenschaftler, und führte es mir vor. »Man muß nur mit ihnen reden«, sagte er. »Man muß mit ihnen reden und ihnen zuhören.«

All dieser Sex, und wofür? Für das hier. Für Kinder. An jenem Nachmittag war es wie eine Offenbarung. Meine Gedanken kämpften gegen das unerträgliche Bild von Iris an, die nackt auf meinem Schreibtisch lag, überragt von Corcoran, während piepsige Stimmen Vermutungen und vorsichtige Erwartungen äußerten.

Sie kamen und gingen, ein Kind nach dem anderen, schüchtern oder keck, eifrig oder zurückhaltend, und ich stellte fest, daß sich mir die Anfänge einer Perspektive boten. Diese Körperteile, auf die wir uns bei Ginger und ihren Kunden so gewissenhaft konzentriert hatten, die Geschlechtsakte, die körperlichen Vereinigungen, die *Fortpflanzungsorgane* – das alles diente einem einzigen

Zweck: Kinder. Und es sollte noch fünf Jahre dauern, bis John junior geboren wurde.

Zwei Tage darauf kehrten wir spät in der Nacht nach Bloomington zurück. Wir waren länger geblieben als ursprünglich geplant, weil wir noch ein paar Interviews geführt hatten, die uns in letzter Minute in den Schoß gefallen waren: mit dem Hausmeister der Schule und seinem Bruder, dem die Tankstelle gehörte sowie mit einem Pfarrer, seiner Frau und seiner siebzehnjährigen Tochter. Ich trat ein, und da saß Iris im Kimono, ihr Lyrikbuch in der Hand, und erwartete mich. »Du hättest nicht auf mich zu warten brauchen«, sagte ich, und sie kam zu mir, sah mich liebevoll an und umarmte mich, und wir standen mitten im Wohnzimmer und wiegten uns hin und her. »Mußt du morgen früh nicht zum Seminar?«

»Pst«, machte sie, »pst«, und dann gingen wir ins Bett, und ich war wie aus Holz. Wir hatten zwar Geschlechtsverkehr, kaum daß ich meine Kleider ausgezogen hatte, und es kann sein, daß sie dabei zusammenbrach, daß sie weinte, ihren Kopf an meine Brust drückte und schluchzte, aber ich war wie aus Holz und weiß es nicht genau. Als ich am nächsten Morgen erwachte, war sie schon fort, und später saß ich, von Gallen umgeben, im Büro und strich langsam und nachdenklich über die Platte meines Schreibtischs, als hätte ich etwas Derartiges noch nie gesehen.

13

Ich hörte Schritte im Treppenhaus und leises Gemurmel, das lauter wurde, näher kam, und mein erster Gedanke war: Prok, der, ein paar Studenten im Schlepptau, von seinem frühen Seminar zurückkehrte. Ich hatte mich inzwischen gefangen, saß am Schreibtisch, ordnete das Material, das wir in der Fillmore School gesammelt hatten, und gab mich der vertrauten Umarmung der Routine hin. Ich hatte die Bleistifte gespitzt und die Papiere säuberlich gestapelt. Neben meinem Ellbogen stand ein Becher Kaffee und dampfte vor sich hin. Draußen ließ ein Nieselregen die Konturen von Maxwell Hall verschwimmen.

Es war Proks Stimme, kein Zweifel, eine Art klares Murmeln, das sich über die Nebengeräusche erhob und von einer anderen Stimme begleitet wurde, von einer herzlichen, unerschütterlichen Stimme, die ich sogleich erkannte, und da waren sie auch schon, Prok und Corcoran, und schoben sich durch die Tür. »Morgen, Milk«, rief Prok. »Gut geschlafen?«

»Morgen, John«, sagte auch Corcoran. Er stand vor Proks Schreibtisch, keine drei Meter von mir entfernt, die Arme in die Seiten gestemmt, und verbreitete Nonchalance: alles in Ordnung, alles in bester Ordnung. »Ich kann euch sagen, es ist schön, wieder dazusein. Die Fahrt war entsetzlich, absolut entsetzlich. Und wie war's bei euch?«

Einen Augenblick lang wußte ich nicht, was ich sagen sollte. Im Verlauf der vergangenen vier Tage hatte ich eigentlich an nichts anderes gedacht als an Corcoran und was ich zu ihm und er zu mir sagen würde, wie ich ihm begegnen und was diese Sache für uns alle bedeuten würde, jetzt und in Zukunft. »Tja, wir …« stammelte ich. »Prok kann dir bestimmt …« Ich machte eine unbestimmte Geste und ließ den Arm sinken, zu schmerzerfüllt, um weiterzusprechen.

Prok saß bereits an seinem Schreibtisch und blätterte in seinen Unterlagen. »Ausgezeichnet«, sagte er. »Hätte gar nicht besser sein können. Wir haben vierzehn Geschichten von Jugendlichen, sehr interessant, sehr bedeutsam, und das hat mich darin bestärkt, daß wir noch mehr brauchen. Stimmt's, Milk?«

»Ja«, sagte ich. »Es war … äh … eine echte Erfahrung.«

Corcoran sah mich aufmerksam an. »Ach ja?« sagte er. »Inwiefern?«

Prok hob den Kopf und wartete auf meine Antwort.

»Ich weiß nicht«, sagte ich und griff nach dem Kaffeebecher, um meine Unsicherheit zu verbergen. »Es war ein ... Erwachen ist wohl das richtige Wort. Eine Art Erwachen.«

Corcoran lächelte, lächelte unaufhörlich. Er war so entspannt, daß ich ihn hätte umbringen können, daß ich hätte aufspringen und ihn hier, auf dem Linoleumboden, hätte erwürgen können, ohne auch nur darüber nachzudenken. Ich hatte den Eindruck, daß er meiner Bemerkung nachgehen und um Erläuterung bitten wollte – das war ja doch recht interessant. Vielleicht wollte er sagen: *Wie meinst du das?* Oder es ins Witzige ziehen: *Wie lange hast du denn geschlafen?*

Doch Prok kam ihm zuvor. »Gut«, sagte er. »Gut ausgedrückt. Mir ging es ebenso, und dies ist ein neuer Ansatz, dem wir in Zukunft sehr viel mehr Aufmerksamkeit widmen müssen, wenn auch natürlich mit aller gebotenen Vorsicht.« Es trat eine Stille ein, in der wir alle darüber nachdachten, was diese Vorsicht genau beinhaltete, und dann sagte Prok mit seiner aufgeräumtesten Stimme: »Ich muß dir ein paar Briefe diktieren, Milk – Folgebriefe, und nicht nur an die Eltern, sondern auch an die Kinder.« Er sah mich scharf an, als wäre ich im Begriff, Einwände zu machen. »Denn, du verstehst, wir müssen hier absolut offen und korrekt sein, und die Eltern werden die Briefe sehen, die Folgebriefe also, und ich kann gar nicht genug betonen, wie wichtig das ist. Und zwar zu Recht. Ich finde, wenn jemand Umstände auf sich nimmt, um sich als Freund der Forschung zu erweisen, dann stehen wir, ganz gleich, wie alt oder jung derjenige ist, in seiner Schuld, und dem sollten wir bei erster Gelegenheit Rechnung tragen.«

Ich sollte darauf hinweisen, daß das Institut für Sexualforschung damals noch in den Kinderschuhen steckte und wir weder eine Vollzeitsekretärin noch ausreichenden Büroraum hatten, auch wenn Prok, nachdem Corcoran zu uns gestoßen war, die Verwaltung hatte überreden können, uns einen angrenzenden Seminarraum zu überlassen, so daß wir nun über eine kleine Bürosuite verfügten. Man hatte eine Tür in die Wand gebrochen, und in dem hinzugewonnenen Raum waren nun sowohl Corcorans Tisch als auch die Akten untergebracht, für die wir sonst keinen Platz mehr hatten sowie die stetig wachsende Fachbibliothek (darunter auch die Erotikasammlung, von der in letzter Zeit so viel Aufhebens gemacht wird). Ja, aus bescheidenen Anfängen …

Jedenfalls … Ich erwähne das alles nur wegen des späteren Geschehens – damit Sie sozusagen dabei sind und eine Vorstellung davon haben, wo jeder von uns sich aufhielt. Das Geplauder war beendet, und Prok war der letzte, der Verzögerungen duldete – er wollte, daß gearbeitet wurde, dafür waren wir hier. Dennoch rührte Corcoran sich nicht vom Fleck. »John«, sagte er leiser, »hast du nachher Zeit, nach Feierabend, meine ich? Damit wir ein bißchen reden können.«

Prok zog eine Augenbraue hoch und musterte uns kurz. »Das wäre ausgezeichnet, Corcoran«, sagte er, »aber ich kann Ihnen versichern, daß ich selbst Sie sehr gern über die Einzelheiten unserer Funde unterrichten werde, wie auch darüber, was wir uns für die Zukunft erhoffen. Faszinierend, wirklich.«

Corcorans Lächeln verblaßte. »Nein, es geht eigentlich um etwas anderes.«

»So?«

Ich spürte, daß mir die Röte ins Gesicht stieg, und starrte in den Kaffeebecher.

»Eine private Angelegenheit«, sagte Corcoran.

Prok zog seine Braue noch ein wenig höher. »So?«

»Es ist eigentlich gar nichts. Bloß eine Sache zwischen Kollegen, stimmt's, John?«

Was sollte ich sagen? Der Schuß hatte mich zwischen den Schulterblättern erwischt, als ich über die Hochebene galoppierte, und nun wirbelten meine Hufe hilflos durch die Luft. Ich spürte den Pfeilschaft unter dem Brustbein, die heiße, scharfe Spitze. »Klar«, sagte ich. »Oder vielmehr ja. Ja, stimmt.«

Es wird Sie nicht überraschen, daß es mir schwerfiel, mich auf meine Arbeit zu konzentrieren. Sosehr ich auch dagegen ankämpfte – ich war meinen Gefühlen ausgeliefert. Ich weiß, das war dumm. Falsch. Anachronistisch. Immer wieder hielt ich mir vor Augen, daß ich Sexualwissenschaftler war, daß ich einen Beruf, eine Zukunft und ganz neue Perspektiven hatte, daß ich mich von all den kleinkarierten, jüdisch-christlichen Zwängen und Beschränkungen, die im Lauf der Jahrhunderte so viel Unheil angerichtet hatten, befreit hatte, doch es half nichts. Ich war verletzt. Ich war eifersüchtig. Ich zeigte Prok und – jenseits der Tür, im großen hinteren Raum – Corcoran mein normales Alltagsgesicht, doch innerlich kochte ich, brannte ich, wild und tobend, vergiftet von der Galle meines eigenen Unvermögens und Versagens, meiner eigenen *Sünden,* und so sehr ich mich auch bemühte, dieses Bild zu verdrängen, sah ich doch überall die gebeugte, dem Spott preisgegebene Gestalt des Hahnreis aus der Commedia dell'arte. Wenn Corcoran nicht hersah, starrte ich ihn an. Ich studierte die Art, wie er sich am Kinn kratzte oder mit dem Bleistift auf die Schreibunterlage klopfte, als schlüge er den Rhythmus einer privaten Rhapsodie. *Töte ihn!* schrie eine Stimme in meinem Kopf. *Geh hin und töte ihn!*

Und dann war Feierabend, und wir drei standen an der Tür zum Büro und unterhielten uns, während Prok den Schlüssel umdrehte und wir noch ein paar Takte über Aspekte des Sex plauderten. Prok hatte Schirm und Galoschen dabei, allerdings keinen Mantel, denn es war mild und er war ohnehin jemand, der alles aushielt, und er machte eine Bemerkung darüber, daß Corcoran und ich uns besser auf die Gegebenheiten des Wetters einstellen müßten (wir trugen nur Sportjacketts und waren beide nicht für Regen gerüstet), und dann wünschte er uns einen guten Abend und entfernte sich durch den Korridor. »Tja«, sagte Corcoran leise und zögernd, »sollen wir ... Sollen wir den Wagen nehmen?«

Ich nickte nur, und wir gingen schweigend zu seinem Cadillac. Kaum hatten wir die Türen zugeschlagen, da startete Corcoran den Motor, das Radio erwachte zum Leben und spielte ein beliebtes Tanzstück, und das war es, was die Wut in mir aufsteigen ließ. Ich mußte den Türgriff umklammern, um nicht etwas zu tun, was ich für den Rest meines Berufslebens bereut hätte.

Corcoran legte den Gang ein, und wir fuhren langsam die Straße hinunter, doch ich war so aufgebracht, daß ich die Bewegung kaum registrierte. Nach einem Augenblick sagte er: »Wie wär's mit einer Kneipe? Was trinken. Ich lade dich ein.«

In dem Stück kam ein Klarinettensolo vor – die Band war berühmt für ihren Klarinettisten –, und wir hörten zu, wie das Instrument schlingernd und gleitend die Melodie spielte. »Ich hab nicht gewußt, wie sehr ich Klarinetten hasse«, sagte ich. »Jedenfalls nicht bis jetzt.«

Corcoran streckte einen manschettenknopfgeschmückten Arm

aus und schaltete das Radio ab. Er schien zu einer Entscheidung gekommen zu sein und lenkte den Wagen scharf nach rechts an den Bordstein. »Hör mal, John«, sagte er, »ich hoffe, du verstehst das nicht falsch, denn das könnte für uns alle unangenehm werden, und es gibt keinen Grund ...«

Starrte ich ihn wütend an? Ich weiß es nicht. Ganz plötzlich gab es in meinem Kopf nur noch einen einzigen Gedanken, und der war so groß und mächtig wie ein vollentwickeltes Krebsgeschwür: Ich war überwältigt von der Angst, mich lächerlich zu machen, mich bloßzustellen, zu zeigen, daß ich kleinkariert war, engstirnig, ein Hahnrei. »Nein«, sagte ich und wandte mich von ihm ab, ohne zu wissen, welche Aussage, welche Beweisführung ich eigentlich verneinte.

»Es bedeutet nichts. Überhaupt nichts. Nicht für uns.« Er hatte sich zu mir gewandt und betrachtete mein Profil, und ich spürte ihn, spürte die Wärme seines Atems auf der geschnitzten Maske vor meinem Gesicht. »Bevor ich irgendwas getan habe, habe ich mit Prok gesprochen ...«

Zunächst glaubte ich mich verhört zu haben. Prok? Was hatte Prok damit zu tun? Doch dann begann diese eine kurze Silbe in meinem Kopf widerzuhallen wie eine ratternde Flipperkugel. Vielleicht bekam ich rote Ohren. Ich sah ihn noch immer nicht an, sondern starrte aus dem Fenster und beherrschte mich mühsam.

»Natürlich habe ich mit ihm gesprochen. Du denkst doch wohl nicht, daß ich ... Also, ich hab vielleicht eine überaktive Libido, das gebe ich gern zu, aber ich würde so was niemals ohne Proks Einverständnis machen. Früher vielleicht, aber jetzt nicht mehr, so, wie die Weltpolitik aussieht. Da müßte ich ja verrückt sein, das wäre glatter Selbstmord.«

Prok. Er hatte mit Prok gesprochen – mit Prok, nicht mit mir. Als ob ... Doch ich konnte nicht zu Ende denken, denn Prok hatte es die ganze Zeit gewußt, Prok hatte sein Einverständnis gegeben, grünes Licht und seinen Segen, einer für alle und alle für einen. Und ich hatte den ganzen Morgen stumpf dagesessen, während Prok neben mir gestanden und Briefe diktiert hatte, und meine Finger hatten auf die Tasten gehämmert, als wäre ich ein unterwürfiger Kanzleischreiber in einem Dickens-Roman. Brief um Brief, und kein Wort über Iris und mich. Erst die Briefe an die Eltern, dann die an den

Schuldirektor, den Hausmeister, den Pfarrer und den Tankstellenbesitzer und schließlich die Briefe an die Kinder.

Liebe Suzie, Onkel Milk und ich schicken Dir einen ganz eigenen Brief, den der Briefträger nur für Dich in den Briefkasten wirft. Deiner Schwester Katie werden wir auch einen ganz eigenen Brief schicken, den der Briefträger nur für sie bringt, damit sie auch einen hat. Vor allem wollten wir Dir schreiben, wie sehr wir uns gefreut haben, ein so nettes und kluges Mädchen wie Dich kennenzulernen, und daß Du stolz darauf sein kannst, uns bei unserer Forschung geholfen zu haben. Dein Onkel Kinsey

»Und ich glaube, du weißt, wie Prok das mit dem engsten Kreis sieht: Wir haben keine Geheimnisse, wir sind eine verschworene Gemeinschaft. John, er hat mich dazu ermuntert – zu deinem und meinem Besten. Und zu Iris', wir wollen Iris nicht vergessen.«

Ich hatte sie nicht vergessen, nicht für einen Augenblick.

Corcorans Kopf schwebte im Wagen, als hätte er sich vom Körper gelöst. Das letzte Tageslicht überzog die Gesichtszüge am verschwommenen äußersten Rand meines Blickfelds mit einem Schimmer. Ich starrte noch immer geradeaus. Ich wollte ihn nicht ansehen. Ich konnte es nicht. Zwei Hauseingänge weiter war ein Lattenzaun: frisches, makelloses Weiß und das Kupfergrün der sprießenden Blätter der Kletterrosen, die ihre Triebe danach ausstreckten. »Und Violet. Auch Violet wollen wir nicht vergessen. Sie ist eine sehr leidenschaftliche Frau, John, das kannst du mir glauben. Und sie wird schneller hier sein, als du denkst.«

In meinem Schmerz und meiner Weigerung, ihn Corcoran, Prok, Iris oder sonst jemandem zu offenbaren, ging ich zu Mac. Ich rief sie an, um ihr zu sagen, ich wolle vorbeikommen. Es war ein Samstagmorgen, Iris saß im Supermarkt an der Kasse, Prok hielt seinen Biologiestudenten Vorträge über Gameten und Zygoten oder das Sexleben der Fruchtfliegen oder was weiß ich, Nesträuber, parasitische Wespen, Kuhstare oder Kuckucks. Mac erwartete mich in ihren Wandershorts und einem leichten Pullover an der Tür. »Ich dachte, du möchtest vielleicht einen Spaziergang machen«, sagte sie und sah mir forschend in die Augen.

Ich sagte nichts, sondern nickte nur, und wir gingen mit leeren

Händen die Straße hinunter und zwischen den vertrauten Feldern hindurch zum Wald. Der Frühling in Südindiana war in vollem Gange: Die feuchten schwarzen Furchen boten sich der Sonne dar, auf den Waldlichtungen blühten die Wildblumen, unter den Bäumen roch es nach Schlamm und Gärung, und überall waren Vögel. Und Mücken. Wir schlugen im Gehen nach ihnen und wichen dem einen Schwarm aus, nur um in einen anderen zu geraten. Die Sonne wärmte, doch im Schatten war es kühl, beinahe kalt. Mac gab sich, das muß ich ihr lassen, große Mühe, ein Gespräch in Gang zu halten – wenn Prok es wußte, dann wußte sie es ebenfalls. Wie Corcoran versuchte sie, die Situation zu entschärfen: alles in Ordnung, alles normal, die Erforschung des Sex und seine freie und ungehinderte Ausübung waren unauflöslich miteinander verbunden, und gab es vielleicht irgendeinen Grund zu Beschwerden? Auf einer Lichtung beschien die Sonne einen verwitterten Felsen, und wir machten es uns auf ihm gemütlich.

Lange Zeit saß ich einfach da, an den Felsen gelehnt, und ließ Mac reden. Sie sagte nicht viel, jedenfalls nicht viel Substantielles, und ich wußte, was sie tat (»Ist das nicht ein Hüttensänger, da drüben, auf dem Zweig über dem Baumstumpf, siehst du? Sie werden immer seltener, seit die Stare sich ausgebreitet haben. Ach, ist dieser Waldgeruch nicht herrlich, besonders um diese Jahreszeit? Ich kann gar nicht genug davon kriegen. Als ich noch ein Mädchen war, acht oder neun – hab ich dir das je erzählt?«), aber es war mir egal, es war ein Schmerzmittel in Form von Konversation, und ich ließ es über mich hinwegziehen. Dankbar. Ich weiß nicht, wie lange das so ging – zehn Minuten, zwanzig –, doch nach einer Weile verstummte sie. Ich schloß die Augen und ließ die Sonne mein Gesicht erforschen. Ich wollte mit Mac schlafen, das war der Grund, warum wir hier waren, aber ich hatte es nicht eilig. Oder vielleicht machte ich mir auch nur etwas vor, vielleicht wollte ich gar nicht mit ihr schlafen.

Ihre Stimme schien aus dem Nirgendwo zu kommen, aus irgendeinem Winkel in meinem Kopf, und meine blaugeäderten Lider, hinter denen schwebende Körper pulsierend dahintrieben, klappten auf. »John«, sagte sie, »hör zu, ich weiß, wie du dich fühlst. Ich weiß es wirklich. Aber du darfst dich dem nicht hingeben, denn diese Art zu denken – Eifersucht, Vorwürfe, es ist ganz gleich, wie du es nennst – ist falsch. Und zerstörerisch, John. Wirklich.«

Sie schloß ihre Hand um meine. Das Licht war grell und umflammte sie, als stünde sie am vorderen Rand einer Bühne. Ihre Pupillen waren zu Stecknadelköpfen geschrumpft, und neben ihren Augenwinkeln war ein Strahlenbündel von Falten, als wäre die Haut eingerissen oder mit einem scharfen Werkzeug bearbeitet worden. Sie war alt, sie wurde alt, und die sichtbaren Anzeichen und die plötzliche Erkenntnis bewirkten, daß sich etwas in mir verschob. »Für mich«, sagte sie und senkte die Stimme, »war es anfangs auch nicht leicht, das kann ich dir sagen. Du bist nicht der erste, mußt du wissen. Da war Ralph Voris – hat Prok ihn mal erwähnt?«

»Ja.«

»Und verschiedene Studenten. Kleine Affären. Sachen mit Frauen.«

Ich sagte nichts. Vielleicht wurde ich rot, denn ich dachte an den Tag, an dem ich den Code geknackt und mir Proks Geschichte angesehen hatte. Und Macs.

»Prok hat einen starken Sexualtrieb, und wenn man so oft und so lange unterwegs ist ... Du weißt das nicht. Das war lange vor deiner Zeit – es ist über zehn Jahre her. Er fuhr für drei Monate nach Mexiko, um Gallen zu sammeln. Mit drei gesunden jungen Männern – und er war selbst ein gesunder junger Mann. War ich verletzt? Habe ich mich beklagt? War ich wütend, weil er mich praktisch verlassen hatte? Bin ich heute noch wütend?«

»Ich weiß es nicht«, sagte ich. »Du?«

Sie ließ meine Hand los, hob beide Arme, strich die Haare und dann die Bluse glatt und setzte sich auf dem trockenen Laub am Fuß des Felsens zurecht. »Nein«, sagte sie, »ich glaube nicht. Jetzt nicht mehr. Du mußt wissen«, sagte sie und rückte näher heran, so daß ich die Wärme ihrer Hüfte an meiner spürte, »ich liebe ihn, ich liebe ihn mehr als irgendeinen anderen Menschen, und das ist alles, worauf es ankommt.«

Ihre Worte hingen zwischen uns und mit ihnen Prok. Wir beide versuchten, ihn in den Augenblick einzupassen und gleichzeitig auszublenden. Dann beugte ich mich vor und küßte sie, und sie legte die Hände an meine Brust, schob sie unter mein Hemd und strich über die langen Muskeln an meinen Seiten. Wir atmeten gleichzeitig. Dann ließ sie mich los. »Und ich glaube an ihn«, sagte sie, »ich glaube an seine Arbeit und an alles, was er tut – und du ebenfalls. Das weiß ich.«

Als ich Iris an jenem Abend von der Arbeit abholen wollte, war sie nicht da. Ich war pünktlich, es war genau sechs Uhr. Darin war ich inzwischen ziemlich gut – ich hatte, zusammen mit vielen anderen Dingen, Proks Pünktlichkeit übernommen. Die Frau hinter der Theke sagte, Iris sei heute eine halbe Stunde früher gegangen, wegen irgendeines wichtigen Termins. »Vielleicht beim Arzt«, sagte sie nach einem Blick auf mein Gesicht. »Ja, ich glaube, sie hat was von Arzt gesagt.« Was machte es schon, daß es in ganz Indiana keinen Arzt gab, der am Samstag um sechs Uhr Sprechstunde hatte?

Ich ging nach Hause, um zu sehen, ob ich sie irgendwie verpaßt hatte, und brütete bis um sieben vor mich hin. Als die Kirchturmuhr zwei Blocks weiter die volle Stunde schlug, raffte ich mich auf und ging die zehn Blocks bis zum Büro, und diesmal benutzte ich meinen Schlüssel. Ich schaltete das Licht an, und die Schatten flohen in die Ecken. Es war sehr still. Ich blieb einen Augenblick in der Tür stehen, dann ging ich wie unter einem Zwang zu meinem Tisch und untersuchte ihn: Ich beugte mich hinunter und roch daran, ich roch an meinem eigenen Tisch, als könnte ich auf diese Weise irgendwelche Reste vaginaler Sekrete entdecken, als wäre ich ein Spürhund, ein engstirniger, verzweifelter gehörnter Idiot, der sich so sehr erniedrigte, daß er alle landläufigen Maßstäbe der Erniedrigung sprengte, und dann nahm ich mir Corcorans Schreibtisch vor, durchstöberte seine Sachen, sah in die Schubladen, suchte nach etwas, nach irgend etwas, das mir einen Hinweis darauf geben konnte, wer er wirklich war und was er wollte. Wie ich mich fühlte, als ich im beleuchteten Büro den Schreibtisch meines Kollegen durchsuchte, während sich draußen der Himmel über dem Campus verdunkelte und Pärchen Hand in Hand vorbeigingen, zum Tanzen, zum Kino, zum Abendessen? Am Boden zerstört. Ich war am Boden zerstört, doch das war noch nicht das Schlimmste: Es war, als hätte ich Iris irgendwie verraten, als wäre ich der Schuldige. Am stärksten aber war das Gefühl der Unzulänglichkeit – es schmerzt mich heute noch, wenn ich daran zurückdenke.

Unsere Forschungen zeigten, daß etwa sechsundzwanzig Prozent der Frauen und fünfzig Prozent der Männer außerehelichen Geschlechtsverkehr haben – ich selbst habe die Kurve »Kumulatives Vorkommen: Erfahrung im außerehelichen Koitus« auf Seite 320 des Bandes über das sexuelle Verhalten der Frau gezeichnet –, und daraus hatten wir, mit Proks Worten, folgenden Schluß gezogen: »Außerehelicher Koitus hatte für einige Beteiligte eine Anziehungskraft, und zwar wegen der Abwechslung, die ihnen neue und manchmal überlegene Partner brachte.« Genau. Und doch sollte es noch zehn Jahre dauern, bis der Band über das weibliche Sexualverhalten erschien – immerhin hatten wir ja gerade erst begonnen, Daten zu sammeln –, und daher war meine Einschätzung rein intuitiv. Ich war mit Mac zusammengewesen, ihr Geruch war noch an meinen Händen. Aber das war jetzt vollkommen unwichtig. Wichtig war nur Iris. Iris und Corcoran.

Ich ging wieder nach Hause. Es war acht, und sie war noch immer nicht da. Ich schenkte mir einen Drink ein und brütete weiter vor mich hin. Als sie um halb neun nicht aufgetaucht war und nicht einmal angerufen hatte, schrieb ich ein Gedicht oder vielmehr ein paar Zeilen eines Gedichts aus ihrer Anthologie ab, legte das Blatt auf ihr Kopfkissen und machte mich auf den weiten Weg zu Corcoran, um zu sehen, ob sein Wagen vor der Tür stand, ob Licht brannte, ob hinter den Fenstern Bewegung war, eine Silhouette oder so. Es war kalt geworden, und ich sah den Atem in Wolken aus meinem Mund strömen, als ich mit hochgezogenen Schultern dahinging. All meine Gefühle – Wut, Verzweiflung, Verachtung, Rachsucht – lagen ineinander verknäult in meinem Magen wie ein Haarball. Vor dem Haus, in dem Corcoran wohnte, stand kein gelbes Cabriolet, und alle Fenster waren dunkel. Ich blieb zwei Stunden oder länger dort stehen, dann drehte ich mich um und ging besiegt nach Hause.

Muß ich eigens erwähnen, daß Iris nicht da war? Das Gedicht lag unberührt dort, wo ich es hingelegt hatte, und soviel ich weiß, blieb es auch da, die ganze Nacht und den nächsten Morgen. Ich habe keine Ahnung, wann sie in jener Nacht nach Hause kam oder ob sie überhaupt nach Hause kam, denn ich packte ein paar Sachen – Wäsche, Waschzeug, eine Decke – in einen Koffer und schleppte mich wieder ins Büro, um dort auf dem Boden zu schlafen, während das sonst menschenleere Gebäude, eines der ältesten auf dem Campus, ächzend und seufzend einen Zustand offenbarte, der mich unwillkürlich an den meinen erinnerte. Ich war noch keine vierundzwanzig, und doch war mein Leben bereits vorüber. Ich sagte mir, daß ich in den Krieg hätte ziehen sollen, um zu töten und getötet zu werden, denn alles war besser als das hier.

Das Gedicht war übrigens von Hardy, gallenbitter und grimmig wie kaum ein anderes. Heute erscheinen mir die darin ausgedrückten Gefühle und die große Geste ein bißchen halbgar, doch damals traf es genau das, was ich empfand. Es heißt »Neutrale Töne«, und der Sprecher blickt zurück auf einen trostlosen Tag, an dem am Ufer eines zugefrorenen Teichs das Lächeln auf den Lippen seiner Geliebten erstarb. Ich hatte die letzten vier Zeilen abgeschrieben:

Daß Liebe fußt auf Falsch, daß sie der Falschheit Raub,
Das hat seither Dein Antlitz mir entstellt
Wie auch den Baum, die gottverlass'ne Welt
Und einen Teich, umringt von fahlem, grauem Laub.

Ich verbrachte zwei Nächte im Büro und ging tagsüber nicht mal in die Nähe unserer Wohnung. Wenn Iris mich leiden lassen wollte – ich konnte sie auch leiden lassen. Sollte sie doch im eigenen Saft schmoren, dachte ich, sollte sie doch schmoren, bis ihr so übel war wie mir. Aber wo war Corcoran? Am ersten Morgen erwartete ich ihn mit trockener Kehle und einem Pochen in den Schläfen, das durch wiederholte Hormonausschüttung ausgelöst war, doch es wurde acht, es wurde zehn nach acht, und schließlich fragte ich Prok so beiläufig wie möglich: *Wo ist eigentlich Corcoran?* Prok sah kaum auf. Er habe ganz vergessen, mir zu sagen, daß er meinem Kollegen zwei Tage freigegeben habe, damit dieser sich um eine private Angelegenheit kümmern könne. Mehr erfuhr ich nicht, und für den ganzen Rest des Tages blieb Prok in seine Arbeit versunken. Es gab keine Unterhaltungen, keine scherzhaften Bemerkungen, und die einzige Abwechslung von der täglichen Routine kam, als wir mit zwei jungen Frauen, die sich um eine Stelle als Vollzeitsekretärin bewarben, Einstellungsgespräche führten und sie anschließend einzeln nach ihrer Sexualgeschichte befragten.

Als ich am Ende des zweiten Tags noch immer nichts von Iris gehört hatte, ging ich zurück zu unserer Wohnung. Ich war vorsichtig, ich achtete auf Zeichen, ich näherte mich den Stufen der Vortreppe mit den langsamen, behutsamen Bewegungen eines Kundschafters, als wäre das Haus von abrückenden feindlichen Soldaten vermint worden. Das erste, was mir auffiel, war die Milch: Zwei Flaschen standen unberührt nebeneinander in der isolierten Kiste auf der

Vorderveranda. Das Radio schwieg, es brannte kein Licht. Mir sank das Herz. Ich drehte den Schlüssel im Schloß und trat ein. Es roch nach nichts, wie in einer Grabkammer, wie in einem Raum, der leer war und vielleicht nie mehr bewohnt werden würde. Es war, als wären die Menschen, die hier gelebt hatten, dieses nette junge Paar, einfach verschwunden, als hätte man sie entführt, um ein Lösegeld zu erpressen, und als wüßte man nicht, ob das Geld je aufgebracht werden könnte.

Iris' Kleider waren noch da, im Schrank, auch ihre Bürsten und Cremes, ihr Shampoo – es war alles da. Es dauerte etwa fünfzehn Minuten, während deren ich in einer Art stumpfer Verzweiflung herumstöberte, bis ich merkte, daß das Gedicht verschwunden und durch ein anderes ersetzt worden war (ich weiß bis heute nicht, woher sie es hatte):

Nie wieder werde ich dir sagen, was ich denke,
Ich werde lieb und listig sein, sanft und verschlagen …
Und eines Tages, wenn du klopfst und eintrittst,
Eines schönen Tages, nicht zu warm und nicht zu kalt,
Werde ich fort sein, und du kannst pfeifen, wie du willst.

Ich bekam keine Luft. Ich mußte mir einen Drink einschenken und mich in den Sessel sinken lassen, denn ich war mit einem Mal so schwach, daß meine Beine mich nicht mehr trugen. *Fort? Werde ich fort sein?* Was sollte das heißen? Ich konnte es nicht ergründen – meinte sie damit, daß sie mich verlassen würde, daß sie mich nicht mehr wollte, daß Corcoran innerhalb von … von einer Woche meinen Platz eingenommen und alles ausgelöscht hatte, was zwischen uns gewesen war? *Schön?* Nein, es war nicht schön, es war verrückt! Ich liebte sie, sie liebte mich. Wie konnte sich das jemals ändern?

Wenn ich dachte, dies sei der Tiefpunkt – der Austausch bitterer Gedichte, Krieg ohne Feindberührung, der Drink, der Sessel, die leere Wohnung –, so hatte ich mich getäuscht. Denn während ich dort saß, in einer Hand das Glas, in der anderen das Blatt Papier mit Iris' Handschrift (auch daran hatte ich gerochen, ich hatte es an die Nase gehalten und tief eingeatmet, in der Hoffnung, einen Hauch von ihrem Geruch zu erhaschen), hörte ich ihre Schritte auf der Treppe und ihren Schlüssel im Schloß, und im nächsten

Augenblick mußte ich ihr ins Gesicht sehen und mir anhören, daß sie sich verliebt hatte.

Da war sie, mit gerötetem Gesicht und zerzaustem Haar, und ihre Kleider sahen aus, als hätte sie darin geschlafen (und das hatte sie ja auch, oder vielmehr nein, das hatte sie eben nicht, aber daran wollte ich jetzt nicht denken). Sie trat ein, warf Handtasche und Mantel auf einen Stuhl und sagte, es tue ihr leid, aber so sei es nun mal: Sie habe sich verliebt.

Ich werde nicht wütend. Ich unterdrücke meine Wut, ich trinke sie wie Angostura Bitter, verdaue sie, schiebe sie durch meine Gedärme und scheiße sie aus. Das hat meine Mutter mich gelehrt. *Tu, was ich dir sage. Benimm dich. Lebe für mich.* »Wir sind noch nicht mal ein Jahr verheiratet«, sagte ich.

Sie war zu aufgeregt, sie konnte sich nicht setzen und ging auf und ab, während ich mich an den Sessel klammerte, als wäre das Schiff untergegangen und er das einzige Wrackteil, das mir geblieben war. »Das ist mir egal«, sagte sie. »Es tut mir leid, und ich will dir nicht weh tun – ich werde dich immer lieben, und du warst meine erste Liebe, das weißt du ja –, aber ich habe etwas gefunden, was größer ist als das, und ich kann es nicht ändern. Ich kann nicht.«

»Er ist verheiratet«, sagte ich, und meine Stimme war flach und tonlos. Der Wasserhahn tropfte, ein donnernder Tropfen nach dem anderen fiel auf das fettige Porzellan der Teller, Tassen und Untertassen in der Spüle. »Er liebt dich nicht. Für ihn ist es nur Sex – das hat er mir gesagt. Es ist nur Sex, Iris. Er ist *Sex*forscher.«

Die ganze Intensität in ihrem Gesicht zog sich zu dem erstarrten Öhr ihres Mundes zusammen, und für eine Sekunde dachte ich, sie würde mir ins Gesicht spucken. »So nennst du das – Forschung?« Sie bebte, die Ekstase des Augenblicks ließ ihr Gesicht leuchten, und ihre Augen blickten klar und hart. »Tja, und wennschon, ich liebe ihn, und alles andere ist egal. Auch ich kann forschen, das wirst du sehen. Du wirst schon sehen.«

Früh am nächsten Morgen, als Prok noch oben im Badezimmer war und seine Zähne putzte und Mac mit Schneebesen, Rührschüssel und einem Becher Kaffee in der Küche stand, ging ich zu dem Haus in der First Street und klopfte an die Tür, bis eines der Kinder mich einließ. Ich weiß nicht mehr, welches es war, möglicherweise Bruce, der Jüngste, der damals dreizehn oder vierzehn war, aber die Tür schwang auf, das jugendliche Gesicht nahm meine Anwesenheit zur Kenntnis und verschwand, so daß ich allein und unangemeldet im Vorraum stand. Hinter mir war die Tür zur Straße weit geöffnet. Zwei Jahre zuvor wäre mir eine solche Situation unendlich peinlich gewesen, doch jetzt empfand ich, während die Geräusche des Hauses mich umrieselten – drei Kinder, die sich für die Schule fertigmachten, und aus dem ersten Stock das Klatschen von Proks Streichriemen –, nichts als Erleichterung. Ich war eingehüllt von Normalität, vom regelmäßigen Wummern der Schritte über mir und dem Murmeln der beiden Mädchen, die sich über den Flur hinweg unterhielten. Ich blieb einen Augenblick stehen und schloß leise die Tür. Es roch nach Kaffee, Butter und heißem Fett, und ich folgte dem Geruch zur Küche und versuchte, das heftige Pochen in meiner Brust zu dämpfen. Mac stand mit dem Rücken zu mir am Herd und schlug Eier in einer Schüssel. Sie trug Hauskleid und Schürze, sie war barfuß und ungekämmt, und als ich ihren Namen sagte, zuckte sie zusammen.

Verwundert drehte sie sich zu mir um. »John?« sagte sie, als könnte sie sich nicht genau erinnern, wer ich war. »Was machst du denn hier, um diese Uhrzeit? Wollt ihr irgendwohin, Prok und du? Ich dachte, ihr fahrt erst nächste Woche wieder nach Indianapolis.«

»Nein«, sagte ich und suchte nach den richtigen Worten. »Ich wollte nur, äh … Ich muß mit Prok reden. Ist er da? Es ist wirklich dringend.«

Ihr Blick war bestürzt. Sie spürte Gefahr und großen Kummer, und ich war völlig fertig, das sah sie sofort. »Hast du schon was gegessen?« fragte sie unvermittelt. »Ich kann ein paar Eier mehr machen. Und Toast – willst du Toast?«

»Ist er oben?«

Vielleicht nickte sie, vielleicht sagte sie auch: »Geh nur rauf«, auf jeden Fall war die Erlaubnis nur eine Formsache, denn ich gehörte dazu, ich war ein Teil dieses Haushalts, dieser Familie, und im nächsten Augenblick sprang ich die Treppe hinauf, wo mir Joan und Anne, die beiden Mädchen, entgegenkamen, fertig angezogen für die Schule. Vermutlich warfen sie mir einen fragenden Blick zu, möglicherweise kicherten sie auch (sie waren vielleicht siebzehn und sechzehn), aber im Grunde war es etwas ganz Normales: Ich ging die Treppe hinauf, wie ich es schon zuvor getan hatte, John Milk, der gutaussehende junge Mann mit dem widerspenstigen Haar, Daddys Freund, Daddys Assistent, sein Kollege und Reisebegleiter. Ich fand Prok im Badezimmer, er stand vor dem Spiegel und rasierte sich. Die Tür war offen. Er trug Unterwäsche und hatte gerade den letzten Rest Rasierschaum vom Kinn geschabt, als er mich in der Tür bemerkte. »Prok«, sagte ich, »ich hoffe, du … Ich wußte nicht, mit wem ich reden sollte.«

Ich konnte nichts essen, ich war viel zu aufgewühlt, doch beide, sowohl Prok als auch Mac, bestanden darauf, daß ich Platz nahm, und Mac setzte mir Rührei und Toast vor. Während des ganzen Frühstücks musterte Prok mich mit dem forschenden Blick, den er manchmal hatte, als wollte er mich für eine physiologische Studie über die verschiedenen Reaktionen des Körpers auf Belastung in meine Bestandteile zerlegen, doch was er sagte, galt ausschließlich dem Projekt. »Die Kinder waren wirklich großartig, nicht, Milk? Du hättest sie sehen sollen, Mac: mit vier, fünf Jahren bereits ganz eingebettet in ihre Geschlechterrolle, und mit sieben oder acht hatten etliche von ihnen schon die Geschlechtsorgane des anderen Geschlechts gesehen. Und ein Mädchen war da – erinnerst du dich, Milk? Die Kleine mit den Zöpfen? Sie hatte ihre Eltern nackt gesehen, beide, und zwar regelmäßig.« Als wir fertig waren – ich hatte kaum etwas angerührt –, erhob er sich dynamisch wie immer, zog vor dem Spiegel in der Eingangshalle die Fliege zurecht und sagte, wenn wir pünktlich mit der Arbeit beginnen wollten, müßten wir uns beeilen.

Kaum waren wir aus dem Haus, da fragte er mich, was los sei.

»Es geht um Iris«, sagte ich und mühte mich, mit ihm Schritt zu halten, als wir durch das Gartentor auf die Straße traten. Es fiel mir schwer, die Worte herauszubringen, sie stießen in meinem Kopf zusammen, ebenso wie die Gefühle, die mich auf eine untergründige, drüsengesteuerte Weise im Griff hatten. Prok warf mir einen ungeduldigen Blick zu. »Sie sagt, sie hat sich in Corcoran verliebt und daß« – hier ging ich innerlich in die Knie –, »daß sie zu ihm ziehen will, daß sie mit ihm leben will. Daß sie …«

Er hielt den Kopf gesenkt, hatte die Schultern hochgezogen und war bereits in seinen energischen Schritt verfallen: Er hatte keine Zeit, und es war reine Zeitverschwendung, auf der Straße herumzustehen und zu plaudern, wenn die Arbeit rief. Er sagte nur: »Das geht nicht.«

Nein, dachte ich, *nein, natürlich geht das nicht.*

»Aber du warst einverstanden«, sagte ich, »das ist jedenfalls das, was Corcoran mir erzählt hat. Du hast ihm deinen Segen gegeben. Für diese ganze Sache, meine ich.«

Der Seitenblick über die hochgezogene Schulter, mit dem er mich bedachte, war nicht im mindesten mitfühlend. Es war der wilde, gereizte Blick, den er hatte, wenn man ihn herausforderte, wenn die Rices oder Hoenigs dieser Welt aufstanden, um ihn zu kritisieren, sei es aus methodologischen oder aus moralischen Gründen. »Wir sind allesamt erwachsen, Milk«, sagte er kurz angebunden. »Wir sind erwachsen und handeln aus freien Stücken. Niemand braucht meine Erlaubnis für irgend etwas.«

Ich lief jetzt neben ihm, und ich war noch nie so nahe daran gewesen, die Beherrschung zu verlieren: Mir lagen Anschuldigungen auf der Zunge, das weiß ich, und ich wollte ihm seine eigenen Worte ins Gesicht schleudern, doch was ich herausbrachte, war nur ein weiterer Beweis meiner Unzulänglichkeit, ein gequältes Jammern wie das eines Kindes. »Es frißt mich auf«, sagte ich, und obwohl ich mich immer fit hielt, hatte ich das Gefühl, als bekäme ich nicht genug Luft. Meine Beine pumpten automatisch, einatmen, ausatmen. »Ich liebe sie. Ich will sie zurückhaben.«

Wir gingen schweigend weiter, und ich kann Ihnen nicht sagen, ob die Sonne schien und die Eichhörnchen an den Bäumen emporkletterten oder ob ein Sturm tobte, denn ich war am kritischen Punkt angelangt, und nichts in der Welt der Erscheinungen konnte mich noch interessieren, es war alles nur ein Hintergrund für die Szene, die ich spielte: der verzweifelte Liebende, der gehörnte Ehemann, der Dummkopf im Narrengewand. »Sie will zu ihm ziehen, sagst du?« fragte Prok und sah mich mit diesem zupackenden Blick an.

Ich nickte. Wir gingen so schnell, daß ich beinahe traben mußte. »Die letzten drei Nächte hat sie bei ihm verbracht, und sie ... sie ist gestern nacht nur nach Hause gekommen, um ein paar Sachen zu holen, und sie hat gesagt« – es war lächerlich, es zu wiederholen, aber ich konnte nicht an mich halten –, »daß sie auch forschen will.«

Mit einem Mal standen wir still, mitten auf dem Bürgersteig. Ein Hand in Hand spazierendes Studentenpärchen ließ einander los, um rechts und links von uns vorbeizugehen, die Bäume über uns schwankten, und bis auf Proks Gesicht, seiner Brille, seinen Augen schien alles ringsumher in verschwommener Bewegung vorüberzurauschen. »Forschen?« sagte er. »Aber das ist absurd. Es ist falsch. Und das weißt du, John, besser als jeder andere. Habe ich nicht immer wieder betont, wie sehr unsere Arbeit von ihrer Wahrnehmung in der Öffentlichkeit abhängt?«

»Natürlich. Das hab ich ihr ja auch gesagt.«

Er reckte das Kinn. Der Wind, sofern es einen gab, ließ vielleicht die steife Welle seines Haars erzittern. »Wir können es uns nicht leisten, ihnen Munition zu liefern.«

»Nein, natürlich nicht.« Ich wollte den Blick abwenden. In meinen Augen war etwas Flüssiges – Tränen, meine ich –, und ich wollte mich nicht bloßstellen.

»Du und Mac, zum Beispiel – wohltuend für beide Seiten, wie ich es immer gesagt habe. Ein Geben und Nehmen von Freude und Lust. So sollte es sein. Wir müssen unsere Hemmungen überwinden und uns selbst so vollständig wie möglich ausdrücken. Davon bin ich felsenfest überzeugt. Aber es muß streng vertraulich bleiben, und jeder von uns – nicht nur die Männer, sondern auch ihre Frauen – muß sich darüber im klaren sein, daß wir hier ein Teil von etwas viel, viel Größerem sind. Und daß wir unter Beobachtung stehen, daß man uns durch ein Mikroskop beobachtet, John. Das weißt du doch, oder?« Er hielt inne. Wir standen noch immer wie angewurzelt da, und Prok machte eine Bewegung, als wollte er den Weg fortsetzen, verharrte jedoch abermals. »Hat irgend jemand sie mit ihm gesehen? Hat jemand gesehen, wie sie in seine Wohnung gegangen ist?«

»Das weiß ich nicht«, sagte ich unglücklich. Ich betrachtete das Muster der Platten auf dem Bürgersteig. Ich konnte Prok nicht in die Augen sehen. »Aber ich glaube nicht, daß sich so was in einer Stadt, die so klein ist wie die hier … Jedenfalls nicht für lange.«

Prok fluchte nicht. Er gebrauchte keine Kraftausdrücke und erzählte keine schmutzigen Witze – auch wenn er in späteren Jahren damit bombardiert wurde –, doch in diesem Augenblick, als wir dort auf der Straße standen, kam er dem Fluchen sehr nahe. Er spuckte etwas aus, irgendeinen lateinischen Ausdruck, und dann gingen wir weiter, und er murmelte etwas über Corcoran und machte sich

Vorwürfe, daß er die Situation »nicht absolut klar dargelegt« habe, »so klar, daß jeder Idiot diese Wahrheit und die Notwendigkeit zur Diskretion versteht«. Wir überquerten die Atwater Street, dann die Third Street, bogen in den Fußweg ein und gingen auf die aufragenden Universitätsgebäude zu. »Tut mir leid, John«, sagte er und durchbohrte mich mit einem Blick, als wäre ich derjenige, der seine Forschungsarbeit in Gefahr brachte, »aber das geht einfach nicht.«

Obwohl ihre Töchter noch keine Ferien hatten und daher eineinhalb Monate Unterricht versäumen würden, kam Violet Corcoran zwei Wochen später aus South Bend nach Bloomington und zog in die beengte Wohnung ihres Mannes in der College Avenue. Sogleich nahm sie die Dinge in die Hand: Sie eröffnete ein Konto beim Lebensmittelhändler, stellte einen Privatlehrer ein und setzte Lloyd Wheeler, den besten Makler der Stadt, auf ein passendes Haus an, mit einem Garten für die Mädchen, einer Garage für den Cadillac und schattenspendenden Bäumen, die die Sommerhitze linderten. Prok hatte mit Corcoran gesprochen – an jenem Morgen war er die Treppe im Institut für Biologie hinaufgegangen und energischen Schritts in das hintere Bürozimmer gestürmt, und dann hatte er sich Corcoran vorgeknöpft. Und fünf Minuten später hatte Corcoran mit Iris gesprochen, hatte sie in seiner Wohnung angerufen. Die ganze Zeit saß ich an meinem Schreibtisch und trank Kaffee, als wollte ich damit mein Blut ersetzen.

Wenn ich heute an die ganze Sache denke, muß ich Iris' Unreife die Schuld geben. Sie war erst zwanzig, als wir heirateten, und hatte, wie gesagt, keine anderen Erfahrungen mit Männern gemacht. Vielleicht war das ungerecht, ja, ganz sicher war es das, insbesondere angesichts des Projekts, an dem wir alle arbeiteten, und der außerehelichen Beziehungen, die ich gehabt hatte. Sie war nicht imstande einzuschätzen, was sie tat, ihre Gefühle im Zaum zu halten und Prioritäten zu setzen – sie war verknallt, das war alles, so verknallt wie viele der jungen Mädchen, die wir über ihre ersten Verliebtheiten befragten. Vor allem aber war sie dickköpfig. Wenn sie sich etwas in den Kopf gesetzt hatte, war sie schwer wieder davon abzubringen, und als sie eine Stunde später blaß und mit geröteten, verweinten Augen ins Büro trat, war ich nicht überrascht, sondern sank innerlich in mich zusammen. Prok stand gerade neben mir und verglich eine seiner Tabellen mit einer von meinen, und Corcoran, von dessen Gesicht das selbstzufriedene Lächeln endlich einmal verschwunden war, saß über seinen Tisch gebeugt im hinteren Zimmer. »Das können Sie nicht machen«, sagte sie.

Ich war im Nu auf den Beinen, noch bevor ich merkte, daß sie gar nicht zu mir gesprochen hatte. Corcoran drehte sich auf seinem Stuhl um, seine Augen lagen tief in den Höhlen. Er trug seine zweifarbigen Schuhe, das weiß ich noch, und begann eine Fußspitze auf dem Boden hin und her zu drehen, als träte er eine Zigarette aus. Prok legte mir eine Hand auf die Schulter, und ich spürte, daß eine Welle von Scham über mir zusammenschlug.

Iris rührte sich nicht. »Ich bin nicht Ihr Eigentum – und John und Purvis auch nicht.«

»Bring deine Frau bitte hinaus, Milk«, sagte Prok. »Bring sie nach Hause.«

»Nein«, sagte sie mit erhobener Stimme. »Nicht bevor Sie mir gesagt haben, wer Sie zu Gott gemacht hat.«

»Corcoran«, rief Prok über die Schulter, »würden Sie bitte mal kommen?«, und wir sahen zu, wie Corcoran sich erhob und mit steifen Schritten zu uns kam. Er stellte sich mit unsicherem Gesicht neben uns. Iris stand noch immer in der Tür.

»Also, Corcoran«, sagte Prok. Ich war nicht zu meiner Frau gegangen, ich hatte sie nicht berührt. Wir standen da wie drei Abwehrspieler, die den Ball erwarteten. »Sagen Sie mir bitte, ob Sie Mrs. Milk die Situation erklärt haben.«

Corcoran beugte den Kopf. »Ja, das habe ich«, sagte er.

»Entschuldigung, ich habe Sie nicht verstanden.«

Corcoran sah erst Iris und dann mich an. »Ja, das habe ich«, wiederholte er.

»Gut«, sagte Prok, »sehr gut. Wenn das so ist« – er trat auf Iris zu, nahm ihren Arm und führte sie in das hintere Zimmer –, »dann würde ich gern unter vier Augen mit Ihnen sprechen, Iris.«

Die Tür schloß sich, und ich setzte meine Arbeit fort.

Teil II

Wylie Hall

1

Ich glaube, keiner von uns – weder Prok oder die anderen Mitglieder des engsten Kreises, noch President Wells, das NRC oder der Verlag W. B. Saunders Company in Philadelphia – hatte mit dem Wirbel gerechnet, der losbrach, als im Januar 1948 der Band über das sexuelle Verhalten des Mannes erschien. Prok hatte Saunders, einem farblosen seriösen Verlag für medizinische Fachliteratur, den Vorzug vor den großen New Yorker Verlagshäusern gegeben (die kamen, als sich die Sache herumsprach, allesamt gelaufen und klopften an seine Tür, das können Sie mir glauben), und zwar ganz bewußt, um irregeleitete Marketingmaßnahmen oder vollmundige Publicity zu vermeiden, die unsere Forschungsergebnisse möglicherweise trivialisiert und marktschreierisch verkürzt dargestellt hätten. Wir wollten vor allem als Wissenschaftler anerkannt werden, wir wollten die Sexualwissenschaft legitimieren, damit sie den ihr gebührenden Platz unter den Sozialwissenschaften einnehmen konnte, doch zugleich war Prok von echtem Reformeifer beseelt und wollte unsere Ergebnisse einer möglichst breiten Öffentlichkeit zugänglich machen. Und so ließ er sich interviewen – es waren regelrechte Pressekonferenzen –, damit die Welt davon erfuhr, allerdings auf eine nüchterne, rationale, zurückhaltende Weise. Und er entschied sich dafür, das Buch als unscheinbares, schmuckloses Hardcover erscheinen zu lassen, das sich in nichts von den anderen wissenschaftlichen oder medizinischen Handbüchern unterschied, die ihr Dasein in den hinteren Regalen von Buchhandlungen, Bibliotheken oder Arztpraxen fristeten. Es kostete sechs Dollar fünfzig, das war damals mehr als doppelt soviel wie der durchschnittliche Preis eines Buchs, aber dafür bekam man 804 Seiten, inklusive Anhang, Tabellen, Bibliographie und Index. Und gewidmet war es ganz nüchtern »den zwölftausend Personen, die die Angaben gemacht haben, auf denen dieses Buch beruht, und den achtundachtzigtausend anderen, die im Lauf der Zeit dazu beitragen werden, diese Studie abzuschließen«.

»Nüchtern«, »seriös«, »klinisch« – ganz gleich, welches Adjektiv man benutzte, die Presse sah das ganz anders. Jede Zeitung, jede Zeitschrift im Land brachte reißerische Schlagzeilen: »50% DER VERHEIRATETEN MÄNNER UNTREU!« – »VOREHELICHER GESCHLECHTSVERKEHR GREIFT UM SICH!« – »KINSEY: HÖHEPUNKT DER SEXUELLEN AKTIVITÄT BEI MÄNNERN ZEHN JAHRE FRÜHER ALS BEI FRAUEN!« Solche Sachen eben, immer in fetten Großbuchstaben und gefolgt vom Peitschenknall des Ausrufezeichens. Das Buch verkaufte sich wie warme Semmeln, 40000 Exemplare in den ersten beiden Wochen, und bald führte es alle Bestsellerlisten des Landes an. Im März betrug die Auflage 100000 Exemplare, im Juni 150000. *Time* bezeichnete es als größten Erfolg seit *Vom Winde verweht.* Und Prok, der jedes einzelne Wort geschrieben hatte, war plötzlich allgegenwärtig. Sein Gesicht starrte einem aus allen möglichen Publikationen entgegen, und seine Worte – seine Statistiken, *unsere* Statistiken – waren in aller Munde. Die Sache geriet derart außer Kontrolle, daß wir das Büro kaum noch betreten oder verlassen konnten, ohne von Reportern, Bewunderern und Sensationslüsternen umringt zu werden, und die Arbeit an unserem Projekt kam in diesen ersten Monaten vollkommen zum Erliegen. (Und kann sich noch jemand an diese Jukebox-Melodien erinnern – an Martha Raye mit »Ooh, Dr. Kinsey«, Julie Wilson mit »The Kinsey Report« und, am schlimmsten von allen, »The Kinsey Boogie«?)

Für mich war das die Hölle. Vor einer Kamera hatte ich mich noch nie wohl gefühlt, und obgleich ich mich als Interviewer im Rahmen meiner Tätigkeit für recht fähig halte, bin ich, wie ich fürchte, als Interviewter eine Katastrophe. (»Du bist eben schüchtern, John«, sagte Iris immer, »nicht gehemmt, sondern bloß schüchtern.«) Für Mac war es ebenfalls schwer. Wenn die Reporter versuchten, Corcoran und mich – und Rutledge, der inzwischen zu uns gestoßen war – in die Enge zu treiben, konnten wir ihnen eine geschlossene Front präsentieren, und in den Augen der Presse waren wir ohnehin zweitrangig, lediglich Begleitmusiker unseres Bandleaders Prok, doch Mac war ihnen schutzlos preisgegeben. Wenn *Das sexuelle Verhalten des Mannes* die Männer so zeigte, wie sie waren – als menschliche Säugetiere, die sich allen möglichen sexuellen Aktivitäten hingaben, von Analverkehr über außereheliche Affären bis hin zu geschlechtlichem Umgang mit nichtmenschlichen Säugetieren –, wie war dann das Leben mit einem Mann, der dieses Verhalten quantifizierte und korrelierte? Wie sah die *weibliche* Perspektive aus?

Mac gab ein Interview nach dem anderen, sie ertrug den Druck und das Rampenlicht, als wäre sie damit aufgewachsen, doch ich wußte es besser. Im Gegensatz zu mir war sie nicht zurückhaltend, aber sie hatte sich immer als Begleiterin verstanden, als Proks Helferin; sie fand, der Lohn für seine unermüdliche Arbeit und seine geniale Konzeption, all der Ruhm und die Aufmerksamkeit gebührten ihm allein, und sie müsse sich im Hintergrund halten, damit er das genießen könne. Aber man ließ sie nicht. Besonders schlimm waren die Frauenzeitschriften: *McCall's, Redbook, Cosmopolitan.* Sie wollten sich an Details weiden, sie insistierten, sie suchten und stocherten, in der verzweifelten Hoffnung, auf etwas Seltsames, Ungewöhnliches zu stoßen, etwas Abseitiges, das ihren Leserinnen helfen konnte, diesen ganzen *Männerkram* in die richtige Perspektive zu rücken. Wer war sie? Wer war sie wirklich?

Mac lud sie allesamt ein, damit sie sich ihre Fragen selbst beantworten konnten: Sie war bloß eine ganz normale Hausfrau und unterschied sich von den Leserinnen dieser Zeitschriften nur insofern, als ihr Mann jeden Morgen ins Institut für Sexualforschung ging, während andere Männer mit ihren Lunchpaketen in die Fabrik oder ein Büro in der Innenstadt fuhren. Sie buk Plätzchen und Persimonentörtchen für die Journalistinnen und saß strickend im Schaukelstuhl, um zu demonstrieren, wie ihr Alltag aussah. Als man sie fragte, ob sich ihr Leben nicht sehr bald schon verändern würde, ob die Tantiemen sie nicht so reich machen würden, daß sie sich in Pelze kleiden und Putzen, Kochen und die übrige Hausarbeit irgendwelchen Hausangestellten überlassen könnte, wies sie mißmutig darauf hin, daß alle Einkünfte aus dem Verkauf von *Das sexuelle Verhalten des Mannes* dem Institut zugute kämen und sie selbst nicht einen Cent davon sähen, ja daß das Buch sie eigentlich Geld *gekostet* habe, weil es Prok davon abgehalten habe, sein Biologie-Lehrbuch zu überarbeiten, das jährlich wenigstens ein bißchen abgeworfen habe. Sie sollten sich doch Proks Garderobe ansehen – er habe nur einen einzigen guten Anzug. Reich? Sie seien alles andere als das. Mac präsentierte genau das, was Prok von ihr erwartete: eine Art biederer, keimfreier Wärme, die die Kritiker auf Abstand hielt und die Hausfrauen Amerikas derart beruhigte, daß einige von ihnen sich Mac vielleicht sogar ein wenig überlegen fühlten. Es war eine bravouröse Leistung.

Doch ich greife vor und habe das alles nur erwähnt, weil ich Ihnen vor Augen führen wollte, wie wichtig es war, daß wir – wir alle – unsere Aktivitäten geheimhielten und niemals irgend etwas taten, was als Unschicklichkeit oder Abweichung von irgendeiner Norm gedeutet werden konnte. Also waren wir alle verheiratet, und zwar – nach außen hin zumindest – glücklich, und wir hatten Kinder. Wir mußten der Öffentlichkeit eine makellose Fassade präsentieren: Wir waren Sexualwissenschaftler, und wir waren absolut und entschieden normal. Keine Abartigkeiten, kein Partnertausch, kein Sadomasochismus, keine Sodomie – doch im Lauf der Jahre nahm die Aufmerksamkeit der Öffentlichkeit zu, und alles wurde noch problematischer. Und Prok. Prok schien in seine Rolle hineinzuwachsen, er versuchte immer häufiger und verwegener, die Grenzen, und zwar sowohl in privater wie in beruflicher Hinsicht, weiter hinauszuschieben. In späteren Jahren warteten wir alle auf die Katastrophe, darauf, daß Prok festgenommen und vor den Kameras der Fotografen in Handschellen abgeführt wurde, weil er in einer Bedürfnisanstalt einen Sexpartner gesucht hatte oder in einem der öffentlichen Bäder, die er bei unseren Feldstudien immer häufiger aufsuchte, bei unmoralischen Handlungen ertappt worden war. Es geschah nie. Zum Teil kann man das wohl seinem Glück zuschreiben, doch meistens war er tatsächlich vorsichtig – so nahm er nur diejenigen in den engsten Kreis auf, denen er absolut vertraute. Und außerdem war da noch die Unangreifbarkeit der Person, die er der Öffentlichkeit präsentierte: Er war Dr. Alfred C. Kinsey, Professor für Zoologie, Vater dreier Kinder, glücklich verheiratet und über jeden Verdacht, und sei es auch nur ein Gerücht, erhaben. Er errichtete eine Festung – Daten wurden zu Steinen, die er übereinanderschichtete, und wir erkletterten diese Mauern und besetzten die Wehrgänge.

Als Violet Corcoran eingetroffen war und sich mit den Mädchen ein wenig eingelebt hatte, ließ Prok es sich daher angelegen sein, im Bryan Park ein Picknick zu veranstalten – nur für uns sechs und die Kinder. Ich glaube, das war seine Methode, schwierige Situationen, die auftauchen mochten, auszubügeln und zugleich das Band zwischen uns zu stärken. Das war einer der Vorzüge, wenn man für Prok arbeitete, wenn er einen unter seine Fittiche genommen hatte: Er schaffte es, jedem von uns das Gefühl zu geben, ein unerläßlicher Bestandteil des Projekts zu sein, und das schloß auch die Ehefrauen ein. Wir waren wie Mitglieder einer Geheimgesellschaft. Auch die Kinder gehörten dazu – sie begriffen vielleicht nicht, was zwischen den Erwachsenen vor sich ging, doch ich bin sicher, daß es ihnen gefiel, in etwas Einzigartiges eingebunden zu sein.

Diese Zusammenkünfte unter freiem Himmel hatten etwas Freundliches, Entspanntes. Es herrschte eine familiäre Atmosphäre, die für jeden Betrachter deutlich spürbar, aber nie gekünstelt war. Wie bei allen anderen Familien war unser Nachwuchs immer dabei – Proks und Corcorans und später Rutledges und John junior –, und wenn die Nachbarn uns um einen rauchenden Grill versammelt sahen, während die älteren Kinder Ball spielten und die jüngeren Blumen pflückten oder auf Bäume kletterten, dann erkannten sie, daß auch wir die familiären Riten vollzogen, und alles war vergeben und vergessen. Vielleicht sagten sie: *Sieh mal, da ist Dr. Sex mit seiner Frau und seinen Kindern und seinen Kollegen und deren Kindern, und sie grillen Würstchen am Spieß wie alle anderen, und die Kinder fahren auf ihren Fahrrädern herum, und ich wette, die Ameisen haben heute einen Festtag, meinst du nicht auch?* Damals veranstalteten wir eine Menge Picknicks.

Doch zurück zu diesem Picknick im Bryan Park, dem ersten, an dem die Corcorans *en famille* teilnahmen. Iris wollte nicht hingehen. Sie weigerte sich kategorisch, anfangs jedenfalls. Prok hatte ihre Affäre beendet. Er hatte hinter verschlossener Tür mit ihr gesprochen, ihr eine Predigt gehalten, sie zusammengestaucht, und sie hatte ihm nur gehorcht, weil alles andere mich meinen Job gekostet hätte, doch sie hegte einen Groll, und sie war verliebt, so ungern ich heute auch daran zurückdenke. Noch immer. Verliebt in Corcoran. Ich wachte an jenem Samstag früh auf und ging zum Lebensmittelladen, während in unserem größten Topf wirbelnd die gewürfelten Kartoffeln kochten, die ich gestern geschält hatte, und in einem kleineren Topf die hartgekochten Eier abkühlten. Ich kann nicht behaupten, daß ich mich auf das Picknick gefreut hätte. Seit der Szene im Büro tasteten Iris und ich uns vorsichtig aneinander heran. Ich hatte das Gefühl, daß wir Fortschritte machten, daß wir einander langsam wieder liebevoll und zärtlich begegnen konnten, und das wollte ich nicht aufs Spiel setzen.

Als ich vom Laden zurückkam, war sie noch im Morgenmantel. Das Grammophon war zu laut gestellt, und Takt für Takt, Zeile für Zeile machte Billie Holiday mit ihrem gelispelten abgrundtiefen Kummer alle Hoffnung zunichte. Ich hörte diese Stimme und hätte am liebsten eine Pistole gezogen und mich erschossen, doch Iris saß am Tisch, schnitt die Eier in Scheiben und hackte Zwiebeln, und als ich eintrat, sah sie mich mit einem wehmütigen Lächeln an. Ich sagte nichts, aus Angst, es könnte etwas Falsches sein, sondern stellte nur die Einkaufstüte auf den Tisch – ein 350-Gramm-Glas Mayonnaise, Paprikapulver und Apfelessig – und ging ins Schlafzimmer, um eine alte Decke zu suchen, auf die wir uns setzen konnten. Am Abend zuvor hatten wir über die praktische Bedeutung dieser Einladung gesprochen – Prok wollte, daß wir kamen, und darum würden wir hingehen, es gehörte zum Job, es gehörte zu unseren Verpflichtungen –, und ich hatte gespürt, daß Iris nachgab. Ja, es würde peinlich sein, da waren wir uns einig, und ja, Violet Corcoran würde auch dasein, aber wir mußten den Blick nach vorn richten, diese Sache hinter uns bringen, sie endlich überwinden, oder?

Ich hatte am Fußende des Betts gesessen und gedankenverloren an dem erhabenen Muster der Tagesdecke gezupft, während Iris am Kopfende gelehnt hatte, die Beine mit den wunderschönen Füßen lang ausgestreckt, Füßen, die einen eleganten Rist hatten und in Baumwollsöckchen steckten, Füßen, die ich liebte, wie ich alles an ihr liebte. Ich wollte alles wiedergutmachen, ich wollte sie zurück, ganz und gar, ihren Körper und ihre Seele.

»Wir stehen doch über diesen Dingen, Iris«, sagte ich. »Wirklich. Sex ist eine Sache, und eine Ehe ist etwas ganz anderes. Bindung. Liebe. Das ist es, was wir haben. In dieser Konstellation ist kein Platz für ungezügelte Gefühle, das weißt du so gut wie ich. Wir sind Profis. Und das müssen wir auch sein.« Ich hielt inne und musterte ihr Gesicht, doch sie sah nur in das Buch auf ihrem Schoß und erwiderte meinen Blick nicht. »Außerdem«, fuhr ich fort, »wenn irgend jemand das Recht hätte, sich, na ja, aufzuregen, dann wären das wohl ich … und Violet. Was ist mit ihr? Ist sie nicht die Leidtragende? Denn wenn … Na ja, du weißt schon, was ich meine.«

Sie sah auf, mit Tränen in den Augen, und um ihren Mund spielte ein ganz leises ironisches Lächeln. »Ja, John«, sagte sie, »du bist der Leidtragende, du, immer du.«

»Das ist ungerecht«, sagte ich, »und das weißt du.«

Sie zog die Knie an die Brust, als wollte sie sich schützen, sah mich lange an und schlug dann die Augen nieder. Ich hätte noch mehr sagen können, hätte ihr noch mehr Vorwürfe machen können, aber wozu?

»Das ist ungerecht«, wiederholte ich.

Sie zögerte einen Augenblick, und als sie dann sprach, war ihre Stimme beinahe unhörber. »Ich weiß«, sagte sie.

Doch jetzt hackte sie Zwiebeln und würde die gewürfelten Kartoffeln gleich mit einer Mischung aus Essig und Mayonnaise übergießen, und wenn das erledigt und der Kartoffelsalat mit Eierscheiben und etwas Paprikapulver gekrönt war, würde sie ins Schlafzimmer gehen und Shorts und eine Bluse anziehen, und dann würden wir den schweren Picknickkorb nehmen und gemeinsam die Straße hinuntergehen wie ein liebendes Paar. Aus dem Schlafzimmer hörte ich Billie Holiday ihr Los beklagen: *Two or three girls he has / That he likes as well as me / But I love him ...*

Prok war an jenem Tag sehr aufgeregt – er hatte mit einem über sechzigjährigen Mann korrespondiert, dessen sexuelle Aktivitäten im Hinblick auf Quantität und Variationsbreite alles in den Schatten stellten, was uns bisher begegnet war, und dieser Mann hatte angedeutet, er sei einem Interview nicht abgeneigt –, und er strahlte Iris mit seiner ganzen Begeisterung an, schenkte ihr sein charmantestes Prok-Lächeln, verbeugte sich wie ein Kavalier alter Schule und küßte ihr die Hand. Er klopfte mir auf die Schulter, nannte mich John und versicherte mir, wir seien dabei, etwas Großes zu schaffen, etwas Großes, etwas immer Größeres. Mac und Iris umarmten einander unbeholfen wie Kriegsveteranen, als hätten sie Angst, alte Wunden aufzureißen. Dann wandten sie sich dem Feuer zu, das Prok bereits zu einem gebremsten Inferno geschürt hatte, weil er, vorausschauend wie immer, an die Glut gedacht hatte, über der wir später Koteletts und Bratwürste grillen würden.

Ich beobachtete Iris, als das gelbe Cabrio auf der gegenüberliegenden Straßenseite anhielt. Corcoran war am Steuer, er lächelte wie ein Botschafter und winkte uns schon von weitem zu, Violet saß majestätisch neben ihm, und Daphne und Lucy, die beiden Mädchen, stiegen in identischen rosafarbenen Kleidern und mit den vollkommen gesammelten Gesichtern der Unschuldigen aus. Iris war vielleicht ein wenig blasser als sonst, vielleicht ein wenig dünner und schmaler, als wäre sie in ihren Kleidern etwas geschrumpft, doch als Violet über die weite Rasenfläche zu uns gekommen war, mit gestrafften Schultern und spitzen Brüsten, die ihr den Weg wiesen, schüttelte Iris ihr die Hand und lächelte und plauderte mit ihr, als wäre nie etwas gewesen. Und Corcoran. Sie sah ihm ins Gesicht, lächelte ihr fröhlichstes, herzlichstes, unerschütterlichstes Lächeln und plauderte auch mit ihm, und bald saßen wir auf der Decke, hörten Prok zu und tranken Punsch, während die Sonne freundlich auf uns herabschien und die beiden Mädchen ein Stück entfernt brav miteinander spielten.

Prok war, wie gesagt, ein begeisterter Camper und genoß es, vor dem Feuer zu hocken und zuzusehen, wie das Fleisch auf dem Grill langsam gar wurde. (Er aß nur wenig davon, denn er verabscheute alle Speisen, die er als »trocken« bezeichnete, und dazu gehörten auch Steaks und Koteletts, die er zu lange auf dem Grill liegenließ – ich muß leider sagen, daß er das stets tat.) Der Geruch des offenen Feuers trug mich zurück zu unserer Hochzeitsreise und den ersten Mahlzeiten, die Iris und ich gemeinsam zubereitet hatten, und noch weiter, in meine Kindheit und den Wald hinter dem Haus, und vielleicht hatten die anderen ähnliche Gedanken – es war ein heiterer, fauler Tag, und der Rauch trieb in wirbelnden Fetzen über die Rasenfläche. All die kleinen Mißstimmungen, die vielleicht dagewesen waren, schienen sich aufzulösen, der Nachmittag ging dahin, und alle entspannten sich. Ich half ihnen dabei, denn ich hatte in den Tiefen unseres Picknickkorbs eine Flasche Bourbon versteckt, und wenn Prok nicht hersah, gab ich einen guten Schuß davon in jeden Becher außer seinem, denn er hätte es gewiß nicht gutgeheißen, daß wir in der Öffentlichkeit, bei einem Familienpicknick, Alkohol tranken.

Insbesondere Violet schien immer gelöster. Sie verschränkte die Hände hinter dem Kopf und streckte sich – sie war klein, aber sehr robust – auf der Decke aus, und Corcoran war unbekümmert wie immer und unterhielt uns mit Witzen und Wortspielen, trank von seinem Becher und leckte sich Fruchtsaft und Bourbon von der Oberlippe. Iris wurde nicht betrunken – und wenn doch, dann merkte man es nicht –, aber sie schien langsam von ihrer nervösen Lebhaftigkeit zu einer in sich gekehrten Ruhe zu kommen, die man als Zufriedenheit oder Behagen hätte deuten können, und auch sie hatte es sich auf ihrer Ecke der Decke bequem gemacht, während Prok redete und Corcoran und ich einander in gedämpftem Ton frotzelten und Mac ihr Strickzeug hervorholte und, im Gesprenkel des Halbschattens sitzend, Maschen zählte. Was mich betrifft, so hatte ich den Eindruck, daß die Welt, die vor kurzem noch aus dem Gleis geraten zu sein schien, mit einem Mal wieder zurechtgerückt war. Meine Kollegen machten sich einen schönen Nachmittag, und ich tat dasselbe. Die Sonne auf meinem Gesicht war wie ein Segen. Alles war gut.

Das heißt, bis wir gegessen hatten und die ersten Wolken – wirkliche und metaphorische – auftauchten. Mit der Wolkendecke kam eine leichte Kühle, und wir zogen Pullover und Jacken an (alle außer Prok, der barfuß und mit nacktem Oberkörper herumlief und nur seine khakifarbenen Shorts trug). Violet rief ihre Töchter herbei und half ihnen, identische Pullover anzuziehen, während Proks Kinder sich verabschiedeten und nach Hause gingen. Die andere Wolke warf ihren Schatten über uns, als wir in zwei Gruppen geteilt am Feuer saßen, das Prok wieder geschürt hatte, damit wir es wärmer hatten und die Mädchen Marshmallows rösten konnten. Mac, Iris und Corcoran saßen auf einer Seite des Feuers – ihre Gesichter waren durch die wabernde Hitze verzerrt –, Prok, Violet und ich auf der anderen.

Der Nachmittag verging, die Schatten wurden länger, die Sonne strebte dem Horizont entgegen, als hätte sie dort etwas Dringendes zu erledigen. Prok saß im Schneidersitz da und stocherte in der Glut. Er sprach über Gilbert Van Tassel Hamilton, den Psychiater und Autor des Buchs *A Research in Marriage,* und sagte, er sei ein mutiger Mann, doch die Resultate seiner Erhebungen ließen sehr zu wünschen übrig (die Befragten seien zu selektiert, ihre Anzahl zu begrenzt, die Schlußfolgerungen zu stark durch die vorgefaßten Meinungen und die moralischen und psychologischen Bewertungen des Verfassers beeinflußt und so weiter). Plötzlich verstummte er und sah von mir zu Violet Corcoran und wieder zurück, als wäre ihm gerade ein Gedanke gekommen. Violet hatte sich rücklings auf die Ellbogen gestützt und die Beine, züchtig übereinandergeschlagen, ausgestreckt. Ich war unbewußt Proks Beispiel gefolgt und saß im Schneidersitz da. Die Vögel begannen, sich Schlafplätze in den Bäumen zu suchen. Von der anderen Straßenseite hörte man den trockenen Knall eines Baseballschlägers und dann das Geschrei mehrerer Jungen, die dem Ball nachjagten.

Prok senkte die Stimme und beugte sich vor. »Wißt ihr«, sagte er, »ich hoffe, ihr beide lernt euch ein bißchen besser kennen, zu eurem eigenen Vergnügen selbstverständlich, aber« – eine Pause – »findet ihr nicht auch, daß es eine Art Symmetrie in unsere gegenseitigen Beziehungen bringen würde? Angesichts der Tatsache, daß deine Frau, John, und Ihr Mann, Violet, sich bereits miteinander vergnügt haben?«

Er sah erst mich und dann Violet an. Mein Herz hatte Aussetzer. Ich konnte nicht glauben, was ich gerade gehört hatte. Mein erster Gedanke war: *Ist er verrückt geworden?*, doch im nächsten Augenblick begriff ich, daß das, was er gesagt hatte, gar nicht so verrückt war. Ganz und gar nicht.

Violets Augen waren dunkel, beinahe so dunkel wie ihr Haar, und beherrschten ihr Gesicht. Sie war, wie gesagt, attraktiv, wenn auch nicht besonders hübsch, aber ihre Haltung und die Art, wie sie lächelte und ständig – es war fast ein Tic – ihre Schultern oder den Busen reckte, hatten etwas Sinnliches. Ich dachte, sie würde vielleicht lachen oder diese Aufforderung mit einem Witz kommentieren, doch sie überraschte mich. »Habe ich Sie richtig verstanden, Prok? Sie schlagen uns eine Affäre vor?«

Prok machte keine Ausflüchte und redete nicht lange herum – ihm war nichts peinlich, und er überschritt ständig Grenzen, um sie aufzulösen. Er war im Grunde seines Herzens ein Missionar, und dies war seine Mission. »Ja«, sagte er, »genau das meine ich.«

Ich konnte weder ihn noch Violet ansehen. In meiner Hose regte sich etwas Vertrautes. Ich wollte ein bißchen mehr Zeit, wollte den Augenblick in der Schwebe halten – *Hatte er das wirklich gesagt? Spielte er für mich den Zuhälter?* –, und mein Wunsch ging in Erfüllung.

Die beiden Mädchen hatten Fangen gespielt, ihre spitzen Schreie waren durch die sich abkühlende Nachmittagsluft bis zu uns gedrungen, aber mit einem Mal standen sie vor uns und riefen mit hoffnungsvollen Gesichtern: »Mommy, Mommy, dürfen wir jetzt Marshmallows rösten? Dürfen wir?«

»Natürlich«, murmelte Violet zu Lucy, der älteren, »aber du mußt zwei grüne Zweige schneiden und anspitzen. Kannst du das? Und kannst du deiner Schwester helfen?«

Lucy machte ein ernstes Gesicht. »Ja«, sagte sie, »das kann ich. Komm«, sie wandte sich zu Daphne und konnte die Erregung in ihrer Stimme kaum unterdrücken, »wir müssen Stöcke finden!«

Ich sah verstohlen zu Iris. Sie lächelte über etwas, das Mac gesagt hatte, und jetzt gab Corcoran auch noch seinen Senf dazu, und sie wandte sich zu ihm, ohne zu ahnen, was hier vor sich ging. Der Wind drehte, die Flammen wichen auseinander und flackerten in einem gezackten Band gen Himmel. Die beiden Mädchen verschwanden zwischen den Bäumen.

Violet beugte sich zur Seite, um dem Rauch auszuweichen, und verlagerte ihr Gewicht auf einen Ellbogen. Ihre Stimme war leise und entspannt – es war, als würden wir uns über eine Partie Bridge oder einen Badeausflug unterhalten. »Von mir aus gern«, sagte sie und sah mit einem langen, langsamen, sinnlichen Blick erst Prok und dann mich an. »Wenn John mitmacht, bin ich dabei.«

Einige Tage später – ich weiß nicht mehr, wann es war und wie es dazu kam – machte ich Überstunden. Ich arbeitete neue Daten in eine Reihe von Tabellen und Statistiken ein, die Prok möglichst bald haben wollte. Das war eine Arbeit, die mir besondere Freude machte. Ich hatte festgestellt, daß ich ein Talent für das Zeichnen besaß, für die rechten Winkel und sanft ansteigenden Kurven der Grafiken, und da unsere neue Hollerith-Rechenmaschine das Tabellieren der Daten so sehr vereinfachte und die neue Sekretärin den Löwenanteil der Schreibarbeiten übernommen hatte, kam ich nun häufiger in diesen Genuß. Es muß etwa acht Uhr gewesen sein. Außer mir war niemand mehr im Institutsgebäude. Irgendwelche Insekten – Prok hätte sie im Handumdrehen identifiziert – flogen, angezogen vom Licht, gegen das Fenster. Ich war vollkommen in die Arbeit versunken und hatte das Abendessen und auch Iris ganz und gar vergessen – wahrscheinlich lernte sie ohnehin für ihre Abschlußprüfung. Ich zeichnete mit dem Lineal Rahmen und trug mit dem Bleistift die Markierungen für die Zahlenwerte ein. Es war ganz still.

Irgendwie war ich mir wohl der Schritte bewußt, die sich auf dem Korridor näherten, aber das spielt keine Rolle, denn ich merkte erst, daß ich nicht mehr allein war, als ich von meiner Arbeit aufsah und Violet Corcoran in der Tür stand. Sie trug ein schickes Kleid mit Gürtel. Der Kragen und die Vorderseite waren in gebrochenem Weiß gehalten, während der Rücken und die Ärmel tief dunkelblau waren. Sie hatte einige Zeit in der Sonne verbracht, und ihre Beine waren gebräunt, so daß es aussah, als trüge sie Nylonstrümpfe (Sie dürfen nicht vergessen, es war Krieg, und Nylonstrümpfe waren beinahe unmöglich zu bekommen, daher benutzten viele Frauen Babyöl und malten sich die Strumpfnaht auf die Rückseiten ihrer Beine, von den Fersen bis zum Rocksaum, und ich war sicher nicht der erste Mann, der sich fragte, bis wohin diese Striche eigentlich gingen). Das Make-up betonte ihre großen Augen. Sie war klein, von italienischer Abstammung, spitzbusig. Wortlos kam sie herein und setzte sich auf die Schreibtischkante.

»Oh, hallo«, sagte ich und sah von meiner Arbeit auf. Ich rechnete damit, daß im nächsten Augenblick Iris hereingestürmt kam oder vielleicht Prok, der etwas vergessen hatte, und ich hatte einige Mühe, ihren Namen auszusprechen. »Hallo ... Violet.«

»Hallo«, hauchte sie, hob den Blick zur Decke und senkte ihn wieder, als hätte die Anstrengung der Begrüßung sie vollkommen erschöpft. Sie nahm ihre Handtasche auf den Schoß, öffnete sie und begann, nach Zigaretten und Feuerzeug zu kramen, und ich erwartete beinahe, daß sie mir ein silbernes Zigarettenetui anbieten würde, als wäre dies eine Filmszene – William Powell und Myrna Loy oder Lauren Bacall, die sich in *Haben und Nichthaben* für Humphrey Bogart erwärmt. Sie ließ sich Zeit mit dem Tabakritual, und ich versuchte es mit ein bißchen Konversation – »Ich hab gehört, es soll heute abend noch Regen geben ...« –, doch ich hatte schon einen Ständer, sofort.

»Auch eine?« fragte sie. Ich nahm mir eine Zigarette, und sie beugte sich vor und gab mir Feuer.

Wir saßen da, inhalierten den Rauch und bliesen ihn aus, das Nikotin reiste durch die Arterien und Kapillargefäße wie ein gemeinsames Geheimnis. Ich wußte, was kam – ich hatte es mir seit dem Picknick immer wieder vorgestellt –, doch jetzt, da es so weit war, merkte ich, daß ich unentschlossen und unsicher war.

»Hör zu, John«, sagte sie, »ich muß mit dir sprechen.« Sie legte den Kopf in den Nacken und blies den Rauch aus, genau wie Bacall, und ich spürte, sie war sich ebenso bewußt wie ich, daß wir eine Filmszene spielten. Eine pulsierende Erregung sprang von meinen Augen auf meinen Schwanz über.

»Über Purvis«, sagte sie. »Er ist ein Freigeist, aber das weißt du ja wohl.« Sie sprach leise. Ihre Stimme hatte etwas Sanftes, Beruhigendes, als ginge es um gar nichts, als würden wir uns regelmäßig auf dem kleinen Holzschiff meines Schreibtischs treffen und bei jedem Wetter hinausfahren. »Und ich bin es ebenfalls. Wir sind beide Freigeister. Aber wir sind verheiratet, und das wollen wir auch bleiben.« Eine Pause, ein Drehen der Zigarette zwischen den Fingern, dann der Tic mit den Schultern und Brüsten. »Ich weiß nicht, ob Iris ... Ob ihr das wirklich klar ist.«

»Ja«, sagte ich. »Ich glaube schon. Ich glaube, in der Hinsicht ist alles klar.«

»Denn, um ehrlich zu sein«, fuhr sie fort, als hätte sie mich nicht gehört, »Purvis macht sich Sorgen um sie und Prok ebenfalls. Und darum bin ich hier.«

Ich legte den Bleistift hin. Ich war mir dessen gar nicht bewußt, aber wahrscheinlich tat ich es, damit ich mich an der Tischkante festhalten konnte. Sie war sechs Jahre älter als ich. Sie hatte einen schönen Mund, einen schönen Mund und schöne Zähne und – das war mir vorher nicht aufgefallen – ein wunderschönes Lächeln. Ihre Brauen waren dicht und nicht gezupft, die Brauen einer Italienerin, und sie saß auf der Kante meines Schreibtischs, und wir waren allein im Büro. Motive interessierten mich nicht. Ich war nicht mißtrauisch. Ich dachte nicht an Iris oder Corcoran oder irgendwelche Gegenleistungen, die mir angeboten wurden – ich wollte nichts anderes, als sie ansehen und das sanfte Schnurren ihrer Stimme hören, und es war mir gleichgültig, worum es ging. »Und was meinst du?« sagte ich schließlich.

Sie zuckte ganz leicht die Schultern, beugte sich vor und schnickte die Zigarettenasche in den Papierkorb neben dem Schreibtisch. »Ach, ich weiß nicht«, sagte sie, richtete sich auf und rückte ihre Schultern zurecht. »Was meinst du denn?«

Ich lächelte. Ich war nervös, ich hatte so etwas noch nie getan – Violet Corcoran, die Frau meines Kollegen, die begierigen Augen, der Mund, das Lächeln, ihre gefährliche Figur –, und ich versuchte, ein gewisses oberflächliches Interesse zu zeigen, für den Fall, daß ich sie mißverstanden hatte, daß sie tatsächlich nur gekommen war, um mit mir zu reden, und ich im Begriff war, mich zu blamieren. Jetzt war es an mir, die Schultern zu zucken. »Ich weiß nicht«, sagte ich.

»Weißt du, was ich meine?«

»Nein«, sagte ich und beugte mich vor. Das Lächeln auf meinen Lippen war gefroren.

»Ich meine, wir sollten uns einfach amüsieren.«

In jenem Jahr kam der Sommer mit Paukenschlägen von Gewittern. Iris bestand die Abschlußprüfung mit Auszeichnung und arbeitete ganztags im Supermarkt, bis sie im Herbst als Lehrerin in einer Grundschule anfing. Aus Herbst wurde Winter, aus Winter wurde Frühling, und wir machten weiter wie bisher: Corcoran, Prok und ich sammelten und tabellierten Daten, wir fuhren in dem treuen Buick über Landstraßen zweiter Ordnung und schlaglochübersäte Schnellstraßen, und nur die Benzinrationierung setzte uns Grenzen. Wenn sie nicht gewesen wäre, hätte man aus dem, was Prok sagte oder tat, niemals schließen können, daß draußen in der Welt ein Krieg stattfand. Prok interessierte sich nicht für internationale Politik. Ich nehme an, daß er die Nazis, die italienischen Faschisten und die Japaner ebenso verabscheute wie jedermann, doch das behielt er für sich. Wenn er Corcoran und mich bei einem Gespräch über Midway oder Guadalcanal oder auch nur den Aufruf der Altmetall-Sammelstelle ertappte, wechselte er sofort das Thema. In all den Jahren unserer Zusammenarbeit hat er niemals, nicht einmal nebenbei, eine Bemerkung über politische Ereignisse gemacht. Amerika zündete Atombomben, der Krieg ging zu Ende, Amerika zündete Wasserstoffbomben, der Koreakrieg brach aus und endete, doch Prok sprach über das neueste Sex-Tagebuch, das er erworben hatte, oder seinen Wunsch, Dickinsons Experimente zu wiederholen, bei denen ein Wachsphallus in die Scheide eingeführt wurde, um die Kraft des Afterhebemuskels zu messen. Er widmete sich ganz und gar seiner Aufgabe. Vielleicht war er sogar ein wenig verbohrt. Aber das kann man von praktisch jedem großen Mann sagen.

In dieser Zeit – jetzt, wo ich darüber nachdenke, fällt mir ein, daß es schon 1944 gewesen sein muß – gelang es uns endlich, den bereits erwähnten Sex-Champion zu einem Interview zu überreden. Prok hatte ihn eine Zeitlang umworben, aber er war immer ausgewichen. Er hatte uns per Post Teile seines Sex-Tagebuchs geschickt, aber nicht mit uns sprechen wollen, weil so viele seiner sexuellen Kontakte illegal waren. Was er uns hatte zukommen lassen – Fotografien, Penismaße, Fallgeschichten und Beschreibungen verschiedener sexueller Handlungen mit allen möglichen Partnern, mit Männern, Frauen, Tieren, Kindern, ja sogar Kleinkindern –, war provozierend, vielleicht sogar abstoßend, aber gleichwohl von unschätzbarem Wert für unser Verständnis der menschlichen Sexualität. Und, wie Prok so treffend sagte, wir waren Wissenschaftler, keine Moralisten. Unsere Pflicht war es, zu beobachten und aufzuzeichnen, ohne ein Urteil zu fällen.

Jedenfalls erkannte Prok instinktiv, daß dieser Mann, dieser Mr. X – so bezeichneten wir ihn in unseren Unterlagen, um absolute Anonymität zu wahren –, durch einen Appell an seine Eitelkeit gewonnen werden konnte. Mr. X hatte sein Leben dem Sex gewidmet, er war unersättlich und auf seine Art wohl ebenfalls ein Sexualwissenschaftler, und daher behandelte Prok ihn von Anfang an wie einen geschätzten Kollegen. Wiederholt pries er ihn in seinen Briefen (»Sie haben gewiß mehr Material gesammelt als wir« und »Dies ist einer der wertvollsten Beiträge, die wir je bekommen haben, und ich möchte Ihnen sehr herzlich dafür danken, daß Sie uns Ihre Zeit geopfert und Auskunft gegeben haben«) und umwarb ihn mit der Aussicht, seine Erfahrungen zu legitimieren, indem er sie von uns aufzeichnen ließ. Er bot Mr. X sogar an, die Reisekosten zu übernehmen, sollte er bereit sein, nach Bloomington zu kommen, doch das lehnte dieser ab. Schließlich erklärte er sich zu einem Gespräch bereit, allerdings unter der Bedingung, daß wir uns, um jedes Aufsehen zu vermeiden, in einem kleinen Ort, etwa hundertfünfzig Kilometer von seinem derzeitigen Wohnort entfernt, trafen.

Prok war überglücklich, als er den Brief erhielt, und tanzte geradezu im Büro herum. »Pack die Sachen, Milk«, rief er, ging mit ausgreifenden Schritten an mir vorbei und streckte den Kopf in das hintere Büro, »und du ebenfalls, Corcoran! Wir machen eine Exkursion!«

An jenem Abend sagte ich Iris nach dem Essen, daß ich eine längere Reise machen würde. Sie sah kaum auf. »Eigentlich«, sagte ich und erhob mich, um ihr beim Abräumen zu helfen, »bin ich diesmal richtig aufgeregt.«

Sie stand an der Spüle. Ich ging zu ihr, ließ die Teller in das Spülwasser gleiten, legte einen Arm um ihre Taille und meine Wange an ihre. »Ach, ja?« sagte sie. »Und warum?«

Der Warmwasserhahn war ganz aufgedreht, und ihre Hände hoben und senkten sich. Ihre Stimme war ausdruckslos. »Der Päderast?«

»Ja, aber –«

»Du meinst den, der – mal sehen, ob ich das richtig verstanden habe –, der mit den Geschlechtsteilen von Kleinkindern in der Wiege herumspielt und kleine Jungen und Mädchen vergewaltigt? Diesen Mr. X?«

»Ach, komm, Iris«, sagte ich, »nun hör schon auf. Er ist bloß ein extremer Fall, das Sahnehäubchen sozusagen, und Prok ist im siebten Himmel.«

Wir sprachen nicht zum ersten Mal über dieses Thema. Mac hatte Mr. X' Tagebücher abgeschrieben, damit wir ihm die Originale zurückschicken konnten, und natürlich waren wir alle aufgeregt und hatten über gewisse Enthüllungen gesprochen, und sicher, ich hatte, wie so viele Männer, Berufliches und Privates nicht strikt getrennt, aber meine Begeisterung war nicht gespielt, und es kränkte mich, daß Iris das herabwürdigte. Mr. X war eine echte Entdeckung. Ein Juwel. Der Extremfall, der die Norm Lügen straft. Seine Karriere hatte begonnen, als er noch ein Kind war. Seine Großmutter hatte ihn in den heterosexuellen, sein Vater in den homosexuellen Verkehr eingeführt, und er hatte nach und nach mit siebzehn Mitgliedern seiner Familie sexuelle Kontakte. Im Laufe seines Lebens – er war dreiundsechzig – hatte er sexuelle Beziehungen mit sechshundert Jungen und zweihundert Mädchen, darüber hinaus unzählige Male Verkehr mit Erwachsenen beiderlei Geschlechts sowie mit verschiedenen Arten von Tieren. Kein Zweifel, er war ein Sexwunder und besaß Daten – und Erfahrungen –, die uns nützlich sein konnten. Für mich war das alles, was zählte. Iris sah das anders.

»Ja«, sagte sie und wandte sich zu mir, während ich den Teller entgegennahm und unter dem Wasserhahn abspülte, »aber ich unterrichte solche Kinder. Zweitkläßler, John. Sieben Jahre alt. Sie sind wie Welpen, wie Lämmer, so süß und unschuldig, wie man es sich nur vorstellen kann, und das weißt du. Und du hast die Nerven, dich hinzustellen und zu sagen, daß du aufgeregt bist, weil du Gelegenheit hast, mit einem Monster zu sprechen, einem Mann, der solche Kinder sein Leben lang mißbraucht hat. Soll ich mich für dich freuen? Sag schon. Soll ich das gut finden?«

»Ich will ihn ja gar nicht in Schutz nehmen«, sagte ich. »Es ist nur so, daß ich … daß ich es wichtig finde, das zu dokumentieren, weil es … weil es zum einen sowieso schon passiert ist und man es eben nicht mehr ändern kann –«

»Nein? Und wenn ihr ihn der Polizei übergeben würdet? Wenn er ins Gefängnis käme? Hm? Das könntest du doch tun. Und Prok ebenfalls.«

»Hör zu«, sagte ich und wich ein wenig zurück – ich stellte den feuchten Teller in das Abtropfgestell und ging auf Abstand zu Iris, bevor der Groll gegen sie in mir aufsteigen konnte –, »das ist nicht das Entscheidende, und das weißt du auch.«

Sie fuhr mit verschränkten Armen herum, und auf ihren Händen glitzerten Seifenblasen. »Wann fährst du?« wollte sie wissen und sah mir in die Augen.

»Übermorgen.«

»Fährt Purvis auch mit?«

Ich nickte.

»Für wie lange? Nicht daß das eine Rolle spielt, denn daß ich Woche um Woche allein bin, ist ja wohl mein Schicksal, oder? ›Wo ist eigentlich Ihr Mann?‹ fragen sie mich. ›Ach, schon wieder beruflich unterwegs? Fehlt er Ihnen nicht?‹ Doch, John, du fehlst mir.«

Ich machte ein langes Gesicht und zuckte die Schultern, um die ganze Sache herunterzuspielen, um zu zeigen, daß ich ihr zuhörte, daß ich mit ihr fühlte, daß das alles aber eben so war, wie es war, und daß ich so schnell wie möglich wieder zurück sein würde, weil auch sie mir fehlte. In Wirklichkeit aber freute ich mich auf diese Reise – nicht wegen Iris natürlich, denn ich liebte sie und wäre ebensogern bei ihr geblieben, sondern weil wir nach Westen, weit nach Westen fahren würden, und bis dahin hatte ich noch nie den Mississippi überquert. »Also, es wird … Ich fürchte … Er lebt nämlich ziemlich weit im Westen, in Albuquerque. Also in New Mexico …« Ich hielt inne. Ich zuckte nochmals die Schultern. »Zwei Wochen«, sagte ich.

»*Zwei Wochen?*«

»Na ja, wir müssen mit dem Wagen fahren, und … Ich weiß nicht, es ist eine lange Strecke, ungefähr zweitausendfünfhundert Kilometer. Hin und zurück fast fünftausend.«

»Und was soll ich in der Zwischenzeit machen? Soll ich im Bett liegen und mich – wie nennst du das immer? – stimulieren? Mit dem Finger? Soll ich über meine Orgasmen Buch führen? Wäre das hilfreich?«

»Nein«, sagte ich, »nein, das glaube ich nicht.«

»Was dann? Violet und ich? Sollen wir uns gegenseitig stimulieren? Und das dann in unseren Sex-Tagebüchern beschreiben?«

»Iris.«

»Oder was?« sagte sie. »Was?«

2

Wenn ich heute eine zeitliche Einordnung versuche, dann glaube ich, daß wir drei – Prok, Corcoran und ich – uns im Sommer 1944 auf die Reise nach Westen machten. Es war heiß, drückend heiß, und es wurde noch heißer, als wir nach Süden fuhren, in Richtung Memphis, und dann auf Schnell- und Landstraßen durch Arkansas, Oklahoma, Texas und die blassen, ausgebleichten Berge von New Mexico. Prok kurbelte die Fenster herunter, denn er mochte das Gefühl des Winds auf seiner Haut, und anders wäre diese Hitze ohnehin nicht zu ertragen gewesen, doch das unablässige Brausen machte jede Unterhaltung schwierig und brachte uns in engen Kontakt mit wütenden Wespen, benommenen Faltern und verstümmelten Zikaden, Heuschrecken und ähnlichem Getier. Ich hatte Insekten im Kragen, in den Haaren und in den Falten meines kurzärmligen Hemds. »Wenn man sie wenigstens essen könnte!« rief ich Prok vom Rücksitz zu. Er sagte gerade mit erhobener Stimme, um den Fahrtwind zu übertönen, etwas zu Corcoran, der auf dem Beifahrersitz saß und im Rhythmus einer inneren Musik nickte. Prok hielt inne und sah mich über die Schulter an. »Das kann man!« rief er und drückte aufs Gaspedal.

Felder zogen vorbei, Häuser, Scheunen, Nebengebäude, die einen neuen Anstrich brauchten, Werbetafeln, die zu christlichem Eifer aufriefen oder zum Gebrauch von Schnupf- und Kautabak rieten. Das Land roch nach Gärfutter und frisch ausgebrachtem Mist. Überall gab es Maultiere, schaulustige Rinder und Hühner, die den unwiderstehlichen Drang verspürten, auf die Straße zu rennen. Wir hielten in kleinen Städten an Cafés, starrten auf unsere Teller mit Eiern, Maisgrütze und gebratenem Speck und brachten kaum die Energie auf, die Gabel zum Mund zu heben. Daß wir überlebten, verdankten wir Kannen von gesüßtem Eistee.

Dennoch war es ein Abenteuer, das bis dahin größte Abenteuer meines Lebens. Prok ließ sich über das *Kamasutra*, schwedische Pornographie, die erotische Kunst im präkolumbianischen Amerika und alle möglichen anderen Themen aus, Corcoran und ich tauschten hin und wieder die Plätze, so daß jeder mal ein Nickerchen machen konnte, während der andere Prok als Publikum diente, und ich hatte das Gefühl, als stünde mir die ganze Welt offen. Ich fuhr mit meinen Kollegen gen Westen, jeder Kilometer brachte neue Eindrücke und Ausblicke – *Oklahoma,* dachte ich, *ich bin in Oklahoma* –, und obgleich ich noch keine sechsundzwanzig war, fühlte ich mich wie ein weltgewandter, erfahrener Reisender, wie ein Fremdling, ein unvergleichlicher Entdecker. Andere waren in den Krieg gezogen und erlebten Kameradschaft unter Feuer, doch wir – Kameraden im Dienst der Wissenschaft – waren hier und sahen die Ebenen, die trockenen Flußbetten, die Steppenhexen, die im gleißenden Licht der Morgensonne vor uns davonwirbelten, und die dankbaren Geheimnisse der Nacht.

Wir brauchten acht Tage für die Fahrt. Prok nahm immer wieder eine unwiderstehliche Abzweigung, sammelte aus alter Gewohnheit Gallen und fuhr fünfzehn Kilometer über holprige Feldwege, um unser Zelt am Ufer eines stehenden braunen Gewässers aufzuschlagen, das irgend jemand irgendwann einmal als Fluß bezeichnet hatte. Meine Begeisterung für das Zelten hielt sich, wie gesagt, sehr in Grenzen – bei Corcoran war das noch ausgeprägter –, doch Proks Begeisterung machte das mehr als wett. Er war nicht zu bremsen. Selbst nachdem er vom frühen Morgen bis zum späten Nachmittag am Steuer gesessen hatte (er bestand darauf, selbst zu fahren), sprang er aus dem Wagen, um das Lager aufzuschlagen, Krüppeleichen- oder Mesquiteholz zu sammeln und Pfannkuchen und Eier oder einen Fisch zu braten, den er, während das Feuer zur Glut herunterbrannte, aus irgendeinem versteckten Teich gefischt hatte. Er war unermüdlich, er sorgte für unser Wohl wie ein Pfadfinderführer – oder besser: wie ein großer Bruder – und war dabei gutgelaunt und hochgestimmt, wie ich ihn noch nie erlebt hatte. Er brachte uns die Feinheiten des Holzschnitzens bei, unterhielt uns am Lagerfeuer mit Geschichten von seinen Gallwespen-Expeditionen in die Sierra Madre und sah darüber hinweg, daß wir uns am Inhalt meines Flachmanns und an dem Brandy labten, den Corcoran gegen die Kühle der Nächte mitgenommen hatte, obgleich die Nächte keineswegs kühl waren und Prok nichts für Alkohol übrig hatte, es sei denn als Mittel, um die Zunge seiner Interviewpartner zu lösen.

Wie nicht anders zu erwarten, waren wir oft nackt. Prok war nackt, wenn er kochte, wenn er das Zelt aufschlug, wenn er wanderte, Vögel beobachtete oder schwamm, und er ermunterte uns, es ihm nachzutun. Meine Haut bräunte sich. Meine Muskeln wurden straffer. Und Corcoran, der hellhäutige Corcoran, bekam einen Sonnenbrand nach dem anderen, bis seine Haut sich schälte und er stolz die ersten Anfänge von Sonnenbräune vorzeigen konnte.

Und natürlich gab es Sex. Prok erwartete das, und man konnte sich dem nicht entziehen und riskieren, als prüde oder verklemmt gebrandmarkt zu werden. Also fügten wir uns, mit wechselndem Enthusiasmus. Ich erinnere mich an eine bestimmte Nacht: Wir waren in einem Motel in Las Vegas, New Mexico, ganz erfüllt von dem Triumph, die Reise so gut überstanden zu haben, und voller Vorfreude auf unser Treffen mit dem phänomenalen Mr. X am nächsten Morgen, und als ich ins Zimmer trat, lagen Prok und Corcoran nackt auf dem Bett. Prok sah auf, löste sich aus der Umarmung und sagte: »Komm, Milk, mach mit.«

Wollte ich das? Ganz ehrlich? Nein, damals nicht. Es war zu kompliziert, die Geister von Iris, Violet und Mac schwebten über der Szene, und meine eigene H-Geschichte war sehr kurz, doch Prok konnte überaus charmant und überzeugend sein, und es gab keine kleinkarierten moralischen Bedenken oder antiquierte Vorstellungen von ehelicher Treue, die uns zurückhielten, nicht hier, in einem Motel in New Mexico, und ebensowenig irgendwo anders, in Bloomington, Indianapolis oder New York, und so gab ich nach. Warum? Wahrscheinlich, weil es einfacher war. Doch das stimmt nur zum Teil, denn um ehrlich zu sein, gab es noch einen anderen Grund: Ich liebte Prok. Ja, wirklich. Vielleicht nicht so, wie ich Iris liebte, und auch nicht so wie Mac, sondern auf eine tiefere Art – so, wie ein Patriot sein Land oder ein religiöser Eiferer seinen Gott liebt –, und wenn diese Liebe verlangte, daß ich meine Bedürfnisse den seinen anpaßte, dann tat ich das.

Am nächsten Morgen nahmen wir jedenfalls die kalte Dusche, auf der Prok, wenn wir unterwegs waren, bestand, ganz gleich, ob es Sommer oder Winter war, ob wir in einem Hotel oder im Freien übernachtet hatten. Wir trockneten uns mit energischen Bewegungen ab, nahmen im benachbarten Schnellimbiß erwartungsvoll ein Frühstück ein und kehrten in unser Zimmer zurück, um auf Mr. X zu warten. Die gespitzten Bleistifte lagen bereit, und wir saßen im blendendhellen Morgenlicht da, strichen mit den Fingern über die abgewetzten Möbel, schmeckten mit leisen Rülpsern den Rühreiern und Waffeln nach und stellten unwillkürlich Spekulationen über den Mann an. Gewiß, er war dreiundsechzig, aber dennoch in sexueller Hinsicht ein Gigant, und wir stellten ihn uns als einen Menschen von beeindruckender Statur vor, mit breiten Schultern, schwieligen Händen und starken Armen, als einen Mann, dessen Kraft und Stehvermögen die Kategorie der Hochaktiven nach oben erweitern würden, als eine Art Herkules des Sex, der alle anderen turmhoch überragte. Aber Erwartungen sind dazu da, enttäuscht zu werden.

Mr. X war eins fünfundsechzig groß und wog fünfundfünfzig Kilo. Er hinkte, hielt sich leicht gebeugt und wirkte eher älter, als er war. Damals kam mir jeder, der über vierzig war, uralt vor – außer Prok natürlich –, aber ich wäre nicht überrascht gewesen, wenn dieser Mr. X uns gesagt hätte, er sei achtzig. Unter seinem Kinn hing die Haut in schlaffen Falten, und seine Handrücken waren voller Altersflecken. Er war beinahe vollkommen kahl (ein Zeichen von Potenz, behauptete Prok, wenn man von uns dreien und der Legende von Simson und Delila absah), und in seinem Gesicht waren zahllose Fältchen und die tieferen Furchen, die Alter und Erfahrung gegraben hatten. Als er vor der Tür stand, dachte ich, es handle sich um ein Mißverständnis, doch Prok reagierte sofort. »Willkommen«, sagte er und hielt die Tür weit auf, »wir haben Sie erwartet.«

Der Mann verharrte, einen Lederkoffer zu seinen Füßen, mit ausdrucksloser Miene auf der Schwelle. Seine Augen funkelten wie Glasscherben in einem ausgetrockneten Flußbett. Er sah sich im Raum um, registrierte Corcorans und meine Anwesenheit und verzog die Oberlippe zum Scheinbild eines Lächelns. Sein Blick bekam etwas Gerissenes. »Dr. Kinsey, nehme ich an«, sagte er mit einer ironischen Verbeugung und stieß ein leises, heiseres Lachen aus.

»Ja«, erwiderte Prok und schüttelte ihm die Hand, »Alfred C. Kinsey. Und dies sind meine Kollegen Purvis Corcoran und John Milk. Kann ich Ihnen etwas anbieten? Kaffee? Saft? Vielleicht einen Rum-Cocktail, wenn es dafür nicht zu früh ist?«

Der Koffer enthielt die übrigen Sex-Tagebücher mit den detaillierten Beschreibungen all der vielfältigen sexuellen Aktivitäten, denen Mr. X in seinem Leben nachgegangen war, sowie der Maße eines jeden Penis und einer jeden Klitoris, mit denen er im Lauf seiner langen Karriere persönliche Bekanntschaft gemacht hatte, Fotos von diesen Aktivitäten, auf denen er erst als junger Mann, dann in mittleren Jahren und schließlich in fortgeschrittenem Alter zu sehen war, ein Sortiment Hilfs- und Gleitmittel sowie rätselhafterweise einen Handbohrer mit 12er-Einsatz. Nachdem er Corcoran und mir die Hand geschüttelt hatte, warf Mr. X den Koffer ohne viel Umstände auf das Bett, öffnete die beiden Schlösser und ließ den Inhalt herumgehen, als handelte es sich um Reliquien.

Die Fotos – es waren hundert oder mehr – hatten die unmittelbarste Wirkung. Ich erinnere mich besonders an eines, auf dem von einem Erwachsenen nur die Hand zu sehen war, die mit riesigen Fingern die Genitalien eines Kleinkinds – eines Jungen mit einer winzigen, an ein Stöckchen gemahnenden Erektion – manipulierte, und der Ausdruck auf dem Gesicht des Kindes, die ins Leere blickenden Augen, die ins Nichts greifenden Hände, der offene Mund, und ich weiß noch, was für ein Gefühl mich überkam: Mir wurde kalt, als stünde ich noch in der Badewanne, unter dem eisigen Wasserstrahl. Ich sah zu Corcoran, dessen Gesicht nichts verriet, und dann zu Prok, der das Foto einen Augenblick betrachtete und dann erklärte, es sei »sehr interessant, wirklich sehr interessant«. Er beugte sich zu mir, deutete auf das betreffende Detail und sagte: »Siehst du, Milk, das ist der eindeutige Beweis für die Existenz einer frühkindlichen Sexualität. Ob es sich hierbei um eine Anomalie handelt oder nicht, muß selbstverständlich noch statistisch abgeklärt werden …«

Unser Mr. X, der sich noch immer über den Koffer beugte und darin wühlte wie in einer Schatzkiste, stieß einen leisen Pfiff aus. »Glauben Sie mir«, sagte er, »das ist keine Anomalie.«

Der Satz hing für eine Sekunde in der Luft, dann sagte Prok: »Und der Bohrer – wofür ist der?«

»Ach, der«, murmelte der kleine Mann und holte das Ding mit einem verträumten Grinsen hervor. Ich mußte unwillkürlich an eine extreme Form von Sadomasochismus denken, an Folter und Entstellung. Mir drehte sich der Magen um. Ich fühlte mich sehr unbehaglich, und ich blickte Prok hilfesuchend an, doch der hatte nur Augen für das Werkzeug in der Hand des Mannes.

Mr. X ließ sich Zeit. Er zuckte die Schultern, sah uns der Reihe nach an und senkte den Blick. Man merkte, daß er es genoß, ein Publikum zu haben. »Der ist zum Bohren.«

Prok blickte ihn fragend an. Er war überaus geduldig, er erwiderte das Lächeln des Mannes, respektvoll, ermunternd, ohne auch nur einen Hauch von Herablassung. Am Abend zuvor hatte er mir erzählt, er habe das Gefühl, es sei höchst dringlich, hierherzufahren und Mr. X' Geschichte aufzuzeichnen, denn der Mann sei krank und könne jeden Augenblick sterben und so auf immer für die Wissenschaft verloren sein, und er hatte betont, dies werde unser bislang bedeutsamstes Interview sein. »Ja?« sagte er. »Und zu welchem Zweck bohren Sie?«

»Na ja, Sie wissen ja, was ich mache – abgesehen von Sex, meine ich.«

Das stimmte. Der Mann arbeitete für eine Regierungsbehörde, was viele Reisen und Übernachtungen in verschiedenen Städten des Landes mit sich brachte.

»Ich sehe zu«, sagte er.

Prok verstand nicht. »Sie sehen zu?«

»Genau«, sagte Mr. X mit seiner leisen, gutturalen Stimme und machte sich daran, es uns zu demonstrieren. Er legte das Ohr an die Wand, überzeugte sich davon, daß das Nachbarzimmer unbelegt war – oder daß die Gäste entweder schliefen oder sich nicht im Raum befanden –, kniete nieder und machte mit einer raschen, geräuschlosen Drehbewegung der rechten Hand und Schulter ein hübsches kleines Loch kurz über der Fußleiste. »Da«, sagte er, »da, bitte« – wir folgten einer nach dem anderen seiner Aufforderung –, »und Sie würden sich wundern, was Sie da sehen können und wieviel.« Tief atmend hielt er inne. »Denn wenn die Leute ... Also, wenn sie in einem Hotelzimmer sind, unbeobachtet und weit entfernt von der täglichen Routine, dann machen sie Sachen, die sie sonst vielleicht nicht machen würden. Ja, ja. Ich hab alles gesehen. Huren, Affen, Zwerge. Alles. Sie würden sich wundern.«

Was dann kam, war noch verblüffender. Wir waren ja selbst Voyeure gewesen, und der Gedanke, andere Menschen bei intimen Akten ungesehen zu beobachten, war uns nicht fremd. Doch dieser Mann, dieses Energiebündel, hatte noch weit mehr zu bieten. Irgendwie kamen wir, noch bevor wir die Befragung formell begonnen hatten, auf Masturbation und Masturbationstechniken zu sprechen. »Sie müssen wissen, Dr. Kinsey«, sagte der kleine Mann, der es sich, eine Zigarette in der einen und einen Becher Kaffee in der anderen Hand, im Sessel am Fenster gemütlich gemacht hatte,

»ich habe einen stärkeren Sextrieb als jeder andere. Ich bin die Nummer eins. *Numero uno.* So einen wie mich gibt's nicht noch mal. Nirgends.«

»Tatsächlich?« erwiderte Prok freundlich, aber empirisch skeptisch.

»Ja. Sogar jetzt, in meinem Alter, hole ich – ist das der Ausdruck, den Sie bevorzugen: ›runterholen‹? –, hole ich mir ungefähr drei- oder viermal täglich einen runter. Und ich brauche nur zehn Sekunden bis zum Orgasmus, und jetzt sagen Sie mir, ob das nicht der Weltrekord ist.«

Corcoran saß, ein Bein über das andere geschlagen, auf dem Bett und hielt Bleistift und Protokollbogen bereit – sowohl er als auch ich würden die Antworten aufzeichnen. »Sehr beeindruckend«, sagte er beiläufig. »Aber sollten wir nicht langsam anfangen? Damit wir das alles schwarz auf weiß haben, meine ich.«

»Sie glauben mir nicht?«

»Natürlich glauben wir Ihnen«, sagte Prok.

»Sehen Sie her.« Und bevor irgend jemand Einwände erheben konnte, hatte Mr. X die Hose heruntergelassen. »Hat jemand einen Sekundenzeiger an seiner Uhr? Sie?« sagte er und wies auf mich. »Wie war noch mal Ihr Name?«

»Milk«, sagte ich. »John Milk.«

»Und? Haben Sie einen?« Sein Schamhaar war weiß, und der verschrumpelte Penis war darin eingebettet wie in ein Nest. Er war ein alter Mann, faltig und alt, und ich wollte den Blick abwenden, tat es aber nicht.

»Ja«, sagte ich. »Ja, sicher doch.«

»Na gut, dann sagen Sie ›Los‹«, und ich sah zu Prok, und Prok nickte, und ich sagte: »Los«, und dieses verschrumpelte Männlein brachte es tatsächlich: von schlaff zu hart zum Orgasmus in zehn Sekunden. Es war verblüffend. Einfach verblüffend. Keiner von uns hatte etwas Derartiges je gesehen. Es gab einen Augenblick der Spannung und der Erleichterung, und ich glaubte beinahe, Corcoran würde Beifall klatschen.

Ein paar Jahre später begannen wir unser berühmtes Projekt, bei dem wir etwa tausend Männer beim Masturbieren filmten, um festzustellen, ob die Mehrheit tröpfelte oder spritzte (73 Prozent tröpfelten, unter anderem auch ich), doch bis dahin hatten wir

Masturbation weder beobachtet noch um eine Demonstration gebeten. Es dauerte einen Augenblick, bis wir uns gefaßt hatten. Inzwischen wischte Mr. X sich ab und zog seine Hose hoch. Trotz Proks tadelndem Blick zündete Corcoran sich eine Zigarette an, und dann machten wir uns daran, die Geschichte zu protokollieren – alle drei, gleichzeitig, und wir nahmen uns kaum die Zeit, zur Toilette zu gehen oder etwas zu essen oder zu trinken.

Mr. X hatte, wie sich erwies, ein enormes Gedächtnis. Er saß bequem zurückgelehnt im Sessel, rauchte eine Zigarette nach der anderen und ließ für uns seine Kindheit wiederaufleben, seinen Vater, seine Großmutter, die Geschwister, die Cousinen und Cousins, die Onkel und Tanten, und dann ging es weiter in die Adoleszenz und das Erwachsenenalter, mit Jungen und Mädchen, Männern und Frauen, mit Hunden und Schafen und einmal sogar mit einem Papagei, und wir brauchten zweieinhalb Tage, um alles aufzuzeichnen. Ich lauschte dieser Stimme, dem leisen, rasselnden, keuchenden Atem, ich lauschte der Aufzählung, Akt um Akt, Partner um Partner, und mußte an Iris denken, an das, was sie gesagt hatte, doch ich behielt mein professionelles Gesicht bei, beugte mich über den Protokollbogen und tat, wofür ich quer durch das halbe Land gefahren war.

Alles in allem waren wir knapp fünf Wochen unterwegs. Prok genoß es offenbar sehr und schwelgte in der Schönheit der Jahreszeit und der Freiheit der Straße wie schon lange nicht mehr. Diese Reise erinnerte ihn an die Gallwespen-Exkursionen, die er zehn Jahre zuvor gemacht hatte – weg vom Schreibtisch und hinaus in die Feldforschung, wie er sagte –, und er fand immer neue Gründe, die Reise zu verlängern. Er stellte fest, in welchen Städten entlang der Route es Colleges gab, und dann fuhren wir unangemeldet hin und parkten vor dem Verwaltungsgebäude. Corcoran und ich blieben im Wagen sitzen und rauchten verstohlen Zigaretten, während Prok den Dekan oder den Direktor umgarnte. Gewöhnlich wurden wir dann eingeladen, zu bleiben und Geschichten zu sammeln, und meist bat man Prok, einen kleinen Vortrag vor Mitgliedern des Lehrkörpers oder einer Bürgervereinigung zu halten. Wir hätten den Rest des Jahres so reisen können, wenn wir gewollt hätten – vielleicht auch für den Rest unseres Lebens, umherschweifende Gelehrte, Männer der Wissenschaft auf Beutezug –, aber natürlich hätte das Probleme gegeben, nicht nur, was die Zielrichtung des Projekts und die Korrelation der Daten zum Zweck der Publikation betraf, sondern auch im Hinblick auf unser Eheleben.

In der ersten Woche schrieb ich Iris täglich Postkarten mit pastellfarbenen Cowboys in Chaps oder mit Ölbohrtürmen vor einem Hintergrund voller Steppenhexen und Kakteen, und obgleich ich ganz begeistert war, versuchte ich, einen neutralen oder sogar leicht bedauernden Ton anzuschlagen und den Aspekt des erregenden Abenteuers herunterzuspielen, um bei ihr nicht irgendwelche Gefühle der Eifersucht oder des Grolls zu wecken. In der zweiten Woche schrieb ich jeden zweiten Tag, aus drei Sätzen bestehende Beschreibungen einer Mahlzeit – *Frijoles* und *Tortillas* mit einer scharfen Sauce aus gehackten grünen Tomaten und Chili, ein kulinarisches Wunder, wie ich es noch nie erlebt hatte – oder einer Stadt, einer Landschaft. Und dann schrieb ich nur noch jeden dritten oder vierten Tag oder wenn mir schuldbewußt einfiel, daß sie ja ganz allein zu Hause saß, in der beengten Welt der Wohnung, der Monotonie sich rechtwinklig kreuzender Straßen, und nicht mal die Arbeit bot eine Abwechslung, denn es waren Sommerferien, und was machte sie mit der langen Kette freier Tage? Schließlich schrieb ich ihr einfach, daß sie mir fehlte.

In Tucumcari fand ich ein Geschäft, in dem es mit Türkisen besetzten Silberschmuck gab, und kaufte ihr einen schweren Armreif mit einem Muster, das die Frau hinter der Theke als »aztekisches Blumenmuster« bezeichnete, und in Amarillo entdeckte ich einen Korb, der aus dem Panzer eines Gürteltiers gemacht war. Iris schrieb natürlich nicht zurück. Wir blieben ja nie länger als ein, zwei Tage an einem Ort, und unser Fortkommen gestaltete sich ohnehin sprunghaft. Natürlich gab es Telefone, aber Ferngespräche waren schrecklich teuer, von der Qualität der Verbindungen ganz zu schweigen. Ich hätte ihr wohl telegrafieren können, und sie hätte telegrafisch antworten können. Aber das tat ich nicht. Ich nahm mir vor, es nach meiner Rückkehr wiedergutzumachen.

Als wir endlich in Bloomington waren, hatte ich Heimweh wie noch nie in meinem Leben. In der letzten Woche waren der Reiz des Neuen und die Erregung angesichts des Reisens, der weiten, offenen Landschaft, der Longhorn-Rinder und alles anderen verflogen, und ich sehnte mich nach meiner Frau, ich sehnte mich nach ihr mit einem unstillbaren Verlangen, das mich wach hielt in der Enge des Zelts oder in dem anonymen Bett irgendeines der Motels oder billigen Hotels, in denen wir jede dritte oder vierte Nacht abstiegen, ich sehnte mich nach der schlichten Routine – ich würde morgens zur Arbeit gehen und abends heimkehren zu Iris – und nach dem beruhigenden Druck ihrer Hand, wenn wir unter dem Laubdach der Bäume die Straße hinunterspazierten, um in der Kneipe ein Bier zu trinken oder ins Kino zu gehen. Noch nie war ich so lange von zu Hause, von Indiana fort gewesen, und als wir bei Jeffersonville über die Staatsgrenze überfuhren, jubelte mein Herz.

Es war später Nachmittag, als Prok mich vor unserer Wohnung absetzte, und ich war mitsamt meinem Koffer ausgestiegen, noch bevor der Wagen ganz zum Stehen gekommen war – ja, danke, bis dann, wir sehen uns morgen im Büro –, und ich weiß noch, wie herrlich das Gras und die Dahlien am Weg und die Geranien auf dem Fensterbrett rochen. Ich hatte Schweißflecken unter den Armen, und das Hemd klebte mir am Rücken, aber das spürte ich kaum. Energie durchströmte mich, als ich auf die Tür zuging, mein Herz klopfte, und ich dachte nur an Iris und wie ich sie überraschen und ihr den Armreif und den Korb geben und ihr sagen würde, wie sehr sie mir gefehlt hatte und daß ich nie wieder bei einer solchen Exkursion mitmachen würde, oder jedenfalls erst in ferner Zukunft. Plötzlich zerriß ein Blitz den Himmel über der Ulme, und als ich die Vorderveranda erreichte, veränderte sich der Ton des Lichts von kupferrot zu silbern, und es kam ein Wind von Süden auf. In diesem Augenblick hörte ich durch das Fliegengitter am Vorderfenster Musik und das Lachen von Frauen, zwei Stimmen, die sich an die Pointe eines Witzes schmiegten, und ich stieß die Tür auf und trat ein. »Iris?« rief ich. »Iris, ich bin wieder da.«

Im Zimmer war es stickig und fast dunkel, und Iris saß mit einer anderen Frau auf dem Sofa. Das Radio war laut gestellt und spielte Tanzmusik. Zigarettenrauch hing in der Luft, auf dem Tisch standen Cocktails, und als ich den Koffer abstellte, sah ich, daß die andere Frau Violet Corcoran war. Sie trug Shorts und eine Bluse, die den Bauch frei ließ.

»John?« rief Iris, mit schwerer Zunge, wie mir schien, aber vielleicht bildete ich mir das nur ein. »John? Bist du das?« Sie war vom

Sofa aufgestanden, barfuß, in weißen Shorts, und im nächsten Augenblick rannte sie auf mich zu und warf sich in meine Arme. »Mein Gott, ich dachte, du würdest nie zurückkommen!« Wir küßten uns hastig, gierig, und ich schmeckte den Alkohol – Gin – auf ihrer Zunge und die Hitze, die Überraschung, die Erregung. »Violet«, rief sie und drehte sich in meinem Arm um, »sieh doch, wer da ist!«

Ich weiß nicht, ob dies der rechte Augenblick dafür ist, aber ich möchte darauf hinweisen, daß meine Beziehung zu Violet Corcoran, die auf Proks Anregung an jenem Abend im Büro begann, nie mehr als lediglich befriedigend war. Wir kamen zusammen – sie hatte sich praktisch über mich gestülpt, noch bevor ich die Hosen unten hatte –, und danach gingen wir noch etwas trinken, und ich brachte sie nach Hause. Dann trafen wir uns drei- oder viermal in einem Motel außerhalb der Stadt, doch diese Begegnungen waren kühl und hölzern, und nach und nach begriffen wir beide, daß es nicht nötig war, die Sache weiterzuverfolgen. Ich mochte sie. Wirklich, ich mochte sie. Sie war authentisch und überschwenglich, und ich freute mich zu sehen, daß sie Iris Gesellschaft leistete.

»Die Heimkehr der Weitgereisten«, sagte Violet oder irgend etwas in der Art. Sie hatte sich ebenfalls erhoben und sammelte ihre Sachen ein. »Ich schätze, das heißt, ich sollte mich schleunigst auf den Weg nach Hause zu Purvis machen ... O Gott, der Babysitter! Also hallo, John, und bis bald.« Sie zwinkerte uns zu. »Ich glaube, hier störe ich nur ...«

Die Fliegentür schlug hinter ihr zu, und wir blickten Violet nach, als sie sich strammen Schritts entfernte. Ein Blitz erhellte den Raum, gefolgt von dumpfem Donnergrollen. Es dauerte einen Augenblick, bis ich merkte, daß das Radio noch an war – aus dem Lautsprecher drang statisches Rauschen, unterbrochen von drei kurzen Knisterlauten, die von Blitzeinschlägen rührten und wie ein verstümmelter Code klangen –, und dann fiel der Sender aus, und alles war still. Ich roch die Feuchtigkeit in der Luft. Es war, als hätte man einen Sumpf trockengelegt, und alles, was dort gefault war, wäre nun der Luft ausgesetzt – Fische, Molche, Schildkröten und Kaulquappen, der organische Schlamm –, als lägen die Wurzeln aller Pflanzen frei. Nichts regte sich. Das Licht war wie flüssiges Metall. Ich wandte mich zu Iris, doch sie erschien mir fremd, wie eine dunkle, schöne Fremde mit nackten Füßen und lackierten Zehennägeln, und sie starrte durch das rostige Gitter der Fliegentür hinaus. Der Augenblick dehnte sich bis zur Bruchgrenze, und ich muß zugeben, ich fühlte mich unbehaglich in meiner eigenen Wohnung, mit meiner eigenen Frau, als wäre auch ich für sie ein Fremder. Schließlich drehte sie sich zu mir um, die Hände in die Hüften gestemmt – noch ein bißchen Körpersprache –, und sagte: »Du willst sicher einen Drink, hm? Oder etwas essen. Willst du etwas essen?«

»Klar«, sagte ich. »Ein Drink wäre schön. Aber wir haben … also, wir haben unterwegs schon was … Du hast mir gefehlt. Wirklich. Es war … Ich hätte nie gedacht, daß es so lange dauern würde. Das lag nur an Prok, und das weißt du.«

Ihre Augen waren feucht, nein, sie waren mehr als feucht, sie waren naß, sie flossen über. Der Wind rauschte in den Bäumen und ließ die Tür schlagen. »Ich komme mir vor wie eine Kriegsbraut«, sagte sie und ließ die Arme hängen. »Ich könnte genausogut eine sein. Und du. Du könntest genausogut Soldat sein. Auf Tarawa oder sonstwo. Du könntest genausogut tot sein.«

Ich sagte leise ihren Namen, zog sie an mich und hielt sie in den Armen. Ich hielt sie und wiegte sie, und dann kam alles aus ihr heraus. Sie weinte, sie schluchzte, und ich spürte das Anspannen und Entspannen der Gefühle in ihr, es war wie eine neue Art von Herzschlag, die zu einem ganz anderen System gehörte. »Du hast mir auch gefehlt«, flüsterte sie.

Zehn Minuten später lagen wir aneinandergekuschelt auf dem Sofa und sahen zu, wie der Regen in Schwaden über die Fenster fegte und die Bäume beugte. Der Fäulnisgeruch verschwand, als das Gewitter losbrach, und wurde durch prickelnde Frische aus dem Norden ersetzt. Klare Tropfen fielen aus der Troposphäre herab, klopften blechern an die Dachrinne und tränkten das Stück Rasen vor dem Haus. Iris hatte mir einen Bourbon mit Wasser und sich selbst noch einen Gin Tonic eingeschenkt. Wir feierten, wir tranken auf meine Heimkehr, dabei war mir gar nicht nach Feiern zumute. Ich fühlte mich traurig und formlos, und ich wollte mit ihr ins Schlafzimmer gehen, um ihr auf die elementarste Weise zu zeigen, wie sehr sie mir gefehlt hatte, doch das wäre nicht richtig gewesen, noch nicht. Erst mußten wir reden.

»Er war schrecklich, nicht?«

»Wer?«

»Euer Mr. X.«

Ja, sie hatte recht gehabt. Ich nippte an meinem Drink und nickte. Sie hatte für mich etwas auf den Herd gestellt, aus Pflichtgefühl, nehme ich an, obgleich ich nochmals beteuert hatte, keinen Hunger zu haben – jedenfalls nicht auf Essen –, und nun kochte es, und der Deckel klapperte. »Ja«, sagte ich. »Eigentlich schon.«

»Ich wette, Prok war begeistert von ihm.«

»Prok nimmt solche Bewertungen nicht vor, das weißt du doch.«

Sie sagte nichts. Wir starrten hinaus in den Regen. »*Tortillas*«, sagte sie nach einer Weile und sprach das Wort mit einem harten L aus. »Das ist mexikanisch, oder?«

»Tortie-jas«, sagte ich. »Ja, stimmt. Es gibt sie in Texas. In New Mexico auch.«

»Und wie sehen die aus? Wie Pfannkuchen?«

»So ungefähr. Sie sind flach. Wie ungesäuertes Brot. Sie machen sie aus Mehl oder Maismehl, klopfen sie mit den Händen platt – die Indianer und Mexikaner –, und dann füllen sie sie oder löffeln damit Bohnen oder Reis oder irgendwas anderes.«

Sie schwieg einen Moment und nippte an ihrem Glas. »Ganz schön exotisch, hm? Du wirst doch jetzt kein Mexikaner werden, oder? Mit so einem – wie nennt man die noch mal? –, so einem *Serape* und einem *Sombrero?* Wie soll ich dich nennen? Don John? Oder lieber Don Juan?«

Ich beugte mich zu ihr und küßte sie. »Don Juan ist völlig in Ordnung. Aber ich wollte, du wärst dagewesen und hättest sie probieren können, auch die *Frijoles* und die *Salsa.* Und diese Dinger, die sie *Tamales* nennen und die in Maisblätter gewickelt sind. Die hätten dir auch geschmeckt. Bestimmt.«

Sie zuckte die Schultern. »Ja«, sagte sie, »bestimmt. Wenn ich je irgendwohin kommen würde.«

»Das wirst du«, sagte ich, »das verspreche ich dir.«

»Wann denn? Einen Urlaub können wir uns nicht leisten. Das ist ein Witz. Und meine Mutter … Schon allein die Fahrt dorthin, schon allein die Busfahrkarte ist eine Belastung für unsere Kasse. Nein, John, behalt deine Tortie-jas.«

Es schien jetzt stärker zu regnen, ein mächtiges Rauschen, das alles andere übertönte. Ich wollte mich nicht streiten, ich wollte nicht, daß irgend etwas diese reine Wiedersehensfreude trübte und die Aussicht auf Sex gefährdete, auf ehelichen Verkehr, wir beide miteinander im Bett, nach fünf langen Wochen erzwungener Abstinenz, und ich glühte vor Verlangen, sie zu berühren, sie auszuziehen, meine Zunge in ihren Mund zu stecken und in ihren Haaren zu wühlen. Ich beugte mich vor, zündete mir eine Zigarette an und überlegte, wie ich die Situation entschärfen könnte. Iris war bitter, das konnte ich verstehen. Sie fühlte sich verlassen, als zöge das Leben an ihr vorbei, wogegen ich es voll auskostete – was nicht stimmte, nicht einmal annähernd, das habe ich wohl deutlich gemacht. Das Problem war weit verbreitet. Jeder Mann, der seinen Lebensunterhalt reisend verdiente, ob er nun bei der Armee oder bei der Eisenbahn war, Geschäftsmann oder Meteorologe, mußte seine Frau lange allein lassen – das gehörte bei manchen Berufen eben dazu.

Mac stand vor demselben Problem und hatte eine Möglichkeit gefunden, damit zurechtzukommen. Auch wenn sie es sich in der Öffentlichkeit nie anmerken ließ, wußte ich, daß sie frustriert war: Sie wollte dazugehören, aber für Prok war das Forschen die Sache einer Bruderschaft, und so kompensierte Mac, indem sie sich um die Kinder kümmerte, strickte und die Pfadfinderinnen anführte. Das Äußerste an Kritik war meines Wissens ein Satz, den sie in einem Interview mit einer Frauenzeitschrift sagte, nachdem der Band über das sexuelle Verhalten des Mannes erschienen war. Man hatte sie nach Prok und seinen Reisen gefragt und ob sein unermüdlicher Einsatz für die Forschung nicht auch belastend sei, und ihre Antwort war vielsagend gewesen: »Seit er sich mit Sex beschäftigt, kriege ich ihn nachts kaum noch zu sehen.« Alle hatten gelacht – Clara Kinsey hatte ein Bonmot gesagt –, doch ich sah die Wahrheit dahinter.

Einmal – da war Rutledge schon zu uns gestoßen, und die Kinsey-Kinder waren erwachsen und aus dem Haus – begleitete Mac uns auf eine unserer Exkursionen, einfach um dabeizusein, um zur Abwechslung mal etwas anderes zu tun als Hausarbeit. Ich weiß nicht mehr genau, wo es war, bestimmt in irgendeinem langweiligen College-Kaff im Mittleren Westen, das sich nur wenig von Bloomington unterschied, und wahrscheinlich war es Winter, so daß selbst die Landschaft trübselig wirkte. Wir gingen wie üblich in ein Hotel und bekamen zwei benachbarte Zimmer. Prok und Mac, Rutledge und ich – Corcoran war als Stallwache im Institut geblieben. Während wir die Befragungen vornahmen, war Mac auf sich allein gestellt. Vielleicht ging sie in den verschneiten Stadtpark oder stöberte in der Bibliothek oder einem Trödelladen, ich weiß es nicht. Wir aßen recht spät zu Abend und kehrten auf unsere Zimmer zurück. Ich nahm an, daß Prok und Mac zu Bett gehen und Rutledge und mich uns selbst überlassen würden, aber Prok war an jenem Abend besonders aufgedreht, ging auf und ab und ließ sich über seine Gegner – deren Zahl im Lauf der Jahre zugenommen hatte – und einige Kuriositäten aus, die in den Interviews des Tages aufgetaucht waren. Und über Filme. Er war damals einer der ersten, die das Paarungsverhalten verschiedener Tierarten auf Film festhielten, und ich weiß noch, daß er besonders begeistert von der Arbeit eines Professor Shadle von der University of Buffalo war, der offenbar die Paarung von Stachelschweinen gefilmt hatte. »Stachelschweine!« rief Prok immer wieder. »Stachelschweine! Könnt ihr euch das vorstellen? Mit all diesen Stacheln? Und trotzdem gelingt ihnen der Koitus – natürlich, sonst gäbe es die Art ja gar nicht mehr!«

Mac war dabei und scheute sich nicht, ihre Meinung zu sagen, und auch Rutledge beteiligte sich engagiert an der Diskussion, machte Einwürfe, rieb sich hin und wieder nachdenklich das Kinn oder winkte protestierend ab; ich saß nur da, eine Coca-Cola in der Hand, und hörte zu, hätte mir allerdings gern eine Zigarette angezündet. (Über Rutledge: Er war achtunddreißig und hatte in Princeton in Kulturanthropologie promoviert, ein adretter, geschmeidiger Mann mit einem sardonischen Lächeln, der leicht gebeugt ging und einen ganz schmalen Schnurrbart hatte, eine Hommage an seine iberischen Vorfahren mütterlicherseits, vielleicht auch an Duke Ellington. Dabei verabscheute Prok jegliche Gesichtsbehaarung, mit der Begründung, nur wer etwas zu verbergen habe, könne Gefallen daran haben, sein Gesicht zuwuchern zu lassen.) Nach einer Weile wandte sich das Gespräch von der Paarung der Stachelschweine dem menschlichen Sex zu, und Prok fand Gelegenheit, seinen üblichen Kommentar zum Tage abzugeben: Er behauptete mit Nachdruck, wir alle seien zu gehemmt; sogar wir, die hier Anwesenden, die wir in vorderster Front der Sexualwissenschaft standen. Rutledge schnappte nach dem Köder. »Ach, wirklich? Wieso?«

»Nimm zum Beispiel Mac«, sagte Prok und blieb unvermittelt stehen. »Eine attraktive, begehrenswerte Frau sitzt hier, mitten unter uns, während wir über Sex reden und reden, und keiner von uns hat auch nur daran gedacht, mehr aus dieser Situation zu machen, stimmt's?«

»Wie meinst du das?« Rutledge lehnte an der Wand gegenüber. Auf dem Tisch neben ihm standen eine leere Limonadenflasche und ein Teller mit einem angebissenen Hamburger-Sandwich. Er strich sich nervös über den Schnurrbart.

»Wir könnten uns doch mit ihr vergnügen. Du bist dabei, Mac?«

Mac, die im Sessel saß und strickte, sah scharf auf und schlug dann die Augen nieder. Sie murmelte etwas, das wie eine Zustimmung klang, und ich spürte, daß ich am ganzen Körper taub wurde. Ich konnte sie nicht ansehen. Ich wollte aufstehen, zur Tür hinausgehen, hinaus in die dunklen Straßen einer Stadt, die ich nicht kannte und die mir gleichgültig war, ich wollte gehen, bis meine Beine nicht mehr konnten. Es war nicht Eifersucht, es war etwas ganz anderes, etwas, was ich nicht hätte benennen können.

»Das beweist gar nichts – das beruht lediglich auf Konvention.«

Proks Augen glühten. »Genau das meine ich.«

Die Debatte ging weiter. Mac wurde nach ihrer Meinung gefragt, dann ich, und dann ging der Ball wieder zwischen Prok und Rutledge hin und her. Schließlich spitzte Prok die Sache zu: Wenn wir uns nicht hier und jetzt und ohne Hemmungen sexuell ausdrückten, würde er seine These als bewiesen betrachten. »Schließlich soll man den Menschen an seinen Taten messen, nicht an seinen Worten, meint ihr nicht auch?«

War sie begeistert? Ich konnte es nicht ergründen, aber alles Mädchenhafte an ihr war verschwunden, und sie hatte ihr neutrales Gesicht aufgesetzt. Das war nicht das, wofür sie mitgekommen war, das war nicht das, was sie erwartet hatte. Rutledge – er war verheiratet und hatte zwei Kinder – schien verwirrt. »Nur zu«, drängte Prok, »vergnügt euch miteinander. Rutledge, du bist der Neue – fang du an.«

Worauf ich hinauswill: Iris war keineswegs die einzige, die solche Gefühle hatte, aber ich verstand sie und wollte sie nur beruhigen, ich wollte sie lieben und sie unterstützen und ihr alles geben, was ich hatte, sowohl körperlich als auch emotional. »Iris«, sagte ich, »komm, laß uns nicht streiten.«

»Du kannst sie behalten«, sagte sie, während der Donner die

Fenster klirren und die Wände erbeben ließ, »und auch die ganzen anderen mexikanischen Köstlichkeiten.« Im Dämmerlicht war ihr Gesicht kaum zu erkennen. »Ich kann Hackbraten essen.«

»Hörst du dich reden? Das ist doch lächerlich. Du mußt ja nicht –«

»Oder Schiffszwieback und Pökelfleisch«, sagte sie, und jetzt lächelte sie ihr wunderschönes Lächeln, angereichert mit Sanftheit und Sympathie. »Jeden Tag Schiffszwieback.«

Ich strich über ihren Handrücken. »Okay, ich hab's verstanden. Ich werde *Tortillas* nie wieder erwähnen.«

Bevor sie antworten konnte, ertönte aus der Küche ein gedämpfter, klagender Schrei, sehr ähnlich dem Miauen einer Katze, gefolgt vom dumpfen Aufprall von etwas, das von der Spüle auf den Boden gesprungen war, und im nächsten Augenblick teilte sich der Perlenvorhang, und ich starrte in die unverwandt blickenden gelben Augen des größten Katers, den ich je gesehen hatte. »Was ist das?« fragte ich idiotischerweise.

»Ein Kater. Er heißt Addison.«

»Du machst Witze«, sagte ich.

Das überhörte sie. »Hier, Addison, komm her«, lockte sie, und der Kater, der bei meinem Anblick erstarrt war, schlich tief geduckt über den Teppich. Am Sofa angekommen, sprang er mit einem geübten Satz auf Iris' Schoß und legte sich hin.

»Aber wir können keine Katze halten. Du weißt, daß ich allergisch bin, und das Futter ... kostet Geld. Ich meine, wer soll das bezahlen?«

Der Kater hatte begonnen zu schnurren, ein heiseres Rasseln, das von den Nasenlöchern zum Kehlkopf und zur Lunge und dann wieder zurück wanderte. Sie streichelte dieses Tier. »Ich brauche Gesellschaft, John.«

Ich sagte nichts. Der Regen tropfte von der Dachrinne.

»Das heißt, wenn du nicht da bist – und ich finde, daß du nicht viel mitzureden hast, nachdem du gerade – wie lange? – *vierunddreißig* Tage weg warst. Hintereinander. Ohne auch nur ein einziges Mal anzurufen.«

Es hätte gut gepaßt, wenn ein Donnerschlag das Haus hätte erbeben lassen, aber es kam keiner. Oder vielleicht doch. Vielleicht trügt mich meine Erinnerung.

»Noch etwas. Und es ist mir egal, was du dazu sagst.« Sie brachte ihr Gesicht ganz nah an das meine, beugte sich über den Kater und die Hand hinweg, die ihn und nicht mich streichelte, bis ihre Augen unmittelbar vor mir schwebten, ihre Lippen, ihre Zähne, der süße Duft ihres Atems. »Ich will ein Baby, John. Ich bin fest entschlossen.«

Und jetzt, erst jetzt kam der Donner – *Kawumm!* –, und alles, bis hin zu den Tellern im Schrank und den Messern in der Schublade, klirrte.

3

Danach beruhigten sich die Dinge für eine Weile – wenigstens kam eine gewisse Routine auf. Wir reisten in jenem Herbst nicht mehr so viel, jedenfalls nicht zu dritt. Prok und Corcoran fuhren zweimal nach New York und Philadelphia, knüpften unterwegs neue Kontakte und zeichneten Geschichten auf, und in ihrer Abwesenheit bediente ich die Stechuhr und konzentrierte mich auf die Dinge, die das Institut betrafen. Es machte mir nichts aus. Es war gut, zu Hause zu sein und mehr Zeit mit Iris zu verbringen, aber reisen mußte ich natürlich trotzdem noch, und wenn ich zu Hause blieb, dann fehlte mir, wie ich gestehen muß, die Erregung des unsteten Lebens. In gewisser Weise entsprach dieses ruhige, geordnete Dasein und die Gewöhnung an Routine wohl meinem Temperament, doch es gab in mir noch einen ganz anderen Teil, der sich nach der Straße sehnte, nach Abenteuern, und nachdem Prok mir diese Welt einmal gezeigt hatte, konnte ich davon nicht genug bekommen.

Es sollte noch drei Jahre dauern, bis aus unserem Forschungsprojekt ein eigenständiges Institut wurde, aber an Prestige und Autonomie hatten wir bereits sehr gewonnen. Es waren außer einer Vollzeitsekretärin, der furchterregenden Mrs. Bella Matthews, noch einige Teilzeitkräfte eingestellt worden, und daher mußten Möbel umgeräumt werden, um Platz für einen zusätzlichen Schreibtisch zu schaffen. Mrs. Matthews saß im Vorzimmer, während die Teilzeitkräfte ihren Tisch neben dem von Corcoran hatten. Die Bibliothek, die Prok auf eigene Kosten zusammengetragen hatte und die schon jetzt etwa fünftausend Exemplare umfaßte – Fachbücher, Fotos, künstlerische Darstellungen, Sex-Tagebücher und dergleichen –, beanspruchte jeden Zentimeter Wandfläche im inneren Büro und war teils in einer verschließbaren fensterlosen Kammer am Ende des Korridors untergebracht, in der früher Laborgeräte gelagert worden waren. Zu sagen, daß es uns an Raum fehlte, wäre eine Untertreibung. Noch dringender war unser Bedarf an »mehr Personal«, wie Prok sich ausdrückte, das heißt, wir brauchten einen weiteren Interviewer, der helfen sollte, die neue und erstaunliche Zahl von einhunderttausend Geschichten zusammenzutragen, die Prok zu sammeln beschlossen hatte.

Zu diesem Zweck hatten wir unsere Fühler nach verschiedenen

akademischen Institutionen ausgestreckt, und Prok schrieb unentwegt Kollegen im ganzen Land an, in der Hoffnung, einen Kandidaten zu gewinnen, der ein gutes Licht auf unser Projekt werfen würde. Ich besaß damals nur ein Bakkalaureat, und Corcoran war Magister, und so hatte Prok es auf einen älteren Mann abgesehen – soll heißen, in den Dreißigern –, mit einem Doktortitel in Sozialwissenschaften oder Psychologie, und zwar von einer angesehenen Universität. Er selbst war selbstverständlich ein Harvard-Mann, und obgleich er es, um unsere Gefühle zu schonen, nie erwähnte, suchte er jemanden, dessen Referenzen und Mitgliedschaften unsere eher zweitklassigen Diplome ausgleichen konnten. Soweit ich mich erinnere, führten wir im Herbst und im Frühling des nächsten Jahres – 1945 – einige Gespräche, doch es gab nicht so viele Bewerbungen, wie wir gehofft hatten. Immerhin war der Krieg noch nicht beendet, und die überwältigende Mehrheit der arbeitenden Bevölkerung stand in Diensten von Uncle Sam.

Auch an der Heimatfront – an der persönlichen Heimatfront also, in der Küche, im Wohnzimmer und im Schlafzimmer der Wohnung in der Elm Street 619, die ich mit Iris teilte – beruhigte sich alles. In jeder Ehe gibt es Wachstumsschmerzen, und wir hatten sie wirklich zur Genüge erfahren, aber nun war ich zu Hause, jedenfalls häufiger als zuvor, und fest entschlossen, vergangene Fehler wiedergutzumachen. Ich gab mir alle Mühe, rechtzeitig zum Abendessen dazusein, auch wenn das bedeutete, daß ich morgens früher aus dem Haus gehen mußte, um die Arbeit zu bewältigen; ich versuchte mehr über Literatur, Kunst und Politik und weniger über Prok und Sex zu sprechen; ich ging nach Feierabend nicht mehr in die Kneipe, sondern half im Haushalt, so gut ich konnte, auch wenn ich gestehen muß, daß ich auf diesem Gebiet alles andere als ein Könner war – aber ich bemühte mich, ich bemühte mich wenigstens. Im Lauf der Zeit lernte ich sogar, den Kater zu tolerieren. Und obwohl ich anfangs vor dem Thema Baby zurückgescheut war (mit den üblichen Ausflüchten: wir sind zu jung, wir können uns kein Kind leisten, eine Katze ist das eine und ein Kind etwas ganz anderes), dachte ich doch an meinen Augenblick der Klarheit in der Fillmore School, wo ich überall Kinder gesehen hatte, und es dauerte nicht lange, bis ich die Sache genauso sah wie Iris.

Die erste Nacht jedoch war hart, ich scheue mich nicht, es

zuzugeben. Wir schienen gar nicht miteinander zu kommunizieren, und ich hätte mitfühlender sein sollen, doch ich war körperlich wie geistig erschöpft und nicht in bester Verfassung. Weit davon entfernt. Gerade als sie sich erweichen ließ und ich den Armreif aus dem Koffer ziehen und alles wiedergutmachen wollte, kam der Kater zwischen uns und schaffte es, sich in ein hypothetisches Kind zu verwandeln. »Ich will ein Baby, John«, sagte sie, und ich überlegte gar nicht, ich hielt nicht inne und dachte an das Einmaleins der Gefühle, sondern sagte einfach nein. Und während im Hintergrund der Topfdeckel klapperte, warf mir Iris, die Gott weiß wieviel Gin intus hatte, ganz zu schweigen von dem, was sie bei ihrem Nachmittagsklatsch mit Violet getrunken hatte, dieses Nein vor die Füße. »Gut«, sagte sie, »wenn das so ist, kannst du hier auf dem Sofa schlafen, denn dann will ich dich nicht in meiner Nähe haben. Keine Berührung, kein Kuß, gar nichts. Verstanden?«

Und das war das Ende unseres freudigen Wiedersehens. Sie nahm den Kater mit ins Schlafzimmer und knallte die Tür zu, und ich ging in die nächste Bar und trank allein in einer Ecke Bourbon, während die anderen sich um das Radio drängten und die Kriegsberichterstattung hörten. Ich kochte vor Wut, ich litt, mir war ganz schwach vor Verlangen nach ihr, nach meiner eigenen Frau. Fünf Wochen war ich fort gewesen, und nun kein Sex, keine Liebe, nur Bitterkeit und ein Kater. Ich war fuchsteufelswild. Es brach mir das Herz. Ich war abgestoßen von mir selbst, von Iris, von der Ehe, dieser verdorbenen Institution, die einen in ein Zwangsbett preßte. Prok hatte recht: Der Mensch war ein pansexuelles Wesen, und nur die Konventionen – die Gesetze, die Sitten, die Kirchen – hielten ihn davon ab, sich mit jedem beliebigen Partner auszutauschen, unabhängig von Geschlecht und Spezies. Die Ehe war ein Klotz am Bein. Die Ehe bedeutete Sklaverei. Und sie produzierte nichts als Bitterkeit. Ich ging durch den Regen nach Hause, schlief, von Verlangen gequält, auf dem Sofa, erwachte mit Kopfschmerzen und war schon fort, als Iris aufstand.

Im Büro versuchte ich, Prok um Rat zu fragen, doch er bewegte sich mit Lichtgeschwindigkeit, eilte von seinem Tisch zu meinem, dann zu Corcorans und Mrs. Matthews' und wieder zurück. Die in fünf Wochen angesammelte Post mußte beantwortet werden, diverse metastasierende Probleme waren zu lösen, das alles innerhalb eines Tages, denn bei Prok konnte nichts bis morgen warten. Erst am späten Nachmittag gelang es mir, ihn abzupassen. Er war mit einem Stoß Papier in der einen und seinem Füller in der anderen Hand zur Toilette gegangen, und ich erwartete ihn an der Tür. Als er fünf Minuten später in seinem üblichen Geschwindschritt auf den Korridor trat, das Kinn gesenkt, die Schultern hochgezogen, tat ich, als müßte ich selbst zur Toilette und dies wäre eine zufällige Begegnung. »Ach, Prok«, sagte ich, »hast du eine Sekunde Zeit? Ich wollte … Also, ich wollte mal mit dir reden, das heißt, wenn es gerade paßt …«

Wie ich schon sagte: Von allen Menschen, die ich kenne, hatte Prok die empfindlichsten Antennen für die unbewußten Signale, die man aussendet, wenn man unglücklich oder wütend ist oder versucht, seine Gefühle zu verbergen. Er hätte einen Meisterdetektiv abgegeben. Jetzt sah er mich nur an – das unvermittelte blaue Zupacken seiner Augen, das Blitzen der Brillengläser – und sagte: »Probleme zu Hause?«

»Nein«, sagte ich. »Oder vielmehr ja, irgendwie schon.«

Zwei Biologie-Professoren – ein Zoologe im weißen Kittel und ein Botaniker in Hemdsärmeln – gingen auf dem Weg zur Toilette rechts und links an uns vorbei, und wir hielten inne, um sie zu grüßen. Als sich die Tür wieder geschlossen hatte, sah Prok mich freundlich und aufmerksam an. »Ja«, sagte er, »sprich weiter.«

»Iris will ein Kind.«

Er zog die Augenbrauen hoch. Auf seinem Gesicht erschien das berühmte Grinsen. »Das sind ja wunderbare Neuigkeiten«, sagte er. »Einfach wunderbar. Ist sie schwanger?«

»Nein«, sagte ich, »nein, nein. Sie hat es mir gerade erst … Gestern abend, meine ich.«

»Ich verstehe«, sagte er und nahm meine Hand. »Das ist ein großer Schritt. Aber es gehört zur natürlichen Entwicklung, John. Kein Grund zur Sorge. Du wirst sehen, Kinder sind eine Freude. Und falls du dir Sorgen wegen des Geldes machst – ich bin sicher, wir werden eine Lösung finden, wenn es so weit ist.«

»Das ist es nicht. Es geht mehr ums Prinzip. Ich hab gestern nacht auf dem Sofa geschlafen.«

Er sagte nichts, sondern sah mir nur in die Augen und wartete auf die Fortsetzung, als wäre ich einer von seinen Befragten.

»Wegen unserer Reise. Weil sie so lange gedauert hat, meine ich. Sie hat sich eine Katze angeschafft – damit sie Gesellschaft hat, wie sie sagt –, und jetzt bringt sie dieses Thema auf.«

»Ein Kind.«

»Ja. Aber ich will nicht. Ich bin noch nicht bereit, die Verantwortung für ein Kind auf mich zu nehmen, Prok, und selbst wenn ich es wäre – sie hat es als Forderung formuliert und sagt, daß sie nicht mehr … also, daß sie nicht mehr mit mir schläft, bis ich nachgebe. Das hat sie gesagt.«

Prok nahm sich, die Papiere unter den Arm geklemmt, einen Augenblick Zeit, um seine Brille mit dem Taschentuch zu putzen. Er seufzte. »Jede Ehe besteht aus Geben und Nehmen«, sagte er schließlich, setzte die Brille wieder auf und faltete das Taschentuch säuberlich zusammen, »aber ich rate dir, deinen rechtmäßigen Platz im ehelichen Bett wieder einzunehmen. Du solltest nichts überstürzen, aber ein Kind könnte genau das sein, was ihr zu diesem Zeitpunkt braucht. Als einen Faktor, der zu eurer Reifung beitragen wird. Du weißt, daß ich mit deiner Arbeit mehr als zufrieden bin, aber man kann sich immer noch steigern, und ich bin sicher, daß die Vaterschaft – die unmittelbare Erfahrung der Fortpflanzung, John, die Tatsache, daß du deine Gene an die nächste Generation weitergegeben hast – dich auf lange Sicht zu einem noch einfühlsameren Interviewer machen wird.«

Auf dem Heimweg legte ich mir eine kleine Ansprache für Iris zurecht. Ich würde ihr sagen, was Prok gesagt hatte, daß er uns praktisch seinen Segen gegeben hatte – aber nicht sofort. Ich war noch keineswegs entschlossen, und das erste, was ich von ihr erwartete, war eine Entschuldigung. Ich hatte schwer gearbeitet, und ob sie es nun einsehen wollte oder nicht: Diese Reise war für mich eine große Belastung gewesen, und sie hatte kein Recht, mir ein solches Ultimatum zu stellen. Die Entscheidung, ein Kind zu bekommen, mußten beide Eltern treffen, sie mußten sich darin einig sein, und keiner von beiden durfte auf Drohungen oder Erpressung zurückgreifen. Sie wollte dieses Kind doch wohl nicht mit der Hypothek eines Grolls belastet zur Welt bringen, oder? Wäre das gut für das Kind? Wäre das gesund? Nein, wir würden warten, die Sache überdenken und eingehend erörtern, bis wir beide dazu bereit wären.

Als ich eintrat, spielte Musik, etwas Leises, Zärtliches, das mich an Tanzabende erinnerte, ein Stück, wie die Band es zum Schluß des letzten Sets spielte, wenn sie das Tempo verlangsamte und die Paare nur noch auf der Stelle standen und sich hin und her wiegten. Der Tisch war zum Abendessen gedeckt, mit Blumen in einer Vase und Stoffservietten, und auf dem Beistelltisch neben dem Sofa stand auf einem Untersetzer ein großes beschlagenes Glas Bourbon mit Wasser. Ich warf einen Blick durch den Perlenvorhang in die Küche und sah einen Topf auf dem Herd, daneben eine Bratpfanne, in der ein rosiges Beefsteak lag, und das war schon etwas – damals war Beefsteak wirklich etwas Besonderes. Schon besser, dachte ich, nahm das Glas, trank und spülte die Hitze des Tages und die letzten Reste meines Katers hinunter. Aber wo war sie? Bestimmt im Schlafzimmer, wo sie mit dem Lippenstift hantierte und sich schönmachte für mich, um alles wiedergutzumachen – sie hatte unrecht, und das wußte sie. Ich konnte mir meine Ansprache schenken.

Erst da bemerkte ich, daß die Vorhänge zugezogen waren. Der Tag war wolkenlos und therapeutisch heiß gewesen, die gewissenhafte Sonne über Indiana hatte den Regen des gestrigen Gewitters verdunsten lassen und die Luft mit Feuchtigkeit gesättigt, bis einem bei der kleinsten Bewegung der Schweiß ausbrach, und Iris hätte die Vorhänge öffnen sollen, und sei es nur, um für ein wenig Luftaustausch zu sorgen. Ich wunderte mich. Und ich schwitzte bereits von der Anstrengung, das Glas zu halten. »Iris?« rief ich. »Iris, ich bin wieder da!«

Ich hörte ihre Stimme aus dem hinteren Zimmer – »Ich komme gleich« –, trank noch einen großen Schluck aus dem Glas, stellte es auf den Untersetzer und ging zum Fenster, um etwas Luft hereinzulassen. Als ich die Hand nach den Vorhängen ausstreckte, zischten und klickten die Perlenschnüre hinter mir, und Iris sagte: »Nicht.«

Ich fuhr herum, und da stand sie, direkt vor der dunklen, hin- und herschwingenden Welle des Perlenvorhangs. Das Licht war schummrig, das Grammophon spielte leise Musik. Sie hatte nichts an. Gar nichts. Ihre Füße standen ein Stück auseinander, und die Hände hatte sie auf die Hüften gelegt. Ich sah, daß sie ihre Augen geschminkt und Lippenstift aufgetragen und ihre Nägel lackiert hatte, aber das war nebensächlich angesichts der erhellenden Geste ihrer Nacktheit. Iris war zurückhaltend in ihren Gewohnheiten und bescheiden, was ihren Körper betraf, keine Exhibitionistin wie

Violet Corcoran, und sie hatte noch nie nackt vor mir posiert, oder wenn, dann war es im Rahmen des Vorspiels geschehen, in der umgrenzten Freistatt des Betts. »Laß sie zu«, sagte sie leise. »Ich will nicht, daß die Nachbarn uns sehen.«

Ich ging zu ihr, als würde ich an einer Leine geführt. Sie gestattete mir einen Kuß, und ich durfte die Hände auf ihre Brüste und ihren Bauch legen, auf die vertraute Region, bevor sie mich zurückschob. »Aber John«, sagte sie, der Inbegriff von Züchtigkeit, »was tust du denn da? Du weißt doch, daß wir nicht miteinander schlafen können. Hast du denn keine Angst, ich könnte schwanger werden? Wäre das nicht schlimm? Eine Tragödie? Hmm?«

Sie stand jetzt am Herd, mit dem Rücken zu mir, und zündete die Gasflamme unter der Pfanne an. Die Perlen rasselten, der Kater war nirgends zu sehen. Ich schmeckte den Bourbon in meiner Kehle. Im Raum war es heißer als in einer Sauna. Und muß ich Ihnen sagen, daß ich gleich dort über sie herfiel und wir es auf dem Küchenboden taten, ohne einen Gedanken an Mac oder Violet Corcoran oder irgendeine andere Frau auf der Welt, und daß die Kondome blieben, wo sie waren, im hinteren Winkel der billigen, schlecht lackierten Sperrholzschublade des Nachttischs im Schlafzimmer?

Ich würde gern sagen können, daß John junior in dieser Nacht gezeugt wurde, aber es war nicht so. Monate vergingen, dann neigte sich das Jahr dem Ende zu, der Krieg war vorbei. Prok, Corcoran und ich reisten in kürzeren Abständen und sammelten eifriger denn je Geschichten, und obwohl wir – Iris und ich – uns sehr bemühten, kam ihre Periode so regelmäßig wie immer. Wir lasen Fachliteratur, hielten uns an die empfohlenen Stellungen und schliefen während der fruchtbaren Tage ihres Zyklus miteinander, doch es nützte nichts. Iris nahm warme Bäder, kalte Bäder, rieb sich mit Margarine ein, aß einen ganzen Monat lang nichts anderes als Eier. Nichts schien zu fruchten. Ich besprach die Sache mit Prok, der mich zu einem ihm bekannten Spezialisten in Indianapolis schickte. Der untersuchte mich gründlich und bat mich sogar in das Hinterzimmer seiner Praxis, damit ich mir meine Spermien unter dem Mikroskop ansehen und beruhigt sein konnte, daß in dieser Hinsicht alles in Ordnung war. Prok und ich glaubten allmählich, daß es an Iris lag, und auch sie wurde untersucht, von einem Gynäkologen, den Prok ihr empfohlen hatte, demselben, der zwanzig Jahre zuvor Mac geholfen hatte, und dieser kam zu dem Schluß, Iris sei vollkommen normal und imstande, Kinder zu bekommen. Was also war das Problem? Was machten wir falsch? Keiner von uns wußte es, aber Prok hatte eine Ahnung und äußerte sie mit typischer Unverblümtheit.

Nachdem er das Untersuchungsergebnis gelesen hatte – wir waren im Büro, wo er mit gerunzelter Stirn vor sich hin murmelnd auf und ab gegangen war –, winkte er mich zu sich. Vielleicht regnete es an jenem Tag, ich weiß es nicht mehr, aber Regen hätte gut gepaßt: Immerhin war Regen ein Symbol der Hoffnung und der Fruchtbarkeit. Ich brauchte etwas Positives, denn ich machte mir Vorwürfe und fühlte mich unzulänglich, unfähig, selbst in diesem Punkt ein Versager. Wir standen am Fenster und sahen hinaus auf den Campus. »Du darfst den aleatorischen Faktor nicht unterschätzen«, sagte Prok schließlich.

»Wie bitte?«

»Jedes einzelne deiner Millionen von Spermien muß sich durch Gebärmutter und Eileiter kämpfen, ob nun ein Eisprung stattgefunden hat oder nicht. Das heißt also: natürliche Auslese im Mikrokosmos eines weiblichen Bauchs ...«

Ich sah ihn verwirrt an.

»Der Zufall, John, der Zufall. Versucht es weiter, das ist alles, was ich euch raten kann.«

Inzwischen hatte unsere Suche nach frischen Kräften für unser Institut Erfolge gezeitigt. Jetzt, da der Krieg zu Ende war, bewarben sich eine Reihe qualifizierter Kandidaten, und wir führten einige ernsthafte Einstellungsgespräche. Jeder Bewerber wurde mit Frau und Kindern eingeladen – den Frauen galt Proks besondere Aufmerksamkeit, nicht nur im Hinblick auf irgendwelche Verklemmtheiten, sondern auch um festzustellen, ob sie verläßlich und diskret waren –, und Prok zeigte ihnen die Räumlichkeiten, veranstaltete ihnen zu Ehren ein Picknick oder einen musikalischen Abend, zeichnete ihre Geschichten auf und wies Corcoran und mich an, ihnen auf den Zahn zu fühlen. (Im allgemeinen gab Prok uns den Auftrag, nach dem Gespräch mit dem Bewerber, aber ohne dessen Frau, eine kleine Kneipentour zu machen, und wenn das den Einsatz einer gewissen Menge Alkohol und einer gewissen Menge Havanna-Zigarren erforderte, die aus der Institutskasse bezahlt werden mußten, so betrachtete er diese Ausgaben als geschäftlich bedingte Aufwendungen.) Natürlich hatte jeder der Bewerber den einen oder anderen kleinen Fehler, und Prok, der Perfektionist, lehnte sie allesamt ab, obgleich er händeringend einen weiteren Mitarbeiter suchte.

Ich erinnere mich an einen Kandidaten namens Birdbright. Er war fünfundvierzig, glücklich verheiratet, Vater einer erwachsenen, gut angepaßten Tochter, soeben aus der Marine entlassen und im Begriff, in Harvard seine Dissertation in physischer Anthropologie vorzulegen. Er besuchte den Campus, und Prok sprach bis spät in die Nacht mit ihm. Corcoran und ich machten mit ihm eine Runde durch die Kneipen, und obwohl er ein bißchen steif wirkte – das lag wahrscheinlich an seiner militärischen Haltung, aber vielleicht kam darin auch nur seine akademische Disziplin zum Ausdruck –, fanden wir nichts, was gegen ihn gesprochen hätte. Er trank Scotch, rauchte Camel und haßte Sport. Im Gespräch war er nicht leicht aus der Reserve zu locken, aber er war auch nicht verklemmt und schien nur wenige Vorurteile gegen sexuelle Praktiken zu haben, die eigentlich strafbar waren. Am nächsten Tag setzten wir drei uns zusammen und verglichen unsere Eindrücke. »Ich sehe nichts, was gegen ihn spricht«, sagte Prok, der Birdbrights Unterlagen aufgeschlagen vor sich hatte, und Corcoran und ich mußten ihm zustimmen. Ein kurzes Schweigen. »Aber ich spüre auch keine echte Begeisterung.« Prok klappte den Ordner langsam zu und verdrehte die Augen. »Aber *Bird-bright!* Würde irgend jemand einem Mann, der so heißt, peinliche Dinge gestehen?« Er stieß ein kurzes, helles Lachen aus. »*Birdbright* – also wirklich!«

Ein anderer Mann wurde aus ähnlichen Gründen abgelehnt. Auch gegen ihn war nichts einzuwenden, obgleich er nicht sonderlich aufregend war. Er hatte eine akzeptable Frau und den richtigen akademischen Hintergrund, war aber mit einem langen Doppelnamen geschlagen: Theodore Lavushkin-Esterhazy. Das gefiel Prok nicht, und er fragte ihn geradeheraus, ob er bereit sei, den weniger imposanten Namen Theodore Esterhazy zu benutzen oder sich bei Befragungen von Personen aus der Unterschicht einfach Ted Esterhazy zu nennen. Der Bewerber sagte, es handle sich um einen mehrere Jahrhunderte alten ehrwürdigen Familiennamen, den er unter keinen Umständen bearbeiten werde. Das war das Wort, das er wählte: »bearbeiten«. Prok legte die Fingerspitzen aneinander, sah Theodore Lavushkin-Esterhazy lange an und dankte ihm für sein Kommen.

Ja. Ein anderer wurde wegen seiner Frau abgelehnt, die ein Alkoholproblem hatte, wie wir durch Nachfragen bei den Kollegen in seiner früheren Arbeitsstelle herausfanden. Bei einem Picknick im Bryan Park konnten wir uns persönlich davon überzeugen. Die Frau war laut, sie zeigte ihre Reize – muskulöse Oberschenkel und ausladende Brüste –, machte sich an einen Mann nach dem anderen heran und trank dabei Planter's Punch, als wäre es Karottensaft. Sie machte keine Szene, das nicht, aber es war genug, um uns zu warnen. Prok hatte keine Verwendung für Trinker, weil er der Meinung war, sie seien nicht zuverlässig und könnten den Mund nicht halten (auch mir hielt er mehr als einmal einen Vortrag über meinen Alkoholkonsum, aber das tut nichts zur Sache, jedenfalls nicht hier). Das soll übrigens nicht heißen, daß er so rücksichtslos war, wie die Gerüchteköche der Öffentlichkeit weismachen wollen, und auch nicht, daß er die Mitglieder seines Teams danach aussuchte, wie gut er sie lenken und dominieren konnte. Er hatte nur ein überaus empfindliches Gespür für das, was das Projekt erforderte. Geheimnisse mußten gewahrt werden. Arbeit war zu erledigen. Kann man ihm einen Vorwurf daraus machen, daß er wählerisch war?

Rutledge war, wie alle Welt weiß, der Mann, für den wir uns schließlich entschieden. Wir alle mochten ihn von Anfang an. Obwohl er seine Titel auf den angesehensten Universitäten erworben hatte und etliche Empfehlungsschreiben von einigen der berühmtesten Namen der Wissenschaft, darunter auch Robert M. Yerkes, vorlegte, machte er einen bodenständigen Eindruck, fühlte sich im Gespräch mit President Wells und Proks Kollegen vom Fachbereich Zoologie ebenso wohl wie im Umgang mit dem Kellner, der uns bei Murchinson's die Koteletts servierte, oder dem Barmann, der uns in der Kneipe die Highballs mixte, und behandelte Corcoran und mich vom ersten Augenblick an als gleichrangige Kollegen. Hilda, seine Frau, war eine große, asthenische Blondine, die mit schiefem Mund sprach, als wäre alles, was sie sagte, ein Bonmot – und oft genug war es das auch. Sie war entspannt und lässig, eine Erholung im Vergleich zu den meisten Frauen der anderen Bewerber, die sich benommen hatten, als wollten sie sich für eine Rolle in einem dieser Roboterfilme bewerben, die neuerdings die Kinos verseuchen. Ein weiterer Vorzug, aus meiner Sicht jedenfalls: Sie und Iris verstanden sich auf Anhieb blendend. Eines Nachmittags lud Prok uns alle auf einen Drink ein – die Rutledges, die Corcorans, die Milks und die Kinseys –, und noch bevor er mir den ersten Zombie in die Hand gedrückt hatte, steckten Hilda und Iris bereits die Köpfe zusammen. Und die Kinder, man darf nie die Kinder vergessen, denn wie Prok immer sagt: Sie sprechen das vielleicht beste Urteil über ihre Eltern. In diesem Fall handelte es sich um zwei ernste Jungen von acht und neun Jahren, die ausgeglichen und sehr höflich waren.

Nach den ersten Vorgesprächen war Rutledge der einzige, den wir zu einem zweiten Gespräch einluden, und sollte er auch diesmal einen so guten Eindruck hinterlassen, würde Prok ihm die Stelle anbieten. Ich erwartete ihn am Busbahnhof und begleitete ihn zum Institut. Es war Herbst, der Herbst des Jahres 1946 inzwischen, daran kann ich mich, aus Gründen, die bald ersichtlich werden sollen, genau erinnern. Es war warm für die Jahreszeit, ein Hauch von Altweibersommer lag in der Luft – bald würde die Kälte einsetzen, die Blätter würden fallen, und die nördliche Halbkugel würde sich für eine lange Zeit der Reue von der Sonne abwenden. Rutledge trug ein Tweedjackett über einem langärmligen Hemd, er schob den Hut zurück, damit Luft an seine Stirn kam, und lockerte die Krawatte ein wenig, so daß sie wie eine heraushängende Zunge vor dem geöffneten Kragen baumelte. Er hatte eine Aktentasche in der einen und eine Reisetasche in der anderen Hand, den Regenmantel hatte er lässig über die Schulter geworfen. Ich fragte ihn, ob ich ihm etwas abnehmen könne, und er lächelte. »Ja, John«, sagte er, »das wäre wirklich nett von Ihnen«, und er gab mir die Reisetasche.

Wir gingen schweigend weiter. Die Bürgersteige waren noch feucht von einem kurzen Regenschauer, und jeder Vorgarten, an dem wir vorbeikamen, schien ruhig und gepflegt, mit Holzzäunen, üppig blühenden Blumenbeeten und glitzernden Rasenflächen. Schmetterlinge taumelten über den Blumen dahin, und Vögel führten Selbstgespräche in den Bäumen. »Ich muß sagen, diese Stadt gefällt mir sehr«, sagte er. »Sie hat Charakter. Und Charme. Es ist vielleicht nicht Princeton, aber ich habe den Eindruck, daß sie einiges zu bieten hat. Was meinen Sie? Gefällt's Ihnen hier?«

»Na ja, schon«, sagte ich. »Ja. Es ist zwar nicht viel los, aber wir haben unseren eigenen Kreis.«

»Gehört Dr. Kinsey auch dazu?«

Wir waren an einer Kreuzung stehengeblieben und ließen einen Bus vorbei. Ich war mir bewußt, daß Rutledge mich ansah. Er horchte mich aus, und ich hatte nichts dagegen: Er fragte mich ja eigentlich nur nach Dingen, die er ohnehin schon wußte. Es bedeutete lediglich, daß er damit rechnete, Prok werde ihm die Stelle anbieten – und daß er geneigt war, das Angebot anzunehmen. »Prok ist ein wichtiger Teil davon«, gab ich zu.

»Sie stehen ihm sehr nahe, nicht?«

»Ja«, sagte ich, »wir stehen ihm sehr nahe.«

Er ließ das unkommentiert, und dann fuhr der Bus weiter, und wir überquerten die Straße. Er ging mit leichten Schritten, schwenkte die Aktentasche vor und zurück, die Krawatte flatterte leicht in der Brise, und wir kamen in denselben Rhythmus, fielen in Gleichschritt, und ich spürte eine Art Verbindung mit ihm, als wären wir zwei Sportler, die das Spielfeld betraten. »Sie waren sein Student, nicht?«

Ich sagte, das sei ich oder vielmehr: das sei ich gewesen. Dann mußte ich lachen. »Eigentlich bin ich es immer noch – wenn man mit Prok arbeitet, hört der Lernprozeß nie auf.«

»Auf jeden Fall hat er eine Menge Energie«, sagte Rutledge.

»Ja, allerdings. Ich kenne keinen Menschen wie ihn.«

»Das gefällt mir. Mir gefällt das ganze Projekt, an dem Sie und er und Purvis hier arbeiten. Sehr aufregend. Geradezu bahnbrechend.«

Wir gingen dahin und waren noch einen Block von der Universität entfernt. Es war ein gutes Gefühl, nicht im Büro zu sitzen, die Sonne zu spüren, und sei es auch nur für eine halbe Stunde, und ich war froh, daß Prok mir den Auftrag gegeben hatte, Rutledge vom Bus abzuholen. Ich kam nicht oft genug raus. Keiner von uns kam oft genug raus. Ich nahm mir vor, Iris zu fragen, ob sie Lust auf ein Picknick am Wochenende hatte, bevor das Wetter umschlug.

»Ich wäre gern dabei, wirklich«, fuhr Rutledge fort, als hätte ich ihm widersprochen. »Und habe ich schon erwähnt, daß mir diese Stadt gefällt? Scheint ein prima Ort zu sein, um Kinder großzuziehen.«

Dazu konnte ich nichts sagen, aber er redete ohnehin nur, um sich selbst zu hören. Es gab zwei Alternativen – sollte er oder sollte er nicht? –, und er mühte sich sehr, zu dem Schluß zu kommen, daß er sollte. »Übrigens«, sagte er, als wir den Campus erreicht hatten, »haben Sie und Iris eigentlich Kinder?«

»Nein«, sagte ich, »aber wir hätten gern welche. Wir … na ja, wir bemühen uns.«

Er grinste. »Bemühen, hm?«

»Ja.« Ich grinste zurück.

»Wenn man's recht bedenkt« – er strich mit zwei Fingern über seinen Schnurrbart –, »ist das ja nichts anderes als eine Facette der Forschungsarbeit, nicht?«

Prok verbrachte den größten Teil des Tages hinter verschlossenen Türen mit Rutledge. Wir aßen in einem Restaurant zu Abend – nur wir vier, ohne Frauen –, und Prok bombardierte Rutledge, obgleich sowohl dieser als auch seine Frau ihre Geschichten hatten aufzeichnen lassen, mit tausend Fragen. Es gab alkoholische Getränke, auch wenn Prok nichts davon anrührte, und Rutledge beschränkte sich, sei es aus Mäßigkeit, sei es aus Berechnung – er wußte, daß er noch immer auf dem Prüfstand war –, auf zwei Highballs und aß trotz Proks Verhör mit gutem Appetit. Ich trank gerade genug, um zu spüren, wie ich sekundenlang meinen Körper hinter mir ließ, nicht übermäßig viel also, keine aufsehenerregenden Mengen, und Corcoran, der zu den trinkfestesten Männern gehörte, die ich kannte, trank stetig während des ganzen Essens, beinahe als bereitete er sich auf eine Art Ausdauertest vor. Was, wie sich herausstellte, tatsächlich zutraf.

Niemand hatte mir etwas gesagt, doch Proks Gesichtsausdruck konnte ich entnehmen, daß noch eine weitere Prüfung oder Demonstration kam, und als Corcoran sich vor dem Dessert entschuldigte, uns zuzwinkerte und sagte, wir würden einander bald wiedersehen, war mein Verdacht bestätigt. »Tja«, sagte Prok, während wir Eiscreme und Biskuitkuchen aßen und die Kellnerin im Hintergrund wartete, »das war ein schöner Abend. Und ein schöner Tag – ich hoffe, er hat Ihnen, Oscar« – er gebrauchte Rutledges Vornamen zum ersten Mal, ein Hinweis darauf, daß jetzt etwas kam, denn sonst war es seine feste Gewohnheit, seine Mitarbeiter nur mit Nachnamen anzusprechen –, »so gut gefallen wie mir. Bei Milk bin ich mir sicher. Stimmt's, Milk?«

Ich bestätigte es und Rutledge ebenfalls. »Es war großartig«, sagte er, »und ich muß sagen, Dr. Kinsey, ich bin von allem, was Sie mir hier gezeigt haben, sehr beeindruckt ...«

Prok hatte den Löffel hingelegt und sah Rutledge über die Brücke seiner gefalteten Hände hinweg an. Seine Miene verriet nichts – Prok, der Ausdruckslose, Prok, der Interviewer, der Offene, Zugängliche, Vorurteilsfreie –, doch seine Augen blitzten vor Erregung. »Nennen Sie mich Prok«, sagte er.

Rutledge beugte den Kopf, legte eine Hand in den Nacken und richtete sich lächelnd wieder auf. »Klar«, sagte er. »Mit Vergnügen. Prok.«

»Gut, gut, gut«, murmelte Prok und ließ die Rechnung kommen. Die nächsten Minuten verbrachte er damit, sie zu studieren und den exakten Betrag plus ein Trinkgeld von drei Prozent abzuzählen, während Rutledge und ich kollegiale Konversation machten. »Also«, sagte Prok schließlich und schob die säuberlich gestapelten Geldscheine und Münzen in die Tischmitte, »dann wollen wir mal zu mir gehen und uns noch ein bißchen unterhalten und eine Tasse guten, starken Kaffee trinken, wenn ihr meint, daß ihr um diese Uhrzeit noch einen vertragen könnt« – er hielt inne und grinste –, »denn ich habe für Sie, Rutledge, etwas vorbereitet, und für dich auch, Milk. Eine Demonstration eigentlich, die sehr interessant zu werden verspricht. Wollen wir?«

Als wir uns auf dem vertrauten gewundenen Weg dem Haus näherten, erwarteten uns auf der Vorderveranda zwei Gestalten, deren Silhouetten sich gegen den Lichtschimmer von drinnen abhoben. Eine davon war Corcoran, der hastig die Zigarette aus dem Mund nahm und mit dem Absatz zertrat; die andere war eine junge Frau, die ich noch nie gesehen hatte. Wir machten uns auf der Veranda miteinander bekannt – »Das ist Betty, Prok, die Frau, von der ich dir erzählt habe. Betty, das sind Dr. Kinsey, John Milk und Oscar Rutledge« –, und dann traten wir in die Eingangshalle, und Prok rief: »Mac, wir sind da!«

Ich hatte kaum Zeit, einen verstohlenen Blick auf die junge Frau zu werfen: Sie war groß und brünett und hatte ein mädchenhaftes Gesicht mit hohen Wangenknochen und dunklen, flinken Augen, die beinahe verschwanden, wenn sie lächelte, und das tat sie gerade: Sie lächelte nervös, und ihre Zähne wirkten scharf und irgendwie raubtierhaft. Mac mußte uns gleich hinter der Küchentür erwartet haben, denn schon war sie da, barfuß und schlicht gekleidet, und trug ein Tablett mit Kaffeegeschirr und einem Teller Haferplätzchen, die sie eigens für diese Gelegenheit gebacken hatte. Sie hatte weder Lippenstift noch Make-up aufgelegt, und obwohl sie frisch frisiert war, schien die Frisur nicht halten zu wollen. Sie sah müde aus. Alt. »Kommt rein, kommt rein«, sagte sie und winkte uns ins Wohnzimmer, während Prok sich entschuldigte und in der Küche verschwand. Ich wunderte mich – er schien ungeheuer aufgeregt, wie ein kleiner Junge am Vorabend seines Geburtstags; was hatte er bloß vor? –, bis er einen Augenblick später mit der Kaffeekanne und seinem Likörtablett zurückkehrte.

Wir setzten uns um den Couchtisch und plauderten über dies und das, während Mac Kaffee einschenkte und Prok reihum Liköre anbot. Abgesehen vom stockenden Gemurmel unserer Konversation – *Sahne? Ja, danke* – war es sehr still. Motten warfen sich in weichen, arthropodischen Explosionen an die Fliegengitter. Aus dem Garten ertönte das beständige Sirren der Grillen. Ich bemerkte, daß die Frau sich für den am wenigsten angenehm schmeckenden Likör entschied und ihn mit einem Schluck hinunterstürzte, als stünde sie an der Theke irgendeiner Kaschemme. Prok schenkte ihr sogleich nach. Sie trug ein silbernes Kettchen um den Hals, und als sie den Kopf in den Nacken legte und das zweite Glas austrank, sah ich ein silbriges Blitzen, und ein kleines Kreuz mit einem kleinen Jesus rutschte auf ihrem Brustbein hinauf.

Prok nahm in dem Sessel neben der jungen Frau Platz. Seine eleganten, gepflegten Finger schlossen sich um die schwarzen Bugholzlehnen und ließen sie wieder los. »Hervorragend«, sagte er. »Ist das nicht hervorragend?« Er war zu aufgeregt, um sich entspannt zurückzulehnen, und beugte sich, die Hände auf die Knie gestützt, gleich wieder vor. »Betty«, sagte er, senkte eine Schulter und neigte sich vertraulich zu ihr, »ich kann Ihnen gar nicht sagen, wie erfreut wir sind, wie erfreut und geehrt, daß Sie kommen konnten.«

Die Frau sah Corcoran hilfesuchend an, senkte den Kopf und sagte gedämpft: »Gern geschehen.«

»Aber Sie werden das für sich behalten – das hat Corcoran jedenfalls gesagt. Sie sind doch verschwiegen?«

Sie wollte es bejahen, doch ihre Stimme verirrte sich in der Kehle, und sie wiederholte es mit mehr Nachdruck. »Ja«, sagte sie, »ich bin verschwiegen.«

»Wir können uns auf Sie verlassen?« Prok musterte sie mit seinem strengsten Blick. »Was immer in diesem Haus geschieht, bleibt strikt unter uns, die wir hier anwesend sind. Haben wir uns da verstanden? Und außerhalb dieser Räume wird niemals, ich wiederhole: *niemals* auch nur ein Wort über das heutige Forschungsprojekt und Ihre Mitarbeit daran gesprochen werden.«

»Sie ist in Ordnung, Prok«, warf Corcoran ein.

Rutledge war beinahe vergessen – war er denn nicht Hauptattraktion hier? Er saß vor seinem uringelben Likör und versuchte ein »Warum-nicht«-Lächeln, das auf seinen Lippen dahinwelkte. Mit einem Mal war er nervös. Und ich war es, ehrlich gesagt, auch.

»Aber ich möchte es aus Bettys Mund hören. Na, Betty?«

»Ich habe verstanden«, sagte sie, und ihr Blick wich dem Proks aus und richtete sich auf Corcoran. »Aber wollen wir die ganze Nacht hier rumsitzen und quatschen? Denn wenn das so ist ...« Sie erhob sich, eine hochgewachsene Frau, alles andere als zerbrechlich. Durch die unvermittelte gleitende Bewegung waren die Konturen ihres Körpers unter dem Kleid zu erkennen. Sie sprach den Gedanken, die Drohung oder was immer es war, nicht zu Ende, sondern stand einfach da und starrte uns an, als hätte sie uns mit einer Herausforderung konfrontiert, der wir uns nicht stellen wollten.

Auch Prok stand auf. »Sie haben vollkommen recht, Betty«, sagte er. »Auch wenn es sehr angenehm ist, hier zu sitzen und zu plaudern, haben wir schließlich noch etwas vor.« Ein Blick zu Corcoran, zu Rutledge (wo er bedeutsam verweilte) und schließlich zu mir. »Also, wollen wir?« Seine Stimme verhallte dumpf und tonlos, und ich erkannte, daß auch er begierig war zu beginnen. Alle erhoben sich. »Corcoran, geh doch mit Miß ... *Betty* ... schon mal nach oben.«

Mein Herz hämmerte. Ich hatte bereits erraten, was jetzt kam, war mir aber nicht ganz sicher, denn etwas Derartiges hatten wir noch nie gemacht, jedenfalls nichts von diesem Kaliber und gewiß nicht als Demonstration, live und vor Publikum, und ich konnte nicht glauben, daß Prok wirklich bereit war, so weit zu gehen. Im Wandschrank zu stehen und einer Prostituierten bei der Arbeit zuzusehen war eine Sache, aber ... aber mein Blick war auf Bettys Hintern und ihre Hüften geheftet, als sie die Treppe hinaufging und ihre Waden sich spannten und entspannten und das Kleid sich sanft über ihnen bauschte. Ich roch ein Parfüm, das ich nicht kannte – Rosenwasser oder Flieder –, und der Duft fuhr direkt in meinen Unterleib. »Ja«, sagte Prok, »da oben, die linke Tür, genau die, Corcoran. Wir haben nicht viel gemacht mit dem Speicherzimmer, es ist bestimmt ein bißchen warm, aber dafür gemütlich. Und wir sind ganz ungestört. Das müßt ihr zugeben.«

Und dann gingen wir im Speicherzimmer umher, alle außer Mac, die unten geblieben war, »um aufzuräumen«, wie sie sagte. Die Luft war stickig, und es roch nach Sägemehl und Lack, als hätten die Zimmerleute eine begonnene Arbeit nicht zu Ende gebracht. Die Decke war niedrig und unfertig, die Wände bestanden aus Fichtenbrettern, die einfach an die Pfosten genagelt waren. Der Raum hatte sich nicht sehr verändert, seit ich ihn zum ersten Mal gesehen hatte, damals, kurz nachdem Prok mich eingestellt hatte: das Einzelbett an der Wand unter der Dachschräge, die Angelrute in der Ecke, die ausrangierten Spielsachen und Sportgeräte der Kinder. Der einzige augenfällige Unterschied war, daß der Tischtennistisch entfernt und durch ein halbes Dutzend Holzstühle ersetzt worden war, die im Halbkreis um das Bett standen.

Es war ein unbehaglicher Augenblick. Die Präsenz der Frau überwältigte uns alle, sogar Prok, bis Corcoran die Sache in die Hand nahm. Er trug einen hellen, sportlich geschnittenen Sommeranzug und hatte wegen der Hitze die Krawatte gelockert. Sein Haar war von der Sommersonne gebleicht – er spielte gern Tennis und, wenn er Zeit dafür fand, auch Golf –, und sein Gesicht war gebräunt. Er sah gut aus. Sehr gut. Beinahe als wäre er aus einem Hollywoodfilm über polospielende feine Pinkel oder Playboys an der Riviera getreten. »Setzt euch doch und macht es euch bequem«, sagte er und nahm die Frau an der Hand, »dann können Betty und ich zur Sache kommen.« Und zu der Frau: »Können wir?«

Rutledge warf mir einen Blick zu, der Verblüfftheit vermitteln sollte, doch ich sah, wohin seine Vermutung ihn geführt hatte und daß er erregt war. Die Stuhlbeine kratzten über den Boden, als wir – Prok, Rutledge und ich – Platz nahmen, uns zurechtsetzten, die Beine übereinanderschlugen und taten, als wären wir ganz ungezwungen, was uns gründlich mißlang. Corcoran hatte inzwischen begonnen, die Frau zu küssen – Zungenküsse –, ließ seine Hände über ihren Körper wandern, zu ihrem Hintern und wieder hinauf zu den Brüsten, die er streichelte, und sie tat es ihm nach. Ihre Hände bewegten sich wie flinke weiße Tiere über sein Jackett und seine Hose.

Dann waren sie auf dem Bett und küßten sich noch leidenschaftlicher. Corcoran öffnete die Knöpfe auf dem Rücken des Kleids und den Verschluß des Büstenhalters und streifte beides mit einer einzigen Bewegung von ihren Armen, so daß sie bis zur Taille nackt war und ihre Brüste frei schwangen. Ihre Hände wurden eiliger, zerrten an seinem Hemd, rissen an den Knöpfen. Die beiden gerieten in eine Art Raserei, bis sie nackt waren und Corcoran niederkniete, ihre Beine spreizte und einen Cunnilingus an ihr vollzog, während sie sein Haar und seine Ohren packte, als wollte sie ihn in sich hineinziehen. Nach kurzer Zeit wechselten sie die Positionen, und sie revanchierte sich und machte sich über seinen Penis her, als wäre er ein Dauerlutscher, und dann zog Corcoran sie aufs Bett und legte sich auf sie.

Prok hatte sein unbeteiligtes Gesicht aufgesetzt, aber Rutledge sah aus, als würde er gleich explodieren. Er war erregt – der Schritt seiner Hose ähnelte einem Zelt –, und er versuchte zwar, weiterhin gleichmütig und konzentriert zu wirken, doch seine Hände bewegten sich verstohlen im Schoß. Was mich betrifft, so gab ich mir Mühe, mich neutral zu verhalten, wegen Prok und auch wegen Rutledge – keiner außer Corcoran schien zu wissen, was von uns erwartet wurde, und Prok natürlich, Prok –, aber es wird Sie wohl nicht allzusehr überraschen, wenn ich Ihnen sage, daß ich überaus erregt war, wobei die psychologischen Faktoren, die Situation und die Gesellschaft, in der ich mich befand, gewiß eine Rolle spielten. Da war Corcoran – mein Kollege und Freund –, Corcoran, der genau dasselbe mit Iris getan hatte, mit meiner Frau, diese Kopf- und Zungenbewegungen, dieses Hinein- und Herausgleiten im geschmeidigen, mühelosen Rhythmus eines Seelöwen, der sich von einer Woge ans Ufer tragen läßt, und es war, ich kann es nicht leugnen, wie ein Sporenstreich. Auch Sporen können blutige Wunden reißen. Es wurde mir eng um die Brust. Ich bekam kaum noch Luft.

Mit einem Mal sprang Prok auf und zog Rutledge am Arm zum Bett, so daß sie das Geschehen aus nächster Nähe verfolgen konnten. »Sehen Sie, Rutledge, von wie unschätzbarem Wert diese Demonstration ist?« sagte er und beugte sich hinunter, wo Corcoran pumpte und die Frau sich keuchend und stöhnend in seine Schultern krallte. »Sehen Sie das?« fragte Prok. »Sehen Sie, hier?« Er deutete mit empirischem Finger auf die linke Brust der Frau. »Der Warzenhof ist infolge der Erregung geschwollen und vergrößert. Und beachten Sie auch die Anschwellung des erektilen Gewebes sowohl der männlichen als auch der weiblichen Brustwarzen. Und sehen Sie hier: Bei der Frau sind sogar die *Alae nasi,* die Nasenflügel, angeschwollen …«

Prok war nur Zentimeter von den beiden entfernt. Er wies mit dem Zeigefinger hierhin und dorthin und fragte Corcoran mit leiser Stimme, ob er die Frau vielleicht umdrehen könne, damit die physiologischen Veränderungen in ihrem Rektal- und Genitalbereich besser zu sehen seien. Corcoran tat wie gewünscht. Es gab ein kurzes, unbeholfenes Durcheinander von Armen und Beinen, und dann war die Frau oben, das silberne Kreuz schwang im Rhythmus ihrer Hüften vor und zurück, Prok dozierte, Rutledge stand daneben, und schließlich erreichte die ganze Vorstellung ihren unausweichlichen Höhepunkt.

Später – es muß nach ein Uhr morgens gewesen sein – steckte ich den Schlüssel ins Schloß, öffnete die Tür und stellte fest, daß Iris noch auf war und auf mich wartete. Sie hatte es sich mit einem Buch auf dem Sofa gemütlich gemacht, die nackten Beine untergeschlagen und ordentlich mit dem Nachthemd bedeckt. Als ich eintrat, ließ sie das Buch sinken. »Du kommst spät«, sagte sie.

Ich ging zu ihr, beugte mich hinunter und küßte sie. Dann richtete ich mich auf, reckte mich theatralisch, gähnte gut sichtbar und zuckte die Schultern, um ihr zu zeigen, wie langweilig es gewesen war. »Ja«, seufzte ich.

Sie hatte sich nicht gerührt. »Armer John«, sagte sie. »Ich beneide dich nicht. Immer nur Arbeit, Arbeit, Arbeit.«

Ich bewegte mich auf dünnem Eis. Hatte ich da einen sarkastischen Unterton gehört? Wieviel sollte ich ihr sagen? »Na ja, das übliche«, sagte ich. »Ein endloses Abendessen, dann rüber zu Prok, wo wir herumgesessen und geredet haben – er hat Rutledge ziemlich auf den Zahn gefühlt.« Ich stand noch immer vor ihr und sah hinab in den tiefen Sog ihrer Augen, betrachtete die Wellen ihres Haars, den Schatten zwischen ihren Brüsten, wo der Kragen des Nachthemds offenstand. »Er hat die Stelle übrigens gekriegt. Rutledge, meine ich.«

Sie sagte nichts, doch ihre Augen schienen förmlich nach mir zu greifen, sie öffneten sich weiter und weiter, wurden rund, jedes eine Welt für sich, von der Farbe des Meers und aller Geheimnisse und Seltsamkeiten, die es enthielt. Iris. Meine Frau. Irgend etwas war los, aber was? »Das ist gut«, sagte sie schließlich. »Ich meine, gut, daß das entschieden ist. Er macht einen guten Eindruck. Ich glaube, daß er der Richtige ist. Und du wirst dann nicht mehr so unter Druck sein, nicht?«

»Ich weiß nicht«, sagte ich. »Wahrscheinlich.«

Sie schwieg wieder und hielt ihren Blick auf mich gerichtet. Ich hörte entfernte Musik aus einem Grammophon, eine einzelne Geige, die sich über die Stille der Stunde erhob und dann wieder verklang, und ich weiß noch, daß ich mich in Gedanken an einen anderen Ort versetzt fühlte, in eine Wohnung im nächsten Block, wo man im gedämpften, inzestuösen Gemurmel der Stimmen zusammensaß und den letzten Cocktail des Abends trank. »Ich hab auch Neuigkeiten«, sagte sie.

Mein Mund versuchte, die Worte zu formen, aber meine Gedanken waren bereits weit vorausgeeilt. »Stimmt, du wolltest ja zum –«

»Zum Arzt«, sagte sie leise und lächelte wie alle himmlischen Engel zusammen.

4

Als ich am nächsten Morgen ins Büro trat, saß Prok bereits am Schreibtisch und zog die Augenbrauen hoch: zehn Minuten zu spät. Jede verlorene Sekunde war in Proks Augen eine Sekunde Verzögerung für das Projekt, und wenn er uns genötigt hatte, bis ein Uhr morgens wach zu bleiben, war das noch lange kein Grund, unsere Pflichten zu vernachlässigen. Mrs. Matthews saß, pünktlich wie eine Bankkassiererin, im Vorzimmer und schrieb mit durchgedrücktem Rücken und gerecktem Kinn auf der Maschine. Auch Corcoran war an seinem Schreibtisch, und Rutledge, der am Nachmittag nach Princeton zurückfahren würde, um den Umzug vorzubereiten, saß in einer Ecke und las eines der Bücher, die Prok ihm gegeben hatte, damit er über die Fachliteratur auf dem laufenden war. Zehn nach acht, und im Büro herrschte bereits die übliche rege Geschäftigkeit. Nur ich war nicht rege. Ich war nicht in bester Verfassung – verkatert, erschöpft und außerdem zu spät –, doch ich brannte darauf, die Neuigkeit loszuwerden.

Iris und ich waren aufgeblieben und hatten gefeiert. Ich hatte eine Flasche guten Bourbon hervorgeholt, die ich für eine besondere Gelegenheit aufgespart hatte, und stieß mit Iris an, auch wenn sie sich, bereits um das Wohlergehen des Babys besorgt, mit Ginger Ale begnügte. Und dann gingen wir ins Bett, und ich verströmte meine Erregung und Freude in sie, schloß die Augen vor den Schatten an der Wand und schob das Bild von Corcoran und der Brünetten beiseite, in meinen Armen nur meine Frau und sonst niemand. Meine fruchtbare Frau. Meine schwangere Frau. Zwei Jahre hatten wir uns bemüht, und ich muß zugeben, ich hatte schon gedacht, daß es nie passieren würde, daß wir irgendwie verflucht waren, und da mir dieses Kind verweigert wurde, wollte ich es nur um so mehr, ganz gleich, wieviel Geld oder Mühe oder sonstwas wir dafür auf uns nehmen mußten. Auch Prok wollte es. Iris' Mutter wollte es, Tommy wollte es und meine eigene Mutter und praktisch jeder, den wir kannten oder kennenlernten, vom Metzger bis zum Gemüsehändler – alle wollten es. *Wäre es nicht langsam an der Zeit, eine Familie zu gründen?* Das war die Frage, die wir ständig hörten, und jede Frau in Amerika schien schwanger zu sein oder an der Seite eines ins Zivilleben entlassenen Soldaten einen Kinderwagen zu schieben.

»Entschuldige die Verspätung, Prok«, sagte ich und hängte Hut und Mantel an den Garderobenständer hinter meinem Schreibtisch. Der Mantel war naß – über Nacht war es zehn Grad kälter geworden, und immer wieder gab es Regenschauer –, und die Absätze meiner Schuhe hatten schimmernde Halbkreise auf dem Linoleumboden hinterlassen. »Ich mußte noch in Iris' Schule Bescheid sagen, daß sie heute nicht kommt.«

Prok sah scharf auf. Wir arbeiteten inzwischen am Text für den Band über das sexuelle Verhalten des Mannes, und er trieb sich an und arbeitete täglich sechzehn, siebzehn Stunden, brütete über Zahlen und kam über Korrelationen zu Interpretationen. Unter diesem Druck war er im Lauf der Zeit immer strenger geworden. Er war selbst bis eins aufgewesen, und obgleich der Abschluß der Rutledge-Sache und der Erfolg der gestrigen Demonstration ihn sicher beschwingte, war er an jenem Morgen ein bißchen gereizt. »Du hältst das Projekt auf, Milk«, sagte er nur und bedachte mich mit einem verärgerten Blick.

Normalerweise wäre ich entsetzt gewesen – niemand sollte an meiner Hingabe und Loyalität zweifeln, am wenigsten Prok, dem ich alles verdankte, doch er hatte natürlich recht: Ich kam zu spät, ich handelte verantwortungslos, ich hielt das Projekt auf –, doch heute verspürte ich ein beinahe überirdisches Wohlgefühl, als könnte nichts mich berühren, keine Angst, keine Krankheit, kein Vorwurf. Eine Antwort erübrigte sich, aber mir lag eine auf der Zunge, und ich wartete noch ein wenig, um den Genuß auszukosten. Ich rührte mich nicht. Stand einfach an meinem Schreibtisch und betrachtete die heiligen Hallen des Büros, das goldene Lampenlicht, die Gallen, Prok. Iris war zu Hause, im Bett. Ihr war so übel, daß sie ihre Klasse von Siebenjährigen nicht unterrichten konnte. Ich hatte sie über der Kloschüssel würgen hören. Ich hatte ihre Hand gehalten. Ich hatte sie in eine Decke gewickelt, zurück zum Bett geführt und ihr trockenen Toast und ein Glas mit dem Rest des Ginger Ale von gestern abend gebracht. »Ich habe Neuigkeiten, Prok«, sagte ich. »Gute Neuigkeiten.«

Er hatte den Blick schon wieder auf die Papiere gerichtet, die vor ihm lagen, und sah mich nun hart und forschend an. Das pulsierende, unrhythmische Klappern von Mrs. Matthews' Schreibmaschine endete abrupt am Zeilenende. Corcoran blickte auf.

»Es geht um Iris«, sagte ich und fühlte mich größer als sonst, überlebensgroß, der gefeierte Schauspieler, der Held, der Marathonläufer, der das Zielband zerreißt. Ich wußte, wie sie vermutlich über mich dachten. Ich war der Jüngste mit dem niedrigsten akademischen Grad, Proks Marionette, nicht einmal imstande, die elementarste biologische Funktion zu erfüllen. Doch das lag nun hinter mir. Ich hatte gleichgezogen. Ich war ein Mann, und war dies nicht geradezu die Definition von »Mann«? Ich sagte: »Iris kriegt … Iris kriegt ein Kind. Sie ist schwanger.«

Prok stieß einen leisen Pfiff aus. Mrs. Matthews – sie war in den Fünfzigern, Großmutter und Witwe – betrachtete mich mit einem schmelzenden Blick. Und Corcoran klatschte an seinem Tisch im hinteren Zimmer Beifall, worauf Rutledge den Kopf hob und mich fragend ansah.

»Wir haben's gestern nacht erfahren. Gestern, meine ich. Als ich nach Hause kam, nach dem … nach der …«

Prok kam breit grinsend auf mich zu. Er packte meine Arme und hielt mich so, bis sein vertrauter Geruch – nach Seife, Gesichtswasser und einem Hauch von Hamamelis – mich einhüllte. »Ihr werdet Ratschläge brauchen, ihr werdet Mac brauchen«, sagte er und sah über meine Schulter auf die Wanduhr, als würde die Entbindung in einer Viertelstunde stattfinden. »Ihr braucht einen guten Frauenarzt. Zu wem geht Iris noch mal? Ich habe nämlich genau den richtigen …«

Unglücklicherweise ergab es sich, daß ich im Herbst und im Winter viel mit dem Team unterwegs sein mußte, und daher hatte Iris ihre Anfälle morgendlicher Übelkeit oft genug allein zu erdulden. Der ausgerechnete Geburtstermin war erst im Juni, und so waren wir übereingekommen, daß sie ihre Stelle als Lehrerin in der Grundschule so lange wie möglich behalten sollte – das war natürlich ohnehin richtig, aber wir waren jetzt auch auf das Geld angewiesen, denn wir würden eine größere Wohnung brauchen, und meine Gehaltserhöhung ließ auf sich warten, obgleich ich sicher war, daß ich sie bekommen würde, sobald die Zuschüsse bewilligt waren. Wenn ich zu Hause war, tat ich mein Bestes, um Iris zu helfen: Ich kochte, erledigte den Abwasch und legte die Kleider für den nächsten Tag bereit. Sie war tapfer und beklagte sich nie über meine

Arbeitszeiten – die waren in diesem Stadium eine Tatsache, an der nicht zu rütteln war –, und ich weiß noch, wie sie sich morgens, am Frühstückstisch, steif hochstemmte und die Zähne zusammenbiß in dem Bemühen, ein halbes weiches Ei und drei Schlucke Kaffee bei sich zu behalten.

Ich hatte ein schlechtes Gewissen. Und ich wäre froh gewesen, daheim bleiben und ihr durch diese Zeit helfen, bei ihr zu sein und das Wunder des Werdens in ihr miterleben zu können, doch das Projekt ging gerade durch eine entscheidende Phase. Im Jahr zuvor hatten wir einen Meilenstein erreicht – zehntausend Geschichten –, aber Prok drängte wie besessen auf mehr, denn bei der schriftlichen Formulierung unserer Forschungsergebnisse überkam ihn die Sorge, man könnte die Zahlen wegen statistischer Unausgewogenheit anzweifeln. (»Wir haben fünfhundertfünf Alkoholikerinnen«, murmelte er, »aber bloß ein mageres Grüppchen Schwarze aus der oberen Mittelschicht und praktisch keine Priester, Rabbis und dergleichen, ganz zu schweigen von Drogensüchtigen und Vertretern.«) Weiter kompliziert wurde die Sache dadurch, daß wir noch immer unterbesetzt waren, denn Rutledge wollte erst noch seine Dissertation schreiben und würde nicht vor den Sommerferien zu uns stoßen, und so jagten wir von Stadt zu Stadt, während Iris zunahm, ihre Brüste empfindlich wurden und ihre Füße sich in Blei verwandelten. Auf diesen Reisen hielt Prok beinahe täglich Vorträge, und wir drei blieben bis in die frühen Morgenstunden auf und zeichneten Geschichten auf. Wir fuhren nach Chicago, Philadelphia und Washington und machten in zahllosen am Weg liegenden Städten halt. Im Dezember wohnten wir beinahe drei Wochen im Astor-Hotel in New York und befragten männliche und weibliche Prostituierte.

Ich schrieb Iris regelmäßig, und seien es auch nur ein paar Zeilen, und ich legte Wert darauf, jeden zweiten Tag mit ihr zu telefonieren, ganz gleich, was es kostete. Ich schuldete ihr diese Anrufe, aber bald stellte ich fest, daß ich sie ebensosehr brauchte wie Iris. Ob ich duschte, frühstückte, in den Zug stieg oder mich zu Prok und Corcoran in den Buick setzte – ich hatte den Klang ihrer Stimme immer im Kopf, ihr leises, zögerndes »Hallo« erklang im rhythmischen Rattern der Eisenbahnräder ebenso wie im Rumpeln der Autoreifen. Am Telefon war sie zurückhaltend, schüchtern, und ich glaube, wir kommunizierten nicht sehr effektiv. Aber entscheidend war, daß wir miteinander sprachen. Ich sagte ihr, daß ich sie liebte. Daß ich es kaum erwarten könne, wieder zu Hause zu sein, bei ihr – und dem Baby. Trat und boxte es schon? Nein? Noch zu früh? Na, das würde es dann aber noch tun, oder? Irgendwann? Ja, versicherte sie mir, das Baby würde boxen und treten. Weihnachten, sagte ich ihr, Weihnachten würden wir zusammensein.

Ach ja, ein Wort zum Astor-Hotel. Es war damals ein bekannter Treffpunkt für Homosexuelle. An der langen, ovalen schwarzen Bartheke im Erdgeschoß drängten sich jede Nacht bis weit in die Morgenstunden alle möglichen Männer, so daß es ein idealer Ort war, um H-Geschichten zu sammeln, und das war schließlich der Hauptzweck dieser besonderen Reise. (Allerdings befragten wir, wie gesagt, auch weibliche Prostituierte und eine Reihe von jungen Akademikerinnen und Karrierefrauen, die uns durch Vivian Aubrey vermittelt wurden, einer sexuell hochaktiven Absolventin der Columbia University, deren Geschichte Corcoran bei unserem letzten Ausflug nach New York protokolliert hatte. Mehr von ihr später.) Das wichtigste war: Im Astor stellte niemand Fragen. Im Jahr zuvor waren wir im Lincoln-Hotel abgestiegen, und dort hatte man uns gebeten zu gehen (das heißt, man hatte uns rausgeworfen). Prok konnte die Geschichte inzwischen mit Gleichmut und wie eine Anekdote erzählen, doch damals war er sehr wütend gewesen.

Keinem von uns war aufgefallen, daß irgend etwas nicht in Ordnung war, doch aus irgendeinem Grund – Prüderie, antiquierte Moralvorstellungen – hatte unsere Tätigkeit Aufsehen erregt. Wir führten seit einigen Tagen Interviews im Lincoln durch, und allerlei aufgedonnerte Huren, minderjährige Bürschchen und feminin wirkende Jugendliche erschienen in der Hotelhalle, wo Prok, Corcoran oder ich sie begrüßten, bevor wir mit ihnen hinauf auf unser jeweiliges Zimmer gingen. Der Geschäftsführer rief bei Prok an und verlangte, mit ihm zu sprechen. Prok befand sich gerade mitten in einem Interview und vertröstete den Mann auf die nächste Unterbrechung. Dann beorderte er Corcoran und mich als Verstärkung zu sich und ging hinunter.

Der Geschäftsführer war ein adrett wirkender Mann mit zurückgekämmtem Haar, silbergrauen Koteletten und einem ganz leichten italienischen Akzent – ein echter Lackaffe, wie wir damals sagten, eingebildet und aufgeblasen. »Das geht nicht«, sagte er.

Prok verschränkte die Arme und faßte den Mann ins Auge. Er wußte schon, was jetzt kam. »Was geht nicht?«

»All dieses Sexzeug«, stieß der Mann hervor. »Tunten und Stricher. Huren. Ich kann nicht zulassen, daß Sie diese Leute in meinem Hotel ausziehen.«

»Aber ich habe Ihnen doch erklärt, um was es geht. Wir führen hier eine wissenschaftliche Erhebung durch. Sie wissen ganz genau, daß wir niemanden ausziehen.«

»Nein? Vielleicht nicht ihre Kleider, aber Sie ziehen ihre Gedanken aus, und das geht nicht, nicht in meinem Hotel.«

Aber diesmal, im Astor, gab es solche Probleme nicht. Die Angestellten sahen einfach weg, und alles ging glatt und professionell über die Bühne. Es gab nur einen einzigen Zwischenfall, der mich heute noch beunruhigt, obwohl ich nicht mal weiß, warum. Der Proband war ein junger Mann, der kürzlich, nach der Amputation seines rechten Unterarms, aus dem Krieg heimgekehrt war. Es war eine lange Nacht gewesen, und dies war mein letztes Interview. Mit den vorangegangenen Befragten hatte ich geraucht und getrunken, und nun war ich ziemlich müde. Ich hatte den Mann in der Hotelhalle begrüßt, wobei es einen kleinen Zwischenfall gegeben hatte – er hatte mir die linke Hand hingestreckt, und ich hatte nicht gleich reagiert –, und dann waren wir mit dem Aufzug hinaufgefahren zu dem Zimmer, das Prok für die Interviews reserviert hatte. Der Mann war bei der Marine gewesen, und obwohl seine Haut mittlerweile nicht mehr so gebräunt war, hätte er mit seinem blonden, etwas links von der Mitte gescheitelten Haar, dem großspurigen Gang und den harten Seemannsmuskeln ein Billy Budd unserer Zeit sein können. Er war neunzehn. Er hatte die Schule bis zur achten Klasse besucht, seine Eltern lebten in Oklahoma City, und er verdiente seinen Lebensunterhalt als Stricher, seit er aus dem Krankenhaus entlassen worden war. Ich gab ihm den vereinbarten Dollar, er setzte sich auf das Bett, ich nahm im Sessel Platz, und wir begannen zu plaudern.

Anfangs lief es ganz gut, doch bald wurde deutlich, daß er irgend etwas genommen hatte – Benzedrin, wie sich herausstellte, das er sich verschaffte, indem er Inhalationsstifte aufbrach und die mit Wirkstoffen getränkten Wattebäusche schluckte. Er wurde so redselig, daß ich auf jede Frage eine endlose, hektisch dahinjagende

Antwort erhielt, so weitschweifig, daß ich irgendwann vergaß, was ich hier überhaupt tat. Wir hatten die bereits beschriebene Technik der Schnellfeuer-Befragung gelernt und wußten, wie man den Befragten unterbrechen mußte, um ihn wieder zum Thema zu bringen, aber bei diesem Mann – diesem Matrosen – fruchtete nichts. Seine Schilderung der dreiundfünfzig Pflanzenarten in dem Gewächshaus, wo sein erster homosexueller Partner, ein älterer Mann, gearbeitet hatte, entnervte mich derart, daß ich aufstand und begann, auf und ab zu gehen.

Er hielt mitten im Satz inne und warf mir einen seltsamen Blick zu. Eigentlich war es ein aggressiver Blick. »Was?« sagte er. »Das interessiert Sie nicht? Ich dachte, wir hätten uns darauf verständigt, daß Sie Informationen wollen, stimmt's? Die Geschichte meines Lebens und so weiter für einen Dollar. Und jetzt? Ist irgendwas?« Er sah mir in die Augen. »Wollen Sie vielleicht mehr als bloß 'ne Geschichte?«

»Nein, keineswegs. Ich wünschte nur, daß Sie ... Verstehen Sie mich bitte nicht falsch – ich möchte nicht, daß Sie denken, ich wäre unhöflich oder wollte Ihre Antworten in irgendeiner Weise beeinflussen –, aber ich wünschte, Sie würden sich an das Format dieser Befragung halten, sonst dauert das hier nämlich noch die ganze Nacht.«

»Und was wäre daran so schlimm?« Er hatte sich vom Bett erhoben und sah mich mit einem Lächeln an, das er vermutlich für verführerisch hielt und das er in der Sauna, in den Pissoirs der Grand Central Station und unten, in der Bar des Astor-Hotels, einsetzte. »Sie wollen mich doch nicht loswerden? Jetzt schon?«

»Natürlich nicht«, sagte ich. »Aber wenn wir ein Interview wie dieses nicht zu Ende bringen, steht die Verläßlichkeit der ganzen Erhebung in Frage. Das verstehen Sie doch, oder?«

Er sagte nichts, sondern kam quer durch den Raum auf mich zu – der rechte Ärmel seines Velourshemds hing leer herab – und drückte sich an mich. Er legte die Hand auf den Schritt meiner Hose. Ich erstarrte. Das war es, was wir in solchen Fällen tun sollten: unbeteiligt bleiben und alle Annäherungsversuche zurückweisen. Er versuchte mich zu küssen, aber ich wandte das Gesicht ab, und seine Lippen strichen über meine Wange. »Na komm schon«, murmelte er. Seine Stimme war leise und weich vor Lust oder dem, was er dafür ausgab. »Du weißt doch, daß du das willst. Warum hörst du nicht auf, dich zu verstellen? Wissenschaft! Du bist genausowenig Wissenschaftler wie ich.«

Ich ließ ihn stehen, setzte mich wieder geschäftsmäßig – und dies war ja ein Geschäft – in den Sessel und versicherte ihm, ich sei nur aus einem einzigen Grund hier. Innerlich verfluchte ich mich, weil ich aufgestanden war. Es war unprofessionell. Es hatte die Atmosphäre gestört und dem Mann einen falschen Eindruck vermittelt. »Und Ihr zweiter Kontakt?« fragte ich und bemühte mich, meine Stimme zu beherrschen. »Können Sie sich daran erinnern? Wie alt Sie damals waren? War das kurz nach Ihrer ersten Erfahrung mit dem Mann im Gewächshaus?«

Er gab keine Antwort. Zum ersten Mal, seit er das Zimmer betreten hatte, fiel ihm nichts ein, als wäre die Droge ein Güterzug, der durch seine Adern fuhr, und als wäre dieser Zug in irgendeiner Kurve entgleist. Er stand einen Augenblick da und trat von einem Fuß auf den anderen. Seine Hand ballte sich zur Faust und entspannte sich wieder, und ich hörte das Knirschen seiner Backenzähne. »Vielleicht«, sagte er schließlich, »findest du mich nicht attraktiv genug. Ist es deswegen?« Er hob den rechten Arm, so daß der Ärmel leer baumelte.

»Das ist nicht der Grund, warum ich hier bin.«

»Ach, nein? Ich hab dich gerade angefaßt. Ich hatte deinen Schwanz in der Hand.«

»Was ist mit Frauen?« sagte ich, denn wenn man professionell sein will, darf man sich von den Probanden nicht ablenken lassen. »Wann haben Sie zum ersten Mal eine nackte Frau gesehen?«

»Für einen Dollar blas ich dir einen«, sagte er, beugte sich über den Sessel und starrte mir in die Augen.

»Ich habe Ihnen doch eben schon gesagt: Das ist nicht der Grund, warum ich hier bin. Beantworten Sie meine Frage. *Bitte.*«

Er beugte sich noch weiter herunter und versuchte abermals, mich zu küssen, doch ich schob ihn energisch von mir, so energisch, wie es mir im Sitzen möglich war. Er richtete sich langsam auf und stand mit wiegenden Hüften und knirschenden Zähnen vor mir. »Du machst keinem was vor«, sagte er.

Das Entscheidende ist wohl, daß ich das Interview bekam: noch einen Satz Daten, den wir mit der Hollerith-Maschine verarbeiten konnten. Ich bekam immer mein Interview, ebenso wie meine Kollegen. Jedesmal. Wir setzten uns gegen alle Widerstände durch. Ist das nicht etwas, auf das man stolz sein kann? Jedenfalls standen wir am nächsten Morgen früh auf, duschten kalt, nahmen ein schlechtes Hotelfrühstück zu uns und machten bis zum Mittag noch ein paar Interviews. Dann packten wir die Koffer und schlenderten durch die Straßen, bis wir um fünf nach sechs den *Spirit of St. Louis* besteigen konnten, mit dem wir am folgenden Morgen um Viertel vor neun in Indianapolis eintreffen würden. Es war der 20. Dezember, die Luft war dünn vor Kälte, Weihnachtsmänner standen an den Straßenecken und läuteten ihre Glocken, Tauben trippelten auf den Bürgersteigen herum, der Geruch nach Holzkohlefeuern und Kastanien trieb durch den Nachmittag wie der versengte Geruch der Geschichte. Es war Weihnachtszeit in Manhattan, und in jedem Schaufenster sah man raffinierte Dekorationen: Spielzeug, Lebensmittel, alkoholische Getränke, Damenunterwäsche, Hüte, Pelze, Schmuck. Prok hatte bereits etwas für Mac gekauft, und Corcoran hatte für Violet eine Brosche mit dazu passenden Ohrclips gefunden – Violet liebte Broschen und trug sie auf der linken Brust, wie Männer ein Einstecktuch oder eine Blume im Knopfloch tragen –, doch ich hatte noch nichts für Iris.

Ich machte mich allein auf die Suche, versehen mit zahllosen Ermahnungen von Prok (*Komm nicht zu spät, verlauf dich nicht, sieh nach rechts und links, wenn du über die Straße gehst, laß dich nicht übers Ohr hauen, paß gut auf deine Brieftasche auf*). Er selbst ging mit Corcoran den Broadway hinunter, um sich Peepshows und andere zweifelhafte, auf Erotika spezialisierte Etablissements anzusehen, mit dem Hintergedanken, das eine oder andere für die Institutsbibliothek anzuschaffen. Ich kannte mich praktisch überhaupt nicht in der Stadt aus – wir sahen von New York kaum mehr als den Times Square, die vier Wände unserer Hotelzimmer und die Bahnhöfe –, und ich gebe gern zu, daß ich die ganze Zeit fürchtete, ich könnte mich verlaufen und den Zug verpassen. War ich ein Landei? Wahrscheinlich. Ein junger Bursche aus der Provinz, der durch diese riesige, polymorphe Stadt stolperte und unter zehn Millionen Dingen nach dem einen Geschenk suchte, das seine Frau am Weihnachtstag glücklich machen würde.

An die Rückfahrt kann ich mich nicht gut erinnern. Ich weiß

nur noch, daß Prok lange aufblieb, um ein paar andere Passagiere zu interviewen, während ich mich auf meine Koje warf, als hätte man mich durch die Mangel gedreht, und ohne Unterbrechung schlief, bis Prok mich zum Frühstück weckte. An das, was ich Iris in jenem Jahr zu Weihnachten schenkte, erinnere ich mich allerdings sehr gut. Ich hatte es in einem versteckt gelegenen Laden gekauft, dessen schmutziges Schaufenster mit der Aufschrift Kunst & Antiquitäten von einer anfallsmäßig blinkenden Kette roter und grüner Glühbirnen erleuchtet wurde. In dem Geschäft waren noch zwei andere Kunden, die es schafften, so auszusehen, als wären sie schon immer da. Stumm und ernst, mit gesenkten Köpfen und auf den Rücken gelegten Händen, beugten sie sich über die Waren und betrachteten sie mit wehmütigen Blicken. Es war heller Nachmittag, und draußen schien eine blasse Sonne, doch drinnen herrschte Dämmerlicht, und es war beinahe so kalt wie auf der Straße. Jeder von Ihnen ist schon einmal in diesem oder einem ähnlichen Laden gewesen: Der Besitzer ist ein dürres Männlein mit Kippa, die Teppiche mit den orientalischen Mustern sind abgetreten, gewundene Pfade führen zwischen hohen Wänden aus schweren, geschnitzten Möbeln hindurch, auf denen sich Massen von Nippes aus dem alten Europa türmen, und es riecht nach Silberputzmittel und Tod. Mit Hilfe des Besitzers, der mir versicherte, das Ding sei das Doppelte seines Kaufpreises wert, entschied ich mich schließlich für einen Aschenbecher. Dieser war aus einer Schneckenmuschel gefertigt, in deren Öffnung eine fünfzehn Zentimeter große Bronzefigur einer nackten Aphrodite mit ondulierten Haaren und straffen Brüsten befestigt war. Ich ließ ihn als Geschenk verpacken und machte mich schleunigst auf die Suche nach dem Bahnhof.

Kurz nach Neujahr waren wir wieder unterwegs – mehr Vorträge, mehr Geschichten, das Tempo wurde immer hektischer –, aber Weihnachten war wirklich ein Ereignis. Nachts hatte es überraschend geschneit, und im Haus in der First Street gab es ein festliches Essen für das ganze Team und die Kinder. Mac war so liebenswürdig wie immer, Violet und Hilda hatten die Süßspeisen zu Hause zubereitet und brachten sie in zugedeckten Schüsseln mit, und Prok hatte einen heißen Rumpunsch gebraut und tranchierte einen Zwanzig-Pfund-Truthahn mit der Routine eines Meisterkochs. Das Team hatte zusammengelegt, um ein Geschenk für ihn zu kaufen – goldene Manschettenknöpfe, die er für zu protzig hielt –, und dann überreichte Prok uns seine Geschenke.

Ich sollte hier erwähnen, daß Prok, der in manchen Kreisen als geizig galt (er war tatsächlich sehr genügsam und manchmal regelrecht knickrig, denn er steckte jeden Cent, den er bekommen konnte, in das Projekt), zu Weihnachten überaus freigebig und spendabel war. Alle Angestellten – die Bürohilfe, der Hausmeister, ja sogar die Studentinnen, die seine Gallwespen-Sammlung katalogisiert hatten – erhielten ein Weihnachtsgeld. Als erstes Mitglied seines Teams, als sein Vertrauter und Adjutant profitierte ich oft von seiner Großzügigkeit, doch das Geschenk, das ich an jenem Weihnachtstag erhielt, war größer als alle, die ich je von ihm bekommen hatte.

Nach dem Essen gab es ein kleines musikalisches Zwischenspiel, und danach setzten wir uns wieder an den Tisch, wo wir Minz- und Kürbispastete aßen und das Gespräch sich für mehrere Minuten anderen Themen als Interviews und Sexualwissenschaft zuwandte. Prok machte mir ein Zeichen, ich solle ihm in die Küche folgen. Zunächst dachte ich, er brauche Hilfe mit dem Likörtablett oder irgendeinem Nachtisch für die Kinder, doch das war nicht der Grund. Kaum hatte ich die Tür hinter uns geschlossen, da fuhr er herum, nahm mich in die Arme und zog mich an seine Brust. Ich fühlte mich unbehaglich, umarmte ihn aber ebenfalls. Der steife Stoff seiner Fliege bohrte sich in meinen Kragen, und seine Bartstoppeln kratzten meine Wange. Durch die Kleider hindurch spürte ich seine Energie, als er mir mit beiden Händen auf die Schultern klopfte und murmelte: »Ich bin stolz auf dich, John, sehr stolz.« Er ließ mich los und schaltete sein Lächeln ein. »Jetzt wirst du Vater, hm?« sagte er. »Keine Probleme? Alles normal?«

Ich nickte. Lächelte zurück. Innerlich glühte ich.

»Tja, dann werdet ihr bald mehr Platz brauchen, meinst du nicht? Irgendwas deiner Position Entsprechendes.« Das Lächeln wurde zu einem Grinsen. »Ein Haus, John. Ich spreche von einem Haus.«

»Aber ich … Wir können uns das nicht leisten …«

Er verschränkte die Arme, sah mich an und grinste breit. »Ab sofort erhöhe ich dein Gehalt um zehn Dollar pro Woche, und ich bin bereit, dir ein persönliches Darlehen in Höhe von zweitausend Dollar zu geben – aus meiner eigenen Tasche und zu einem Bruchteil des Zinssatzes, den du bei einer Bank in der Stadt zahlen müßtest. Wie findest du das?«

Mir fehlten die Worte. Ich war ganz benommen. Gerührt. Zutiefst gerührt. Daß er noch immer etwas für mich tat, für mich, John Milk, einen Niemand, seinen ehemaligen Studenten, den Geringsten unter seinen Angestellten, und daß er bereit war, sein eigenes Geld zu opfern – das war einfach zuviel. Mein Vater war tot, meine Mutter war fern. Nur Prok, Prok war für mich da und sah meine Bedürfnisse – unsere Bedürfnisse – voraus, als wäre ich sein eigen Fleisch und Blut. Ich war so überwältigt, daß ich am liebsten vor ihm auf die Knie gefallen wäre. »Das ist ... also ... das ist großartig«, sagte ich, und meine Gefühle stauten sich in meiner Kehle, »aber du mußt das nicht ... Was ist mit den Forschungsstipendien, was ist mit dem NRC? Wie werden wir, ich meine, das Projekt ...?«

Er ging zur Anrichte, wo bereits das emaillierte Tablett mit den kleinen Gläsern und bunten Flaschen stand. »Die Stipendien für das kommende Jahr sind bewilligt, seit einiger Zeit schon. Du brauchst dir also keine Sorgen zu machen.« (Später erfuhr ich, daß der National Research Council auf Betreiben der Rockefeller Foundation die Bedeutung unserer Arbeit durch die Bewilligung von 40000 Dollar für jedes der drei folgenden Jahre unterstrichen und damit die bisherige Summe beinahe verdoppelt hatte.) Ich lauschte der Musik der Gläser, die er auf dem Tablett anordnete. »Und es ist noch mehr unterwegs, da kannst du sicher sein. Also komm, komm her und bedanke dich, wie es sich gehört ...«

Ich umarmte ihn, und wir küßten uns, aber nur ganz kurz. Unsere Lippen berührten sich, und dann löste ich mich aus der Umarmung. Ich wollte zu Iris, ich wollte es ihr sagen, ich wollte jeden Immobilienmakler im County anrufen. »Kann ich es Iris erzählen?« fragte ich. »Kann ich ihr die gute Nachricht sagen?«

»Nur zu«, sagte er, und sein Gesicht verriet nichts. Ich war schon fast bei der Tür, als er mich zurückrief. »Warte, warte, das Beste hab ich dir ja noch gar nicht erzählt.« Er hatte sich gefangen und lächelte wieder. »Ich habe ein hübsches kleines Haus gefunden, keine sechs Blocks von hier.«

»Ich muß es Iris sagen«, rief ich, so aufgeregt, daß ich nach Luft schnappte. Ich war an der Tür und vergaß ganz, sie für ihn und seine Liköre aufzuhalten. Ich wollte bloß zu meiner Frau, bevor ich platzte. »Aber danke«, rief ich über die Schulter zurück, »tausend Dank«, und dann schwang die Tür auf, die Stimmen der anderen hüllten mich ein, und ich hörte ihn rufen: »Und es hat einen großen Garten für den Jungen!«

Früh am nächsten Morgen klopfte es an der Tür. Ich saß am Küchentisch, las die Sportseite mit den Vorberichten zu den anstehenden Footballspielen und löffelte stark gezuckerte Cornflakes mit Milch in mich hinein. Die Uhr über dem Herd zeigte Viertel nach sieben. Iris schlief noch. Ich hatte keine Ahnung, wer das sein mochte – es war der zweite Weihnachtstag, draußen war alles verschneit, nichts regte sich. Ich stemmte mich hoch und ging zur Tür. Auf der Schwelle stand Prok, aus seinen Nasenlöchern kam Dampf, und er trug den Wintermantel mit dem Gürtel, Galoschen, Strickhandschuhe und den alten, formlosen Südwester, den er bei rauhem Wetter bevorzugte. »Freut mich, daß du schon auf bist, Milk«, sagte er, »aber es ist kalt, nicht? Als ich aus dem Haus ging, zeigte das Thermometer minus fünfzehn Grad.« Hinter ihm, am Bordstein, stieß der Buick unregelmäßige Rauchwolken aus.

Ich war noch in Schlafanzug und Morgenmantel, und an den Füßen trug ich filzgefütterte neue Hausschuhe – ein Weihnachtsgeschenk von Iris. Ich gebe gern zu, daß ich ein bißchen verwirrt war, noch umfangen vom reichlichen Geist der Weihnacht. Ich versuchte, in seinem Gesicht zu lesen. Hatte ich etwas vergessen? Gingen wir wieder auf die Reise? War es das? »Ja«, sagte ich, »tja, stimmt, es ist sehr kalt, also komm doch rein, denn ich … also …«

»Du mußt dich anziehen«, sagte er und stampfte den Schnee von den Galoschen, bevor er eintrat. »Wir haben einen Termin um acht. Und Iris, wo ist Iris?«

Ich glaube, Prok war nur ein- oder zweimal in unserer Wohnung gewesen, und dann auch nur kurz. Er sah sich aufmerksam und taxierend um, als wäre er in einem unserer schmucklosen Hotelzimmer. Und dann ging er mit seinen langen, raschen Schritten durch unser kleines Wohnzimmer, zog mit zwei schnellen, ruckartigen Bewegungen Hut und Handschuhe aus und schob sich durch den Perlenvorhang, um einen argwöhnischen Blick in die Küche zu werfen, als wäre er ein Inspektor vom Bauamt, der sich von der Qualität der Rohrleitungen überzeugen wollte. Ich spürte, daß mich Scham überkam. Die Wohnung war klein, aber Iris besaß, wie gesagt, ein echtes Talent für Inneneinrichtung, und für uns reichten diese zwei Zimmer – oder vielmehr: sie hatten bisher gereicht –, doch nun, da Prok dastand und die Möbel musterte, kam mir alles ein bißchen schäbig vor, und ich fühlte mich, als hätte ich ihn irgendwie enttäuscht, als hätte ich bis zu diesem Punkt in meinem Leben etwas Besseres auf die Beine stellen müssen.

»Interessantes Stück da, auf dem Couchtisch, die Aphrodite«, sagte er. »Ist das das Ding, das du für Iris in New York gekauft hast?«

»Ja. In dem Geschäft, von dem ich dir erzählt habe.«

»Die Mutter von Eros, sexuell entfesselt. Man kann die alten Griechen wirklich nicht als verklemmt bezeichnen, was?«

»Nein«, sagte ich. »Wohl kaum.«

»Sehr schön. Ich würde sagen, dein Geschmack macht Fortschritte, Milk, eindeutig.«

Ich stand im Morgenrock da, einen Meter von ihm entfernt, in der Enge der Küche, die sauberer, heller, schöner hätte sein können, und wußte nicht, was ich sagen oder tun sollte. Ich überlegte, ob ich ihm Kaffee anbieten und ihn bitten sollte, doch Platz zu nehmen, während ich Iris weckte und mich anzog, aber dann wiederholte ich bloß benommen, was er eben gesagt hatte, als wäre es erst jetzt zu mir durchgedrungen: »Termin? Was für einen Termin?«

Er musterte stirnrunzelnd den Küchenschrank, öffnete die Türen, bis er eine Tasse gefunden hatte, nahm die Kaffeekanne vom Herd und schwenkte sie prüfend. »Beim Makler«, sagte er und schenkte sich ein. »Oder vielmehr beim Besitzer. Ich habe bereits mit ihm gesprochen, vorhin, um halb sieben. Iris ist doch schon auf, oder?«

Das Haus lag günstig, wie Prok gesagt hatte, zwei Blocks näher am Campus als Proks eigenes, allerdings in einem Viertel, das sich mühte, den Anschein zu wahren, während der vornehmere Zug der herrschaftlicheren Häuser in Richtung Süden und Osten führte. Was mir ganz recht war. Ich erwartete keinen Palast, und wenn es hier eine starke Konzentration von Pensionen und Studentenwohnungen gab, so zeigte das nur, wie beliebt die Gegend war. Iris war sich da nicht so sicher. Prok und ich hatten am Küchentisch gesessen, Kaffee getrunken und ein wenig von dem Obstkuchen gegessen, den Hilda Rutledge uns am Vortag geschenkt hatte, und dem gedämpften Wechselspiel von Iris' Würgen und der Klospülung gelauscht. Prok klopfte ungeduldig mit dem Fuß auf den Boden und sah alle zwei Minuten auf die Uhr, doch um zehn vor acht trat sie in ihrem besten Kleid aus dem Badezimmer, die Haare in einer seidig schimmernden schwarzen Welle aus der Stirn gebürstet. Sie war allerdings blaß und sagte nicht viel, als ich ihr auf den Rücksitz des Buick half und mich auf den Beifahrersitz setzte.

Nach den üblichen Begrüßungsfloskeln sprach sie erst wieder, als wir vor dem Haus anhielten. »Es sieht irgendwie komisch aus«, sagte sie, und da wußte ich schon, daß es ihr nicht gefallen würde. »Nicht richtig im Gleichgewicht. Die Front ist zu schmal.«

Prok schaltete die Zündung aus und sah über seine Schulter. »Weil es ein schmales Grundstück ist«, sagte er. »Zum Ausgleich ist es nach hinten ziemlich lang, wie wir gleich sehen werden.«

»Und die Farbe«, sagte sie. Ihr Atem ließ das Fenster beschlagen, und ihr Gesicht rings um das bedenkliche Oval ihres Mundes war vollkommen ausdruckslos. »Wie kann man ein Haus nur mauve streichen? Das ist doch Mauve, oder?«

»Sieht für mich eher nach Braun aus«, sagte Prok.

»Oder Blau«, sagte ich.

»Ich weiß nicht. Ich hatte mir etwas Älteres erhofft«, sagte sie, als Prok ausstieg, um ihr die Tür zu öffnen. »Aus Stein oder Ziegeln vielleicht, mit einer größeren Veranda.«

»Älter? Das hier ist von 1924«, sagte Prok, »also nicht gerade neu. Und ihr wollt ja auch eine halbwegs moderne Ausstattung. Manche alten Häuser sehen hübsch aus, aber für den Besitzer sind sie ein Alptraum: schlechte Rohrleitungen, veraltete Elektrik, alle möglichen baulichen Schäden, verzogene Böden und so weiter. Nein, glaubt mir, ihr braucht so was wie das hier, etwas Neueres.«

Aber Iris glaubte ihm nicht. Sie hatte einen ebenso starken Willen wie er, und während sie eine echte geistige Verwandtschaft mit Mac spürte, wurde sie mit Prok nie recht warm. Trotzdem war sie immer oder beinahe immer sehr höflich zu ihm, und zwar nicht nur aus angeborener Liebenswürdigkeit, sondern auch weil sie wußte, wie schwierig meine Position war. Aber ich glaube, tief drinnen ärgerte sie sich darüber, wie groß Proks Einfluß auf mich war. Auf uns war. Und dann war da natürlich noch Corcoran, die ganze traurige, demütigende Affäre, eine offene Wunde – Corcoran, immer Corcoran.

Der Hausbesitzer war ein Assistenzprofessor vom Lehrstuhl für Chemie, der eine volle Professur an der DePauw University antrat und seinen Umzug vorbereitete. Zusammen mit seiner Frau begrüßte er uns an der Tür, wechselte einen kryptischen Blick mit Prok und bat uns herein. Ich sah eine schöne Treppe aus Eichenholz und eine hübsche Blumentapete, Iris sah eine enge Eingangshalle und ein Haus, das in den Fugen ächzte, mit Räumen, die den Grundriß von Güterwaggons hatten, und Fenstern, durch die man bloß die Fassade des Nachbarhauses sah – der Alptraum eines Klaustrophobikers. Der mißbilligende Ausdruck (tiefliegende Augen, V-förmig zusammengezogene Brauen, gespitzter Mund, als wäre sie im Begriff, etwas auszuspucken) verließ während der ganzen Besichtigung nicht ihr Gesicht, nicht als Prok und der Chemieprofessor uns im Keller einen Vortrag über die Vorzüge der Heizungsanlage hielten und auch nicht beim kulinarischen Tête-à-tête mit der Dame des Hauses an dem schmalen Tisch in der schlauchförmigen Küche. Als Prok, der Professor und ich von der Besichtigung des Gartens und des Schuppens zurückkehrten, trank sie eine Tasse Tee und starrte mit leerem Blick auf einen Teller mit Lebkuchen, während die Frau des Professors (Ende Zwanzig, unscheinbar, kinderlos, das Gesicht ein Zeugnis beständiger Besorgnis) im Plauderton einen Monolog über Iris' Zustand hielt und darüber, welch ein Segen Kinder seien. Oder sein mußten.

»Also«, sagte Prok, »was meint ihr? Milk? Iris? Ist das nicht ein nettes Häuschen? Und schön nah am Campus, ein Vorteil, den man nicht unterschätzen sollte.«

Der Chemieprofessor (und da ich seine Frau aus den Tiefen der Erinnerung heraufgezerrt habe, sollte ich ihn vielleicht ebenfalls beschreiben: Er war zehn bis zwölf Jahre älter als seine Frau, hatte eine angeborene Mißbildung – einen Klumpfuß –, weswegen er von der Armee als untauglich ausgemustert worden war, und sprach so langsam, daß er vermutlich ganze Legionen angehender Chemiker zu Tode gelangweilt hatte), der Chemieprofessor also beteuerte, es gebe auf der ganzen Welt kein schöneres Haus als dieses, und seine Frau und er könnten sich nur schweren Herzens dazu durchringen, es zu verkaufen. »Ich habe schon daran gedacht, daß ich ja nach Crawfordsville pendeln könnte, aber das darf ich dem Wagen nicht zumuten –«

»Und dir selbst auch nicht«, unterbrach ihn seine Frau und sah mit einem scharfen Blick von ihrer Teetasse auf.

»Ja. Natürlich. Und so haben wir uns entschlossen, es zu verkaufen, wenn auch nur widerwillig. Aber so ist das eben. Das Leben geht weiter, nicht?«

Prok stand hinter dem Stuhl der Frau und trat ungeduldig von einem Fuß auf den anderen. Er hatte den Mantel aufgeknöpft und den weichen Hut und die Handschuhe in die Taschen gestopft, so daß er aussah, als würde er aus seinen Kleidern quellen. »Und der Preis?« sagte er. »Ist das ein Festpreis?«

Ich sah, wie das Gesicht des Professors den Ausdruck wechselte. »Eigentlich schon«, sagte er zögernd, »aber es gibt schon noch ein Fitzelchen Spielraum« – er sagte tatsächlich *ein Fitzelchen Spielraum* –, »vorausgesetzt, die Milks sind wirklich interessiert und nicht nur hier, um uns die Ehre ihrer Anwesenheit zu geben.« Er lachte ein bißchen. »Wobei wir uns natürlich geehrt fühlen, am zweiten Weihnachtstag ein so sympathisches junges Paar zu Besuch zu haben, nicht, Doreen? Und dann die Vorstellung, daß wir das Glück haben, ihnen beim Start in ihre Zukunft helfen zu können …«

»Was würden Sie zu zehneinhalb sagen?« sagte Prok. »Und fünfzehn Prozent als Anzahlung?«

In diesem Augenblick meldete sich Iris zu Wort. »Ich glaube, ich möchte mal kurz mit meinem Mann sprechen«, sagte sie und sah jedem der Anwesenden in die Augen, bevor sie ihren Blick schließlich auf mich richtete. »Wenn niemand etwas dagegen hat.«

O nein. Nein, nein. Niemand hatte etwas dagegen.

Und während Prok, der Chemieprofessor und seine Frau am anderen Ende des Hauses am Küchentisch saßen, baute sie sich in der Eingangshalle vor mir auf und gab mir die volle Breitseite. »Du bist so ein Dummkopf«, fuhr sie mich an. »So ein Trottel. Du bist ein Weichei, das bist du. Ein Weichei.«

»Gefällt es dir nicht?«

»Ich finde es gräßlich. Und sie manipulieren dich, merkst du das eigentlich nicht? Prok und der Professor und seine Frau – sie können's gar nicht abwarten, diese … diese Schuhschachtel an den Mann zu bringen. Meinst du wirklich, ich will in diesem Haus den Rest meines Lebens verbringen? Und du? Willst du das? Es ist ein

Loch. Es hat überhaupt keinen Stil, nichts, Null, Zero. Da bleibe ich lieber, wo ich bin. Oder ... oder ich ziehe wieder nach Michigan City, zu meinen Eltern, auf die Milchfarm. Milchkühe. Alles, nur nicht das hier.«

»Könntest du ein bißchen leiser sprechen? Was ist, wenn sie dich hören?«

»Na und? Und wenn sie mich hören?«

Einen Augenblick lang standen wir nur da, sahen einander an und lauschten auf die kleinen Geräusche des Hauses – ein Ächzen, ein Knacken, das verklingende Scharren von Nagetierfüßen. »Ich weiß nicht«, sagte ich. »Mir gefällt's eigentlich ganz gut.«

»Es gefällt dir ganz gut? Du mußt verrückt sein. Ich weigere mich, darüber überhaupt noch zu reden. Vergiß es. Hast du gehört? Vergiß es.«

Das Ganze endete damit, daß Prok dem Professor und seiner Frau sagen mußte, wir würden uns bei ihnen melden – Iris fühle sich nicht wohl, es sei eine schwierige Schwangerschaft, ihre erste, und daher sei sie auch schon hinaus zum Wagen gegangen, ohne sich zu verabschieden und ihnen für die Liebenswürdigkeit und Gastfreundschaft zu danken –, und dann setzten wir uns ebenfalls in den Wagen, und Prok begann mit seiner Predigt. Sie lasse sich eine einmalige Gelegenheit entgehen. Dieses Haus sei ein Schnäppchen. Gewiß, es gebe noch andere Häuser auf der Welt, jede Menge sogar oder jedenfalls einige, selbst jetzt, nach dem Krieg, wo Häuser knapp seien, und natürlich gebe es geschmackliche Unterschiede, aber angesichts dessen, was wir uns leisten könnten – und hier warf er mir quer über die Sitzbank einen bedeutungsvollen Blick zu –, dürften wir nicht erwarten, etwas Praktischeres oder Günstigeres zu finden.

Iris hörte ihm geduldig zu, während wir dort am Bordstein standen. Schließlich drehte er den Zündschlüssel und ließ den Buick an. Und dann sagte sie mit leiser, aber fester Stimme: »Ich habe hier eine Anzeige.«

Prok zeigte ihr sein Profil. Er hatte den Hut fest auf seine steife Frisur gedrückt. »Eine Anzeige?«

»Ich hab sie aus der Zeitung ausgeschnitten. Hier: ›Hübsches Farmhaus, 1887, 3 Schlafzimmer, Küche, Eßzimmer, gemauerter Kamin, Innentoilette, massiv gebaut‹ – und es kostet weniger als das hier.«

»Achtzehnhundertsiebenundachtzig?« sagte Prok ungläubig. »Ein

Farmhaus? Was wollt ihr mit einem Farmhaus? Moment mal – wo, hast du gesagt, ist das?«

Sie sagte es ihm.

»Aber das ist zwölf bis fünfzehn Kilometer außerhalb. Mindestens. Da braucht ihr einen Wagen.«

»John will schon lange einen. Findest du nicht, daß er mit achtundzwanzig endlich einen verdient hat?«

Ich hielt den Mund. Das Gebläse unter der Windschutzscheibe begann zu zischen, und der Wind verwirbelte den Auspuffqualm und schlang ihn vor meinem Fenster zu Knoten.

»Darum geht es nicht, Iris. Darum geht es ganz und gar nicht. Ich sage nur, ihr müßt wirtschaftlich denken. Ein Wagen bedeutet mehr Ausgaben, für Benzin, Öl, Unterhalt. Und dann das Projekt, unsere Reisen – willst du wirklich ganz allein da draußen auf dem Land sitzen? Und dann auch noch mit einem Baby?«

Iris' Stimme war leise und hartnäckig. »Wir können es uns doch wenigstens ansehen, oder?«

Das Haus lag nach Proks Kilometerzähler 7,8 Kilometer jenseits der Stadtgrenze an einer Seitenstraße der Hauptstraße nach Harrodsburg. Es gehörte kein Land dazu – die Farm hatte während der Wirtschaftskrise Bankrott gemacht –, abgesehen von dem einen Morgen Grund, auf dem das Haus stand. Hinter dem Haus war ein kleiner Garten mit Apfel-, Pfirsich- und Birnbäumen. Der Besitzer war ein alter Mann mit krummem Rücken und Händen wie Baseballhandschuhe, ein Witwer, der nach Heltonville, zur Familie seines Sohnes, ziehen wollte. Iris gefiel der offene Kamin im Wohnzimmer, ein großes Ding, in dem man früher gekocht hatte, und ihr gefielen die gescheuerten, leicht ausgetretenen Eichendielen, auf denen man wie von selbst in das gedämpfte Licht des kleinen Zimmers und das sonnige Tal der Küche glitt. Sie hatte noch nie etwas derart Solides gesehen wie das Fundament oder die handbehauenen Bohlen der Veranda – oder den Brunnen, ein regelrechtes Kleinod. Prok gefiel das Haus überhaupt nicht. Es war unpraktisch, ein Faß ohne Boden, und er beschwor mich – »Willst du wirklich deine ganze Freizeit zu Hause verbringen, in der einen Hand einen Hammer, in der anderen einen Pinsel?« –, doch ich ahnte bereits, was Iris meinte, konnte mir bereits vorstellen, was sie mit ihrem Geschick und Geschmack daraus machen würde, und sagte nichts.

Auf dem Rückweg, im Wagen, als Iris und ich eifrig die Möglichkeiten erörterten – »Dieser Raum unter der Treppe ist ein perfektes Arbeitszimmer, John, dein eigenes Arbeitszimmer« –, spielte Prok seine Trumpfkarte aus. Die verschneiten Felder zogen vorbei, die Reifen griffen nur auf den Asphaltflecken zwischen den Eisplatten und Buckeln aus festgefahrenem Schnee, und Prok war ungewöhnlich schweigsam. Doch plötzlich erhob er die Stimme und sagte: »Ich weiß nicht, ob ich euch unter diesen Umständen das Geld leihen kann. Das soll heißen, John« – und er wendete den Blick von der Straße und sah mich von der Seite an –, »wenn ich den Kauf nicht gutheißen kann, und das kann ich ganz und gar nicht. Ich will schließlich, daß meine Investition sicher ist.«

Iris gab ihm Zunder, und zwar mehr, als ich gut fand, aber sie hatte recht, das muß ich zugeben. »Wir sind dir sehr dankbar für alles, was du für uns getan hast«, sagte sie und biß in die Worte, als müßte sie für jede Silbe bezahlen, »aber du mußt verstehen, daß *wir* in diesem Haus leben werden, nicht du. Es ist unsere Entscheidung, nicht deine. Und wenn wir uns finanziell übernehmen, dann werde ich mir eben noch einen zweiten Job suchen und Böden schrubben oder was weiß ich. Aber wir werden es schaffen, mit deiner oder ohne deine Hilfe.«

»Das glaube ich nicht«, sagte er und behielt seine Stimme nur mit Mühe unter Kontrolle.

»Iris«, sagte ich.

»Nein, John, laß mich ausreden.«

Der Buick schlingerte wie ein Schiff auf hoher See. Proks Hände am Lenkrad wurden weiß. Die Reifen kämpften um Haftung und rutschten über eine gewellte weiße Eisplatte.

»Hör zu, Prok«, sagte sie und beugte sich vor. Ihre Finger krallten sich in den Stoff der Sitzlehne hinter seinen Schultern, und sie reckte den Kopf nach vorn, damit er sie gut verstehen konnte. »Wenn du glaubst, daß ich mir etwas vorschreiben oder mich erpressen lasse, daß ich mich zu irgend etwas drängen lasse, was ich nicht will, dann kennst du mich nicht besonders gut.« Ein Rumpeln und dann das lange, leise Zischen von Gummi auf Eis. »Nein«, sagte sie, »dann kennst du mich kein bißchen.«

5

Ende Januar gehörte das Haus uns, und obwohl Prok auf meine Frage recht kurz angebunden reagierte, gab er mir einen Tag frei und lieh mir für den Umzug den Nash (der zwar eine ausgeschlagene Lenkung hatte und nicht mehr zuverlässig war, aber noch lief und sich für Transporte eignete). Corcoran und Rutledge hatten mir ihre Hilfe angeboten, aber da der Erscheinungstermin des Bandes über das sexuelle Verhalten des Mannes näherrückte und Prok zunehmend nervös wurde, waren sie unabkömmlich. Also heuerte ich für einen Tag einen Helfer an, und gemeinsam zerlegten wir das Bett, schraubten die Beine des Küchentischs ab und trugen Sessel und Sofa hinaus. Die größeren Sachen kamen in den Nash, den Prok zu einer Art Transporter umgebaut hatte, während ich in meinem Wagen – dem 38er Dodge D8 Coupé, den ich, einen Tag nachdem wir ein Angebot für das Haus gemacht hatten, für zweihundertfünfzig Dollar gekauft hatte, denn was für einen Sinn hatte es, Geld zu sparen, wenn wir es jetzt brauchten? – Kisten und Kartons transportierte, voller Kleider, Geschirr, Schallplatten, Bücher, Kosmetika, Silberbesteck, Besen, Bürsten, Werkzeug, Töpfe, Pfannen, Lebensmittel und dem ganzen Rest der angesammelten und benötigten Dinge, die Mitte des 20. Jahrhunderts in einem amerikanischen Haushalt zu finden waren, und es war schon erstaunlich, wieviel wir in fünf Jahren angehäuft hatten.

Iris war in ihrem Element. Ich wollte nicht, daß sie sich überanstrengte – sie war jetzt im vierten Monat und bekam ein kleines Bäuchlein, das allerdings nur bei bestimmten Lichtverhältnissen zu sehen war –, doch sie war nicht zu bremsen. Seit Wochen hatte sie gepackt, Listen geschrieben, Papiertüten und Pappkartons mit Klebeband verstärkt, verschiedene Dinge weggeworfen und andere besorgt. Am Tag des Umzugs band sie sich ein Tuch um den Kopf, kotzte ein letztes Mal in das Klo in der Elm Street und ließ sich und eine Ladung Kartons von mir vor Sonnenaufgang zu unserem neuen Haus fahren. Während mein Helfer und ich die Möbel aus der Wohnung trugen, befestigte sie neues Schrankpapier auf den Regalbrettern, und als wir (gemäß ihren sehr genauen Anweisungen) das Sofa und die Stühle aufstellten, waren alle Kisten, Kartons und Papiertüten leer. In den Schubladen lagen Unterwäsche, Socken und sorgsam gefaltete Hemden, die Speisekammer war eingeräumt, und der Aphrodite-Aschenbecher hatte einen Ehrenplatz auf dem Kaminsims.

An jenem Abend aßen wir Hamburger-Sandwiches und Pommes frites aus fettigen Papiertüten. Dazu tranken wir Cola, und ich bekam außerdem zwei oder drei schwerverdiente Bourbons mit Wasser. In einem Schuppen hinter dem Haus hatte ich einen Haufen Abfallholz gefunden, mit dem ich ein Feuer in Gang gebracht hatte, und nun saßen wir auf dem eben erst ausgerollten Teppich vor dem Kamin und aßen. Lange starrten wir einfach nur in die Flammen und waren zufrieden, zusammen hierzusein und unsere erste Mahlzeit im eigenen Haus einzunehmen. »Gott, ich liebe Feuer«, sagte sie und sah sich nach etwas um, woran sie sich die Hände abwischen konnte. Auf ihren Lippen war ein Fettschimmer. Hinter ihr, am Sofa, lehnten die vier Drucke, die die Wände unserer Wohnung geziert hatten, und ein viel größerer gerahmter Druck von Modiglianis *Akt auf blauem Kissen*, ein Einzugsgeschenk von Prok und Mac.

»Ich auch«, sagte ich und reichte ihr als Serviette die leere Hamburger-Tüte, denn keiner von uns hatte Lust aufzustehen.

»Aber die Tapete muß weg«, sagte sie. »Wir brauchen etwas Helleres, das mehr Licht reinbringt. Und der Rauch läßt im Lauf der Jahre alles nachdunkeln, diese kleinen Schwaden, die in den Raum ziehen. Deswegen will ich auch die Bilder jetzt noch nicht aufhängen – erst muß die neue Tapete dasein. Und die Möbel. Ich bin mir noch nicht sicher, wie die stehen sollen. Findest du, das Sofa sieht komisch aus, so mitten im Raum? Ich dachte, das würde eine Unterteilung schaffen.«

Ich sah zu, wie sie die fettfleckige Tüte zusammenknüllte und ins Feuer warf. Die Flammen loderten auf und fielen in sich zusammen, und ich zuckte die Schultern und sagte: »Ich finde es gut. Aber was immer du willst. Sag mir Bescheid, wenn du die Tapete aussuchen willst.«

»Ich weiß nicht«, sagte sie und ließ den Blick durch den Raum schweifen. »Ich werde mir morgen welche ansehen. Ich wollte damit bis nach dem Umzug warten – man muß in einem Haus leben, um ein Gefühl dafür zu bekommen, hat meine Mutter immer gesagt. Aber die Wände sind zu dunkel, viel zu dunkel. Wir wollen doch nicht, daß die Leute denken, wir leben in einer Höhle, oder?«

Sie hielt inne, biß sich auf die Unterlippe und sah durch mich hindurch. »Aber dieser Akt … Ich weiß nicht …«

»Was? Der Modigliani? Das ist ein berühmtes Gemälde, ein großes Kunstwerk. Ich hab gedacht, an der Wand da drüben, neben der Treppe, würde es sich sehr gut machen. Oder vielleicht da, neben dem Fenster.«

»Ich weiß nicht. Ein Akt. Was für eine Aussage ist das?«

»Gar keine Aussage. Es ist Kunst, sonst nichts. Nur ein Gemälde.«

»Ach, komm, John – vier Holzschnitte mit Szenen von Emily Brontë und ein Akt im Format hundert mal fünfundsiebzig?«

»Aber was ist mit Prok? Er … er wird erwarten –«

»Ja«, sagte sie, und jetzt sah sie mich scharf an. Ihre Augen funkelten und fixierten mich wie zwei Flammenwerfer. »Prok, Prok, Prok.«

Draußen war es windig, und es herrschte Frost. Die Fenster klapperten, und wir lauschten auf die Geräusche des Hauses, fremde Geräusche, die Tag für Tag vertrauter werden würden, bis sie für den Rest unseres Lebens die Hintergrundmusik bildeten. »Laß uns das hier nicht kaputtmachen«, sagte ich. »Häng es auf, wo du willst, es ist mir egal.«

»Das ist aber nett, John«, sagte sie. »Sehr großzügig. Wie wär's mit dem Schuppen? Wäre das gut? Findest du nicht auch, daß er mit diesem Akt gewinnen würde? Und jedesmal, wenn einer in den Schuppen geht, um eine Säge oder … oder einen Schraubenschlüssel zu holen, würde er daran erinnert werden, wer die Butter auf unserem Brot bezahlt.«

»Hör auf«, sagte ich. »Hör einfach auf.«

Das Feuer jagte Schatten über die Wände. Der Kater, der auf der Suche nach Mäusen oder dem Geruch von Mäusen den ganzen Tag unermüdlich umhergeschlichen war, trabte durch den Raum und verschwand in dem dunklen Flur, der zur Küche führte. Ich stand auf und schenkte mir noch einen Drink ein. Die Flasche schmiegte sich in meine Hand, als wäre sie der vertrauteste Gegenstand in dieser neuen Umgebung, tröstlicher als die verpflanzten Möbel oder die Aphrodite, tröstlicher auch als Iris mit ihrem anklagenden Blick und der tragischen Unterlippe. »Es ist wirklich schade, daß du nichts trinken darfst«, sagte ich. »Ich glaube, dann wärst du ein bißchen entspannter. Du solltest dich freuen. Freust du dich nicht? Iris?«

Sie sagte nichts und ließ ihren Blick wieder durch den Raum wandern.

»Immerhin hat er uns das Geld geliehen«, sagte ich. »Das mußt du zugeben.«

Der nächste Tag war ein Samstag, und wir arbeiteten von morgens bis abends und am Sonntag ebenfalls: Wir klebten Tapeten an und strichen die Wohnzimmerdecke in einem lichten, strahlenden, kaum abgetönten Weiß, wir putzten und stellten Möbel um, bis wir beide erschöpft waren. Unser erstes richtiges Essen im eigenen Haus war kein Festessen wie der Hackbraten, den Iris an jenem ersten Abend in unserer Wohnung für mich gemacht hatte (ich glaube mich an ein recht zähes Hähnchen von zweifelhaftem Alter zu erinnern, in einer Pfanne mit Kartoffeln und Karotten geschmort und aus Gründen der Arbeitsersparnis ohne Füllung, Sauce oder Salat). Es war Hausmannskost, zubereitet in unserem eigenen Haus. Unser Sohn (»Oder unsere Tochter«, erinnerte mich Iris) würde nicht in einer Mietwohnung aufwachsen, er würde seinen eigenen Garten haben, wo er mit einem Ball spielen oder auf der Schaukel, die wir aufstellen wollten, schaukeln konnte; oder vielleicht würde er auch seiner Mutter im Gemüsegarten helfen. Auf jeden Fall würde er hinausgehen und sich einen Apfel oder eine Birne pflücken können. Trotz des Geruchs nach Kleister und Farbe und der zweifachen Zugluft, die in zwanzig Zentimeter und zwei Meter Höhe durch das Wohnzimmer strich, fühlten wir uns wie im siebten Himmel.

Aber dann war es Montag, und ich hörte Iris in das neue Klo (oder vielmehr das alte Klo im für uns neuen Haus) kotzen, fuhr sie zur Schule und dann weiter zum Institut, und die Routine setzte wieder ein. Als ich um acht ins Büro kam, sah Prok aus, als wäre er schon seit Stunden da: Er saß gebeugt am Schreibtisch, und das gleißende Lampenlicht beraubte seine Haut aller Farbe. Er blickte auf und nickte mir kurz zu, und es war, als trüge er eine Maske: In diesem Licht und aus diesem Blickwinkel wirkte er mit einem Mal uralt, Falten der Müdigkeit lagen unter seinen Augen und faßten die gespitzten Lippen wie Klammern ein, die Stirn war gefurcht, und zwischen Oberkiefer und Ohren verliefen vertikale Gräben. Sein Haar war grau durchzogen, die grauen Strähnen in dieser jungenhaften Tolle wirkten wie von Fäule befallene Halme in einem Weizenfeld.

Wie alt war er überhaupt? Ich rechnete es im Kopf aus, während ich den Schal ablegte und den Mantel auszog: Im Juni würde er dreiundfünfzig werden. Ein Mann in den besten Jahren. Doch als ich ihn jetzt ansah, war ich plötzlich besorgt. Er treibt sich zu sehr an, dachte ich, er kämpft gegen ein schwaches Herz und eine uneinsichtige Welt an, und all seine Kraft, all sein Charisma, all seine unerschöpfliche Energie werden weder ihn noch sonst jemanden retten können. Ernüchtert saß ich da, und dann rief ich ihm quer durch den Raum zu: »Kann ich dir was bringen, Prok? Einen Kaffee vielleicht? Einen Doughnut?«

Er hob den Kopf und sah mich an, als hätte er Mühe, mich einzuordnen, und nach und nach nahm sein Gesicht wieder die vertrauten Züge an. »Nein, danke, Milk. Aber ich brauche die Tabellen über ehelichen Verkehr, nach Bildungsgrad gestaffelt, noch heute vormittag, und wir werden eine Teambesprechung abhalten müssen.« Er hielt inne, nahm die Brille ab und rieb über seinen Nasenrücken. »Es ist etwas geschehen.«

Corcoran und Rutledge kamen herein und lachten über einen Witz, und Mrs. Matthews begann mit ihrem Schreibmaschinen-Dauerfeuer. »Morgen, Prok, Morgen, John«, riefen meine Kollegen. Corcoran biß auf die Pfeife, die Prok ihn nicht im Büro rauchen ließ, und Rutledge zog bereits den Mantel aus. »Wie geht's mit dem Haus voran, John?« erkundigte sich Corcoran, beugte sich über den Tisch, nahm meine Hand und unterzog meine Fingernägel einer gespielt strengen Untersuchung. »Weiße Deckenfarbe, nehme ich an. Oder vom Gartenzaun?«

In dem Durcheinander fand ich keine Gelegenheit, Prok zu fragen, was das Problem war – er ging gleich in das hintere Zimmer, um mit Rutledge etwas zu besprechen –, und ich vergaß die Sache, bis er uns etwa eine Stunde später zusammenrief. Wir hatten noch keinen Konferenztisch – und auch keinen Platz dafür –, und so holten wir uns einfach Stühle und setzten uns. Auch Prok nahm Platz, blieb aber nicht allzu lange sitzen. Er hatte eine Zeitung in der Hand, wedelte zweimal damit und hielt sie hoch, damit wir sie sehen konnten: Es war irgendeine Kleinstadtzeitung namens *Star Gazette* oder *Journal Standard* oder so. »Erinnert ihr euch an den Ort?« fragte er. Er war aufgestanden und bedachte uns mit einem vernichtenden Blick.

Ja, wir erinnerten uns, wenn auch nur schwach. Es war einer dieser komatösen Orte im Mittleren Westen, und wir waren irgendwann in den vergangenen sechs Monaten dort gewesen, und möglicherweise hatte es dort eine Fabrik oder eine Gießerei gegeben, einen Getreidesilo, ein kleines lutheranisches College, und Prok hatte vor Mitgliedern des Verbands der Wählerinnen gesprochen oder vor dem Lions Club oder bei der Jahrestagung der anthropologischen Gesellschaft. Für uns spielte das kaum eine Rolle – wir sammelten unsere Daten und fuhren weiter.

»War das nicht dieses Kaff in Minnesota?« Corcoran hatte sich, die kalte Pfeife im Mund, verkehrt herum auf den Stuhl gesetzt. »Wo wir uns auf die erfolglose Suche nach dem Bauern mit dem Riesenpenis gemacht haben? Dem angeblichen Riesenpenis.«

Bei mir klingelte etwas. Prok hatte von einem Mann im Norden von Minnesota erfahren, dessen Penis im schlaffen Zustand angeblich sensationelle einunddreißig Zentimeter maß – ein örtlicher Arzt hatte Prok davon berichtet –, und wir hatten eine Vortragsreise in diese Gegend organisiert, um die Angaben zu überprüfen. Und wenn Sie es ein bißchen lächerlich finden, daß jemand sich auf die Suche nach einem angeblich besonderen Anhängsel eines anderen Menschen macht, dann muß ich Sie daran erinnern, daß genau das die Aufgabe eines mit Taxonomie befaßten Wissenschaftlers ist: die Erfassung der ganzen Bandbreite der Variationen innerhalb einer bestimmten Spezies, von den kleinsten bis zu den größten Unterscheidungsmerkmalen. Und wenn Sie des weiteren glauben, daß solche Individuen Spitznamen wie »Long John« haben und in der ganzen Gemeinde berühmt sind, dann muß ich Sie enttäuschen: Diese ungewöhnlichen Vertreter unserer Spezies, die sich am oberen oder unteren Ende der Skala befanden, waren unauffällig und so gut wie unbekannt. Ich weiß, daß wir nie eine größere Länge als dreiundzwanzig Zentimeter verifizieren konnten, und ich erinnere mich, daß der besagte Farmer immer ausgerechnet auf einem weit entfernten Feld war, wenn wir kamen, um mit ihm zu sprechen.

»Nein«, sagte Prok mit verkniffenem Mund, »das war es nicht. Dieser Ort« – sein Zeigefinger klopfte auf den Zeitungskopf – »ist in Ohio. Aber es ist ganz unwichtig, ob ihr euch daran erinnert oder nicht. Wichtig – nein, eigentlich alarmierend – ist dieser Artikel unten links auf der Titelseite.« Er reichte die Zeitung Rutledge, der den Artikel überflog und sie dann Corcoran gab, von dem ich sie schließlich bekam. Der Bericht erschien mir recht harmlos – eine Wer-wann-wo-Reportage aus dem Grundkurs Journalismus, in der Proks Vortrag im St. Agnes College beschrieben wurde, »vor einem sehr zahlreich erschienenen Publikum, das den Forschungsergebnissen des bekannten Sexualwissenschaftlers aufmerksam lauschte« –, doch Prok war wütend.

»Ich habe mit dem Präsidenten von St. Agnes, dem Chefredakteur der Zeitung und dem betreffenden Journalisten gesprochen und keinen Zweifel daran gelassen, daß ich den Artikel als Bruch unserer mündlichen Vereinbarung betrachte, nach der keine Zahlen und keine wie auch immer gearteten Einzelheiten veröffentlicht werden sollten.« Seine Stimme klang metallisch, wie mit einer dünnen Lage Empörung überzogen, und wie immer bediente er sich einer präzisen Sprache, die um so förmlicher und geschliffener wurde, je mehr er sich in die Enge getrieben fühlte. »Und daß ich ferner rechtliche Schritte in Erwägung ziehe, da solche Indiskretionen hinsichtlich des von uns gesammelten Materials geeignet sind, die Rezeption des Anfang nächsten Jahres veröffentlichten ersten Bandes nachteilig zu beeinflussen. Ich meine damit, wenn unsere Forschungsergebnisse jetzt veröffentlicht werden, und sei es in irgendeinem … irgendeinem …«

»Käseblatt«, schlug Corcoran vor.

»… irgendeinem unbedeutenden Periodikum in irgendeinem unbedeutenden Provinzstädtchen, dann sind wir in Schwierigkeiten, und wenn du, Corcoran, oder du, Milk, wenn ihr denkt, das sei zum Lachen, dann fügt ihr unserem Projekt ebensoviel Schaden zu wie dieser sogenannte *Journalist.*«

Das Lächeln auf Corcorans Lippen erstarb. Ich schlug die Augen nieder.

»Wenn diese Meldung bei den großen Nachrichtenmagazinen landet – bei *Time* oder *Newsweek* –, werden sie uns fertigmachen, noch bevor wir überhaupt angetreten sind.«

Schweigen. Von irgendwo in den Tiefen des Gebäudes hörte ich das Klopfen der Heizung. Rutledge war der erste, der etwas sagte. »Ich habe den Artikel nur überflogen, Prok, aber soweit ich sehen kann, stehen da gar keine konkreten Zahlen –«

»Ach nein?« Prok schwenkte die Zeitung, als hätte sie Feuer

gefangen. »Und was ist damit: ›Aufgrund der unrealistischen und restriktiven Gesetze, sagte Dr. Kinsey, werde die Bevölkerung zu strafbaren Handlungen gezwungen; der Zoologe von der University of Indiana schätzt, daß die dreieinhalb Millionen Einwohner seines Heimatstaates jährlich etwa neunzig Millionen außereheliche Sexualakte vollziehen‹?«

Rutledge saß kerzengerade auf seinem Stuhl. Er hob die Hand, um über seinen Schnurrbart zu streichen, überlegte es sich jedoch anders. »Na ja, ich sehe schon, was du meinst, aber mit so was geben wir doch nichts aus der Hand, wenn es das ist, was du befürchtest. Das ist nur eine Statistik von tausend. Zehntausend.«

»Da hat er recht, Prok«, warf Corcoran ein. »Oder vielmehr: Ihr habt beide recht. Die hätten das nicht drucken dürfen, die hätten nur eine allgemeine Zusammenfassung des Vortrags bringen dürfen, aber ich glaube, du machst aus einer Mücke einen Elefanten. Ich meine, das ist doch bloß ein Käse –«

»Und da bist du im Irrtum, Corcoran, ganz und gar im Irrtum. Jede Indiskretion schwächt uns. Und du, Rutledge, mit deiner Militärerfahrung, solltest das besser wissen als jeder andere. ›Feind hört mit‹ – so hieß es doch immer, nicht?« Prok ging jetzt auf und ab, steigerte sich immer weiter in seinen Zorn hinein und schwenkte abwechselnd die Zeitung und ballte die Faust. »Das Interesse da draußen wächst, und das wißt ihr. Sobald sie die Witterung aufgenommen haben, werden sie wie die Bluthunde hinter uns her sein, und sie werden die Zahlen aus dem Zusammenhang reißen und uns als Scharlatane hinstellen und in dieselbe Schublade stecken wie die Nudisten oder die Vegetarier oder die Leute von der Gesellschaft gegen Tierversuche. Stellt euch doch mal vor, was sie mit einer Tabelle wie der machen würden, die John neulich angefertigt hat, in der das Alter von Männern und Frauen zum Zeitpunkt der maximalen sexuellen Betätigung verglichen wird. Oder über die Häufigkeit von H-Aktivitäten. Oder über außereheliche Beziehungen.«

Niemand sagte etwas.

»Stellt es euch vor. Und macht euch auf einiges gefaßt. Denn es wird eine Invasion geben.«

Das war der Beginn der Paranoia, und während des ganzen Jahres, während Prok sich durch die Niederschrift des ersten Bandes kämpfte und wir Hollerith-Karten lochten und Berechnungen anstellten, während wir als Team durch das Land reisten, um Sexgeschichten zu sammeln, und Prok Vorträge im Mittleren Westen und in New York, Philadelphia, Boston und Washington hielt, verließ sie uns nie. Prok hatte in den vergangenen fünf Jahren über tausend Vorträge gehalten, und die Grundregel für jeden einzelnen davon lautete: keine Veröffentlichung spezifischer Daten, keine Statistiken, keine Sensationshascherei. Er verlangte nie ein Honorar (das tat er erst später, als *Das sexuelle Verhalten des Mannes* erschienen war und die Ausgabensituation des Instituts es erforderte), doch das allermindeste, was er von Veranstaltern und Publikum erwartete, waren Höflichkeit, Redlichkeit und Diskretion. Meist bekam er das auch. Aber hin und wieder sickerte natürlich etwas durch, wie im Fall dieser Kleinstadtzeitung aus Ohio, und als *Das sexuelle Verhalten des Mannes* sich der Vollendung näherte und die (streng bewachten) Fahnen gedruckt wurden, setzte sich die Presse auf diese Spur und versuchte auf jede nur mögliche Art, irgendwelche Informationen von uns zu bekommen. Wir erhielten Briefe, Telegramme und Anrufe, Leute aus so weit entfernten Gegenden wie Oregon, Florida oder Maine standen unangemeldet vor der Tür – einmal sogar jemand aus Lugano in der Schweiz –, doch Prok erteilte allen eine höfliche, aber bestimmte Absage: Um zu verhindern, daß dieses sehr sensible Thema der Sensationslust zum Opfer fiel, würde es vor dem Erstverkaufstag keine Exklusivinterviews, keine Auszüge und überhaupt keinerlei Informationen geben. Und je mehr Absagen wir erteilten, desto hartnäckiger wurden die Anfragen.

Selbst ich wurde hineingezogen. Ich erinnere mich an einen Zwischenfall in jenem Jahr – es muß Ende Mai oder Anfang Juni gewesen sein. Iris' Bauch war riesig, und es war schwül und drückend. Ich war überarbeitet und angespannt und spürte Prok im Nacken, der uns ständig antrieb – sein cholerisches Temperament bekam ich ebenfalls zu spüren, denn weder ich noch sonst jemand schien seinen Ansprüchen jemals zu genügen –, und nach einem langen Tag voller Berechnungen, Korrelationskoeffizienten, Mittelwerten, Durchschnittswerten und Standardabweichungen von den Durchschnittswerten wollte ich noch nicht gleich nach Hause gehen. Ich war … melancholisch ist wohl das richtige Wort. Das Haus erforderte, wie Prok vorhergesagt hatte, mehr Aufmerksamkeit, als ich ihm widmen konnte – ein Sturm hatte die Dachrinne und die Hälfte der Schindeln über dem Schlafzimmer heruntergerissen, die Rohrleitungen waren so rostig, daß unser Wasser aussah, als wäre es in Kentucky destilliert und versteuert worden, und das war nur der Anfang: Termiten in den Balken unter den Bodendielen, Mäuse in den Wänden, Hausschwamm hinter der Badewanne – und der Dodge, meine Freude und mein Stolz, der einzige Besitz, den ich wirklich liebte, stand mit kaputtem Getriebe in Mike Martins Garage auf der Hebebühne. 8,3 Kilometer waren es bis nach Hause, ein anständiger Marsch, und auch in diesem Punkt hatte Prok recht behalten. Morgens hatte Corcoran mich abgeholt, und Prok hatte mir angeboten, mich heimzufahren, doch ich wollte ihm nicht zur Last fallen, und außerdem hatte ich, wie gesagt, gar keine Lust, schon nach Hause zu gehen. Ich rief Iris an und sagte ihr, ich wolle in der Werkstatt fragen, ob der Wagen schon fertig sei, und wenn nicht, würde ich wohl noch etwas trinken und mich später heimfahren lassen.

»Und wenn er fertig ist?« fragte sie mit dünner, entfernter Stimme.

»Ich weiß nicht«, sagte ich. »Warte jedenfalls nicht mit dem Essen auf mich.«

Kurzes Schweigen. In letzter Zeit lief es zwischen uns nicht so gut, wie es hätte laufen können, und das war meine Schuld, das gebe ich zu. Da war der Druck, unter dem ich in der Arbeit stand, da waren Iris' Stimmungen und Launen – man hätte meinen können, sie sei die erste Frau in der Geschichte der Menschheit, die schwanger war. Sie nahm zu, sie versank in der Unbeholfenheit der Schwangeren, plattfüßig, aufgebläht, nachlässig in ihren persönlichen Gewohnheiten, und mich überkam ein Unbehagen, wenn ich an dieses Baby, an dieses Kind dachte. Ich nehme an, jeder Vater erlebt eine solche Phase: Gestern noch war man außer sich vor Glück, und heute denkt man, das ganze Leben sei vorbei. Doch vielleicht war es bei mir besonders schlimm. Vielleicht war ich doch noch nicht bereit dafür. Ärgerte ich mich über das Kind? Ärgerte ich mich darüber, daß meine Frau im achten Monat schwanger war und wir keinen ehelichen Verkehr mehr hatten und sie sich gestern abend geweigert hatte, mich mit dem Mund oder auch nur mit der Hand zu befriedigen?

»Ist gut, John«, sagte sie. »Du mußt mal ausspannen, nicht? Das verstehe ich. Dann geh und trink was, aber paß bitte auf, wenn du dann doch mit dem Wagen heimfährst.« Es klickte, und ich dachte, sie hätte aufgelegt, doch dann hörte ich wieder ihre Stimme: »Hat Mike übrigens gesagt, was die Reparatur kosten wird?«

»Ich weiß nicht. Fünfzig Dollar, vielleicht sechzig, siebzig. Keine Ahnung.«

»Ach, John.«

»Ja«, sagte ich. »Ich weiß.«

In der Kneipe war niemand, den ich kannte: ein paar Studenten aus dem neuen Jahrgang, zwei Männer meines Alters am Ende der Theke, vielleicht Privatdozenten oder Assistenzprofessoren, ein paar Frauen in Gesellschaft von Männern in Hemdsärmeln, die Jukebox lief, und der Barmann mit seinem verquollenen, konturlosen Gesicht hatte alles im Auge. Es war heiß, und der Deckenventilator brachte keine Abkühlung. Ich bestellte ein Bier und einen Bourbon und vertiefte mich in die Zeitung. Nach einer Weile – ich war wohl schon bei der zweiten Runde – bemerkte ich eine Bewegung zu meiner Rechten. Jemand war am Rand meines Blickfelds, und als ich geistesabwesend aufblickte, sah ich in das Gesicht von Richard Elster. Er lächelte, als freute er sich, mich zu sehen, und war in Gesellschaft eines Mannes – groß, mit schmalem Gesicht und einem teuer wirkenden dunklen Anzug, der für diese Gegend und Jahreszeit viel zu schwer war –, und auch er lächelte, als wären wir alte Bekannte. »Hallo, John«, sagte Elster, »schön, dich mal wieder zu sehen. Das ist Fred Skittering. Fred, das ist John.«

Wir schüttelten uns die Hand, und Fred Skittering sagte irgendwas über die Hitze, lockerte die Krawatte und öffnete den Kragenknopf. »Auf Förmlichkeiten können wir doch verzichten«, sagte er, »schließlich sind wir ja in Indiana, nicht?«

»Ja«, sagte ich, »das sind wir.«

Elsters Grinsen wirkte wie aus der Dose, und etwas in seinen Augen hätte mich stutzig machen sollen. Es waren Jahre vergangen, seit ich seine Hilfskraft gewesen war, wir sahen einander beinahe täglich auf den Korridoren des Instituts für Biologie, und doch herrschte zwischen uns immer eine gewisse Kälte. Er war, wie gesagt, ein Kleingeist, und obgleich Prok ihm die Aufsicht über den Teil unserer Bibliothek übertragen hatte, der weiterhin frei zugänglich war – die zahmeren Bücher also –, verzieh Elster mir nie, daß ich ihn überholt hatte. Wenn wir uns im Institut oder auf dem Weg vor dem Gebäude begegneten, nickte er mir kaum zu – und nun saß er pausenlos lächelnd Schulter an Schulter mit mir an der Theke, mit mir und seinem windhundgesichtigen Freund im Großstadtanzug. In meinem Kopf hätten Alarmglocken schrillen sollen, doch ich war mit anderen Dingen beschäftigt, sah von Elster zu seinem Freund und versuchte ebenfalls ein Lächeln. Ich nehme an, es lag an meiner Stimmung, daß ich froh über diese Gesellschaft war.

Ich sah zu, wie sie bestellten und sich Zigaretten anzündeten, sah, wie der Barmann mit schweren Schritten vom Zapfhahn zu ihnen kam und zwei Bier hinstellte. Fred Skittering trank seins in einem Zug aus, während Elster sein Glas mit beiden Händen zum Mund hob, als wäre er ein Priester, der einen winzigen Schluck aus dem Abendmahlskelch nahm. Beide stellten die Gläser zufrieden seufzend ab. Elster beugte sich vertraulich zu mir und sagte: »Mit Iris alles in Ordnung? Es ist ihr erstes, nicht?«

Ich wußte nicht, was ich sagen sollte. Es war verblüffend: Er wußte nicht nur, daß ich verheiratet war, sondern auch, daß meine Frau ein Kind erwartete.

»Claudette ist übrigens auch schwanger – in drei Wochen ist es so weit. Unser drittes. Wir haben eins von jeder Sorte, und sie wünscht sich noch ein Mädchen, aber ich hoffe, es wird ein Junge.« Er beugte sich über sein Bier. Skittering lächelte ausdauernd. »Unsere Frauen haben denselben Frauenarzt«, fuhr Elster fort. »Du weißt schon – Proks Empfehlung. Er hat euch doch auch Bergstrom empfohlen, oder?«

Und wieder war ich verblüfft. *Prok?* Er nannte Professor Kinsey *Prok?* »Du … Ich wußte nicht, daß du … und Prok, das heißt …«

»Doch, doch. Wir haben oft über die Bibliothek gesprochen. Platz, wir brauchen mehr Platz.«

Skittering winkte dem Barmann. »Noch eine Runde«, sagte er, und in seiner Stimme hörte ich New York, Taxifahrer, schmale Gassen, Nachtclubs. »Auch für John hier«, sagte er. »Auf meine Rechnung.«

Die Biere kamen, begleitet von einem Glas Bourbon. Ich bedankte mich bei Skittering, und wir unterhielten uns ein bißchen. Was machte er eigentlich beruflich? Ach, herumreisen. Für eine Firma. Nichts besonders Aufregendes. »Und Sie?« fragte er.

Ich sagte ihm, daß ich für Dr. Kinsey arbeitete.

»Den Sexforscher?«

»Ich gehöre zu seinem Mitarbeiterstab.« Ich kippte den Bourbon runter und spülte mit einem großen Schluck Bier nach. »Ich war sogar der erste, den er eingestellt hat.« Ohne daß ich es wollte, schlich sich Stolz in meine Stimme. »Ich war von Anfang an dabei.«

»Tatsächlich?« sagte er. »Das klingt interessant.« Er legte den Kopf in den Nacken und kippte seinen Bourbon, während Elster unentwegt grinsend mit seinem Glas spielte. »Aber ... hm ... Sexforschung ... Wie macht man das überhaupt? Ich meine, man kann ja schließlich nicht mitten in der Nacht in irgendwelche Schlafzimmer gehen, oder? Hallo?« rief er dem Barmann zu und machte eine kreisende Handbewegung, um anzuzeigen, daß eine weitere Runde gewünscht wurde. »Also wie dann? Machen Sie Umfragen und so?«

Bestimmt haben Sie das Spiel bereits durchschaut: Ich wurde ausgehorcht, und zwar von einem Altmeister. Fred Skittering war, wie sich herausstellte, Kriegsberichterstatter gewesen und hatte sich mit seinen Reportagen vom europäischen Kriegsschauplatz einen gewissen Namen gemacht, einen Namen, den ich in einem anderen Zusammenhang vielleicht erkannt hätte. Doch hier, in Bloomington, in dieser kleinen Kneipe, die ich seit meiner Studentenzeit frequentierte, ging er völlig an mir vorbei. Skittering stand an der Theke und arbeitete für Associated Press, aber das wußte ich nicht, und den Köder hatte ich bereits geschluckt. »Umfragen?« Ich zuckte verächtlich die Schultern. »Umfragen sind so gut wie nutzlos. Denken Sie doch mal nach: Wer soll die Angaben kontrollieren? Sie kriegen per Post irgendeinen Fragebogen, und den füllen Sie dann aus oder auch nicht, und wenn Sie's tun, sind Sie aufrichtig und ehrlich oder auch nicht, wer kann das schon wissen. Nein, unsere Methoden« – ich senkte meine Stimme – »sind wissenschaftlich und statistisch so zuverlässig wie nur möglich.«

Die Zeit verging. Es herrschte ein Kommen und Gehen. Vor den Fenstern, am Ende der Straße, wo die Bäume aufhörten, zuckten Blitze über den Horizont. Ich war nie ein besonders redseliger Mensch, der einem ein Ohr abquatschte, wie unsere Probanden aus der Unterschicht es ausgedrückt hätten, aber an jenem Abend konnte ich gar nicht mehr aufhören zu reden. Vielleicht lag es an meiner Gemütsverfassung. Am Wetter. An Iris. Vielleicht redete ich einfach gern über meine Arbeit – ich war überaus stolz auf das, was Prok, Corcoran, Rutledge und ich geschafft hatten, vier gegen den Rest der Welt, und dennoch war ich auch frustriert, weil wir unsere Funde bisher unter Verschluß gehalten hatten. Und hier hatte ich verständnisvolle Zuhörer. Hier waren Elster und dieser Fremde und hörten mir zu. Wie hätte ich etwas Böses ahnen sollen?

Betty war es, die mich rettete. Ich war im Begriff, unser Projekt zu gefährden, Proks Vertrauen in mich zu untergraben, mich selbst auf die profundeste und hoffnungsloseste Weise bloßzustellen, als Abtrünniger, als Kollaborateur, als nützlicher Idiot – doch dann kam Betty. Ich hatte sie nicht mehr gesehen, seit sie im vergangenen Herbst bei der Demonstration in Proks Speicherzimmer die weibliche Hauptrolle gespielt hatte, und konnte mich nicht einmal an ihren Namen erinnern. Sie trat in Begleitung einer anderen jungen Frau ein. Beide waren lässig gekleidet, als wären sie Studentinnen oder wollten als solche gelten. Ich sah auf, unsere Blicke begegneten sich, und dann glitt sie mit einer eleganten Bewegung in eine Nische am anderen Ende des Raums – sie strich mit der Hand über die Rückseite der Oberschenkel, um den Rock zu glätten, bevor sie über das blanke Holz der Bank rutschte. Skittering sagte etwas über eine andere Sex-Untersuchung, von der er gehört hatte – war das nicht in Dänemark gewesen? –, während Elster (sein Scout? sein Judas?) mit aufgestützten Ellbogen dasaß und mich ansah.

Ich bemerkte, daß die Frau – *Betty*, mit einem Mal fiel mir ihr Name ein – mich anblickte, als die Kellnerin zwei Martinis auf den Tisch stellte. Sie lächelte, als sie sah, daß ich sie erkannt hatte: die Kinderaugen in diesem Frauengesicht, die ausgeprägten Wangenknochen, die scharfen Zähne, das Haar, das hochgesteckt war und in vielen Locken über ihre Schultern fiel. Ich lächelte zurück, als Skittering gerade sagte: »Aber dieser Kinsey – wie ist es eigentlich, mit ihm zu arbeiten?«, und weil ich betrunken war, hob ich mein Glas und prostete ihr quer durch den Raum zu.

Dann war ich wieder in der Gegenwart und sah Elsters Gesicht – das Gesicht eines Saboteurs, nicht das eines Freundes, eines Menschen, der es gut mit einem meint – in einem ganz neuen Licht. Ich sah Skittering an, und plötzlich war mir alles klar. Skittering hatte mit Elster gesprochen, und Elster hatte mit mir gesprochen, und sie wollten keine Statistiken, sondern etwas Tieferes, Gefährlicheres. Ich zuckte die Schultern. »Ein Genie«, sagte ich. »Ein großer Mann. Der größte, den ich kenne.«

»Ja, aber« – die Zigarette im Mund, eine lässige Handbewegung zum Aschenbecher – »wie sieht's dahinter aus? Der Mensch. Ich meine, wie ist er als Mensch? Er muß doch irgendwelche Eigenarten oder Marotten haben, irgendwelche irritierenden Angewohnheiten. Ich hab gehört, daß er manchmal ganz schön kurz angebunden ist. Stimmt das?«

»Ich möchte nicht unhöflich sein«, sagte ich, »aber ich sehe da drüben eine Freundin – eine Bekannte, eine Freundin der Forschung eigentlich – und würde sie gern ...« Ich löste mich von der Theke und klopfte, auf der Suche nach Zigaretten, auf meine Taschen. »Aber vielen Dank für die Drinks. War nett, Sie kennenzulernen.«

Die Frau – Betty – betrachtete die Szene: das Nicken in ihre Richtung, der Händedruck, Elsters und Skitterings enttäuschte Gesichter. Ihre Freundin sah über die Schulter, als ich, das Glas in der Hand, auf ihren Tisch zukam. Ich wußte nicht, warum ich das tat, ich wußte nur, daß ich mich einer unangenehmen Situation entziehen wollte, und das war es wohl hauptsächlich, was mich zu ihr trieb. »Hallo«, sagte ich und strich mir, als ich schwankend an ihrem Tisch stand, mit der freien Hand die Haare aus der Stirn. »Erinnerst du dich?«

Ihre lächelnden Lippen schimmerten und spannten sich straff über ihre Zähne, und ich hoffe, Sie werden mir nachsehen, daß ich unwillkürlich daran dachte, wie diese Lippen sich weit geöffnet hatten, um Corcorans Penis und seine heroische Bewegung – rein und raus – aufzunehmen, und wie die diversen Sekrete die Haut hatten glänzen lassen. »Klar«, sagte sie, rutschte ein Stück weiter und klopfte mit der flachen Hand auf die Bank. »Komm, pflanz dich.«

Ich ließ mich neben ihr nieder und blickte kurz zu Elster und seinem Begleiter, die mich wie Geier beobachteten. Unvermittelt überfiel mich die olfaktorische Erinnerung: dieses Parfüm, die Wärme ihres Körpers, der Duft ihres Haars.

»Das ist Marsha«, sagte Betty und zeigte auf ihre Freundin, die uns gegenüber an dem schmalen Tisch saß (Spanielaugen, Stan-Laurel-Gesicht, aprikosenfarbenes gekräuseltes Haar). »Und wie heißt du noch mal?«

Mein Name war John. Ich sagte ihn ihr. Und ich erwiderte ihr Lächeln.

Die Kellnerin kam an den Tisch und fragte, ob ich die Karte haben wolle. Die Martinigläser der beiden Frauen waren leer. Betty wollte noch etwas trinken und einen Blick auf die Karte werfen. Ihre Freundin sagte, der eine Martini sei ihr bereits zu Kopf gestiegen und sie sei sich nicht ganz sicher, aber … doch, natürlich, warum nicht, sie würde auch noch etwas trinken. Das war mir recht, auch wenn ich knapp bei Kasse war, denn ich hatte bloß ein paar Gläser Bier trinken, einen Happen essen und dann 8,3 Kilometer nach Hause gehen wollen. Daheim war Iris, so groß wie ein Haus. Daheim war das Haus, größer als ein Haus. Ich bestellte noch ein Bier und Betty ein Porterhouse Steak – »rot bis fast roh« – mit Pommes frites und einen Salat mit Thousand-Island-Dressing.

Danach strahlten wir drei uns eine Weile an und sprachen über Bloomington und darüber, wie endlos, hoffnungslos, einschläfernd langweilig es war, und dann sprachen wir über Filmstars – John Garfield, war der nicht ekelhaft oder gemein oder wie immer man das nennen wollte? – und über unsere Reisen. Beide Frauen waren ganz wild auf New York, obgleich, wie sich herausstellte, keine von ihnen je dort gewesen war, und es war wohl nur natürlich, daß ich das, was ich in dieser Stadt erlebt hatte, herausstrich und vielleicht sogar ein wenig ausschmückte. Dann kam das Steak, die Freundin verließ uns – sie mußte morgen recht früh aufstehen –, und als ich mich umsah, stellte ich fest, daß auch Elster und Skittering gegangen waren.

»Du bist also verheiratet?« fragte Betty.

»Nein.«

»Und was ist das an deinem Finger?«

»Das hier?«

»Ja, das da.«

»Das ist ein Ehering.«

Sie blickte auf ihren Teller und ihr Besteck und schnitt ein Stück von dem Fleisch ab. Als sie es in den Mund steckte, sah sie mich an. »Geschieden?«

»Spielt das eine Rolle?«

Sie zuckte die Schultern und senkte den Blick auf den Teller.

»Und du?« fragte ich. »Bist du … Versteh das bitte nicht falsch, aber … bist du eine … äh … *Professionelle?*«

Sie kaute langsam und nachdenklich. Ihr Blick hob sich wieder und begegnete meinem. »Was wird das? Noch so ein Interview?«

»Du meinst, du hast schon …?« Ich nahm mir vor, am nächsten Morgen noch einmal die Anonymität zu verletzen und ihre Geschichte in unseren Unterlagen nachzulesen. »Wer hat das gemacht? Corcoran?«

»Ja«, sagte sie. »Purvis ist, wie du wahrscheinlich weißt, ein guter Freund von mir.«

Ich beherrschte dieses Spielchen nicht sehr gut, aber in meinen Blutbahnen kreiste Alkohol, und der gab mir immer das Gefühl, unschlagbar zu sein. »Das habe ich mir gedacht«, sagte ich, »als ich euch das letzte Mal gesehen habe.«

Sie ignorierte meine Bemerkung. Wandte sich wieder dem Steak zu. Nahm einen Pommes-frites-Stengel und leckte mit raschen rosigen Zungenbewegungen das Salz ab, bevor sie ihn knickte und in den Mund steckte. »Um deine Frage zu beantworten«, sagte sie. »Nein, ich bin keine Professionelle, was immer das heißen soll. Ich nehme kein Geld dafür, wenn es das ist, was du meinst, und das steht auch in dem Interview-Protokoll.«

Sie sah mich mit einem trotzigen Blick an, genau dem Blick, den sie an jenem Abend in Proks Wohnzimmer aufgesetzt hatte, als wir auf unseren Plätzen hin und her gerutscht waren und versucht hatten, den Mut aufzubringen, die Sache zu Ende zu bringen. »Ich mag Männer«, sagte sie. »Ist das ein Verbrechen?«

»Nein«, sagte ich, »das ist kein Verbrechen.«

Und dann lachten wir beide, lachten wie verrückt, und sie legte hilflos eine Hand auf mein Bein, um sich abzustützen. Die Jukebox erwachte zum Leben – bis dahin war mir gar nicht bewußt gewesen, daß sie verstummt war – und spielte etwas ziemlich Schwungvolles, und wir lachten zu Ende und fühlten den Beat als Vibration in der Tischplatte, in den Gläsern, die wir hielten, in der Sitzfläche der Bank, die wir teilten. Andere Paare standen auf, um zu tanzen, und meine Finger trommelten wie von allein den Rhythmus. Ich überlegte, ob ich sie auffordern sollte, obwohl ich kein guter Tänzer war, sagte aber statt dessen: »Und was machst du dann – beruflich, meine ich?«

Sie sah mich an. Auf ihrem Haar war ein bläulicher Neonschimmer. »Ich bin Krankenschwester«, sagte sie.

»Tatsächlich? Na, das ist ja … Klasse. Wirklich. Krankenschwester. Das ist sicher … interessant.«

»Du würdest dich wundern«, sagte sie, ließ den Blick durch den Raum wandern und wandte sich wieder zu mir. »Aber weißt du, was?«

»Was?«

»Weißt du, was ich richtig gut finde? Nach einem guten Essen?« Sie beugte sich zu mir, so daß ihre Stirn beinahe die meine berührte, und ich roch den Martini, ihr Parfüm und den Geschmack des Steaks auf ihren Lippen.

»Nein«, sagte ich. »Was?«

»Wirklich keine Ahnung?«

Am 20. Juni, kurz nach dem Abendessen, setzten bei Iris die Wehen ein. Sie hatte am Tag zuvor leichte Vorwehen gehabt, und am Morgen war Blut in ihren Vaginalsekreten gewesen, gefolgt von blutigem Schleim. Beides war normal und wies darauf hin, daß der Blasensprung und damit der Geburtsvorgang bevorstand. Meine Unwissenheit über diesen ganzen Prozeß war geradezu unglaublich (man denke nur an meine Frage, ob das Baby schon trete – wo doch selbst der unwissendste, ungebildetste Mensch weiß, daß das nicht vor der sechzehnten Schwangerschaftswoche sein kann), und Prok hatte mich ermuntert, dem abzuhelfen, nicht nur »zu deinem eigenen Besten, weil du dann den Prozeß der Entwicklung des Lebens besser begreifst«, wie er sich ausdrückte, sondern auch, weil ich dann einen besseren Rapport mit weiblichen Probanden würde herstellen können. Und er hatte recht: Ich wußte nun, was sie durchmachten, wovor sie Angst hatten, wie auf die Lust des Geschlechtsakts der Schmerz der Erkenntnis und dann die Qual der Abtreibung oder der Geburt folgte. Obgleich er geschäftiger und gehetzter war denn je, fand Prok die Zeit, sich wöchentlich nach Iris' Befinden zu erkundigen – nach dem Anschwellen ihrer Brüste, dem Erscheinen der Linea nigra, die sich wie ein dunkler Kreidestrich über den gewölbten Bauch zog, dem Sichsenken des Fötus und dem Sichweiten des Muttermunds – und hielt mir jedesmal einen kleinen Vortrag. Worte wie »Blastozyste« und »Gonadotropin«, »Endometrium« und »Progesteron«, die ich vielleicht im Einführungskurs Biologie irgendwann aufgeschrieben und umgehend wieder vergessen hatte, waren mir so geläufig wie der Tabellenstand der Baseball-Liga, den ich in der Morgenzeitung las.

Im Grunde hatten wir Glück. Wir hatten nicht nur Literatur zum Thema (darunter auch ein hervorragendes und umfassendes Buch von Benjamin Spock, einem Mediziner von der Columbia University), wir hatten nicht nur den erfahrenen Dr. Bergstrom, sondern auch die Ratschläge, die Iris' Mutter durch die Überlandleitungen flüsterte sowie Proks und Macs volle Unterstützung. Vor allem Macs. Sie verbrachte Stunden in unserem Haus, sie strickte und backte und plauderte sanft und gaumig mit meiner Frau, als wäre Iris eine ihrer Töchter und das Baby ihr eigenes Enkelkind. Meine Begeisterung schwankte, wie gesagt, von Tag zu Tag, doch das Ganze hatte etwas Unvermeidliches, und ich stellte fest, daß ich mich dem steten Sog ergab. Und ich wußte, was da geschah. Das immerhin.

Als der Geburtstermin näherrückte, überzeugte ich mich davon, daß der Wagen – mit repariertem Getriebe – anstandslos lief und der Tank gut gefüllt war. Alles war bereit für eine schnelle Fahrt zum Krankenhaus. Der 20. fiel auf einen Freitag, und ich ließ Iris nicht gern allein, doch sie versicherte mir, sie fühle sich sehr gut, ich solle nur in der Nähe des Telefons bleiben. Während der entnervend ereignislose Morgen langsam in den gletscherartig dahinknirschenden Nachmittag überging, war ich kaum imstande, mich zu konzentrieren. Ich ging früh heim – Wie ging es ihr? Unverändert – und bereitete ein leichtes Abendessen aus Nudelsalat und Dosenobst. Dann saßen wir im Wohnzimmer, hörten Radio und warteten. Als Iris aufstand, um ihre Tasse auszuspülen, bemerkte ich, daß ihr Morgenmantel feucht war und an ihren Beinen klebte. Erschrocken starrte ich sie an. »Iris«, sagte ich, »du bist ganz naß, weißt du das?«

Sie hatte sich mit einer Hand an der Spüle abgestützt, und jetzt tropfte es aus dem Morgenmantel. Ich sprang vom Sofa auf und packte sie unter den Armen, als stünde sie am Rand eines dunkel gähnenden Lochs und könnte mir jeden Augenblick entgleiten. Die Worte hallten in meinem Kopf wider – *Fruchtblase, Dilatatio cervicis uteri, Oxytocin* –, aber dennoch fühlte ich mich vollkommen hilflos. Sie hing schwer in meinen Armen, lächelte schwach und sagte: »Ja, ich glaube, es ist so weit.«

6

Es war die übliche rasende Fahrt zum Krankenhaus. Das Gesicht der Kreißenden war bleich und angespannt, die Hand des werdenden Vaters lag zitternd auf dem Schalthebel, und in seinem Kopf erzeugte die Aufzählung all der Dinge, die schiefgehen konnten, ein weißes Rauschen – Catherine Barkley und ihr Kind tot im strömenden Regen, der Junge am Ende des Blocks, eine Zangengeburt, der mit seinem verknautschten Gesicht wie ein unfertiges Bild aussah, die Mißgebildeten, die geistig Behinderten, die hoffnungslosen Fälle, die Totgeburten –, und dann stand am Eingang der Notaufnahme der Rollstuhl bereit, und die beiden saßen in der Anmeldung, füllten Formulare aus und beantworteten idiotische Fragen, bis der werdende Vater die Schwester am liebsten in den Schwitzkasten genommen und gezwungen hätte, den Aufenthaltsort von Dr. Bergstrom preiszugeben. Wo war er? Wußte er nicht, was hier los war?

Doch ich sagte nichts. Rührte keinen Finger. Saß nur auf dem unerträglich heißen Stuhl und hielt Iris' Hand, während die Schwester plapperte und Tinte aus dem Füllfederhalter auf die Formulare floß und die Welt sich ungerührt weiterdrehte. Iris sah gräßlich aus, ganz bleich, und ihre Brauen wirkten, als wären sie Haar für Haar über den leer starrenden Augen aufgemalt. Sie hatte sich auf den Stuhl sinken lassen, niedergedrückt von dem schrecklichen Gewicht der Kugel, die sie mit sich herumschleppte, die Zähne zusammengebissen, die Arme schlaff herabhängend. Wie nicht anders zu erwarten, krochen die Zeiger der Wanduhr dahin. Wolken trieben über den Himmel. Unvermittelt stieß Iris einen lauten, aspirierten Schrei aus, und die Schwester lächelte. Dann wurde sie endlich von zwei Pflegern mit einer Rollbahre abgeholt. Sie brachten sie zur Entbindungsstation, und dann geschah nichts, absolut nichts.

Nach etwa einer Stunde durfte ich zu ihr. Der Vorhang um das Bett wurde zugezogen, damit wir etwas Privatsphäre hatten. Iris' Lider waren geschlossen, die Arme lagen ausgestreckt neben dem Körper. Sie hatte alle Farbe verloren und hätte ebensogut bereits tot sein können, aufgebahrt in einem Bestattungsinstitut. In heftiger Erregung und Angst, und weil ich mich in diesem Augenblick so schwach und hilflos fühlte, nahm ich ihre Hand, und sie riß die Augen auf. »John?« sagte sie.

»Ich bin's«, sagte ich. »Ich bin da.« Es war ein Filmdialog, und ihr Gesicht wurde ständig von Helen Hayes' Gesicht überlagert. Würde jetzt der Liebestod kommen und uns davontragen? »Wie sind die Wehen? Sind die Abstände kürzer geworden? Haben sie gesagt, wie lange es noch dauern wird?«

Man hatte ihr etwas gegen die Schmerzen gegeben, und ihre Stimme klang träge. »Es wird schon noch eine Weile dauern, John«, murmelte sie. »So ist das eben, weißt du? Wenn es das erste ist ...«

In diesem Augenblick schrie eine unsichtbare Frau am anderen Ende des Saals auf – oder vielmehr: sie kreischte, als würde sie mit glühenden Zangen und Elektroden gefoltert. Stille, und dann schrie sie abermals. Ich fühlte mich gestraft, ich war ratlos, voller Reue und Zärtlichkeit. Das einzige, was mir einfiel, war, die Hand meiner Frau zu drücken. »Soll ich Bergstrom holen? Mit ihm reden, meine ich?«

Ihre Stimme wurde leiser. »Nur wenn du willst. Aber reg dich« – wieder kreischte die Frau, Stein auf Glas – »nicht auf. Mir geht's gut. Wirklich. Du wirst sehen, es wird alles glattgehen.«

Und natürlich behielt sie recht: Alles ging glatt, und das Ergebnis war John junior, 3320 Gramm, 53 Zentimeter. Doch es war eine lange Geburt: Aus Freitag nacht wurde Samstag morgen, das Vorrücken der Uhrzeiger war das Zäheste, was ich je zu ertragen hatte – Sonntagspredigten, Zahnarzttermine, Prok in der sechsten Stunde eines Vortrags, gehalten während einer Fahrt im Buick –, und dann ging die Sonne auf, und Bergstrom erschien ausgeschlafen und riet mir, nach Hause zu fahren, zu duschen und mich ein bißchen aufs Ohr zu legen, denn der Muttermund sei noch kaum geöffnet, und es werde wohl noch eine Weile dauern. Ich fuhr nicht nach Hause. Ich saß zusammengesunken auf dem Stuhl neben Iris' Bett und lauschte den gedämpften Geräuschen der Station und hörte vielleicht auch das eigenartige Wimmern eines Neugeborenen aus dem Kreißsaal gegenüber. Ich hielt mich mit Kaffee wach und aß irgendwas Fettiges aus der Cafeteria – Chili con carne, Brathähnchen und Fleischbällchen –, bis mein Magen ein einziges Säurebad war. Als der Samstagnachmittag in den Samstagabend überging, ohne daß etwas geschehen wäre, suchte ich Trost bei meinem Flachmann.

Die ersten Stunden des Sonntags brachen an. Ich ging hinaus zum Wagen und schlief, und als ich erwachte, stand die Sonne hoch am Himmel und verwandelte den Dodge, dessen Fenster ich zum Schutz vor Moskitos hochgekurbelt hatte, in einen Schmelzofen. Ich war völlig durchgeschwitzt, und ich fürchte, ich war eine wandelnde Quelle unangenehmer Gerüche und Sekrete. Mein Mund war ausgetrocknet, doch ich füllte den Flachmann vorsorglich auf, bevor ich zurück ins Krankenhaus schlurfte, nach Iris sah – noch immer nichts – und mich auf die Herrentoilette zurückzog, wo ich mir etwas Wasser ins Gesicht spritzte und die Achselhöhlen mit Seife und Papiertüchern auswischte. Als ich in der Cafeteria ein Sandwich aß, war es bereits nach Mittag, und dann setzte ich mich für die langen Stunden bis zum Abend ans Bett meiner Frau, und es war, als wären wir nie irgendwo anders gewesen als hier, hinter den weißen Vorhängen, während Hochschwangere rechts und links in die Betten stiegen, ihre Schmerzen hinausschrien und in den Kreißsaal gefahren wurden, wo sie Ehemänner und Ärzte mit einem Kind belohnten. Als die Sonne zum dritten Mal unterging, las ich Iris aus der Zeitung vor.

Dann war es Nacht, zehn Uhr, halb elf, elf, und noch immer nichts, auch wenn die Wehen jetzt schneller kamen und Dr. Bergstrom alle paar Minuten den Kopf durch den Vorhang steckte, Iris' Muttermund untersuchte und ermunternde Geräusche machte. Ich sollte übrigens erwähnen, daß ich die Erlaubnis hatte, während der ganzen Prozedur bei meiner Frau zu sein und die Geburt mitzuerleben. Das hatte Prok mir geraten. Er war bei der Geburt seiner drei Kinder dabeigewesen und betonte sowohl mir als auch Dr. Bergstrom gegenüber sehr eindringlich die wissenschaftliche Bedeutung dieser Erfahrung, und ich glaube, er wäre nur zu gern auch bei dieser Entbindung zugegen gewesen, wenn das nicht einen sonderbaren Eindruck gemacht hätte. Es war ja schon sonderbar genug, daß der Ehemann anwesend war – aber ein anderer Mann, ganz gleich, wie vertraut er mit der Gebärenden sein mochte und wie vollkommen objektiv er das Geschehen verfolgen würde? Und natürlich hätte Iris es ihm ohnehin verweigert. Hier bestimmte sie. Keine Widerworte.

Und dann, als elf Uhr vorbeischlich und es in meinem Magen rumorte und der Bourbon mich wärmte und all meine Ängste an die Oberfläche trieben wie Ertrunkene, kam es mir so vor, als waltete in dieser Verzögerung ein gutes Geschick, als wäre hier tatsächlich etwas Außergewöhnliches im Gange: Wenn Iris noch fünfundvierzig Minuten durchhielt, würde John junior denselben Geburtstag haben wie Prok. Ich sagte mir, daß es für alles einen guten Grund gab, und ich konnte mir nichts Passenderes vorstellen. Oder Verheißungsvolleres. *John junior und Prok.* Ich sah bereits eine lange Reihe von Geburtstagen – Luftballons, Blumen, das Anschneiden des Kuchens, Prok, der meinen Sohn auf seine Schultern hob und mit ihm durchs Zimmer stolzierte, der Onkel, der Pate, der Mentor.

Ich nahm einen Schluck aus dem Flachmann und sah Iris an. Sie lag da, als wäre sie aus Stein. Man hatte ihr eine Epiduralanästhesie gegeben, und Dr. Bergstrom hatte bereits von geburtseinleitenden Mitteln oder gar einer Operation gesprochen, denn es bestehe nunmehr die Gefahr einer Infektion. Die Schwestern machten jetzt einen etwas geschäftigeren Eindruck. So oder so, der Augenblick rückte näher. »Iris«, sagte ich. Wahrscheinlich war ich mittlerweile halb betrunken. Der Flachmann tat meinen gereizten Nerven wunderbar wohl, und ich wollte nicht an die Verzögerung und die möglichen Folgen, den tödlichen Ausgang denken, der wie ein greifbarer Alptraum über dem Bett hing, nein, ich wollte die Dinge positiv sehen und Iris Mut machen, so gut ich konnte. »Iris, weißt du, was?«

Sie war erschöpft, ausgelaugt, all ihre Energie, all ihr Optimismus waren verschwunden. Sie hob kaum die Lider.

»So, wie es aussieht, wird John junior – oder Madeline – denselben Geburtstag haben wie eine berühmte Persönlichkeit.«

Nichts.

»Denselben Geburtstag wie *Prok.* In einer Dreiviertelstunde ist der 23. Juni, Proks Geburtstag. Ist das nicht wunderbar?«

Sie stieß plötzlich ein Keuchen aus. Es klang, als hätte man eine Champagnerflasche geöffnet. Und dann, Sekunden später, ein zweites, und dann noch eins, und der Vorhang wurde aufgerissen, die Schwestern bugsierten das Bett in den Kreißsaal, und ich versuchte, den Galopp meines Herzens zu zügeln, während ich, ausgestattet mit keimfreiem Kittel und Gesichtsmaske, zusah, wie mein Sohn am 22. Juni 1947 um 23.56 Uhr zur Welt kam.

Ich würde gern sagen, daß der Band über das sexuelle Verhalten des Mannes zur selben Zeit das Licht der Welt erblickte – nach Proks Zeitplan hätte es so sein sollen –, doch die Geburt des Textes gestaltete sich etwas schwieriger und langwieriger, als wir es uns vorgestellt hatten. In der Gluthitze des Sommers unternahmen wir kurze Reisen zu diesem oder jenem Veranstaltungsort, und Prok arbeitete immer besessener an dem Manuskript und schrieb praktisch überall – im Wagen, im Zug, zu Hause, bevor er ins Institut ging, und im Institut, nachdem alle nach Hause gegangen waren. Die letzten Kapitel verfaßte er, als W.B. Saunders uns die Druckfahnen der ersten Kapitel schickte. Er arbeitete achtzehn Stunden am Tag, Schlaf war ein Luxus, Essen lediglich Brennstoff für den Motor. Mac, Mrs. Matthews, Corcoran, Rutledge und ich übernahmen die Fahnenkorrektur, in unseren Räumen waren Wächten aus Papier, statistischen Kurven und aufgeschlagenen Fachbüchern, und immer war noch eine Tabelle zu berichtigen, noch ein Sachverhalt zu verifizieren. Der 15. September war der absolut unumstößliche Abgabetermin, und Ende August mußten noch fünf Kapitel zu Ende geschrieben werden.

Ich war noch nie im Leben so beschäftigt und Prok noch nie so fordernd – und gereizt – gewesen, und wenn ich nicht im Institut war, schlug der Tumult zu Hause über mir zusammen: Windeln, die im großen Kessel vor sich hin kochten oder wie kleine weiße Fahnen auf der Wäscheleine im Garten hingen, überall Babyfläschchen, und in Wohn- und Schlafzimmer hing der Geruch nach Babymilch, bis ich dachte, die Wände selbst sonderten Milch ab. Nächtliche Fütterungen, John juniors Symphonien aus Schreien, Klagen, Husten, die schmerzhafte Stille des Hauses um drei Uhr morgens und Iris' mütterliche Ruhe. Und ihre Mutter, natürlich ihre Mutter. Ihre Mutter kam für den ersten Monat. Sie nahm in jede Hand einen Schwamm und putzte alle horizontalen Flächen im Haus, bis sie glänzten, sie schaffte Lebensmittel herbei, fegte wie ein Roboter und kochte große Töpfe voller Lammragout oder Eintopf oder Nudelauflauf mit Käse und großen, wie Geschützstellungen auf der Oberfläche verteilten Wurststücken.

Ich verhielt mich ihr gegenüber neutral. Sie war wie Iris, nur älter, und sie war eigensinnig und streitlustig und konnte sich nie dazu durchringen, mich direkt anzusprechen. Statt dessen sprach sie mit mir in der dritten Person: »Ist er hungrig? Möchte er hier sitzen?« Aber sie nahm einigen Druck von mir und leistete Iris Gesellschaft, und das war mir sehr recht, denn dies war die geschäftigste und kritischste Zeit, die das Projekt bislang erlebt hatte. Als Iris' Mutter jedoch nach Michigan City zurückkehrte, fiel die Last, die bisher sie geschultert hatte, mir zu, und der Zeitpunkt dafür hätte nicht schlechter gewählt sein können. Ich gab mein Bestes. Iris hatte längst noch nicht ihre frühere Energie zurückgewonnen, und ich tat, was ich konnte, um ihr zu helfen: Ich ging einkaufen, erledigte eine Ladung Wäsche und so weiter, aber natürlich blieb einiges liegen, und es war eigentlich unvermeidlich, daß ich mich überlastet fühlte und verärgert war.

Doch es soll nicht allzu negativ klingen, denn all das bewirkte auch ein Wunder: Ich lernte meinen Sohn kennen. Bis dahin war er, in Windeln und Tücher gehüllt, von einem Raum in den anderen getragen und von meiner Schwiegermutter an Iris weitergereicht worden, und ich hatte nie mehr als einen kurzen Blick auf das gerötete amorphe kleine Gesicht werfen können, doch sobald ihre Mutter abgereist war – genauer gesagt: als wir auf dem Rückweg von der Bushaltestelle in die Zufahrt unseres Hauses einbogen –, übergab Iris ihn mir wie einen Sack Gemüse, den sie nicht mehr von einer Hüfte auf die andere heben wollte. »Hier, nimm du ihn mal, John«, sagte sie, und da war er, ein überraschend schweres Bündel, das mir in den Arm gedrückt wurde. Ich wußte nicht, was ich tun sollte. Ich hatte Angst, ich könnte ihn fallen lassen oder seinen Kopf nicht richtig stützen, ich hatte Angst vor seinem Gewicht und seinen Bewegungen und der Art, wie er mühelos Luft holte und sie mit einem wütenden, unbarmherzigen Schrei ausstieß. Er war eine Zeitbombe. Er war aus Blei. Er hatte die Lunge eines Äolus. »Er ist nur ein Baby, John – er wird dich nicht beißen. Er hat ja noch nicht mal Zähne.« Sie sah mich und mein Gesicht an und brach in schallendes Gelächter aus.

Ich lachte nicht. Ich war voller Ehrfurcht. Er war mein Sohn. Ich hielt ihn in den Armen, ich spürte sein Gewicht, seine Lebenskraft, und in mir regte sich etwas. John junior. Die Verbindung der Chromosomen. Er war das, woran wir gearbeitet hatten, er war das Endresultat, und er war kein Forschungsobjekt mehr.

Aber das Buch. Das Projekt. Es stand den ganzen Sommer 1947 über im Mittelpunkt, und wenn unser – Corcorans, Rutledges, Iris' und mein, ja sogar Mrs. Matthews' – häusliches Leben damit in Konflikt kam, war Prok zur Stelle und erinnerte uns daran, wo die Prioritäten lagen. Je mehr er uns antrieb, desto besorgter wurde er auch, und die Presse tat nichts, was geeignet gewesen wäre, seine Ängste zu zerstreuen. Die Reporter wurden im Lauf des Sommers immer unverschämter und einfallsreicher. Ich war Skittering entkommen, doch es gab Dutzende andere, die sich auf die Spur dieser heißen Story gesetzt hatten, und jeder von ihnen wollte der erste sein, der die Öffentlichkeit über unsere Forschungsergebnisse informierte. Wir wurden mit Briefen, Telegrammen und Telefonanrufen bombardiert, und diese stammten durchaus nicht nur von den Fußsoldaten des Gewerbes, sondern kamen von Redakteuren und Chefredakteuren und in einigen Fällen sogar von den Eigentümern verschiedener Medienunternehmen persönlich. Man sollte nicht unterschätzen, wie sehr das Thema Sex die Phantasie der Menschen anzuregen vermag. Unser Interesse galt der Wissenschaft, doch der Presse ging es nur ums Geschäft und sonst um gar nichts. Die Zeitungen wollten hohe Auflagen, denn hohe Auflagen brachten viele Anzeigen, und viele Anzeigen brachten Umsatzsteigerungen, und die wiederum brachten noch mehr Anzeigen. Keiner aus unserem engsten Kreis hatte auch nur den leisesten Zweifel, daß sie die Tatsachen verdrehen würden, wie es ihnen gerade paßte.

Schließlich war es Prok, dem eine Lösung einfiel. Die Journalisten gingen ihm zunehmend auf die Nerven, und einer der Reporter – ein sehr beharrlicher Mensch, der sich einfach nicht abweisen lassen wollte – brachte das Faß zum Überlaufen. Über einen Zeitraum von mehr als einem Monat erhielten wir täglich ein Telegramm von diesem Menschen (von dieser Nervensäge, wie Prok sich ausdrückte), in dem er um ein Interview bat, und jedesmal lehnte Prok mit Bestimmtheit ab, bis der Mann eines Morgens im Vorzimmer stand und versuchte, an Mrs. Matthews vorbeizukommen. Wir saßen an unseren Schreibtischen und wurden uns irgendwann des verbalen Zweikampfs, der dort stattfand, bewußt: Wir hörten den zuversichtlichen Ton der einen Stimme und Mrs. Matthews' prompte Paraden, und ich weiß noch, daß Prok entnervt den Kopf hob. »Wer *ist* denn da, Mrs. Matthews?« rief er.

Und dann sahen wir ihn durch die offene Tür: Es war ein Mann mittleren Alters, mit hängenden Schultern und einem schlichten braunen Anzug, der ein verwirrtes, gekränktes Gesicht machte. »Ralph Becker«, sagte er in weinerlichem Ton. »Vom *Magazine of the Year*. Ich habe Ihnen telegrafiert.«

»Allerdings«, knurrte Prok. »Das haben Sie, und wir haben Ihnen geantwortet. Telegrafisch. Mehrmals.« Unvermittelt erhob er sich, schroff und wütend, und trat durch die Tür, um sich den Mann im braunen Anzug vorzuknöpfen, während wir verlegen zusahen. »Aber vielleicht haben Sie Schwierigkeiten mit schriftlicher Kommunikation.«

Der Mann stammelte eine Entschuldigung und schien sich regelrecht aufzulösen, hörte jedoch keine Sekunde lang auf zu reden. »Aber wo ich doch schon einmal da bin, könnte ich doch vielleicht ... nur einen ganz kurzen Blick in die Räumlichkeiten werfen. Mehr will ich ja gar nicht. Und vielleicht eine Kostprobe von dem, was Sie veröffentlichen wollen. Nach dem, was ich gehört habe, sind Sie unheimlich engagiert und gründlich, wahnsinnig gründlich, und haben« – er richtete den Blick an Prok vorbei auf uns, die wir wie angenagelt dasaßen – »einen erstklassigen Mitarbeiterstab. Eine Minute? Nur eine Minute?«

Prok verzog keine Miene, er verbarg sich hinter der Fassade des Interviewers, und wer ihn nicht gut kannte, wäre nie darauf gekommen, daß er kurz vor einem Wutausbruch stand. Nur seine Stimme verriet ihn: Sie kam von ganz hinten in seiner Kehle und klang gepreßt, wie ein artikuliertes Krächzen. »Ich habe es Ihnen schon hundertmal erklärt, so oft, daß es mir schwerfällt, höflich zu bleiben, und ich fürchte, ich muß Sie bitten, die Räumlichkeiten des Instituts auf der Stelle zu verlassen –«

»Aber ich würde Sie gar nicht stören – ich möchte nur einen Eindruck bekommen, von Ihrer Arbeit, meine ich.«

»– und sie nicht mehr zu betreten, bis Sie ausdrücklich dazu eingeladen werden.« Prok wedelte ungeduldig mit der Hand, als verscheuchte er einen Schwarm Stechfliegen. »Verstehen Sie denn nicht? Geht das nicht in Ihren Kopf? Wenn Leute wie Sie nicht endlich aufhören, uns zu belästigen, wird es überhaupt keine Veröffentlichung *geben.*«

Der Reporter hatte offenbar den entnervten Riß in Proks Stimme entdeckt, denn er machte sich sogleich daran, einen Haken hineinzutreiben und sich daran hinaufzuhangeln. »Haben Sie *eingeladen* gesagt? Sie meinen, Sie wollen die Karten auf den Tisch legen? Gut, hervorragend. Aber warum noch warten? Hier bin ich. Denken Sie nur daran, wie nützlich ich Ihnen sein kann, indem ich die Botschaft unters Volk bringe ... Das wollen Sie doch, oder? Die Botschaft unters Volk bringen? Stimmt's?«

Das Korridorlicht verflüssigte Proks Brillengläser. Er zögerte. Ja, er wollte die Botschaft unters Volk bringen, aber nicht stückweise und nicht auf eine Art, die alles, was wir erreichen wollten, diskreditieren und entwerten würde. »Nun gut«, sagte er schließlich. »Ich weiß Ihr Interesse zu schätzen. Ich – oder vielmehr: *wir,* meine Kollegen und ich – haben folgendes beschlossen.« Er warf einen kurzen Blick über die Schulter zu uns, und wir taten unser Bestes zu zeigen, daß wir wie ein Mann hinter ihm standen, waren aber ebenso gespannt wie der Mann im braunen Anzug. »Wir werden Journalisten aller größeren Zeitungen und Zeitschriften einladen, ihnen unsere Räumlichkeiten zeigen, ihre Sexgeschichten aufzeichnen und ihnen vollen Zugang zu den Druckfahnen gewähren, sobald diese fertiggestellt sind. Ich betone: fertiggestellt. Abgeschlossen. Versandbereit. Haben Sie das verstanden?«

»Und ich werde der erste sein?«

»Einer der ersten.«

Es trat eine Pause ein. Der Mann verlagerte sein Gewicht von einem abgewetzten braunen Schuh auf den anderen. Er hatte ein schmales, gerissenes Gesicht, das Gesicht eines Erpressers, das Gesicht des Mannes, der für die schmutzigen Details zuständig war. Er war gekommen, um uns auszuhorchen, genau wie Skittering. »Sie wollen mich im Ernst noch mal die weite Reise machen lassen? Jetzt bin ich schon mal da – könnten Sie nicht eine Ausnahme machen, nur dieses eine Mal?«

Ich war drauf und dran aufzustehen – warum sollte sich Prok, der ohnehin schon so viel auf den Schultern trug, auch noch mit solchen Leuten herumschlagen? Ich hätte den Mann zur Tür hinausschieben können, ich hätte ihn zur Not auch in der Mitte durchbrechen können, aber Prok war der Chef, wie immer, und er war unnachgiebig wie immer.

»Aber wir beide wissen doch, daß das nicht fair wäre, meinen Sie nicht auch?« sagte er. Ich konnte sein Gesicht nicht sehen, aber ich konnte es mir vorstellen. Er überragte den kleinen braunen Mann, er hatte alles unter Kontrolle, und zwar subtil, ganz subtil – der stählerne Blick, die Maske der Indifferenz. »Aber ich verstehe, was Sie meinen. Und Sie haben ja recht. Da Sie nun schon mal hier sind, können wir Ihre Sexgeschichte ebensogut jetzt gleich aufzeichnen – dann ist das, wenn Sie das nächste Mal kommen, bereits erledigt.«

Prok wandte sich zu mir. Mrs. Matthews fuhr fort zu schreiben, Corcoran versuchte, ein Grinsen zu unterdrücken, und Rutledge rutschte auf seinem Stuhl hin und her. »Milk, würdest du das übernehmen?«

Und so geschah es. Prok ließ die Reporter in zwei Wellen kommen, zuerst die der Zeitschriften, im August, dann die der Zeitungen, im September, noch während er die letzten Korrekturen am Manuskript vornahm. Wir stellten einen Konferenztisch in einen Raum auf der anderen Seite des Korridors, aus dem wir einen von Proks Kollegen vom Institut für Zoologie vertrieben (gegen seinen Protest, aber mit der schriftlichen Erlaubnis von President Wells), und Prok schob die Reporter hinein wie einen Haufen Sportler in den Teambus. Zunächst hielt er ihnen einen Vortrag über das, was wir zum Segen der Menschheit herausgefunden hatten, sodann führte er sie durch die Räumlichkeiten, wobei sie Gelegenheit hatten, mit uns, seinen hervorragenden und peniblen Mitarbeitern, zu sprechen, und appellierte schließlich an sie, uns ihre Sexgeschichten zu geben, nicht nur als Beitrag zu unserem Projekt, sondern auch, um sich ein Bild von unseren Methoden zu machen. Mehr als die Hälfte folgte diesem Appell, und wir waren recht beschäftigt und zeichneten in aller Eile ihre Geschichten auf, während ihre Kollegen, in der Hoffnung auf ein bißchen Lokalkolorit, sich in der Stadt umsahen. Sie können sich vorstellen, welch ein Gedränge in den Bars und Kneipen herrschte.

Bevor sie wieder abreisten, überreichte Prok jedem von ihnen ein Exemplar der Druckfahnen und ließ sie – hier offenbarte sich sein Genie – einen aus dreizehn Paragraphen bestehenden Vertrag unterschreiben, in dem sie sich verpflichteten, ihren Bericht oder irgendwelche Statistiken frühestens in der Dezembernummer ihrer jeweiligen Presseorgane zu veröffentlichen und uns alle Artikel vor Erscheinen vorzulegen, damit wir sie auf Fehler und Irrtümer durchsehen konnten. Das diente natürlich dem Zweck, etwaige negative Kritik zu dämpfen und zugleich die Presse für unsere Zwecke einzuspannen.

Es gab eine Flut hymnischer Artikel, und sie erschienen allesamt in jenem entscheidenden Zeitraum vor dem Erstverkaufstag des Buchs. Wir ertrugen die sensationslüsternen Schlagzeilen – daran war eben nichts zu ändern –, aber alles in allem bewirkten diese

Artikel mehr, als wir erhofft hatten. Mit einem Mal hörte uns das ganze Land, die ganze Welt.

Der Rest ist Geschichte.

Alles gut und schön. Wir waren berühmt – oder jedenfalls Prok war es –, aber während wir zuvor relativ unbeachtet hatten arbeiten können, taten wir nun alles im Rampenlicht der Öffentlichkeit. Und während Prok früher Entspannung in der Arbeit gefunden hatte, bei der Gartenarbeit, beim Gallensammeln, bei den mäandernden Exkursionen auf der Suche nach Geschichten und taxonomischen Ausnahmen, wurde er jetzt von seinem eigenen Erfolg getrieben und manipuliert und in hundert verschiedene Richtungen gezerrt. Mit einem Mal gab es Scharen von oft prominenten Besuchern, er wurde um Vorträge gebeten und ständig interviewt, und es kamen Briefe, Tausende aus aller Welt, einer herzzerreißender als der andere. Prok war jetzt ein Guru, und Gurus hatten von morgens bis abends an ihrem Schreibtisch zu sitzen und für das Heil ihrer Schäfchen zu sorgen.

Lieber Dr. Kinsey, mein Mann will im Bett unnatürliche Sachen mit mir machen wie zum Beispiel mich da unten küssen. Aber ich finde das nicht schön und sündig und ich hoffe das sie ihm schreiben können oder anrufen und ihm sagen, er soll das lassen. Mit freundlichen Grüsen Mrs. Hildegard Dolenz

Sehr geehrter Herr Professor, vor zwölf Jahren habe ich Martha, die Frau meines Lebens, kennengelernt und sie auf der Stelle geheiratet. Sie ist eine unvergleichliche Frau, eine gute Köchin und unseren sechs Söhnen eine gute Mutter, usw., und ich bin sehr zufrieden, bis auf die Tatsache, daß sie an ehelichen Beziehungen nicht mehr interessiert ist und ich nicht weiß, warum. Ist das für eine Frau ihres Alters (38) natürlich? Und wenn es so ist, können Sie mir einen Rat geben, was ich dagegen tun kann? Oder sollte ich anderswo Abhilfe suchen? Ich habe nämlich eine Witwe kennengelernt, die 54 ist und deutlich mehr Interesse an geschlechtlichen Beziehungen zeigt als meine Frau. Mit freundlichen Grüßen, Stephen Hawley, Long Beach Island, New Jersey

Lieber Dr. Kinsey, können Sie mir sagen, warum unsere Soldaten, nachdem sie Frankreich befreit und die Nazis besiegt haben, so viele Monate da drüben bleiben mußten? Weil mein Mann, mit dem ich siebzehn Jahre verheiratet bin, hat mir nicht einmal geschrieben und ist vor zwei Wochen auf Urlaub gekommen und hat mir gesagt, daß er aus dem Haus, für das wir so geschuftet haben, auszieht, wegen irgendeiner Ex-Nazi-Schnepfe (entschuldigen Sie den Ausdruck), die sich einen einsamen Soldaten in der Fremde gekrallt hat. Ich liebe ihn. Ich will ihn zurück. Aber er sagt, er liebt sie. Danke und alles Gute. Mrs. Thomas Tuttle, Yuma, Arizona

Lieber Doktor, ich bin ein junges Mädchen und spiele gern an mir herum, auch mit zwei anderen Mädchen aus meiner Klasse, und ich finde nicht, daß das etwas Schlimmes ist. Was meinen Sie? Anonym aus Chicago

Lieber Dr. Kinsey, mein Vater war mein erster Mann und er hatte einen Bruder den ich nie ausstehen konnte und der war mein zweiter. Ich bin ein Mulatenmädchen weil mein Vater ist ein Weißer und meine Mutter aus Trinnidat (schwarz) und mein Ex-Mann Horace will das ich aufn Strich geh und ich liebe ihn immer noch aber mein Freund Naaman sagt das er mich dan umbringt und ich weiß nicht was ich tun soll Können sie mir einen Rat geben? May

Trotz all des Drucks, der auf ihm lastete, beantwortete Prok jeden Brief persönlich und manchmal sehr ausführlich, doch angesichts dieses beständigen Stroms von Dummheit und Unglück stumpfte auch er mit der Zeit ab und verwies die Absender entweder auf die entsprechenden Kapitel im Band über das sexuelle Verhalten des Mannes oder riet ihnen, sich um professionelle Hilfe zu bemühen. *(Zu meinem Bedauern muß ich Ihnen jedoch mitteilen, daß wir nicht therapeutisch arbeiten, und obgleich wir mit Interesse von Ihrem Problem gelesen haben, können wir Ihnen nur den Rat geben, sich an einen Fachmann zu wenden.)* Dennoch – allein der Umfang der Korrespondenz, die Reisen, die Interviews, der Wunsch, mit dem Band über das sexuelle Verhalten der Frau voranzukommen, das alles forderte seinen Preis.

Etwa drei Jahre zuvor, im Frühjahr 1945, hatte Prok den ersten

Zusammenbruch erlitten, nach einer hektischen Serie von Vorträgen in der Menninger Clinic und anschließend bei einer Konferenz führender Armeeoffiziere, bei denen er sich ungeheuer ins Zeug gelegt hatte, um sie davon zu überzeugen, daß es so etwas wie abartiges sexuelles Verhalten gar nicht gab (das galt besonders für Homosexualität, das alte Schreckgespenst der Krieger), und selbst wenn es das gäbe, würde es die militärische Disziplin nicht untergraben. Man kann sich vorstellen, wie seine Botschaft bei diesen stockkonservativen Offizieren und schmallippigen Pentagon-Bürokraten ankam und wieviel Energie er dabei verbrauchte. Ich holte ihn in Indianapolis vom Bahnhof ab und erinnere mich an die Blässe, die sich sogar über die stumpfen Iriden seiner Augen gelegt hatte, an seine zusammengesunkene Haltung, die tonlose Stimme. »Bloß eine Erkältung«, sagte er, aber leider war es nicht so. Es war ein vergrößertes, arhythmisch schlagendes Herz, eine Folge des rheumatischen Fiebers in seiner Kindheit, und dies war es auch, woran er später sterben sollte, obgleich sich das damals keiner von uns vorstellen konnte – andere Leute mochten Herzprobleme haben und sterben, aber Prok doch nicht. Prok war ein Fels in der Brandung. Er war unermüdlich. Er war unser Anführer, unser Mentor, was sollten wir ohne ihn anfangen? Wir konnten es uns nicht einmal vorstellen.

Der Arzt bezeichnete es als nervöse Erschöpfung und verordnete drei Wochen Bettruhe, doch innerhalb einer Woche war Prok wieder auf den Beinen und zeichnete auf der Gefängnisfarm Geschichten auf, und bald war er wieder der reinste Wirbelwind, und ich vergaß die Sache, obwohl ich seine Blässe doch ständig vor Augen hatte. Und jetzt war er wieder am Rande der Erschöpfung, und ich versuchte, ihn zu beschützen – auch Mac und alle anderen taten ihr Bestes –, doch es war unmöglich. Er war wie aufgezogen, und das einzige, was ihn entspannen konnte, war Sex – und Sex mag zwar segensreich sein, dauert aber nur von der Erregung bis zum Orgasmus.

In dieser Situation trat Professor Shadle auf den Plan. Er war, wie Sie vielleicht wissen, einer der ersten, die das sexuelle Verhalten von Tieren filmisch dokumentiert hatten, der Mann, dem es gelungen war, die Paarung von Stachelschweinen und anderen kuriosen Tieren zu filmen. Prok hatte ihn einige Jahre zuvor an der University of Buffalo, wo er Vorträge gehalten und Geschichten gesammelt hatte, kennengelernt und den Kontakt zu ihm nicht abreißen lassen, denn seine Filme wären eine unschätzbare Ergänzung unserer Forschung. Wie üblich wurde ich abgeordnet, um den Professor am Bahnhof zu begrüßen, und ich hatte Iris und das Baby mitgenommen. Es war Spätsommer, *Das sexuelle Verhalten des Mannes* stand noch immer ganz oben auf den Bestsellerlisten, alle Radiosender spielten den »Kinsey-Boogie«, und die Hitze von Südindiana war wie ein lebendiges Wesen, das einem alle Flüssigkeit, alle Mineralien aus den Poren saugte. Wir trafen zu früh am Bahnhof ein, und ich kaufte ein Eis für Iris und sah zu, wie sie den Rand der Waffel ableckte und sich zu John junior beugte. Der versuchte, diese neue Substanz saugend und küssend zu begreifen, diesen festeren Stoff, süß und winterlich zugleich, und die Erinnerung daran verankerte sich in seinem kindlichen Gehirn an jener Stelle, wo das Lustzentrum sitzt: Eis. Eis. Es war ein außergewöhnlicher Augenblick. Und was war sein erstes Wort, als ihm dort, auf dem Bahnsteig, im Licht der Sonne über Indiana, das Ende der Sprachlosigkeit zuteil wurde?

»Hast du das gehört?« Iris beugte sich über den Sportwagen. Geschmolzenes Vanilleeis lief ihr wie weißes Blut über die Finger, die Hände unseres Sohnes fuhrwerkten fröhlich herum, und der Zug fuhr unter durchdringendem Quietschen der Bremsen ein.

»Was?«

»Johnny. Er hat gerade ganz deutlich ›Eis‹ gesagt.«

»Nein«, sagte ich. »Wirklich?«

»Sein erstes Wort, John. Eis. Ich hab's genau gehört.«

In meiner Erinnerung ist ein Bild von diesem Augenblick: Iris, die bei John junior hockt, das Haar zu einem Pferdeschwanz gebunden, die Schultern nackt und sommersprossig, die heraufgerutschten Shorts, die Sandalen, die lackierten Zehennägel, die schimmernden Fußgewölbe, und dahinter der Zug, wie eine Illusion, eine bewegliche Wand, eine zauberische Kulisse. Ich beugte mich über meinen Sohn und sah mit einem Auge auf die Zugtüren, die sich zischend öffneten. »Eis«, sagte ich. »Eiscreme, Johnny.«

Ein Rudern der drallen Ärmchen, ein Klatschen, als die klebrigen Hände einander trafen. Und dann das leise, gleitende Gurgeln: »Eisss«, sagte John junior. »Eisss.«

Als ich aufsah, stand Professor Shadle, den Koffer in der Hand, auf dem Bahnsteig. Er war Mitte Sechzig und klein – sehr klein, beinahe zwergwüchsig –, er hatte einen ausgeprägten Embonpoint und ein paar Büschel weißer Haare, die ebensogut willkürlich über seinen Schädel verteilte Wattebäusche hätten sein können. »Hübsches Baby«, murmelte er.

»Oh, entschuldigen Sie«, sagte ich, richtete mich auf und schüttelte ihm die feuchte, zwergenhafte Hand. »Willkommen, Professor Shadle, willkommen in … äh … Indiana. Erinnern Sie sich? Wir haben uns in Buffalo kennengelernt.«

»Ja, sicher«, sagte er lispelnd. Seine Augen wichen meinem Blick aus. »Natürlich.«

»Und das ist meine Frau Iris. Und unser Sohn John.«

»Er hat gerade sein erstes Wort gesagt«, unterbrach mich Iris. Sie strahlte. »Außer ›Mama‹ und ›Papa‹, meine ich.«

Der Professor hob die Augenbrauen. »Tatsächlich? Und welches bedeutende Wort hat er gesprochen?«

»Eis«, sagten wir im Duett, und dann kam das Echo der kleinen Stimme unter uns. John junior war nicht mehr sprachlos. Ein Wort, so dünn wie ein Draht: *»Eisss.«*

»Wunderbar«, hauchte der Professor. »Einfach wunderbar.« Und dabei beließ er es.

Am Abend gab es zu Professor Shadles Ehren ein Essen im Haus in der First Street. Prok hatte sein Gulasch gekocht, das (»zur Kühlung«) mit selbstgemachtem Krautsalat serviert wurde, und danach gingen wir ins Wohnzimmer, um uns die Filme anzusehen. Prok hatte Projektor und Leinwand von der Universität ausgeliehen. In Shadles Koffer befanden sich alles in allem acht runde Blechdosen mit Filmen, und er plauderte munter mit Prok, während er den ersten in die Führung des Projektors fädelte. Wir waren vollzählig, der engste Kreis der Vertrauten, die Atmosphäre war heiter und gelöst – ja es herrschte sogar eine gewisse freudige Erwartung, als säßen wir in einem Kino und warteten im Dunkeln auf das erste Flackern des Films.

»Fehlt nur noch Popcorn«, sagte Hilda Rutledge aus dem Mundwinkel.

»Und Jujubes«, sagte Iris. »Unbedingt Jujubes.«

»Magst du die? Wirklich?« Violet saß auf dem Flickenteppich und hatte die Ellbogen auf den Sessel hinter sich gestützt. »Die ziehen einem doch die Füllungen aus den Zähnen. Nein, Dots«, sagte sie. »Ich will Dots.«

»Und was ist mit Jawbreakers?« Das kam von Corcoran, der sich, die Unterarme auf die Knie gestützt, vorbeugte. »Die hatten wir immer als Kinder. Die halten einen ganzen Film lang, manchmal sogar eine Doppelvorstellung.«

»Stimmt«, sagte Iris, »wenn man nicht zu sehr saugt – oder abbeißt. Wenn man abbeißt, sind die Dinger in Null Komma nichts weg. Wir haben in einer Doppelvorstellung einen ganzen Beutel Jawbreakers verputzt. Weißt du noch, John? Der Süßigkeitenladen gegenüber vom Kino? Da haben Laura Hutchins und ich immer eingekauft, und dann haben wir das Zeug ins Kino geschmuggelt.«

Ich lächelte ihr zu. Ich war glücklich, ich fühlte mich ruhig und entspannt, und das lag diesmal nicht am Alkohol. »In dem Laden haben die Sachen nur halb soviel gekostet wie im Kino.«

»Kundschaft, die nicht weglaufen kann«, sagte Corcoran schulterzuckend. »Daß die vom Kino ein zusätzliches Geschäft machen wollten, kann man ihnen doch nicht vorwerfen.«

»Nein«, sagte Iris, »aber man kann ganz schön sparen, wenn man ein bißchen vorausdenkt. Was die meisten Kinder natürlich nicht tun.«

»Lakritzschnecken«, sagte Hilda.

Iris bekam einen verträumten Blick. »Ja«, sagte sie, »aber die roten, nur die roten ...«

Die Frauen trugen schulterfreie Sommerkleider, die Bewegungen ihrer Gliedmaßen waren gleitend, wie ein Strömen. Nackte Haut, weiches Licht, und Prok ließ jetzt die Jalousie herunter und schloß die untergehende Sonne aus, während sich der Professor am Projektor zu schaffen machte. Wir waren in Hemdsärmeln, Rutledge, Corcoran und ich, und Corcoran hatte sogar Shorts aus buntem Madrasstoff an, doch Prok trug noch immer Jackett und Fliege, und das wunderte mich, bis mir klarwurde, daß er nur wegen seines Kollegen aus Buffalo so tat, als legte er Wert auf Förmlichkeiten. Shadle nahm es damit nicht so genau. Er war in einem weiten Hawaiihemd erschienen, das er, während er den Projektor bediente, gründlich durchschwitzte. »Sie werden jetzt Dannie sehen – und Peterkin«, sagte er mit einer Stimme, die sich von der Unterhaltung mit Prok gelöst hatte und uns allen galt. »Sie wurden letztes Jahr verheiratet – so würde ich es jedenfalls nennen. Aber sehen Sie selbst, wir fangen ...« – er hielt inne und konzentrierte sich darauf, den

Anfang des Filmstreifens über das letzte Zahnrad zu führen und an der Leerspule zu befestigen – »… gleich an.«

Prok sagte nichts. Er hatte seine Runde entlang den Fenstern beendet. Nur die Lampe hinter dem Projektor spendete Licht. Bei heruntergelassenen Jalousien war es deutlich wärmer im Raum, der erfüllt war von unserem leicht verschwitzten Geruch, dem zusammengesetzten Geruch des engsten Kreises – wir waren allesamt Freunde und Kollegen und hatten uns zu einem zwanglosen Abend versammelt. Prok sagte nichts, doch ich wußte, was er dachte: Er dachte, daß »verheiratet« ein Euphemismus, ein beschönigendes Wort war und daß Professor Shadle, obgleich Biologe, gefährlich nahe daran war, in die Kategorie »verklemmt« zu fallen. Ich fragte mich, ob wir seine Geschichte hatten.

Aber gerade als Shadle sich aufrichtete und den Projektor einschaltete, schwang die Küchentür auf, und Mac erschien. Ihre schlanken weißen Arme hielten die größte Schüssel, die es im Haus gab, und der Raum füllte sich mit dem Geruch von frischem Popcorn, großzügig gebuttert und gesalzen. »Tja«, sagte sie und stellte die Schüssel auf den Couchtisch, »ich dachte, da wir uns ja Filme ansehen …«

»Wunderbar«, jubelte Hilda. »Klasse.« Sie zog die Beine an, beugte sich vor und griff in die Schüssel. »Gerade haben wir in Erinnerungen an unsere ersten Filme geschwelgt, und schon ist das Popcorn da.«

Und dann wurde die Lampe ausgeschaltet, der Projektor setzte sich surrend und schnurrend in Bewegung, und die ersten flackernden Strahlen beleuchteten die Siliziumoxydpartikelchen auf der Leinwand, die Prok am anderen Ende des Raums aufgestellt hatte. Ich sah ein Stück Wiese, verwackelt und unscharf, in der nächsten Einstellung die narbigen grauen Stämme von Kiefern, eingezäunt mit Maschendraht, und dann waren wir innerhalb der Umzäunung und sahen auch die Tiere: zwei lebendige dunkle Flecken, die sich aus dem Hintergrund näherten, bis sie das Bild ausfüllten und die Kamera zurückfuhr. Die Stacheln der Tiere lagen an und wirkten wie ein unerhört dichter Bart, in dem nur die Augen und gelegentlich die Zähne schimmerten.

Sie schienen einander zu beschnuppern, Nase an Nase, wie Hunde bei einem ersten Zusammentreffen, und dann, wie auf Shadles

Stichwort (»Jetzt passen Sie auf – das ist wirklich großartig«), erhoben sie sich gleichzeitig auf die Hinterbeine und umarmten einander, und ihre Mäuler mit den schwarzen Lippen berührten sich wie zu einem Kuß. Das alles ging langsam und würdevoll vonstatten – eine Art Stachelschwein-Menuett.

Prok lachte leise und entzückt. »Vorspiel«, sagte er mit verwunderter Stimme. »Sie haben ein Vorspiel.«

Und so war es. Sie waren Tiere, bloß Tiere, und doch hätten sie Menschen sein können, Philosophen in langen Mänteln, die einander überaus zärtlich begegneten, die sich Zeit nahmen und es offenbar genossen.

Hilda Rutledge schnalzte leise mit der Zunge und sagte: »Sind die nicht süß?«

»Welches ist das Weibchen?« wollte Iris wissen.

»Das ist Peterkin, rechts«, flüsterte Shadle, und es war, als wären wir in einer Kirche und knieten in einer Bankreihe. »Es war ihre erste Paarung – für Dannie übrigens ebenfalls.«

»Sie meinen, das war ihre erste Verabredung?« Hilda versuchte einen Witz. Ihre Stimme schwebte durch die Dunkelheit.

Niemand antwortete.

Auf der Leinwand ließen sich die Tiere langsam auf alle viere nieder. Das Männchen drückte weit unten auf den Rücken des Weibchens, bis der Stachelverhau sich mit einem Mal teilte und eine Körperöffnung freigab. Das Männchen beschnupperte diese und drang dann mit einigen heftigen Stößen ein, bevor es sich zurückzog und seinen Penis ableckte. Und das war's. Es war vorbei. Jemand – ich glaube, es war Corcoran – klatschte, und dann applaudierten wir alle. Prok mit am lautesten, und ich weiß noch, daß er lachte. Diese Filme und alle, die noch kommen sollten – die Filme über Tiere, aber auch über das menschliche Säugetier –, erfüllten ihn mit reinstem, schlichtestem Entzücken, und daraus schöpfte er wohl hauptsächlich seine Energie.

Shadle ermahnte uns zum Schweigen, denn abermals schwebte die Kamera über den Tieren. Das Licht war jetzt anders, heller – es war ein anderer Tag –, und die Paarung begann aufs neue, wieder und wieder, acht Filmspulen lang.

Als wir später zum Wagen gingen, fragte ich Iris, wie es ihr gefallen habe. Sie war den ganzen Abend ausgelassen gewesen, mädchenhaft und albern. Die Sache mit Corcoran und Violet lag weit hinter uns, und ich hatte das Gefühl, daß Iris sich zum ersten Mal seit langem wirklich gut amüsiert hatte. »Ich weiß nicht«, sagte sie. »Ich glaube, es war besser, als ich dachte.«

»Ja, das war schon ein Ding. Ich wußte nicht, worauf ich mich einstellen sollte, aber es war doch ... ganz nett ... Niedlich. Sie waren niedlich. Beinahe wie –«

»Menschen?«

Ich stieß ein Lachen aus. »Genau.«

Die Nacht war still. Glühwürmchen zogen gepunktete Linien über die Beete und hinauf in die Baumkronen, als arbeiteten sie gemeinsam an einem großen Muster, das wir nur erahnen konnten. Es roch stark nach dem Hühnermist, den Prok und ich am vorangegangenen Wochenende auf den Blumenbeeten ausgebracht hatten, und nach der von Prok immer und immer wieder umgegrabenen Erde. »Aber ist das nicht der springende Punkt?« fragte Iris. »Daß wir im Grunde nicht anders sind als ... Was sind sie? Nagetiere? Sie paaren sich, und wir paaren uns ebenfalls.«

»Genau«, sagte ich und zuckte die Schultern, was sie in der Dunkelheit nicht sehen konnte. »Wenn man so will.«

Wir schwiegen. Ich öffnete die Wagentür für sie, beugte mich hinunter und drückte meine Lippen auf ihren Mund. Meine Hände fanden ihre Schultern, die seidige Haut ihrer Oberarme, und ich strich ihr Haar zurück und küßte ihren Hals. So blieben wir lange Zeit, denn wir waren noch jung, wir liebten uns noch, John junior war in der Obhut eines Babysitters, und das hier war das, was Paare taten, wenn sie aller Verantwortung ledig waren und sich die Nacht über ihnen zu den grund- und ziellosen Straßen des Universums weitete. »Hmm«, sagte sie schließlich, und ihre Lippen strichen über die meinen, »vielleicht sollten wir uns öfter mal die Paarung der Stachelschweine ansehen. Glaubst du, Professor Shadle macht Hausbesuche und gibt Privatvorstellungen?«

»Nein«, flüsterte ich, »wir brauchen keinen gelehrten Professor und keine Stachelschweine.« In diesem Augenblick schwang die Haustür hinter uns auf – ein Parallelogramm aus gelbem Licht auf dem gepflasterten Weg –, und wir hörten Stimmen, Schritte, das Klacken spitzer Absätze auf den Steinen. Ich richtete mich auf, schloß die Beifahrertür und ging zur Fahrerseite. »Wir brauchen niemanden«, sagte ich, glitt auf den Sitz, legte meine Hand auf ihr Knie und schob sie unter dem dünnen Sommerkleid nach oben.

»Nein«, sagte sie, »nicht mal Prok.«

Die Corcorans traten aus dem Vorgarten, ihre murmelnden Stimmen vermischten sich, und wir saßen in der Dunkelheit des Wagens und sahen zu, wie sie sich Arm in Arm entfernten. Ich streckte die Hand nach dem Zündschlüssel aus, ich wollte den Motor anlassen und nach Hause fahren, doch Iris legte ihre Hand auf meine und führte sie wieder zu ihren nackten Oberschenkeln und den Falten des verrutschten Kleids. »Du meinst doch nicht … hier?« flüsterte ich.

»Doch«, sagte sie, »hier. Genau hier.«

7

Film war das neue Medium, das erkannten wir alle, und wir begriffen auch von Anfang an – seit jenem Abend bei Prok, als Professor Shadle uns seine unvergeßlichen Bilder von Stachelschweinen im Liebestaumel vorgeführt hatte –, daß dieses Medium unsere Forschungen revolutionieren würde. Während wir zuvor sexuelle Aktivitäten in natura hatten beobachten können, erst bei Ginger und ihren Freiern, dann – eindringlicher – bei Betty und Corcoran, bestand nun die Möglichkeit, das alles aufzunehmen, so daß die Abfolge (von Passivität zu Erregung, Anschwellen und Penetration) immer wieder auf Details untersucht werden konnte, die im Eifer des Gefechts vielleicht übersehen worden waren. Und das kam uns zu diesem Zeitpunkt besonders gelegen, denn wir waren im Begriff, uns dem sexuellen Verhalten der Frau zuzuwenden. Dabei mußten wir nicht nur gewaltige Datenmengen verarbeiten, sondern auch physiologische Reaktionen beobachten und aufzeichnen, um beispielsweise individuelle Variationen im Hinblick auf die Menge des von den Bartholin-Drüsen abgesonderten Sekrets zu bestimmen oder ein für allemal die von Freud begonnene Debatte über den vaginalen und klitoralen Orgasmus zu beenden.

Es war beinahe, als hätte die Öffentlichkeit nur darauf gewartet. Wir erhielten körbeweise Post: Briefe von Ratsuchenden, hastig hingeworfene Notizen, in denen unsere Methoden, unsere Moral und unsere geistige Gesundheit in Frage gestellt wurden, und Angebote sexueller Abenteuer jeder nur denkbaren Art. Aber es kamen auch Filme. Einige, die das Verhalten von Ratten, Tauben und Nerzen zeigten, stammten von Tierverhaltensforschern, zu denen Prok seit Jahren Kontakte pflegte. (Die Nerze waren großartig; ihr Paarungsverhalten kam dem Sadomasochismus so nahe, wie es bei Geschöpfen im Naturzustand überhaupt nur möglich ist: Nach vollzogenem Akt bluteten beide Partner.) Andere – Amateuraufnahmen auf 8-mm-Schwarzweißfilmen – wurden uns von Freunden der Forschung zugeschickt und zeigten Sex zwischen Menschen. An den ersten kann ich mich deutlich erinnern. Wir hatten gerade eine Teambesprechung abgehalten – es muß ein Freitag gewesen sein, denn an diesem Tag fanden solche Besprechungen statt –, und Mrs. Matthews saß im Vorzimmer an ihrem Schreibtisch und sortierte die

Post. »Dr. Kinsey«, rief sie, als wir aus dem hinteren Raum kamen, »das hier sollten Sie sich mal ansehen.«

Der dem Film beigefügte Brief war von einem jungen Paar aus Florida, das unsere Forschungen überschwenglich pries (»Es wurde auch Zeit, daß jemand aufsteht und dieses puritanische Land aus der sexuellen Finsternis befreit«) und ausführlich (auf zweiundzwanzig Seiten, wenn ich mich recht erinnere) seine eigene, einigermaßen konfuse, aber libertäre Sexphilosophie vor uns ausbreitete. Die beiden fanden, kurz gesagt, daß Sex eine der grundlegenden Freuden des Lebens war und daher ohne Beschränkungen genossen werden sollte, und da sie einen starken Sexualtrieb hatten, schliefen sie seit ihrer Heirat vor sechs Jahren zwei- bis dreimal täglich miteinander und behaupteten, dies sei sowohl ihrer geistigen als auch ihrer körperlichen Gesundheit überaus zuträglich. Der beigefügte Film würde, wie sie hofften, nicht nur die ungezügelte Freude zeigen, die sie bei dieser Aktivität empfanden, sondern auch eine wichtige Ergänzung unseres Archivs sein. Der Brief schloß: »Machen Sie freien Gebrauch von dem Film – er sollte einem breiten Publikum zugänglich sein.« Und er war unterschrieben: »Zwei Glückliche in West Palm Beach.« Für den Fall, daß wir wegen einer Live-Demonstration mit ihnen in Kontakt treten wollten, hatten sie eine Adresse und Telefonnummer angegeben.

Wir waren an unsere Schreibtische zurückgekehrt, behielten aber Prok im Auge, während er den Brief las. Anfangs zeigte er keine Reaktion, sein Gesichtsausdruck blieb mürrisch und angespannt, und er hatte die Brille fest auf die Nase gedrückt, doch schließlich begann er zu lächeln und zu schmunzeln. »Hört euch das an«, rief er. In seiner Stimme war die alte Begeisterung, als er aus dem Brief zitierte und die beiden letzten Seiten vorlas. Dann hob er die Filmdose hoch, so daß alle sie sehen konnten, als wäre sie ein Beweisstück, er der Richter und wir die Geschworenen. Er lächelte, er grinste breit – es war das alte Grinsen, das uns in letzter Zeit so gefehlt hatte: der verführerische, jungenhafte, unbekümmerte echte Prok. »Was meint ihr?« sagte er, und selbst Mrs. Matthews hielt in ihrem wütenden Angriff auf die Schreibmaschinentasten inne. »Eigentlich könnten wir doch heute nach Feierabend noch ein bißchen bleiben und hier im Institut eine kleine Privatvorstellung veranstalten. Corcoran? Rutledge? Milk? Irgendwelche Einwände?«

Nein, keine Einwände.

»Gut«, sagte er. »Gut. Wir werden also unsere Frauen anrufen und ihnen sagen, daß wir etwas später zu Abend essen.« Das Grinsen war verschwunden, nicht einmal in den Augen war noch eine Spur davon. »Im Dienst der Wissenschaft«, sagte er und wandte sich wieder der Arbeit zu.

Ich rief Iris an und sagte ihr, ich würde später kommen, es sei neues Material aufgetaucht, ja, noch einer von diesen Naturfilmen, auf die Prok so scharf war, und dann sah ich den Zeigern der Uhr zu, bis es fünf war und Mrs. Matthews ihren Tisch aufräumte, die Schutzhaube über die Schreibmaschine zog und ging. Prok blickte nicht auf.

Er war beschäftigt, er beugte sich über einen Kommentar zu einem Prozeß, den er in letzter Zeit interessiert verfolgt hatte (in Pennsylvania stand ein Mann, das Opfer eines antiquierten, barbarischen Gesetzes, vor Gericht, weil er seine Frau oral befriedigt hatte), und außerdem wollte er nicht den Eindruck erwecken, als hätte er es eilig, den Film zu sehen, doch an gewissen charakteristischen Gesten – er tippte mit dem Bleistift auf den Rücken des vor ihm liegenden Buchs, er fuhr sich mehrmals durch die Haare – erkannte ich, daß er ihm ebenso entgegenfieberte wie wir.

Schweigend arbeiteten wir noch eine Viertelstunde weiter und wechselten Blicke, bis Corcoran sich schließlich mit einem Seufzer erhob und ausgiebig reckte. »Tja«, sagte er, »Oscar, John, was meint ihr – ist es nicht langsam Zeit?«

Prok sah auf und warf einen Blick auf seine Uhr.

»Prok? Wie sieht's aus?«

Der Film war von überraschend guter Qualität, und da beide Partner durchgehend im Bild waren, stellte sich die interessante Frage, wer denn wohl gefilmt hatte. Die Vorstellung erwies sich als ebenso freizügig und variationsreich wie die an jenem Abend, als Corcoran uns mit Betty bekannt gemacht hatte. Aber das hier war anders, ganz anders. Ich bin kein Filmfachmann und bestimmt nicht der erste, der das sagt, aber in der Distanz und Anonymität des Zuschauens war etwas, das die stimulierende Wirkung noch erhöhte. In natura – bei Corcoran und Betty oder bei Ginger und ihren Freiern – hatte es immer eine gewisse Unsicherheit und Zerbrechlichkeit gegeben, wie bei einer Theatertruppe, wenn eine einzige Geste, ein einziger Kommentar aus dem Publikum den Zauber zerstören und alles zum Einsturz bringen kann.

Das war hier nicht der Fall. Ich besprach es nicht ausführlich mit meinen Kollegen, aber das Gefühl, außerhalb des Geschehens zu stehen, verstärkte nur meine Reaktion, die, gelinde gesagt, unprofessionell war. Die Frau war schlank und brünett, hatte vollkommen symmetrische Brüste und trug ihr Haar wie Iris: Die ausgebürsteten Locken schlängelten sich über Hals und Schulterblätter, als sie uns ihr Repertoire vorführte; der Mann war von mittlerer Statur, sein Penis war unbeschnitten und von durchschnittlicher Länge und Dicke (ich mußte an die Postkarten denken, an all die Meßwerte, die gewissenhaft notiert und an Professor Alfred C. Kinsey, Department of Zoology, University of Indiana adressiert worden waren), und sein Gesicht hatte etwas Gewinnendes, etwas Naives oder Unbekümmertes, als sei er gar kein Darsteller, als sei es das Natürlichste auf der Welt, Geschlechtsverkehr mit seiner Frau zu haben, während ein Dritter einen Film durch eine Kamera laufen ließ. Beide waren attraktiv. Sehr attraktiv. Einen mit individuellen Variationen befaßten Wissenschaftler, für den die Hausbackenen, die Übergewichtigen und Unansehnlichen ebenso bedeutsam sind wie die Venusse und Adonisse, sollte das vollkommen kaltlassen. Aber so leid es mir tut: Es ließ mich nicht kalt. Mein Mund war trocken. Meine Handflächen waren feucht. Und der Rest ... Nun ja, über den Rest meiner physiologischen Reaktionen brauche ich wohl kein Wort zu verlieren.

Als der Film begann, waren die beiden bereits nackt, es gab kein Vorspiel, keine aufreizenden Posen wie in den Peepshows. Der Mann saß auf einem Sofa, die Frau auf seinem Schoß, und beide waren der Kamera zugewandt. Zwischen ihren Schenkeln war sein Phallus zu sehen, den sie rieb und knetete, während sie zugleich den Kopf drehte und an seiner Zunge saugte. So blieben sie für einen Augenblick, dann wechselten sie die Position; die Frau stimulierte ihn oral, bevor er in sie eindrang und beide die üblichen Bewegungen machten, bis sie schließlich abermals die Position wechselten und die Frau auf dem Mann saß. Sie sah mit aufgerissenen Augen und leerem Blick in die Kamera, absolut selbstvergessen, mit schlaffem, beinahe grimassierendem Mund – und dann lief das Zucken des Orgasmus durch ihren Körper.

»Da«, rief Prok. »Seht ihr? Das ist das Kennzeichen des weiblichen Orgasmus, und das kann man nicht spielen. Ehefrauen, die beim Koitus lächeln, oder Prostituierte, die theatralisch schreien und zappeln, sollten sich diesen Film ansehen. Jede Frau sollte ihn sich ansehen.«

Wir saßen schweigend da, lauschten dem Surren des Projektors und bedachten diesen Vorschlag.

»Also wirklich«, sagte Prok, als die zweite Szene begann – sie waren jetzt in der Küche, die Frau saß mit gespreizten Beinen auf der Arbeitsfläche, von dem Mann waren nur zwei angespannte weiße Pobacken zu sehen, bis die Kamera weiterfuhr und seine Erektion zeigte –, »das ist erstklassige Arbeit. Sollten wir die beiden ausdrücklich erwähnen, als Freunde der Forschung? Was meint ihr?« Prok machte einen Witz. Oder kam dem Witzemachen so nahe, wie es ihm nach seiner Veranlagung möglich war.

»Aber im Ernst«, fuhr er einen Augenblick später fort, »vielleicht sollten wir den beiden mal einen Besuch abstatten in … Wo war das? Florida?« Er sah uns an, der Widerschein des Films flackerte auf seinem Gesicht. »Ich kann mir nicht helfen, aber ich finde, das könnte man noch ein bißchen verbessern, mit mehr direkter Beleuchtung und einem fähigeren Kameramann vielleicht – oder einer Kamerafrau …«

Danach ging alles recht schnell. Prok hatte bereits größere Räumlichkeiten beantragt – er wollte ein neues Quartier, das unserem Erfolg angemessen war, mit schallisolierten Interviewräumen, Arbeitszimmern für sämtliche Mitarbeiter, zusätzlichen Büroräumen sowie einer eigenen Bibliothek für die Erotika-Sammlung –, und die Notwendigkeit eines Fotolabors verlieh dieser Forderung noch mehr Gewicht. Rutledge war Amateurfotograf, und seit er zu uns gestoßen war, hatte er es übernommen, Fotos von erotischen Zeichnungen und Kunstobjekten aus aller Welt zu machen, die uns von ihren Besitzern zur Verfügung gestellt worden waren, und Prok hatte im Keller des Hauses in der First Street eine behelfsmäßige Dunkelkammer eingerichtet, doch das alles war unzureichend. Prok lief auf Hochtouren. Die Tantiemen aus dem Verkauf des ersten Bandes trafen ein, und er beschloß, die beste Foto- und Filmausrüstung anzuschaffen, die es gab, und einen Vollzeit-Fotografen einzustellen.

Dieser Fotograf – Ted Aspinall – wurde das letzte Mitglied des engsten Kreises; er kannte unsere geheimsten Geheimnisse und war bei allem, was noch kommen sollte, dabei.

Aspinall war damals Anfang Dreißig, Privatmann, Junggeselle und auf der H-Skala von 0 bis 6 vermutlich eine 3. Er verdiente seinen Lebensunterhalt als Fotograf in Manhattan. Äußerlich war er eine beeindruckende Erscheinung: eins sechsundachtzig, mit breiten Schultern, Händen wie Pranken, schweren Knochen, und doch war er alles andere als grobschlächtig. Er hatte die zurückhaltende, wissende Art eines Hipsters aus Greenwich Village, trug auch im Dunkeln eine Sonnenbrille und zog seinen hellbraunen Trenchcoat vermutlich nur aus, wenn er zu Bett ging. Als der Band über das sexuelle Verhalten des Mannes erschienen war, las er ihn zweimal und rief Prok spontan an, um ihm zu sagen, wie sehr ihn das Buch begeistert habe. Die beiden waren sich sogleich sympathisch. Bei unserem Aufenthalt in New York lernten wir ihn persönlich kennen. Er nahm Proks Einladung an, das Institut zu besuchen, und daraus ergab sich alles weitere.

Seine erste Arbeit für uns bestand in der Dokumentation der bereits erwähnten Untersuchung der Formen der Ejakulation. Diese war bedeutsam für unser Verständnis der Vorgänge bei der Empfängnis. In der damaligen medizinischen Fachliteratur hieß es, eine Empfängnis könne nur erfolgen, wenn das Sperma mit Druck ausgestoßen werde, doch unsere Daten zeigten, daß die Mehrheit der Männer nicht spritzte, sondern tröpfelte. Daher beschloß Prok, eine Feldstudie durchzuführen. In jenem Herbst (es war das Jahr 1948, und ich erinnere mich deshalb so genau daran, weil ich wegen dieser Reise John juniors erste Halloween-Feier verpaßte: Iris verkleidete ihn als Tigger aus *Pu der Bär*, mit einem Kostüm, das sie nach einem Schnittmuster geschneidert hatte, und sie war stinksauer auf mich), in jenem Herbst also fuhren wir nach New York und stiegen wie immer im Astor ab. Aspinall erschien mit seinem Geschäftspartner, einem Mann meines Alters, an dessen Namen ich mich nicht erinnere. Nennen wir ihn einfach Roy. Roy verfügte über zahlreiche H-Kontakte und versicherte, er könne uns ohne große Umstände die tausend Freiwilligen bringen, die laut Prok für eine aussagekräftige Erhebung erforderlich waren.

Prok war skeptisch. »Eintausend?« wiederholte er. »Sind Sie

sicher? Ganz sicher? Denn bei weniger als tausend verschwenden wir nur unsere Zeit.« Wir waren in unserem Zimmer im vierzehnten Stock und betrachteten das Gewimmel der Menschen auf dem Platz dort unten. Die Vorhänge waren zurückgezogen – Prok wollte soviel Licht wie möglich –, und die Möbel waren so, wie man es von einem Hotel der unteren bis mittleren Kategorie erwarten konnte.

Roy, ein drahtiger, amphetamingetriebener kleiner Mann, schwenkte die Arme, und seine Stimme stieg um eine halbe Oktave. »Nein, nein, nein«, sagte er, »Sie verstehen nicht. Ich kenne da einen Jungen, der ist ein Genie. Bildschön. Siebzehn Jahre, perfekte Haut, Haare wie Sirup. Ein Flüchtling aus Deutschland oder Österreich mit einem ganz leichten Akzent, der alles ein bißchen heißer macht, wenn Sie verstehen, was ich meine. Im Augenblick ist er das Schärfste, was man auf der Straße finden kann, jedenfalls in dieser Gegend. Zwei Dollar für jeden Freiwilligen, stimmt's? Und zwei Dollar kriegt der Junge für jeden Freiwilligen?«

Stirnrunzelnd zeigte Prok ihm seine Brieftasche.

»Okay«, sagte Roy, »okay«, und Aspinall nickte uns beruhigend zu. »Also dann morgen nachmittag um fünf in unserem Studio.«

Als Prok, Corcoran und ich am nächsten Nachmittag in die Straße einbogen, wo Aspinall und sein Partner im Erdgeschoß eines Brownstone-Hauses ihr Fotostudio hatten, dachte ich zunächst an einen Unfall oder ein Feuer, an Menschen, die aus einem Haus evakuiert wurden, und das Löschfahrzeug, das schon unterwegs sein mußte. Es dauerte einen Augenblick, bis mir klarwurde, daß es sich um eine Schlange handelte, die sich am ganzen Block entlangzog – eine Schlange, in der ausschließlich Männer standen, und sie hatten das Haus nicht fluchtartig verlassen, sondern wollten hinein. Einige erkannten Prok, als wir uns einen Weg durch die Menge bahnten, riefen seinen Namen und baten um ein Autogramm, doch er machte sein unbeteiligtes Gesicht, um daran zu erinnern, daß es sich hier um eine wissenschaftliche Untersuchung und nicht um eine Quizshow handelte. Dennoch reckten sich hundert Arme nach ihm, und als wir die Treppe hinauf- und durch die offene Tür des Studios gingen, schüttelte er mit starrem Politikerlächeln so viele Hände, wie er konnte.

Alles war bereit: Kamera, Licht, Ausstattung und Darsteller zu Hunderten. Der junge blonde Stricher ganz vorn in der Schlange unterhielt sich mit denen, die hinter ihm standen, und wartete auf das Signal. »Erster, erster«, rief er, als wir uns durch die Tür zwängten. »Ich bin erster, und dann geh ich raus und hol noch mehr, ja?«

Prok taxierte ihn. Dann nahm er zwei Scheine aus seinem Bündel Ein-Dollar-Scheine und überreichte sie ihm. »Ja«, sagte er, »ja, das ist eine gute Idee«, und die Augen der Männer im Flur fixierten uns, als wollten sie sich diese Transaktion in allen Einzelheiten einprägen: Es stimmte also wirklich, auch das mit dem Geld.

Roy und Aspinall hatten das Mobiliar an die Wände geschoben und in der Mitte des Raums eine Art Manege geschaffen, indem sie auf dem Teppich ein Laken ausgebreitet und ringsherum Scheinwerfer und Kamera aufgebaut hatten. Jeder Proband sollte sich ausziehen, auf den Boden legen und die Sache so schnell wie möglich erledigen. Die Fotografen hatten einen kleinen Stapel Pornomagazine für Homo- und Heterosexuelle zusammengetragen. Aspinall ging mit Trenchcoat und Sonnenbrille herum und überprüfte die Geräte, während Roy uns zu den drei Stühlen geleitete, die er so aufgestellt hatte, daß wir nicht ins Bild kamen. Und dann begannen sie zu filmen.

Wir hatten mit fünf Minuten pro Person gerechnet. Einer nach dem anderen kam herein, zog sich aus und legte sich auf das Laken, kaum daß sein Vorgänger aufgestanden war. Es war wie am Fließband, doch bald wurde deutlich, daß wir die Sache ein wenig beschleunigen mußten, denn es gab zu viele Verzögerungen: Einige Männer bekamen vor laufender Kamera keine Erektion, andere brauchten mehr Zeit, mußten auf die Toilette und so weiter. Nach ein paar Stunden merkten wir, daß das Ausziehen zu lange dauerte – dreißig Sekunden, vierzig, eine Minute –, und Prok bat Roy, den nächsten Männern zu sagen, sie sollten sich bitte schon auf dem Korridor ausziehen, und ihnen die Magazine zu geben. Corcoran hatte behauptet, es mache gar keinen Unterschied, ob die Männer bekleidet oder nackt seien, von Interesse seien doch nur der Penis, die Hand und die Ejakulation, und ich wollte ihm eigentlich zustimmen, doch Prok hatte uns vorgeworfen, das Projekt zu untergraben, und auf Nacktheit bestanden. »Wir wollen alles: Technik, Gesichtsausdruck, alles«, sagte er angespannt flüsternd, als sich der fünfzigste oder sechzigste Proband auf dem zunehmend fleckigen Laken ans Werk machte. »Letztlich ist alles von Bedeutung. Konvulsionen, zum Beispiel.«

»Konvulsionen?« sagte ich laut. Im Scheinwerferlicht bearbeitete der Mann vor uns seinen Penis, als wollte er ihn ausreißen; sein Gesicht war kalt und haßerfüllt, und er war überall behaart: Es wuchs in Büscheln auf Fingern und Zehen, es wucherte auf seinen Schultern und ging nahtlos ins Kopfhaar über. Es war ein Affe von einem Mann, ein Schimpanse, ein Gorilla, und wenn Sie glauben, Sexualforschung sei erregend, kann ich Ihnen nur versichern, daß sich nach dem ersten Prickeln angesichts von echtem oder gefilmtem Sex sehr bald der Eindruck stumpfsinniger Gleichförmigkeit einstellt. Ebensogut hätten wir Lachse zählen können, die zum Laichen irgendeinen Fluß hinaufschwammen. Es war nach Mitternacht. Ich unterdrückte ein Gähnen.

»Ja, natürlich. Beim Orgasmus. Ein Prozent der befragten Männer berichten von Konvulsionen, und ich muß sagen, daß gerade du, Milk, das eigentlich wissen müßtest. Recht häufig auch bei einigen Tierarten. Bei Kaninchen und Meerschweinchen.« Auch Prok wirkte gelangweilt. Er sah zu dem Mann, der grunzend auf dem Laken lag, beugte sich vor und sagte leise: »Wenn Sie dann bitte fertig werden würden ...«

Wir blieben zehn Tage. Gegen Ende besetzten wir jeden Termin doppelt und schließlich dreifach. Aspinall bewegte die Kamera geschickt von einem Probanden zum anderen, ohne einen einzigen Höhepunkt zu verpassen. Ich glaube, keiner von uns, ganz gleich, wie sehr er sich dem Projekt verschrieben hatte, würde je wieder das leiseste Bedürfnis verspüren, einem Mann beim Masturbieren zuzusehen, aber Prok kriegte seine tausend Aufnahmen und konnte auf der Grundlage dieses Materials die Kontroverse um die Physiologie der Ejakulation ein für allemal beenden. Es war eine ehrliche, wenn auch mühselige Arbeit – und teuer, denn die Honorare für die Probanden und den kleinen blonden Stricher, der bei unserer Abreise vermutlich der wohlhabendste Teenager von New York war, hatten sich zu etwas mehr als viertausend Dollar summiert. Auf der Rückreise, im Zug, gratulierten wir uns gegenseitig. Prok spendierte Drinks im Speisewagen, der durch die Nacht schaukelte und uns flüchtige Blicke auf trübe beleuchtete Kleinstadtbahnhöfe und von Einsamkeit durchtränkte Farmhäuser bot. Ich bestellte den Fisch, Prok die Makkaroni au fromage und Corcoran das Porterhouse Steak. Während des Essens grinsten wir uns an, und dann zog Prok sich ins Schlafwagenabteil zurück, um seine Beobachtungen niederzuschreiben; Corcoran und ich setzten uns in den Clubwagen, spielten Karten, tranken Cocktails und rauchten Zigarren. Ich schlief anschließend wie ein Toter.

Am nächsten Morgen fuhr ich (wir hatten meinen Wagen genommen, damit Mac und Violet den Buick und den Cadillac zur Verfügung hatten) von Indianapolis nach Bloomington, setzte Prok am Institut und Corcoran vor seinem Haus ab und machte mich auf den Heimweg. Ich hatte Iris ein kleines Geschenk mitbringen wollen – Blumen, Pralinen, Parfüm –, war aber nicht dazu gekommen, etwas zu kaufen, und so hielt ich beim Supermarkt und ging zwischen den Regalen umher, bis ich etwas gefunden hatte, das ihr, wie ich glaubte, gefallen würde und eine gewisse Extravaganz darstellte: einen Kilobeutel kalifornische Pistazien, in der Schale geröstet und gesalzen. Ich war schon an der Kasse, als mir John junior einfiel und ich zurückgehen mußte, um eine Packung neapolitanische Eiscreme aus der Kühltruhe zu holen, und dann kam mir der Gedanke, Iris könnten in meiner Abwesenheit Kaffee, Brot und Eier ausgegangen sein, und so legte ich auch noch ein paar Grundnahrungsmittel in den Korb.

Ich parkte vor der Haustür, unter der Trauerweide, deren gelbe Zweige nur noch einen fransigen Vorhang bildeten, und spürte, daß meine Laune sich verschlechterte. So war es immer. Sosehr ich mich auch darauf freute, Iris und meinen Sohn wiederzusehen, sosehr ich auch in den langen Stunden im Zug oder beim Aufzeichnen von Geschichten ihre Gesichter wie eine Art Talisman heraufbeschwor – sobald ich in die Zufahrt einbog, bemerkte ich alles mögliche, um das sich niemand gekümmert hatte: Die Mülltonne hinter dem Haus quoll über, die Tür zum Keller stand sperrangelweit offen, der Wind hatte die Plane über dem Feuerholz zurückgeschlagen. Und: Sie hatte, bestimmt die ganzen zehn Tage lang, das Verandalicht brennen lassen, und diese Art von Verschwendung machte mich fuchsteufelswild. Ich nahm die Tüte mit den Einkäufen in die eine und den Koffer in die andere Hand, und das erste, was ich tat, als ich auf der Veranda stand, war, den faulenden Resten eines Halloween-Kürbisses einen kräftigen Tritt zu geben. Worauf meine Schuhe vollkommen verschmiert waren. Und dann mußte ich die Tür umständlich aufschließen und hätte dabei beinahe die Einkaufstüte fallen lassen.

Drinnen war es noch schlimmer. Iris hatte den Thermostat anscheinend auf volle Kraft eingestellt – noch mehr Verschwendung –, der Ammoniakgeruch des Katzenklos traf mich wie ein Schlag ins Gesicht, und wer war dafür zuständig? Im Wohnzimmer lagen Spielzeug und Babysachen herum, Zeitungen, Strickzeug, Bücher mit gebrochenem Rücken, und irgend etwas Eßbares war in zwei Schattierungen von Aprikosengelb an die frisch oder doch beinahe frisch gestrichene Wand geschmiert worden. Ich sagte nichts, ich rief auch nicht ihren Namen, sondern ließ den Koffer an der Tür stehen, stapfte in die Küche und stellte die Einkäufe auf den Tisch. Die Küche war natürlich ein Kapitel für sich. Ich bemühte mich, ruhig zu bleiben. Ich war müde, das war alles – müde und gereizt und auch ein bißchen hungrig –, und Iris hatte alle Hände voll zu tun, so ganz allein hier draußen mit John junior, der gerade zu laufen begann und einem immer in die Quere kam und immer, immer Aufmerksamkeit brauchte. Ich bemühte mich, aber als ich die Treppe hinauf zum Schlafzimmer ging, spürte ich den dunklen Knoten des Jähzorns, der in meinen Schläfen pochte wie ein Splitter, den mir jemand unter die Haut geschoben hatte, und die heiße Nadel, mit der man ihn entfernte.

Iris lag auf der Seite im Bett und schlief, eng zusammengerollt, so daß ihre Hüfte wie ein Schiffsbug wirkte; John junior stand stumm im Laufstall am Fußende des Betts, umklammerte die Stäbe und starrte mich an, als wäre ich eine vom kollektiven Unbewußten hervorgebrachte Erscheinung. Er hatte genau Iris' Augen. »Hallo, Champion«, sagte ich und ging in die Hocke, damit unsere Gesichter auf gleicher Höhe waren. »Daddy ist wieder da.«

Mein Sohn schenkte mir ein Lächeln verblüfften Erkennens, gefolgt von einem Gurgeln der Erregung – es war das ungekünstelte Entzücken eines Kleinkinds –, und ich packte ihn unter den Armen und hob ihn aus dem Laufstall, als ich den unverkennbaren Geruch bemerkte: John junior mußte gewickelt werden, und zwar schon seit einiger Zeit. »Ja«, sagte ich sanft, »braver Junge«, und setzte ihn wieder hinter den Gitterstäben seines bunten Gefängnisses ab. Worauf er prompt zu weinen begann.

»Was?« Iris rappelte sich hoch und blickte sich verwirrt um. Auf ihrer Wange waren zwei Abdrücke von Kopfkissenfalten, parallele rote Streifen, die ebensogut Wunden hätten sein können. Sie war noch im Nachthemd, und dabei war es beinahe Mittag. »John? O Gott, hast du mich erschreckt!«

»Ja«, sagte ich, »ich bin auch selbst erschrocken.« Ich rührte mich nicht von der Stelle. John junior steigerte sich zu neuer Höchstform, die Schreie folgten aufeinander wie Wellen in stürmischer See.

»Gib ihn mir«, sagte sie und streckte die Arme aus.

Ich hob das kreischende Bündel aus dem Laufstall und achtete dabei darauf, nicht die nasse Stelle am Hintern seines Strampelanzugs zu berühren. »Er muß gewickelt werden«, sagte ich.

Ich sah zu, wie sie sich über ihn beugte, und hörte die Schreie in stoßweises Wimmern übergehen. Die Wände krochen auf mich zu. Alles war ein einziges Durcheinander, alles stank. »Was ist los?« sagte ich. »Bist du krank?«

Nein, sie war nicht krank, überhaupt nicht. Sie hatte sich nie besser gefühlt – körperlich jedenfalls.

Wo also war das Problem?

Sie war niedergeschlagen.

»*Du* bist niedergeschlagen?« Ich baute mich neben dem Bett auf. Ihr Gesicht war klein, ein Nugget bloß, abgewandt und nur von der Seite zu sehen. »Und was ist mit mir? Ich bin derjenige, der zehn Tage in einem überheizten Raum sitzen und tausend Männern beim Abspritzen zusehen mußte. Glaubst du, das macht Spaß? Glaubst du, das gefällt mir?«

Stille. Die tragische Unterlippe. »Ja, John«, sagte sie schließlich und sah mir in die Augen, »ich glaube, das gefällt dir. Denn du machst es ja zusammen mit Prok. Und mit Purvis. Und mit den Pennern und Strichern von halb … Nur zu, schlag mich. Damit du dir vorkommst wie ein großer, starker Mann.«

Ich schlug sie nicht. Ich habe sie nie geschlagen und werde es auch nie tun. Die Worte »Schlagabtausch« und »Vor- und Meisterschaftskämpfe«, die ich früher gebraucht habe, waren, das möchte ich betonen, metaphorisch gemeint, rein metaphorisch. Wir hatten natürlich unsere Meinungsverschiedenheiten, aber Gewalt spielte nie eine Rolle, jedenfalls keine körperliche Gewalt. Ich kehrte Iris den Rücken und stapfte hinaus. Vielleicht versetzte ich im Wohnzimmer irgend etwas einen Tritt, daß es an die Wand flog – einem Teddybären oder einem Spielzeug-Müllwagen, ich weiß es nicht mehr –, und dann ging ich hinaus, um eine Zigarette zu rauchen und den grauen Novemberhimmel auf mein Gemüt wirken zu lassen.

Später, als wir beide uns beruhigt hatten, stand sie auf, zog sich an und wickelte John junior abermals. Dann unternahm sie echte Bemühungen, das Haus aufzuräumen – es lag nicht in ihrem Wesen, die Hausarbeit zu vernachlässigen, jedenfalls nicht für lange –, und strengte sich an, ein gutes Abendessen auf den Tisch zu bringen. Ich war ins Institut gegangen, um ein paar Stunden zu arbeiten, und als ich zurück war, muß ich eingenickt sein, denn als ich erwachte, roch es köstlich, und Iris kam ins Wohnzimmer, wo ich auf dem Sofa lag, und reichte mir einen gebadeten, nach Puder duftenden John junior und dann ein Glas Bier.

Ich spielte ein bißchen mit meinem Sohn, doch dann kletterte er von meinem Schoß und tapste durch das Zimmer zu seinen Lastwagen und Baggern. »Iris«, sagte ich und sah zu ihr auf, »das von heute morgen tut mir leid. Ich wollte nicht … Ich war nur müde.«

Iris hatte sich ebenfalls ein Glas Bier eingeschenkt. Sie trug ein Gingham-Hauskleid, blau und weiß, und hatte die Haare aufgesteckt. »Du hattest ganz schön schlechte Laune«, sagte sie.

»Ja«, sagte ich. »Tut mir leid.« Ich dachte an die Universalgleichung jeder Beziehung, daß Sex gleich Liebe gleich Babys, Hypotheken und offengelassene Kellertüren ist und Liebe nichts weiter als eine hormonelle Funktion, reine Chemie, genau wie Wut und Haß. Aber ich hatte ein Bier in der Hand und ein Dach über dem Kopf, mein Sohn war da und meine Frau, und was wollte ich mehr? Andere Frauen, andere Söhne, andere Dächer? Ich war aufgeräumt. Zufrieden. »Hör mal«, sagte ich, »wie wär's, wenn ich ein Feuer mache? Würde dir das gefallen?«

»Ja, das wäre schön.« Sie saß auf der Armlehne des Sessels und ließ ein Bein baumeln, ihr schönes Bein, den Knöchel, den Fuß in dem anliegenden Filzschuh. »Aber ich will etwas mit dir besprechen – und sieh mich nicht so an, es ist nicht das, was du jetzt denkst. Ich … ich will, daß du mir Autofahren beibringst. Violet und Hilda können überall hinfahren – Violet sagt, ohne Wagen wäre sie aufgeschmissen –, und sogar Mac fährt mit dem Wagen, und wenn du die ganze Zeit weg bist –«

»Bin ich ja nicht. Ich bin nicht die ganze Zeit weg. Werde ich auch in Zukunft nicht sein.«

»– und ich hier ganz allein bin, wochenlang.«

»Zehn Tage.«

»Na gut, zehn Tage. Aber ich bin hier angebunden. Was ist, wenn John junior etwas braucht? Wenn mir das Mehl ausgeht – es ist mir ja auch ausgegangen – oder, ich weiß nicht, wenn ich mich einfach langweile? Weißt du eigentlich, wie sehr ich mich hier draußen langweile? Ist dir das eigentlich klar?«

»Du wolltest doch dieses Haus.«

»Du aber auch.«

Ich starrte in die schwarze Höhle des Kamins. Kalte Asche, in der die Reste verkohlter Stöcke lagen wie Knochen im Krematorium. Am anderen Ende des Zimmers sprach John junior mit seinen Lastwagen. »Böser Junge!« sagte er immer wieder. »Böse!« Die Eiscreme lag im Kühlfach, der Beutel mit den Pistazien ungeöffnet auf der Arbeitsfläche. Ich sah meine Frau an. »Wann willst du anfangen?«

Zunächst war ich widerwillig – ich fühlte mich zu etwas gezwungen, für das mir sowohl die Zeit als auch die Geduld fehlten –, doch schon nach einer Fahrstunde sah ich meinen Fehler ein. Ich kann natürlich nicht für Iris sprechen, aber für mich gehören die folgenden Wochen zu den schönsten, die wir miteinander verbracht haben. Ich hatte John junior auf dem Schoß, Iris saß an meiner Seite, hellwach und konzentriert, und ihre Hände umklammerten das Lenkrad, während sie die Mysterien des Wechselspiels von Gas- und Kupplungspedal ergründete. Wir lernten die kleinen Seitenstraßen kennen, wir sahen die Hügel einen nach dem anderen auf uns zurollen wie Wellen auf einem Asphaltmeer, wir fuhren nach Lust und Laune herum und hielten für einen Milkshake oder einen Hot dog oder um einfach irgendein Bachbett ein Stück weit hinaufzugehen, uns auf einen Baumstamm zu setzen und ein Sandwich zu essen. Und dann stiegen wir wieder ein. Kupplung, Gas, ein Ruck vorwärts, Stille, das Knirschen des Anlassers, Kupplung, Gas, ein Ruck vorwärts, wieder Stille.

Ich weiß nicht, was es war, es hatte wohl etwas mit ihrer Zerbrechlichkeit zu tun, mit ihrem engumrissenen Wunsch und meiner Fähigkeit, sie anzuleiten (»Da vorn links«, sagte ich, »dritter Gang;

hier anhalten; und jetzt den Rückwärtsgang«), aber ich denke gern an diese Zeit zurück. Ich blieb gelassen und erhob nie die Stimme, nicht einmal, als sie einem tollkühnen Eichhörnchen auswich, von der Straße abkam und drei lange Schrammen in den vorderen rechten Kotflügel machte.

Gestatten Sie mir, diesen Vorfall etwas ausführlicher zu schildern, denn er ist bedeutsam – vielleicht nicht in Proks Sinne, aber in meinem. Es war am Tag nach Thanksgiving, die Sonne war bleich, Iris fühlte sich bereits sicherer, die Reifen rollten über den Asphalt, und ich ließ meine Gedanken schweifen, als das Eichhörnchen unvermittelt über die Straße sauste und meine freie Hand einen Augenblick zu spät nach dem Lenkrad griff. Es gab einen kleinen Aufprall, man hörte das Kreischen von Metall auf Stein, und dann stand der Wagen. Erschrocken begann John junior zu wimmern, und das Wimmern steigerte sich in Umfang und Lautstärke, bis er aus vollem Halse schrie, obwohl keiner von uns auch nur einen Kratzer hatte. Iris war kaum schneller als dreißig gefahren.

Während John junior sich warm schrie, preßte Iris ein dünnes Stimmchen durch ihre zusammengeschnürte Kehle. »O Gott, ich hab ihn kaputtgemacht! Ich hab den Wagen kaputtgemacht, kaputt, kaputt, kaputt!«

»Das macht nichts«, sagte ich, obgleich ich wußte, daß es doch etwas machte.

»Ich will nicht fahren lernen, ich will nicht, ich kann das nicht!«

Ich weiß noch, wie großzügig und gelassen ich war. Ich stieg aus dem Wagen, John junior fest an mich gedrückt, und begutachtete in aller Ruhe den Schaden – es zerriß mir das Herz: mein erster Wagen, meine Freude und mein Stolz – und beugte mich dann zum Fenster, um sie zu beruhigen. »Es ist nichts«, sagte ich. »Bloß ein Kratzer. Das kann man mit ein paar Hammerschlägen und ein bißchen Politur wieder hinkriegen. Wirklich, Iris, es ist nichts.«

Sie saß starr da, die Stirn ans Lenkrad gepreßt. Ihre Schultern begannen zu beben. Ihre Finger zitterten. Sie schien keine Luft zu bekommen. In jenem Augenblick wirkte sie gedemütigt, besiegt, und ich empfand für sie all das, was ein Mann für eine Frau empfinden soll. Ich wollte sie beschützen, sie retten und trösten. Ich setzte mich in den Wagen und nahm sie in die Arme, und auch John junior streckte die Hände nach ihr aus, und so saßen wir drei da und hielten uns umarmt, als gäbe es im Leben nichts, was nicht zu meistern wäre.

Leider blieb es nicht so. Drei Tage später – an einem Montag – fuhren Prok, Aspinall, Corcoran, Rutledge und ich mit dem Zug nach Oregon, wo wir das H-Verhalten von Stieren in einer landwirtschaftlichen Versuchsstation auf beinahe zwölfhundert Metern Film festhielten. »Seht ihr«, rief Prok aufgeregt, als einer der Stiere einen anderen besprang, »ich habe es doch immer schon gesagt: Alle unsere Verhaltensweisen haben ein Antezedens in der Natur.«

8

Etwas über ein Jahr später, im Februar 1950, bezogen wir die neuen Räumlichkeiten in Wylie Hall, einem der altehrwürdigen Gebäude auf dem Campus. Diesmal bekamen wir eine ganze Etage für uns. Leider handelte es sich um den Keller. Gerechterweise muß ich allerdings hinzufügen, daß sich dieser teils über dem Erdboden befand, so daß wir zumindest auf die geriffelten, mit Draht verstärkten Scheiben der Fenster sehen und darüber spekulieren konnten, ob es draußen Morgen, Mittag oder Abend war. Natürlich kümmerte Prok sich auf seine übliche obsessive Weise um alle Einzelheiten. Um unsere Unterlagen und den stetig wachsenden Bestand der Bibliothek zu sichern, ließ er den besten Feuerschutz einbauen, den es gab. Eine Klimaanlage wurde installiert, damit wir die glühende Sommerhitze von Indiana einfach aussperren konnten, und die Interviewräume würden schallisoliert, damit absolute Diskretion gewährleistet war. Jeder hatte jetzt sein eigenes Büro, es gab ein Archiv, eine Dunkelkammer und zum ersten Mal Platz genug, um die Bibliothek in einem einzigen Raum zusammenzuführen (mit einem angrenzenden Zimmer für durchreisende Wissenschaftler, die unsere Sammlung konsultieren konnten, ohne den Institutsbetrieb zu stören). Nichts von alledem war irgendwie großartig – immerhin befanden wir uns im Keller, die Korridore waren lang und schmal, und die Rohrleitungen waren unter der Decke verlegt –, aber Prok hätte sich gegen alles gesträubt, das auch nur entfernt wie Luxus hätte wirken können. Die Universität hielt unser Projekt für erfolgreich genug, um siebzigtausend Dollar in den Umbau des Kellergeschosses zu investieren, und wir konnten endlich ohne Rücksichten und ohne Einmischung von außen unseren Forschungen nachgehen.

Was ist mir aus jener Zeit am besten in Erinnerung? Kartons. Pappkartons voller Bücher, Unterlagen, Korrespondenzen. Zwei Wochen lang stapfte ich die Treppe im Institut für Biologie hinauf und hinunter, taumelte mit angespannten Armen in der schlimmsten Kälte, die ein Winter in Indiana zu bieten hat, über den Campus und stellte die besagten Kartons im geräumigen Keller von Wylie Hall ab. Jeder andere hätte eine Spedition beauftragt oder wenigstens Studenten angeheuert, aber nicht Prok. Er bestand darauf, daß unsere Unterlagen viel zu brisant waren, um sie anderen als den leitenden Mitarbeitern seines Stabs anzuvertrauen, und irgendwie fielen auch die Wespengallen, die Aktenschränke sowie unsere Schreibtische, Stühle und Kleiderständer in diese Kategorie. Corcoran, Rutledge und ich packten ein, schleppten, packten aus und inventarisierten, und dann traten wir zurück und staunten über all den Raum, der noch zu füllen war.

Ted Aspinall war im Jahr zuvor zu uns gestoßen und aufgrund seines Spezialgebiets vom Tragen schwerer Lasten befreit worden: Er war zunächst Künstler und dann erst Techniker, und sein Reich war das Fotolabor. Er kam etwa um diese Zeit nach Bloomington, mit einem Koffer voller Kleidung und zwei Kisten voller fotografischer Apparaturen, und machte sich sogleich daran, sie in unserem neuen Institut (oder »Laboratorium«, wie Prok es nannte) aufzubauen. Er hatte New York noch nie in seinem Leben verlassen und kam uns manchmal ein bißchen verloren vor, wenn er mit Sonnenbrille und Trenchcoat durch die Straßen von Bloomington ging, als wäre er in der U-Bahn eingeschlafen und am falschen Bahnhof ausgestiegen, aber Prok hatte ihm ein sehr gutes Angebot gemacht (sein Anfangsgehalt war höher als meins, aber das war ja nichts Neues – ich stand und stehe immer ganz unten auf der Leiter), und die Arbeit eines Berufsfotografen – die ewigen Hochzeiten, Bar-Mitzwas und College-Abschlußfeiern, die immer gleichen steifen Porträts von Großeltern, Onkeln, Cousins, ja sogar von Hunden – war ihm nach und nach auf die Nerven gegangen. Er kam nach Bloomington, um zu bleiben, und die Grundstimmung des Projekts veränderte sich, als er seinen Platz einnahm. Wir waren nicht mehr ein ernsthaft bemühtes, aber unterfinanziertes Forschungsteam aus Schreibtischhockern, die in einem düsteren Kaninchenstall im Institut für Biologie arbeiteten, sondern wir betrieben ein erfolgreiches, international anerkanntes Forschungsprojekt, die Einnahmen strömten herein, und wir hatten einen Vollzeit-Fotografen.

Aspinall verlor keine Zeit. Prok hatte etwa achttausend Dollar für die Anschaffung der modernsten Film-, Entwicklungs- und Schnittgeräte bewilligt, und Ted hatte den größten Teil davon innerhalb einer Woche ausgegeben. Prok war überaus beschäftigt, rasend beschäftigt: Er hielt Vorträge, zeichnete Geschichten auf, ließ sich fotografieren und interviewen, beaufsichtigte den Umzug und die Neuordnung der Bibliothek und zerbrach sich auch noch den Kopf über die Daten, aus denen schließlich das revolutionäre Buch über das sexuelle Verhalten der Frau werden sollte – und dennoch fand er Zeit, sich in der Dunkelkammer zu verkriechen und mit Aspinall jedes einzelne Teil der Filmausrüstung zu diskutieren. Film – das rasche, Bild für Bild erfolgende Festhalten und Aufdecken sexuellen Verhaltens, vom Stachelschwein über hormonberauschte Stiere bis hin zu dem ungehemmten jungen Paar im Apartment in Florida – war Proks neueste Obsession, und Aspinall war es, der ihm Zugang zu diesem Medium verschaffte.

Ja, ich bin mir durchaus bewußt, daß es hier eine evolutionäre Progression gibt. Ich bin mir bewußt, daß Tiere das eine sind, daß die Aufzeichnung ihrer Gewohnheiten unumstritten, lehrreich und sogar wünschenswert ist – aber das menschliche Säugetier ist doch etwas ganz anderes. Vielleicht sind wir zu weit gegangen. Vielleicht hatten einige der Kritiker dessen, was die Öffentlichkeit den *Kinsey-Report* nannte, in diesem Punkt recht, auch wenn es keiner von uns damals sah. Was hatte Margaret Mead über den Band über das sexuelle Verhalten des Mannes gesagt? Etwas in der Art, daß Prok ein Reduktionist sei, zu freudlos, zu wissenschaftlich – all diese Statistiken, und kein einziges Mal das Wort »Spaß«. Das war der Begriff, den sie gebrauchte: »Spaß«. Als könnte man Spaß messen und katalogisieren. Und dann Lionel Trilling, Lawrence Kubie und die anderen, die Prok – und damit uns, *mir* – vorwarfen, einem mechanistischen Bild vom Menschen den Vorzug zu geben vor einer emotionalen oder spirituellen Sichtweise. Ich verstehe inzwischen, wenn auch nur ansatzweise, worauf sie hinauswollten, aber ich stehe zu allem, was wir damals getan haben. Wenn wir nicht streng wissenschaftlich und durch und durch professionell vorgegangen wären, hätte man das Ganze als Klitterei abgetan. Jedenfalls war für mich damals alle negative Kritik lediglich ein Ansporn – sie war engstirnig, puritanisch, antiwissenschaftlich, und wenn wir eine Weiterentwicklung, einen Fortschritt wollten, mußten wir sie ignorieren. Und so war es nur logisch, daß wir begannen, das sexuelle Verhalten des Menschen auf Film festzuhalten.

Aber lassen Sie mich etwas weiter ausholen. Nicht nur die Ankunft von Aspinall und die Anschaffung all dieser Geräte, auch nicht die evolutionäre Progression des Projekts trieben uns dazu, lebensechte Szenen zu filmen – es spielte auch ein dritter Faktor hinein: die leichte Verfügbarkeit von Darstellern. Zum einen war Betty noch immer in der Stadt und noch immer zu allem bereit. Ich sah sie manchmal in ihrem neuen Cabriolet oder im Supermarkt, wo sie in der gestärkten weißen Schwesterntracht, die sie sich selbst geschneidert hatte, um ihren üppigen Maßen gerecht zu werden, einen Einkaufswagen vor sich herschob. Hin und wieder unterhielten wir uns – wir waren schließlich Freunde. Sie war eine Freundin der Forschung, und ich war ein Freund von … freundschaftlichen Beziehungen. Und dann war da noch Vivian Aubrey, ehemals Studentin an der Columbia University, die uns bei unseren ersten Aufenthalten in New York eine so unschätzbare Hilfe gewesen war. Sie kam, angelockt von Proks Ruhm, jetzt öfter nach Bloomington, wie auch einige andere Frauen (eine andere Vivian fällt mir ein, Vivian Brundage mit den multiplen Orgasmen, eine sechzigjährige Frauenärztin aus Philadelphia, die wir mehrmals und mit verschiedenen Partnern filmten). Und Männer. Immer Männer. Denn Proks Begehren wandte sich immer mehr den Männern zu.

An unseren ersten Film, Corcoran und Betty in einer Reprise ihrer früheren Rolle, kann ich mich am besten erinnern. Es war gegen Ende des Jahres – die Feiertage standen bevor, Prok holte den Weihnachtsmannbart aus der Mottenkiste, Vivian Aubrey packte die Koffer, um ihre Eltern in Florida zu besuchen, meine Mutter erschien unangekündigt, um ein paar Tage mit ihrem Enkel zu verbringen –, als Prok uns mit geheimnisschwangerer Stimme bat, uns in einer Institutsangelegenheit am Abend in seinem Haus einzufinden, ohne Frauen. Meine Mutter konnte das nicht verstehen. Während des ganzen Abendessens fragte sie mich über Prok und das Projekt aus. Wann würde sie ihn wiedersehen? So ein netter Mann. Und wie er in seiner Arbeit aufging! Wie hatte mir sein Foto in dieser Zeitschrift gefallen? Und das von Mac – war das nicht ziemlich schmeichelhaft gewesen? Denn eine Schönheit war sie ja weiß Gott nicht. Ich schnitt das Fleisch auf meinem Teller, tauchte die Gabelzinken in den Kartoffelbrei und versicherte ihr, Prok habe sich gar nicht verändert (eine Lüge), er spreche oft und sehr freundlich von ihr (eine weitere Lüge), und sie werde ihn morgen im Institut sehen, aber die Besprechung heute abend sei intern und bestimmt sehr langweilig.

Iris pflichtete mir bei. »Glaub mir, das ist nichts für dich, Irene. Da stecken Prok und seine Jungs die Köpfe zusammen und ergründen den weiblichen Orgasmus.«

Meine Mutter warf mir einen Blick zu und wandte sich dann an Iris. »Du bist nicht fair, Iris. Er ist ein so –«

»– netter und großzügiger Mann?«

»Das wollte ich nicht sagen, aber ja, ich glaube, das ist er. Ein großer Mann. Und John sollte sich glücklich schätzen, bei diesem Unternehmen dabeisein zu dürfen. Ich bin sehr stolz auf dich, John, wirklich.«

Iris wischte einen Spinatklecks weg, der irgendwie den Weg von John juniors Lätzchen zu seiner Stirn gefunden hatte. »Jaja, ich weiß«, sagte sie. Ihre Stimme war müde und durchtränkt von Sarkasmus. »Ich danke Gott täglich auf Knien.«

Und dann war ich draußen in der Kälte, der Dodge erwachte beim dritten Versuch unwillig zum Leben, die Scheinwerfer bohrten sich durch die Nacht, als ich in die Stadt und zu Proks Haus fuhr, dem Lebkuchenhaus, das in weihnachtlichem Lichterglanz erstrahlte. Ich stieg aus dem Wagen, zog fröstelnd die Schultern hoch und eilte den Fußweg entlang zum Haus, wobei ich kaum auf die dunklen Umrisse der erfrorenen Blumen und zahlreichen jungen Bäume achtete, die im verwahrlosten Vorgarten um Halt für ihre Wurzeln kämpften. Ich stand auf der vertrauten Schwelle und läutete.

Mac öffnete die Tür mit einem freundlichen Lächeln. Sie war gekleidet – und geschminkt –, als wollte sie ins Konzert oder ins Theater gehen. Es war ein Kleid, das ich noch nie zuvor gesehen hatte, und die Ohrringe waren juwelenbesetzte kleine Weihnachtsbäume. Sie hatte eine frische Dauerwelle. »John«, hauchte sie, »komm rein. Schön, daß du da bist.« Es tat mir leid, daß ich ihr nichts mitgebracht hatte, keine Blumen, keine Pralinen, nicht einmal einen Käse.

»Ich … ich wußte nicht, daß das eine so offizielle Sache ist, sonst hätte ich mindestens einen Käse mitgebracht.«

Das war ein alter Witz zwischen uns, und sie lachte, um mir zu zeigen, wie sie sich darüber freute. »Heute abend brauchen wir keinen Käse. Prok hat extra einen Barbados-Punsch gemacht.« Sie hielt inne. »Und deine Mutter? Geht's ihr gut? Und Iris? Grüße sie von mir. Ich fände es schön, wenn sie am Wochenende vorbeikämen. Dann sind wir ganz unter uns, nur wir Frauen. Richtest du ihnen das aus?«

Sie hielt meine Hand einen Augenblick zu lange, und ich spürte das Pulsieren all dessen, was zwischen uns gewesen war, den sanften, angenehmen Herzschlag der Vergangenheit, und dann führte sie mich ins Wohnzimmer.

Dort waren die anderen schon versammelt. Der flackernde Widerschein des Feuers verzerrte ihre Gesichter, so daß sie wie Fremde in einem überfüllten Wartesaal aussahen, bis ich näher kam und alles wieder war wie immer. *Hallo, John. Setz dich. Kalt draußen?* In einer Ecke brannte eine Lampe. Die Weihnachtsbeleuchtung war an einen Takter angeschlossen und blinkte rhythmisch. Es roch nach Holzrauch, nach dem Eichen- und Apfelbaumholz, das Prok bevorzugte, und nach den weißen Duftkerzen, die Mac auf den Kaminsims gestellt hatte. Alles war festlich und gemütlich. Ich begrüßte alle, doch als ich sah, daß Betty ebenfalls anwesend war – sie unterhielt sich angeregt mit Corcoran –, zuckte ich zusammen. Irgend etwas war im Busch, und natürlich war mein Interesse geweckt. Mit einem verwirrten halben Lächeln nickte ich ihr unbeholfen zu und setzte mich in den Sessel zwischen Prok und Rutledge. Betty erwiderte den Gruß mit einem Lächeln, das über ihre Lippen huschte und aus ihren Augen verschwand, bevor sie sich wieder Corcoran zuwandte. Ich fragte mich, was das zu bedeuten hatte. Empfand ich Eifersucht, so lächerlich das auch klingen mag? Was hatte sie an jenem Abend in der Kneipe gesagt? *Purvis ist, wie du wahrscheinlich weißt, ein guter Freund von mir.* Aber war ich denn nicht auch ein guter Freund?

»Ist da Alkohol drin?« fragte Aspinall. Er stand mit gesenktem Kopf und hängenden Schultern vor der Punschschüssel, als fürchtete er, etwas zu zerbrechen. »Ted?« Mac war sogleich bei ihm. »Was kann ich dir anbieten? Und dir, John?« rief sie. »Punsch? Oder lieber etwas Leichteres – Limonade vielleicht?«

Und dann hielt ich einen dampfenden Becher weihnachtlichen Frohsinns in den Händen und drückte ihn an die Oberlippe, bis die alkoholischen Dämpfe die Nasenhöhle aufgetaut hatten und ich die verschiedenen Stimmen im Raum unterscheiden konnte. Prok sprach von San Quentin, dem Gefängnis in Kalifornien. Man hatte uns eingeladen, die Insassen zu interviewen, und es war ihm gelungen, auch ein paar Vorträge in Berkeley zu organisieren. Er bemühte sich, seine Stimme zu beherrschen, die die ganze Leiter der Gefühle hinauf- und hinunterkletterte. Offenbar fand er es aufregend, in ein Hochsicherheitsgefängnis zu gehen, um in die Sexgeschichten von einigen der gefährlichsten Männer einzutauchen, die unsere Gesellschaft aufzuweisen hatte, den Extremsten der Extremen – aber hätten wir nicht auch in Klöstern Befragungen durchführen sollen? Bei diesem Gedanken mußte ich grinsen. Prok in einem Kloster. Was für eine Vorstellung! Macs sanfte, melodische Stimme drang an mein Ohr – sie sprach über das Wetter –, umrahmt vom reibenden Klang von Aspinalls hoher, leicht heiserer Stimme. Ich konnte nicht hören, worüber Betty und Corcoran sprachen, wohl aber Bettys Lachen, das wie ein Pfeil in weitem Bogen durch den Raum flog und genau im Schwarzen der Zielscheibe auf meiner Stirn landete. Wir würden abermals Live-Sex zu sehen bekommen, und wir würden ihn filmen. Das war der Zweck dieser Zusammenkunft. Corcoran und Betty. Und warum er? Warum nicht ich? War mit mir etwas nicht in Ordnung?

In diesem Augenblick schwang die Tür zur Toilette auf, Vivian Aubrey trat heraus und kam über den Flur ins Wohnzimmer. Ihr Haar – blond, mit Naturwelle – war frisch gebürstet, und sie hatte neuen Lippenstift aufgelegt, wie ein blutroter Fleck auf einem ihrer Schneidezähne bewies, als sie sich lächelnd zu uns gesellte. Sie war so elegant wie die erste Frau, die ich interviewt hatte – die soignierte Professorengattin, die in Indiana so deplaziert gewirkt hatte wie ein tropischer Vogel und die mich hatte erröten lassen –, und geradewegs aus der verfeinerten Welt der Ostküste zu uns gekommen. Sie war selbstsicher. Sie strahlte. Sie war uns im Hinblick auf Raffinesse und Lebensart um Lichtjahre voraus. »Oh, hallo, John«, sagte sie, schlenderte zu mir und schüttelte mir mit aufrichtigem, kräftigem Druck die Hand. »Ich wußte nicht, ob du es schaffen würdest, wegen des Babys und deiner Schwiegermutter – die ist doch noch da, oder?«

Tausend Möglichkeiten wimmelten durch meinen Kopf. Meine Stimme war ein Krächzen. »Meine Mutter.«

Sie beugte sich herunter, um sich eine Zigarette anzuzünden, und ignorierte Proks ärgerlichen Blick – sie stand hier auf der Bühne und konnte tun und lassen, was sie wollte. Ich sah, wie sie den Kopf in den Nacken legte und den Rauch ausstieß. »Ach ja, deine *Mutter.*«

Ich glaube nicht, daß ich das, was an jenem Abend gefilmt wurde, in allen Einzelheiten wiedergeben muß, denn der Kitzel des Neuen läßt recht schnell nach, und das Filmen, das Beobachten und selbst die Teilnahme verlieren mit der Zeit und durch ständige Wiederholung deutlich an Reiz – ein Akt ist dem anderen sehr ähnlich, ganz gleich, ob man ihm in natura beiwohnt oder ihn auf Zelluloid gebannt sieht. Doch dieser Abend war anders, und darum erinnere ich mich auch heute noch daran, nach all den anderen Aktivitäten und Problemen, die darauf folgten, denn als nächstes sagte Vivian zu mir: »Soviel ich weiß, sind wir heute abend Partner, du und ich.«

Wahrscheinlich stotterte ich. Oder nein, natürlich stotterte ich. »Ich ... äh ... also, mir hat niemand ... Ich meine, Prok hat nichts ...«

Sie hatte sich auf der Armlehne des Sessels niedergelassen, so daß ihre Hüfte mich berührte, und beugte sich nun herunter, um mir in die Augen zu sehen. Ich roch sie, ihr Parfüm, ihre Seife, ja, aber auch noch etwas anderes, etwas Primitives, Ungezügeltes, das nicht nachgeahmt und auf Flaschen gezogen werden kann. »Was ist los?« fragte sie. »Magst du mich nicht?«

Falls Sie es nicht ohnehin schon geahnt haben: Ich war bereits einmal gefilmt worden, als einer der tausend Männer, die auf dem Laken in Aspinalls Studio masturbiert hatten, ebenso wie Corcoran und Rutledge. Prok hatte zwölf Dollar gespart, was konnte man dagegen einwenden? Anfangs war ich befangen gewesen, doch der Gedanke an die anderen 999 Männer hatte mich ermuntert und so stimuliert, daß ich hatte weitermachen können: Ich hatte getan, was ich tun sollte, mich abgewischt und wie alle anderen vor mir Platz gemacht für den nächsten.

Vivian Aubrey trug ihr Haar offen, und die Schwerkraft ließ es in einem dicken goldenen Vorhang über ihre Schultern fallen. Ich sah durch den Raum zu Betty: Sie beobachtete mich, und in ihrem Gesicht war etwas beinahe Spöttisches. Oder vielleicht war es ein Hunger, vielleicht war es das. Ich wandte mich wieder Vivian zu, dem Licht in ihren Augen, zu dem leuchtenden Farbfleck über der Kante ihres Schneidezahns, und sagte: »Doch. Ich mag dich sehr.«

Sie richtete sich auf und legte mir, um das Gleichgewicht zu bewahren, die Hand auf die Schulter. Noch ein Zug an der Zigarette. Ein kurzes, trällerndes Lachen. »Alles für die Wissenschaft, was?« sagte sie, und ich fragte mich, wo ich diesen Satz schon einmal gehört hatte.

Ich weiß nicht, ob ich das Datum oder auch nur das Jahr richtig angebe (in den fünf Jahren zwischen 1948 und 1953, also zwischen dem Erscheinen von *Das sexuelle Verhalten des Mannes* und dem des Bandes über das sexuelle Verhalten der Frau, legte Prok mehr Kilometer zurück als jeder Staatsmann), aber soweit ich mich erinnere, stiegen Prok, Mac, Corcoran und ich Anfang des nächsten Jahres in den Zug, der uns zur Pazifikküste bringen sollte; das heißt nach San Quentin und Berkeley. Mac verbrachte unterwegs die meiste Zeit damit, zu stricken und aus dem Fenster auf die vorbeiziehende Landschaft zu sehen, doch im Speisewagen, bei den Mahlzeiten und gelegentlichen spätabendlichen Pinokelspielen erwachte sie zum Leben, und es war sehr schön, daß sie dabei war, einfach als Gesellschaft, einfach so. Selbstverständlich ließ Prok Corcoran und mich arbeiten: Wir interviewten andere Reisende, übertrugen Daten und kamen täglich im Salonwagen zusammen, um unsere Strategie für die Interviews in San Quentin und das Buch über Sexualverbrecher zu erörtern, das Prok damals schon für die Zeit nach dem Erscheinen des Bandes über das sexuelle Verhalten der Frau plante. Es klang aufregend, doch wir waren alle etwas nervös wegen der Befragungen, die wir im Gefängnis durchführen würden. Dies war keine Gefängnisfarm, sondern eine Hochsicherheitsanlage, komplett mit Gaskammer und einem Todestrakt voll Nachschub, und der Gedanke daran, allein in einer Zelle mit einem Mörder oder Vergewaltiger zu sein, war gelinde gesagt erschreckend.

Wir fuhren mit einem Wagen über die Golden Gate Bridge. Unter uns wälzte sich Nebel, als würde der Ozean sprudelnd kochen, und wir sprachen nicht viel, nicht einmal Prok sagte etwas. Ich kann mich noch gut an den ersten Anblick des Gefängnisses erinnern: niedrig und geduckt vor einer Batterie baumloser Hügel, ein kompakter steinerner Bienenkorb mit Schlitzen anstelle von Fenstern, umgeben von mittelalterlicher Düsterkeit, als wäre es schon vor Kolumbus hier gewesen, bevor es Gesetze und Geschworene und Richter gab. Es war ein Ort der erzwungenen Buße. Und sollte einer der Insassen beschließen, daß er genug gebüßt hatte, und sich zu Zorn, blinder Wut und Gewalt hinreißen lassen, dann wären wir auf uns selbst gestellt. Als die Wachen am Tor den Wagen durchsuchten und meine Kehle trocken und meine Hände feucht wurden, wünschte ich, einen anderen Beruf zu haben. Oder wenigstens dieses eine Mal darum gebeten zu haben, zu Hause bei Iris und John junior bleiben zu dürfen.

Wie sich herausstellte, war der Gefängnisdirektor nicht weniger um unsere Sicherheit besorgt als wir selbst (oder jedenfalls ich; als wir drinnen waren, innerhalb der Gefängnismauern, schien Prok unbeeindruckt – für ihn war ein Proband wie der andere), und er hatte dafür gesorgt, daß wir zuerst die Elite-Insassen befragen konnten, die Anführer der verschiedenen Banden und Gruppen: den übelsten Mexikaner, den brutalsten Neger, den gefährlichsten Boxer und so weiter. Wenn es uns gelang, das Vertrauen dieser Anführer zu gewinnen, würden die anderen Interviews leichter vonstatten gehen – das war jedenfalls der Gedanke dahinter. Natürlich mußten wir absolut ungestört sein, und es kam nicht in Frage, mit den Gefangenen im Büro des Gefängnisdirektors oder auch dem des Kaplans zu reden, wo man uns hätte belauschen können. Proks Wahl fiel schließlich auf eine Reihe nicht mehr benutzter Zellen aus dem vorigen Jahrhundert, tief im Bauch des Gefängnisses. Die halbmeterdicken Wände bestanden aus Stein, und die Stahltüren waren aus einem Stück und lediglich mit kleinen Gucklöchern versehen. Dennoch hängte Prok Decken an die Türen, um auch das leiseste Geräusch zu dämpfen.

Mein erster Proband war ein Neger, der, wie er sagte, ganz und gar unschuldig verurteilt worden war. Man hatte ihn fälschlich beschuldigt, sich nach einer Meinungsverschiedenheit mit zwei Gästen in der Gasse hinter der Bar auf die Lauer gelegt und die beiden mit bloßen Fäusten erschlagen zu haben, nur mit Unterstützung einer Ziegelmauer, die als zweckmäßige, wenn auch unbewegliche Waffe gedient habe. Beinahe alle Gefangenen, die wir befragten, insbesondere die Sexualverbrecher, ließen sich lang und breit über ihre Unschuld aus. Dieser Mann wurde also von einem mißbilligend blickenden Wärter in die Zelle geführt (alle Wärter fanden es äußerst unklug, daß wir uns mit diesen Männern einschließen ließen, und schlugen sogar vor, wir sollten Trillerpfeifen um den Hals tragen, für den Fall, daß wir Hilfe brauchten), und ich bot ihm einen Stuhl, Zigaretten und eine kleine Flasche Coca-Cola an – im Gefängnis ein echter Luxus, denn Glas war aus naheliegenden Gründen streng verboten.

Der Neger war einunddreißig, klein, aber sehr kräftig gebaut, mit einem Katarakt in einem Auge und der Angewohnheit, den Kopf einzuziehen und seine Antworten zu murmeln, so daß ich ihn oft bitten mußte, den Satz zu wiederholen. Seine Sexgeschichte war überraschend unspektakulär: Es hatte nur sehr wenige einverständliche Aktivitäten mit dem anderen Geschlecht gegeben, wogegen die H-Aktivitäten infolge seiner langen Gefängnisstrafe überaus zahlreich waren. Er sprach freimütig und schien sogar Spaß an der Sache zu haben. Vermutlich gefiel ihm diese neue Situation ebenso wie die ausgesuchte Freundlichkeit, mit der ich ihn behandelte, die Colas (er trank drei Flaschen) und meine Freigebigkeit im Hinblick auf Zigaretten (er rauchte eine halbe Packung und steckte zwei weitere ein). Am Ende des Interviews beugte er sich über den Tisch und sagte: »Ich weiß nicht, ob ich dir das sagen sollte, aber ich will ehrlich mit dir sein, weil du auch ehrlich mit mir warst, wenn du verstehst, was ich meine.«

»Ja«, sagte ich und hielt mich an meinem Klemmbrett fest. »Wir geben uns Mühe ... Das heißt, wir sind stolz auf – wie sagt man das –, auf unseren Draht. Zu unseren Interviewpartnern, meine ich.«

»Also, dann hör zu: Ich bin nicht ganz so unschuldig, wie ich gesagt hab.« Eine Pause. Er griff nach der Zigarette, die er sich für später hinters Ohr geklemmt hatte. »Die beiden in der Gasse? In der Nacht damals?«

Ich nickte.

»Na ja, ich hab sie abgemurkst. Meine Hände sahen aus wie Fleischstücke, bevor der Metzger sie einpackt, wenn du verstehst, was ich meine. Das kam daher, daß ich ihr Hirn durch meine Finger gequetscht hab, Jack.«

Darauf fiel mir keine Antwort ein. Es war nicht das, weswegen wir gekommen waren – es hätte einer ganz anderen Wissenschaft bedurft. Ich sah ihm in die Augen, oder vielmehr in das eine gesunde Auge. Es war nichts zu hören als das trockene Pfeifen unserer Lungen, der Blasebälge, die unsere innere Verbrennung in Gang hielten. Wir befanden uns in einer Gruft, tief unter der Erde. Hatte ich Angst? Ja. Und wie. Ich faßte mich lange genug, um zu sagen: »Ja? Und weiter?«

Er ließ sich Zeit. Das undisziplinierte Auge rollte herum wie ein Bullauge im Sturm, und dann griff er über den Tisch und packte mich am Handgelenk. »Dieser fette Wichser!« stieß er hervor.

»Wer?« *Nicht reagieren,* ermahnte ich mich. *Laß dir nichts anmerken.*

»McGahee.«

Ich war verwirrt. »Wer ist McGahee?«

Ein ungläubiger Blick. »Der Wärter!« rief er. »Dieser fette Wichser von einem Wärter!«

Wieder langes Schweigen. Ich hätte in ein Megaphon schreien können, es hätte mich niemand gehört.

»Ich werd ihn abmurksen. Heute abend.« Er sah über die Schulter zur Tür und der olivgrünen Decke, die wie ein Teppich vor dem Guckloch hing, und zog dann eine lange, dünne, bläulich schimmernde Klinge aus dem Hosenbund. Was war das nur? Ein zugespitzter Löffel, ein Stück von einem Bettgestell, der geschmolzene Überrest eines vom Himmel gefallenen Meteors? Metall, Stahl. Er hatte es – hier, im Gefängnis.

Er hielt das Ding unter die Stehlampe, die ich zusammen mit dem Tisch und den Stühlen aufgestellt hatte. Dieser Stahl hatte eine Schneide, und sie fing das Licht mit einem raschen, gefährlichen Schimmern ein.

»Ich stech ihn ab«, flüsterte er, und jetzt war ich ein Mitwisser, ein Komplize, einer der Jungs in seiner Gang. »Den fetten Wichser«, setzte er bekräftigend hinzu, als er sich erhob, die beiden ungeöffneten Zigarettenpackungen einsteckte und zur Tür ging, um mit der Faust an die kalte Stahlplatte zu hämmern und dem Wärter am Ende des Gangs zuzubrüllen: »Mach auf! Das Interview hier ist aus!«

Ich bringe diesen Zwischenfall wegen des moralischen Dilemmas zur Sprache, vor das er uns stellte. Während der nächsten beiden Interviews – zuerst war der Boxer dran, dann kam der *Jefe* der Mexikaner – war ich wie betäubt, und kaum waren wir wieder im Wagen, da berichtete ich Prok und Corcoran davon. Der Nebel hüllte uns ein, und wir saßen in unserem Mietwagen, als wären wir selbst Gefangene, lebenslänglich gefangen in diesen Fragen, diesen Abläufen, diesen Vertraulichkeiten, die wie Urteilssprüche auf uns lasteten. Am liebsten hätte ich geschrien. Am liebsten hätte ich mir die Lunge aus dem Hals gebrüllt.

Prok saß steif neben mir, so dicht, daß unsere Beine sich berührten. Zu meiner anderen Seite saß Corcoran und sah hinaus in die Undurchdringlichkeit des atomisierten Lichts. Prok hatte den Wagen eilig starten wollen, doch nun hielt er inne, die Hand noch an dem Schlüssel, den er soeben ins Zündschloß gesteckt hatte. »Ich verstehe dein Dilemma, Milk«, sagte er dann. »Aber es könnte sein, daß er dich nur auf die Probe stellen will, das ist dir doch klar, oder? Wenn sich herumspricht, daß wir das Vertrauen mißbraucht haben, können wir einpacken. Und das gilt dann auch für alle anderen Strafanstalten.«

»Aber es könnte sein, daß das Leben eines Menschen, dieses Wärters, in Gefahr ist.« Ich sagte seinen Namen, als würde ich ihn von einem Grabstein ablesen: »McGahee.«

Prok ließ den Zündschlüssel los. Der Nebel schlug sich auf den Fenstern nieder. »Nein«, sagte er schließlich, »wir können das nicht tun, ganz gleich, wessen Leben in Gefahr ist. Das ist bedauerlich, und ich wünschte, diese Situation hätte sich nicht ergeben, aber wir dürfen das Projekt nicht gefährden. Und wir dürfen nicht vergessen, daß das alles vielleicht nur ein Test ist. Corcoran, stimmst du mir zu? Milk?«

Wie sich herausstellte, wurde in jener Nacht niemand umgebracht. Auch in der Nacht darauf nicht. Soviel ich weiß, wurde in der Zeit, die wir diesmal und später in San Quentin verbrachten, nicht ein einziger Wärter angegriffen. Ich dachte an diesen Neger mit der Klinge aus Stahl und dem Auge, das nicht stillstehen wollte – ich denke auch jetzt an ihn –, und frage mich, ob Prok nicht recht hatte. Es war ein Test. Sonst nichts. Ein Test.

Doch dann fuhren wir weiter nach Berkeley und dem Augenblick entgegen, der in all den Jahren mit Prok wohl der Höhepunkt war: dem großen Vortrag in der Sporthalle, zu dem nicht weniger als neuntausend Zuhörer erschienen. Wir kamen geradenwegs aus dem Gefängnis, wo wir in totenstillen, schwitzenden Zellen tief unter der Erde, weit entfernt von allem, was das Leben zu bieten hatte, Gespräche unter vier Augen geführt hatten, in die vertraute Umgebung eines Campus, wo uns jeder sehen konnte und neuntausend nicht eingesperrte, frei atmende Menschen – Studenten und Dozenten gleichermaßen – die Koryphäe auf diesem Gebiet über das eine Thema sprechen hören wollten, das sie mehr faszinierte als alles, was ihre Bücher und Philosophen ihnen bieten konnten.

Ich erinnere mich nicht daran, wie das Wetter war. Kann sein, daß es regnete, daß jener stete Regen fiel, der für die feuchte Jahreszeit in Kalifornien typisch ist, aber das verwechsle ich vielleicht mit einer anderen Zeit und einem anderen Ort. An den Saal aber kann ich mich erinnern. Oder vielmehr an die Sporthalle. Hier fanden gewöhnlich die Basketballspiele der Universitätsmannschaft statt, doch wegen der ungeheuren Begeisterung für Prok, den Autor, die Berühmtheit, den Überwinder sexueller Tabus, hatte man sie uns für einen Nachmittag überlassen. Zwei Stunden vor Beginn des Vortrags waren alle siebentausend Plätze besetzt, und als wir eintrafen, war man dabei, in den Gängen und auf dem Spielfeld zweitausend zusätzliche Klappstühle aufzustellen. Reicht es, wenn ich sage, daß die Erwartungen hochgespannt waren?

Wir wurden durch einen Seiteneingang und einen abgesperrten Korridor zu einem Trainerzimmer geführt, wo uns der Mann, der Prok vorstellen würde – kein anderer als der Vizepräsident der Universität –, bat, es uns bequem zu machen, während er sich um die letzten Einzelheiten kümmerte. »Wir brauchen noch zehn Minuten«, sagte er, und da ich vollkommen vergessen habe, wie er aussah, verleihe ich ihm einfach das schmale, berechnende Gesicht und den unsteten Blick des geborenen Bürokraten. »Und wenn Sie irgendwas brauchen, rufen Sie einfach.« Damit schloß er die Tür und ließ uns allein.

»Elegante Garderobe, was?« sagte Prok und wandte sich zu uns, zu Corcoran, Mac und mir. Wir sahen uns um. Der Raum war eng, die Regale waren vollgestopft mit Sportzeug aller Art, mit vereinsamten Schuhen, vergilbten Volleybällen, Baseballschlägern, mit Spikes, Handschuhen, Tennisschlägern, Helmen und dergleichen, die Bretter zweier hoher Regale bogen sich unter der Last der Trophäen, und der Rest der Wände war mit Mannschaftsfotos gespickt. Der Geruch aus dem angrenzenden Umkleideraum, der verdichtete, ranzige Geruch nach dem Schweiß von Generationen, versetzte mich zurück in die Highschool, in den Tagtraum, den ich nach der Sache mit der Gehirnerschütterung hatte. Ich wurde auf einer Trage in den Umkleideraum gebracht, vor der Tür flatterte die Stimme meiner Mutter wie ein Vogel, der immer wieder gegen die Fensterscheibe fliegt, mir schwand das Bewußtsein, und dann krümmte es sich auf sich selbst zurück, bis sich die Welt mir darbot wie das Lächeln einer Frau, nur daß da gar keine Frau war, sondern nur der glatzköpfige Mannschaftsarzt, der mir Riechsalz unter die Nase hielt.

»Ja«, sagte Mac. »Da siehst du, was deine Berühmtheit dir einbringt. Das nächste Mal werden sie uns im Ritz unterbringen, du wirst schon sehen.«

Wir alle lachten. Proks Lachen klang allerdings eher wie ein Wiehern, und sein Blick sprang vom einen zum anderen, als hätten wir im Chor gesprochen. War er nervös? War es das?

Wie als Antwort auf meine Frage schien in diesem Augenblick das ganze Gebäude von der gewaltigen Bewegung der Menge jenseits der Tür und des Korridors zu erbeben. Tausende Studenten hatten ein Gähnen unterdrückt, waren auf ihren Sitzen hin und her gerutscht und hatten die Stimmen erhoben, um das anschwellende, erwartungsvolle Summen des Auditoriums zu übertönen.

Mac stellte sich neben Prok. Die beiden standen ganz still in der Mitte des Raums, als lauschten sie fernem Donnergrollen. »Kann ich dir etwas holen?« fragte sie. »Kaffee? Ein Glas Wasser? Cola?«

Er schien zu zögern – Prok, der nie zögerte, der mit Worten und Gesten so ökonomisch umging –, und dann sagte er, so leise, daß ich es kaum hören konnte: »Wasser.«

»Gut«, murmelte Mac. »Das dachte ich mir, daß du ganz ausgetrocknet bist. Du mußt deine Kehle anfeuchten. Ich sag's nicht gern, aber du bist beinahe wie ein Startenor von der Metropolitan Opera. Oder wie ein Radiomoderator.« Sie drehte sich um und warf Corcoran und mir einen Blick zu.

»Ich gehe schon«, sagte Corcoran. »Wasser, ja? Einfach nur Wasser?«

Wieder regte sich die Menge: ein gigantisches, gewaltiges Seufzen von Bänken, Stühlen, Muskeln, Sehnen. Es war, als wäre alle Luft aus der Halle, dem Korridor und dem Trainerzimmer gepreßt und auf einer Woge wieder eingesaugt worden. Mein Herz klopfte, als wäre ich derjenige, der gleich auf das Podium treten mußte, und ich versuchte, meine Aufregung mit einer flapsigen Bemerkung zu überspielen: »Das klingt, als wären die Eingeborenen unruhig.«

Prok stand steif da, die Hand, mit der er sich über das Haar gestrichen hatte, verharrte mitten in der Bewegung. Er starrte mich scharf an, sein Blick nagelte mich fest, als wäre ich eine verirrte

Gallwespe. »Sei nicht kindisch«, sagte er. »Das ist weder die Zeit noch der Ort für Geschwätz.«

Mac legte die Hand auf seinen Arm, knapp über dem Ellbogen. »Prok«, sagte sie leise, »beruhige dich«, doch er schüttelte sie ab.

Er starrte mich noch immer an, mit wütend zusammengebissenen Zähnen und einem kleinen Zucken um den Mund, als hätte er etwas Bitteres geschmeckt. »Das ist genau die Art von gedankenloser Bemerkung, die das gesamte Projekt untergräbt – und zwar schon solange ich dich kenne, Milk. Deine Arbeitsleistung ist unterdurchschnittlich – das ist sie, das war sie, und das wird sie immer sein. Hast du gehört?«

Die Menge atmete wie ein einziges Wesen. Das Gebäude bebte. Ich senkte den Kopf. »Ich wollte ... Das heißt ... Das war doch nur ein Witz.«

»Und hör auf zu stottern, Herrgott noch mal. Sprich wie ein erwachsener Mann!«

»Prok, bitte«, nahm Mac mich in Schutz. »Er wollte doch nur –«

»Mir ist vollkommen gleichgültig, was er wollte! Er sollte besser als jeder andere wissen, daß ich weder ihn noch« – und hier sah er Mac an – »irgend jemand sonst brauche, wenn ich mich auf einen Vortrag vorbereite.«

Mac sprach sehr leise. »Vielleicht möchtest du dann, daß wir gehen?«

In diesem Augenblick erschien Corcoran, der blonde Jüngling, mit einem Glas Wasser in der Tür, und die konzentrierte Intensität der Atmosphäre in der Halle rollte wie eine Welle durch den Raum und brach sich an den trophäenbeladenen Regalen. »Ja«, sagte Prok barsch, trat einen Schritt vor und nahm Corcoran das Glas aus der Hand, »ja, das wäre mir recht. Sehr recht. Und ihn« – sein anklagender Finger zeigte auf Corcoran – »könnt ihr gleich mitnehmen.«

Als wir uns auf die reservierten Plätze in der ersten Reihe setzten, hatte ich den Vorfall bereits vergeben und vergessen. Es war das Lampenfieber, sonst nichts. Prok stand unter enormem Druck, und obgleich ich ihn bei Hunderten von Vorträgen niemals nervös erlebt hatte, war das hier doch etwas Besonderes. Ein so großes Publikum hatte es noch nie gegeben, und jeder normale Mensch hätte Lampenfieber gehabt. Der Vizepräsident – diese idealtypische Gestalt, dieses Gesicht, dieser Akademiker und Bürokrat – brachte in seinen einführenden Worten eine launige Bemerkung unter, die von den Studenten mit Kichern belohnt wurde. Er blätterte in seinen Notizen, blinzelte kurzsichtig in die Menge, räusperte sich und sagte: »Es freut mich, daß so viele Dozenten mit ihren Frauen erschienen sind. Die meisten von uns werden die Dinge, von denen hier die Rede sein wird, allerdings nur aus der Retrospektive kennen.« Ein kurzes Zögern, als hätte das Auditorium ihn nicht recht verstanden, und dann lief das Kichern durch die Reihen wie ein Motiv aus Wagners *Walküre.*

Und dann kam Prok. Er trat mit herausgestreckter Brust und blitzenden Brillengläsern von der Seite auf die Bühne und ging zum Pult, umtost von Beifall, der erstarb, als er die Hand hob, um das Mikrofon einzustellen. Wie immer sprach er frei, ohne Notizen oder sonstige Hilfsmittel, mit leiser, unmodulierter Stimme und in dem nüchternen Ton, der ihm in all den Jahren so gute Dienste geleistet hatte. Er begann mit der Variationsbreite von Verhaltensweisen, einem vertrauten Thema, und führte aus, daß die Extreme an beiden Enden der Skala die Norm definieren. Er zählte die verschiedenen Formen der Triebbefriedigung auf, die dem menschlichen Säugetier vom Beginn der Pubertät an zur Verfügung stehen – Masturbation, Petting, Koitus, orale Befriedigung –, und wandte sich dann der Häufigkeit zu, und hier wäre die Menge, die zu begreifen begann, wovon er da sprach, beinahe seiner Kontrolle entglitten. »Es gibt Menschen, denen ein einziger Orgasmus im Monat oder sogar im Jahr genügt, und es gibt andere, die mehrere Orgasmen pro Woche oder sogar pro Tag brauchen.«

Aus der Reihe hinter mir ertönte ein langgezogener Pfiff. Das Publikum reagierte wie auf einen Schlachtruf: Dieser aus vielen Einzelteilen zusammengefügte Organismus geriet in Bewegung und erzeugte dabei jenes Geräusch, das dem Rauschen des Windes in den Bäumen gleicht, doch Proks nächste Bemerkung ließ alles sogleich wieder erstarren. »Und dann gibt es einige«, fuhr er unbeeindruckt fort, »deren Frequenz so niedrig ist wie die des Mannes, der gerade gepfiffen hat.«

Nervöses Gelächter und dann Stille. Jetzt hatte er sie. Und in den nächsten sechzig Minuten ließ er sie keinen Augenblick los. Jeder einzelne dieser neuntausend Menschen war ganz und gar auf Prok konzentriert, diesen hoch aufgerichteten Mann am Rednerpult, diese Berühmtheit, diesen Reformer und Pionier des Sex, diesen Prediger und Magier. Ich saß zwischen Mac und Corcoran, und obgleich ich den Vortrag schon so oft gehört hatte, daß ich ihn auswendig hätte aufsagen können, bis hin zu den Statistiken und den bedeutungsschweren Pausen, jagte mir die Eindringlichkeit von Proks Worten in dieser Umgebung einen Schauer über den Rücken. Dies war der Höhepunkt, der Augenblick der Herrlichkeit: Prok auf dem Gipfel. Die Studenten hielten den Atem an, die Professorenfrauen beugten sich vor. Es war kein Laut zu hören, kein Husten, kein Murmeln. Niemand rührte sich, niemand verließ die Halle. Prok schloß wie immer mit einem Appell an die Toleranz, trat einen Schritt zurück und dankte dem Publikum mit einem Nicken – es war keine Verbeugung, aber es hatte dieselbe Wirkung.

Und oh, wie sie brüllten. Wie sie brüllten.

9

Zurück in Bloomington, stellte ich fest, daß Elster zum offiziellen Bibliothekar des Instituts befördert worden war und Iris wieder Klarinette spielte. Der hohle, wehmütige Klang dieses Instruments begrüßte mich, als ich auf mein Heim zuging und den Zustand von Haus und Hof begutachtete. Der Wagen (ich hatte ihn ihr dagelassen, Corcoran hatte mich hier abgesetzt) war wegen eines platten Reifens vorn links seitlich abgesackt, und die hintere Stoßstange hatte eine frische Beule. Es war still und kalt, die Luft war klar, und so drangen die Klarinettenklänge von tief drinnen im Haus bis zu mir, und ich brauchte einen Augenblick, bis ich wußte, was das war – zunächst hatte ich gedacht, hinter dem Werkzeugschuppen liege irgendein verletztes Tier im Todeskampf. Aber nein, es war Iris. Sie spielte auf dem Instrument, das all die Jahre unberührt in dem mit Samt ausgeschlagenen, kleinen schwarzen Kasten in der rechten unteren Schublade der Frisierkommode gelegen hatte.

Stell dir vor, dachte ich und mehr auch nicht. Mit dem Wagen konnte man nicht fahren, auf dem Weg zur Vordertreppe sah ich ein halbes Dutzend weiterer Versäumnisse, aber das alles ließ mich weitgehend kalt. Es war mir egal. Von mir aus konnte das Haus einstürzen und der Wagen in Flammen aufgehen – ich war müde, durch und durch müde, und ich konnte unmöglich weiter mit Prok herumreisen und dann übergangslos in der Rolle des treusorgenden Mannes aufgehen wie diese smarten, unerschütterlichen Väter, die uns heutzutage aus dem Fernsehen entgegengrinsen.

Als ich eintrat, sprang John junior aus seinem Haufen Spielzeug auf, rannte zu mir und schlang mir die Arme um die Knie, und ich stellte den Koffer ab, hob ihn hoch in die Luft und begrüßte ihn mit einem Kuß. Iris saß mit dem Rücken zu mir auf dem Sofa vor dem Kamin (wenigstens hatte sie ein Feuer gemacht, allerdings mit dem falschen Holz, nämlich mit den Spänen, die ich zum Anmachen beiseite gelegt hatte – ich hatte sie mindestens hundertmal gebeten, sparsam damit umzugehen), sie hatte die Beine ausgestreckt und das Mundstück zwischen den Lippen. Die Töne, die sie erzeugte, waren tief und klagend, dumpfe, dunkle Schwingungen, die mich an die Frachter denken ließen, die sich durch den Nebel über dem Michigansee schoben. Mit einem Mal fühlte ich mich niedergeschlagen. Da saß sie, mit ausgestreckten Beinen, aufgeblähten Wangen und unordentlichem Haar – Iris, meine Iris, und sie hätte irgendeine Frau sein können, ein Mitglied einer Marschkapelle, ein Wunderkind an Beharrlichkeit und Verlangen, auf ein Ziel hinarbeitend, das ich nicht einmal kannte. Bevor ich meinen Sohn absetzte (sanft, ganz sanft – die kleinen Hände grapschten, der Teppich war mit einem Mal ganz nah) und ihren Namen sagte, hatte ich für einen Augenblick das Gefühl, daß ich dabei war, sie zu verlieren. Oder nein: daß ich sie bereits verloren hatte.

»Iris«, sagte ich, »Iris, ich bin's.« Sie zuckte zusammen, drehte sich um und setzte die Klarinette ab, an deren Mundstück ein langer Speichelfaden hing. Sie brauchte einen Moment, um sich zu fangen. Dann lächelte sie, und ich sagte: »Spielst du wieder Klarinette?«

»Komm«, sagte sie, und ich setzte mich neben sie. Wir küßten uns, John junior kletterte auf meinen Schoß, und der Kater erschien und sprang auf die Sessellehne. Es war ein Augenblick der Freude – die Heimkehr des Helden –, und ich fühlte, daß meine Niedergeschlagenheit nachließ. Wir spürten diesem Augenblick noch eine Weile nach und sagten die üblichen Dinge, und ich erzählte ihr von den Höhepunkten der Reise, von meiner Angst in San Quentin, von Proks meisterlichem Auftritt, und wir tranken etwas, und ich gab John junior die Schachtel Karamelpopcorn und holte die lackierte Nautilusmuschel, die ich in einem Andenkenladen am Strand für Iris gekauft hatte, und dann, nach einem kurzen Schweigen, kam ich auf das Thema Klarinette zurück.

»Und warum hast du wieder angefangen zu spielen?«

Iris sah mich über den Rand ihres Glases an. Sie hatte sich einen Gin Tonic gemixt, obgleich es kalt war und noch für eine Weile kalt bleiben würde. Das Instrument lehnte an ihrer Schulter, Mundstück und Rohrblatt schimmerten feucht, die Klappen glänzten, der lange, schwarze Korpus lag wie ein Schatten auf ihrem Arm.

»Ich weiß nicht«, sagte sie und zuckte die Schultern. »Einfach, um irgendwas zu tun. Du weißt schon: um die Zeit herumzubringen.«

Es lag ein leiser Vorwurf darin, ein Anklang an vergangene Streite, und in mir wallte Wut auf. »Der Wagen hat einen Platten. Du bist doch nicht etwa damit gefahren, oder? Sag mir, daß du nicht mit einem Platten gefahren bist.«

Sie ignorierte meine Frage. Das Glas wurde zum Mund geführt

und wieder abgesetzt. »Und wegen Hilda. Sie hat mir zugeredet – sie spielt ja auch, und wir üben ein Duett ein, das wir nächstes Frühjahr, vielleicht beim Picknick am Memorial Day, spielen wollen, nur wir beide. Ich hätte nicht gedacht, daß ich meinen Ansatz wiederfinden würde, aber ich hab ihn noch.« Das Feuer seufzte und fiel in sich zusammen, denn was da brannte, waren nur Zweige und nicht die sorgfältig gespaltenen Eichenscheite, die im Holzschuppen, keine zwanzig Meter von hier, gestapelt waren. »Ich wollte dich überraschen.«

»Ich wußte gar nicht, daß Hilda Klarinette spielt.« Ich versuchte, mir Rutledges Frau, die eckige, zartblonde Hilda mit den gespitzten Lippen und den kleinen, hohen Brüsten vorzustellen, wie sie auf der Stuhlkante vor dem Notenständer saß und die Lippen um das Instrument schloß.

»Während ihres ganzen Studiums. Wie ich.« Sie strich mit dem Daumen über die glänzende Oberfläche des Rohrblatts. »Irgendwas müssen wir ja tun, wenn unsere Männer die ganze Zeit weg sind.«

»Oscar war hier.«

»Ja«, sagte sie. »Stimmt. Aber du nicht.«

John junior, der zu seinem Spielzeug zurückgekehrt war, hob den Kopf und verkündete, er sei hungrig. »Mommy, ich hab Hunger«, krähte er, als hätte er soeben eine fundamentale Wahrheit über das Wesen des Seins im allgemeinen und sich selbst im besonderen entdeckt.

»Vielleicht sollten wir irgendwo essen gehen«, schlug ich vor.

Iris sah mich an. »Können wir uns das leisten?«

»Irgendwas Einfaches. Hamburger. Oder Pizza.«

»Pizza!« schrie John junior und nahm das Wort freudig auf. »Pizza!«

»Still«, sagte sie. Er hatte sich auf ihre Beine geworfen und vergrub sein Gesicht in ihrem Schoß. »Ich kann doch schnell etwas kochen. Wir brauchen nicht groß zu feiern. Ich meine, du fährst weg, du kommst zurück – ist doch alles wie immer.«

Dazu hatte ich nichts zu sagen. Wir saßen da und schwiegen, während John junior an ihrer Bluse zerrte und quengelte: »Bitte, Mommy, bitte.«

»Ich muß mich umziehen«, sagte sie. »Und mich ein bißchen zurechtmachen. Und ich will danach gleich wieder zurück.«

Ich erhob mein Glas in ihre Richtung. »Warum? Um weiter zu üben?«

Sie lächelte jetzt, John junior kletterte auf ihr herum – *bitte, bitte* –, und in ihrem Blick war etwas Spielerisches, als würde sie sagen: Dir ist vergeben. Und warum sollten wir streiten, wenn doch die Liebe zwischen uns, zwischen zwei jungen, gesunden Menschen, so viel mehr war als die Summe der Verluste und Bedenken. »Nein«, sagte sie, »ich dachte da eher an etwas anderes. An eine Statistik. Vielleicht kannst du mir da helfen – es ist nämlich schon eine ganze Weile her …«

»Ja?«

»Über die Häufigkeit von S-E-X« – sie buchstabierte das Wort, damit John junior es nicht bei jeder Gelegenheit hinausposaunte, wie er es mit »BH« und »Straps« tat – »bei seit mindestens fünf Jahren verheirateten Paaren. Einmal pro Woche, oder?«

»Nein, nein«, sagte ich und schüttelte professoral den Kopf, »mindestens doppelt so oft.«

Am nächsten Tag machten Rutledge und ich gemeinsam Kaffeepause, und bei dieser Gelegenheit erfuhr ich von der Sache mit Elster. Erst hatten wir über Klarinetten gesprochen – ich sagte: »Wie ich höre, hat Hilda ihre musikalische Ader wiederentdeckt« – und dann über die Reise an die Pazifikküste. Er sagte, er sei froh gewesen, diesmal daheim bleiben zu dürfen, denn er habe es langsam satt, immer nur Interviews zu führen wie eine Hilfskraft (»Nichts für ungut, John«), während er doch eigentlich eingestellt worden sei, um echte Forschung zu betreiben. Als einer, der Prok gleichgestellt oder wenigstens doch sein Partner war. Und dann erwähnte er beiläufig, als wäre es ganz unwichtig, Elsters neue Zuständigkeit.

Ich war verdattert. »Elster?« wiederholte ich. »Aber er ist … Also, er ist kein Freund des Projekts. Er hat … Hab ich dir nie von Fred Skittering erzählt, von dieser Sache damals?« Und dann erzählte ich es ihm in aller Ausführlichkeit.

Rutledge behielt die Ruhe. Das war typisch für ihn. Das Gebäude konnte in Flammen stehen, doch er würde nicht die Stimme erheben und sich nicht schneller bewegen als bei einer Beerdigung. Ich dachte an jene Nacht in dem Hotelzimmer mit Mac und daran, wie er die Schultern gereckt hatte und mit ihr ins Schlafzimmer gegangen war, als wären hier soldatische Tugenden gefordert, als wäre dies eine Sache von Befehl und Gehorsam. Doch als ich ihm nun das Ausmaß von Elsters Perfidie – oder jedenfalls dessen, wozu er imstande war – enthüllte, nahm sein Gesicht einen anderen Ausdruck an. Schließlich sagte er: »Du meinst also, man kann ihm nicht trauen?«

»Genau«, sagte ich. »Das meine ich.«

Er strich über seinen Schnurrbart, sah sich im Korridor um, ob Prok in der Nähe war, und zündete sich eine Zigarette an. Dann löschte er das Streichholz mit einer wedelnden Handbewegung, ließ es fallen und zertrat es. »Na ja, wir müssen eben vorsichtig sein. Immer daran denken. Und wir müssen Prok darauf hinweisen, denn es ist doch so, daß wir die einzigen sind, die wissen, was hier läuft, und ich brauche dir ja nicht zu sagen, was los ist, wenn irgend etwas, und sei es nur die kleinste Kleinigkeit, in die Öffentlichkeit durchsickert. Aber sieh dir Mrs. Matthews an und die beiden Frauen, die wir angeheuert haben, Laura Peterson und die andere. Die haben doch keine Ahnung, oder? Und dabei sind die den ganzen Tag im Institut.«

Aber ich war nicht überzeugt. Vielleicht war es eine Überreaktion, vielleicht schätzte ich diesen Mann ganz falsch ein – aber andererseits hatte er versucht, mich auszuhorchen, und zwar nicht einmal auf eigene Initiative, sondern auf Drängen eines Dritten, eines Journalisten. War er dafür bezahlt worden? Oder war er von Natur aus ein Verräter?

»Übrigens«, sagte Rutledge, kniff die Augen vor dem Zigarettenrauch zusammen und trank zugleich einen Schluck Kaffee, »hast du schon von dem musikalischen Abend am Sonntag gehört?«

Ich streckte die Hände aus, die Handflächen nach oben, und machte wohl ein wenig begeistertes Gesicht. »Mh-mh«, sagte ich. »Nein.« Nicht daß ich mich nicht gefreut hätte, etwas über klassische Musik zu erfahren – ich hatte Gefallen daran gefunden, sogar an Opern –, aber diese Abende waren wie eine Fortsetzung der Arbeit an einem anderen Ort. Und Iris haßte sie. »Ich weiß nicht«, sagte ich. »Ich bin müde. Ehrlich gesagt hängen mir diese musikalischen Abende zum Hals raus.«

Rutledge sah mich unverwandt an, die Lippen unter dem dünnen Strich des Schnurrbarts um das Mundstück der Zigarette geschlossen. »Ja«, sagte er, »ich weiß, was du meinst. Aber irgendwas ist da im Busch. Es sind nur wir eingeladen. Und unsere Frauen.«

»Nur wir? Das ist wirklich seltsam. Soviel ich weiß, hat Prok noch nie einen musikalischen Abend veranstaltet, bei dem nicht zwanzig bis dreißig Gäste versammelt gewesen wären. Darum geht es ihm ja: Er will die Leute bilden.«

»Und angeben.«

Das brachte die Unterhaltung zum Stillstand. Ich war nicht gewillt, mir Kritik an Prok anzuhören, insbesondere nicht von einem Kollegen, und ich warf ihm einen warnenden Blick zu.

Rutledge zuckte die Schultern, sah verstohlen den Korridor hinauf und hinunter und beugte sich dann zu mir. »Hör mal, John, Loyalität ist eine schöne Sache, versteh mich nicht falsch, aber er ist nicht über jede Kritik erhaben. Manchmal kann er ein ganz schön aufgeblasenes Arschloch sein mit seinem *obligato* und seinem *menuetto* und *largo e cantabile* und dem ganzen Scheiß, und dann dieser Gesichtsausdruck, derselbe Gesichtsausdruck, den er hat, wenn er kommt: wie der reuige Sünder am Kreuz.«

Ich hatte das Gefühl, als hätte er mir ins Gesicht geschlagen. »Hör zu, Rutledge ... Oscar ...« sagte ich, und meine Stimme war kalt, »ich muß dir sagen, daß mir solche Kritik an Prok oder übles Gerede über ihn gegen den Strich geht, das ist einfach so, tut mir leid, also behalt so was in Zukunft bitte für dich –«

»Aber du hast es doch selbst gesehen. Du hast diesen Ausdruck auf seinem Gesicht gesehen. Du warst doch einer von denen, die er so angesehen hat, oder nicht? Na also – ich auch. Das gehört zum Job, stimmt's?«

»Nein«, sagte ich. »Nein, ich will nicht darüber sprechen.«

Er sah mich noch immer an, er sah mir in die Augen, als wäre er dabei, meine Geschichte aufzuzeichnen. »Und Ted natürlich. Ted wird auch dasein«, sagte er. »Mit seiner Kamera.«

Der Sonntag kam, windgepeitscht und von einer fahlen Märzsonne beschienen, die bessere Zeiten versprach. Krokusse blühten, Weidenkätzchen, Azaleen. Die Leute harkten den Rasen in ihrem Garten und überlegten, wo sie die Hängematte aufhängen würden, und die Studenten waren überall, sie bevölkerten in Grüppchen von dreien oder vieren die Bürgersteige, die Jacketts offen, und sie grinsten und alberten und riefen einander lockere Sprüche zu, als wäre es schon Mai, als wäre es Juni und die Prüfungen wären vorbei. Es war das richtige Wetter, um Drachen steigen zu lassen, und obwohl das bei mir zwanzig Jahre her war, hatten Iris und ich in einem Billigladen einen Papierdrachen gekauft und gingen mit John junior in den Park, um ihn steigen zu lassen. Alles war gut. Doch davor hatten wir etwas noch Ungewöhnlicheres getan, und ich wußte nicht, wie ich das fand oder was es zu bedeuten hatte. Wir waren in die Kirche gegangen. Es war Sonntag, und wir gingen in die Kirche.

Iris war katholisch erzogen worden, hatte sich jedoch im Verlauf ihres Studiums immer weiter von der Kirche entfernt, und was mich betraf, so hatte ich weder den Glauben noch sah ich irgendeinen Grund, einer kirchlichen Organisation, ganz gleich welcher Richtung, beizutreten. Doch Iris erwachte an diesem Morgen mit der fixen Idee: Wir würden in die Kirche gehen, weil Frühling war und weil sie das Ritual der Messe und das lateinische Gemurmel und den seit unvordenklichen Zeiten dazugehörigen Geruch des Weihrauchs vermißte – und ich konnte es ihr nicht ausreden. Ich will nicht behaupten, daß sie in die Kindheit regredierte, denn das wäre nicht gerecht, aber dennoch – sie hatte begonnen, ihrer Mutter beinahe täglich zu schreiben, und ich hatte keinen Schimmer, was in diesen Briefen stand, und sie hatte wieder angefangen, Klarinette zu spielen … und zu backen. Sie hatte mir erzählt, daß sie als Kind sehr gern gebacken hatte. Und jetzt, beim Frühstück – pochierte Eier, genau wie ich sie mochte, magerer gebratener Speck und grobe, krümelige Stücke selbstgebackenes Brot, das nicht aufgegangen war –, verkündete sie, daß wir in die Kirche gehen würden. Die ganze Familie.

»In die Kirche?« sagte ich.

»Genau.«

»Aber warum? Was denkst du dir? Du weißt genau, daß ich nicht … Meinst du nicht, daß ich an meinem freien Tag Besseres zu tun habe?«

»Weil es mir fehlt, darum. Sollte das nicht ein ausreichender Grund sein? Kannst du nicht mal etwas für mich tun, nur für mich, nur ein einziges Mal? Und für John junior?« Wir saßen am Küchentisch, und der erwähnte Junge war inzwischen beinahe vier. Er hockte auf der Kante seines Kinderstuhls und verwandelte sein eigenes Ei in eine Art Rührei. Iris hielt inne, um ihm den fröhlichen gelben Fleck vom Kinn zu wischen, und wandte sich wieder zu mir. »Er wächst wie ein Heide auf. Stört dich das denn nicht?«

»Nein«, sagte ich, »kein bißchen.«

»Weißt du eigentlich, was die anderen Mütter sagen? Oder die anderen Kinder?«

Es wäre sinnlos gewesen, sie darauf hinzuweisen, daß es mich nicht im geringsten interessierte, was die anderen Mütter sagten, oder daß Prok einen Anfall bekommen würde, wenn er erfuhr, daß ich auch nur in der Nähe einer Kirche, eines Tempels, eines Tabernakels oder einer Moschee gewesen war – er haßte sie alle, er haßte alle Religionen unterschiedslos mit derselben Inbrunst. Religion war die Negierung der Wissenschaft. Religiöse Menschen waren nicht imstande, den Tatsachen ins Gesicht zu sehen. Sie lebten im Mittelalter und so weiter. Ich stimmte ihm vollkommen zu, aber Iris wollte in die Kirche gehen, und das war alles, was zählte.

Ich würde sagen, die Erfahrung war, vom soziokulturellen Standpunkt aus betrachtet, einigermaßen interessant. Die Frauen hatten ihre Köpfe bedeckt – die meisten trugen Frühlingshüte, doch etliche hatten sich auch nur ein weißes oder schwarzes Kopftuch umgebunden –, und die Männer und Kinder hatten zu Ehren des Gottes, den sie anbeteten, ihre besten Kleider angezogen. Der Geruch, von dem Iris gesprochen hatte, lag in der Luft – es war irgendein Kraut oder Harz, das auf glühenden Kohlen verbrannt wurde; zweifellos eine Sitte aus den Zeiten, da die Gläubigen weitgehend ungewaschen waren und man dachte, Krankheiten würden durch den Gestank schlechter Luft übertragen –, und vor uns entfaltete sich mit allem Pomp ein Ritual, dem Iris mit so schlichten Gesten folgte, daß ich gerührt war, mehr als ich zugeben wollte. Ich sah sie niederknien, sah, wie sie sich bekreuzigte, die Finger in das Weihwasserbecken tauchte und in stummer Andacht die Lippen zu den Worten des Priesters bewegte, während neben ihr John junior quengelte und zappelte und sie sich zu ihm beugte, um ihn zu ermahnen. Auf eine Art war die ganze Veranstaltung recht schön – nicht daß es irgend etwas bedeutet hätte, und wir sind seitdem auch nicht mehr in der Kirche gewesen (jedenfalls ich nicht), aber es war ein wenig wie in einem Konzert: Man konnte den Geist leeren und die Gedanken schweifen lassen, wohin sie wollten.

Ja, und dann gingen wir in den Park, und John junior freute sich, endlich frei zu sein, und rannte herum wie ein junger Hund, den man von der Leine gelassen hat, und dann machten wir ein Picknick, obwohl der Wind sich bemerkbar machte, sobald die Sonne hinter Wolken verschwand, was sie während des ganzen Nachmittags immer wieder tat. Wir hatten einen Kastendrachen gekauft und zu Hause zusammengebaut, trotz der Tatsache, daß das Lesen und Umsetzen von Bauanleitungen nicht meine starke Seite ist, und als ich losrannte und der Drachen über mir tanzte, stieß mein Sohn einen Schrei reinster, elementarer Freude aus. Ich ließ den Drachen höher steigen und spürte den Zug am anderen Ende der Schnur, und ich brauche wohl nicht zu erwähnen, daß dieses Gefühl mich in meine Kindheit zurückversetzte. »Ich will«, rief mein Sohn. »Gib mir, Daddy. Ich, ich!« Und ich setzte mich ins Gras und nahm John junior auf den Schoß, und gemeinsam hielten wir die Drachenschnur.

Möglicherweise war das der Tag, an dem ihm der Drachen davonflog, aber vielleicht war das auch an einem anderen Tag in einem anderen Jahr. Ich weiß nur noch, daß ich ihn den Drachen allein halten ließ, damit er diesen mysteriösen Zug der höheren Sphären spürte und meisterte, und er rannte los, kicherte wie verrückt, gab dem Drachen Schnur und wurde immer kühner – und das war gut, das war sehr gut –, bis keine Schnur mehr da war. Bevor ich bei ihm war, bevor ich hinzuspringen und das Ende packen konnte, war der Drachen schon fort und stieg, die durchhängende Schnur hinter sich herziehend, in den Himmel auf, als gehörte er nicht zu uns.

Und dann gab es Abendessen, den Truthahn, den Iris vor unserem Aufbruch in den Ofen geschoben hatte. Als wir eintraten, hing der Bratenduft schwer in der Luft. Ich machte ein Feuer im Kamin, um die Kälte aus Fingern und Zehen zu vertreiben. Dann gaben wir John junior bei der Babysitterin ab – Ob es wohl spät werden würde, wollte sie wissen. Nein, eher nicht – und fuhren zu Prok.

Wir waren die ersten, was an sich schon ungewöhnlich war. Mac nahm uns die Mäntel ab, und Prok, der ganz und gar vom Mixen der Cocktails in Anspruch genommen war – es waren Zombies –, saß auf einem Stuhl, den er an den Couchtisch im Wohnzimmer gezogen hatte, und rief uns einen knappen Gruß zu. Im Kamin brannte diesmal kein Feuer, dennoch war es warm im Haus, und es roch schwach nach Zentralheizung, nach dem Brenner im Keller und erwärmten Heizkörpern und Leitungen, und angesichts von Proks spartanischem Lebenswandel war auch das seltsam. Als wir eintraten, erhob er sich, um uns zu begrüßen: ein Küßchen auf die Wange für Iris, für mich einen Händedruck und sein berühmtes Lächeln, und es war wieder einmal, als wäre ich heimgekehrt, als hätte ich das mir bestimmte Ziel erreicht, den Ort, der mir auf meiner vaterlosen Lebensbahn als Heimat zugewiesen worden war. Proks Haus. Proks und Macs Haus. Eine Welle von Gefühlen durchlief mich – ich kann nicht sagen, warum, ich weiß nicht, was dieser Augenblick an sich hatte, daß ich so bewegt war, aber ich glaube, es hatte etwas mit Beständigkeit zu tun und mit der Tatsache, daß diese mir mit einem Mal bewußt wurde. Prok hätte es wahrscheinlich als bloße chemische Reaktion bezeichnet, als Fluktuation der Hormonspiegel. Das und sonst gar nichts.

»Einen Zombie?« fragte er und drückte uns, bevor wir etwas sagen konnten, die hohen kalten Gläser in die Hände.

Ich bemerkte, daß noch keine Stühle aufgestellt waren, daß das Licht über dem Grammophon nicht brannte und die Platten noch allesamt in ihren Hüllen im Regal standen. Das schien auch Iris aufgefallen zu sein, denn sie nahm einen großen Schluck und fragte mit einer Stimme, die vielleicht ein kleines bißchen zu beflissen klang: »Brauchst du Hilfe mit den Stühlen, Prok? Für den musikalischen Abend, meine ich. Es ist doch ein musikalischer Abend, oder?«

Prok war mit den Cocktails fertig, jedenfalls mit der ersten Partie: Auf dem Couchtisch stand ein Tablett mit vier beschlagenen Gläsern, die auf die anderen Gäste warteten. Er stand auf und rieb sich die Hände, als hätte er wieder mal saubere Arbeit geleistet. »Nein«, sagte er und sah Iris an, »wir haben beschlossen, heute abend etwas ganz anderes zu machen ...«

Aspinall schlug die Tür zum Speicherzimmer zu und stapfte die Treppe herunter. Wir alle sahen ihn an, als er mit Sonnenbrille und Regenmantel ins Wohnzimmer schlurfte. Die Wärme erschien mir plötzlich drückend – ich mußte meinen Krawattenknoten lockern –, und ich fragte mich, wie er das aushielt.

»Ist oben alles bereit?« fragte Prok, und ich spürte eine erste leichte Beschleunigung des Herzschlags.

Aspinall kam zu uns geschlurft, senkte den Kopf, um über seine Brille hinwegzusehen, und nickte Iris und mir kurz zu, bevor er antwortete: »Ja, alles fertig. Bis auf die Scheinwerfer.«

»Gut«, sagte Prok.

»Das wäre reine Stromverschwendung.«

»Gut.«

Mir war nie aufgefallen, wie blaß Aspinall war, wie blut- und farblos er wirkte. Es war, als hätten all die Stunden in der Dunkelkammer ihn ausgelaugt, und unwillkürlich fragte ich ihn, ob alles in Ordnung sei – »Was ist los, Ted? Brütest du irgendeine Krankheit aus oder was?« –, anstatt mich an Prok zu wenden und eine Antwort auf die Frage zu verlangen, die in meinem Kopf zuckte und trat wie ein ungeborenes Kind: *Was sollte hier gefilmt werden, und wenn etwas gefilmt werden sollte, warum waren dann unsere Frauen ebenfalls eingeladen?*

Ted stieß ein kurzes Lachen aus und nickte Iris noch einmal zu. Sein Gesicht war ausdruckslos, doch seine Mundwinkel zeigten immer leicht nach oben, so daß er selbst im Ruhezustand aussah, als amüsierte er sich im stillen über einen Witz. »Das hat mich meine Mutter auch immer gefragt«, sagte er. »Teddy, du mußt raus, an die frische Luft, und mit den anderen spielen, Baseball oder so, du brauchst ein bißchen Sonne, aber ich glaube, ich bin nun mal ein Nachtmensch. Verdammt, im Village ist keiner vor zwölf Uhr mittags auf den Beinen – und das sind die Frühaufsteher.«

»Ich könnte auch den ganzen Tag schlafen«, sagte Iris. Wir drei sahen sie an. »Und das würde ich wohl auch, wenn John junior nicht wäre. Aber ihr wißt ja, wie es ist mit einem bald Vierjährigen …«

Aspinall hatte keine Ahnung. Seine Augen waren hinter den getönten Gläsern kaum zu erkennen: Halbkreise aus Licht, wie sich verfinsternde Himmelskörper. Mir fiel auf, daß Prok ihm keinen Drink anbot.

Es klopfte an der Tür, und die Rutledges und Corcorans trafen gemeinsam ein. Violet trug einen Pelzmantel und darunter ein tief ausgeschnittenes Kleid, das ihren Busen zur Geltung brachte, Hilda eine rosarote frühlingshafte Jacke und ein gürtelloses Kleid, das, wäre es nicht so streng gemustert gewesen, auch als Nachthemd hätte durchgehen können, Rutledge war elegant wie immer, und Corcoran hatte den Kamelhaarmantel und seine schicken Schuhe an. Ihre Gesichter waren von der Kälte gerötet, und sie stampften mit den Füßen auf und legten die Mäntel ab. Ihre lebhaften Stimmen vermischten sich zu einem Rezitativ der Ankunft. Prok war mit einem Mal ganz geschäftig, schob alle in die stickige, tropische Wärme des Wohnzimmers, verteilte die Drinks und begann sogleich, neue zu mixen. Bei Iris machte sich bereits die Wirkung des ersten Glases bemerkbar: Ihre Augen glänzten, und ihr Mund war ganz leicht geöffnet, als schnappte sie nach Luft oder als versuchte sie, sich an den Text eines Liedes zu erinnern, das niemand außer ihr hören konnte. Sie sagte etwas zu Hilda, etwas über die Klarinetten, und ihre Worte schritten in einem gemessenen Adagio dahin. Sie stand breitbeinig da, um das Gleichgewicht besser zu halten, und lächelte mir, als sie einmal kurz herübersah, verschwörerisch zu: Der musikalische Abend blieb uns erspart und hatte sich unversehens in eine Party verwandelt. Mit Freunden. Guten Freunden. Unseren besten Freunden. Ich hätte sie am Arm nehmen und hinaus zum Wagen führen sollen, ich hätte sie nach Hause bringen sollen, aber ich tat es nicht.

Für alle, die es nicht wissen, sollte ich erwähnen, daß ein Zombie ein besonders starker Drink ist. Er wird in einem hohen Glas serviert. Das Glas muß hoch sein, um all das Zeug zu fassen, aus dem dieser Cocktail besteht: 6 cl weißer Rum, je 3 cl brauner Rum und Apricot Brandy, etwas Ananassaft und Sirup, um die Schärfe des Alkohols zu mildern, und auf das Ganze kommt dann noch eine Schicht siebzigprozentiger Rum. Ein Glas von diesem Getränk, und ich spürte jenes vertraute Prickeln in Händen und Füßen, an dem ich gewöhnlich erkenne, daß meine Rutschpartie auf der langen, spiegelglatten Schräge der Trunkenheit bereits begonnen hat. Und was tat Prok? Er machte uns betrunken, seinen engsten Kreis, seine intimsten Vertrauten, und wenn wir dann betrunken waren und unsere Hemmschwelle herabgesetzt war, würden wir hinaufgehen. Ins Speicherzimmer.

Wir beobachteten einander, die Männer jedenfalls, denn wir ahnten, was kam, und waren ängstlich und erregt zugleich. Rutledge saß auf einem der Eichenstühle am Tischende, stützte die Arme auf die Knie und unterhielt sich mit Violet und Mac, als wäre alles ganz normal. Seine portugiesischen Augen funkelten mich an, während Corcoran mir einen triumphierenden Blick zuwarf und ein kurzes, scharfes, eruptives Lachen hören ließ. Der Cocktailshaker machte die Runde. Die Uhr in der Halle schlug zur vollen Stunde, aber welche Stunde es war, weiß ich nicht. Und dann klopfte Prok mit dem langen silbernen Cocktaillöffel an den Shaker. »Darf ich um eure Aufmerksamkeit bitten?« sagte er, und die Unterhaltungen erstarben mit einem wiehernden Lachen von Hilda Rutledge über eine Bemerkung, die Violet gemacht hatte.

Prok trug wie immer einen dunklen Anzug, ein weißes Hemd und eine Fliege, doch ich dachte unwillkürlich, daß seine fleischfarbenen Shorts dem Anlaß angemessener gewesen wären. Sein Kopf – diese Massigkeit, diese Festigkeit, der Haarschopf, die strengen Züge, die harten, kalten, empirischen Augen – schien wie aus Bronze gegossen. Er war ein Riese unter Zwergen. Ich wäre ihm überallhin gefolgt. »Mac, Aspinall und ich haben eine Überraschung für euch, eine längst überfällige Überraschung, und wenn ihr einfach Ted hier folgt« – er wies auf Aspinall, der mit hängenden Schultern und der dunklen Brille, die das Licht verschluckte, an der Wand lehnte –, »werdet ihr sehen, worin sie besteht.«

Ich weiß nicht mehr, was mir durch den Kopf ging, aber ich folgte der Gruppe die Treppe hinauf wie ein Kind auf einem Ausflug. Iris ging vor mir, und die Parfümdüfte der Frauen hingen über der Treppe wie ein Rauschmittel – als hätte ich eins gebraucht. Die Stufen knarrten unter unseren Schritten. Prok sagte etwas, das ich nicht verstand, und Mac war auch da, an seiner Seite, ein Ballett der Schatten, Corcoran war zwei Stufen über ihm und riß mit leiser Stimme einen Witz, als Aspinall uns in das Speicherzimmer führte und das Licht einschaltete. Mein Herz klopfte, als wollte es aus der Brust springen. Es war warm wie im Hochsommer. Mein Hemd war durchgeschwitzt. Und was erwartete ich – daß Iris es genießen würde? Daß es für sie höchste Zeit war, meine eigentliche Arbeit kennenzulernen? Daß der Anblick von Corcoran – und wem, Violet? – beim Geschlechtsakt sie irgendwie erregen, ihr den Wind aus den Segeln nehmen oder sie wenigstens einbinden würde? Aber vielleicht war ich auch auf dem Holzweg. Vielleicht hatte Prok etwas ganz anderes vor und wollte uns einen weiteren Tierfilm zeigen, über Biber, Hamster oder Chinchillas. Doch es war kein Projektor zu sehen. Und das Licht war grell.

»Gut«, sagte Prok und schloß die Tür hinter uns mit einem vernehmlichen Klick. »Sehr gut. Macht es euch bitte gemütlich.«

Das Bett in der Ecke war wie beim letzten Mal, als wir hier gefilmt hatten, beleuchtet wie eine Bühne, doch die Stühle waren verschwunden und durch ein paar auf dem Boden liegende Matratzen ersetzt worden. Ich dachte an den Sportunterricht in der Highschool, wenn der Lehrer die Matten auslegen ließ und wir angespannt in einer Reihe an der Wand saßen, bis er zwei Jungen auswählte, die miteinander ringen mußten, drei endlose Minuten lang, vom ersten Kontakt bis zum Ende. Verstummt ließen wir uns nieder, und jeder hielt sich unbewußt an seinen Partner, alle bis auf Mac, die sich mit einem leisen Lächeln neben Iris und mich setzte. Rutledge warf mir einen Blick zu – es war dieser Blick, den er auch an jenem Abend gehabt hatte, als Corcoran und Betty uns zum ersten Mal eine Vorführung gegeben hatten. Er war erregt, und ich war es, gegen meinen Willen, ebenfalls.

»Ich sage, das hier ist längst überfällig«, begann Prok. Er stand knapp außerhalb des Lichtscheins, beugte sich steif zu uns und gestikulierte mit einer Hand, wodurch sein Gesicht im Schatten lag, während seine Silhouette vom hellen Schimmer des Scheinwerferlichts eingerahmt war wie die eines Schauspielers, der aus den Kulissen tritt, um einen Monolog zu halten. Und wer wäre er gewesen? Jago? Richard III.? Prospero? »Denn das, was wir hier erschaffen, verdankt sich einzig und allein unserem Engagement – dem Einsatz meiner Mitarbeiter und der Frauen, die hinter ihnen stehen. Keiner von uns darf auch nur im mindesten verklemmt sein – schon der Vorwurf wäre fatal –, denn das würde nicht nur dem Projekt, sondern auch den Prinzipien, die ihm zugrunde liegen, irreparablen Schaden zufügen.«

Er hielt inne und sah uns der Reihe nach an, und das Licht schien sich zu ballen und zu verdichten, als er den Kopf drehte. »Es tut mir leid, aber wir sind nichts als Heuchler, wenn wir nicht imstande sind, zu tun, was wir predigen, wenn wir nicht imstande sind, ohne Hemmungen miteinander umzugehen, denn wir sind Pioniere, daran kann wohl kein Zweifel bestehen. Eine statistische Erhebung, ganz gleich, wie sorgfältig sie durchgeführt wird, kann die Fakten natürlich niemals so klar zeigen wie die direkte Beobachtung, und daher haben wir, wie den meisten von euch bekannt ist, seit einiger Zeit sexuelle Aktivitäten in diesem Raum beobachtet und auf Film aufgezeichnet, und es gibt keinen Grund« – hier sah er Iris an –, »warum irgend jemand von euch das nicht wissen sollte. Es handelt sich hier um Wissenschaft. Objektiv und unpersönlich. Und notwendig – vergeßt das nicht.«

Iris' Hand tastete nach meiner, und ich drückte sie, beugte mich zu ihr und strich mit den Lippen über ihr Ohr. Auch sie schwitzte – der Raum war der reinste Backofen –, und ich roch ihren Schweiß, ihren ganz persönlichen flüchtigen Geruch, den Duft, der nur Iris gehörte.

»Und jetzt«, sagte Prok, »möchte ich, daß ihr erst einmal eure Kleider ablegt« – ein Kichern von Hilda Rutledge, die mit ihrem Mann auf der Matratze neben mir saß –, »ganz ungezwungen und ohne Befangenheit. Wir sind schließlich alle erwachsen«, sagte er, und seine Stimme kam jetzt von weiter unten, weil er sich bückte, um Schuhe und Strümpfe auszuziehen, »und außerdem sind wir, im Gegensatz zu den bedauernswerten unterdrückten Menschen, deren Geschichten wir täglich hören, aufgeklärt und ganz darauf ausgerichtet, das zu genießen, wofür wir gemacht sind: sexuelle Beziehungen aller Art, ohne Hemmungen oder Tabus.«

Im Handumdrehen war er nackt und stand vor uns: muskulöse Beine mit hervortretenden Adern, der Rücken ein bißchen krumm, ein Bäuchlein, wie es das mittlere Alter mit sich bringt. Beim Sprechen zischte der Atem durch seine Zähne. »Na los«, sagte er, »zieht euch aus, alle. Ja, so ist es gut.«

Es raschelte, als wir Arme und Beine streckten und uns hierhin und dorthin beugten, um Reißverschlüsse zu öffnen und an Knöpfen zu nesteln, und ich bemerkte, daß Mac neben mir sich ihrer Kleider mit derselben Selbstverständlichkeit entledigte, mit der sie nach dem Bad das Wasser aus der Wanne laufen ließ. Iris sah mich an, das Licht lag wie ein Schild auf dem Bett in der Ecke, und ich hatte das Jackett ausgezogen und mein Hemd aufgeknöpft. Ihre Augen leuchteten, es waren Katzenaugen, die mich unverwandt anstarrten. Für einen Augenblick saß sie ganz still da und sah nur zu, wie ich den Gürtel öffnete und aus der Hose schlüpfte. Dann griff sie hinter ihren Rücken und knöpfte das Kleid auf – sie trug Schwarz, das war ihre Farbe, und die hatte sie auch an dem musikalischen Abend getragen, an dem Corcoran in unser Leben getreten war, ein schwarzes, weiß abgesetztes schlichtes Kleid mit Puffärmeln, eine einfache Perlenkette, flache Schuhe, Strümpfe, einen weißen BH, einen weißen Slip. Ich war nackt, bevor sie es war, und sie sah, in welchem Zustand ich war, in dem wir alle – alle Männer – waren, doch sie zögerte keinen Augenblick. Sie ließ den BH hinter sich fallen und stützte sich mit dem Rücken an der Wand ab, während sie den Slip auszog.

Prok bearbeitete sich, er masturbierte, stolz auf seine Technik und die Größe seines Penis – eigentlich war er in diesem Punkt ein bißchen angeberisch –, und weil es keinen Grund gibt, etwas zurückzuhalten, und weil es nichts ist, dessen man sich schämen müßte, sollte ich wohl erwähnen, daß er seit der Pubertät bei sexuellen Aktivitäten oft Lust und Schmerz miteinander verband.

Er fand Gefallen daran, Gegenstände in die Harnröhre einzuführen, und weitete diese im Lauf der Jahre so aus, daß sie eine Zahnbürste aufnehmen konnte, und genau dies – eine Zahnbürste einführen – tat er nun, als wäre er ein Zauberer, der einen Trick vorführte. Das Licht traf ihn von der Seite, als er die Bürste hineinschob, und er schaffte es sogar, einen kleinen Vortrag über dieses Thema zu halten, während wir in gespannter Stille, vielleicht sogar in Ehrfurcht dasaßen.

Er kam jedoch nicht zum Höhepunkt – das hob er sich für die Filmaufnahmen auf. Nach kurzer Zeit zog er die Zahnbürste wieder heraus und lud mich mit leiser Stimme ein, mich auf dem Bett zu ihm zu gesellen. »Milk, willst du bei dem ersten Film heute abend dabeisein, damit die anderen einen Eindruck von der Technik bekommen, die wir uns angeeignet haben?«

Iris saß, nackt und die Knie an die Brust gezogen, neben mir an der Wand. Zu meiner anderen Seite saß Mac im Schneidersitz, gerade aufgerichtet und mit hübschen kleinen Brüsten. Aller Augen waren auf mich gerichtet. Ich wußte nicht, was ich sagen sollte: rechts Iris, links Mac, meine H-Orientierung war im Lauf der Zeit immer schwächer geworden – und wurde hier und jetzt noch schwächer –, bis ich auf der berühmten Skala wohl kaum noch eine 1 war.

»Milk?« sagte Prok. »John?«

Aspinall stand hinter der Kamera. Die Schöße seines Trenchcoats hingen herab, so daß er aussah wie ein Aasgeier, der über etwas äußerst Interessantem kauerte. Die Kamera war bereit, die Scheinwerfer brannten. »Nein«, hörte ich mich sagen, »ich kann nicht. Jedenfalls nicht jetzt. Nicht als erster.«

Kurze Stille, und dann meldete sich Corcoran, der Exhibitionist, zu Wort. »Ich bin dabei«, sagte er, als wäre das hier ein Mannschaftssport, und Prok und er traten ins Scheinwerferlicht und gingen zum Bett. Aspinall betätigte die Kamera, und ich spürte, wie Iris in sich zusammensank. Dann waren die Rutledges dran, dann Corcoran und Mac, und dann – wir waren, wie mir schien, nun schon Stunden hier, wir schwitzten wie in einer Sauna und wagten nicht zu sprechen, denn es gab nichts zu sagen, es gab keine Worte, die hätten ausdrücken können, was wir empfanden, was *ich* empfand – erhob sich Prok von seinem Platz bei Violet Corcoran, ging durch den Raum und ließ sich auf dem Rand der Matratze nieder, auf der Iris und ich saßen. Er hatte wieder eine Erektion, sein Bauch hing schwer, die Sehnen und Bänder an Knien und Waden spannten sich straff über Muskeln, so zäh wie Dörrfleisch. Sein Kopf war bedrohlich nahe. Sein Gesicht. »Nun, Milk«, sagte er, »bist du jetzt so weit? Du und deine Frau?«

Ich sagte nichts. Ich konnte Iris nicht ansehen.

»Du wirst mir doch nicht verklemmt werden, oder, Milk? Iris?«

Und da sprach Iris das erste Wort, seit sie den Raum betreten hatte. Sie sagte nur ein einziges Wort, und es traf mich mitten ins Herz. Sie sagte: »Purvis.«

»Wie war das?« fragte Prok leise und lauernd.

Sie wandte den Kopf ab. »Ich tue es mit Purvis.«

Es entstand eine lange Pause, alles war in freiem Fall, das ganze Projekt – Akten, Protokolle, Fahnenabzüge, dicke gebundene Ausgaben – war im Begriff, vom Himmel zu fallen, als hätte sich die Frachtluke eines Flugzeugs geöffnet, und ich sah es geradezu vor mir: dicke Papierbüschel auf den Hecken, Rasen und Dächern von Amerika, und die Hausfrauen und ihre geplagten Ehemänner zupften mit spitzen Fingern in einem herzzerreißenden anonymen Geheimnis nach dem anderen herum, bis sie einander in die Arme fielen und um uns weinten, um uns arme, leidende menschliche Säugetiere mit unseren Lüsten, unseren Verletzungen, unseren Bedürfnissen. Dann senkte Prok seine Stimme zu einem Flüstern und sagte: »Nein, nicht mit Purvis. Mit mir.«

Ich sehe noch seine Beine, seine harten geäderten Beine, als er sich erhob und an ihrem Handgelenk zog, bis sie ebenfalls stand, die Brüste, der ganze Körper entblößt, und wie sie den Arm zurückzog und sagte: »Lieber würde ich sterben«, und dann war ich in Bewegung, und es war wie ein Ringkampf, wie auf dem Footballfeld. Ich weiß nicht, was über mich kam – oder doch, ich weiß es –, aber Prok lag mitten im Raum auf dem Rücken, und alle sprangen auf, und Iris bückte sich nach ihren Kleidern und rannte hinaus.

Wir holten unseren Sohn sehr spät bei der Babysitterin ab – oder vielmehr: ich holte ihn dort ab, denn Iris war nicht im Wagen und nicht zu Hause und nicht auf einer der dunklen, windigen Straßen, durch die ich fuhr, bis der Himmel heller wurde und die Babysitterin ihr wütendes Gesicht durch den Türspalt streckte und John junior schwer in meinen wartenden Armen lag.

10

Am nächsten Tag ging ich nicht zur Arbeit. Ich versorgte meinen Sohn, saß neben dem Telefon und wartete darauf, daß es klingelte. Nach dem Mittagessen – ich machte ein paar Frankfurter warm und öffnete eine Dose Bohnen mit Schweinefleisch – setzte ich mich mit John junior in den Wagen und fuhr systematisch immer wieder durch die Straßen der Stadt, als wäre ich einer von diesen Greisen, die etwas suchen, was sie nicht benennen können. Dabei konnte ich es benennen: *Iris.* Und was erwartete ich? Daß sie, den Wind in den Haaren, einen Bürgersteig entlangging, unterwegs zum Einkauf? Ich hielt an der Grundschule, wo sie bis zur Geburt unseres Sohns gearbeitet hatte, in der vagen Hoffnung, sie könnte für eine fehlende Kollegin eingesprungen sein, aber nein, sie war nicht dort – die offenbar erst kürzlich eingestellte Sekretärin verstand gar nicht, wen ich eigentlich meinte. Während der ersten halben Stunde plapperte John junior noch auf mich ein, dann spielte er an den Knöpfen des Radios herum, bis er schließlich unter dem statischen Rauschen einschlief, während der Wagen dahinkroch und ich durch die Windschutzscheibe starrte und meine Gedanken rasten. Irgendwann fuhr ich verzweifelt hinaus zu dem Steinbruch, wo wir in unschuldigeren Tagen geschmust hatten; ich kletterte über die weißen Felsstufen und spähte hinab in das sich verdunkelnde Wasser, als könnte ich dort den langsam im Kreis treibenden Leichnam einer Selbstmörderin entdecken.

Nach dem Abendessen – wieder Frankfurter und Bohnen – saß ich stumpf im Sessel vor dem kalten Kamin und las *Pu baut ein Haus* vor, bis ich es auswendig konnte, und immer noch wollte John junior, daß ich weiterlas. Sollten wir nicht lieber Radio hören? »Nein, lesen«, sagte er. Und unterbrach mich mitten in dem Kapitel über den windigen Tag, um mit noch nuscheliger Stimme zu fragen: »Was ist *böig?*« »Das ist so wie gestern«, sagte ich, »als wir den Drachen haben steigen lassen.« Er saß neben mir – die kurzen Arme und Beine, das widerspenstige Haar, das wie eine Kopie des meinen war (ungebürstet, so wie sein Gesicht ungewaschen war, denn auch darauf verstand ich mich nicht besonders) – und sagte nach kurzem Schweigen zum vielleicht sechzigsten Mal: »Wo ist Mommy?« »Sie ist ausgegangen«, antwortete ich, und dann sagte ich, es sei Zeit, zu Bett zu gehen.

Es hatte niemand angerufen, weder Mrs. Matthews, um zu fragen, ob ich krank sei, noch Prok, um sich zu entschuldigen (oder vielmehr meine Entschuldigung anzunehmen), noch Rutledge oder Corcoran oder Mac. Gegen acht wählte ich schließlich Corcorans Nummer. Es meldete sich Violet.

»Hallo, Violet, hier ist John. Ist Purvis da?«

Ihre Stimme klang gedämpft, alle Vertrautheit war wie ausgewaschen. »John«, sagte sie, als spräche sie den Namen probeweise aus. »Klar. Klar. Ich hole ihn.«

»Hallo, John?« Das war Corcoran, und bevor ich etwas sagen konnte, stellte er mich zur Rede. »Was sollte das gestern nacht? Du kannst doch nicht ... John, hör mal, wir alle stecken da drin, das weißt du. Das ist nichts Persönliches. Du kannst Prok nicht herumkommandieren, niemand kann das. Und dann kommst du nicht zur Arbeit –«

»Ist Iris da?«

»Iris? Wovon redest du?«

»Von meiner Frau. Iris.«

»Ist sie denn nicht bei dir?«

»Nein«, sagte ich, und das Blut schoß mir ins Gesicht. »Ist sie denn nicht bei dir?«

»John, hör mal, du regst dich auf, und das ist dumm, wirklich dumm. Laß diese Sache nicht alles kaputtmachen, wirf nicht deine ganze Karriere weg für ... für –«

»Liebe?«

Er antwortete wie aus der Pistole geschossen, und seine Stimme war hart vor Verärgerung. »Nein«, sagte er, »um Liebe geht es dabei nicht. Liebe hat nichts damit zu tun. Nichts. Überhaupt nichts.«

Ich brachte John junior, so gut ich konnte, zu Bett, nach flüchtigem Zähneputzen und minimalem Gesichtwaschen – aus irgendeinem Grund hatte er etwas gegen den Waschlappen: Er war zu rauh oder nicht warm genug oder es war zuviel oder zuwenig Seife daran –, und das nächste, an das ich mich erinnere, war das Motorengeräusch vor dem Haus. Als ich durch die Tür und hinaus in die noch immer stürmische Nacht rannte, war der Wagen bereits am Ende der Zufahrt, die Rücklichter entfernten sich, ein kurzes, wütendes Aufflackern der Bremslichter, kein Blinker, und dann schwangen die Zwillingskegel der Scheinwerfer herum und bogen auf die

Landstraße ein, und als ich wieder ins Haus ging, in John juniors Zimmer, stellte ich zu spät fest, daß er nicht mehr da war.

Die nächsten beiden Tage war ich betrunken. Das war nicht schön, das war nicht vernünftig. Es war eine Schwäche von mir, ererbt von meinem toten Vater und dessen Vater – einem Milch aus Verden an der Aller, wo meines Wissens noch immer ein Dutzend saufende Angehörige dieser Sippe lebten, Vettern und Großonkel, die vor billigen Radios saßen, blechernen Nachkriegsjazz hörten und ihre Sorgen in Beck's und Schnaps ersäuften. Am ersten Tag lag ich auf dem Sofa und trank, was wir im Haus hatten: eine Flasche Bier, das im Kühlschrank schal geworden war, meine Reserveflasche Bourbon, schließlich den Inhalt meines Flachmanns (halbvoll mit etwas, das wie Geritol schmeckte, in Wirklichkeit aber der Rest des Southern Comfort war, den ich im letzten Herbst eingefüllt hatte, als Iris und ich zu einem Footballspiel gegangen waren). Ich setzte den Flachmann an – J.A.M., das Geschenk zu meinem Studienabschluß, von Tommy, Iris' Bruder – und starrte an die Decke. Davor hatte ich Iris' Mutter in Michigan City angerufen. War Iris da? Schweigen. Dann die tiefgekühlte Stimme meiner Schwiegermutter. Ja, Iris war da. Konnte ich mit ihr sprechen? Nein, das konnte ich nicht.

Am zweiten Tag erwachte ich mit Kopfschmerzen und machte mit zittrigen Händen eine Mansche aus Speck, Eiern und den steinharten Resten von Iris' Brot. Ich ging nicht zur Arbeit, ich rief meine Frau nicht an – sollte sie doch anrufen –, und vor allem gestattete ich mir nicht, an irgend etwas zu denken, nicht an Prok, nicht an das Projekt oder meine Kollegen oder an das, was in dem Speicherzimmer über mich gekommen war. Wir hatten Zombies getrunken, oder? Also gut, dann war ich jetzt eben ein Zombie, ohne Willen, ohne Gefühle. Gegen Mittag ging ich, noch immer etwas wacklig, im grellen Licht eines sonnigen Vorfrühlingstags in die Stadt, in eine Kneipe, wo es Bier im Überfluß gab und eine Fülle indirekt beleuchteter Flaschen mit harten Sachen, die das Bier auf dem Weg nach unten begleiten würden. Ich hielt den Kopf gesenkt und den Blick auf den Boden gerichtet, denn einem Bekannten zu begegnen war das letzte, was ich wollte.

Ich kann mich nicht erinnern, an diesem Nachmittag etwas gegessen zu haben. Ich trank, las die Zeitungen, ging zur Toilette und trank weiter. Es muß sechs oder so gewesen sein, als mir jemand auf die Schulter klopfte. Ich sah auf. Elster stand neben mir. Richard Elster, der neue Bibliothekar des Instituts, der Mann, der für das verantwortlich war, was bald die größte Sammlung für sexualwissenschaftliche Literatur – und Erotika – sein würde, größer noch als die des British Museum und des Vatikans. »Hallo, John«, sagte er, »wo warst du denn?«

Ich gab ihm keine Antwort.

»Ich hab Bella gefragt, und sie sagte, du wärst krank.«

Ich spürte Ärger in mir aufsteigen. »Wen?«

»Bella. Mrs. Matthews. Sie sagte, du hättest eine Grippe.«

»Ich habe keine Grippe.«

Der Barmann unterbrach uns mit der Frage, was Elster trinken wolle, und Elster bestellte ein Bier und wandte sich wieder zu mir. »Ist alles in Ordnung? Bestimmt? Weil ich nämlich Gerüchte gehört habe, über neulich abend – hatte das was mit dir und deiner Frau zu tun?«

Er fischte. Er hatte keine Ahnung. Keiner von uns hätte auch nur ein einziges Wort gesagt, nicht einmal unter Androhung des Todes. Dessen war ich sicher. Absolut. Und dennoch spürte ich, wie sich etwas in mir zusammenkrampfte.

»Wie geht es ihr überhaupt? Grüße sie von mir und sag ihr, daß es Claudette und unserer kleinen Sally prima geht. Weißt du schon, daß Claudette wieder schwanger ist?«

»Es geht ihr gut«, sagte ich.

An der Tür gab es Bewegung, Gäste kamen und gingen, die Jukebox erwachte mit dem Lied einer hirnlosen Sängerin zum Leben – sie trällerte etwas von Liebesnestern –, und ich winkte den Barmann herbei. »Wieviel bin ich schuldig?« fragte ich.

»Du willst schon gehen?« Elsters Mund bekam etwas Verkniffenes. Da war Enttäuschung und noch etwas anderes. Streitlust. Er erhob die Stimme. »Denn ich bin gerade erst gekommen, und wir sind doch jetzt Kollegen, oder?« Er beugte sich über meine Schulter, während ich das Wechselgeld einsammelte, er rückte mir zu dicht auf den Leib, er bedrängte mich, und ich wußte nicht, warum. Und dann sprach er es aus: »Geheimnisse, stimmt's? Was geschieht hinter den verschlossenen Türen? Ich schwöre, ich werde kein Sterbenswörtchen verraten.«

Ich hatte den ganzen Tag getrunken, doch jetzt war ich mit einem Schlag nüchtern. Ich stand auf – er war ein kleiner Mann, sein Kopf war auf Höhe meiner Schultern –, und vielleicht rempelte ich ihn an, nur ein bißchen, aber wenn es so war, dann war es rein versehentlich. »Ich muß gehen«, sagte ich.

»Wohin? Zu einem leeren Haus? Was ist los, John?«

Ich stand an der Theke und sah hinab in seine stichelnden Augen. Elster war in jeder Hinsicht klein, aber dennoch gefährlich. Meine Stimme war belegt. »Nichts«, sagte ich und schob mich an ihm vorbei.

»Ich kenne dich!« rief er mir nach. »Ich weiß, was du so machst!«

Ich bin kein gewalttätiger Mensch. Ganz im Gegenteil – Iris sagt immer, daß ich mir viel zuviel gefallen lasse, und wahrscheinlich hat sie damit recht. Aber nicht an jenem Abend. An jenem Abend war es anders. Es war, als stünde alles, was ich besaß oder je gewollt hatte, auf dem Spiel – Prok, Iris, meine Karriere, mein Sohn –, und ich verlor die Beherrschung. Ich war auf dem Weg zur Tür, Gesichter starrten mich an, Studenten, irgendwelche anderen Gäste, Frauen, die vergaßen, das Glas abzusetzen, als ich herumfuhr und Elster an den Aufschlägen seines Jacketts packte. Er erbleichte, seine Augen sanken ein. »He«, rief der Barmann, »lassen Sie das!«

Ich spürte, daß Elster den Boden unter den Füßen verlor. Meine Hände zitterten. »Du kennst mich nicht«, sagte ich, und meine Stimme war jetzt ganz ruhig. »Und du wirst mich nie kennen.«

Am nächsten Morgen ging ich zur Arbeit. Mrs. Matthews versuchte, sich nichts anmerken zu lassen, warf mir aber unwillkürlich einen Blick zu, dessen Ausdruck irgendwo zwischen Verblüffung und Erleichterung lag, und als ich an Proks Büro vorbeiging, blickte er auf und sah mich ruhig an, bevor er sich räusperte und sagte: »Ich brauche diese Tabellen, Milk. Sobald du Zeit hast.«

Ich hätte sagen können: *Du kannst dir deine Tabellen sonstwohin stecken.* Ich hätte sagen können: *Ich hab's satt. Ich hab die Schnauze voll. Ich kündige.* Doch ich erwiderte nur seinen Blick, gerade lange genug, daß er merkte, was ich fühlte, und sagte dann: »Ja« – mit einem langen, beschwichtigenden Ausatmen –, »ja, ich werde mich gleich daranmachen.«

Ich arbeitete den ganzen Vormittag ohne Pause. Ich konzentrierte mich auf die Geraden und Kurven und die Schraffierungen der Diagramme, die ich zeichnete, auf die zueinander in Beziehung gesetzten Zahlen, auf die Mittel- und Gesamtwerte, die nie logen. Rutledge und Corcoran streckten den Kopf durch die Tür und begrüßten mich, während Prok sein Zimmer nicht verließ und Elster zweimal vorbeimarschierte, mit gereckten Schultern, den Blick starr geradeaus gerichtet. Bei der ersten Gelegenheit – als ich das verräterische Rascheln der Papiertüte hörte, in der Prok sein Mittagessen aus Sonnenblumenkernen, Nüssen und Schokolade hatte – ging ich in sein Zimmer und schloß die Tür.

»Prok«, sagte ich, »ich wollte nur … Ich wollte …«

Er hatte die Ellbogen rechts und links von seiner Arbeit, seiner ewigen Arbeit, auf den Tisch gestützt. Er wirkte angegriffen und erschöpft. Für einen Augenblick ließ er den Kopf sinken, so daß er aussah wie ein Gehenkter. Die Schultern sackten nach vorn, und als er aufblickte, war etwas in seinen Augen, das ich noch nie zuvor dort gesehen hatte: keine Schwäche, nein, das nie, niemals, aber etwas, das dem sehr nahe kam – eine Mildheit, ein Hinnehmen, eine inständige Bitte. »Nicht nötig, John«, sagte er und wiederholte es leiser, sanfter, »nicht nötig. Aber setz dich doch. Ich muß mit dir reden – wir müssen miteinander reden.«

Ich zog den für Probanden reservierten gepolsterten Stuhl heran und ließ mich nieder. In den Rohren über uns tickte es. Ein rastloses blasses Licht zog über das Fenster dahin – Wolken, die dem Sonnenlicht nachjagten, dann aber aufgaben.

»Wo soll ich anfangen?« murmelte er, lehnte sich zurück und fuhr sich mit der Hand durchs Haar. »Am besten wohl bei den Frauen. Bei der Ehe. Wir untersuchen hier das Verhalten der weiblichen Exemplare unserer Spezies, nicht wahr, John?«

Ich nickte.

»Interessant, wie sich das Y-Chromosom im Lauf der Zeit immer durchsetzt, nicht?« Er nahm einen Bleistift und legte ihn wieder hin. »Aber was ich sagen wollte, ist: Die Ehe ist die große und beherrschende Institution unserer Gesellschaft, und wir haben uns für sie entschieden, wir haben uns für unsere Frauen entschieden, für Mac und Iris. Und was du neulich abend getan hast – nein, nein, laß mich ausreden –, war in der Situation verständlich, auch wenn es gezeigt hat, wie wenig du in all den Jahren gelernt hast.« Er stieß einen langgezogenen Seufzer aus. »Aber ich glaube wirklich, daß du als mein Assistent, als mein Kollege – fast als mein Sohn, John, mein *Sohn* – einsehen mußt, daß in unserer Forschungstätigkeit kein Platz für Emotionen und emotionale Ausbrüche ist. Laß das hinter dir, John. Bitte.«

Ich wandte den Blick nicht von ihm ab – das immerhin hatte ich gelernt. Ich konnte ebenso undurchdringlich sein wie er. Ich sagte: »Das kann ich nicht.«

»Du kannst es. Und du wirst es.«

»Iris ...« begann ich, und ich wußte nicht, was er gehört hatte und wieviel er wußte. Ich wollte ihm sagen, daß sie fort war und daß nichts – nicht das Projekt, nicht er oder Mac oder alle Tabellen und Statistiken der Welt – diesen Verlust aufwiegen konnte. Aber ich brachte die Worte nicht heraus, und alles wurde noch komplizierter dadurch, daß ich ständig dieses Bild vor Augen hatte, wie er sich nackt, mit einer Erektion, über Iris beugte wie ein Tier – kein menschliches Säugetier, sondern einfach bloß ein Tier –, ein Bild, das meinen Schlaf zerriß und in den Wachstunden schwärte. Welches Recht hatte er? Welches Recht?

»Sie wird zurückkommen.«

»Wie kannst du dir da so sicher sein?«

Er seufzte, verstieß gegen seine eigene Regel und sah nach oben auf die Rohre, bevor er mir einen scharfen, ungeduldigen Blick zuwarf. »Frauen haben die gleichen physiologischen Bedürfnisse wie Männer – alle unsere Zahlen beweisen das, wie du wohl weißt. Das gilt besonders im Hinblick auf die Physiologie der Erregung und des Orgasmus und das Zusammenwirken von Organen und Drüsen. Tatsache ist, daß Frauen Sex genauso brauchen und genauso stark darauf reagieren wie Männer. Ganz genauso. Und es ist ein Verbrechen, ihnen das zu verwehren oder sie auf ein viktorianisches Piedestal zu stellen, als errötende, jungfräuliche Bräute, die Sex einmal im Monat im Dunkeln über sich ergehen lassen, zur Arterhaltung. Wie viele Interviews hast du durchgeführt, John?«

»Ich weiß nicht. Siebzehn- oder achtzehnhundert, glaube ich.«

Das war wieder sein vertrautes Gesicht: die Augen, die einen festhielten, der triumphierende Zug um den Mund. »Genau.«

Ich spürte, wie ich ruhiger wurde, wie die Drehzahl meines Motors sank, und es war keine Hypnose im Spiel. Es waren keine

Tricks oder Taschenspielereien nötig, auch keine Psychoanalyse. Es war nur Prok, Prok selbst. Meine Frau hatte mich verlassen, Elster war ein Krebsgeschwür, ich hatte meinen Gott für einen Augenblick vom Podest gestürzt, und doch ließ ich mich in das Polster sinken, als hätte ich keinerlei Sorgen.

»Und mit demselben Recht haben Frauen – wie du, wenn schon nicht empirisch, dann wenigstens intuitiv bereits weißt – noch eine ganz andere Seite«, fuhr er fort, »und da wird es für viele Männer schwierig. Für dich, John. Für dich.« Er schaltete in den Vortragsmodus, fand seinen Rhythmus und genoß es offensichtlich, und ich entspannte mich. Es gab nichts, was ich tun, was ich sagen konnte. Ich hielt mich an den Armlehnen fest. Ich hörte zu. Wahrscheinlich hätte ich mir Notizen machen sollen.

»Frauen sind nicht die Initiatoren sexueller Aktivität, wie du weißt, vielmehr reagieren sie darauf. Die Erregung erfolgt durch Berührung. Männer dagegen, durchschnittliche Männer, sind von der Pubertät bis zum Greisenalter oder wenigstens bis zum Klimakterium jeden Tag ihres Lebens mehrmals erregt. Mental erregt. Erregt vom Anblick weiblicher Formen, von Bildern, Musik, Kunstwerken, von den Phantasien, denen sie sich hingeben, wohingegen Frauen nur selten durch etwas anderes als Körperkontakt erregt werden und die männlichen Geschlechtsorgane im allgemeinen abstoßend und häßlich finden. Daher ist es wenig verwunderlich, daß sie in die Rolle der Hemmenden gedrängt wurden, der Prüden, der Hüterinnen dessen, was die Gesellschaft als ›Moral‹ bezeichnet.« Er hielt inne und sah mich bohrend an. »Verstehst du? Verstehst du, was ich sagen will?«

Nein, ich verstand nicht. Aber dies war kein Gespräch, jetzt nicht mehr.

»John. Ich will damit sagen, daß du bei deiner Frau berücksichtigen mußt … Wenn sie weiterhin verklemmt ist, dann liegt das zum Teil sicher an ihrem Wesen, aber auch und zum größeren Teil an ihrer Akkulturation, und es kann sich nur ändern, wenn sie sich dem, was wir hier zu erreichen suchen, ganz öffnet. Wie Violet Corcoran, zum Beispiel. Oder Hilda, Vivian Brundage oder Corcorans junge Freundin – Betty, nicht? Diese Dinge sind nicht in Stein gemeißelt. Denk an die *physiologische* Reaktion, John. *Physiologisch.*«

Mir fiel etwas ein, das Prok nach einem Vortrag, in dem das Wort

»Nymphomanie« vorgekommen war, im vertraulichen Gespräch zu einer Frau gesagt hatte. *Eine Nymphomanin,* hatte er erklärt, *ist eine Frau, die mehr Sex hat als Sie. Punkt.*

Ich schwieg einen Augenblick und sagte dann, er habe recht und ich würde darüber nachdenken, absolut, denn Iris brauche mehr Erfahrung, mehr Abwechslung, mehr Körperlichkeit. Für einen kurzen Moment war ich wieder in dem Speicherzimmer, die Brüste der Frauen glänzten vor Schweiß, die Männer waren gierig und hatten Erektionen, und alle hatten meine Hoffnungen und Ängste und Unzulänglichkeiten gesehen. »Du hast recht«, wiederholte ich, »ja, du hast recht.« Aber dann brach meine Stimme, und auch ich wäre um ein Haar vor ihm zusammengesunken. »Prok«, sagte ich unglücklich, absolut unglücklich, so unglücklich wie nie in meinem Leben, »Prok, ich *liebe* sie.«

Das Wort schien an ihm abzuprallen wie eine Flipperkugel an einem Bumper. *Liebe* – ein Wort, das in einem wissenschaftlichen Wortschatz vermutlich nicht vorkam. Doch das muß man ihm lassen: Er zollte dem Wort Respekt. »Ja«, sagte er trocken, »und ich liebe Mac. Und meine Kinder. Und auch dich, John.«

Er lehnte sich zurück und ließ den Blick schweifen. In den Rohren über uns tickte es, die Sonne goß für einige Augenblicke ihr Licht durch die Fenster und verschwand. Das Gespräch war vorüber. Aber da war noch etwas – ich konnte es ihm ansehen. Er richtete den Blick wieder auf mich, und ein Anflug von Selbstzufriedenheit huschte über sein Gesicht. »Übrigens bin ich ganz kurzfristig gebeten worden, zwei Vorträge in Michigan City zu halten«, sagte er. »Wir werden den Aufenthalt natürlich nutzen, um Geschichten aufzuzeichnen. Zwei Übernachtungen im Hotel.« Er hielt inne, nahm den Stift, der auf der einen Ecke des Schreibtischs lag, und legte ihn auf die andere. »Ich dachte, du möchtest vielleicht mitkommen.«

Die Fahrt nach Michigan City war ereignislos und unterschied sich in nichts von den tausend anderen Fahrten, die Prok und ich gemacht hatten: Er lenkte, und ich saß auf dem Beifahrersitz, starrte durch die Windschutzscheibe und gab die Richtung an, denn er verlor sich so sehr in dem, was er sagte, daß er die Abzweigung nach links oder die wichtige Kreuzung, nach der wir suchten, glatt verpaßte und hundert Meter weiter unter Lebensgefahr für uns beide wenden mußte. Prok wurde langsam alt, er achtete weniger auf Einzelheiten, und sein Fahrstil hatte gelitten. Natürlich wäre es ihm niemals eingefallen, mich ans Steuer zu lassen, jedenfalls nicht, solange er nicht bewußtlos war. Was noch? Es war Frühling, wieder mal Frühling. Die Sonne schien ungehindert, und überall platzten grüne Knospen auf. Wir kurbelten die Fenster hinunter, um diese Herrlichkeit aufzusaugen.

Wir sprachen nicht über Iris, und doch war sie den ganzen Weg bei uns – für Prok nur ein weiteres Hindernis, für mich Anfang und Ende von allem. Ich hatte immer wieder angerufen, aber sie kam nicht ans Telefon, und die Stimme ihrer Mutter hätte einen Eisbrecher leckgeschlagen. Ich wußte nicht, was sie von mir erwartete. Ich wußte nicht, ob dies das Ende war oder nicht, ob sie sich scheiden lassen wollte und man mir meinen Sohn wegnehmen würde – und meinen Job. Prok duldete keine Geschiedenen unter seinen Mitarbeitern – nicht einmal Wiederverheiratete. Das war die Regel, schlicht und unumstößlich.

Doch wir redeten über Elster. »Ich will nicht hinter seinem Rükken schlecht über ihn sprechen«, sagte ich, »aber ich glaube, es war ein Fehler, diesen Mann einzustellen. Ganz gleich, in welcher Position. Aber auf jeden Fall nicht als Bibliothekar, wo er Zugang zu … Na ja, du weißt, was ich meine.«

Prok wußte es nicht, und er fragte mich Stunde um Stunde aus. Seine Augen waren kalt und hart. Sechsmal ließ er mich alle Einzelheiten schildern – »Fred Skittering? Der Reporter? Und Elster hat euch miteinander bekannt gemacht? Wann war das?« –, und er stellte noch immer Fragen, brütete noch immer zornig über diesen Verräter in unserer Mitte, als wir vor Iris' Elternhaus angekommen waren. Es war ein bescheidenes Haus in einer Straße mit bescheidenen Häusern: zwei Stockwerke, Roststreifen unter der Regenrinne und ein verbeulter Pontiac in der Einfahrt. »Das ist es also?« fragte er und ließ einen anderen Wagen vorbei, bevor er rückwärts einparkte.

»Ja«, sagte ich mit einem flauen Gefühl im Magen, »das weiße Haus hier, Nummer 14.«

Er stellte den Motor ab und wandte sich zu mir. »Wie heißt Iris' Mutter noch mal?«

»Deirdre. Sie ist irischer Abstammung.«

»Richtig. Irisch. Und der Vater?«

Ich sah auf meine Uhr. »Frank«, sagte ich. »Aber der wird wohl noch auf der Arbeit sein.«

Und dann standen wir vor der Tür. Prok fuhr sich mit der Hand durchs Haar, ich läutete, und hinter dem Haus begann der Hund zu bellen – ein Sheltie namens Bug, den Iris' Vater bei jeder Gelegenheit Bugger rief. Man hörte Schritte, das Kratzen von Hundekrallen auf nacktem Holzboden, noch mehr Gebell, und ich versuchte, mich zu fassen, als Iris' Mutter die Tür öffnete und mich mit einem Blick aus Eisen durchbohrte, während der Hund winselnd an mir hochsprang. »Äh, hallo«, sagte ich und probierte den Klang ihres Namens aus, »hallo, Deirdre. Ach ja, das ist Dr. Kinsey, mein ... tja, mein Chef ...«

In diesem Augenblick veränderte sich alles. Ein Kilkenny-Lächeln erblühte auf ihrem Gesicht, und sie öffnete die Tür weit. »O ja, natürlich«, sagte sie. »Ich hätte Sie überall erkannt. Bitte, kommt doch herein, bitte.«

Ich trat ein und erstarrte: *Iris. Wo ist Iris? Und mein Sohn?* dachte ich. Von oben, aus Iris' altem Zimmer, hörte ich das Krähen eines Kindes, und ich mußte mich zwingen, einen Fuß vor den anderen zu setzen. Der Hund winselte und sprang auf und ab. Ich beugte mich hinunter und streichelte ihn mechanisch.

Ich war seit etwa einem halben Jahr nicht mehr in diesem Haus gewesen. Wir besuchten Iris' Eltern und meine Mutter, sooft wir konnten, aber meine Arbeit ließ mir nicht viel Zeit, wie ich, glaube ich, deutlich gemacht habe. Jedenfalls schien alles ziemlich unverändert: dieselben Mäntel an der Garderobe, dieselben Schirme im Schirmständer und in der Ecke ein Paar Galoschen, das mir bekannt vorkam. Ich registrierte all diese Dinge mit einer Art verfeinerter Wahrnehmung – der Hund wirkte ungepflegter, Iris' Mutter war älter geworden, der Teppich im Wohnzimmer war abgenutzt –, weil ich innerlich verknäult war wie ein Stück Draht. Ich konnte nur an Iris denken. Würde sie mit mir sprechen? Würde sie mich überhaupt sehen wollen?

»Bitte, setzen Sie sich doch«, sagte meine Schwiegermutter. »Sie müssen müde sein – sind Sie heute den ganzen Weg gefahren?«

»Ja«, sagte Prok und nahm auf dem Sofa Platz, »aber John und ich sind daran gewöhnt, stimmt's, John?«

Ich stand neben ihm und konnte mich nicht entscheiden. Ich wußte nicht einmal, ob ich mich würde setzen können, ob meine Muskeln mir gehorchen würden, ob mein Gehirn den Befehl dazu erteilen würde. »Ja«, murmelte ich.

Iris' Mutter war wie ausgewechselt, so stolz, wie ich sie noch nie erlebt hatte. Ihr Haus beherbergte eine Berühmtheit, der große Mann persönlich saß auf dem Sofa im Albion Drive 14. »Tee«, sagte sie, und diesmal galt ihr Lächeln auch mir, »wie wär's mit einer Tasse Tee? Und ich habe auch ein paar Plätzchen ...«

Mit ausgesuchter Höflichkeit und der Stimme, die ich weiß nicht wie viele Tausend in Bann geschlagen hatte, sagte Prok, das sei überaus freundlich, eine echte Wohltat, und meine Schwiegermutter lag ihm praktisch zu Füßen. Obgleich ich mit den Gedanken ganz woanders war, fragte ich mich unwillkürlich, wie lange es dauern würde, bis sie ihm ihre Sexgeschichte anbot.

Ich war im Begriff, sie zu unterbrechen und zu fragen, wo meine Frau und mein Sohn waren und warum sie sie noch nicht geholt hatte, als plötzlich von oben eine Klarinette erklang, etwas Zögerndes, Gebrochenes, unendlich Trauriges, als hätte sich aller Kummer der Menschheit in dem ersterbenden Hauch dieser Melodie gesammelt. »Das ist Wagner«, sagte Prok. »Der ›Liebestod‹, nicht? Aus *Tristan und Isolde.*«

»Ehrlich gesagt, ich weiß es nicht«, sagte Iris' Mutter und hob die Hände. »Bei Iris kann es alles mögliche –«

Da war ich schon unterwegs, durch die Tür, die Treppe hinauf, zwei Stufen auf einmal nehmend, und Prok war mir egal, ebenso wie das Projekt und alles andere, mir war alles egal außer ihr, Iris, meiner Frau, der Frau, die ich liebte und brauchte und wollte. Ich riß die Tür auf, und da war mein Sohn, er lag schlafend mitten auf dem Bett, als wäre er vom Himmel gefallen, und Iris stand mit der Klarinette am Fenster. Sie trug flauschige, zu große Kinderhausschuhe und eine Bluse, die zu ihrer Augenfarbe paßte. Sie spielte noch zwei Noten, *sostenuto e diminuendo,* und dann legte sie langsam und unendlich vorsichtig das Instrument beiseite und streckte die Arme aus. Und soll ich Ihnen was sagen? Ich habe sie nie mehr losgelassen, nie, nie mehr.

Epilog

Bloomington, Indiana

27. August 1956

Ich würde gern berichten können, daß wir uns von da an in ruhigem Fahrwasser bewegten, daß Iris und ich die nötige Feinabstimmung vornahmen und – bis auf den heutigen Tag jedenfalls – harmonisch miteinander lebten und daß das Projekt Früchte trug und Prok die Anerkennung erfuhr, die er als eines der großen Originalgenies des 20. Jahrhunderts verdiente, aber im Gegensatz zu Romanen gibt es im Leben nur selten ein ordentliches, sauberes Ende. Iris nahm nie wieder an einem musikalischen Abend teil, und sie ging nie wieder die Treppe zum Speicherzimmer des Hauses in der First Street hinauf. Bei den gesellschaftlichen Anlässen, den Picknicks, den gelegentlichen Abendessen für die Mitglieder des Teams und den Weihnachtsfeiern war sie dabei, betrachtete das jedoch lediglich als Verpflichtung. Sie ließ die Freundschaft mit Mac, Violet Corcoran und Hilda Rutledge nach und nach einschlafen und wandte sich einem neuen Kreis von Leuten zu, die sie noch von ihrer Tätigkeit als Lehrerin kannte; ja sie sagte sogar, wenn John junior auf der Highschool sei, wolle sie wieder arbeiten. Ich machte weiter im Institut – Interviews, Reisen, Filme, manchmal als Beobachter, manchmal als Teilnehmer. Iris und ich sprechen nicht darüber. Ich versuche, meine Arbeit im Büro zu lassen, wie es so schön heißt. Und Elster … Sobald wir aus Michigan City zurück waren, ließ Prok ihn wieder in die Bibliothek des Instituts für Biologie versetzen, und in Wylie Hall ist er seither nicht mehr willkommen. Und das ist auch gut so, sage ich.

Was Prok betrifft: Sein Leben war zu kurz. Zweiundsechzig. Heute morgen haben wir ihn begraben. Er wollte hunderttausend Geschichten aufzeichnen, das war sein großer Ehrgeiz: ein repräsentativer Querschnitt. Doch bei der letzten Zählung hatten wir etwas weniger als zwanzig Prozent davon. Und er hatte diverse andere Bände geplant, um all die Daten, die wir hatten, zu verarbeiten: Dem Band über das sexuelle Verhalten der Frau sollte einer über Sexualstraftäter folgen, doch im Augenblick ist alles im Fluß. Als sie ihn ins Krankenhaus brachten, waren seine letzten Worte an mich: »Tut nichts, bevor ich zurück bin.« Ich weiß nicht. Im Augenblick bin ich zu verwirrt, um ein klares Urteil abgeben zu können, aber wenn es für all das – seine Erschöpfung, die Belastung seines Herzens, der er schließlich erlag – einen Katalysator gab, dann war es der Band über das sexuelle Verhalten der Frau. Nicht einmal drei Jahre nach dem Erscheinen war er tot.

Verlage benutzen immer das Klischee »mit Spannung erwartet« im Zusammenhang mit gewöhnlichen, stereotypen Büchern, von deren Existenz niemand etwas ahnt, doch ich kann sagen, daß *Das sexuelle Verhalten der Frau* der explosivste und der mit der größten Spannung erwartete Titel des Jahrhunderts war. Alles, was beim Erscheinen des ersten Bandes so hervorragend funktioniert hatte – die Einweisung der Presse, die sorgfältige Bewachung der Fahnenabzüge, die Geheimhaltung und Wachsamkeit –, galt nun in doppeltem Maße. In den Monaten vor dem Erscheinen lud Prok die Presse zu einer Reihe von Vorträgen ein, gab den Journalisten Gelegenheit, den engsten Kreis seiner Mitarbeiter kennenzulernen, und führte ausführliche Gespräche unter vier Augen bis tief in die Nacht, worauf sie Einblick in die Fahnen nehmen durften und seinen Standardvertrag unterschreiben mußten, in dem sie sich verpflichteten, ihre Artikel auf 5000 Wörter zu beschränken und nicht vor dem 20. August 1953 – »K-Day«, wie ein Witzbold gesagt hatte – zu veröffentlichen. Die Spannung war so groß, daß wir das Erscheinungsdatum vom 14. auf den 9. September vorverlegen mußten, denn die Buchhändler kümmerten sich nicht um die Anweisungen und Bitten von Saunders Company und stellten das Buch in die Regale, sobald sie eine Lieferung bekommen hatten. Wie nicht anders zu erwarten, waren die Verkaufszahlen spektakulär und in den ersten Wochen doppelt so hoch wie beim ersten Band.

Doch dann setzte, wie Sie sicher wissen, die Gegenreaktion ein. Nicht daß wir nicht damit gerechnet hätten – Prok hatte uns von Anfang an darauf hingewiesen, daß die Öffentlichkeit auf Enthüllungen über die weibliche Sexualität ganz anders reagieren werde als auf Erkenntnisse über den männlichen Teil der Spezies, daß es aber dennoch absolut notwendig sei, unsere Forschungsergebnisse zu veröffentlichen, denn die Leute müßten, wie er gern sagte, einfach lernen, der Realität ins Auge zu sehen. Der Band über das sexuelle Verhalten des Mannes war zwar schockierend gewesen, insbesondere im Hinblick auf vor- und außerehelichen Verkehr und die Häufigkeit von H-Verhalten, doch die allgemeine Öffentlichkeit hatte die Sittlichkeit des männlichen Teils der Bevölkerung ohnehin nur mit einer gewissen Skepsis betrachtet. Nun aber, da dieselben Kategorien auf Frauen angewendet wurden, lag der Fall vollkommen anders.

Ob es Prok gefiel oder nicht – man hatte Frauen tatsächlich auf ein Piedestal gehoben, sie waren Ehefrauen, Töchter, Mütter, und man sah in unserem Buch weniger eine wissenschaftliche Studie als vielmehr einen Angriff auf die amerikanische Frau. Man wollte Frauen nicht als »menschliche Säugetiere« bezeichnet sehen (diese Bezeichnung kommt im Text etwa achtundvierzigmal vor) und kritisierte Proks positive Einschätzung vorehelichen Verkehrs (unsere Statistiken untermauerten, was ich Iris schon vor so langer Zeit auf dem Rücksitz des Nash gesagt hatte: Frauen, die voreheliche sexuelle Erfahrungen gemacht hatten, gelang eine befriedigende Anpassung an das Eheleben leichter als anderen). Man haßte unsere Statistiken und das, was sie implizierten: daß auch Frauen sexuelle Wesen waren, daß 62 Prozent von ihnen masturbiert hatten, daß 90 Prozent Petting praktiziert hatten, daß 50 Prozent vorehelichen Verkehr und 3,6 Prozent Verkehr mit Tieren gehabt hatten. Mütter und Töchter, die Verkehr mit Tieren hatten (wobei gesagt werden muß, daß nur eine einzige Probandin einen vollen Koitus mit ihrem Hund, einem deutschen Schäferhund, wenn ich mich nicht irre, vollzogen hatte und daß unsere mit Abstand aktivste Probandin nicht mehr als etwa sechshundert Orgasmen durch oral-genitale Kontakte mit ihrer Katze gehabt hatte) – die Vorstellung allein reichte aus, um die Öffentlichkeit zu einer nahezu einhelligen Verdammung unserer Methoden, unserer Ziele, unserer Persönlichkeiten und Charakterzüge anzustacheln. Unter den Kongreßabgeordneten wurden sogar Stimmen laut, die darüber spekulierten, ob *Das sexuelle Verhalten der Frau* nicht den Kommunisten in die Hände spielte, deren Ziel doch die Untergrabung der Moral des Landes war.

Prok wurde als »Verfechter der freien Liebe« bezeichnet, als ein »Verbreiter von Schmutz und obszöner Literatur«, als »verkommener Nebukadnezar«, der sich zum Ziel gesetzt hatte, Frauen »auf das Niveau wilder Tiere« hinabzuzerren. Alte Feinde wie Margaret Mead und Lawrence Kubie standen auf, um ihn zu verurteilen, und es kamen neue hinzu, wie zum Beispiel der Prediger Billy Graham oder Reinhold Niebuhr oder Karl Menninger, der den Band über das sexuelle Verhalten des Mannes gepriesen hatte und dessen Abkehr Prok eine tiefe, unheilbare Wunde schlug. Die Kritik? Anfangs war sie streng moralisch begründet: Man warf Prok die Behauptung vor, daß grundsätzlich keine Art von Triebbefriedigung zu beanstanden sei und daß die Häufigkeit bestimmter Verhaltensweisen diese gewissermaßen legitimiere, wohingegen man der Überzeugung war, daß solche Verhaltensweisen sehr wohl Schuldgefühle erzeugen sollten, denn Schuld sei für die Entstehung und Erhaltung von Grundsätzen der Sittlichkeit unabdingbar. Und dann traten die Kollegen aus der Wissenschaftsgemeinde an, um unsere Analyse der Statistiken in Zweifel zu ziehen, und das war eine echte Katastrophe.

Natürlich war Prok klug genug, der Aufregung zunächst auszuweichen: Am Erscheinungstag stiegen wir alle – Mac, Corcoran, Rutledge, Aspinall und ich – in den Zug und machten eine dreiwöchige Exkursion nach Kalifornien, wo wir uns mit den Insassen von San Quentin einschlossen und so unerreichbar waren, wie man es als Lebender nur sein konnte. Doch dann waren wir wieder in Bloomington, wo das Telefon nicht aufhörte zu läuten, und Prok begann seinen Gegenangriff. Er trieb sich noch mehr an, er rechtfertigte sich und kämpfte um den Erhalt des Instituts, doch die Rockefeller Foundation war unter Druck geraten und hatte unsere Stipendien gestrichen, und selbst President Wells' Verteidigung der akademischen Freiheit begann hohl zu klingen angesichts der Angriffe empörter ehemaliger Studenten, des Kuratoriums und der Vereinigung der katholischen Frauen von Indiana. Prok strauchelte. Er taumelte. Je mehr er sich antrieb, desto schwerer hatte es sein störrisches Herz. Er erlitt eine Reihe kleinerer Infarkte. Die Ärzte verschrieben ihm Bettruhe, aber nichts konnte ihn im Bett halten. Selbst ein Urlaub mit Mac, eine Europareise, die ihn von der Arbeit ablenken und dazu bringen sollte, kürzer zu treten, erwies sich als anstrengend, denn er mußte bis in die frühen Morgenstunden aufbleiben und Huren und Stricher in den Straßen von London, Kopenhagen und Rom interviewen. Es war unvermeidlich, daß die Kraft ihn schließlich verließ.

Aber das ist nicht der Prok, den ich in Erinnerung behalten will. Ich will nicht den abgezehrten, verwirrt wirkenden Menschen in Erinnerung behalten, der nur noch ein Schatten seiner selbst war, den Mann, der täglich Besprechungen einberief, weil er nicht mehr über die nötige Konzentration und geistige Spannkraft verfügte, diesen bloßen Abklatsch von Prok, von dem wir alle glaubten, er werde jeden Augenblick die Maske fallenlassen und brüllen: »Milk, Corcoran, Rutledge, ihr bringt die Fakten durcheinander und haltet das Projekt auf!« Den toten Prok. Den Prok im Sarg, der so schwer war, als wäre er mit Steinen, mit Blei, mit glühender Lava gefüllt, denn kein Sterblicher konnte auch nur annähernd so schwer sein ...

Ich weiß nicht, was ich tun werde. Ich weiß nicht einmal, ob ich morgen noch einen Job haben werde. Und ich kann nicht noch einen Zombie trinken, weil Zombies bei mir nicht mehr wirken. Dieser eine, der vor mir steht, ist der letzte, den ich trinken werde, zu Ehren von Prok, aus Respekt vor ihm. Bourbon, ich werde Bourbon trinken, aber keinen Rum. Niemals. Schon der Geruch beschwört Prok herauf – *Fünfzehn Mann auf des toten Manns Kiste ...* Da sitze ich nun. Die Tür meines Arbeitszimmers ist verschlossen, und das Tonband wird von der Antriebsrolle an den Tonköpfen vorbeigezogen, ein dahineilendes, magnetisiertes braunes Band mit einer hauchdünnen Schicht, auf der alles verzeichnet ist, was ich in meinem Leben gefühlt habe. Es ist heiß. Glühendheiß. Kein Lüftchen regt sich. Iris ist im Wohnzimmer. Sie trägt ihr schwarzes Kleid, trinkt Eistee und blättert in einer Illustrierten, und John junior ist, von der Bürde des Trauerns befreit, draußen im Garten oder im Nachbargarten und spielt Ball oder rennt mit seinen Freunden durch die Wasserstrahlen des Rasensprengers. Wenn ich mich konzentriere, kann ich ihre Rufe und Schreie hören.

Aber Prok. Das ist meine Erinnerung an ihn, so will ich ihn in Erinnerung behalten:

Ich sehe Corcoran und mich am Bordstein vor Wylie Hall halten, es ist ein Wintertag vor fünf oder sechs Jahren. Wir sitzen in Corcorans Cadillac und sind müde nach der Fahrt von New York hierher – die Straßen waren glatt und voller Schlaglöcher und anderer Gefahren. Wir haben nicht übernachtet und einander am Steuer abgelöst, und ich habe ein flaues Gefühl im Magen von den vielen Tassen Kaffee und dem Schnellimbiß-Spezialmenü in irgendeiner

Stadt, deren Namen ich bereits vergessen habe. Wir haben eine kostbare Fracht: eine Reihe überlebensgroßer Tonmodelle, die Robert Latou Dickinson zusammen mit seiner Bibliothek, den von ihm aufgezeichneten Sexgeschichten, seinen Sex-Tagebüchern und seiner Erotika-Sammlung dem Institut vermacht hat. Es sind Modelle der menschlichen Genitalien beim Koitus, etwa fünffach vergrößert, so daß der Penis beinahe einen Meter lang und die aus Ton modellierte Vagina entsprechend groß ist. Alles in allem haben wir sieben dieser Modelle transportiert, und angesichts ihrer Sperrigkeit war es gar nicht so leicht, sie auf den kalten Straßen von New York unter den Augen einer nicht unerheblichen Menge Neugieriger im Kofferraum und auf dem Rücksitz des Wagens zu verstauen, und jetzt stehen wir müde und erschöpft vor der Frage, wie wir sie schnell und sicher aus dem Wagen und die Treppe hinunter, den Korridor entlang und in die Bibliothek schaffen sollen, ohne allzuviel Aufsehen zu erregen.

Prok hat uns brieflich und telefonisch Ratschläge gegeben, sehr detaillierte Ratschläge im Hinblick auf die Route, die Verpackung der Modelle, die effektivste Reisegeschwindigkeit, die Länge der Pausen und die vertrauenswürdigsten Schnellimbisse, und wir haben beide seine Stimme im Kopf, als wir die Türen öffnen und das erste Modell ausladen, das von dem riesigen zerbrechlichen Penis. Es ist windig. Ein kalter Regen hat eingesetzt. Wenn ich ausrutsche, ist das Modell für immer zerstört. Ich will das hier nur hinter mich bringen, ich will nach Hause zu Iris und meinem Sohn, ich will am Kamin sitzen, in der Hand ein Glas Bourbon und im Bauch etwas Warmes, Gesundes. Ich bin abgelenkt. Ich bin nicht bei der Sache. Ich ziehe in eine Richtung und Corcoran in die andere.

Da höre ich Prok hinter mir. »Tut mir leid, Milk«, sagt er, »aber wie ich sehe, hast du nicht die leiseste Ahnung, wie man einen Wagen auslädt. Komm«, sagt er, »laß mich das machen«, und ich spüre, wie er mir die Last abnimmt, und es ist, als hätte es sie nie gegeben.

DIE ZEIT

Nachwort von
Stefanie Schramm

Wäre T. C. Boyle seinem Protagonisten Alfred C. Kinsey begegnet – wahrscheinlich wäre das Treffen nicht gut ausgegangen. »Wenn er mich über mein Sexleben befragt hätte, hätte ich bestimmt Witzchen gemacht, das hätte er sicher nicht geschätzt«, sagt Boyle. »Er war ziemlich humorlos. Ihn hätte nur meine Masturbationsfrequenz interessiert.« Doch gerade diese fast kalte Nüchternheit, das akribische Zählen von Sexakten, die absolute Trennung von Sex und Gefühl – allesamt Kinseys Markenzeichen – reizten Boyle, der sich selbst gern als Punk bezeichnet, sich in *Dr. Sex* mit Kinsey auseinanderzusetzen: »Ich liebe die Idee einer rigiden Wissenschaft.«

Die berühmten Reporte, die Kinsey Mitte des 20. Jahrhunderts aus seinen Interviews destillierte, seien »die meistdiskutierten wissenschaftlichen Bücher seit Darwins *On the Origin of Species*« gewesen, meint der amerikanische Sexualforscher John Gagnon. Und Kinseys Person ist bis heute nicht weniger umstritten: Für die einen ist er der Pionier der empirischen Sexualforschung, der diese Disziplin auf ein bis dahin unerreichtes methodisches Niveau hob – und zugleich das Sexualleben vieler Menschen enorm beeinflusste, indem er als angesehener Naturwissenschaftler die vorgeblich strenge Sexualmoral mit handfesten Daten als Heuchelei enttarnte. Die anderen halten ihn für einen gefühllosen Egomanen und Schmutzfinken, der seine Mitarbeiter zu sexuellen Handlungen nötigte und als Wissenschaftler methodisch unsauber arbeitete. Noch 2004, als Boyles Roman erschien, bezeichnete die Traditional Values Coalition, der in den USA 43 000 Kirchen angehören, Kinsey als den »einflussreichsten sexuell Perversen in der Geschichte der Nation«.

»Er hat Sex als Gegenstand der Sozialwissenschaft und der medizinischen Forschung etabliert«, sagt Eric Janssen, Wissenschaftler am Kinsey Institute for Research in Sex, Gender, and Reproduction – eben jenem Institut, das der Sexforscher 1947 gründete. Kinsey habe die Sexualität und ihre Erforschung normalisiert. »Für viele Wissenschaftler ist er zum Vorbild geworden, gleichzeitig kritisieren heute einige Experten seine Methoden«, sagt Janssen. »Die Reaktion auf ihn ist sehr gemischt.«

Ebenso präzise, wie Kinsey Sex-Lebensläufe protokollierte, schildert der Romanautor Boyle das Leben des Sexforschers; was den

Protagonisten selbst angeht, ist sein Buch eher Biografie denn Roman. Gerade die absurdesten Szenen sind wirklich so passiert. »Wenn Kinsey unter streng wissenschaftlicher Aufsicht tausend Männer masturbieren lässt, um herauszufinden, dass 73 Prozent von ihnen – entgegen der Lehrmeinung – tröpfeln, statt zu spritzen, dann ist das doch per se komisch«, sagt der Schriftsteller.

Der zunächst verklemmt wirkende und dann Kinsey immer leidenschaftlicher verfallende Assistent John Milk hat ein Vorbild im echten Leben, wenn es auch nicht diesen Namen trug. Zum engsten Kreis um Kinsey gehörte neben dem Psychologen Wardell B. Pomeroy und dem Anthropologen Paul H. Gebhard auch ein College-Absolvent. »Mit dieser Figur habe ich dann ein bisschen improvisiert«, sagt Boyle. Aus der Perspektive des etwas blassen und unbeholfenen Milk lässt er den Leser die Faszination der Figur Kinsey erleben, aber auch die Manipulation durch den Mächtigen. »Mich hat interessiert, was es ein Individuum kostet, wenn es sich einem charismatischen Autokraten wie Kinsey ausliefert. Das ist auch für andere Bereiche interessant, zum Beispiel in der Politik.« Die unglaublichste Szene des Romans musste Boyle nicht erfinden: Auch der historische Assistent hatte seine erste sexuelle Erfahrung mit Kinsey, die zweite mit dessen Frau und schlief erst danach mit seiner Freundin. »So was kann man sich nicht ausdenken.«

Im Roman ist Milks Frau Iris die Einzige aus dem engsten Kreis, die gegen den Egomanen Kinsey rebelliert. »Die historischen Quellen lassen vermuten, dass die Frau dieses Assistenten kritischer war als die anderen. Das habe ich dann dramatisiert«, sagt Boyle. »Ich wollte zeigen, wohin diese absolute Zielstrebigkeit führen kann.« Im wahren Leben hat sich keiner der Mitarbeiter gegen Kinsey aufgelehnt. »Er war der Professor, der angesehene Spezialist, der sich mit seiner Forschung über Gallwespen einen Namen gemacht hatte«, sagt Boyle. »Und er hat einen wahren Kult um seine Person geschaffen, das fand ich spannend.«

Damit passt Alfred C. Kinsey perfekt in die Reihe der Figuren aus der amerikanischen *Progressive Era,* die Boyle in seinen Romanen porträtiert hat: den Fitness-Fanatiker und Cornflakes-Erfinder John Harvey Kellogg *(Willkommen in Wellville)* und den Star-Architekten Frank Lloyd Wright *(Die Frauen)*. Boyle erklärt die Wahl seiner Sujets so: »Sie wollten die Menschheit mithilfe von Wissenschaft und Technik besser machen. Zugleich waren sie Egomanen, die völlig in ihrer Arbeit aufgingen.«

Die Besessenheit und Akribie, mit der Kinsey Tausende Menschen detailliert nach ihrem Sexleben befragte, zeichnete sich schon zu Beginn seiner wissenschaftlichen Laufbahn ab. Nachdem er sein Ingenieurstudium abgebrochen und sein Biologiestudium als einer der Besten seines Jahrgangs abgeschlossen hatte, ging er mit einem Stipendium an die Harvard University, um bei dem Insektenforscher William Morton Wheeler zu promovieren. Er entschied sich für Gallwespen als Studienobjekt, sammelte Hunderttausende dieser nur ein bis drei Millimeter großen Tiere und vermaß an jedem einzelnen 26 winzige Details. Das American Museum of Natural History in New York hütet noch heute in seinen Magazinschränken Kinseys Gallwespensammlung: rund fünf Millionen Exemplare.

Um möglichst viele und möglichst verschiedene Exemplare der Insekten aufzuspüren, reiste er durch 36 Bundesstaaten der USA – mit Zelt und Rucksack. Camping hatte er schon als kleiner Junge gemocht, als er mit der kirchlichen Jugendorganisation YMCA und den Pfadfindern unterwegs war. Später, auf der Suche nach möglichst vielen verschiedenen Sex-Lebensläufen, reiste er wieder quer durch die Vereinigten Staaten, nur auf die Übernachtungen im Zelt verzichtete er diesmal.

Dass Kinsey zunächst die wissenschaftliche Disziplin der Taxonomie – der Lehre von der systematischen Ordnung des Lebens – wählte, war ebenso bezeichnend für seinen Charakter wie entscheidend für seine Karriere. Seine sexualwissenschaftlichen Studien machte später genau das aus, was schon seine frühen Forschungsarbeiten erkennen ließen, wie der deutsche Sexualforscher Gunter Schmidt schreibt: »sein Enthusiasmus für Feldarbeit und für eine Empirie der großen Zahl, seine Detailbesessenheit sowie seine Begeisterung für eine taxonomische Betrachtungsweise, also sein Interesse an Variation und Vielfalt.«

Kinsey und seine Mitarbeiter interviewten insgesamt 17502 Personen, er selbst führte wenige Wochen vor seinem Tod 1956 sein 7985. Interview. »Er hat den Maßstab für uns alle sehr hoch gelegt«, sagt Eric Janssen vom Kinsey Institute. »Wenn ich heute eine Studie mit 30 Teilnehmern mache und dann diese Zahlen sehe – das relativiert einiges.« Kinsey selbst aber war ganz und gar nicht zufrieden mit seiner Ausbeute. »Er hätte lieber eine Million Exemplare und mehr gehabt«, sagt Janssen. Wie bei den Gallwespen.

Janssen und seine Kollegen forschen heute noch in denselben Räumen der Morrison Hall auf dem Campus der Indiana University, in denen Kinsey vor mehr als 60 Jahren sein Institute for Sex Research aufgebaut hat. »Es erinnert hier ziemlich viel an ihn, vor allem die Kunst, mit der das ganze Gebäude vollgestopft ist«, sagt der Psychologe. Neben Gallwespen und Sexprotokollen sammelte der Professor auch erotische Kunst, seine Nachfolger bauten die Sammlung und die Bibliothek aus – bis in die Trivialitäten des Alltags, es findet sich dort heute alles Mögliche von Pornoheftchen bis zu Scherzkondomen.

Auch wenn Kinseys Sammelwut Forschern heute noch Respekt einflößt, so wurde und wird seine Methode heftig kritisiert, besonders seine eigenwillige Stichprobenauswahl. Kinsey versuchte stets, bei seinen Vorträgen alle Zuhörer für ein Interview zu gewinnen. Das konnten Studenten sein, eine Frauen- oder eine Berufsgruppe, eine religiöse oder politische Gruppe. Solche »100-Prozent-Stichproben« bekam er immerhin für ein Viertel aller untersuchten Gruppen zusammen. Heute dagegen gilt die Zufallsstichprobe als Goldstandard für eine repräsentative Befragung.

»Kinsey kannte diese Methode, aber er glaubte nicht daran«, sagt der Psychologe Janssen. »Er befürchtete, dass bei seinem Thema nicht alle zufällig ausgewählten Personen mitmachen würden und die Studie so verfälscht würde.« Verweigerungsfehler nennen das die Statistiker. Heute sind Forscher froh, wenn 50 oder 60 Prozent der ausgewählten Probanden bei einer Befragung mitmachen. »Tatsächlich nutzt auch heute ein Großteil der Sexstudien keine Zufallsstichproben«, sagt Janssen.

Noch zu Kinseys Zeiten evaluierte die American Statistical Association seine Methode und empfahl ihm, die Genauigkeit seiner Daten mit einer Zufallsstichprobe zu überprüfen. Sie bescheinigte ihm aber auch, dass seine Untersuchungen allen vorherigen sexualwissenschaftlichen Erhebungen methodisch weit überlegen waren.

Kinseys Mitarbeiter und Nachfolger Paul Gebhard entfernte schließlich in den siebziger Jahren alle fragwürdigen Daten, zum Beispiel solche von Gefängnisinsassen, und berechnete die Statistik neu. Er fand nur leichte Unterschiede zu den Originaldaten.

Heute nimmt man an, dass Kinseys Reporte das Sexualverhalten jüngerer, zwischen 1910 und 1930 geborener weißer Männer und Frauen der oberen Ausbildungsschichten in den USA der dreißiger und vierziger Jahre ausreichend genau beschreiben. Für die untere Mittelschicht und vor allem für die Unterschicht werden dagegen erhebliche Verzerrungen angenommen.

Mehr als 300 Fragen stellte Kinsey seinen Interviewpartnern, die Antworten verschlüsselte er sorgfältig in einem Code, den er selbst entwickelt hatte, um die Anonymität der Befragten sicherzustellen. So produzierte er eine ungeheure Menge an Daten, die mit Bleistift und Karteikarten ausgewertet werden mussten. Seine Kollegen schulte er akribisch in seiner Interviewmethode, insgesamt durften außer ihm nur sieben Männer und eine Frau Sex-Lebensläufe erheben. 75 Prozent aller Interviews führten Kinsey und sein engster Mitarbeiter Pomeroy selbst. »Nie wieder ist ein Sex-Survey mit derart gut ausgebildeten und erfahrenen Interviewern erhoben worden«, meint der deutsche Sexualforscher Gunter Schmidt. T. C. Boyle formuliert es etwas anders: »Kinsey war ein absoluter Kontrollfreak.«

Zufallsstichproben lehnte Kinsey aber nicht nur ab, weil er eine hohe Verweigererquote befürchtete – sie widersprachen seinem taxonomischen Verständnis: Auch ungewöhnliche Gruppen sollten zahlreich repräsentiert sein. Kinsey befragte deshalb eine große Gruppe von Homosexuellen, außerdem Strafgefangene, Prostituierte und Menschen mit ungewöhnlichen Sexvorlieben, die er in den jeweiligen Subkulturen aufstöberte. »Kinsey verwies immer wieder auf die große Variationsbreite sexueller Verhaltensweisen, die ihn mehr faszinierte als Mittelwerte«, schreibt Schmidt. Und er warnte davor, die *»unlimited nonidentity«* – die »grenzenlose Ungleichheit« – sexueller Erscheinungsformen zu vernachlässigen.

Diese Sicht beeinflusste seine bis heute provokativen Annahmen über Homosexualität: Ein Entweder-oder sei in der Welt der Biologie und des Sexuellen sehr selten, folglich bewegten sich auch Hetero- und Homosexualität auf einem Kontinuum. Kinsey nahm an, dass jeder gleich- und gegengeschlechtlich reagieren kann und dass Präferenzen eher zufällig durch sexuelle Erfahrungen entstehen. Dieses Kontinuum versuchte er mit der berühmten Kinsey-Skala zu erfassen: von 0 (ausschließlich heterosexuelle Akte in einer gewissen Zeit) bis 6 (nur homosexuelle Akte), wobei der Wert über die Lebenszeit variieren konnte. Homo- oder heterosexuell nannte Kinsey daher nur die Sexakte an sich, nicht die Menschen. Auch das war wohl ein Erbe seiner ersten Forscherkarriere, meint Schmidt: »Schon seine Taxonomiekollegen hatte er für ihren Hang kritisiert, aus individuellen Unterschieden gleich neue Spezies zu konstruieren.«

Kinsey hat die Sexualforschung so empirisch betrieben wie niemand vor ihm – doch naturwissenschaftlich war seine Methode eigentlich nicht. »Diese Interviews waren ja eher soziologisch«, sagt Romanautor Boyle. »Für eine naturwissenschaftliche Studie müsste man Dinge objektiv messen, Körpertemperatur, Erektion der Brustwarzen oder so.« Genau das tun Kinseys Nachfolger heute. Eric Janssen und seine Kollegen protokollieren in ihren Laborexperimenten die sexuelle Erregung in Echtzeit, zum Beispiel während ihre Probanden einen Porno anschauen.

Dazu werden die Testpersonen verkabelt: Sie bekommen ein Blutdruckmessgerät um den Finger gewickelt und Sensoren rund um die Augen geklebt, die den Lidschlag registrieren. Und dann haben die Sexforscher noch zwei spezielle Messgeräte entwickelt. Frauen führen sich einen Vaginalen Fotoplethysmografen ein, einen Apparat von der Größe eines Tampons, der mit einer Lichtquelle und einem Fototransistor die Durchblutung der Scheidenwand und damit den Erregungszustand aufzeichnet. Männer werden mit »Rigiscan« vermessen: Sie legen sich zwei Kabelschlaufen um den Penis, die sich alle 15 Sekunden zusammenziehen und den Umfang registrieren. Wenn dieser zunimmt, messen die Schlaufen auch die Festigkeit – die Rigidität.

»In einem solchen Laborexperiment können wir die Bedingungen kontrollieren und so die Ergebnisse vergleichbar machen«, erklärt Janssen. Zudem können die Wissenschaftler echtes Verhalten beobachten und müssen sich nicht auf die Aussagen der Probanden verlassen. Die sagen nämlich nicht unbedingt die Wahrheit – nicht nur, weil sie ihnen vielleicht peinlich ist, sondern weil sie sie womöglich gar nicht kennen. »Wenn ich die Leute fragen würde, wie Depressionen oder Angst ihr sexuelles Verlangen beeinflussen, dann könnten viele das gar nicht sagen«, erklärt Janssen. »Die würden mich dann fragen: Wie schlecht soll es mir denn gehen, für wie lange, aus welchem Grund?« Um herauszufinden, wie Stimmungen sich auf die Erregungsfähigkeit auswirken, zeigt der Psychologe seinen Probanden deshalb lieber traurige, brutale oder aufregende Filme und misst, was geschieht.

Im Gegensatz zu Janssen hat Kinsey sich kaum mit den Gefühlen seiner Studienobjekte befasst, er betrachtete Sex als einen rein mechanischen Vorgang, den es zu quantifizieren galt. Auch das hat ihm scharfe Kritik eingebracht. Janssen hat Verständnis für den Pionier der Sex-Empirie: »Er glaubte, dass es zu schwierig sei, das Thema Liebe wissenschaftlich zu erfassen. Und wir haben ja auch heute noch Probleme damit.« Zwar gebe es einerseits haufenweise Studien zur Sexualität des Individuums und andererseits reichlich Literatur über Beziehungen, die aber kaum die Sexualität betrachte. »Es ist wirklich an der Zeit, die Liebe in die Sexforschung aufzunehmen.«

Hätte Kinsey das bereits getan, er hätte T. C. Boyle wohl kaum zu einem Roman inspiriert. Gereizt hat den Autor vor allem der Kontrast zwischen dem »Säugetiererbe«, wie Kinsey es formulierte, und dem kulturellen Wesen des Menschen. »Diese ganzen Zahlen, das ist nicht wirklich menschlich«, sagt Boyle. »Mir hat sich da die Frage gestellt: Was ist Liebe? Das finde ich extrem interessant.« Wohl auch deshalb ist *Dr. Sex* nicht nur eine Wissenschaftler-Biografie geworden, sondern auch eine Liebesgeschichte – die zwischen dem Assistenten John Milk und seiner Frau.

1894
Alfred C. Kinsey wird in Hoboken, einer Kleinstadt am Hudson gegenüber von Manhattan, geboren.

1914
Kinsey bricht sein Ingenieurstudium ab und wechselt zur Biologie.

1919
Er promoviert mit einer Arbeit über Gallwespen, insgesamt sammelt er etwa fünf Millionen Exemplare.

1919
Magnus Hirschfeld gründet das private Institut für Sexualwissenschaft in Berlin. 1933 plündern es die Nationalsozialisten.

1920
Kinsey wird Professor an der Indiana University in Bloomington.

1921
Der Forscher heiratet Clara McMillen, in den folgenden sieben Jahren bekommt das Paar zwei Söhne und zwei Töchter.

1935
Kinsey hält in Bloomington seinen ersten sexualwissenschaftlichen Vortrag: *Biological aspects of some social problems.*

1938
Er entwickelt eine Vorlesungsreihe und bittet seine Zuhörer um Interviews über ihr Sexualleben. Bis 1963 befragten er und seine Mitarbeiter 17 502 Personen.

1947
Kinsey gründet das Institute for Sex Research an der Indiana University, das heutige Institute for Research in Sex, Gender, and Reproduction.

1948
Der erste Kinsey-Report, *Sexual Behavior in the Human Male,* erscheint und wird zum Bestseller.

1953
Der zweite Teil, *Sexual Behavior in the Human Female,* kommt heraus und löst noch weit größere Kritik und Empörung aus.

1954
Die Rockefeller-Foundation zieht ihre Unterstützung zurück; sie hat Kinseys Studien 14 Jahre lang gefördert.

1956
Kinsey stirbt an Herzschwäche.

1963/64
Die Kinsey-Reporte werden auf Deutsch in hoher Auflage neu herausgebracht; die »Sexwelle« rollt.

Mitte der 60er Jahre
»Wende zur Empirie« in der deutschen Sexualwissenschaft. Gunter Schmidt untersucht in einer Feldstudie das sexuelle Verhalten von Studenten in Deutschland.

1973
Kinseys Nachfolger Paul Gebhard gründet unter anderem mit den deutschen Sexualforschern Gunter Schmidt und Volkmar Sigusch die International Academy of Sex Research.

1973
Das Institut für Sexualwissenschaft wird an der Universität Frankfurt gegründet, nach dem Zweiten Weltkrieg ist es das erste und lange das einzige in Deutschland. Geleitet wird es von Volkmar Sigusch.

2004
T. C. Boyles Roman *Dr. Sex* erscheint, gleichzeitig kommt der Film *Kinsey* von Bill Condon heraus. Die Traditional Values Coalition,

der in den USA 43 000 Kirchen angehören, bezeichnet Kinsey als den »einflussreichsten sexuell Perversen in der Geschichte der Nation«.

2006
Nach der Pensionierung von Volkmar Sigusch wird das international angesehene Institut für Sexualwissenschaft in Frankfurt geschlossen, als Grund werden Sparzwänge genannt.